暮らしの実用シリーズ

決定版

自分でできる リフォーム&修繕大百科

ONE PUBLISHING

暮らしの実用シリーズ

決定版 自分でできる リフォーム＆修繕大百科

Part 1

表紙写真はフランス・パリ在住D邸。
しっくいの塗り壁をすべてDIYで塗り直した

※本書は、DIY専門誌「ドゥーパ!」、学研プラス発刊の「自分でできる!我が家を簡単リフォーム」「自分でできる! 10万円で劇的リフォーム」「自分でできる! ユニバーサルリフォーム」「我が家を速効メンテナンス」「基本から始める塗りのテクニック」「わが家の水回りDIYリフォーム」「わが家の壁・床DIYリフォーム」に掲載した記事をベースに加筆修正を加えて再構成したものです。

※本書をもとに施工される際は、安全に十分留意の上、個人の責任で行ってください。

※掲載されている商品名・価格などのデータは取材時のものです。商品によっては価格変更や廃番になっているものがあります。

DIYリフォーム
とっておき実例
1

擬木としっくいでマンションの一室をヨーロッパ風リビングにリフォーム

一歩部屋に入ると、すぐ目につく天井の太いハリとしっくいの壁。まるでヨーロッパの古い民家にいるようなたたずまい。この部屋が実はマンションの一室だというから驚き。見事としかいいようのないこの部屋を実現させたのは、大阪市のKさん夫妻。ご主人の仕事の都合で6年間イギリスに滞在した際に暮らした、築380年の茅葺き屋根の古民家の雰囲気が忘れられず、DIY経験ゼロながら大規模なリフォームに挑戦しました。

築10年の3LDKだったマンション。広いリビングスペースを確保しようと手前の6畳の和室と向こう側のリビングをつなげて1LDKにするリフォームを計画。業者に見積もってもらったら50万円といわれて納得がいかず、「それなら自分たちでやろう」ということになりました。

この部屋をもっとも特徴づけているのは、白いしっくいに映える天井のハリ。古木に見えますが、実は「擬木」というポリウレタン製の装飾用部材。片手でひょいと持ち上がるほど軽いので、DIYに最適の材料です。ヨーロッパのインテリア雑誌でたびたび目にしたこの擬木を日

◉平面図

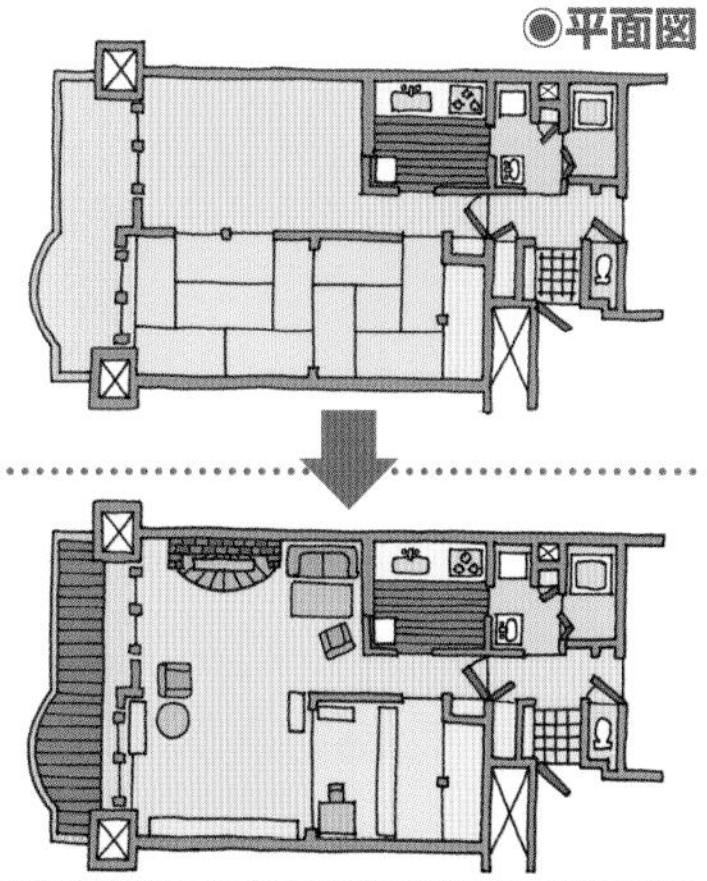

Before

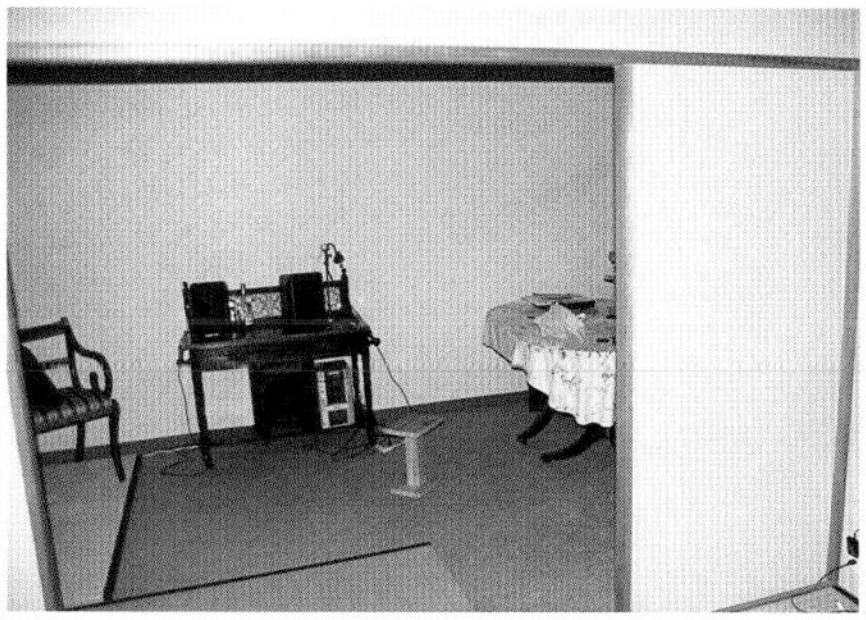

築10年の3LDKを1LDKにリフォーム。これはリフォーム前の部屋の様子。ごく一般的なマンションだった。手前の6畳の和室と向こう側のリビングをつなげた。リフォーム業者ではイメージどおりに仕上げるのは難しいと思い、ぜ〜んぶ自分たちでやることにした

After

ノミの跡まで1本1本違う！本当以上に本物らしい擬木。ポリウレタン製なので軽くて、施工も簡単。ヨーロッパではハリの1本だけ傷んだり朽ちたりしたときにこれを使う。お城の修理にも使われる。4mもあるのでエレベータに乗る長さに切って届けてもらった。フランス製

リフォームのクライマックスは、もちろん天井作り。洋書を参考に配置を決めて擬木を取り付け、しっくいを塗る大工事。住みながら行うので、苦労もひとしお。しっくいを塗るときは、荷物を和室とリビングとに分けて作業し「その都度、家具を大移動。窓や床はブルーシートで覆って養生した

南欧の雰囲気たっぷりのドーム天井。コーナーに針金のネットや木の切れ端などを接着剤で固定し、その上にスタイロフォームをカッターで切り、少しずつ角度をつけて接着剤とガムテープで貼り、しっくいで仕上げた。なだらかなドームになるよう、しっくいはかなり厚めに

本で購入できると知り、夫妻はＤＩＹによるリフォームを決意したそうです。

石膏ボードの壁は、ノコギリと木づちで取り壊し、壁と天井にしっくいを塗りました。しっくいはコテを使わず直に手で塗ったとのこと。

ＤＩＹの経験なんてなかった２人でしたが、週末などを利用して、ゆっくりと１年かけてこの部屋を完成させました。

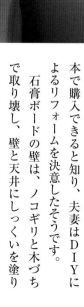

DIY リフォーム
とっておき実例
2

自然素材でワザありリフォーム 京都の町家をSOHOに大改造

京都北区。軽自動車がやっと通れる路地裏の町家であるMさん夫婦の家は、入り口の脇が居間、奥に吹き抜けの土間を設けた〝織屋建て〟と呼ばれる築70年の木造2階建て。元は西陣織りの工房として使われたこの織屋住宅を、Mさん夫妻は織機の代わりにパソコンを置き現代のSOHOに改造しました。

改造は家中すべてにおよびますが、Mさんがリフォームしたのは仕事部屋の2階部分。パソコンデスクの横の壁を取りのぞき、吹き抜けだった奥の部分には床を構築。ハリに板を渡してコンパネを張り、その上に床板を敷きました。土壁は

北区紫竹の路地裏。「初めての人は必ず迷うから」と、取材の日は奥様が大徳寺まで来てくれた

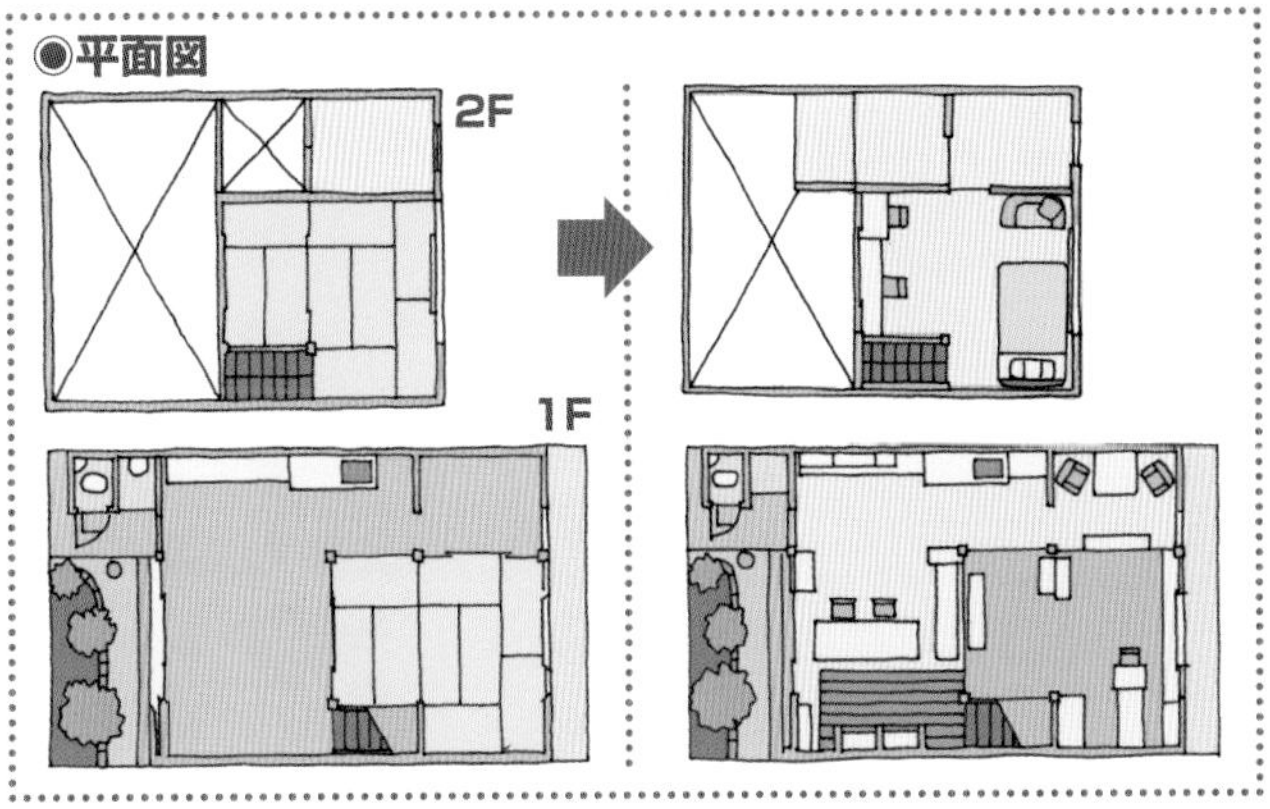

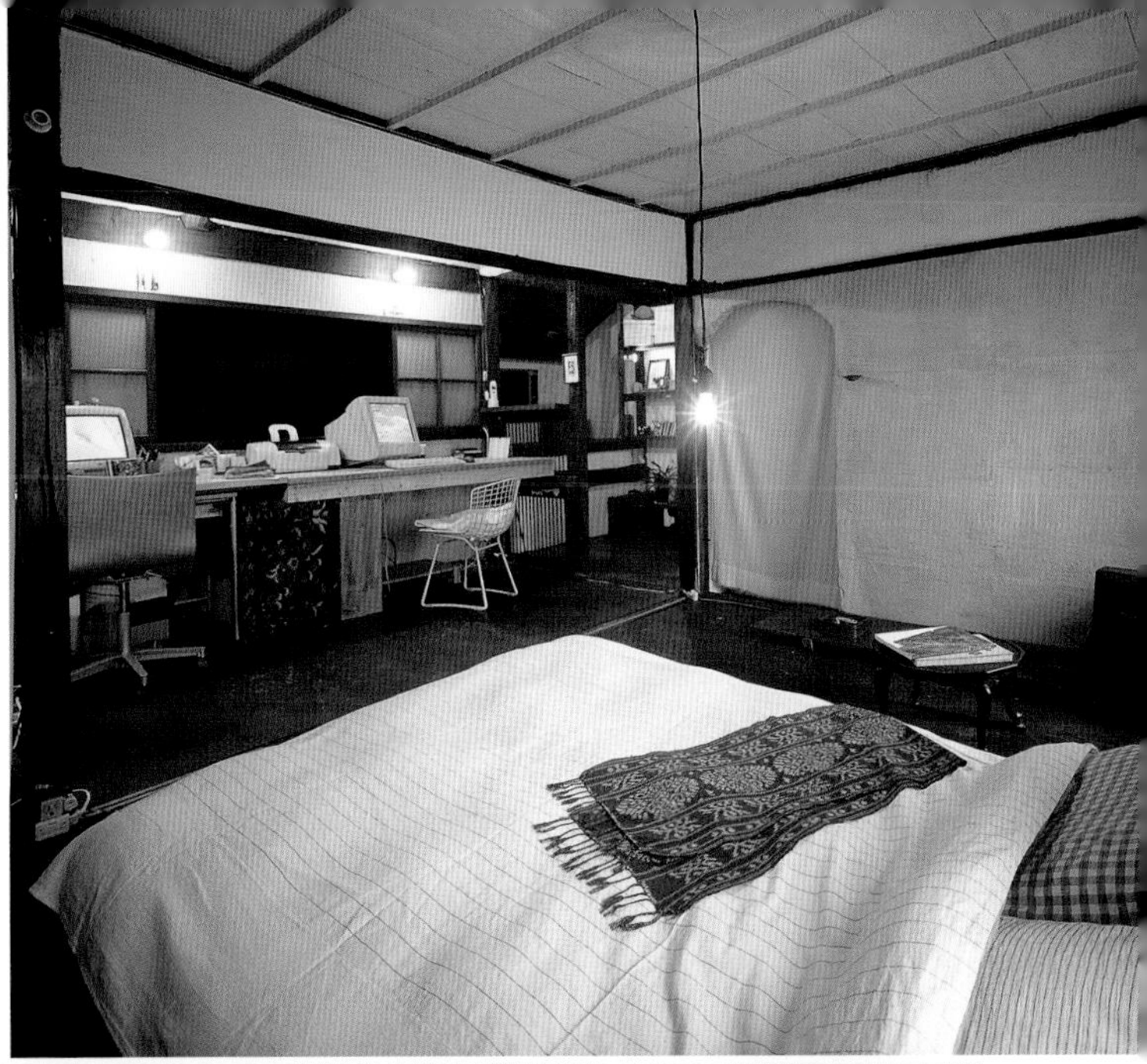

土間の広い壁に作りつけた食器棚は、扉が発端。ある日、古道具屋で100年くらい昔に作られたという扉を見つけ、金具が気に入って購入。購入後、それに合わせた棚を作ろうと思いついた

奥の土間は、織機が置けるよう吹き抜けになっているのが織屋住宅の特徴。糸の色を見るために昔は天窓があったが、前の住人によってふさがれている。2階の奥様のパソコンデスクの前の窓から吹き抜けを眺められ、いつでも人の気配を感じることができる家になっている

ススで真っ黒だったため、和紙を何重にも貼って修復。作りつけの本棚を作って、広々とした書斎付き仕事部屋が完成しました。さらに書斎の奥には一段高い1畳ほどのスペースを増築。

リフォームする際にこだわっているのは、木と紙と布と、自然素材のみを使うこと。壁紙の和紙は、水で溶いた洗濯ノリで貼りつけ、壁には補強材の役割も兼ねて古材を利用した食器棚や本棚を作りました。また、窓には部屋を広く見せる白い麻布を垂らし、コンクリートを打った土間の床面はココ椰子のマットを敷きました。古い日本家屋を上手に利用した、〝温故知新〟DIYリフォームの完成です。

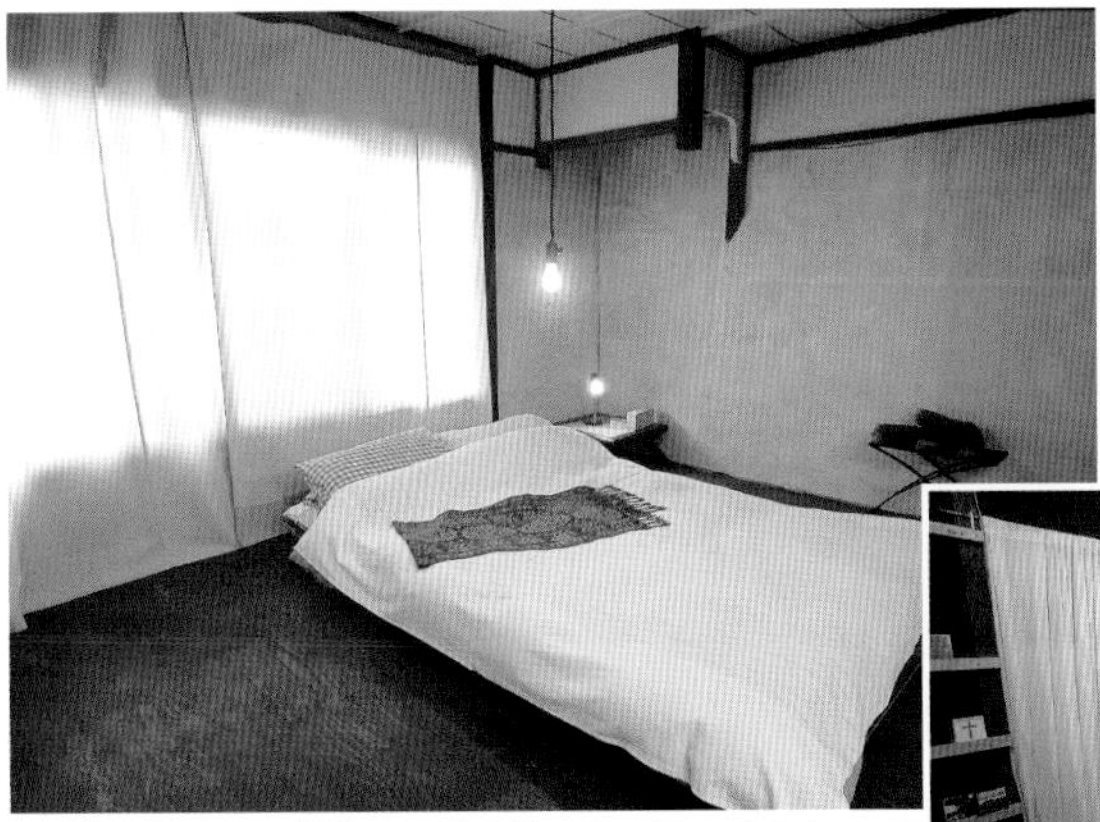

格子戸のある部分は、元は壁。カーテンのかかっている壁もとりのぞいた。その奥は納戸

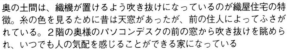

DIY リフォーム
とっておき実例
3

床材を工夫して作ったアジア&和風の絶妙なバランス

とにかくアジアが好き 気合いの入った部屋づくり

ベトナムや中国、インドネシアなどアジアを旅したDIY好きなHさんとMさんがこの部屋の持ち主。二人は部屋探しの段階から、リフォームを視野に入れ広いリビングのある部屋を探しました。

やっと探しあてたこの部屋で、二人は休日ごとに作業をすすめ、自由にイメージを作りあげました。それがこの独創的なリビング。和室には一段高い床板を張り、フローリングには畳を敷くという大胆な発想と、素材感にこだわったDIYが生きています。

テーブルは一枚板で、表面はオイル仕上げ。「ニスの方が手入れはラク。オイルは手間がかかります。でも作って終わりではなく、オイルの塗り替えを年末のイベントにするとか、手間をかけていきたいんです」。

こんな雰囲気にひかれて友達も集まるようになり、飲みながらリフォームやアジアの話で大いに盛り上がっています。

リビングには竹を配して“和”を強調。この竹は近所のお寺にお願いして切らせてもらった。住職さんも手伝ってくれて、１本１本に思い出が詰まっている。テーブルは、木目の美しいタモとカツラの天然木一枚板

フローリングに畳を敷いて、和室と洋室を入れ替え。まだ途中段階。籐のイスを置くなど、イメージを広げている

天井は、あれこれ考えた末、黒い布をピンで張った。テクニックは簡単なのに、予想以上にイイ感じ。床が高く天井が低い落ち着いた空間ができ、いずれはリビングとの境に柵をつけて庇をつけようと計画中

高床の下は大型の収納庫。取り外した和室の戸をはじめ、サーフボードや海外旅行用鞄など大きな物はすべてここに収めている。縁には目隠しに簾を下げた

入り口に下がるのは「パプアニューギニアの腰みの。これで踊ったんです」というＫさんの旅の品。階段は青い明かりの漏れる演出

Before

12 畳のリビングと６畳の和室を開け放せる賃貸マンション。今回、大がかりな DIY リフォームを施工したが、出るときには元の状態に復元できるよう作業を進めた

室内にバスタブをアレンジ 南国カフェスタイルの部屋

東京都内では珍しい、リフォーム可の賃貸物件に住む、TさんとOさんは、引っ越し前に10畳ほどありそうなワンルームを壁・天井・床・窓まわりまで、すべて自分たちの手でリフォームしました。

この部屋にふたりが一目惚れした理由が、このバスタブでした。下見に行ったとき、廃虚のような部屋にポツンと置かれた優雅なバスタブを見て、部屋のイメージが決まったのだそう。でもこのバスタブ、本来なら浴室に固定されているはずのもの。そこで2×4材で枠組みを作って固定し、部屋の一角に置きました。

壁と天井はコテ跡を生かしたしっくい塗りで仕上げ、周囲にいくつもの棚を取り付けました。初心者だったはずなのに、一部屋仕上げていく中で、どんどんDIYの腕が磨かれていった様子。

2×4材を白くペイントして下穴をあけ壁の下地に長いビスで固定。そこに青いアクリル板を載せた。ゆがみが出ないよう、水平器で平行にした

タイルを貼った鏡。木工用ボンドで砕いたタイルを貼っただけというお手軽DIY

出窓のひとつは書斎兼デスクコーナーに。透明アクリル板を使ったテーブルの下にはバッグ類、上の棚には本が並ぶ。重みに耐えられず板が曲がってきたので「今度もっと厚い板を入れます」。これもまた経験

◉平面図

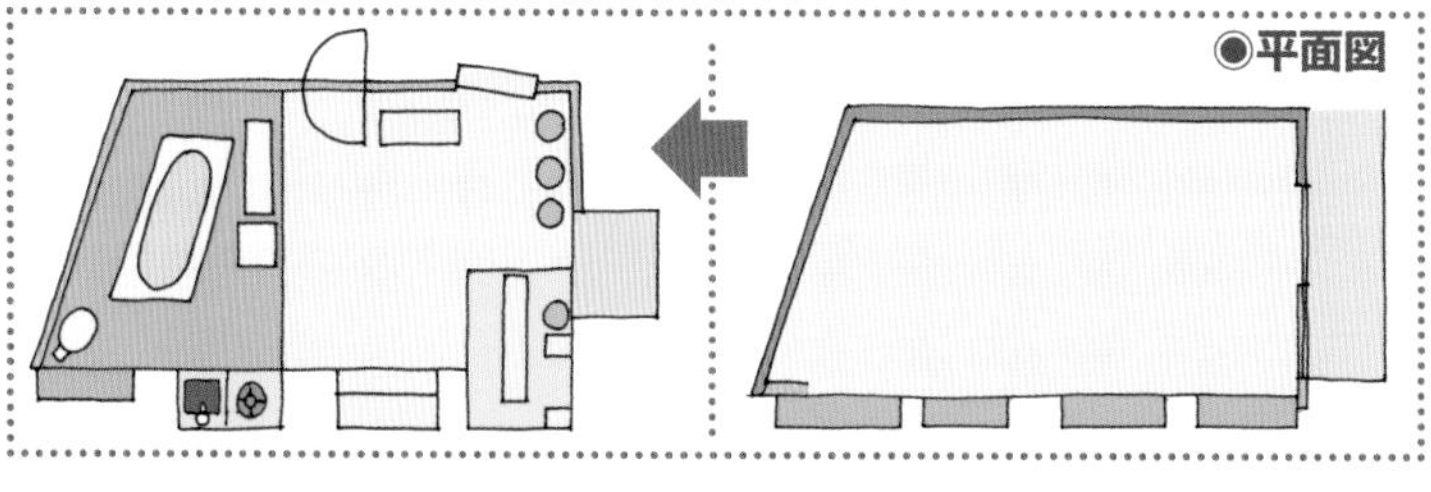

DIY リフォーム
とっておき実例
5

手作りの間接照明で トイレが和風モダンに大変身

Before

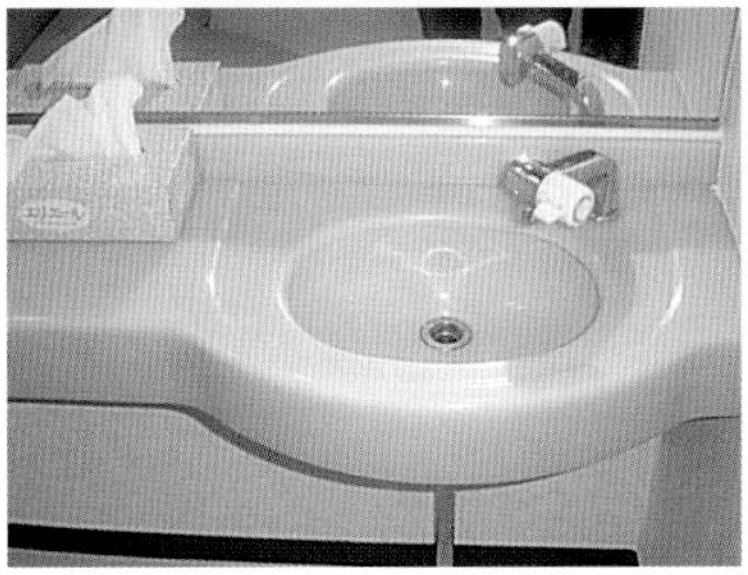

もとは白い壁にシンプルな洗面台があるだけの、普通のマンションのトイレ。床はゆとりの広さがあったので庭園風にし、無機質な洗面台の上は、白木でカバーを作ってかぶせた

After

洗面台の下は水道管があるだけ。ここに格子をはめて中に照明を入れた。この明かりは天井の照明と連動していて、入り口のスイッチでオンする。黄色の明かりが格子から漏れて、トイレが幻想的な雰囲気に

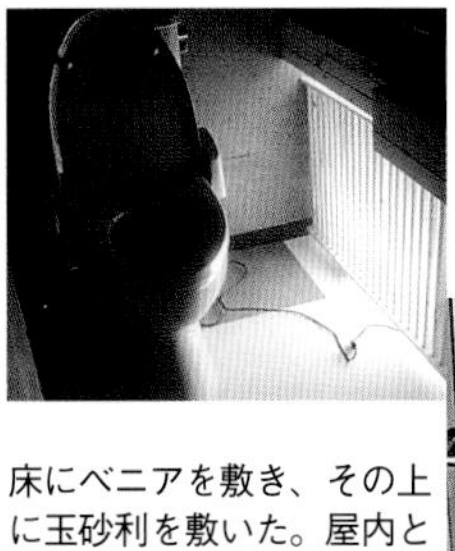

いちばんのポイントは、やはりこの間接照明。光を利用したリフォームの好例だ

床にベニアを敷き、その上に玉砂利を敷いた。屋内と外を混在させたアイディアは居酒屋から拝借。青竹を立てればトイレのDIY完成

トイレに再現した日本旅館の〝和〟

ドアを開けると、アッと驚く異空間。たかがトイレとあなどるなかれ。〝和〟をコンセプトにした、素敵なアート空間です。

「実はこれにはモデルがあるんです。旅行で日本旅館に泊まったとき、お風呂に通じる廊下に格子が続いていてそこから光が漏れていました。すごくいい雰囲気で。そのアイディアをいただきました」。そう話す部屋主のHさん。

備え付けの洗面台は白木で覆いました。壁も木調にしてもよかったのですが、和風かつモダンな雰囲気を目指して、コンクリート風の壁紙を選びました。

床は玉砂利が敷き詰められた上に庭石が置かれ、サイドには青竹が立てられ、屋外にいるような不思議な気分になります。

「いずれリビングにも玉石を敷きつめて日本庭園を造ろうと思っているんです」。

自分でできるわが家の簡単リフォーム&修繕テクニック〈インテリア篇〉

例　●: メンテナンス　★: リフォーム

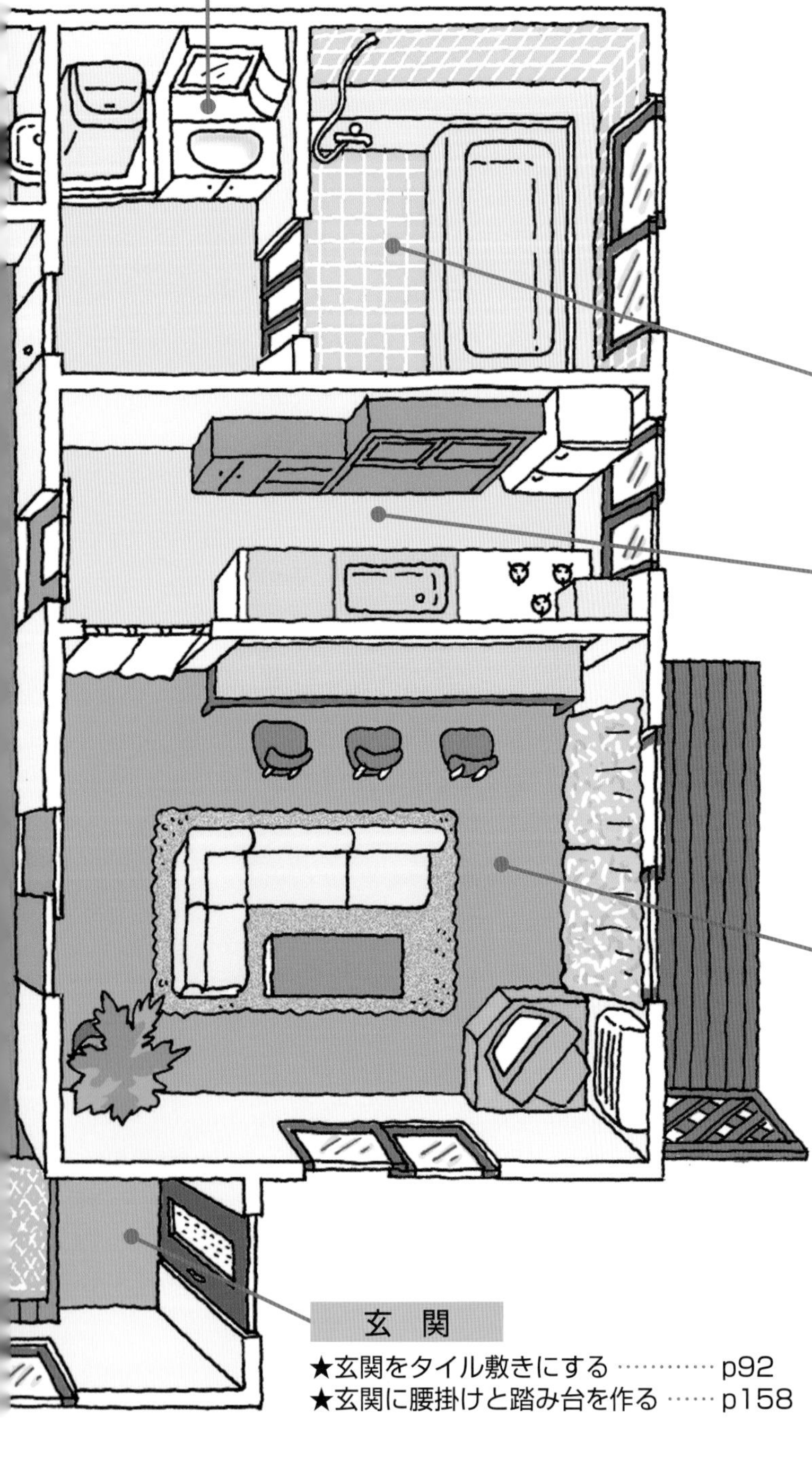

洗面所

●蛇口の水漏れを修理 …… p130
●配水管の修理・詰まりを直す・交換 …… p134
★クッションフロアを敷く …… p84

バスルーム

●タイルの補修・修理・張り替え …… p138
●シャワーホースの修理・交換 …… p140
★スノコを作る …… p94

キッチン

●蛇口の水漏れを修理 …… p130
●配水管の修理・詰まりを直す・交換 …… p134
★壁紙を張り替える …… p52
★壁のペンキを塗り替える …… p56
★クッションフロアにする …… p84
★水栓をシングルレバーにする …… p142
★すき間収納ワゴンを作る …… p168
★オープン棚を作る …… p170
★粘着シートでキッチンを化粧直し …… p186

リビング・洋室

●壁紙の補修・汚れ落とし・シミ隠し …… p48
●木部の補修・汚れ落とし …… p51
●フローリングのキズを修理・補修 …… p76
★壁紙を張り替える …… p52
★壁にタイルを張る …… p66
★カーペットタイルを敷く …… p86
★フローリング材を敷く …… p88
★天井用壁紙を貼る …… p96
★天井にペンキを塗る …… p98
★窓にフィルムを貼る …… p106
★ドアノブを交換する …… p122
★家具を塗り替える …… p188
★イスをアンティーク調に塗る …… p190

玄　関

★玄関をタイル敷きにする …… p92
★玄関に腰掛けと踏み台を作る …… p158

ふすまや障子は本来、定期的に貼替えるものじゃ。最近はしない家も多いが。昔はどの家も年末に総貼替えしたものだよ。新年も気持ちよく迎えられるからの。
そうか、じゃあ今年は年末に貼替えるか。

トイレ

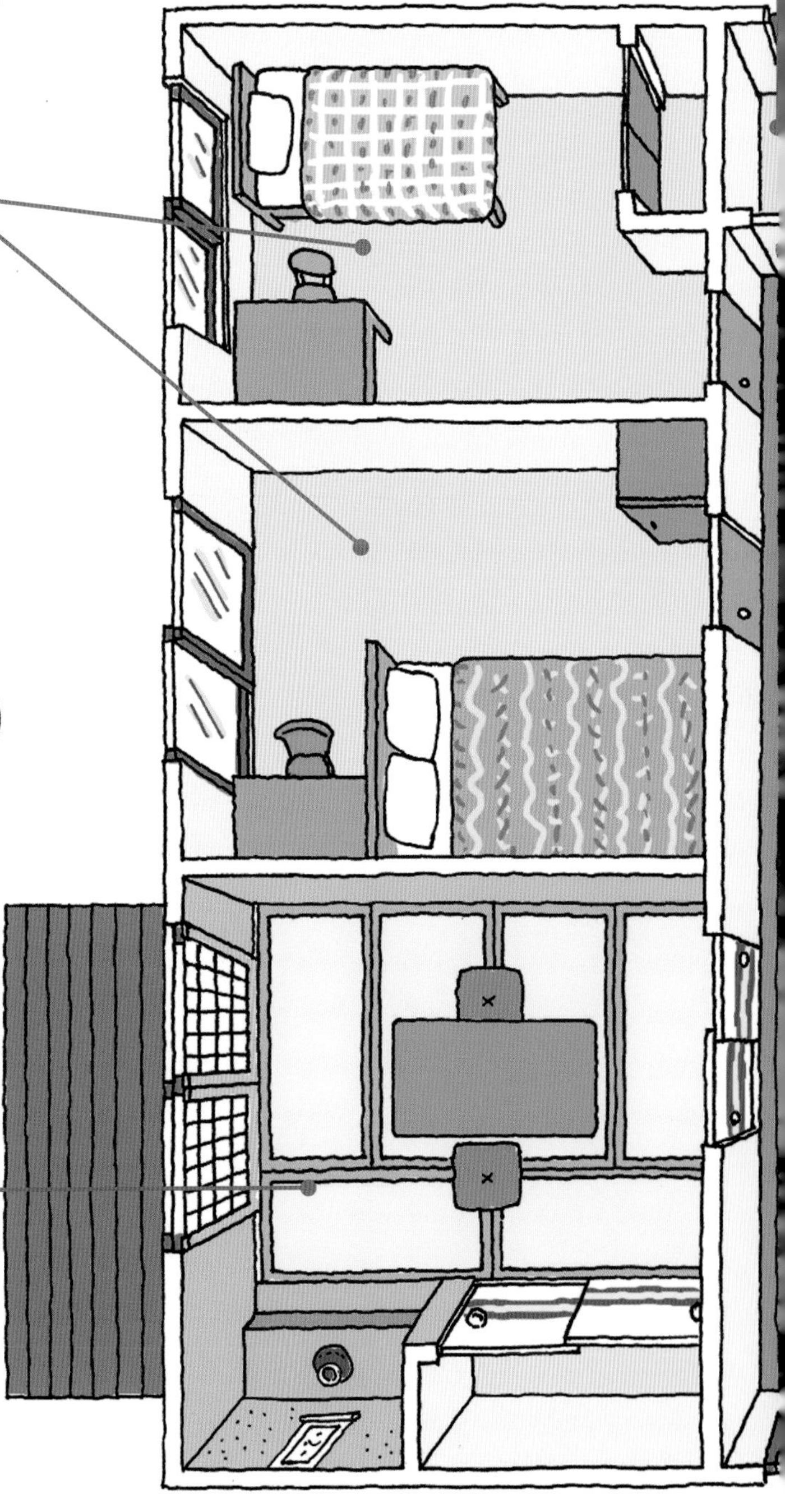

寝 室

意外に僕でもできそうだ。やってみるかな。
頼りにしてるわ
その意気じゃ!

和 室

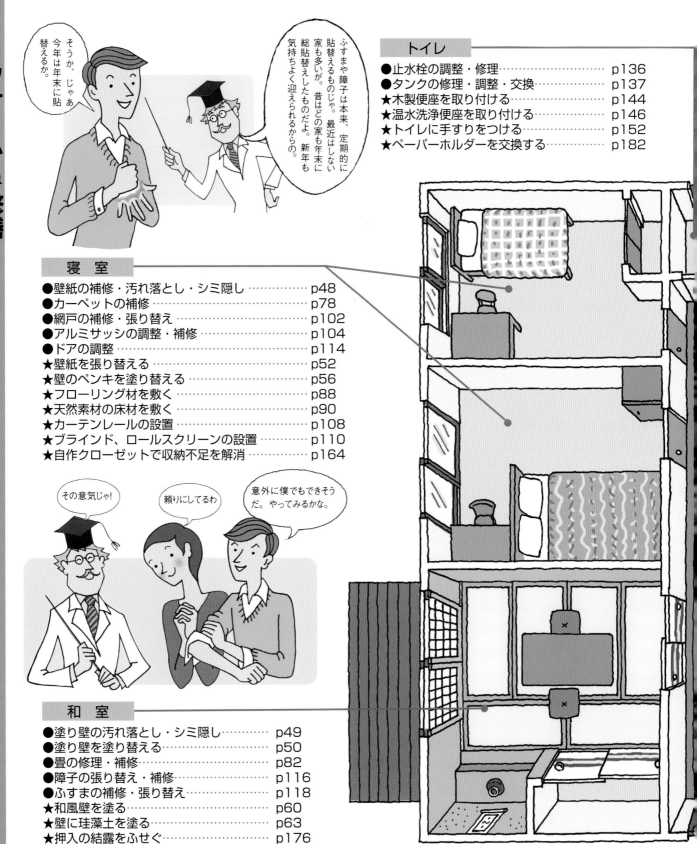

自分でできるわが家の簡単リフォーム＆修繕テクニック〈エクステリア篇〉

例　●：メンテナンス　★：リフォーム

外壁・塀

落書きされても、慌てない、慌てない。早めに対処すれば落とせるのじゃ。

大丈夫！下地処理さえしっかり行えば、木部も鉄部も、失敗なく塗れるものじゃ。
ペンキ塗りなんて、自分でしたことないし…。

木部・ウッドデッキ

窓

雨漏りなんかはとくにそうなんでしょうね。
家も人の体と同じ。悪い箇所を放っておくと、被害が大きくなることもある。早めの対処が肝心じゃよ。

屋根

コンクリート床

防犯

門扉

マークの目安!!
¥▶約1万円
◷▶約半日
🔨▶初心者〜🔨🔨🔨🔨🔨🔨上級者向け

困ったを解決する！タイプ別リフォーム早見表

DIY

現在の状態や予算、かけられる時間などによって、リフォームプランを選ぶことも大切です。部屋ごとのさまざまな悩みも、素材選びの基準になってきます

壁や床の現状に合わせて無理のないリフォームを

リフォーム作業でネックになるのが今現在の壁や床に使われている素材とその状態です。リフォーム素材別のコストや難易度については27ページにご紹介していますが、同じ素材を施工するにしても、現状によって作業の手間や時間が異なります。例えば、クッションフロアを張る場合、元の床も同素材なら重ねて張ることができますが、床がカーペットの場合は全部はがして下地調整してから張ることになります。その分、作業時間もかかるので、半日で終えるはずが、場合によっては2日がかりになることもあります。

限られた場所と時間で無理なく作業するために、まずは現状別のおもなリフォームの流れを把握しておきましょう。ここでは和室や洋室、キッチンなどに分けてご紹介します。悩みはあっても具体的なリフォーム方法がわからない、という方も必見です。

和室のリフォーム

和室の壁が古くなっている

和室に多いのがじゅらく壁や繊維壁。古くなると表面がポロポロと崩れて、見た目も悪く掃除も大変

塗料を塗る ▶P.56

コスト	¥
手間	◷◷◷
技術	🔨🔨

古い壁を下地調整してから塗装する。和室用は落ち着いた色が揃っているので仕上がりも上々。ホコリもつきにくく掃除が楽になる

塗り壁材を塗る ▶P.60

コスト	¥¥¥
手間	◷◷◷◷◷
技術	🔨🔨🔨

塗り壁を塗り直す場合も先に下地調整をする。ペンキより手間はかかるが、コテによる左官作業は楽しい。施工後は1〜2日乾燥させる

Others

和室壁には自然素材かそれに近い風合いの壁材が合う。なかでも和紙や麻布の壁紙はおすすめ。下地おさえ紙を貼ってから専用接着剤で張るが、和紙調のビニール壁紙なら接着剤は不要だ

柱や鴨居が茶色く変色している

白木の柱、長押や鴨居は無塗装なだけにシミや汚れが付きやすい。経年による変色も目立ってくる

白木用漂白剤でリフレッシュ

コスト	¥
手間	◷◷
技術	🔨

無塗装の木部を洗浄漂白し、美しい白木に甦らせる方法がある。さらに白木用の水性ニスやワックスでコーティングすれば完璧！

ステインやニスを塗る ▶P.51

コスト	¥
手間	◷
技術	🔨🔨

柱の木目を活かしながら濃い色に塗れば変色やキズが目立たなくなる。壁とのコントラストも美しい。塗料はステインやニスを使用

Others

消せないシミや深い傷のある柱は、天然木を薄くスライスした突板を表面に貼るとよい。粘着シール付きで、柱の幅と長さに合うものを選ぶと作業しやすい

Point

リフォームついでに畳表替えを

畳は3〜5年で表替えをするのが理想。壁のリフォームと同時に業者に頼めば、数日で新しい和室に生まれ変わります。表替えの料金の目安は1畳6,000円程度。畳縁も好みの色柄に交換できます。畳を搬出するので養生がしやすく作業もはかどります。

障子やふすまが汚れている

障子やふすまが汚れていると室内の雰囲気が台無しに。子どもや室内飼いのペットがいる家庭では破れもちらほら

ふすま紙を張り替える ▶P.116

コスト	¥
手間	◔
技術	⚒⚒

張り替え方法はふすまの種類によって2通り。戸ぶすまは枠が外せないので直接ふすま紙を張る。本ぶすまは枠を外して張るのがベスト

障子紙を貼り替える ▶P.114

コスト	¥¥
手間	◔◔
技術	⚒

まずは古い障子を水ではがし、枠を半日乾燥させる。障子の張り替えはそれから。作業は短時間で済むが、余裕をもって計画しよう

敷居すべりを貼る ▶P.119

コスト	¥
手間	◔
技術	⚒

スムーズに開け閉めできない場合やイヤな音がする場合は、敷居すべりを貼るとよい。ふすまの張り替えと同時に行えば、より快適に

窓に障子を作って取り付ける

コスト	¥¥¥
手間	◔◔◔◔
技術	⚒⚒⚒⚒

障子はDIYでも作れる。もちろん、プロのように完璧に仕上げるのは無理だが、構造を理解して、あせらず丁寧に作業すれば大丈夫

Special ▶ 思いきって和室を洋室にリフォームする!

合板の天井を洋風にする

壁、床、柱のほかに手を加える必要があるのが天井。一般的な和室の天井には突板張りの合板や木目調のプリント合板が使われている。この天井をいかに洋風にリフォームするかが重要になってくる

天井に壁紙を貼る ▶P.96

コスト	¥¥
手間	◔◔
技術	⚒⚒

天井と壁は同じ素材で仕上げると部屋が広く見える。壁紙の壁にするなら天井にも壁紙を。高所でも貼りやすいパネル式の壁紙もある

Others

天井のリフォームは長時間上を向いて作業するため首が疲れやすい。比較的ラクに施工できるのが塗装。塗り壁材の場合は重労働になるので、数人で作業することをおすすめする

和室壁を洋風にリフォーム

和室壁と洋壁の違いは、柱が表に出ているか否か。前者を真壁、後者を大壁と呼ぶが、手っ取り早く洋風にするなら、壁の仕上げ材を変えるだけでもよい

壁紙を貼る ▶P.52

コスト	¥¥¥
手間	◔◔
技術	⚒⚒

塗り壁には下地おさえ紙を貼って、その上に好みの壁紙を張る。柱や長押との組み合わせを考えると、ポップな柄は避けたほうが無難

珪藻土を塗る ▶P.63

コスト	¥¥¥
手間	◔◔◔◔◔
技術	⚒⚒⚒

珪藻土は和室、洋室のどちらにも合う塗り壁材。淡い色合いが揃っているので好みの一色を選ぼう。下地にシーラーを塗って仕上げる

Others

柱が目立たないように壁と同色に塗装する。アクセントになる色で塗ってもよい。より洋室らしくするなら、壁全面に合板を取り付けて柱を隠す、という方法もある

畳の床を洋風にリフォーム

和室から洋室へのリフォームは、まず第一に畳の床を変えること。古い畳を撤去すると、畳の厚さだけ床が低くなるので、かさ上げする必要がある

クッションフロアを張る ▶P.84

コスト	¥¥¥
手間	◔◔
技術	⚒⚒

ローコストで床を仕上げるなら、クッションフロアがおすすめ。かさ上げした床下地に接着剤でクッションフロアを張る

フローリングの床にする ▶P.88

コスト	¥¥¥¥¥
手間	◔◔◔◔
技術	⚒⚒⚒⚒

大掛かりなリフォームになるが、DIY でもフローリングに張り替えることができる。技術と根気が必要だが6畳程度なら2日で完了

Others

畳の上にカーペットやフロアカーペットを敷くと、湿気がこもりカビやダニの温床になる。どうしてもという場合は、湿気対策を万全に。そして、半年に一度は畳干しをすること

Point

どこまでできる? マンションリフォーム

分譲マンションには、個人の持ち分である専有部分と、所有者全員が共有する共用部分があり、このうちリフォームできるのは専有部分のみ。コンクリートの床、壁、天井、柱、梁の解体や穴あけ、はつりは法律で禁じられていますが、室内の仕上げ材を変えるだけなら問題はありません。しかし、畳やカーペットの床をフローリングにするときは要注意。マンションごとの管理規約や使用細則で制限されていることがあります。プランを立てる前に、まずは管理規約を確認すること。

洋室のリフォーム

壁紙が古くなった

壁紙全体の変色はどんなに掃除しても無駄。とくに10年以上使用した壁紙は寿命オーバー。即リフォームを

珪藻土を塗る ▶P.63

コスト	¥×5
手間	時計×5
技術	ハンマー×4

DIY向けの珪藻土には壁紙の上に直接塗れるタイプがある。壁紙のはがれ防止にタッカーで止めてから塗る

水性塗料を塗る ▶P.56

コスト	¥×1
手間	時計×3
技術	ハンマー×2

壁紙を下地調整して水性塗料を塗る。もっとも手軽でローコストな方法だが劣化の進んだ壁紙には適さない

壁紙を張り替える ▶P.52

コスト	¥×3
手間	時計×2
技術	ハンマー×2

古い壁紙をきれいにはがしてから新しい壁紙を張る。壁紙の上に直接張れるタイプもあるが色柄は限られる

塗装の壁が汚れてきた

塗装壁の軽い汚れは水拭きで落とせるが、壁全体に汚れやはがれがある場合はリフォームできれいにしよう

珪藻土を塗る ▶P.63

コスト	¥×5
手間	時計×5
技術	ハンマー×3

珪藻土は湿気や臭いがこもりやすい部屋に最適。シーラーで下地調整すれば塗装壁にも塗ることが可能

水性塗料で上塗りする ▶P.56

コスト	¥×1
手間	時計×3
技術	ハンマー×1

水性塗料は色数が豊富なので、インテリアに合わせて壁の色を選べる。通常は2度塗りできれいに発色する

壁紙を張る ▶P.52

コスト	¥×3
手間	時計×3
技術	ハンマー×3

塗装壁を下地調整してから張る。壁紙は好みのデザインを選ぼう。初心者には生のり壁紙の無地がおすすめ

化粧合板が古くなった

表面に木目などがプリントされた壁。古くなるとみすぼらしく見えるのが難点。部分的に浮き上がりも出る

珪藻土を塗る ▶P.63

コスト	¥×5
手間	時計×5
技術	ハンマー×4

表面がツルッとした壁は珪藻土がのりにくい。合板の浮きも押さえる必要がある。塗る前に必ず下地調整を

水性塗料を塗る ▶P.56

コスト	¥×1
手間	時計×3
技術	ハンマー×2

表面がツルッとした壁は塗料がのりにくい。また合板の継ぎ目は目立つので必ず下地調整をしてから塗る

壁紙を張る ▶P.52

コスト	¥×3
手間	時計×1
技術	ハンマー×3

表面がツルツルしていると壁紙がはがれやすい。継ぎ目や浮きは表面に響くので下地調整をしてから張る

Special▶洋室の壁にアクセントをつける

タイルを貼る ▶P.66

コスト	¥×3
手間	時計×1
技術	ハンマー×2

壁の下や柱に部分的にタイルを貼れば室内に重厚感が出てくる。リビングや寝室には光沢のないタイルが合う

腰板を張る ▶P.70

コスト	¥×3
手間	時計×3
技術	ハンマー×4

腰板（腰壁）は、床面から60〜90cmの高さに張りつける板材。壁面のアクセントになり、室内の印象が洗練される

モール材を貼る

コスト	¥×2
手間	時計×1
技術	ハンマー×2

床や天井、ドアまわりにモール材を貼れば、塗料や塗り壁材のはみ出しを隠せる。壁紙のはがれも防止できる

現状に適した素材選びで理想のインテリアに

リビングや寝室、子ども部屋など、生活シーンに幅広く対応できる洋室。壁や床の素材にはさまざまな種類が使われていますが、もっとも一般的なのが、壁紙の壁にカーペットやフローリングの床です。古くなったり汚れが目立ってくると、気分もよくありません。とくにリビングは人の出入りが激しいので、ほかの部屋より早く劣化します。快適な毎日を送るために、気になる部分は早めにリフォームしましょう。

洋室の壁と床は、インテリアに合わせて素材と色柄を選びましょう。予算と施工内容のチェックもお忘れなく！

クッションフロアが傷んでいる

水や汚れに強いクッションフロアは、長年使用していると、摩擦によって表面が傷んできたり端からはがれてくる。新しいうちはいいが古くなるとみずぼらしくなるのが欠点

クッションフロアを張る

P.84

コスト	¥¥
手間	●
技術	●●

床が汚れやすい部屋には掃除が簡単なクッションフロアを。はがれや破れを調整すれば上から重ねて張ることができる

置き敷きフローリングに

P.88

コスト	¥¥¥¥
手間	●●●●
技術	●●

クッションフロアに直接敷くことができるのが置き敷きフローリング。床のサイズに合わせノコギリでカットする

コルクタイルを敷く

コスト	¥¥¥¥¥
手間	●●
技術	●●

底冷えする部屋や子どもやお年寄りの部屋に最適。クッションフロアをはがす必要があるが接着剤で貼るので簡単

タイルカーペットを敷く

P.86

コスト	¥¥¥¥¥
手間	●
技術	●

タイルカーペットはクッションフロアの上に直接敷くことができる。もっとも簡単なリフォームだ

フローリング材を張る

コスト	¥¥¥
手間	●●●●●
技術	●●●●

フローリング材はクッションフロアをはがしてから張る。下地調整と張る作業に技術が必要なので上級者向き

Others

床用タイルはクッションフロアをはがしてから貼る。床全面に貼るとコストも大幅にアップするが、ほかの床材と組み合わせて、結露が気になる窓まわりだけに貼ってもよい。ほかの床材と段差ができないように、それぞれの厚さを考慮して選ぼう

板の間・フローリングが古くなった

板の間やフローリングは、床用ニスを塗れば細かいキズや薄い汚れが目立たなくなるが、全体に傷みが激しい場合やイメージチェンジしたい場合はリフォームしよう

クッションフロアを張る

P.84

コスト	¥¥
手間	●
技術	●●

床が汚れやすい部屋には掃除がしやすいクッションフロアがおすすめ。多少の段差があっても直接張ることができる

置き敷きフローリングに

P.88

コスト	¥¥¥¥
手間	●●●●
技術	●●

元のフローリングの床が平坦であれば、直接敷くことができる。段差がある場合ははがす必要がある

コルクタイルを敷く

コスト	¥¥¥¥¥
手間	●
技術	●

底冷えする部屋や子どもやお年寄りの部屋に最適。表面が平らなフローリングには直接接着剤で貼ることができる

タイルカーペットを敷く

P.86

コスト	¥¥¥¥¥
手間	●
技術	●

タイルカーペットはフローリング材の上に直接敷くことができる。もっとも簡単なリフォームだ

フローリング材の張り替え

コスト	¥¥¥¥¥
手間	●●●●●
技術	●●●●●

古いフローリング材をはがしてから張る。ただし、はがす作業は大変。下地調整も難しいので上級者向き

Others

床用タイルはそのまま貼ることができる。段差がある場合はモルタルで高さを調整する。結露が気になる窓まわりだけに貼ってもよい。ほかの床材と組み合わせる場合は段差ができないように、それぞれの厚さを考慮して選ぼう

カーペットが傷んでいる

古いカーペットは全体に汚れが付着しているので不衛生。クリーニングしてもカーペットの傷みは直らないので、清潔で快適な床にリフォームしよう

クッションフロアを張る

P.84

コスト	¥¥
手間	●●
技術	●●

床が汚れやすい部屋には掃除が簡単なクッションフロアを。カーペットをはがして、下地調整してから張る

置き敷きフローリングに

P.88

コスト	¥¥¥¥
手間	●●●●
技術	●●

置き敷きフローリングはカーペットをはがしてから敷く。下地調整後、床のサイズに合わせノコギリでカットする

コルクタイルを敷く

コスト	¥¥¥¥¥
手間	●●
技術	●●

コルクタイルは、カーペットをはがし下地調整してから接着剤で貼る。底冷えする部屋や子どもやお年寄りの部屋に

タイルカーペットを敷く

P.86

コスト	¥¥¥¥¥
手間	●●
技術	●

汚れたカーペットは不衛生なので必ずはがす。下地をきれいにしてからタイルカーペットを敷く

フローリング材を張る

コスト	¥¥¥
手間	●●●
技術	●●●●

フローリング材はカーペットをはがしてから張る。下地調整と張る作業に技術が必要なので上級者向き

Others

古いカーペットをはがさずに床材を換えたい場合は、フローリングカーペットが便利。ただし、上に敷く前に、カーペットの汚れを専用のクリーナーなどできれいにして、しっかり乾燥させておくこと

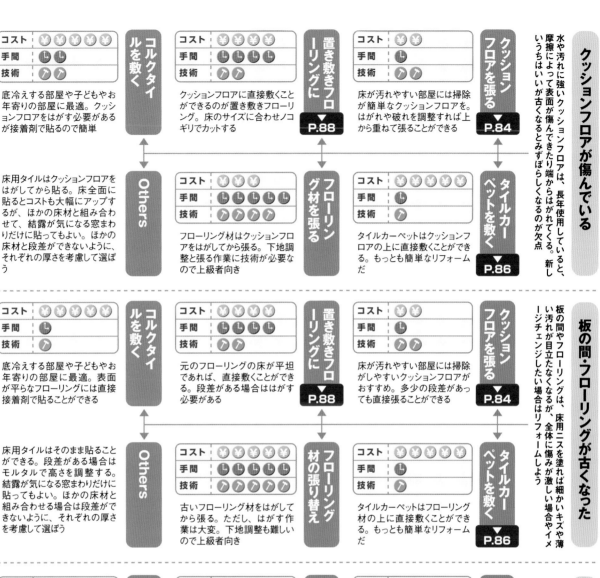

部屋別、快適リフォームプラン

部屋別のリフォームは使い方や目的に合わせて

キッチンや玄関、リビング、寝室などを快適にリフォームするためには、インテリア性はもちろん、それぞれの用途に適した素材を選びましょう。耐水性、不燃性、耐久性、遮音性などの機能面に加え、防汚、防カビ加工の有無も選択基準に入れます。また、シックハウス対策には、有害物質を含まない安全素材を用いることが重要です。さらに、収納を設けたり壁を取り除くリフォームもありますが、いずれも現状を把握した上で計画を立てましょう。

キッチンの床が古くなった

水はねや油汚れ、摩擦で傷みやすいキッチンの床。リフォームするなら、水や汚れに強く掃除がしやすい素材を選ぼう。また、長時間立ち仕事をする場所なので弾力性も重視したい

クッションフロアを張る ▶P.84

水や油に強く掃除が簡単なクッションフロア。安価で施工も簡単だ。現在の床が同素材なら重ね張りでき、弾力性も2倍に。ただし、熱やゴム製品に弱いので気をつけよう

コルクタイルを敷く

足元の冷えが気になる場合は断熱性に優れたコルクタイルを。水や汚れをはじくウレタン塗装品、またはワックスがけを。現状がクッションフロアなら、はがしてから貼る

キッチンの壁をきれいにしたい

キッチンの壁は水はねや油煙で汚れる場所。リフォームするなら掃除がしやすく、汚れがつきにくく、シミが目立たない素材を選ぶ。コンロまわりは必ず不燃材を用いること

タイルを貼る ▶P.66

コスト	¥¥
手間	●●●
技術	●●

汚れをサッと拭ける陶器質の施釉タイルを。目地の汚れ対策には大きめのタイルか、色つきの目地材を選ぶ。汚れに強い目地材もある

Others

コンロまわりの壁には粘着テープ付きのステンレスシートを。金切りバサミでカットできる。化粧合板の収納扉にはカッティングシートを。いずれも油分をしっかり落としてから貼る

子ども部屋の床・壁リフォーム

小さい子どものいる家庭では、壁や床が汚れやすい。食べ物や飲み物をこぼしたり、汚れた手で壁をさわったり、いたずら書きをしたりと、掃除が大変

ビニール壁紙を張る ▶P.52

コスト	¥¥¥
手間	●
技術	●●

ビニール壁紙の利点は水拭きができること。生のりタイプを選べば初心者でも簡単に張ることができる

タイルカーペットを敷く ▶P.86

コスト	¥¥¥¥¥
手間	●
技術	●

タイルカーペットはクッションフロアやフローリングに直接敷くことができる。汚れた部分だけはずして洗える。部分交換も簡単

Others

いたずら書きが気になる時期は、水性塗料で壁を2色に塗り分けるとよい。壁の下方に濃い色を塗ればシミも目立ちにくい。水性塗料は安価で塗り替えもラクなのでおすすめだ

玄関・廊下のリフォーム

玄関はいつも明るく清潔にしておきたい場所。けれども汚れやすく、湿気や臭気がこもりやすいのが悩みの種。また、玄関付近の廊下は荷物がぶつかりやすいためキズが絶えない

玄関にタイルを貼る ▶P.92

コスト	¥¥
手間	●●●
技術	●●

汚れやすい玄関の床はタイルが最適。明るい色を選んでイメージアップを。吸水性のない床用タイルを選ぶと掃除がしやすい

玄関の壁に調湿機能タイルを貼る

コスト	¥¥¥¥
手間	●●●●
技術	●●

調湿機能タイルを壁に貼れば、湿度をコントロールしイヤな臭いも防ぐことができる。コストを抑えたいなら部分貼りしてもよい

廊下に腰板を貼る ▶P.70

コスト	¥¥¥¥
手間	●●
技術	●●●

廊下の壁の保護には腰板を貼るとよい。重厚感があり、塗装で好みの色に仕上げられるので、玄関まわりのイメージアップにもなる

Others

玄関まわりは、出入りの邪魔になるので、できるだけモノを置かないようにしたい。靴や傘などの収納が足りない場合は壁に収納棚をつくるとよい。詳しくは P170 を参考に

シックハウス対策をする

健康に害を与えるVOCやホルムアルデヒド。室内の有害化学物質を低減するためには、リフォーム素材を厳選することも大切だ

珪藻土を塗る ▶P.63

コスト	¥¥¥¥¥
手間	🕒🕒🕒🕒🕒
技術	🔨🔨🔨🔨

珪藻土は空気清浄機能に優れ、有害物質を吸着する塗り壁材。珪藻土の配合率の高いものを選ぼう。下地調整をすればさまざまな壁に塗ることができる

調湿機能タイルを貼る

コスト	¥¥¥¥¥
手間	🕒🕒
技術	🔨🔨

調湿機能タイルは、湿度をコントロールし有害物質を吸着する。壁に貼るには接着剤を使用するが、VOCやホルムアルデヒドを含まないものを選ぼう

無垢フローリングを貼る

コスト	¥¥¥¥¥
手間	🕒🕒🕒🕒🕒
技術	🔨🔨🔨🔨🔨

無垢材でできたフローリングは調湿機能と安全性が高い。天然原料のワックスで手入れをする。反りやあばれを防ぐには技術を要するので、上級者向き

Others

上記以外にも、室内の有害物質を低減するさまざまな素材がある。一般的なリフォーム素材に比べるとローコストとはいえないが、健康のためにも材料にこだわって選びたい

リビング・寝室を快適にする

家族の集うリビングは、明るく居心地のよいスペースとなるよう、素材選びにこだわりたい。また、寝室の壁や床は、快適な睡眠のためにも、素材や色を工夫してリフォームしたい

輸入壁紙を貼る ▶P.52

コスト	¥¥¥
手間	🕒🕒
技術	🔨🔨🔨

室内のイメージを大きく左右する壁。リビングのインテリアにこだわりたいなら、デザイン性の高い輸入壁紙がおすすめ。再湿、のりなしタイプが中心

珪藻土を塗る ▶P.63

コスト	¥¥¥¥¥
手間	🕒🕒🕒🕒🕒
技術	🔨🔨🔨🔨

珪藻土は空気清浄機能に優れた塗り壁材。リビングや寝室を快適にリフォームできる。下地調整すればさまざまな壁に塗ることができる

カーペットを敷く ▶P.86

カーペットは肌触りも良く遮音性に優れている。こまめな掃除が必要だが、フローリングに比べホコリの舞い上がりが少ないという利点もある

壁の色を選ぶ

壁のリフォームで重視したいのが、色。インテリア性も大事だが、人の気分に影響するので、部屋の用途によって色を使い分けるとよい

Others

壁のリフォームに伴い、天井も一緒に仕上げることをおすすめする。とくに寝室は、壁より天井が目に入るので、眠りにも大きく左右する

Special ▶ 収納を充実させる

床下収納を作る

コスト	¥¥
手間	🕒🕒
技術	🔨🔨🔨🔨

少々勇気のいるリフォームだが、床下の構造がわかれば、床を抜いて収納をつくることも可能だ。DIY中級者向け

中空壁を利用して棚をつくる ▶P.164

コスト	¥
手間	🕒🕒🕒
技術	🔨🔨🔨

石膏ボードの壁の内側は中空壁といって空洞になっている部分がある。この部分を利用して棚をつくることもできる。これも床下収納と同様、中級者向け

Others

壁面に棚を作る場合にネックになるのが、ねじや釘の効かない石膏ボードの壁。この場合はアンカーフックを利用する

間取りを変更する

長い年数を限られた空間で生活するには、さまざまな工夫がいる。ライフスタイルに合わせて使い勝手のよい間取りに変更したい

壁を抜いて部屋を広くする

コスト	¥
手間	🕒🕒🕒🕒
技術	🔨🔨

大掛かりなリフォームになるので上級者向けだが、建物の構造がわかれば、壁を抜いて間取りを変えることも可能だ

Others

コスト	¥¥¥
手間	🕒🕒🕒
技術	🔨🔨🔨

子ども部屋が足りない場合は、部屋の中に壁を設けたり、パーテーションで区切る方法がある

リフォーム素材まるわかり講座

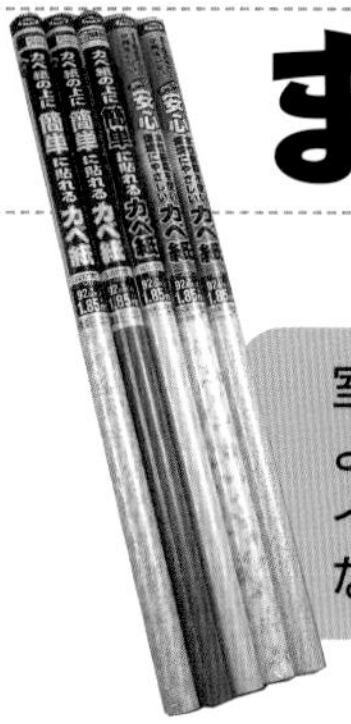

レベルと予算に合わせて素材を選ぼう

リフォーム素材をあれこれ選ぶのは楽しいものです。けれども壁や床の仕上げ材にはさまざまな種類があるので、何を選べばよいのか迷ってしまう人も多いでしょう。DIYでリフォームする場合に重要なのは、まず第一に、自分のレベルに合った素材を選ぶことです。また、壁や床の全面リフォームとなると、面積が広いだけにコストや手間がかかります。作業を始めてから後悔しないために、まずは各素材の特徴と施工の難易度、コストを比較してみましょう。

室内で圧倒的な面積を占める壁と床。仕上げ材の種類によってガラリと印象が変わるので、素材選びは重要なポイントとなります。自分でできる？予算オーバー？そんな心配をクリアするため、まずは各素材の徹底比較を！

壁　色とテクスチャーで雰囲気アップ

分類	素材	特徴
塗り壁材	漆喰	●ホコリがつきにくく、断熱、消臭機能に優れる ●表面を平滑に仕上げるには高度な技術が必要
塗り壁材	じゅらく壁	●和室らしい落ち着いた色合いが魅力。風合いもよい ●接着材配合で水で練るだけで施工できる
塗り壁材	繊維壁	●表面にホコリが付きやすいが、安価で素朴な仕上がりに ●接着剤配合で水で練るだけで施工できる
塗り壁材	珪藻土	●調湿、断熱、脱臭などの機能を持つ ●壁紙や繊維壁に直に塗ることができるので簡単
塗り壁材	漆喰風塗料	●調湿効果は低いが、漆喰風の仕上がりを楽しめる ●水で練る必要がないのでそのまま塗ることができる
タイル	内装タイル	●キッチンやバスルームなどの水まわりに適している ●接着剤で貼り、目地材を埋めて仕上げる
タイル	ブリックタイル	●レンガを積み重ねたような仕上がりになる ●両面テープで貼ることができるので初心者でも簡単
タイル	調湿機能タイル	●湿度をコントロールし有害物質を吸着する ●接着剤を塗って貼ることができる
壁紙	生のり壁紙	●シワが寄っても張り直しができる ●色柄は限られるが、張りやすくきれいに仕上がる
壁紙	粘着壁紙	●裏紙をはがすだけでスピーディーに張ることができる ●張り直しできないので慣れた人におすすめ
壁紙	再湿壁紙	●輸入壁紙など豊富な色柄が揃っている ●水をつけてから張るので、少々手間がかかる
壁紙	のりなし壁紙	●紙製や織物製など、風合いのよいものが揃っている ●裏に壁紙用のりを塗ってから張るので手間がかかる
塗料	室内壁用水性塗料	●壁を好みの色にリフォームできる ●ローラーバケで簡単に塗ることができる
塗料	浴室用水性塗料	●パステルカラーが中心。壁のカビを防ぐことができる ●室内壁用に比べると少々高い。塗り方は同様
その他	粘着シート	●プリントによる豊富な色柄が揃っている ●凹凸面には不向き。プラスチックや金属部に最適
その他	腰板	●壁面の汚れやすい部分を保護できる ●板を塗装してから、釘打ちで固定する

床　好みの床材で足元を安全・快適に

分類	素材	特徴
ビニール床材	クッションフロア	●撥水性なので水まわりに最適。汚れたら水拭きできる ●床のサイズに合わせてカットし両面テープで張る
ビニール床材	ビニールタイル	●接着剤で貼るだけでカラフルな床にリフォームできる ●硬質のものは角が割れやすいが、安価で汚れに強い
ビニール床材	粘着ビニール床材	●粘着シール付きのタイル式クッションフロア ●裏紙をはがすだけでスピーディーに作業できる
カーペット	タフテッドカーペット	●保温性、弾力性が魅力。さまざまな織柄と色が揃う ●基本は置き敷き。切断したままだと端がほつれる場合も
カーペット	ニードルパンチカーペット	●両面テープや接着剤で直張りする ●ほかのカーペットに比べると弾力性は劣るが価格は安い
カーペット	タイルカーペット	●広面積では高くつくが、並べるだけなので手間いらず ●汚れた部分をはずして洗えるのが利点
コルク床材	コルクタイル	●適度な弾力性で歩行感がよい。保温、吸音効果も高い ●専用の接着剤で直貼りする
コルク床材	コルクシート	●薄いので弾力性は低いが、長尺シートで張りやすい ●コルクタイルに比べると安価
フローリング材	無垢フローリング	●高価だが、本物の木のぬくもりと調湿効果が魅力 ●施工は釘打ち。反りやあばれを防ぐには技術を要する
フローリング材	天然木化粧フローリング	●無垢材に比べると質感は劣るが、その分安価 ●施工は釘打ち。基材が合板なので比較的作業しやすい
フローリング材	特殊加工化粧フローリング	●キズ、汚れ、日焼けの防止加工で手入れが簡単 ●施工は天然木化粧フローリングと同様
フロア材	ウッドカーペット	●置くだけでフローリングに変身。賃貸住宅でもOK ●畳の上に敷くとカビが発生しやすいので要注意
フロア材	置き敷きフローリング	●接着剤や釘を使わずそのまま置くことができる ●高価だが、取り外せるので転居先でも使用可能
その他	床用タイル	●底冷えするが、質感がよく、水まわりに最適 ●接着剤で貼り目地を埋めて仕上げる。乾燥時間を要する
その他	リノリウム	●弾力性、耐久性に優れ、抗菌作用がある ●接着剤を用いて床に直貼りする
その他	ユニット畳	●フローリングの上に敷くだけで和の空間が手に入る ●本物の畳より薄くて硬いが、まめに畳干しができる

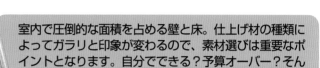

室内のイメージを大きく変える壁・床
きれいに仕上げるにはDIYレベルに合った素材選びを！

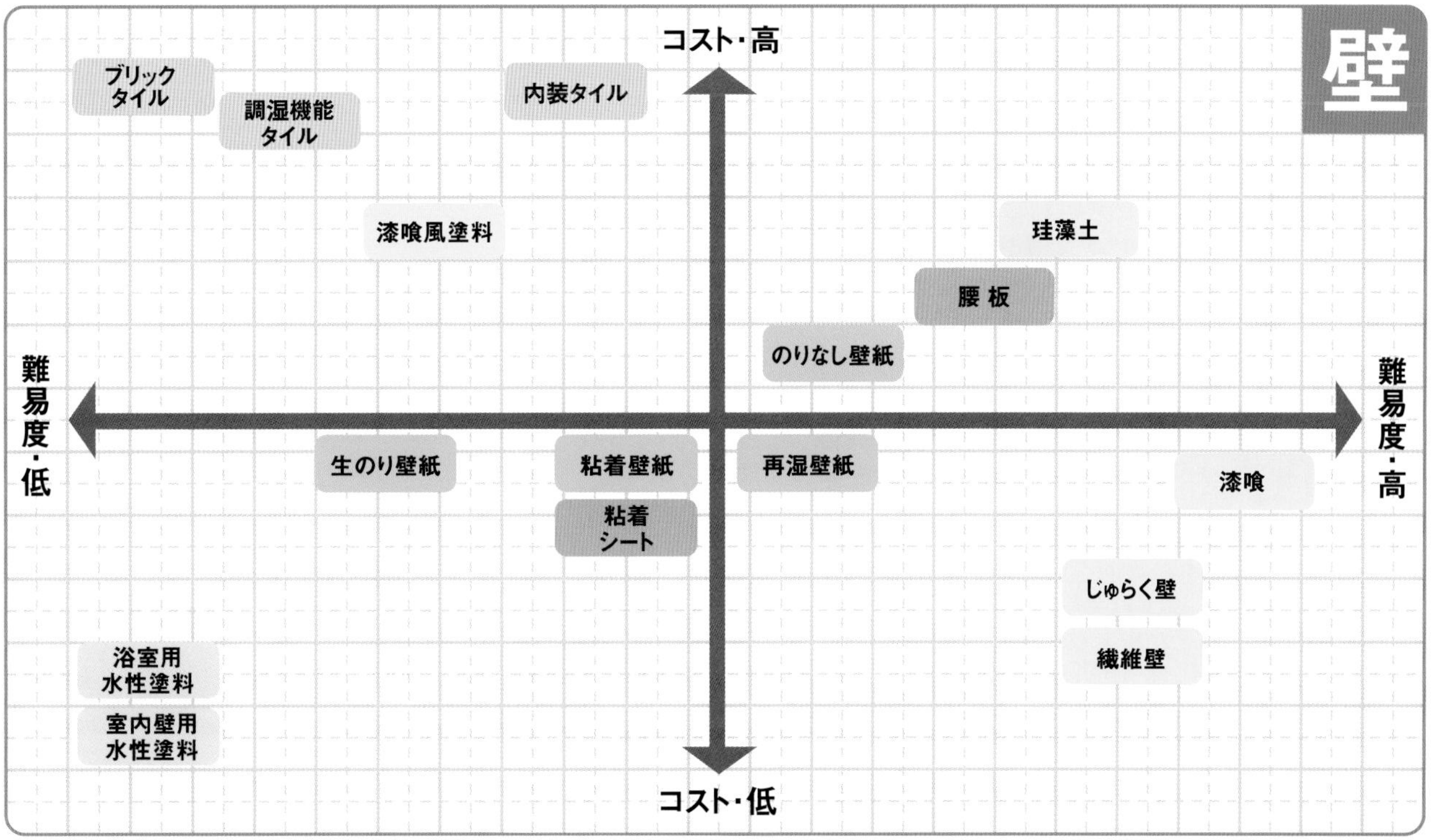

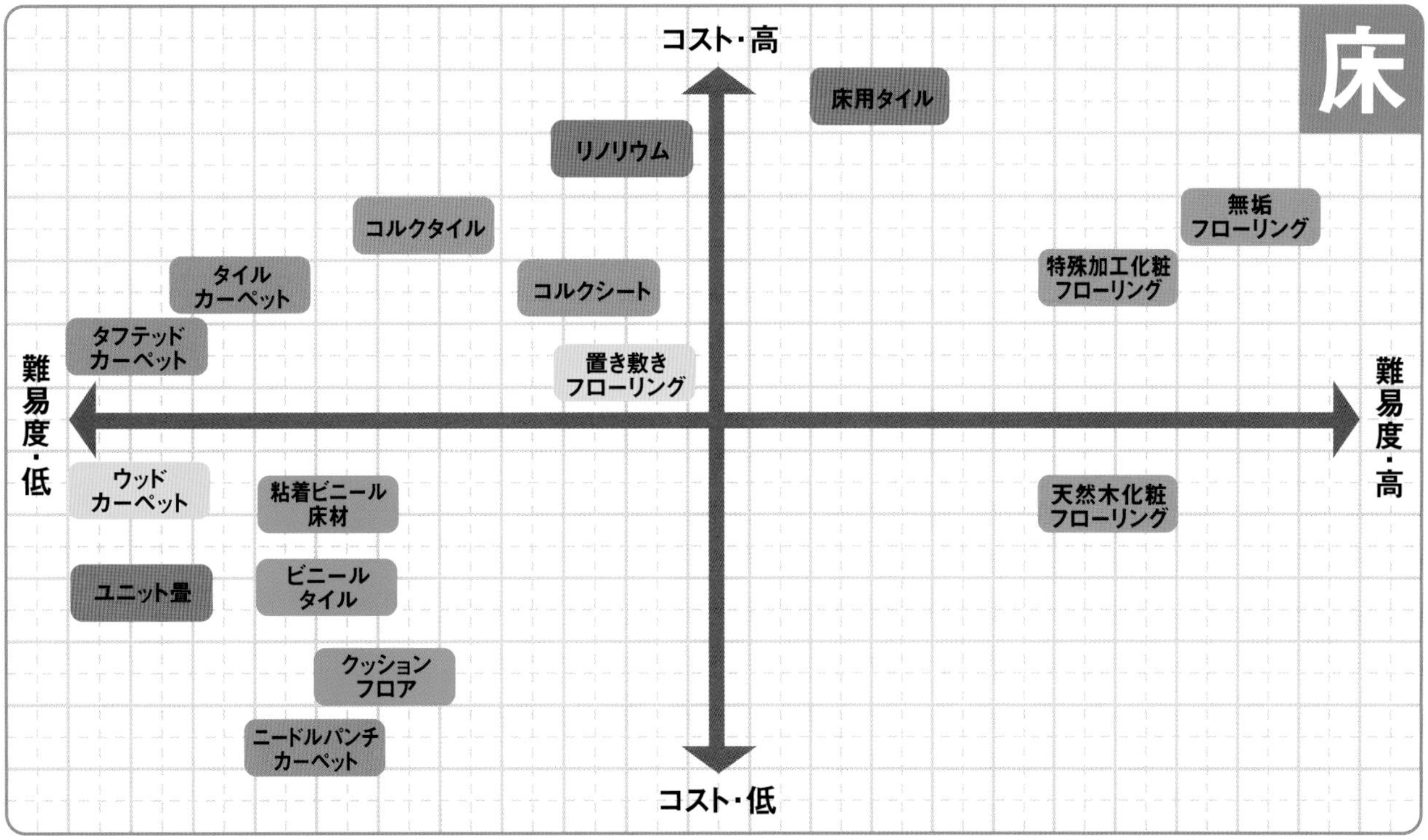

壁紙

壁紙の素材には水拭きできるビニール製、風合いのよい紙製と布製があるが、基本的に張り方の種類によって難易度が異なる。一般的なサイズは幅92㎝で長さ5m、10、15、30mのロール巻きで販売されている。

再湿壁紙

裏に水をつけてのりを戻してから張る、もっとも一般的な壁紙。少々手間がかかるが、輸入物も多く、豊富な色柄が揃っている

6畳あたりの必要量	平均コスト
30 m	25,000 円

※ 92㎝幅の場合

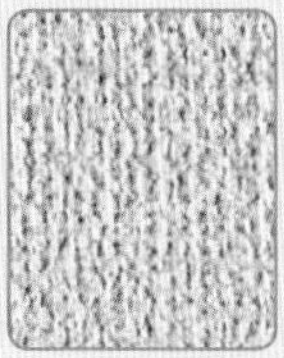

生のり壁紙

ビニール製の壁紙が中心。色柄は限られる。裏に生のりが塗られており、フィルムをはがしながら張る。シワが寄っても張り直しができるので簡単に美しく仕上がる

6畳あたりの必要量	平均コスト
30 m	25,000 円

※ 92㎝幅の場合

のりなし壁紙

風合いのよい紙製や織物製に多いのがこのタイプ。裏に壁紙用のりを塗ってから張るので手間がかかる。壁紙の中では上級者向き

6畳あたりの必要量	平均コスト
30 m	32,000 円

※ 92㎝幅の場合／壁紙用ノリを含む

粘着壁紙

手軽なシール式でスピーディーに仕上げることができる。裏紙をはがしながら張るが、シワや空気が入ったり曲がってしまった場合の張り直しは困難

6畳あたりの必要量	平均コスト
30 m	25,000 円

※ 92㎝幅の場合

タイル

タイルとひとくちに言ってもサイズや形、色もさまざまなものがある。材質は陶器質、せっ器質、磁器質に大別され、基本的に接着剤で貼り、目地材を埋めて仕上げる。

調湿機能タイル

湿度をコントロールし、臭いや有害化学物質を吸着する機能を持つ。吸水性があるので水まわりには不向き。さまざまなデザインがあるがいずれも接着剤で貼る

1㎡当たりの必要量	平均コスト
103 枚	7,400 円

※ 202㎜× 50㎜の場合

内装タイル

表面に釉薬を施した陶器質タイルは水まわりに最適。接着剤で貼り、目地材を埋めて仕上げる。一般的なサイズは10㎝角と20㎝角。実測では目地幅の分だけ2～4㎜小さくなっている

1㎡当たりの必要量	平均コスト
100 枚	10,000 円

※ 10㎝角の場合

モザイクタイル

正方形、長方形、丸型、六角形などの小さなタイル。磁器質、ガラスが中心で、施工しやすいように目地幅を均一にあけて紙やネットに貼ってあるものが多い

1㎡当たりの必要量	平均コスト
11.1 枚	11,000 円

※ 22㎜角の 300㎜シートの場合

ブリックタイル

レンガをあしらいたい場合に。室内壁にはセラミック製がおすすめ。軽量なので両面テープで貼ることができる。本物のレンガを薄くスライスしたものは、強度の高い壁向き

1㎡当たりの必要量	平均コスト
60 枚	10,000 円

※ 215㎜× 65㎜の場合

その他

壁のリフォーム素材には上記のほかにもさまざまな種類がある。カッティングシートや腰板はDIYでも施工しやすく、ホームセンターなどで簡単に入手できる。

腰 板

床から約1mまでの高さに貼る木製板。凹凸加工された側面をはめ込み、釘で固定する。下部に幅木、上部に見切り縁を取りつける。施工前に好みの塗装をしよう

6畳当たりの必要量	平均コスト
154 枚	42,000 円

※ 85㎜× 910㎜の場合／幅木、見切り含む

カッティングシート

裏紙をはがしながら貼るビニール製の粘着シート。プリントによる色柄が豊富に揃っている。接着面は化粧合板やプラスチック、金属などの平滑な面に限る

ドア１枚分の必要量	平均コスト
1 枚	1,600 円

※ 900㎜× 1,850㎜の場合

※6畳あたりの壁面積は25㎡としています。

塗り壁材

素朴なテクスチャーで室内に趣きをもたらす塗り壁材。水を加えて練り、コテを使って塗るものが中心。基本的に下地調整が難しいので、DIY向けに改良されたものがおすすめ。

漆喰風塗料

漆喰調のテクスチャーを楽しめる水性塗料。調湿機能は本物の漆喰に劣るが、水で練る必要がなく、ローラーバケでそのまま塗ることができるので簡単

6畳あたりの必要量	平均コスト
40kg	52,000円

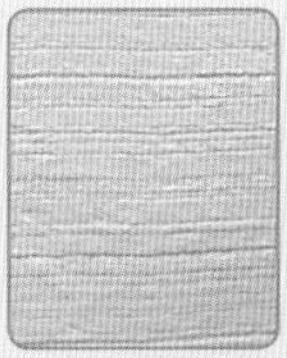

珪藻土

珪藻土は水中の植物プランクトンが堆積、化石化した泥土。調湿、脱臭などさまざまな機能を持つ人気の塗り壁材。壁紙や繊維壁に直に塗ることができるタイプが多い

6畳あたりの必要量	平均コスト
30kg	52,000円

和室壁 繊維壁・じゅらく壁

和室に多く見られる繊維壁やじゅらく壁もDIYで施工できる。接着材が配合されているので、水を加えて練れば、塗り始めることができる。ほかの塗り壁材に比べると安価

6畳あたりの必要量	平均コスト
7kg	15,000円

漆 喰

消石灰を主原料とする断熱、消臭機能に優れた日本古来の塗り壁材。従来品は施工が非常に難しいのでDIY向けのノリの配合が多いものを選ぼう

6畳あたりの必要量	平均コスト
22kg	23,000円

塗 料

室内の塗装には低臭の水性塗料がおすすめ。床や窓枠にしっかりマスキングをして、ローラーバケやコテバケを使って塗る。柱などの木目を活かした塗装にはステインやオイルを。

ステイン

柱や長押にステインを塗れば、一度で深みのある色に染まる。浸透しやすいようにハケや布ですり込むように塗る。さらに、乾燥後ニスを上塗りすればキズや汚れを防止できる

1㎡当たりの必要量	平均コスト
25mℓ	200円

室内壁用水性塗料

壁の色にこだわりたいならカラーバリエーションが豊富な室内壁用がおすすめ。壁紙や塗り壁にそのまま塗ることができるタイプ、消臭機能付きのタイプなどがある

1㎡当たりの必要量	平均コスト
3ℓ	7,000円

オイル

オイルはステインに比べると高価だが、水や汚れをはじいて木部を保護する。たっぷり塗って余分なオイルを布で拭き取るのがポイント。さらにワックスで磨くと美しいツヤが

1㎡当たりの必要量	平均コスト
100mℓ	300円

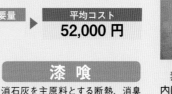

浴室用水性塗料

浴室用はパステルカラーが中心。防カビ剤が配合されているので室内壁用に比べると少々高い。浴室以外にも、キッチンや洗面所などの水まわりや湿気が気になる場所に

1㎡当たりの必要量	平均コスト
3ℓ	8,500円

購入の前に必要量を算出する

店頭で実際に比較するには、まず壁の総面積からドアや窓などの面積を引き、実際の施工面積を算出しておこう。これを、塗料や塗り壁材の1個当たりの施工面積、壁紙ならその幅で割れば、必要な個数や長さを算出できる。施工方法により材料が不足する場合があるので、必ず2割以上多めに見積もること。

Point

モール材とボーダーでデコレーション

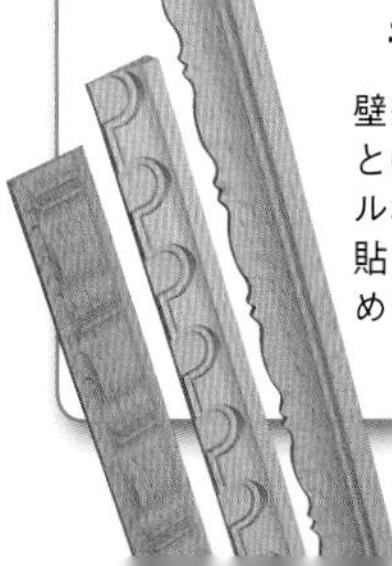

モール材

壁紙の切り端、天井や床との境をカバーするモール材。好みの色に塗って貼れば、より装飾が楽しめる。ドアや窓枠にも

ボーダー

幅5～30㎝の帯状の壁紙で、部屋の腰まわりなどに貼る。輸入物は色柄豊富。壁紙や塗装壁と組み合わせて華やかな室内に

カーペット

心地いい感触と保温効果に優れているカーペットは、大掛かりな施工が必要ないので手軽にリフォームを楽しめる。ロールカーペットとタイルカーペットの2種類があり、肌触りや機能性を基準に選ぼう。

タイルカーペット

300～500㎜角の正方形のカーペット。広面積を敷くと高くつくが、汚れた部分をはずして洗ったり、交換できるのが利点。数色組み合わせてデザインを楽しむこともできる

6畳あたりの必要量

42 枚

▼

平均コスト

50,000 円

※ 500㎜角の場合

ニードルパンチカーペット

ポリプロピレンなどの繊維をプレス加工したもの。ほかのカーペットに比べると弾力性は劣るが、水に強く施工しやすい。両面テープや接着剤で直張りする

6畳あたりの必要量

11m

▼

平均コスト

7,000 円

※幅 910㎜の場合

タフテッドカーペット

基布と呼ばれる平織りの麻布などにパイルを縫い込んだもので、さまざまな織柄と色が揃う。保温性、弾力性、空気清浄機能に優れるのはウール製。化学繊維製は丈夫で安価

6畳あたりの必要量

1 枚

▼

平均コスト

40,000 円

※ 2,700㎜× 3,640㎜の6畳用を使用

コルク床材

コルク樫の樹皮でできた床材。タイルタイプ、シートタイプがある。断熱、遮音、吸音効果が高く、適度な弾力性で歩行感もよい。軽いので施工しやすい。

コルクシート

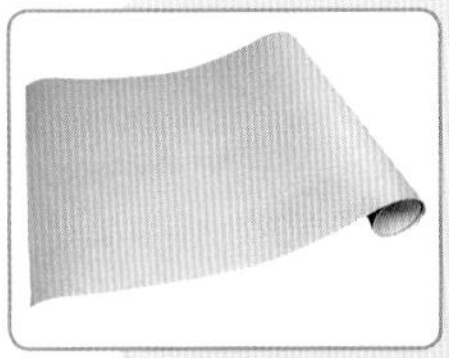

長尺シートで貼りやすいコルクシート。コルクタイルに比べると安価だが、薄いので弾力性は低い。目地が少ないのでホコリや汚れが溜まりにくく、掃除しやすいのが利点

6畳あたりの必要量 **11m** ▶ 平均コスト **5,5000 円**

※幅 910㎜の場合

コルクタイル

色柄のバリエーションが豊富なコルクタイル。300～305㎜角、3～5㎜厚、無塗装やワックス仕上げなどが中心。専用の接着剤で直貼りし、半端な部分はカッターで簡単にカットできる

6畳あたりの必要量 **108 枚** ▶ 平均コスト **54,000 円**

※ 305㎜角の場合

ビニール床材

水や汚れに強く、安価でリフォームできるのがビニール床材。キッチンや脱衣所などの水まわりや、廊下などに適している。色柄のバリエーションが豊富なので思いどおりの床にアレンジできる。

粘着ビニール

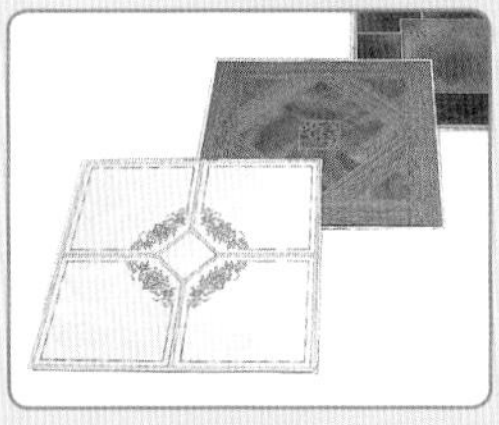

塩化ビニールを基材とした303㎜角のビニール床材。裏面に粘着シールが付いており、裏紙をはがすだけでスピーディーに貼ることができる。水まわりの部分的なリフォームに最適

6畳あたりの必要量

108 枚

▼

平均コスト

24,000 円

※ 303㎜角の場合

ビニールタイル

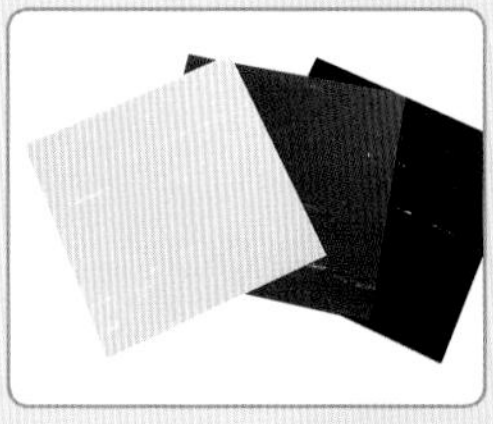

サイズは303㎜角。半硬質のものはPタイルと呼ばれ、耐久性に優れた重歩行用。学校などで多く見られる。角が割れやすいが、安価で汚れに強い。カラフルな床にリフォームできる

6畳あたりの必要量

108 枚

▼

平均コスト

17,000 円

※ 303㎜角の場合

クッションフロア

発泡塩化ビニールやガラス繊維を基材に、表面にプリントとエンボス加工を施したシート床材。幅は910㎜、1,820㎜で必要な長さだけ購入できる。両面テープか接着剤で施工

6畳あたりの必要量

11m

▼

平均コスト

10,000 円

※幅 910㎜の場合

フローリング材

床のリフォームで人気があるのがウッドフローリング。なかでも一般的なのは基材に合板を使用した複合フローリング。いずれも板を切って床下地に釘で固定するのでDIYでの難易度は高い。上級者向け。

特殊加工化粧フローリング

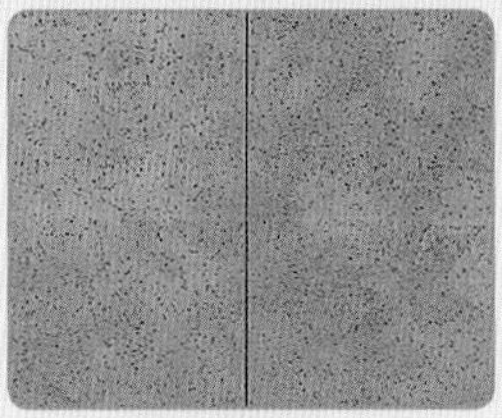

基材は天然木化粧フローリングと同様だが、表面板が木質単板以外のものをさす。樹脂をしみ込ませて硬化させた板に木目や色、溝を加工してある

6畳あたりの必要量
18枚
▼
平均コスト
66,000円

※1枚1,818mm×303mmの場合

天然木化粧フローリング

合板などの表面に天然木の突板が貼られた複合フローリング材。無垢フローリングに比べると質感は劣るが、板が安定しているので施工しやすい

6畳あたりの必要量
18枚
▼
平均コスト
23,000円

※1枚1,818mm×303mmの場合

無垢フローリング

無垢材の単層フローリングには保温、調湿機能、木ならではのぬくもりがある。高価である上、板の反りやあばれなどで扱いにくいので上級者向け

6畳あたりの必要量
25枚
▼
平均コスト
85,000円

※1枚3,650mm×120mmの場合

フロア材

釘を使わずにフローリングにリフォームできるのが置き敷きタイプ。一方、カーペットのように敷くだけのタイプもある。手軽にフローリングを楽しみたい人に。

置き敷きフローリング

フローリング材と同様に端に凹凸のサネが加工されているが、釘や接着剤を使わず床に直に敷くことができる。切断にはノコギリを用いる。中級者向け

6畳あたりの必要量
45枚
▶
平均コスト
33,000円

※1枚1,200mm×190mmの場合

ウッドカーペット

置くだけでフローリングに変身するウッドカーペット。表面に天然木の突板を貼ってあり、部屋のサイズに合わせてカッターで切ることができる

6畳あたりの必要量
1枚
▶
平均コスト
25,000円

※6畳サイズの製品をオーダーする

その他

壁材同様、床の仕上げ材にもさまざまな種類があるが、床用タイル、リノリウム、ユニット畳などもDIYに向いている。その他の素材については、とくに床は人や家具などの重量が加わるだけに、素材の適正と施工方法をしっかり把握してから選びたい。

ユニット畳

フローリングの上に敷くだけで和の空間が手に入るユニット畳。畳表の素材はいろいろあるが、天然のい草のものがベスト。本物の畳より薄くて硬いが、まめに畳干しがしやすい

6畳あたりの必要量
12枚
▼
平均コスト
13,000円

※880mm×880mmの場合

リノリウム

亜麻仁油、松脂、顔料木粉、コルク、麻布が原料の弾力性、耐久性に優れたシート床材。主に病院で採用されており、最近では抗菌作用が注目されている。接着剤で直貼りする

1㎡あたりの必要量
500mm
▼
平均コスト
5,000円

※幅2,000mmの場合

床用タイル

玄関や水まわりの床用タイルは、耐久性に優れ、すべりにくく汚れが付着しにくい。目地を含め300mm角に仕上がる295mm角のものが中心。接着剤で貼り目地を埋めて仕上げる

1㎡あたりの必要量
11.5枚
▼
平均コスト
8,500円

※295mm角の場合

「わが家をこうしたい!」
DIY リフォーム相談室—❶

傷んだ壁紙、冷たい足元、狭い部屋、収納不足……。「何とかしたい」「こんな住まいが欲しい」という家族みんなの思いを、DIYリフォームでバッチリ解決。快適な暮らしを手に入れることができます。

DIYビギナーでも
ここまでできる。快適な住まい
づくりに挑戦!

CASE 1 暗い洋室を明るいイメージに変えたい

15年ほど何も手を加えていない洋室です。壁紙が古くすすけ、カーペットの汚れも目立っていて、部屋全体がうす暗い印象です。あまりお金をかけずにリフォームしたいのですが、どんな方法がありますか。

◆

壁紙を張り替えれば、ガラリと部屋のイメージを一新できます。予算を安くあげたいなら、壁紙に室内壁用の塗料を塗る方法もあります。

おすすめは壁紙の上から直接張れる生ノリタイプの壁紙。価格も手ごろでホームセンターですぐに購入できます。施工も簡単なので、DIY初心者でも安心でしょう。また塗料なら好みの色を選ぶことができ手間もかかりません。

床はカーペットをはがして、明るい色のフローリング材（置き敷きタイプ）を敷く方法がリーズナブルです。

6畳間で壁紙の張り替えと床の張り替えをした場合、予算はトータルで約5万円から。壁を塗料で塗る場合にはさらに安くなります。このとき同時に、天井の塗り直しもしてしまうとよいでしょう。さらにカーテンも新調すれば、希望に沿った明るい部屋を手に入れることができるでしょう。

CASE 2 はがれかかった和室の砂壁を直したい

和室の壁がかなり傷んでいて、触るとパラパラと砂がはがれ落ちてきます。亀裂の入った部分もあります。自分で直すことは可能でしょうか。

◆

もちろん可能です。和室壁のリフォームでもっとも手っ取り早く簡単なのは、壁に塗料を塗る方法です。適切な下地処理をほどこしてから、和室にマッチした色の室内用塗料を塗りましょう。

古くなってはがれかけた砂壁もDIYで修復可能だ

また、じゅらく壁・繊維壁・珪藻土などの塗り壁材を塗ることもできます。平坦に仕上げるにはテクニックが必要ですが、あえて塗りむらを残してテクスチャーを楽しむのも楽しいものです。チャレンジしてみてはどうでしょうか。

6畳間を塗装する場合、下地処理剤やマスキングテープ代を含めても1万円強、塗り壁材（じゅらく壁）の場合なら約2万円あればリフォーム可能でしょう。同時に障子やふすまの張り替え、また、汚れや変色が目立つ柱や鴨居などの木部は専用の漂白クリーナーを用いてアク洗いをするとリフォーム効果がさらに大きくなります。

CASE 3 玄関の床を美しくリフォームしたい

我が家の玄関床はコンクリート。ヒビ割れや汚れが目立ってきたので、なんとかリフレッシュしたいのですが。

◆

コンクリートの床は年月が経つにつれ劣化が進みます。コンクリート床用の塗料を塗って表面を保護するのも手ですが、床用のタイルを敷いてみるのはどうでしょう。施工が簡単な割に、デザイン性もよいのでお客様を迎え入れるのにふさわしい空間を作ることができます。予算の目安は1㎡で約1万円から。

さらに、壁紙の張り替えやドアの内側の塗り直しなど、玄関全体のリフレッシュも同時に行うとよいでしょう。

Part 1

リフォームのための下地調整

仕上がりに大きく影響する下地調整は、
壁や床のDIYリフォームでもっとも重要な工程といえます。
リフォームのスタイルによって作業内容が変わるので、
事前にしっかりとチェックしておきましょう。

◇◇

差がつく下地調整術 作業別早見表 壁

壁リフォームの下地調整

Before ＼ After	塗り壁材を塗る	ペンキを塗る	壁紙を張る
壁紙の壁	**壁紙の上から珪藻土を塗る場合** 1.汚れを落とす ▶P.36 2.壁紙の浮きやはがれを補修 ▶P.36 ※さらに壁紙をタッカーで固定するとよい ▶P.37 **じゅらく壁・繊維壁を塗る場合** 1.壁紙をはがす ▶P.37 2.シーラー処理 ▶P.38	**壁紙の上から塗る場合** 1.汚れを落とす ▶P.36 2.壁紙の浮きやはがれを補修 ▶P.36 ※欠損部分は目立たないところの壁紙をはがし、それを使って補修する。はがした部分はパテで埋めてならす	**重ねて張る場合** 1.汚れを落とす ▶P.36 2.壁紙の浮きやはがれを補修 ▶P.36 3.欠損部分をパテで補修 ▶P.36 **はがしてから張る場合** 1.壁紙をはがす ▶P.37 2.残った裏紙をはがす ▶P.37 ※ビニール壁紙の場合は表層だけをはがして残った裏紙を下地にする
和室壁（じゅらく壁 繊維壁）	1.汚れを落とす 2.はがれかかっている部分の壁材をはつる ▶P.40 3.シーラー処理 ▶P.38	1.汚れを落とす 2.はがれかかっている部分の壁材をはつる ▶P.40 3.はつった部分や亀裂を同じ素材の壁材で埋め、凹凸をならす 4.シーラー処理 ▶P.38 ※同じ素材で補修すれば、補修した部分があとで目立たない	1.汚れを落とす 2.はがれかかっている部分の壁材をはつる ▶P.40 3.はつった部分や亀裂をパテで埋め、凹凸をならす ▶P.39 4.シーラー処理 ▶P.38 5.下地おさえ紙を貼る ▶P.38 ※ベニヤ板を壁に打ち付けて下地をつくってもよい ※壁の劣化がひどいときは全面をはつって下地を出し、パテで凹凸をならす
化粧合板の壁	1.合板が浮いているときはクギで固定 2.汚れを落とす 3.サンドペーパー（#100程度）で軽くサンディング ▶P.41	1.合板が浮いているときはクギで固定 2.汚れを落とす 3.合板の合わせ目の溝をパテで埋める ▶P.39 4.サンドペーパー（#100程度）で軽くサンディング ▶P.41 5.シーラー処理 ▶P.38	1.合板が浮いているときはクギで固定 2.汚れを落とす 3.合板の合わせ目の溝をパテで埋める ▶P.39 4.サンドペーパー（#100程度）で軽くサンディング ▶P.41 5.プラスチック用プライマーを塗る
ペンキ塗装のモルタル壁	1.ペンキが浮いているときは落とす ▶P.40 2.汚れを落とす 3.サンドペーパー（#100程度）で軽くサンディング ▶P.41	1.ペンキが浮いているときは落とす ▶P.40 2.汚れを落とす 3.凹みをパテで補修 ▶P.39 4.シーラー処理 ▶P.38	1.ペンキが浮いているときは落とす ▶P.40 2.汚れを落とす 3.凹みをパテで補修 ▶P.39 4.サンドペーパー（#100程度）で軽くサンディング ▶P.41 5.シーラー処理 ▶P.38

塗装や壁紙張りの前に適切な下地調整を施す

壁面のリフォーム方法は、ペンキを塗る、壁紙を張る、塗り壁材を塗るの3通りが代表的な方法となります。どの方法を選ぶにしても、施工の前には適切な下地調整を施しておく必要があります。

下地調整には大きく3つあり、ひとつは下地の亀裂や凹凸をパテなどを用いて平坦な面にならすこと。次に、ペンキのつきをよくしたり、壁紙のノリや塗り壁材の食いつきをよくすることで、これにはサンドペーパーで表面を荒らしたり、あらかじめシーラーを塗布する方法などが用いられます。

そしてもうひとつが、壁面が劣化している場合の処理です。浮いてはがれかけたペンキをはがす、もろくなった塗り壁はシーラーを塗って固める、場合によっては壁材をはつる、壁紙のはがれた部分を接着剤で貼り直す、などといった作業を行うことになります。

下地調整が不十分だと、せっかくリフォームしても凹凸が目立ったり、壁紙や塗料がはがれ出したりして、美しい仕上がりは望めません。

リフォームをするために現状の壁面にどのような下地処理を施せばよいのか、基本的な内容を一覧にまとめたのが上の表です。施工の際の目安にしてください。

ただし、壁面の傷み具合や、実際に使用するリフォーム素材によっては、下地調整の方法はこの通りになるとは限りませんので、ホームセンターなどで素材を購入する際によく確かめて、適切な下地調整を行うようにしてください。

床 リフォームの仕上がりに

床リフォームの下地調整

After / Before	コルクタイル（タイルカーペット）を敷く	フローリングを敷く	カーペットを敷く	クッションフロアを敷く
クッションフロアの床	1.クッションフロアをはがす ▶P.42 2.根太やコンパネのひずみをならして平坦にする ※下地がコンクリートの場合はパテまたはモルタルで凹凸を補修する	1.クッションフロアをはがす ▶P.42 2.根太やコンパネのひずみをならして平坦にする ※下地がコンクリートの場合はパテまたはモルタルで凹凸を補修する。	重ねて張る場合 1.汚れを落とす 2.はがれを接着剤で補修する 3.凹みや欠損部分をパテで補修 ▶P.43	重ねて張る場合 1.汚れを落とす 2.はがれを接着剤で補修する 3.凹みや欠損部分をパテで補修 ▶P.43
カーペットの床	1.カーペットをはがす ▶P.42 2.根太やコンパネのひずみをならして平坦にする ※下地がコンクリートの場合はパテまたはモルタルで凹凸を補修する ▶P.42	1.カーペットをはがす ▶P.42 2.根太やコンパネのひずみをならして平坦にする ※下地がコンクリートの場合はパテまたはモルタルで凹凸を補修する ▶P.42	1.カーペットをはがす ▶P.42 2.根太やコンパネのひずみをならして平坦にする ※下地がコンクリートの場合はパテまたはモルタルで凹凸を補修する ▶P.42	1.カーペットをはがす ▶P.42 2.根太やコンパネのひずみをならして平坦にする ※下地がコンクリートの場合はパテまたはモルタルで凹凸を補修する ▶P.42
板の間・フローリングの床	1.フローリングをはがす 2.根太やコンパネのひずみをならして平坦にする ※下地がコンクリートの場合はパテまたはモルタルで凹凸を補修する ▶P.42 床の上に重ねて張る場合 1.汚れを落とす 2.クギや接着剤で浮き・はがれを補修する	1.フローリングをはがす 2.根太やコンパネのひずみをならして平坦にする ※下地がコンクリートの場合はパテまたはモルタルで凹凸を補修する。 床の上に重ねて張る場合 1.汚れを落とす 2.クギや接着剤で浮き・はがれを補修する	床の上に重ねて張る 1.汚れを落とす 2.クギや接着剤で浮き・はがれを補修する	床の上に重ねて張る 1.汚れを落とす 2.クギや接着剤で浮き・はがれを補修する
畳	1.畳をはずして処分する 2.下地の高さを調整する ▶P.43	1.畳をはずして処分する 2.下地の高さを調整する ▶P.43	1.畳をはずして処分する 2.下地の高さを調整する ▶P.43 ※または畳の上に敷く	1.畳をはずして処分する 2.下地の高さを調整する ▶P.43

床の下地調整の基本は床面の凹凸をなくすこと

床リフォームのための下地調整は床面の凹凸をなくし、平坦にならすことが基本になります。とくにクッションフロアやカーペットのように柔軟性のある素材を敷く場合には、下地面に凹凸があると表面に影響が出てしまうおそれがあるので丁寧な下地調整作業が必要です。

床材をはがすときは下地にはがし残りがないよう、皮スキなどを用いて徹底的に取り除きます。このとき下地のコンパネや根太が浮いていたり沈んでいる場合は補修して平坦にならします。浮いているときはクギでおさえ、沈んでいるときには根太を補強し直す作業が必要です。

また最近のマンションではコンクリートの上に直接フローリング材やカーペットが張られているケースが多く見られます。この場合、コンクリート面に凹凸があればパテまたはモルタルを用いてならします。

畳→フローリングは畳の厚さを考慮

畳を取り外してフローリングの床にリフォームする場合には、畳の厚さの分だけ床面をかさ上げする必要があります。このときは垂木、床用の断熱材、コンパネなどを用いて下地面を必要な高さにつくり直すことになります。

逆に、現状の床の上に新しい床材を重ねて張る場合には、その分床が高くなります。もしもドアの下部が当たって開かなくなるような場合には、ドアの下部を少し削る必要があります。

壁の下地調整

壁のリフォームにおいて下地調整は非常に重要です。「下地（と養生）8割、塗り2割」というのは大げさではなく、下地状態で仕上がりの成否が決まるのです。壁の種類とリフォーム素材によって作業は異なります。34ページでどの作業が必要かチェックして読んでください。

下地処理テク 1 壁の汚れを落とす

壁に脂分やホコリなどの汚れが着いたままだと、上に塗料や接着剤を重ねてもきちんと密着せず、きれいに仕上がりません。中性洗剤を使って、全面を一度きれいにふき掃除してから作業をはじめましょう。汚れのひどいところにはペイントうすめ液が有効です。

ウエス

ペイント
うすめ液

目に見えない汚れも、ふき掃除で除去

カビが発生し汚れも目立つ壁。リフォームでリフレッシュできるが、下地は一度、カビを落とし汚れもふき取っておく

きれいに見える壁にも、脂分やホコリが。ベタつく汚れはペイント薄め液や中性洗剤を使うとよく落とすことができる

下地処理テク 2 壁紙のめくれを直す

壁紙を下地として使う場合、壁紙はしっかりと壁面と密着していなければなりません。でないとはがれてしまうからです。

浮いている部分やめくれ上がった箇所は接着剤で接合し、はがれかけた壁紙は切り取り、パテで段差を埋めておきましょう。

壁紙用
接着剤

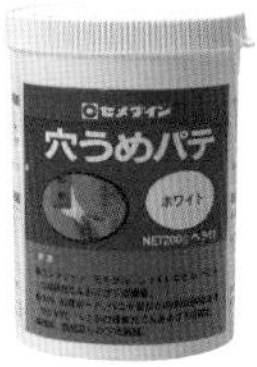

穴うめパテ

壁紙のめくれや破れは壁紙用接着剤で補修

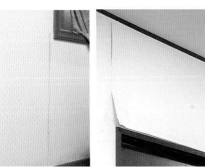

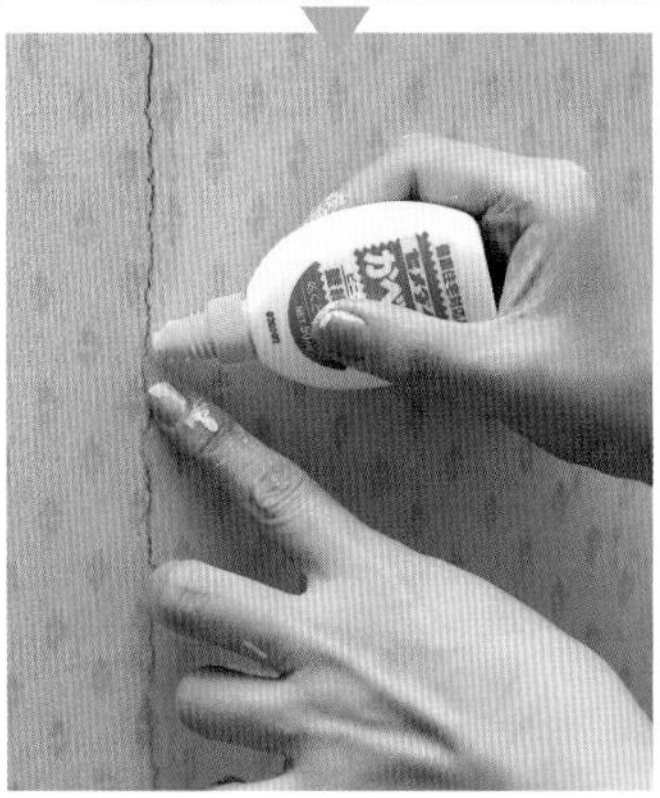

施工したときに接着が弱かった壁紙は、長時間たつと継ぎ目が浮いてきたり、はがれてきたりする。こんなときは、壁紙用の接着剤を壁紙と壁とのすき間に入れて上から押さえ、密着させる

はがれかけた壁紙は切って補修する

部分的に浮いてはがれかけている壁紙があったら、思い切ってその部分だけ切り取ってしまう。壁紙が厚く、切り取った部分の段差が目立つ場合は、パテをヘラで薄く押し込んで段差を埋めておく

下地処理テク 3 壁紙をはがす

壁紙は、下地を傷めないようきれいにはがすことが大切です。壁紙の種類によって、はがし方はちがいます。二層構造になっている高級壁紙は、はがすと裏紙がきれいに壁に残ります。また、一般的な壁紙は水分を含ませるときれいにはがれます。

皮スキ

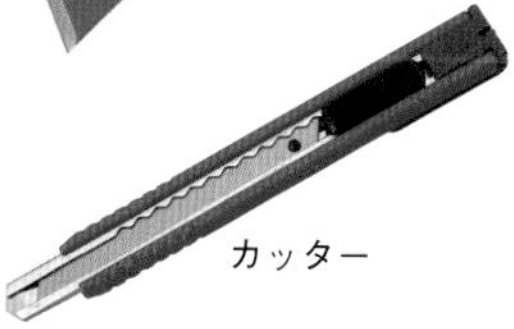
カッター

01 壁紙をはがす

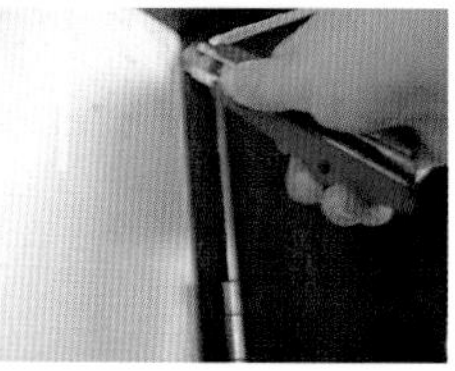

壁の縁にカッターで切り込みを入れ、少し持ち上げて引っ張ってみて、スルスルはがれるようならそのままはがす。はがれにくい場合は、ワイヤーブラシなどで表面にキズをつけてから、スポンジで水を含ませ、濡らしてからはがすとはがれやすい

02 裏紙が浮いていたら取り除く

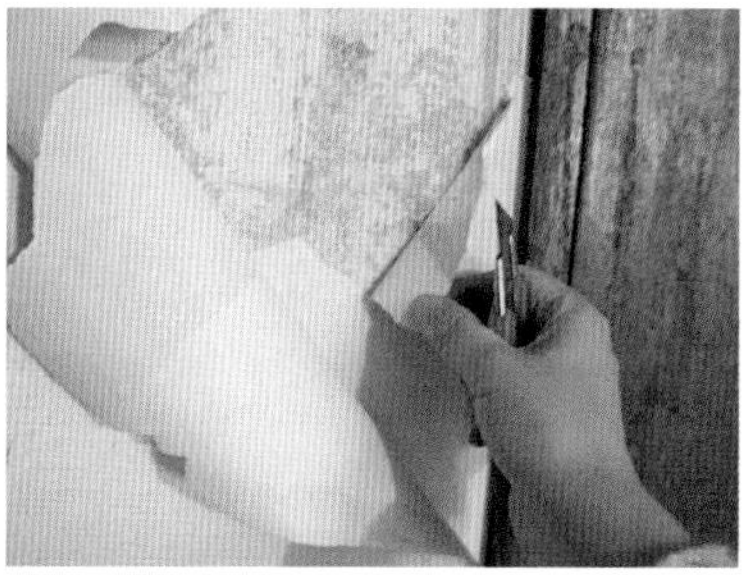

壁紙をはがしたときに、裏紙がきれいに壁と密着している場合はその上から施工するが、浮き上がった場合や、残ってしまったときはスクレーパーなどで取り除く

03 裏紙が残ったら取り除く

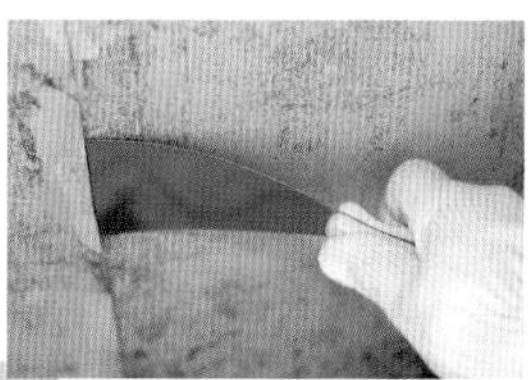

部分的に残った裏紙は邪魔モノ。その上から施工した塗料や壁紙が密着できなくなってしまうので、取り除いておく

スクレーパーや皮スキなどの金属ヘラを使ってこそげ取る。ヘラのしなりを利用すると落としやすい

下地処理テク 4 壁紙にタッカーを打つ

壁紙の上に、珪藻土やタイルなどの重量のある素材を貼ってリフォームするときは、上からタッカーを打ちます。タッカーは大きめのホチキスのようなもの。数箇所にタッカーを打てば、壁材の重みで壁紙がはがれてしまうこともありません。

タッカー

01 タッカーを打ったら次の場所を測る

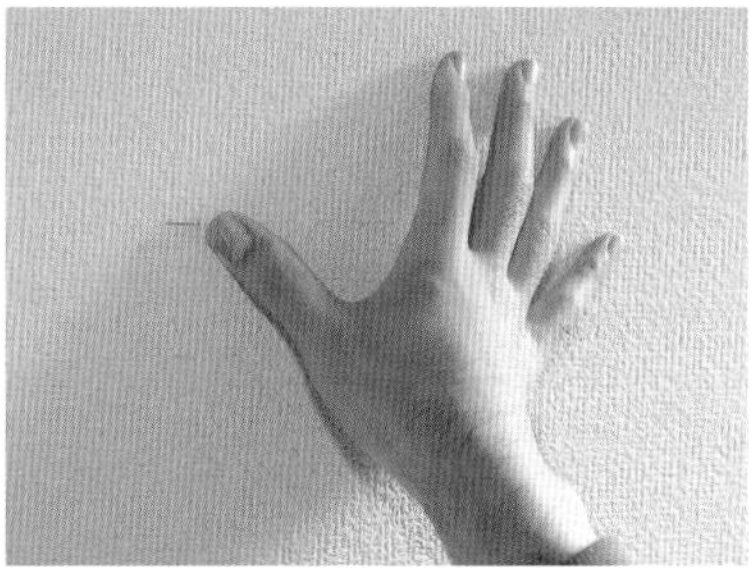

タッカーは等間隔に打ったほうが、効果的に壁紙を押えることができる。ひとつ打ったら、手の幅分（約20㎝）あけて、次の位置を決めるとよい

02 次のタッカーを打つ

決めた場所にタッカーを打ち、同じ要領でどんどん打ち込んでいく。一列打ち終わったら、次の段の位置も手測りで。均等な位置に打っておくと後が安心

03 拭き掃除をしておく

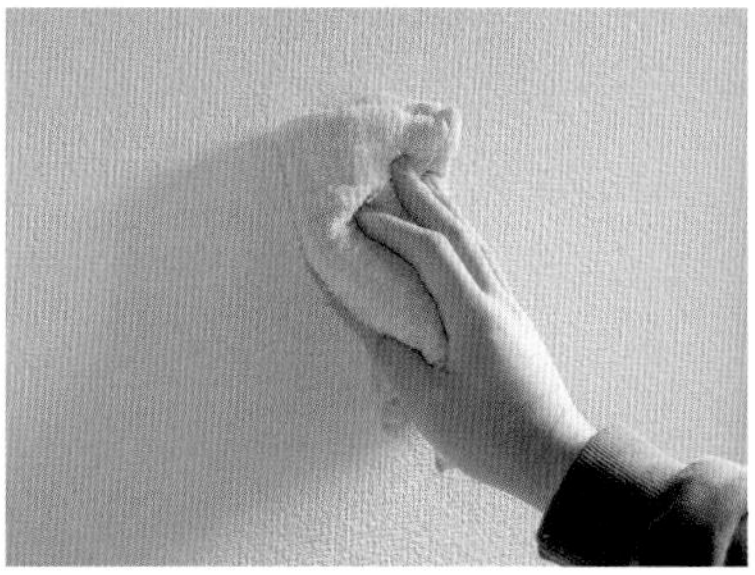

珪藻土や接着剤を塗るときも、手の脂分は禁物。ペイントうすめ液などを使って、手が触れた壁面をきれいにふいておく。こうした作業により失敗を防ぐ

Point

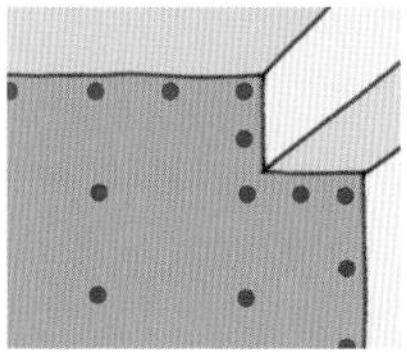

天井際などの端には多めにタッカーを打つ

壁紙の端部分は、中央部分よりはがれやすい。はがれ防止のため、左図の赤点の位置のように端には狭い間隔で多めに打っておくとよい

下地処理テク 5 シーラーを塗る

砂壁や聚楽壁などの和室壁は、吸水性があるうえに表面もはがれやすいので、塗装も壁紙を貼ることも難しいものです。シーラーは、そんな下地を固めて塗装を可能にする下塗り剤。耐久性も出て、木のアクなどが染み出るのも防いでくれます。

ヤニ・あくどめシーラー
水性シーラー

01 ローラーにシーラーを含ませる

シーラーの塗り方は、ペンキなどの塗料と同じ。狭い端の部分はハケを使い、広い面はローラーで塗る。室内なら水性がベスト。粘りがなくタレやすいので注意が必要

02 壁面の下から上へ塗る

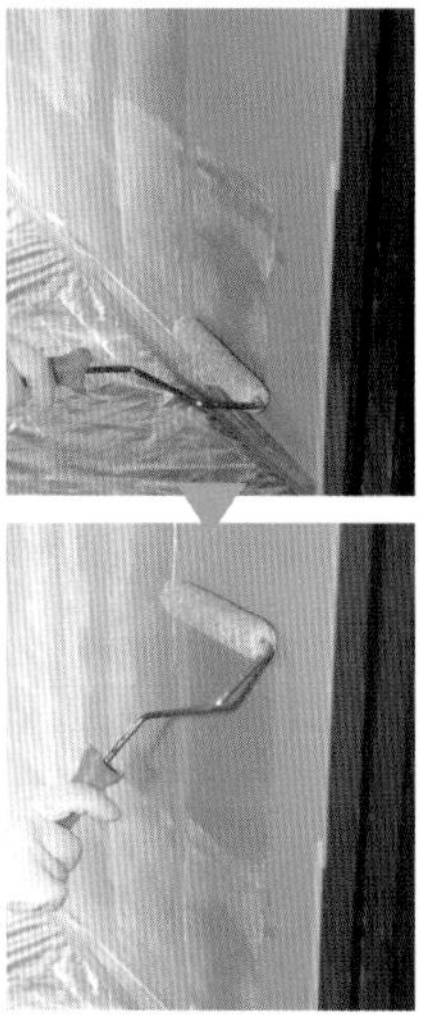
タレやすいので、壁面の下に一度下ろしてから上に伸ばして塗る。下から上へ、が基本。できるだけ均一に

03 手の届かないところは継ぎ柄で

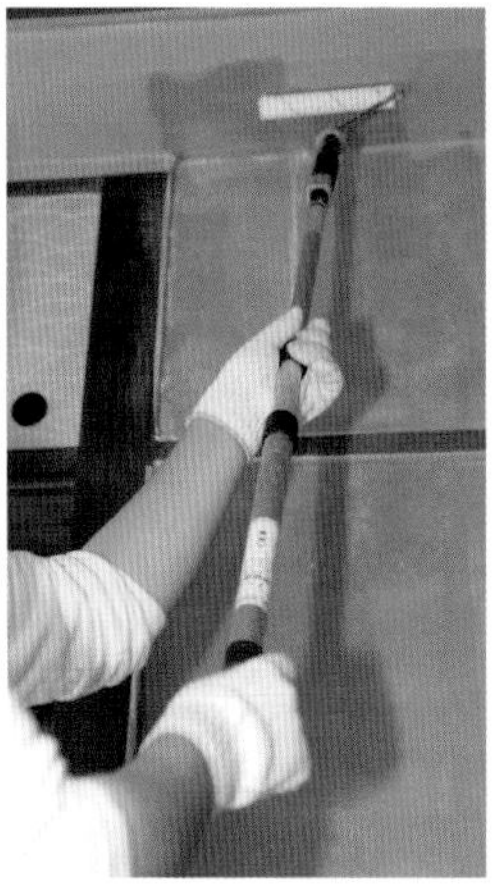
天井近くの手が届きにくい箇所は、継ぎ柄を使って塗るとよい。塗り残し部分があるとムラになってしまうので注意しながら塗る

Catalog DIYリフォームにおすすめ

カベ塗料用下塗り剤

壁おさえスプレー

スプレーなら作業もラクラク

塗るのがそれほど広い面積でない場合は、スプレータイプのシーラーが手軽で使いやすい。砂壁、繊維壁を塗装するときは、下地にさっと一吹きしておくだけでも、仕上がりがグンと違ってくる

下地処理テク 6 下地おさえ紙を貼る

砂壁や繊維壁などの凸凹した面や、化粧合板などのツルツルな面に壁紙を貼る場合、そのままではどちらも壁紙が下地と密着できず強度が落ちる可能性があります。そんなときは、下地おさえ紙を貼ってから壁紙を貼ると、密着度を高くすることができます。

01 ハケでノリを下地に塗っておく

壁紙は、端の部分がきちんと貼れていると密着できる。だから下地おさえ紙は、壁の端や壁紙の継ぎ目部分に貼るとよい。最初に、下地おさえ紙を貼る場所に、ハケでノリを塗る

02 下地おさえ紙をノリの上から貼り付ける

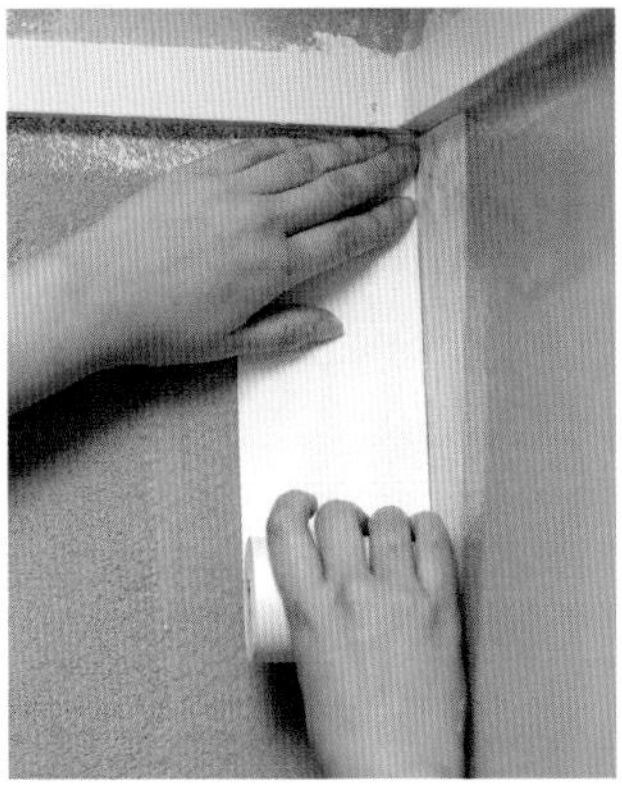
下地おさえ紙を、ピンと張りながらノリの上に貼り付ける。貼った上から手で押さえて壁の凸凹となじませる。密着していないようなら、紙の上からさらにノリを塗ってもよい

03 壁紙を貼る四方の際におさえ紙を貼った

壁紙の際にあたる部分に下地おさえ紙が貼られた。このうえに壁紙を貼れば、はがれることなくきれいに仕上がる

下地処理テク 7 パテで凹凸をならす

和室壁のような凹凸のある壁に壁紙を貼る場合、下地処理テク❻のように下地おさえ紙を貼る方法もありますが、もっと確実なのはパテで壁の凹凸をおさえる方法です。壁際の部分の凹凸をパテできれいに埋めれば、壁紙を貼ることができます。

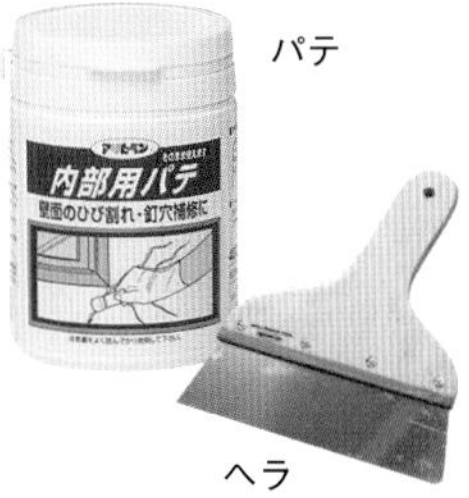

01 ヘラを使ってパテを壁にすり込む

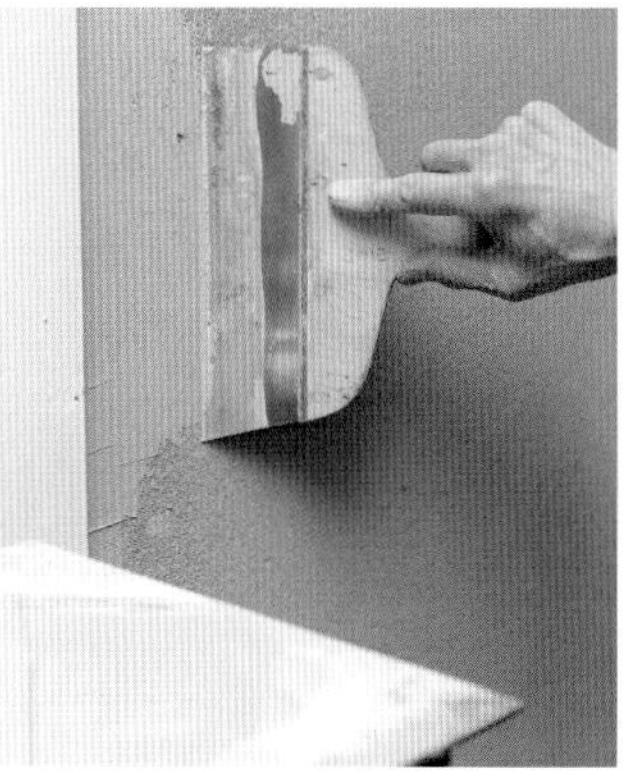

パテを練って、ヘラにのせ、壁に対して垂直に近いくらい立てた状態で壁の端から内側へすり込むように動かす。凹部分にパテをねり込む気持ちで

02 出っ張ったパテがあったらけずり取る

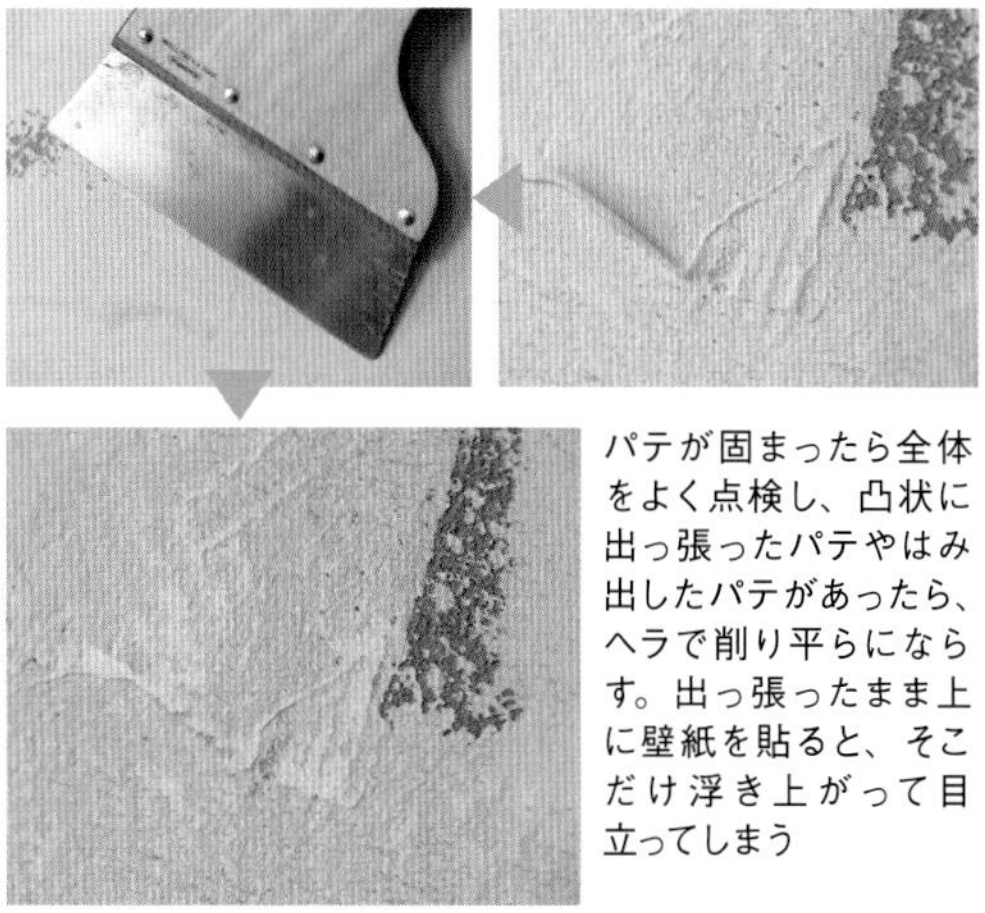

パテが固まったら全体をよく点検し、凸状に出っ張ったパテやはみ出したパテがあったら、ヘラで削り平らにならす。出っ張ったまま上に壁紙を貼ると、そこだけ浮き上がって目立ってしまう

03 サンドペーパーで平らにならす

梁などパテの凹凸が表に影響しそうな部分は、念のため上から粗目のサンドペーパーをかけるとよい。凹凸がなくなれば、壁紙も滑らかに仕上がる

下地処理テク 8 パテで穴や亀裂を埋める

下地となる壁面に大きな穴や亀裂が入っていたら、仕上がりに響かないよう、補修剤で埋めておきましょう。補修剤は、亀裂や穴の大きさや深さ、材質に合ったものを選んでください。一般的には穴埋め用パテやパテづけ用ネットテープが便利です。

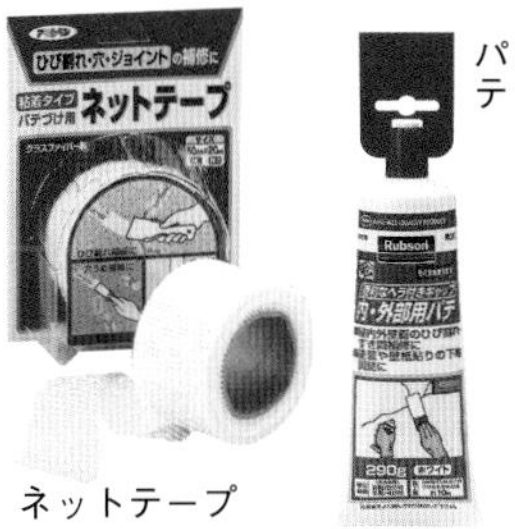

●亀裂にはネットテープとパテを

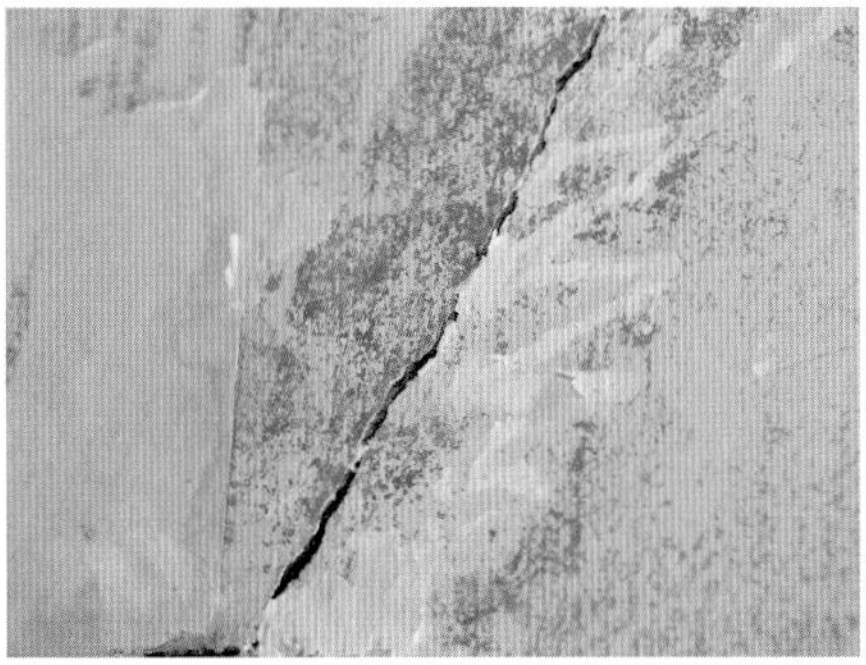

壁面にできた亀裂。このまま上から壁紙を貼ると、この部分に凹凸ができ仕上がりに響いてしまうこともある。パテできれいに埋めてから作業する

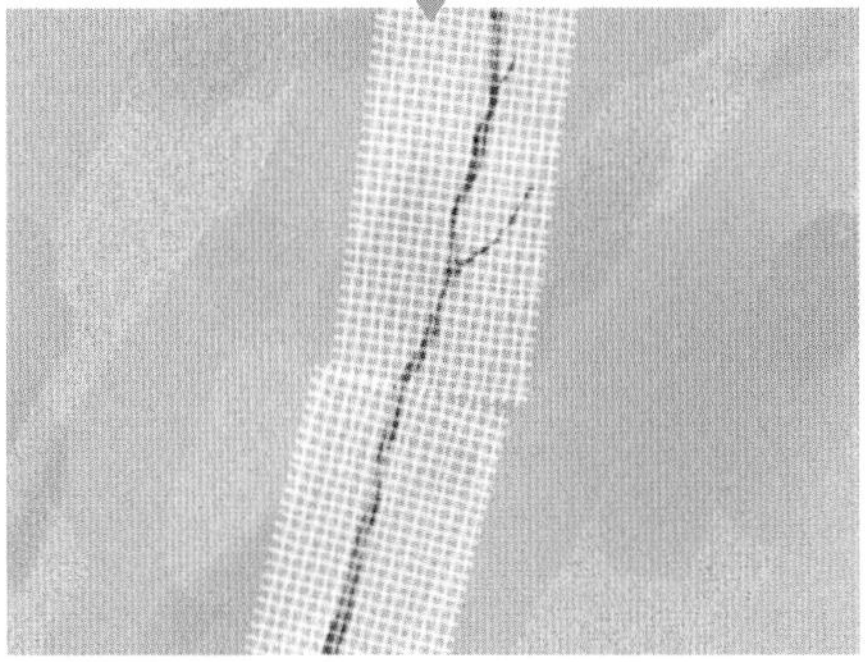

パテづけ用のネットテープを貼り、上からパテをつける。テープが少し隠れるくらいが目安。パテが乾いたら、表面をサンドペーパーで平滑にする

●穴にはパテを

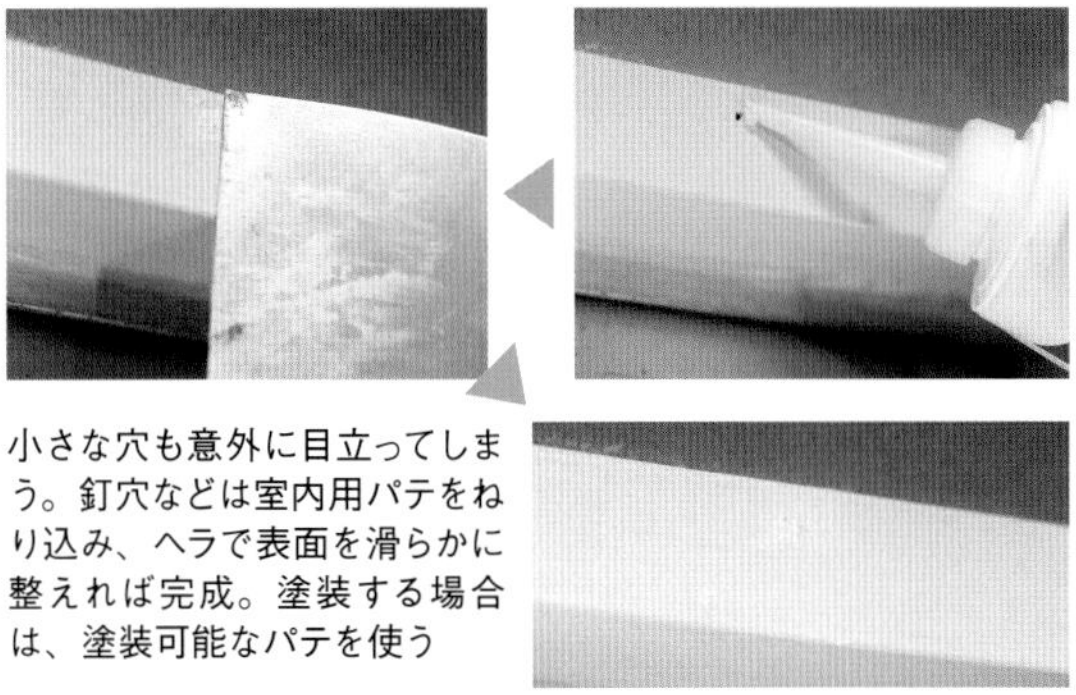

小さな穴も意外に目立ってしまう。釘穴などは室内用パテをねり込み、ヘラで表面を滑らかに整えれば完成。塗装する場合は、塗装可能なパテを使う

Point 塗装の場合は

塗装の場合は補修材も仕上がりに影響するので、ネットテープは使わず塗装可能なパテで埋める。和室壁は、壁と同じ塗り壁材で補修すると塗装後も目立たない

下地処理テク 9 壁をはつる（削る）

はがれかかった壁材は、はがして除去したほうが作業しやすい。また、新たに塗る塗り壁材によっては、古い塗り壁材をはがしてからでないと施工できないものもあります。そんなときは、スクレーパーや皮スキを使って壁をはつりましょう。

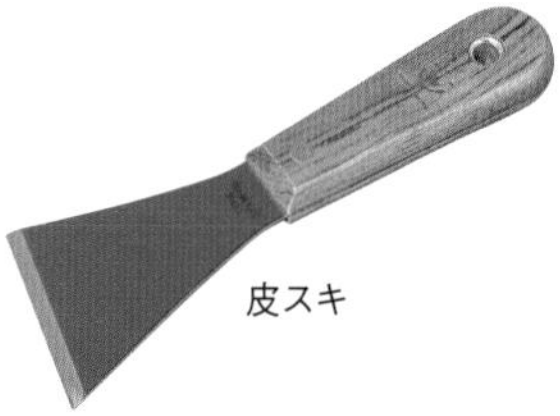

01 ヒビの入った和室壁

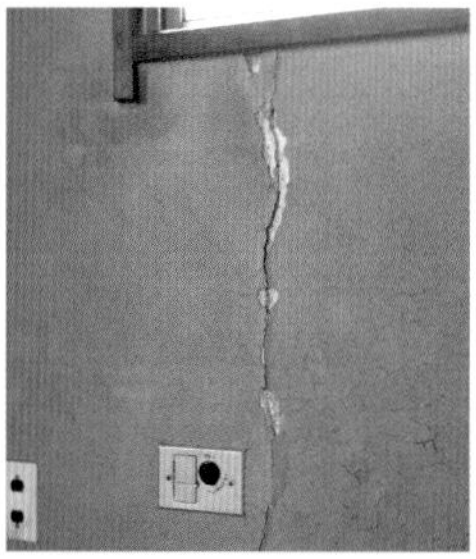

壁材がはく離して落ち、触れるだけではがれそうなところもある和室壁。このように浮いている状態の壁は、はがして除去してしまってから施工する

02 水をスプレーする

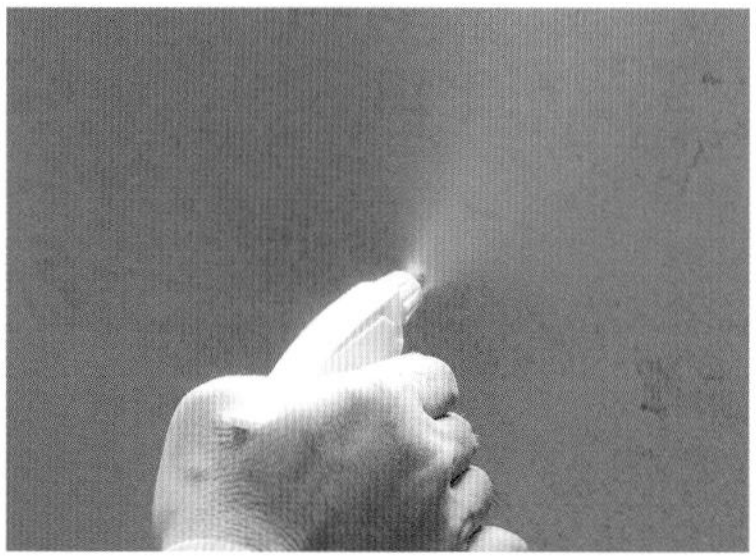

はつる前に、水をたっぷりとスプレーして壁に水分を含ませる。和室壁の壁材は水に溶ける性質のものが多いので、こうして水気を吸収するとはがれやすくなる

03 皮スキではつる

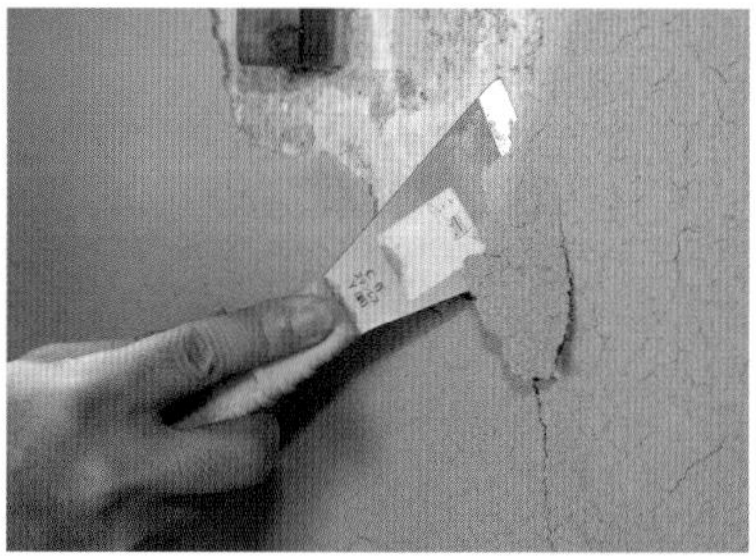

壁の下地と壁材の間に皮スキを差し込み、はがしていく。水分を含んだ和室壁はもろいので、手で簡単にはつることができる。はつる前に床の養生を忘れずに

04 広範囲にわたってはつり終えたところ

広い面積を皮スキではつったところ。下地のモルタルがむき出しになった。下はガレキの山になるので、シートや新聞紙が必ず必要

下地処理テク 10 浮いた塗膜をはがす

はがれかかった塗膜も塗装や壁紙貼りなどのきれいな仕上がりをさまたげます。作業前に落としておきましょう。塗膜のはがれの残り部分は塗膜の厚みが段差になってしまうので、塗装するならサンドペーパーをかけて滑らかにしておきます。

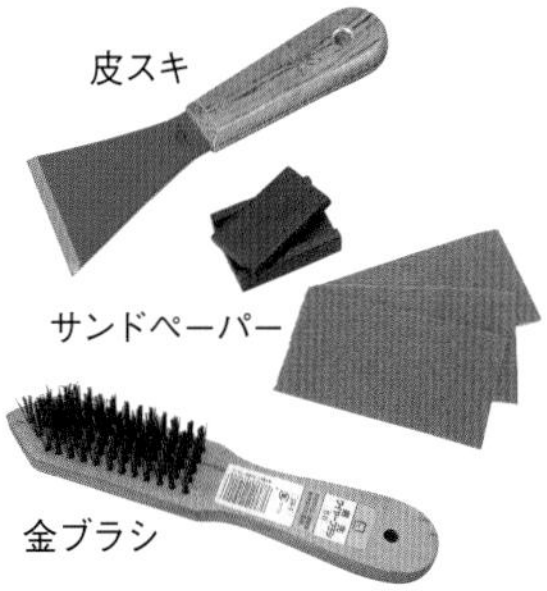

01 古くなってめくれ上がった塗膜発見

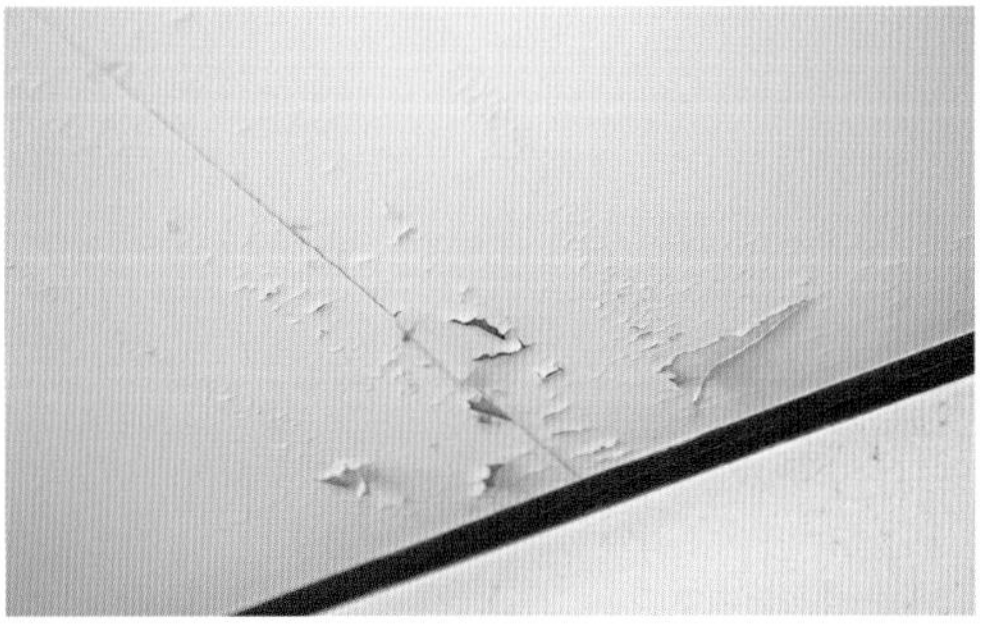

塗装の際の下地調整をきちんとやらず壁が古くなったうえに、長期間熱などにさらされていると、はがれてくることがある。はがれかけの塗膜は完全に取らないと美しい仕上がりにならない

02 ヘラで出っ張りをはがす

皮スキやスクレーパーを使って、パリパリとはがれる塗膜を取り除いておく。古くなってもろくなり、触れただけで簡単にはがれるような塗膜は、できるだけすべて取り去っておくとよい

03 サンドペーパーをかける

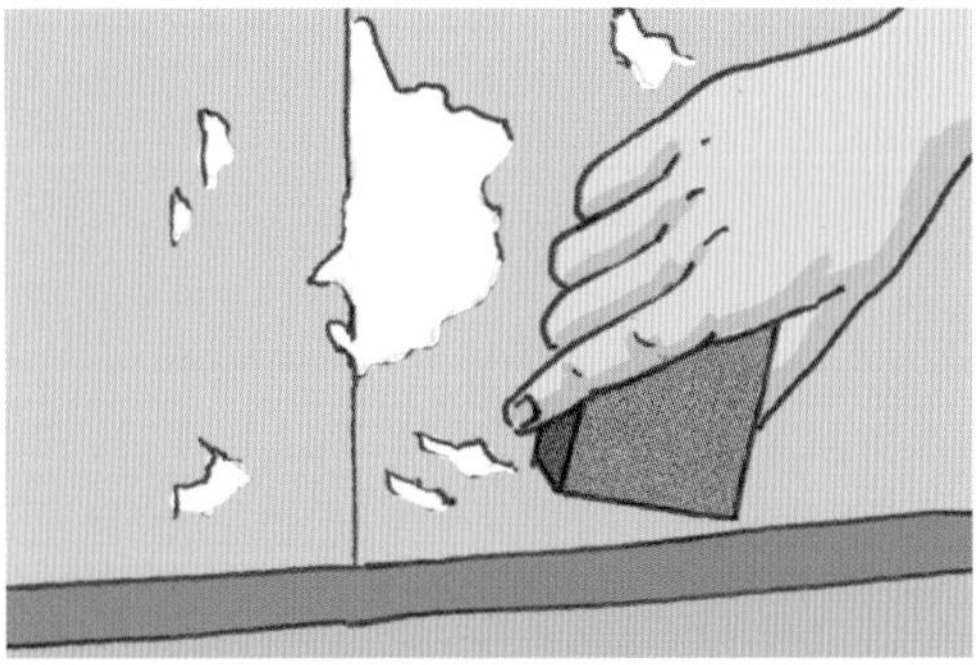

不要な部分をはがし終えたら、上から中目のサンドペーパーをかけ、塗膜の段差が目立たないよう平らになじませる

下地処理テク 11 サンドペーパーをかける

サンドペーパーはいろいろな場面で役立ちます。凹凸やザラザラな面にサンドペーパーをかけて滑らかにすることもできれば、下のようなツルツルすぎる表面に細かいキズを付けて、塗料や接着剤がよくくっつくようにすることもできます。

ハンドサンダー
サンドペーパー

化粧合板の表面を荒らす

合板の上から特定の模様を印刷した、化粧合板（プリント合板ともいう）は、防汚加工が施され、水分や脂分でさえ付着しにくくできている

このような場合は粗目のサンドペーパーを使って表面を荒く仕上げ（「表面を荒らす」という言い方もある）ると、塗装や壁紙を張ることができる

下地処理テク 12 壁に板を張る

手の施しようがないほど下地が荒れている場合や、下地調整に手がかかりそうな場合、表面に板（捨て板という呼び方もする）を張ってしまうのもひとつの方法。石こうボードやコンパネ、ベニヤ板など、素材に合う板を固定すれば完了です。

石こうボード

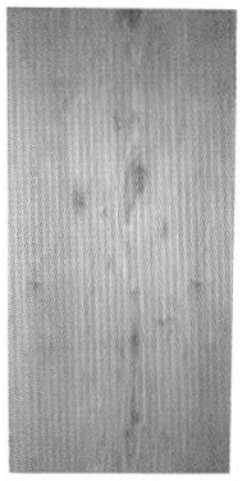
コンパネ

コンパネを和室に張る場合

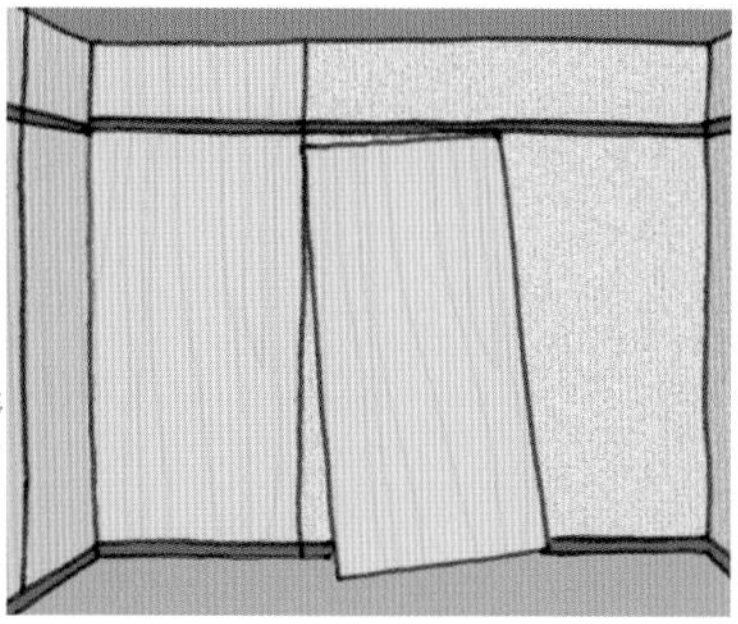
和室の場合は、鴨居や長押《なげし》にビスを打ちコンパネを固定することができる。下地がしっかりしていれば、鴨居や長押と同じ厚みの板を壁面に密着させ、フラットな面をつくることもできる

下地処理テク 13 木部を漂白する

木部にニスなどを塗る場合、先に漂白しておくと、木目を鮮やかに出すことができます。アクの多い木の場合も、漂白するとアクを抑えられます。黒くなった木の表面もかなりきれいになるので、塗料を塗らずにこれで仕上げとすることも可能です。

木部用漂白剤

01 液と薬剤を混合し漂白液を作る

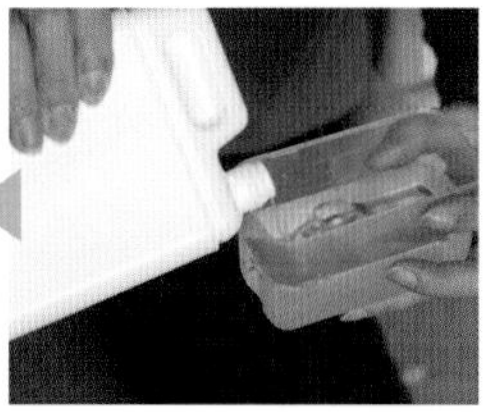
最初に白木を漂泊するための漂白剤を作る。専用液と顆粒状の粉とを混合するとできる。できるだけ、手袋をはめて行うこと。塗り始める前に、液がたれても大丈夫なように床を養生しておく

02 漂白液をハケで塗る

手袋をはめ、漂白液をハケで白木の表面に塗っていく。塗り残しがないよう慎重に

03 専用ブラシで表面をこする

少し時間をおいてから、専用ブラシで表面をこする。これで表面の汚れを浮き上がらせる

04 ウエスで漂白液をふき取る

こすってからウエスで表面をぬぐっておく。すぐに白くはならず、一昼夜かけて徐々に漂白される

下地処理テク 2 凹凸をならす

カーペットなどをはがしたときに、下地がコンクリートだった場合、その表面に凹凸があることがあります。凹凸のあるままでは次の施工ができません。セメントやパテなどを使って、表面をできるだけ平らにならしましょう。

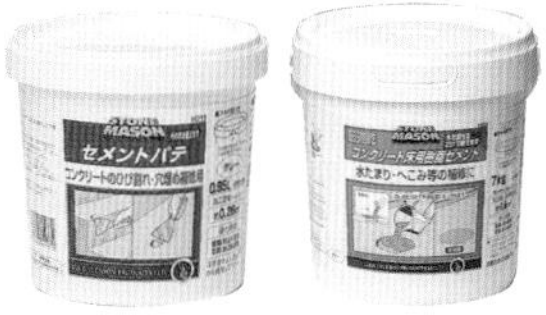

パテ　セメント

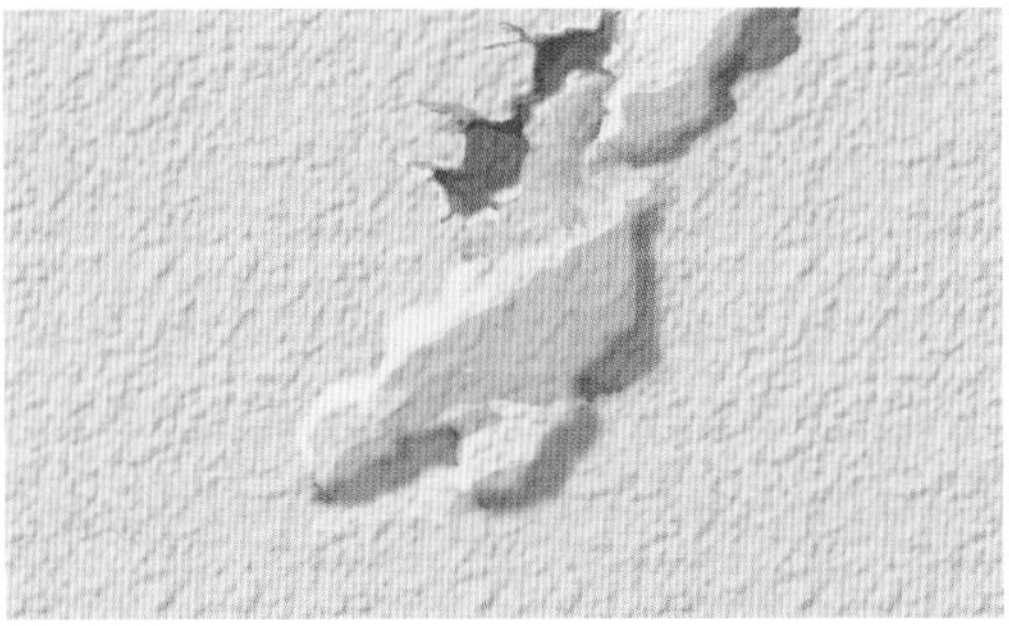

01 コンクリート下地の表面に凹凸がある

毛足の長いカーペットは、下地に多少の凹凸があっても厚みがある分、段差を吸収する。そのため下地がきれいに仕上げられていない場合もある。こんなときはセメントかパテを用意

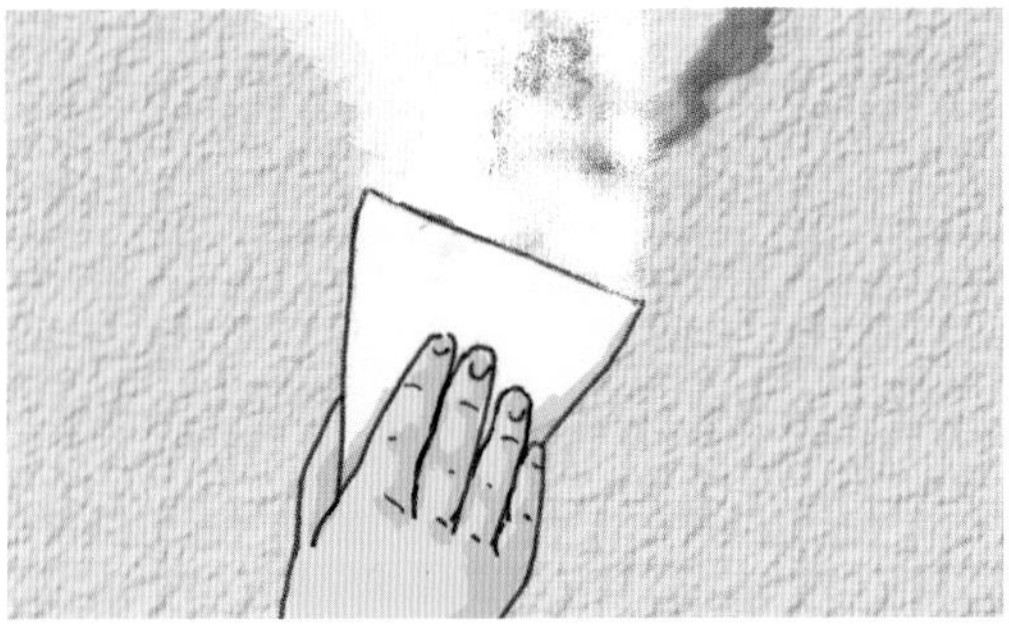

02 セメントかパテで凹面をならす

セメントかパテなどの補修材を水で練り、ヘラで地面をならすように塗る。凹部分は埋めてほかと高さを合わせる

03 仕上げはサンドペーパーで平らに

完全に乾いたら凹凸がないか全体を点検し、気になる部分にはサンドペーパーをかける

床の下地調整

壁と同じく床のリフォームでも下地調整は大切。壁ほど処理のバリエーションはありませんが、床は人やモノなど重量のあるものが乗るところ。壁が見た目の問題であるのに比較して、床には実用的強度が求められます。きしみが出たりしないよう、きちんと処理しましょう。

下地処理テク 1 はがす

床材の上に直接施工できない場合は、一旦床材をはがします。クッションフロアやカーペット、コルクタイルなど、はがすものによって方法は若干異なりますが、基本手順は同じです。はがすときはできるだけゆっくり、丁寧にはがしましょう。

カッターナイフ

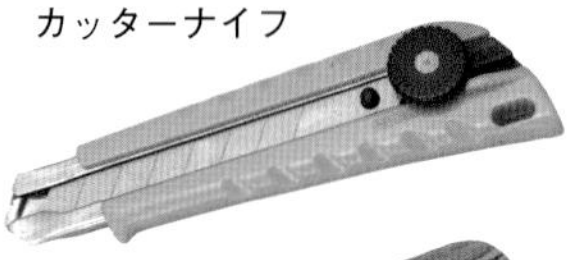

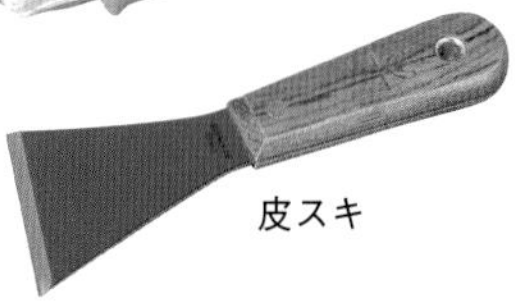

皮スキ

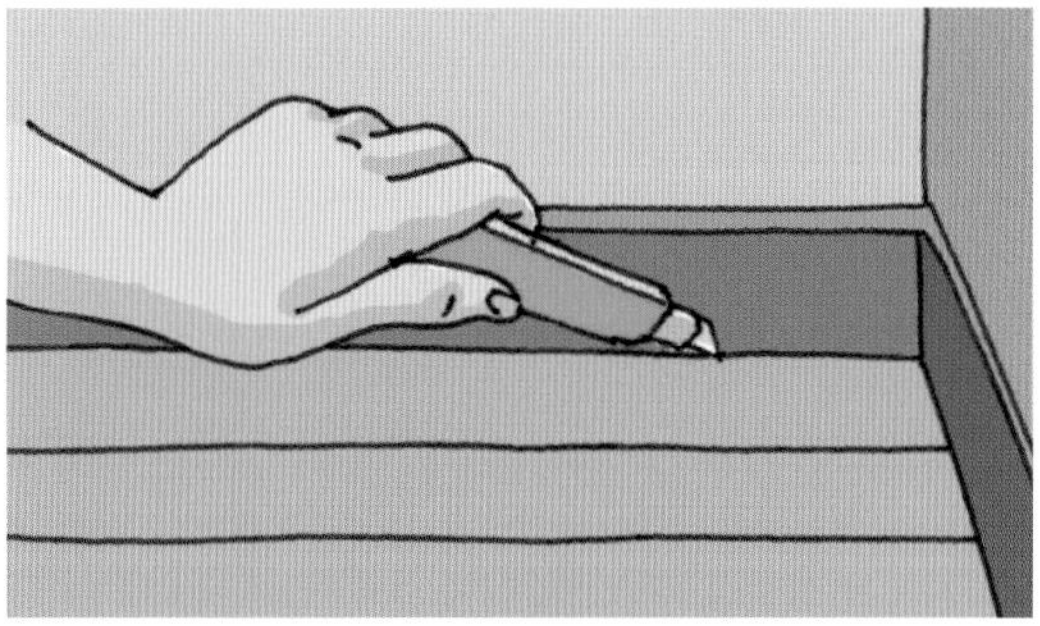

01 カッターナイフで切れ目を入れる

クッションフロアと壁とのすき間にカッターの刃を入れて、クッションフロアの端部分をぐるりと切る。これをやっておくほうが後の作業がやりやすい。カーペットなどの場合も同じ

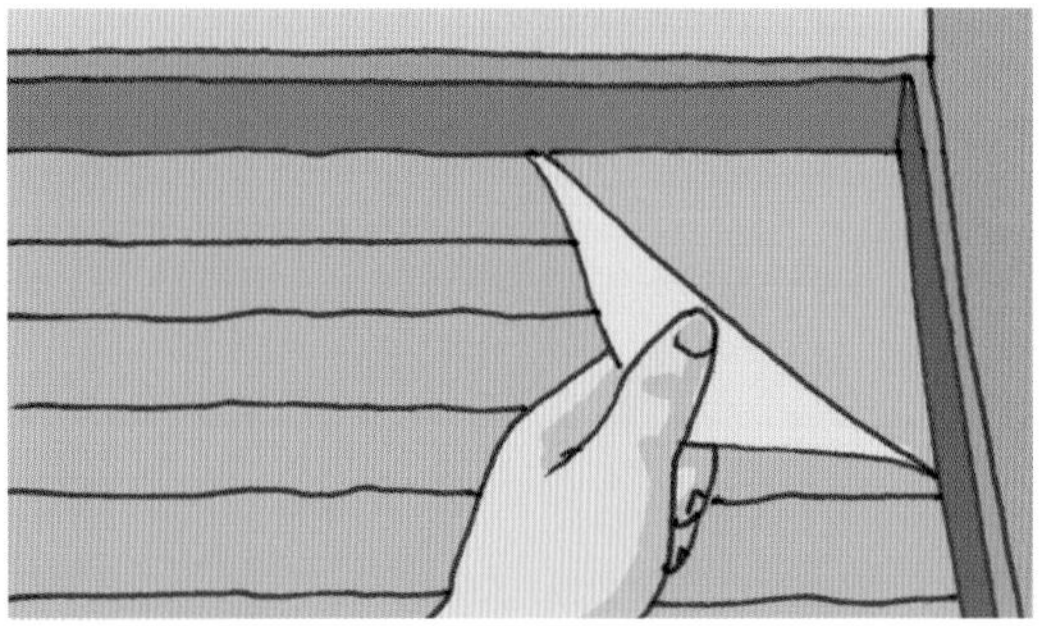

02 皮スキなどを使ってはがす

壁との間に皮スキを入れて端をめくり、手でゆっくり引っ張ってはがす。はがれにくい場合は、カッターナイフで床面との間を切りながら引っ張る。クッションフロアの裏面がはがれて残ったり、浮いている部分があったらはがして完全に取り除く

下地処理テク 3 クッションフロアの凹みや穴を埋める

クッションフロアを重ね貼りするなど、下地としてクッションフロアを使う場合、下になるクッションフロアに凹みや穴があったら埋めておきます。でないと、上から貼ったクッションフロアもその凹み部分で陥没してしまいます。パテや、新しく敷くクッションフロアの余った部分を利用して補修します。

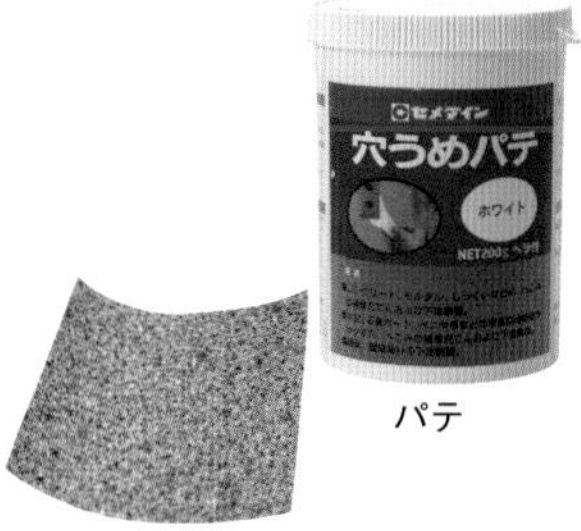
穴うめパテ
ホワイト

パテ

クッションフロア

●大きくない凹みはパテで埋める

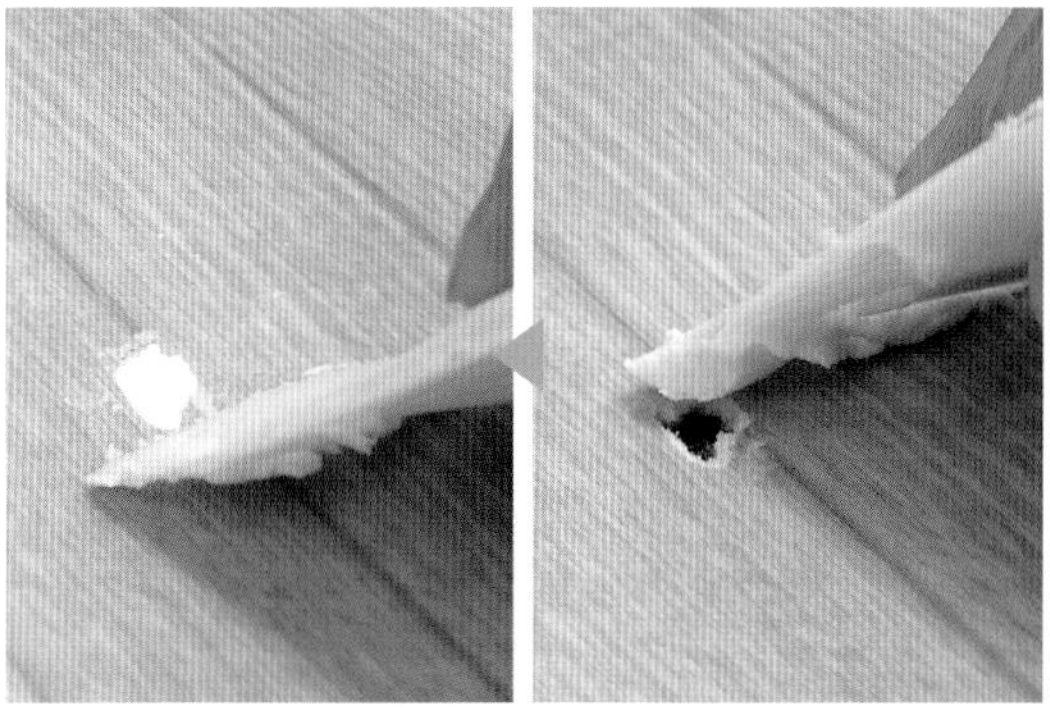

それほど大きくない凹みはパテで埋めておく。上からクッションフロアなどを敷く場合、下地は見えなくなってしまうので、パテとクッションフロアの色合わせは必要ない

01 大きな穴は部分貼替えする

パテで埋まらない大穴は、部分的に貼替える。穴より大きい同じ厚みのクッションフロアを乗せてガムテープで固定し、2枚重ねて一緒に切る

02 接着剤で固定する

大穴のあいた元のクッションフロアを外し、同じ形に切ったクッションフロアをはめ込み、接着剤で固定する。下地になるので柄は違ってよい

下地処理テク 4 板を張る

下地の状態がひどく悪い場合や、床の高さを調整したいときは、捨て板（ある程度の厚みのあるベニヤ板かコンパネ）を床面に貼ります。このとき、板が根太に固定できるよう、根太の入っている位置を考えながら長い木ネジでネジ留めします。

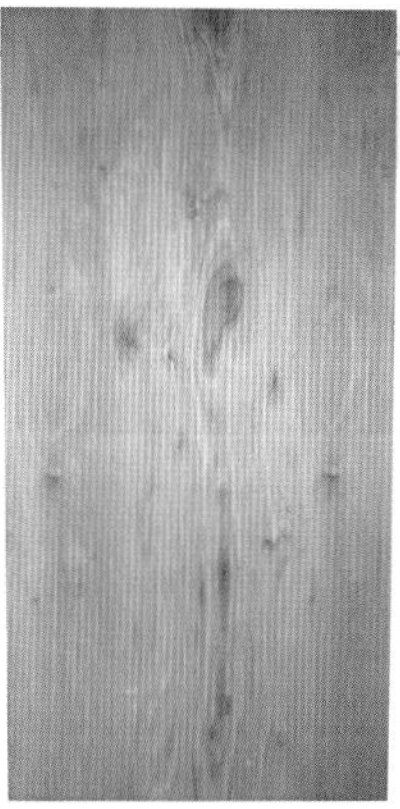

コンパネ

●捨て板を張る

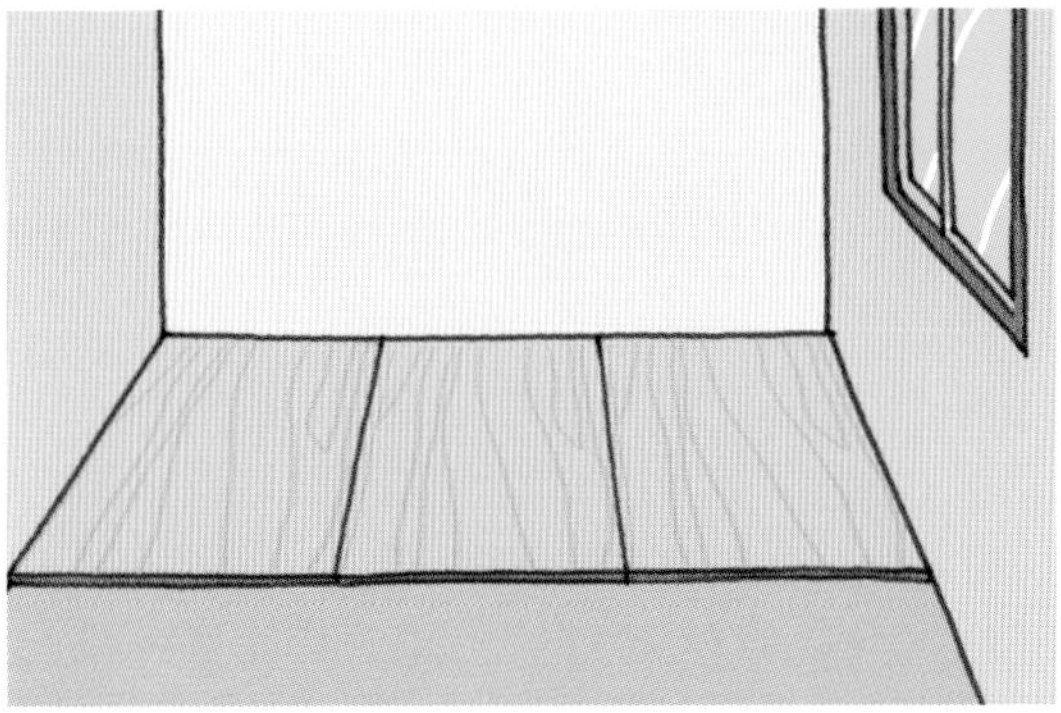

床材をはがした後、板を貼る。手でビスをとめるのは手間がかかって大変。ドリルドライバーを用意して作業を行ったほうがよい。また、洋室でも和室でもかかる手間は同じだが、畳の上に張ることはできない

Point

床は高さを合わせることが大切

薄い床材を厚みのある床材に変更したい場合（逆もまた同じ）は、床面の高さに気をつけなければいけません。

床材の厚みはクッションフロアで2～3ミリ、フローリング材は12～18ミリ、コルクタイルは5～10ミリ。同じくらいの厚みのものなら問題はありませんが、差がある場合はドアがひっかかって開かない事態にならないか、逆に床が低くなりすぎて敷居でつまづきそうにならないか、注意が必要です。

ドアよりフローリングが高くなると、外開きのドアなら入るときつまづきやすく、内開きのドアは開かなくなる。後者の場合は、ドアの下部を削る必要がある

フローリングの厚みの計算を間違えてもドアは開かなくなってしまう。数ミリの厚みでも、生活の中では大きな支障に

養生《ようじょう》・マスキングの基本

　塗料を塗る、ニスや塗り壁材を塗る、あるいは壁紙を張る、といった場合、家具や床など塗り面以外の部分に塗料は付けたくないものです。

　最近は高性能な汚れ落としもありますが、一度付いたものを落とすより、付かないように準備するほうが簡単。それが養生やマスキングです。

　塗装や張り替え作業の前に、きっちりと養生・マスキングをしましょう。とくにきちんとマスキングができれば、成功は約束されたようなもの。なぜなら、マスキングのラインが、塗装の仕上がりラインとなるからです。

　難しいコトはありません。いくつかのポイントを押さえれば誰でもできます。まずは作業のさまたげになる家具を移動することから始めましょう。

養生の流れ

- 1. 不要なモノを撤去する
- 2. 塗料などが付くと困る箇所にマスキングテープを貼る
- 3. 広い面積をシートや新聞紙で覆う

▼道　具

マスキングテープ
下地を傷めずはがせる専用テープ。ほかのテープでは塗料が染みたりノリが残ったりするので、必ずマスキングテープを用意したい。幅は8ミリから30ミリ前後まで各種ある

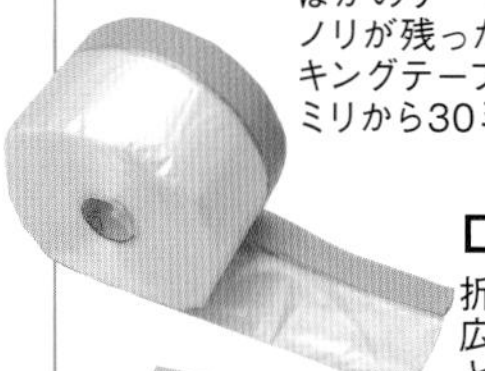

ロールマスカー
折り畳まれたシートがついたマスキングテープ。広い床面や壁面の養生は、このテープを使うと格段にやりやすい。シートの幅は数種類

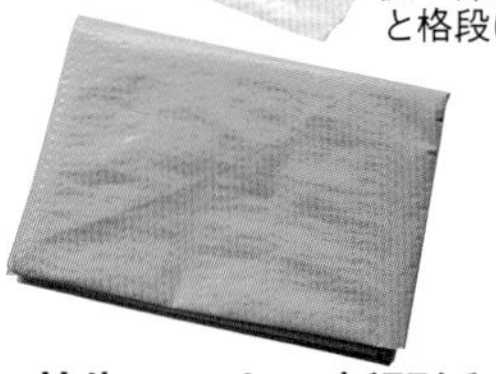

養生シート・新聞紙
部屋の床や家具は、養生シートや新聞紙などを使って覆っておく。ロールマスキングテープがない場合も新聞紙で代用する

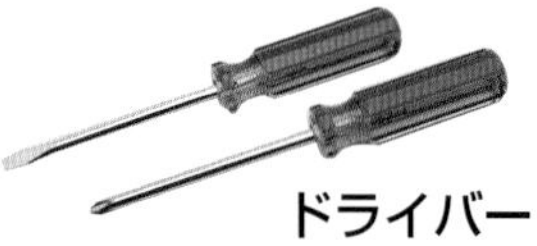

ドライバー
壁や床の不要なパーツ類を取り外すときに使う。マイナスドライバーとプラスドライバーを2本用意しておこう

1 家具や不要なモノを外す

養生を始める前に、まず邪魔になる家具や雑貨は移動させて、不要な付属物は取り外し、掃除してホコリを払っておく

スイッチプレート

スイッチプレートは、壁のリフォームでは邪魔モノ。マスキングテープで覆うこともできるが、外したほうが失敗しらず。プレートはビスで固定されているので、ドライバーでビスを外せば簡単に取り外せる

照明タグ

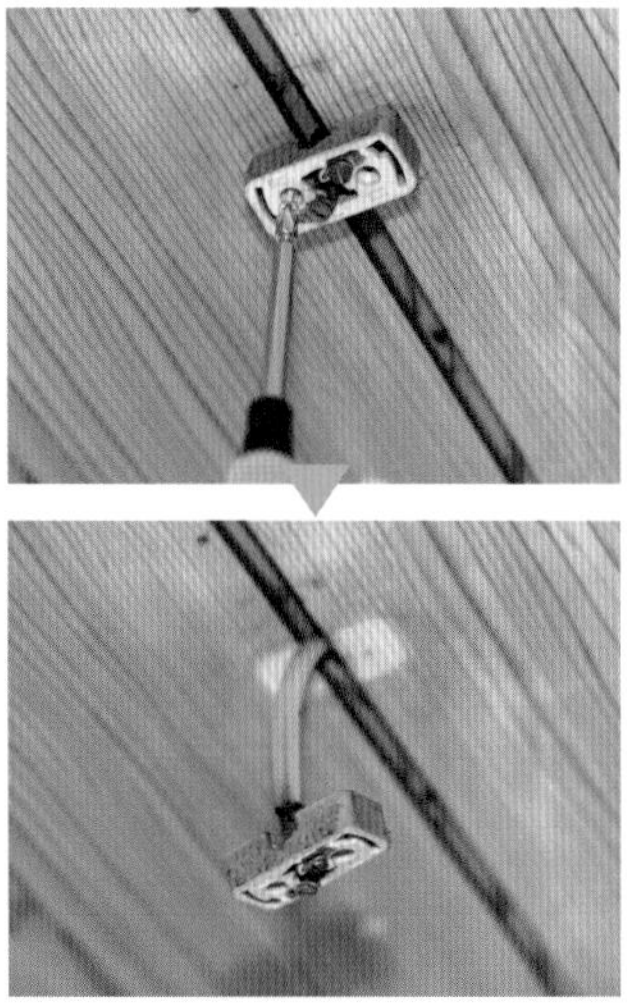

壁面と床面だけのリフォームなら外す必要はないが、天井も塗装する場合は、照明のソケットも外しておきたい。ビスをゆるめて、手前に引き、コードを伸ばしてマスキングテープを巻いておくとよい

カーテンレール

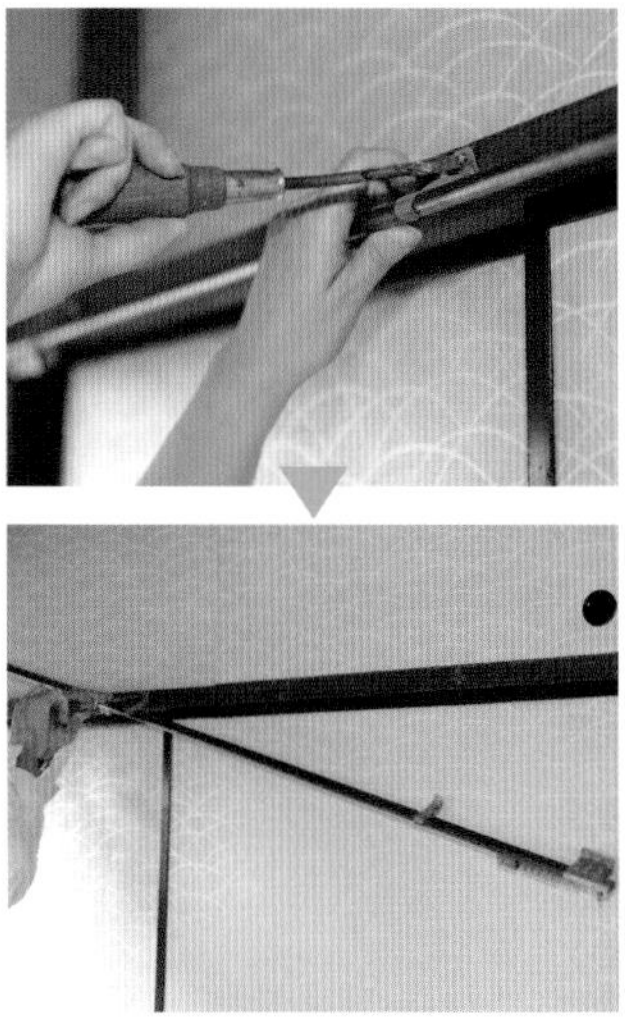

リフォームする部分にカーテンレールがある場合も、マスキングするより外したほうがベスト。作業の邪魔にならず、塗料をうっかり付ける失敗の危険性もない。カーテンレールを固定しているビスを外せばＯＫ

2 マスキングテープとシートを貼る

塗らない部分に、マスキングテープとシートを貼って保護する。マスキングテープをきっちり貼るコトが成功の秘訣

01 マスキングテープを50㎝くらいずつ貼る

壁に塗料を塗るときに柱をマスキング。マスキングテープは利き手で持ち、50㎝くらいずつ貼っていく。マスキングテープの端のラインが塗装の境目となるので、真っすぐに貼るのがコツ。珪藻土などを塗る場合には、厚み分を考えて2ミリほど壁より離れた側に貼る

02 指で上から押さえしっかり密着させる

マスキングテープを貼っただけの状態では、まだテープが密着しておらず、塗料がすき間からテープと接着面との間に入ってしまうこともある。指でテープ(特に縁の方)を上から押さえて、しっかりと密着させる

✕ マスキングテープが曲がりすき間ができている。この状態で壁を塗ると、すき間にも塗料が付いてしまう

ロールマスカーで広い面を保護

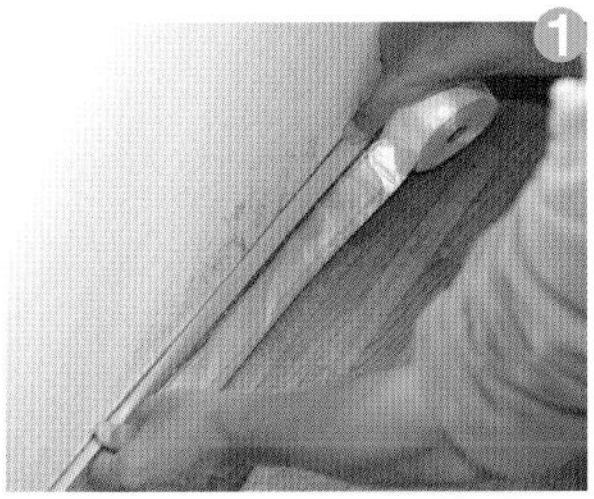

ロールマスカーは、テープ部分の接着がやや弱いので、マスキングテープを一度貼って下地と密着させ、その上から貼るとよい。
❶ロールマスカーをマスキングテープの上から貼る
❷シート部分を広げる
❸広げたシートを床面に置く。静電気作用で床に張り付く

応用編 カッターで直線を出す

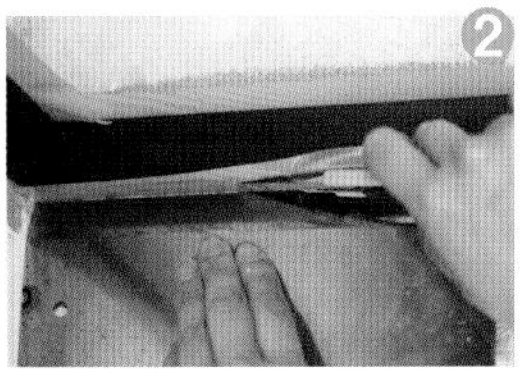

テープを貼るときに直線にするのが難しい場合はこんな方法も
❶テープをオーバーして貼る
❷直線の金ヘラなどを利用して、塗膜の境のラインにカッターを入れる
❸切った部分を外すと直線になる

外さない場合のマスキング

照明機器

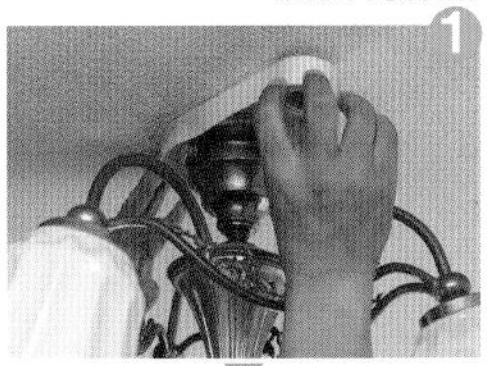

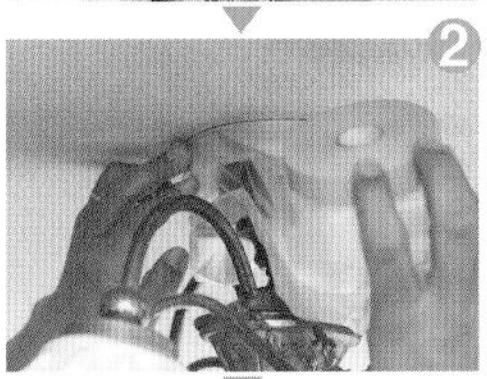

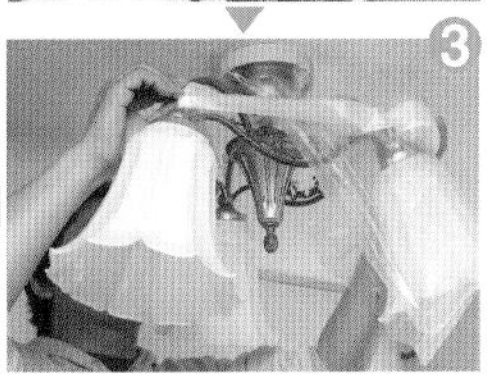

❶マスキングテープを根元に巻く ❷その上にロールマスカーを貼る ❸シート部分を広げてすき間がないよう照明器具をすっぽりと覆う ❹完成

スイッチプレート

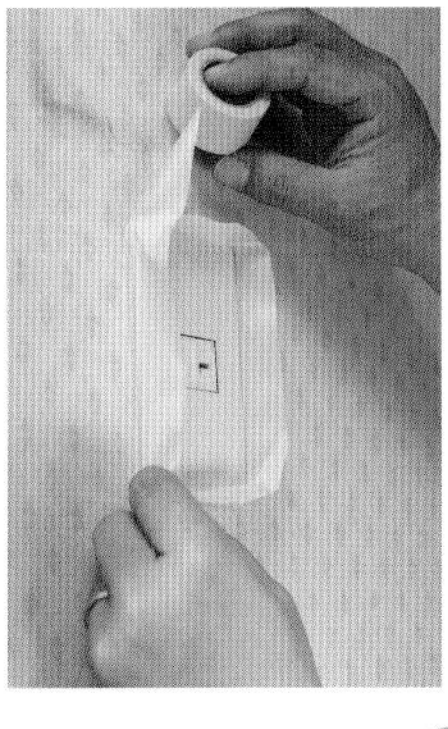

スイッチプレートを外さず壁を塗装する場合は、プレートのまわりにマスキングテープを貼る。テープは塗装用具（ローラーの厚み）に合わせた幅を選ぶこと

Column

下地調整
リフォーム素材カタログ

DIYでリフォームをする際には、壁や床の下地調整をきちんとおこないましょう。施工内容と下地となる素材の種類によって、たくさんのアイテムがあるので、商品の表示などを参考にして最適な商品を選ぶようにしましょう。

壁の下地材

●ヤニ・アクどめシーラー　アサヒペン

タバコのヤニがついた壁や木の表面からのヤニの染み出しを抑えたり、砂壁や繊維壁などの表面を固めて塗装しやすくする。塗装前に下塗りしておくとよい
● ❶1ℓ 2,468円、❷2ℓ 3,885円

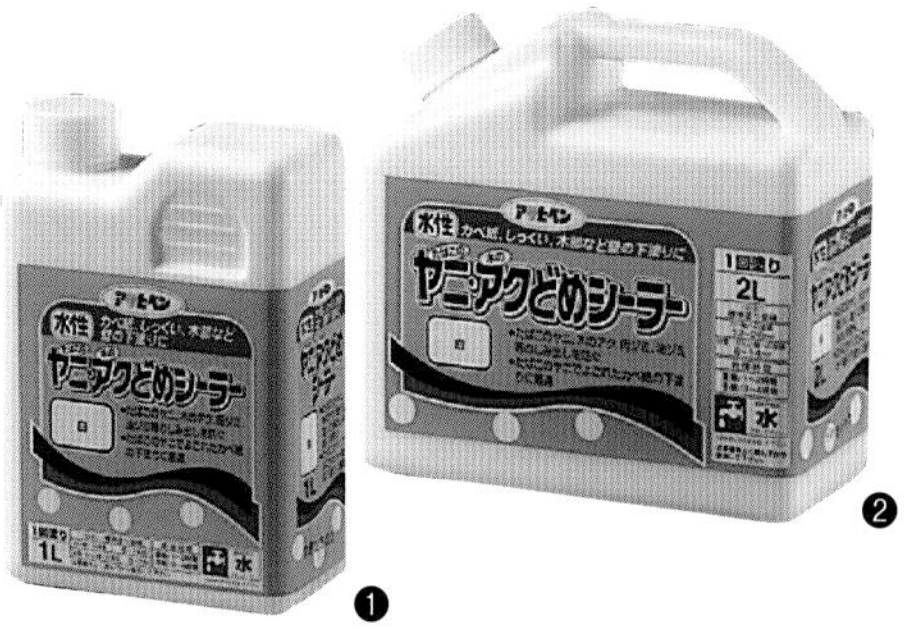

❶ ❷

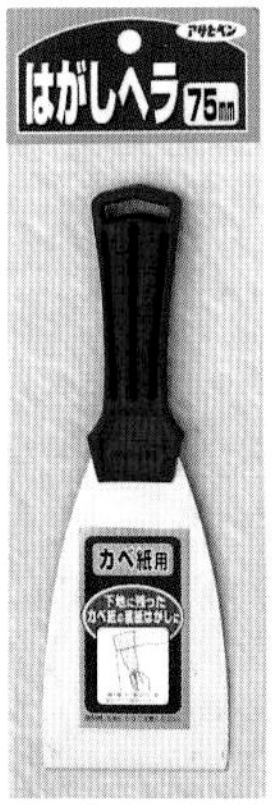

●かべ紙用はがしヘラ　アサヒペン

残ってしまった部分的な裏紙などを取り除くときに活躍する。カッターでもできるが、しなりがあり、先が鋭利なヘラの方が使いやすい。壁紙をはがす際はあると便利
●75㎜ ●1,019円

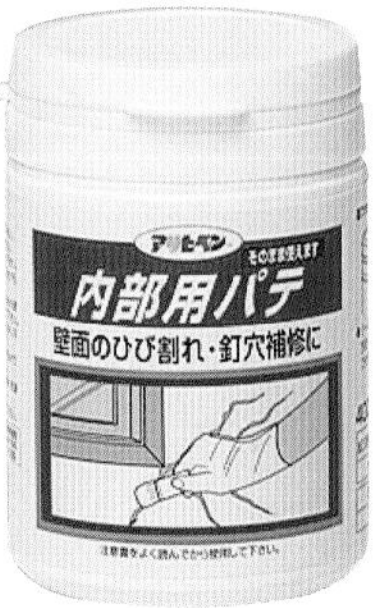

●内部用パテ／アサヒペン

下地となる壁面が凸凹になっていたり、ひび割れている場合の補修に使用するのがパテ。完全に硬化するので、乾燥後の塗装もOKだ
●硬化時間：1～3時間
●400g ●735円

●コンクリート床用樹脂セメント　アサヒペン

屋内外のコンクリート床面補修用。流し込むだけで平滑面に仕上がるのが特長。密着力が高く、約6時間で歩行可能となる超速乾タイプ
●2,993円/4kg、4,830円/7kg

床の下地材

●ベンリダイン NEWFL-2　サンゲツ

クッションフロア、カーペットを張る水性接着剤。適用下地はコンクリートとモルタル。18kgで60㎡を施工
●1,900円/3kg、4,800円/18kg(税別)

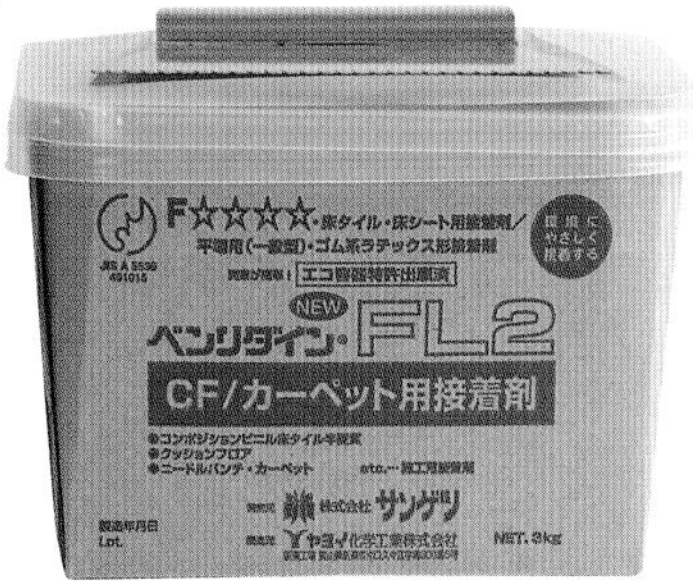

●クッションフロア用両面テープ　ニトムズ

クッションフロア専用両面テープ。0.1ミリの極薄タイプでテープ跡も目立たない
●オープン価格
●0.1㎜×50㎜×20m

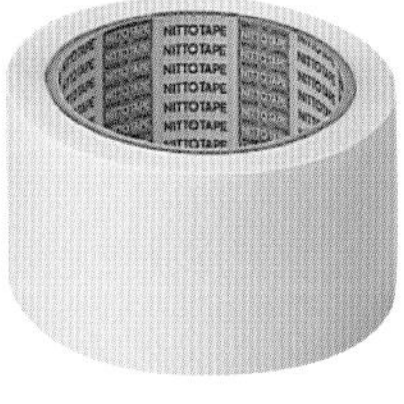

●穴うめパテ／セメダイン

肉やせがほとんどないので、大きな凹みも一発で埋められる。コンクリートやコンパネの凹みやヒビの補修に最適な水性パテ。色はホワイト、アイボリー、ベージュ
●945円(200g)

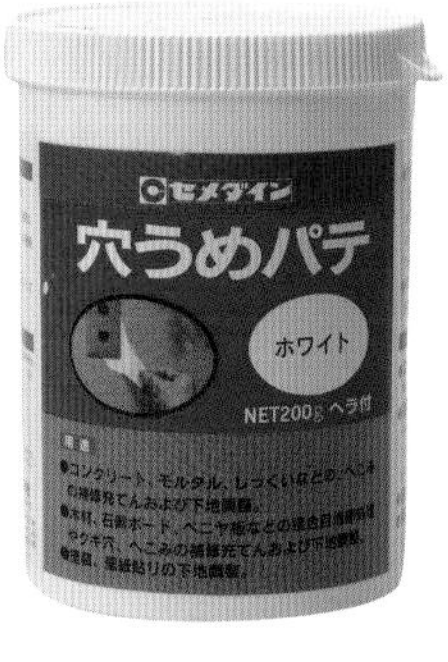

Part 2

壁をリフォームする

汚れてしまったリビングの壁紙や、ひび割れした和風壁……。
そんなとき、壁まわりのDIYリフォームは、
お部屋全体の印象をガラリと変えることができる、
おすすめのリフォームプランです。

◇◇

壁紙の簡単メンテナンス

速効メンテナンス 1 小穴やキズは補修材で埋める

小穴やキズを隠すには専用の補修材が便利です。ドライヤーで加熱すると膨張するタイプは表面の凹凸も再現可能。白い壁紙のピンホールなら、事務用の修正液を使っても目立たなくなります。

1 釘穴の状態

釘を抜くと穴のまわりの壁紙が少しめくれたようになる。キズの場合、ささくれた部分はカッターなどで切り落としておく

2 補修材を充填する

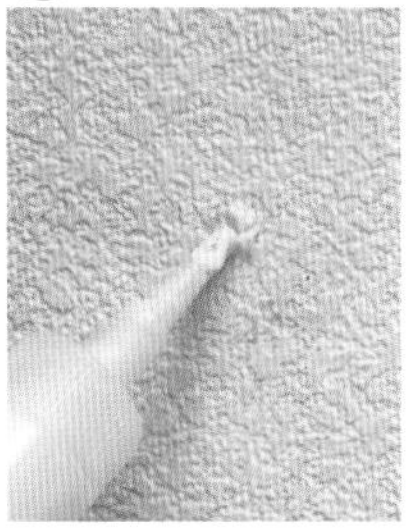

壁の色に合った補修材を用意し、穴に差し込んで充填する。キズの場合は、キズに沿って充填する

3 めくれた部分をおさえる

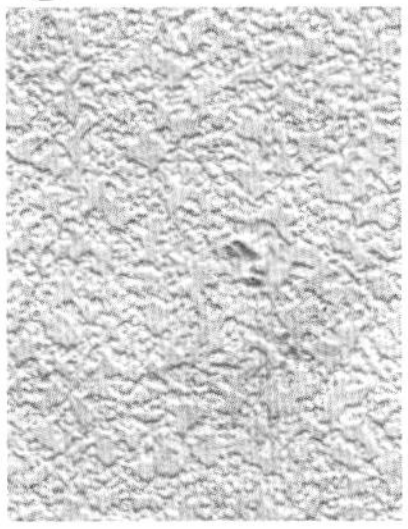

これだけでだいぶ目立たなくなるが、補修材がはみ出していたら付属のヘラで拭う。さらに凹凸感を出したい場合は④へ

4 ドライヤーで温める

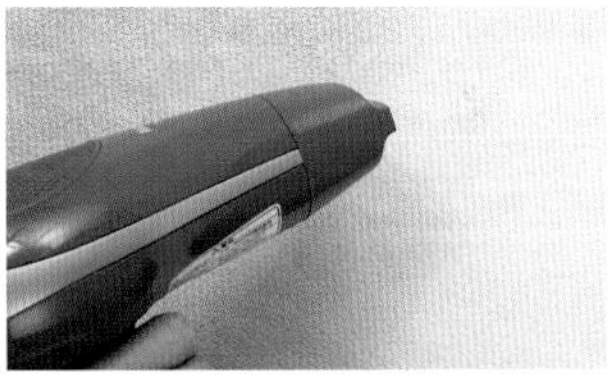

ドライヤーの熱風をあてると補修材が膨む。壁紙特有のざらざらした凹凸となじみ、より目立たなくなる

▶道具

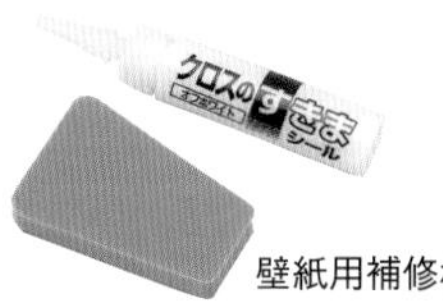

壁紙用補修材

速効メンテナンス 2 着色材でシミを隠す

壁紙専用のシミ隠しを使えば、下写りや乾燥後の変色もなく簡単に塗ることができます。白や淡色が中心ですが色選びは慎重に。濃色の場合は不透明水彩絵の具などをそのまま塗ります。

1 シミの状態

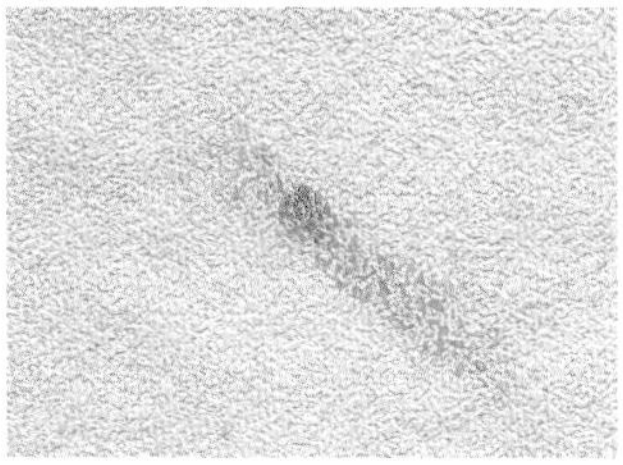

ビニール壁紙は水拭きや洗剤で掃除することができるが、時間が経った汚れは、シミになって落ちない場合がある

2 着色する

着色する部分を乾いた布でホコリや汚れを払っておく。専用の着色材をよく振って、フタにセットされた筆で薄く均一に塗る

3 重ね塗りをする

一度塗りでシミが隠れなければ、乾いてから重ね塗りを。クレヨンの落書きや濃い色のシミでも重ね塗りでカバーできる

▶道具

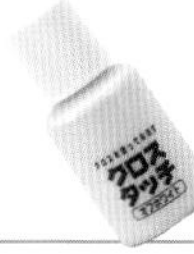

壁紙用着色材

速効メンテナンス 3 壁紙のはがれは接着剤で貼る

壁紙がはがれてきたら、すぐに接着剤で貼りましょう。時が経つと硬化して貼りにくくなります。下地によっては木工用接着剤でも貼ることができますが、やはり壁紙用が最適です。

1 はがれた部分を確認

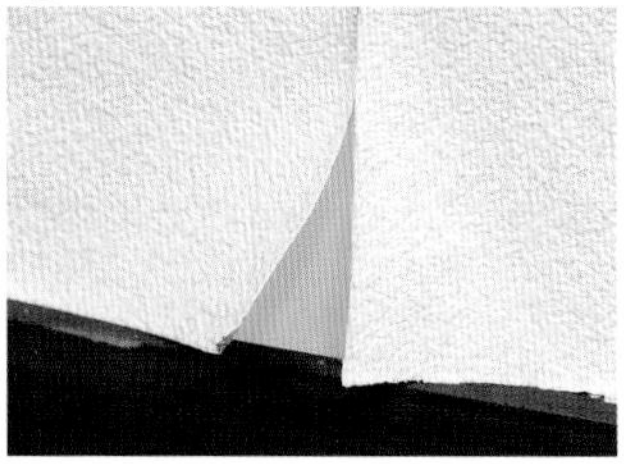

はがれた壁紙をさわって硬くなっていたら、霧吹きなどで湿らせて、柔らかくしておく。付着したゴミも取っておくこと

2 接着剤を塗る

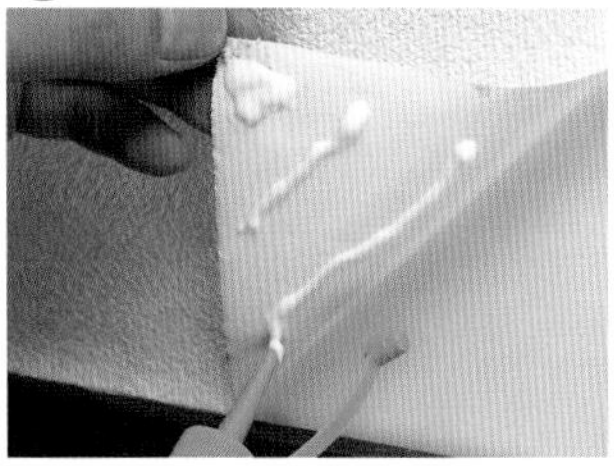

壁紙の裏側、広範囲のめくれには壁面にも接着剤を塗って貼る。はみ出した接着剤は湿らせたスポンジで拭いておく

3 ローラーで圧着する

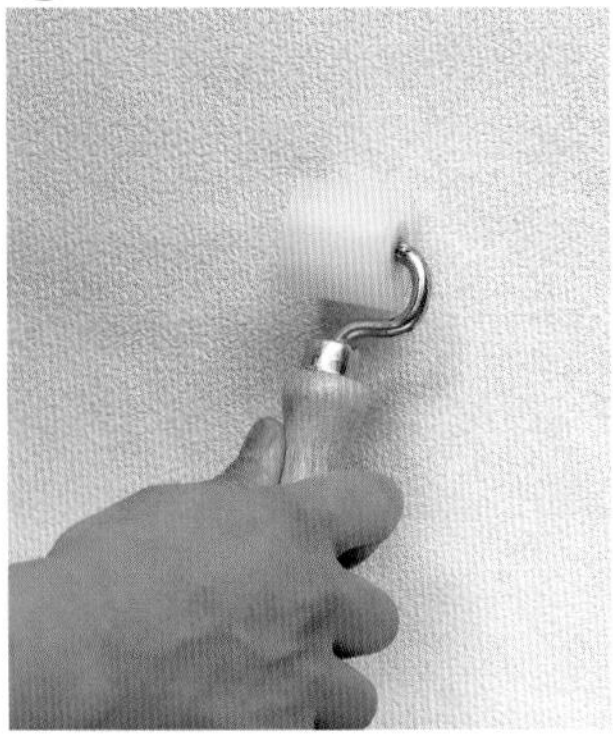

しっかり貼るためにローラーで圧着。反りが強いとはがれてくるので、接着材が乾くまで壁紙の端をピンで留めておく

▶道具

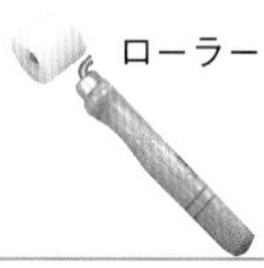

ローラー

壁紙用接着剤

塗り壁の簡単メンテナンス

速効メンテナンス 1 表面の軽い汚れは消しゴムで消す

表面に付いた汚れを落とすには消しゴムが便利。表面を平滑に仕上げられた壁や凹凸の少ない壁に向いています。クシ目などの塗り模様では、溝に入り込んだ汚れは落としにくいでしょう。

① 汚れの状態

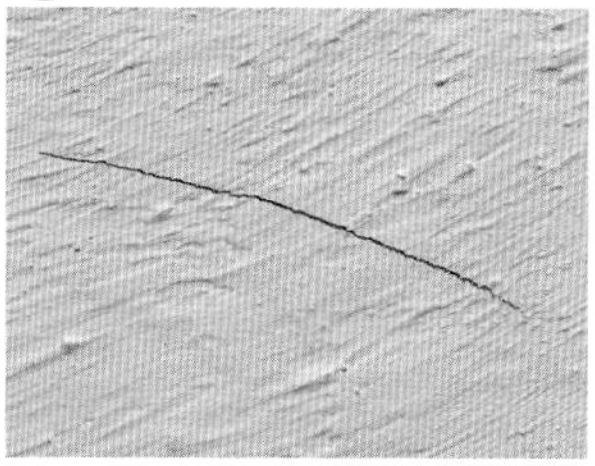

鉛筆の跡がくっきりつきている。これはDIYで仕上げられた漆喰風の塗り壁

② 消しゴムでこする

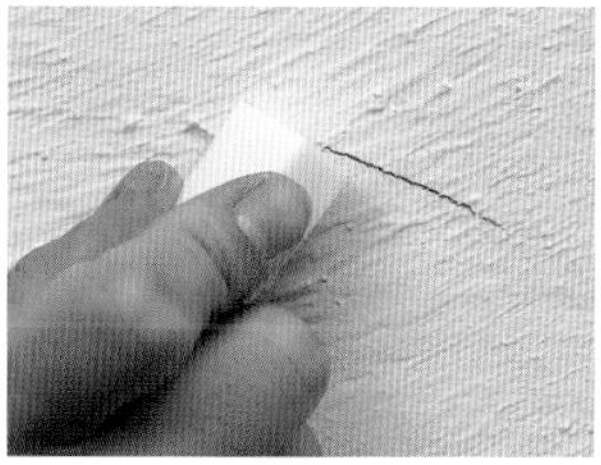

消しゴムのきれいな面をあてて、縦、横、斜めに方向を変えてこする。柔らかめの消しゴムの方が消しやすい

③ 仕上がり

奥に入った汚れは少々残るが、遠目ではほとんど目立たない。消しゴムで落ちなかった場合はサンドペーパーで削る

▶道具

消しゴム

速効メンテナンス 2 汚れやシミはサンドペーパーで削る

ざらつきの奥に入った汚れやシミは、サンドペーパーを使って落とします。表面に光沢のある漆喰の場合は、傷が付かないように粒子の細かいクレンザーを使用。脱脂綿に付けて擦ります。

① 汚れの状態

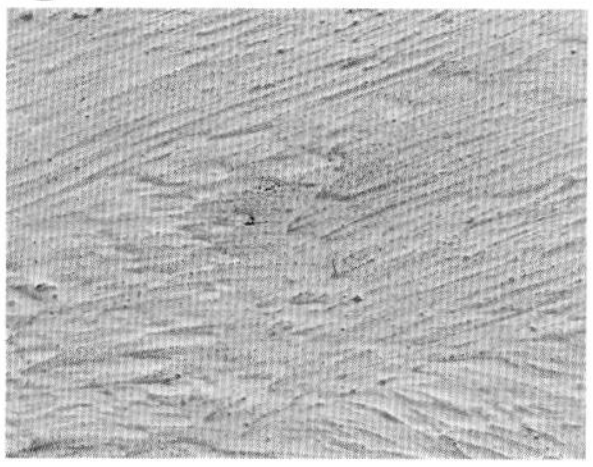

手垢や油汚れが付着している。壁材の細かい凹みや内部に浸透した汚れやシミは、消しゴムだけではなかなか落とせない

② サンドペーパーをかける

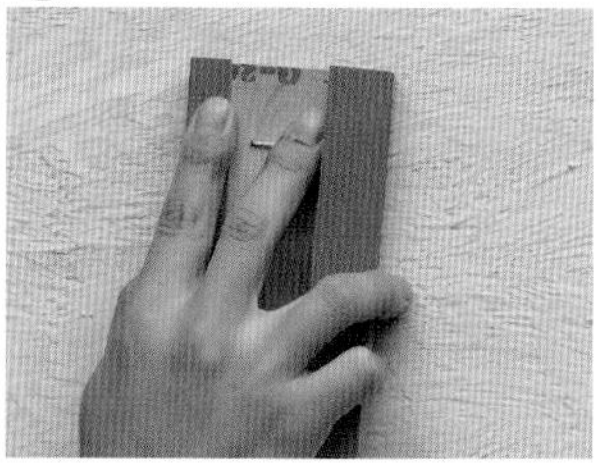

表面が平滑な漆喰は、240番のサンドペーパーを。ざらついた壁には120番、60番などの荒目が適している

③ 仕上がり

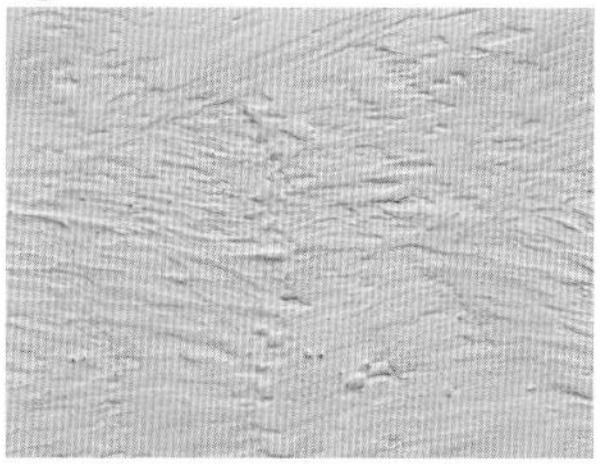

表面のざらつきは少々失われてしまったが、汚れは完全に落ちている

▶道具

紙ヤスリ

速効メンテナンス 3 落とせない汚れは部分的に上塗りする

消しゴムやサンドペーパーを使っても落ちない汚れには、同じ塗り壁材を使って上塗りします。ただ、品切れや廃盤といった事情で同じ塗り壁材が手に入らない場合もあります。その場合は、しっくい調、テラコッタ調などの小瓶入りの塗料を利用する方法もあります。

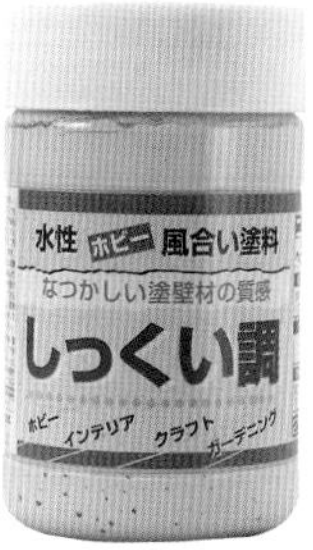

① 塗料を塗る

ホコリやゴミを取り除き、ハケやコテなどで上塗りする。表面が平滑なら、あらかじめサンドペーパーをかける

② 仕上がり

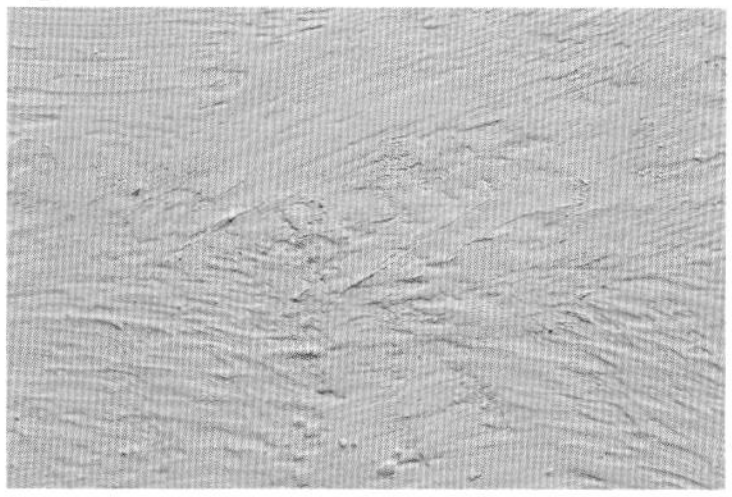

汚れが隠れるように塗り、周囲をぼかす。壁の質感や模様に合わせて塗り方を工夫しよう。塗り終わったら乾燥させる

▶道具

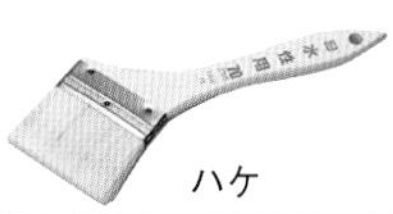

ハケ

塗り壁材

速効メンテナンス

4 キズや凹みはパテで補修する

キズや凹み、ヒビ割れなどは、室内壁用のパテを使えば簡単に補修できます。柱とのすき間を埋めるときは、パテが付着しないように、柱にマスキングテープを貼ります。

▼道具

室内壁用パテ

❶ キズの状態

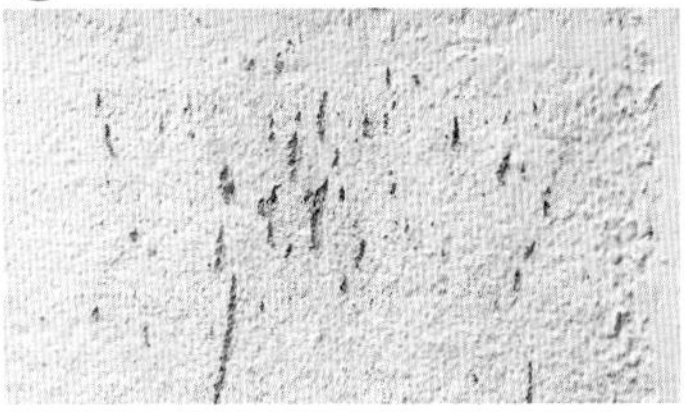

下地が見えてしまっているキズ。ペットのひっかきキズは壁のダメージが大きい。範囲が広がらないよう、早めの補修を

❷ パテを埋める

付属のパテベラを使って、キズや穴にパテを埋める。はみ出した部分はパテベラでそぎ取る

❸ 乾燥させる

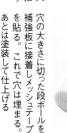

パテが乾くまで乾燥させる。平滑な壁にはサンドペーパーをかけて平らにしておく。必要なら同じ壁材で部分塗りを

穴を埋めるには

板＋段ボール＋メッシュテープで補修

壁裏が空洞の中空壁に穴があいたときの補修方法は以下のとおり。下地材の石膏ボードはカッターで切れるので、複雑な穴は四角くカットすると段ボールで埋めやすくなります。

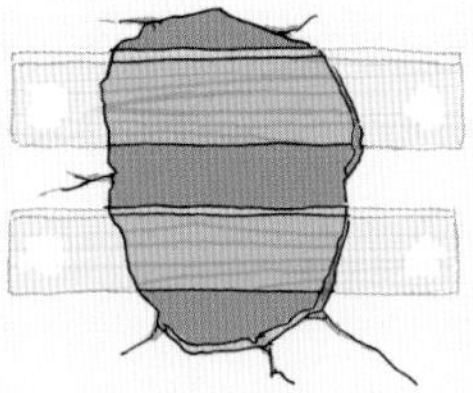

壁裏に補強板を入れる。小穴は壁裏に、大穴は構造材に接着剤で貼る。板の中央にフックを付けると固定しやすい

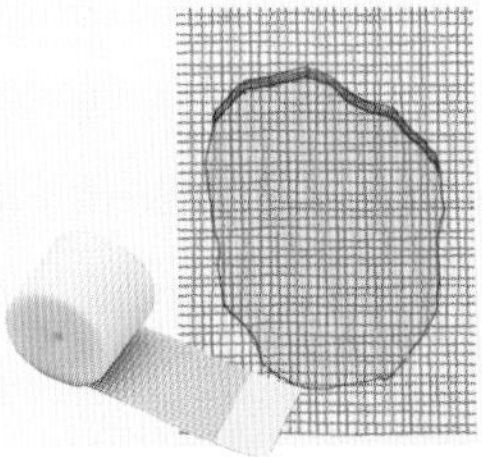

穴の大きさに切った段ボールを補強板に接着しメッシュテープを貼る。これで穴は埋まる。あとは塗装して仕上げる

速効メンテナンス

5 全面を塗り替える

水性塗料は漆喰壁、繊維壁などの他にも、壁紙や石膏ボードなどの壁にも塗装できます。ポイントは塗装前の下地処理。汚れを落とし、キズはパテで埋め、サンドペーパーをかけておきます。また、繊維壁には壁押さえスプレーを。塗装の手順はどの壁も同じです。

▼道具

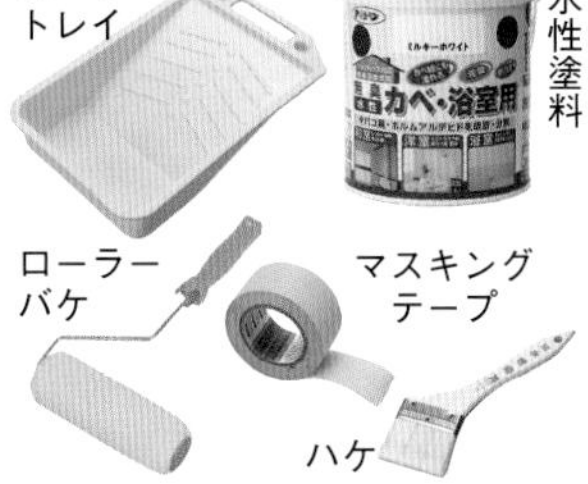

❶ マスキングする

塗料が付着しないように柱やドア枠などにマスキングテープを貼る。広い部分は、マスキングシートや新聞紙でカバーする

❷ ハケで塗る

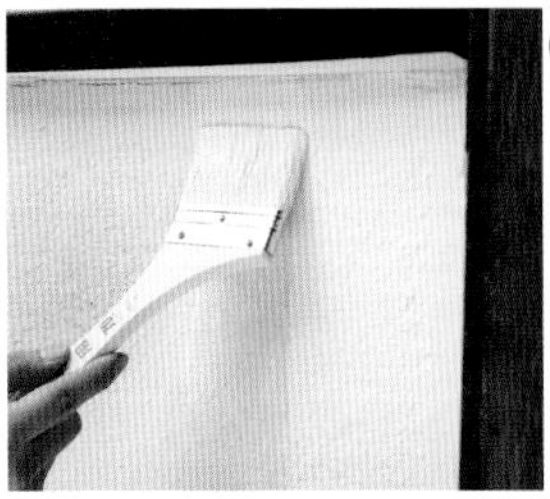

塗料をよく混ぜ、ハケを使って窓枠のまわりなどの塗りにくい部分を先に塗る。塗料が固い場合は水で薄める

❸ ローラーバケで塗る

広い面はローラーバケを使うと作業がはかどる。塗料を多めに含ませW字に塗り、端から縦方向に進めるとムラになりにくい

❹ 乾燥させる

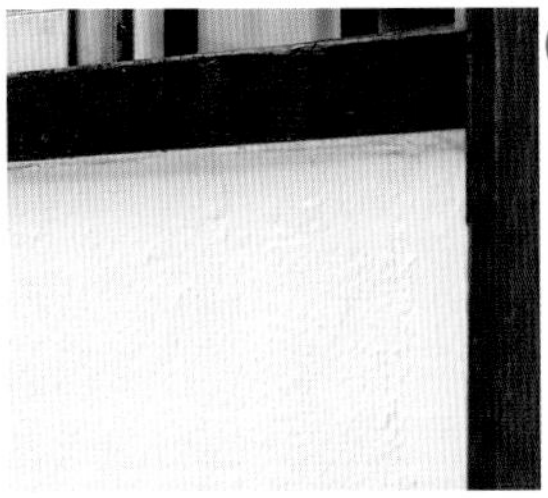

塗り終わったら、塗料が乾く前にマスキングテープをはがす。季節や湿度によって差があるが、1時間程度で塗料は乾く

便利アイテム

型取り補修材

壁紙などの凸凹模様のある壁を欠損した場合に役立つアイテムが、型取り補修材です。模様を型取りして、欠損部分に埋めたパテが乾かないうちに、型押しします。塗装前に補修しておけば、より完璧な仕上がりに。

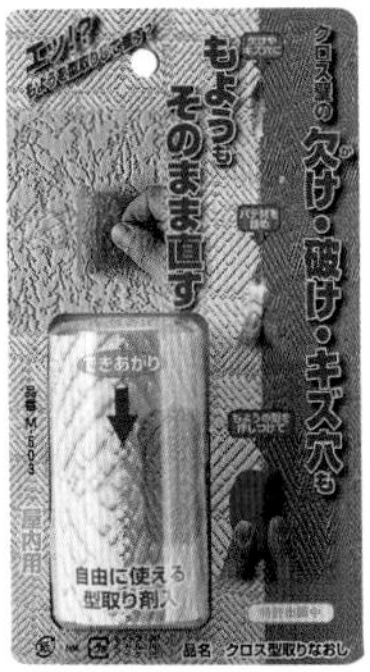

木部の簡単メンテナンス

ケース① キズや釘穴が目立つ

速効メンテナンス① 木部補修材と楊枝で補修

木部の小さな穴を埋めるには楊枝を用います。少し大きめの穴には割り箸を。埋めた部分が目立つ場合は木部用の補修材が便利。

① 楊枝を埋める

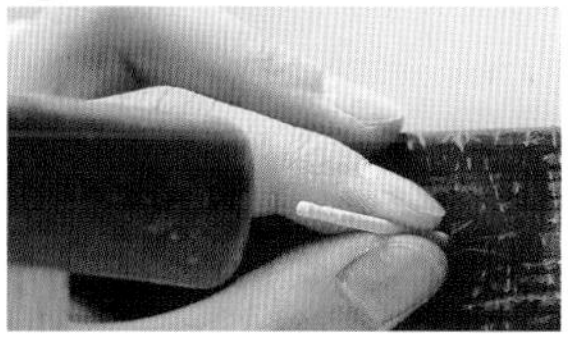

穴に楊枝を差し込んで、ハンマーで軽く叩く。割り箸は、あらかじめ穴の大きさに合わせて先を削る

② 楊枝を切り落とす

カッターを使って楊枝を切る。表面が平らになるように、刃をねかせる

③ 補修材で着色する

塗装など木の色が濃い場合はマニキュアタイプの補修材で着色を。水彩絵の具やクレヨンを使ってもよい

▶道具

木部補修材　ハンマー　楊枝

ケース② 柱、長押の汚れや変色が気になる

速効メンテナンス② サンドペーパーで汚れ落とし

白木の部分汚れは240番のサンドペーパーで軽く研磨します。全体の汚れは市販の白木用漂白剤を塗れば、白くなります。

速効メンテナンス③ 突板《つきいた》を張る

突板は天然木を薄くスライスした仕上げ用の板。これを接着すれば新しい柱に変身。柱のサイズに合わせた突板を購入しましょう。

▼道具

両面テープ　突板　カッター

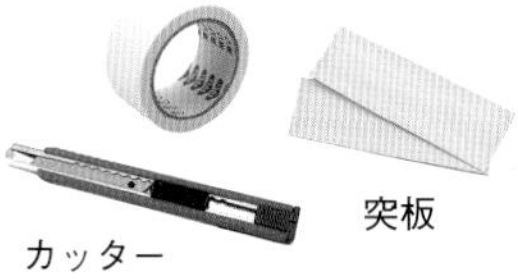

① 接着方法

接着面の汚れを落とし、両面テープを貼る。シール付の突板を選べばこの手間は省ける

② 突板を張る

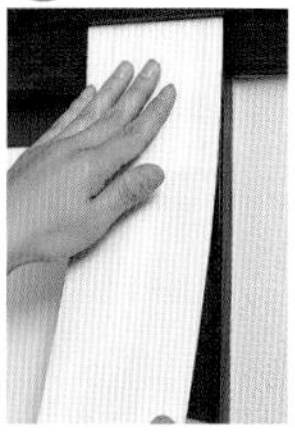

カッターで柱のサイズに合わせて切った突板を、柱の上部から慎重に張っていく

③ 仕上げ方法

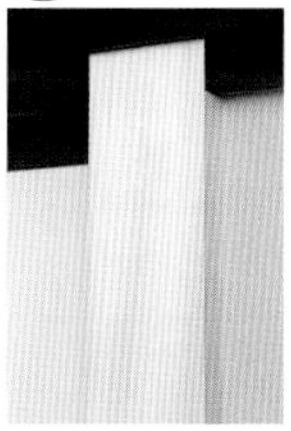

柱の角は面取りカンナをかけると良い。ニスで仕上げれば汚れを防ぐことができる

速効メンテナンス④ 柱を塗装する

全体に汚れやキズの多い柱なら、あえて古材のような色に塗ってみましょう。趣のある仕上がりで、キズも気にならなくなります。

▼道具

ハケ　マスキングテープ　水性ニス　水性ステイン

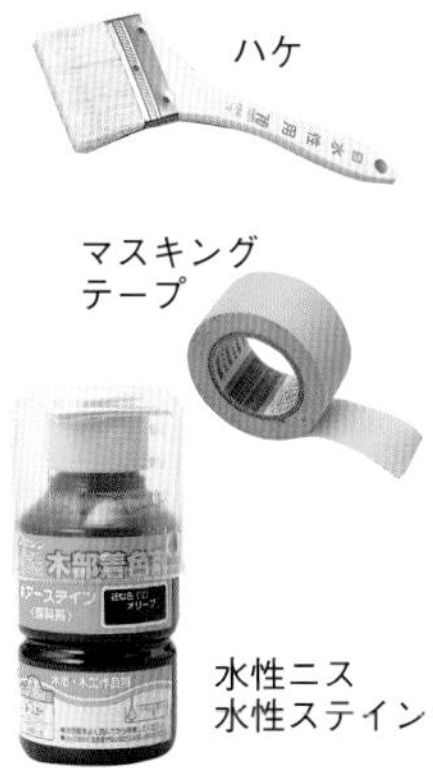

① 下地処理をする

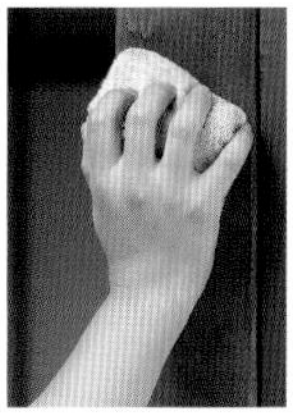

塗装面の汚れを拭き、全体をきれいに掃除しておく

② マスキングする

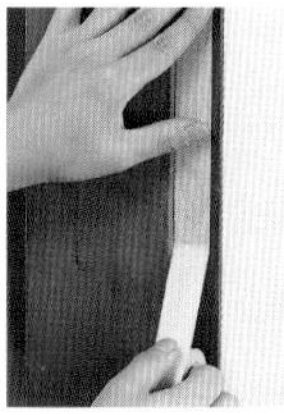

塗料が付いては困る場所は、マスキングテープや新聞紙でカバーする

③ 塗装する

深い色味を出すならステインを。臭いの少ない水性がおすすめ。擦り込むように塗る

④ 仕上げ

ステインが完全に乾いたら水性ニスを塗って仕上げる。柱にはつや消しがおすすめ

01 壁紙を張る

「生のりタイプ」ならひとりでも作業が簡単

「生のりタイプ」の無地の壁紙がおすすめ

壁紙は、色や柄、素材、壁に接着する方法の違いなど、ラインナップは豊富です。自分の部屋の雰囲気や施工方法で選びましょう。

なかでも張るのに慣れていない人には、合わせ目で柄を合わせる必要のない「無地」、接着方法は「生のりタイプ」の壁紙がおすすめです。

裏面に生のりが塗ってあり、裏紙（ビニール）をはがすだけですぐに張れます。しかも、「粘着タイプ」などと違って速乾性ではないので、張り直しがしやすいのも特徴。さっそく挑戦してみてはいかがですか。

作業の流れ

1. 下地押さえ紙を貼る
2. 壁紙を裁断する
3. 壁紙を貼る
4. 合わせ目を圧着する

▼道　具

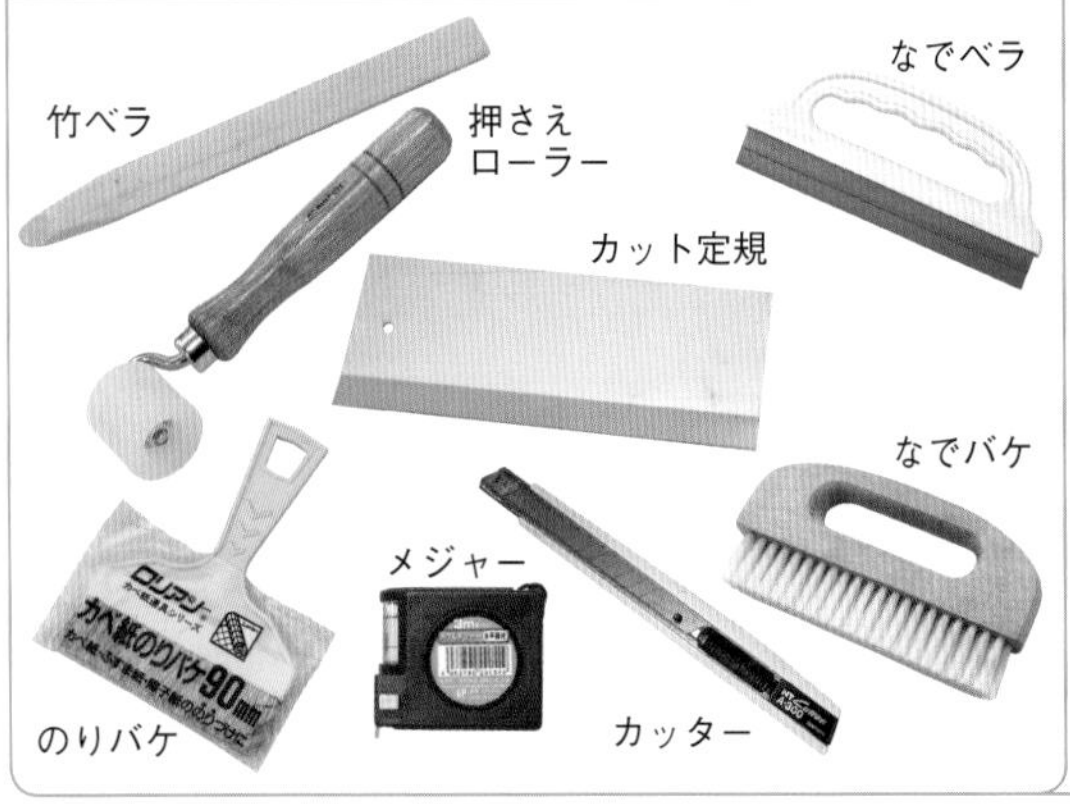

▼材　料

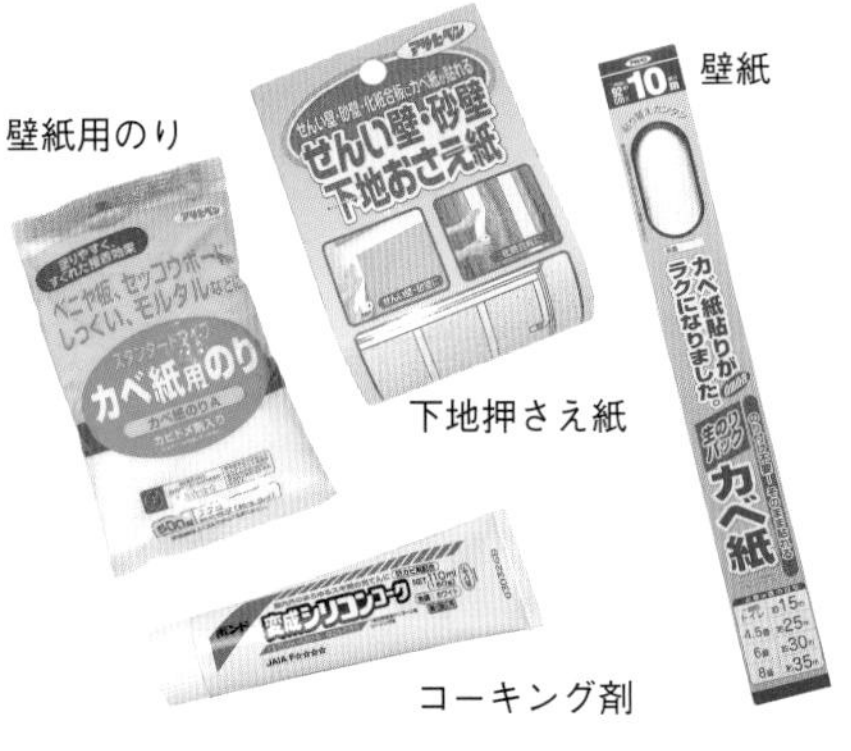

▼DATA

コスト……………………

手間……………………

技術……………………

作業の前に…

壁の下地調整は何かと面倒ですが、下地押さえ紙は壁紙の四辺にあたる箇所にのりで貼るだけ。のりが乾いたら、その上から壁紙を張ります。作業の邪魔になるものは外すことを忘れずに。

養生 ▶ P.44
下地調整 ▶ P.36

01 メジャーで壁のサイズを測る

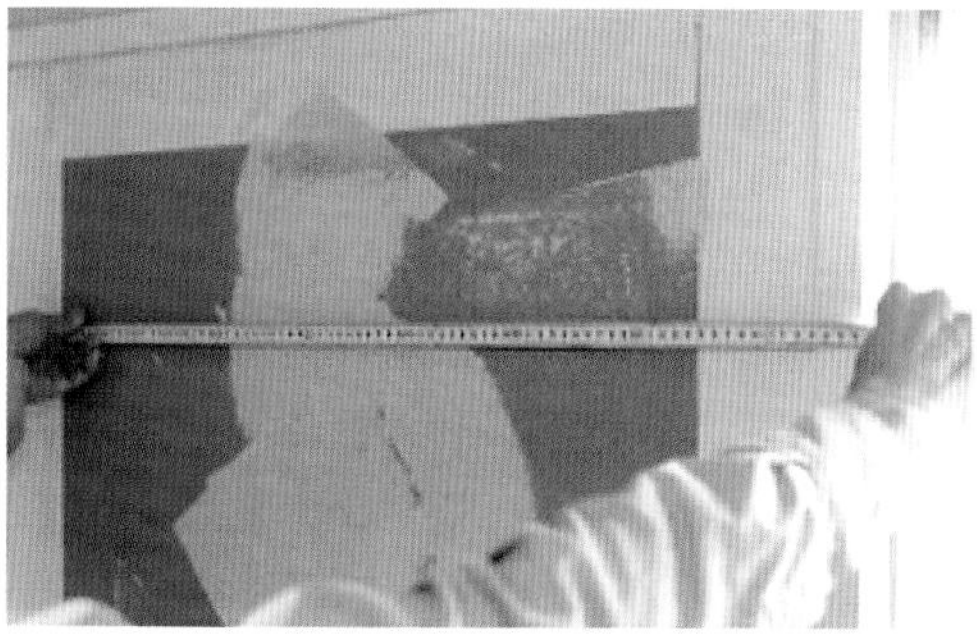

壁は縦張り、梁はできるだけ合わせ目を少なくするために横張りすることを念頭に各部のサイズを測る

02 カッターナイフで裁断する

実寸（実際に測ったサイズ）よりも必ず5～10㎝長めに切る。こうすれば、壁紙が足らずにすき間が出る心配がない

03 裏紙を3分の1はがす

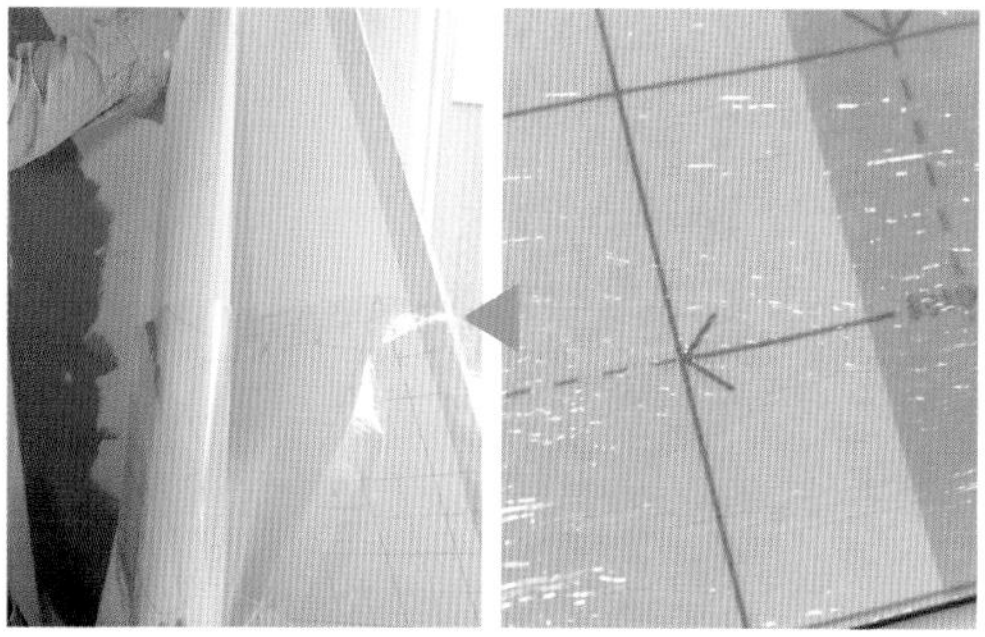

裏紙の矢印が上向きなのを確認してから、上3分の1ほど裏紙をはがす。両端のジョイントテープは残しておく

04 壁紙を両指先でつまんで持つ

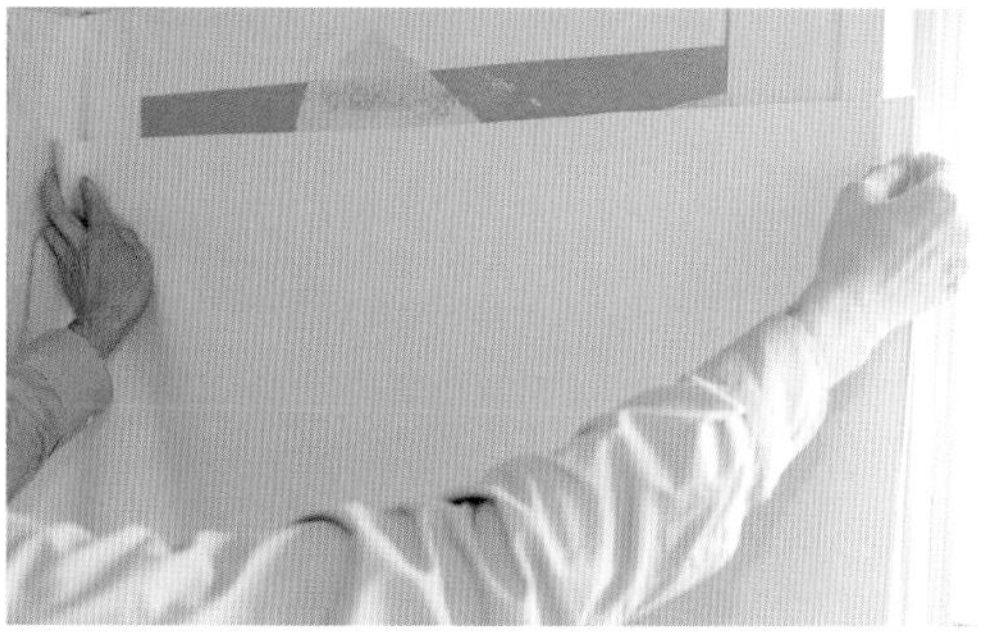

両端のジョイントテープの上を、指先でつまむようにしてしっかり持つ。滑って落とさないように注意する

05 壁紙をはみ出して壁にあてる

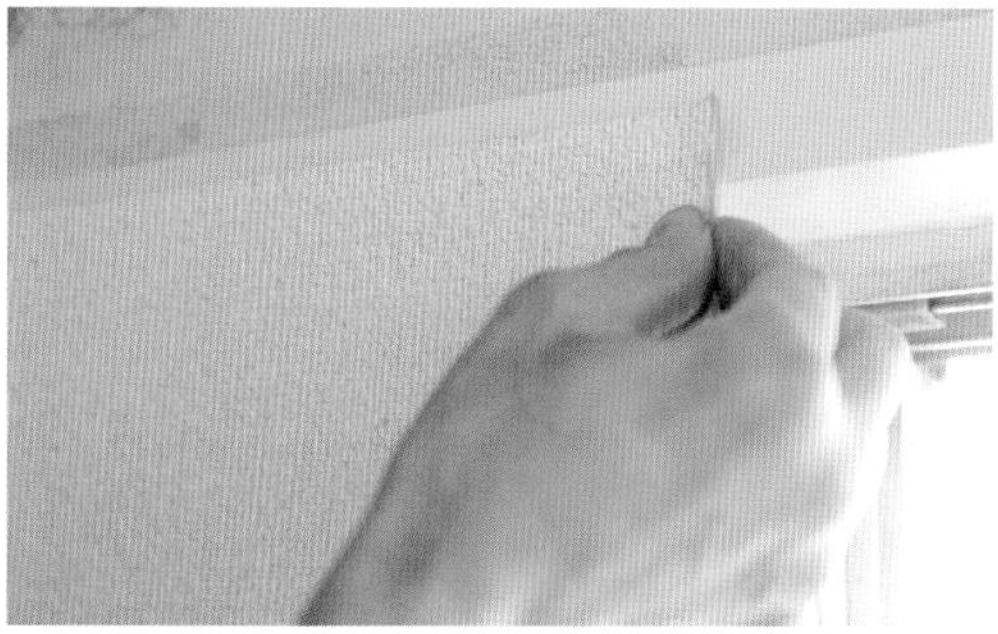

張り始める箇所より2～3㎝上にはみ出すように壁紙を壁にあてる。壁紙の上の辺が水平になっているかを確認する

06 手のひらで壁に押し付けて仮止め

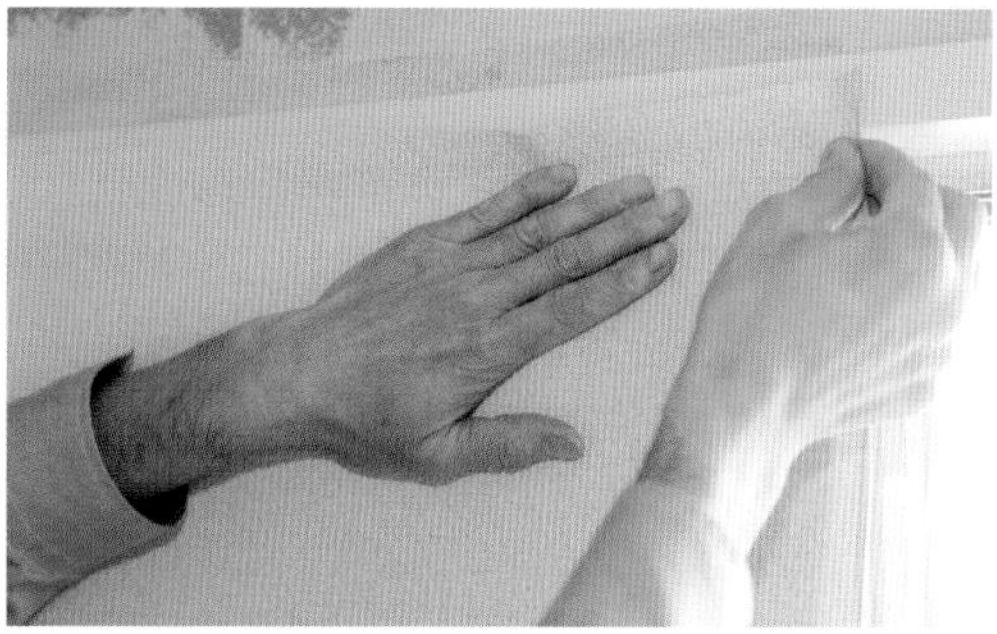

上の辺が水平になっていることを確認したら、手のひらで下地押さえ紙の上に壁紙を押しつけて壁に仮止めする

07 なでバケで表面をなでる

仮止めした部分になでバケをあてて表面をなでる。なでバケの動かし方は、次ページのポイントコラムを参照

08 残りの裏紙をはがし全体を壁に押しあてる

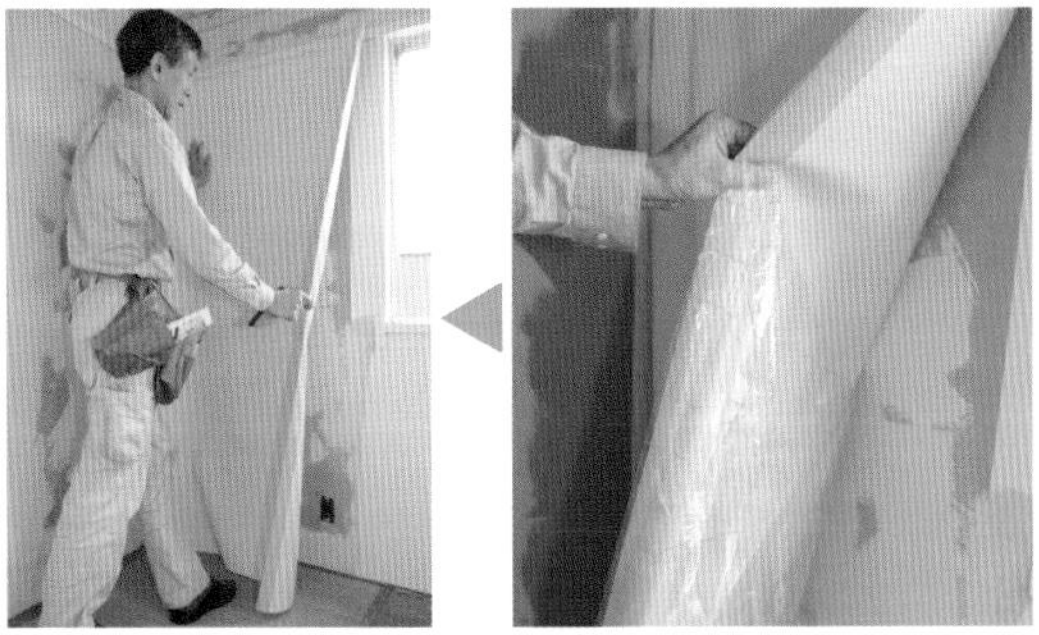

壁紙の上3分の1がきちんと張れたら裏紙をすべてはがし、手のひらで下3分の2全体を壁に押しあてる

09 なでバケで縦方向になでる

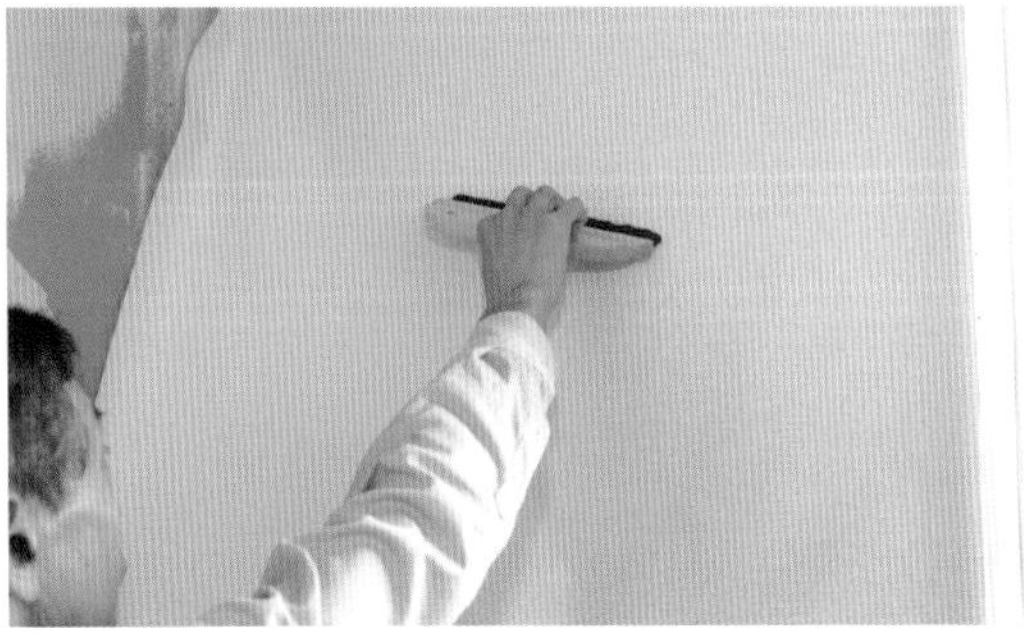

壁と壁紙の間の空気を抜いてシワをのばすために、なでバケの作業は不可欠。まずは、中心を上から下に縦になでる

10 なでバケで横方向になでる

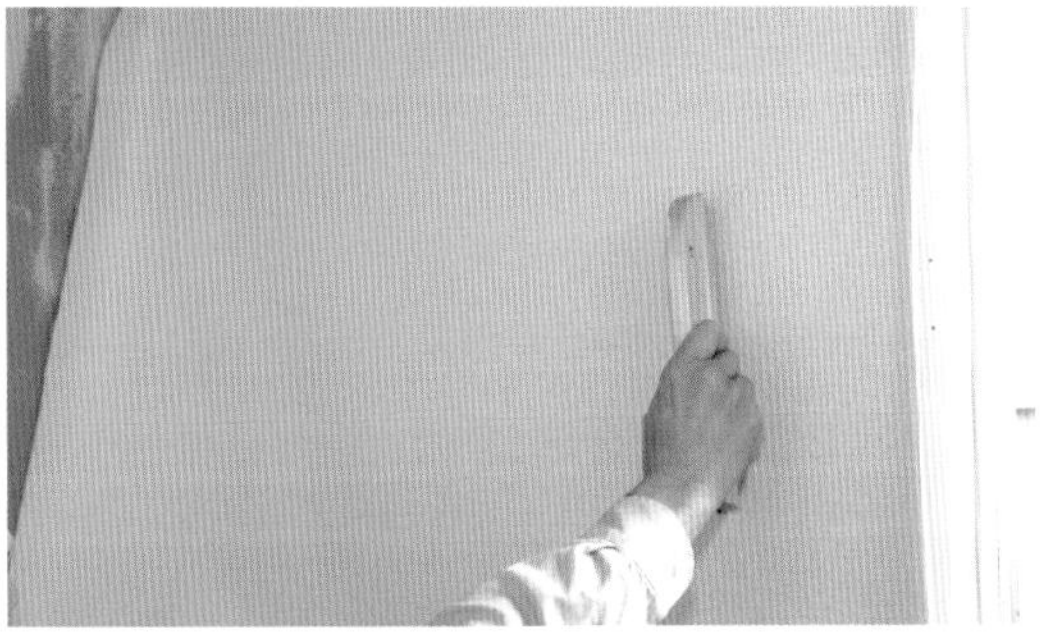

裏側の空気を左右に逃がすために、⑨で縦方向になでた所から横方向になでバケを動かす

11 竹ベラで角を出す

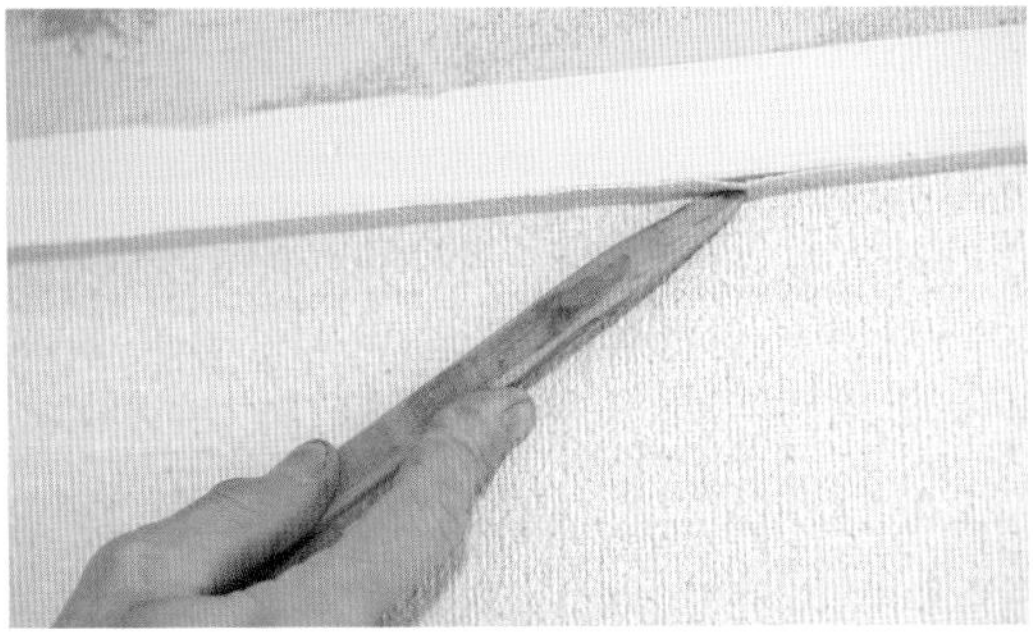

縁の部分は、竹ベラで強く筋をつけて角を出し、壁やコーナーにしっかりとなじませる

12 壁の隅は竹ベラで折りたたむように

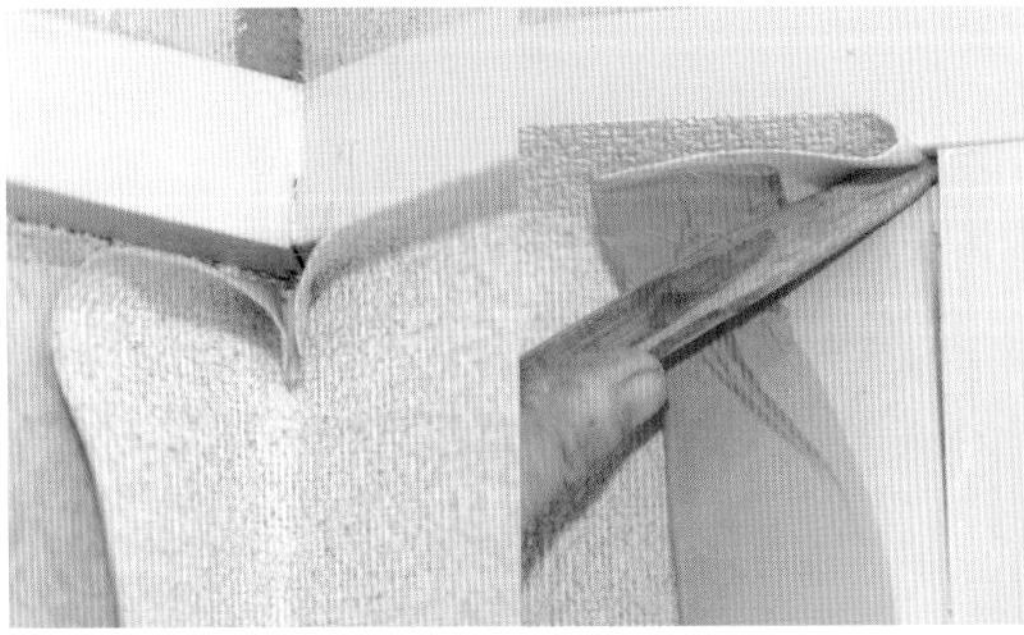

角の部分も、写真のように折り込んでから竹ベラで強く押し込むと壁に密着しやすい

13 余った壁紙を切る(上部)

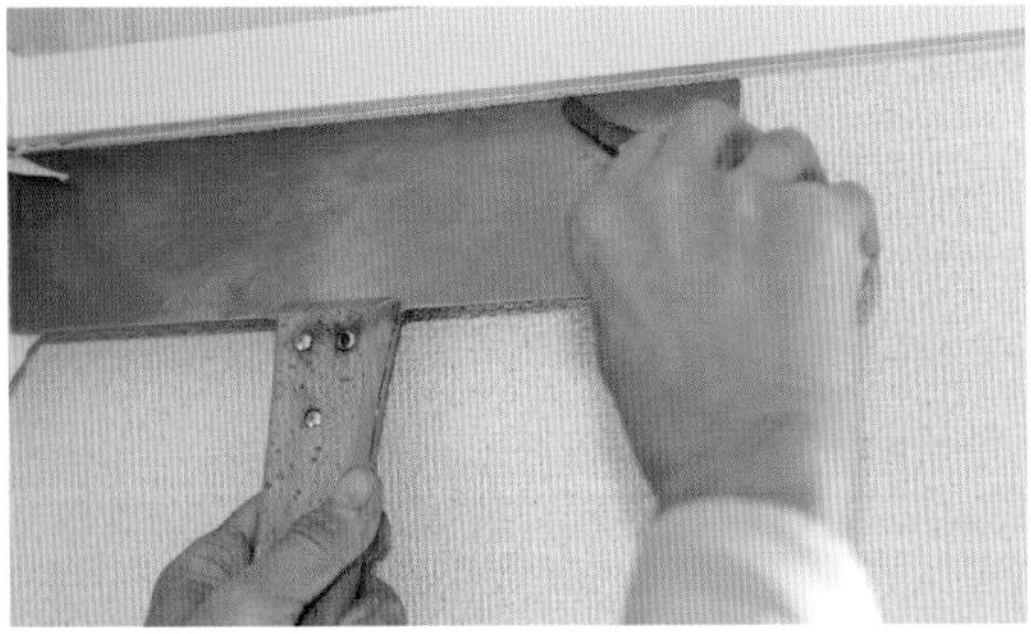

(柄付き)カット定規を押しあて、その上側にカッターをあてる。下側で切ると、定規の厚み分のすき間があくので注意

14 余った壁紙を切る(下部)

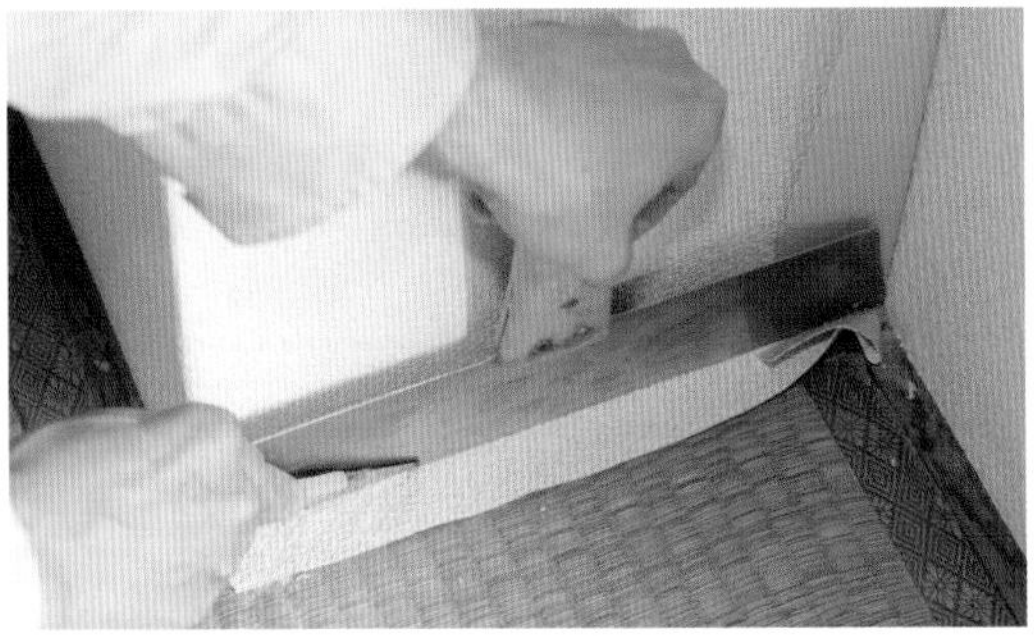

コーナー部分に(柄付き)カット定規を押しあててカッターで切る。定規の上側で切ると、すき間があきやすい

Point

なでバケの動かし方

なでバケは、中心から両側に空気を押し出すように動かすのが基本。壁紙を縦張りした場合、中心を上から下になで、そこから左右になでる動きを3段階ぐらいに分けて行うと効果的でしょう。

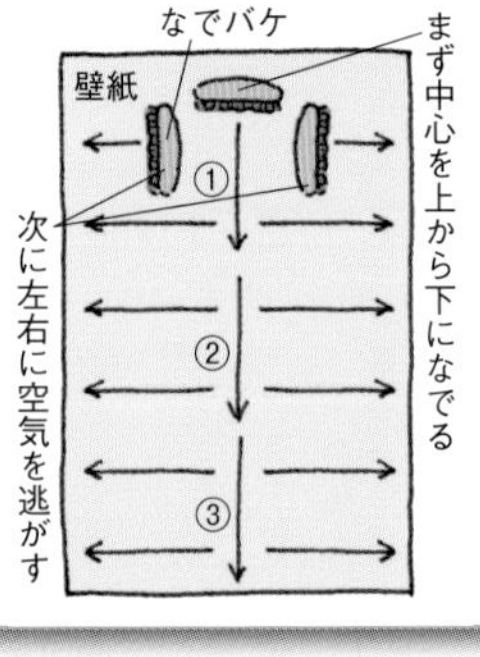

15 端を重ねて張り重ねた上から切る

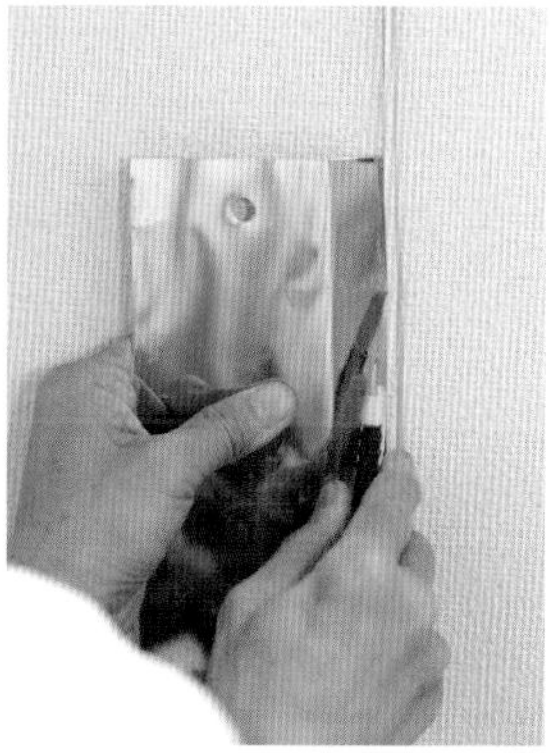

2枚目の壁紙は、1枚目の壁紙に重ねて張る（柄がある場合はきちんと合わせる）。重なっている部分が上から下まで同じ幅であれば垂直に張られている証拠。もし曲がっていたら、はがして張り直す。壁紙が重なった部分の中心にカット定規をあて、下地を傷つけないように注意しながら、2枚一緒に重ね切りをする。カッターは寝かせ、刃は垂直にあてるように注意する

16 重なった下側の切れ端をはがし取る

上下に重なった下側の切れ端をはがし取り、左右両方の壁紙がすき間なく張れるかどうかを確認する

17 合わせ目にコーキング剤を塗る

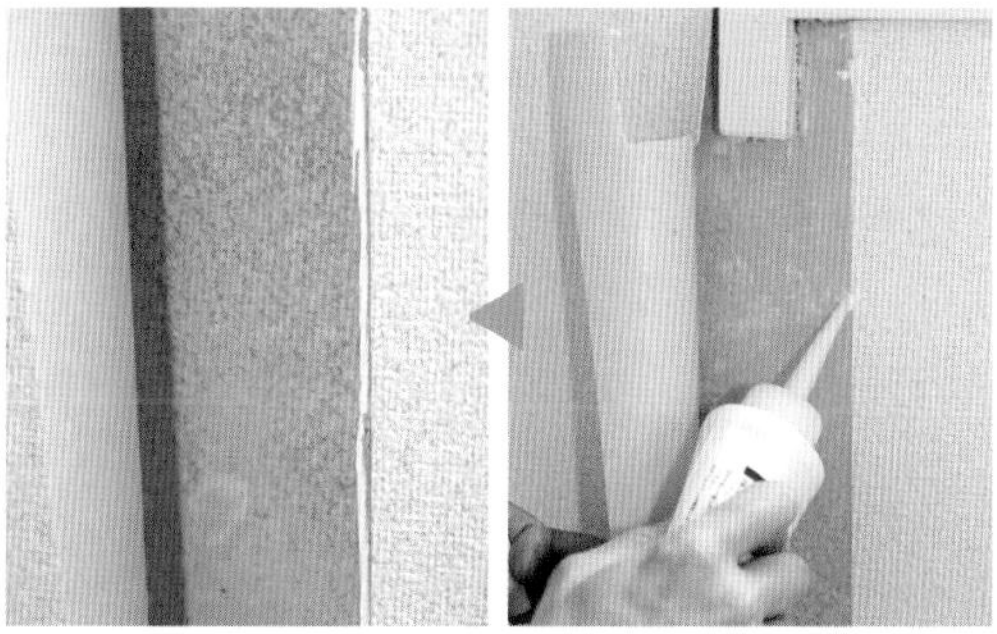

一方の壁紙を少しはがして、合わせ目に沿ってコーキング剤を塗り壁紙を戻す。こうすると合わせ目からはがれにくい

18 合わせ目をならす

なでベラを使って、合わせ目を左右から寄せてならす。わずかなものであれば、この方法ですき間は解消することがよくある

19 コーキング剤はきれいに拭きとる

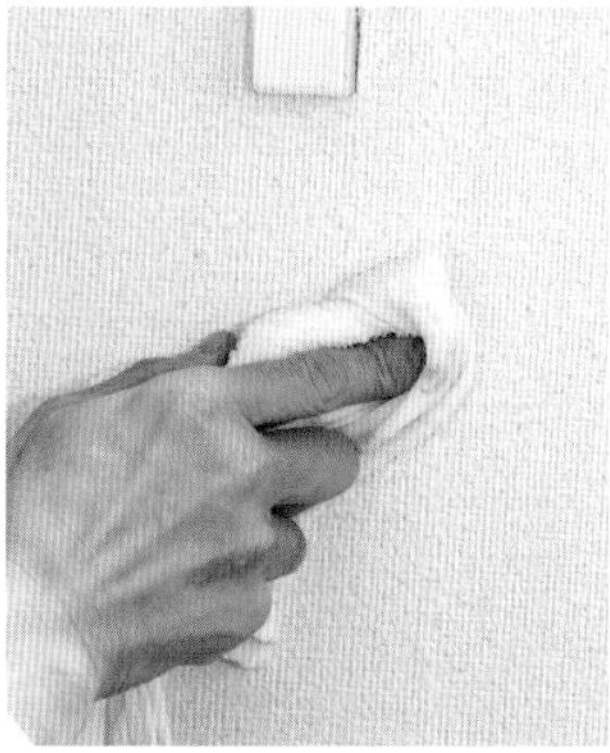

合わせ目からはみ出たコーキング剤は、そのままにしておくと変色するので、絞った布できれいに拭き取る

20 合わせ目をローラーで圧着

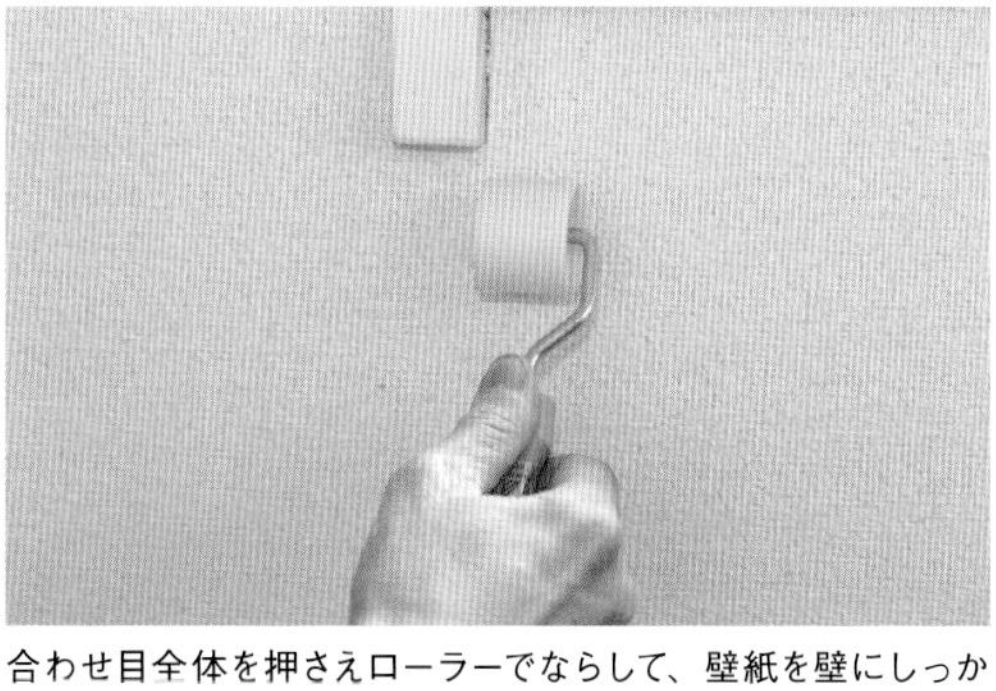

合わせ目全体を押さえローラーでならして、壁紙を壁にしっかり圧着。もう一度絞った布ではみ出しコーキング剤をきれいに拭きとれば、壁紙張りはすべて完成

Point

カッターの刃先は垂直に立てる
斜線の部分を取り除く

壁紙を重ね切りするとき、カッターの刃が垂直に立っていなければ意味がありません。カッターの刃先を壁紙から離さずに、カット定規をずらしながら、常に刃先が垂直であることを確認して切り進めます。

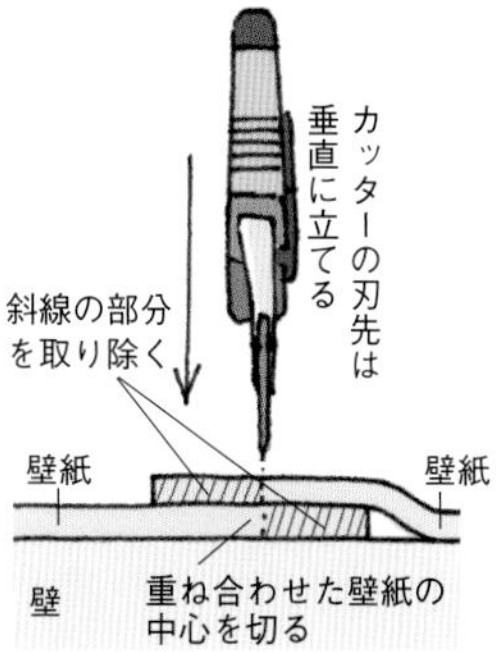

重ね合わせた壁紙の中心を切る

カッターをあてる位置に注意する

余った紙を切るとき、切る場所によってカッターのあて方（カット定規の上か下か）を間違えると、カット定規の厚み分のすき間が出てしまいます（写真下）。この点も忘れずに確認しましょう。

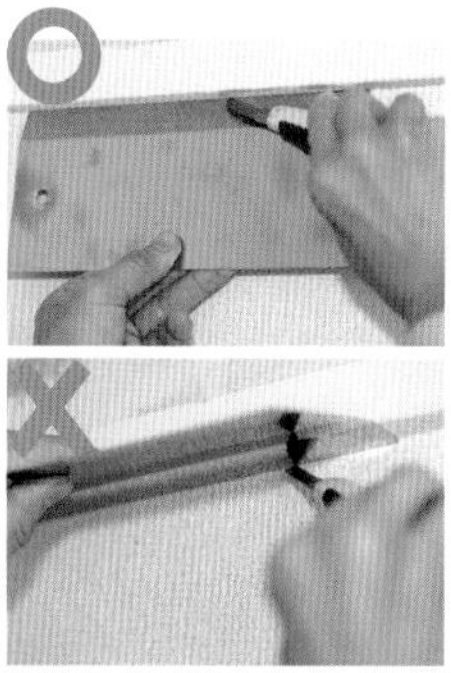

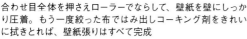

02 ペンキを塗る

思い切った色使いができるのも魅力！

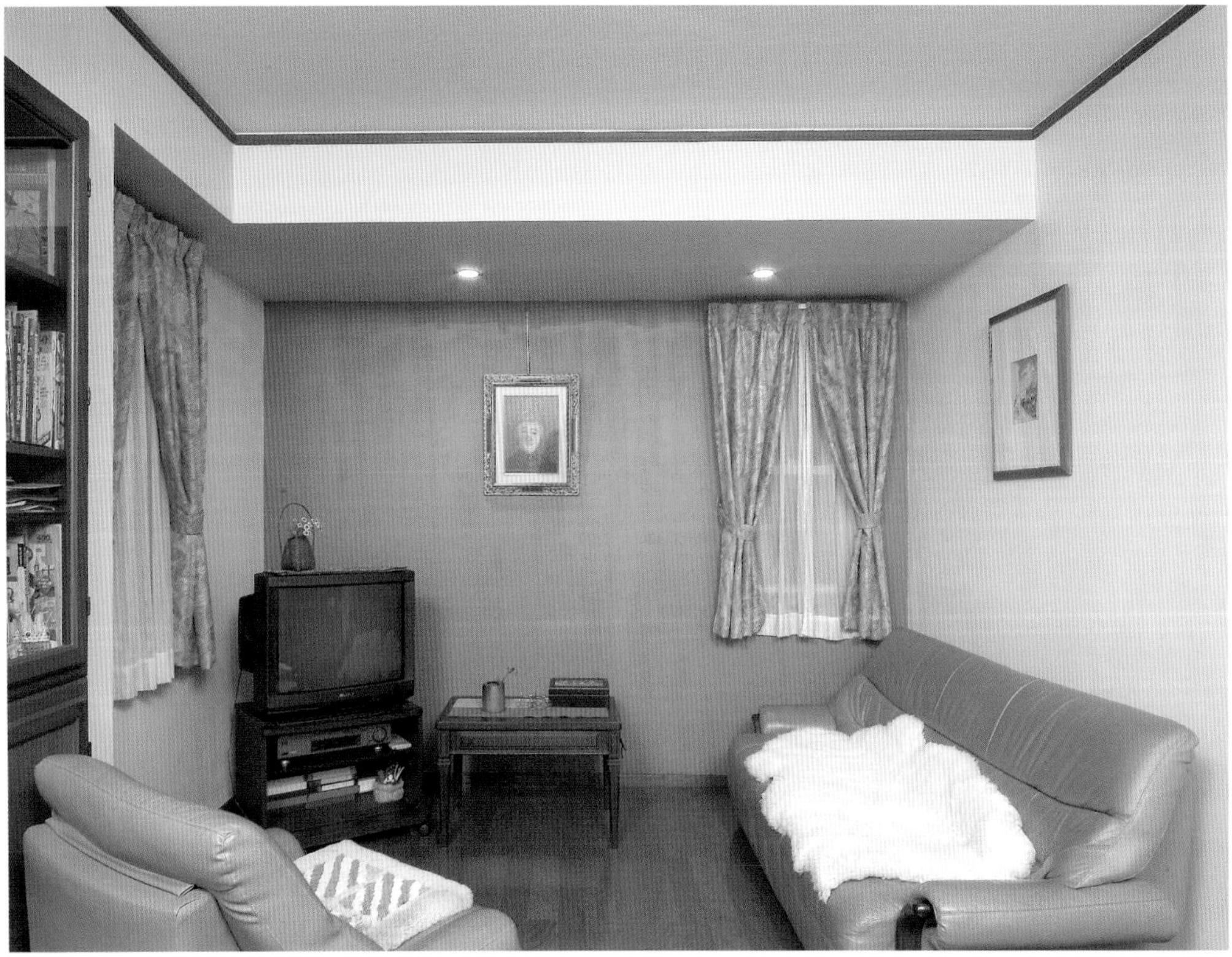

いちばん手軽なDIY 気楽に塗り替えを！

ＤＩＹの盛んな欧米では、自分の家は自分で塗り替えるのが当たり前。赤や黄色といった鮮やかな色にしてみたり、壁をキャンバスにみたてて絵を描いてみたり……。ペイントを楽しむという姿勢はぜひ見習いたいものです。これまで白一辺倒だった日本の住宅でも自分好みに塗り替える人が増えています。もちろん塗り作業はたいへんですが、それも楽しみのひとつと考えたいもの。ペイントは材料費も格安に済むし、道具の扱いも簡単です。ＤＩＹの入門としてもぜひおすすめです。

作業の流れ

1. 壁の掃除と下地調整
2. 養生をする
3. ペンキを塗る
4. 乾燥後、重ね塗りする

▼道 具

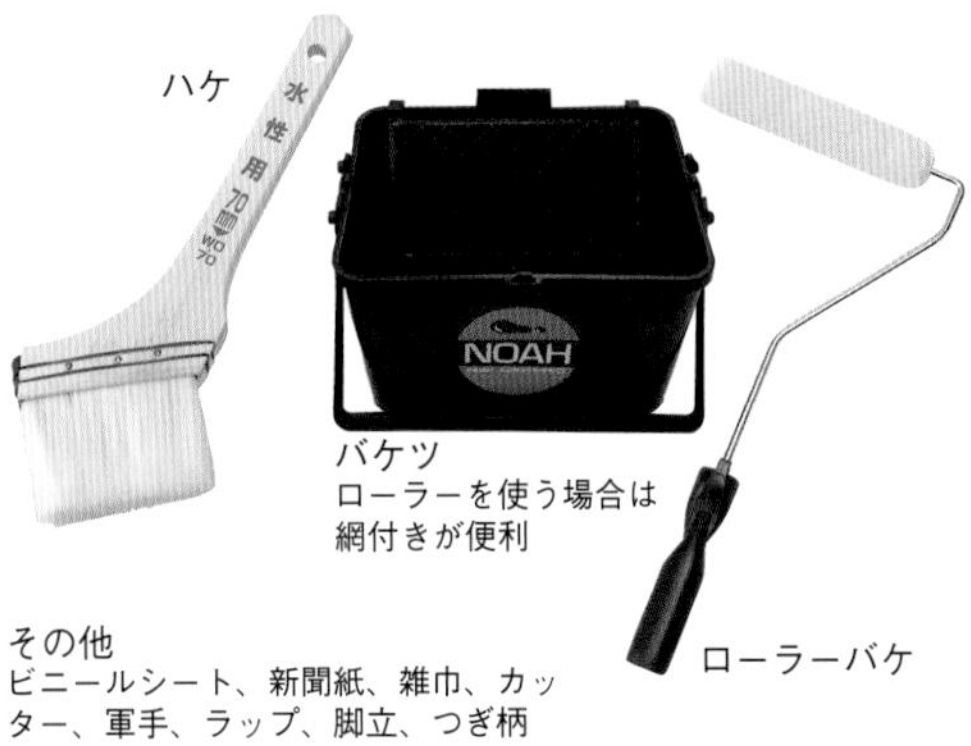

ハケ

バケツ
ローラーを使う場合は網付きが便利

ローラーバケ

その他
ビニールシート、新聞紙、雑巾、カッター、軍手、ラップ、脚立、つぎ柄

▼材 料

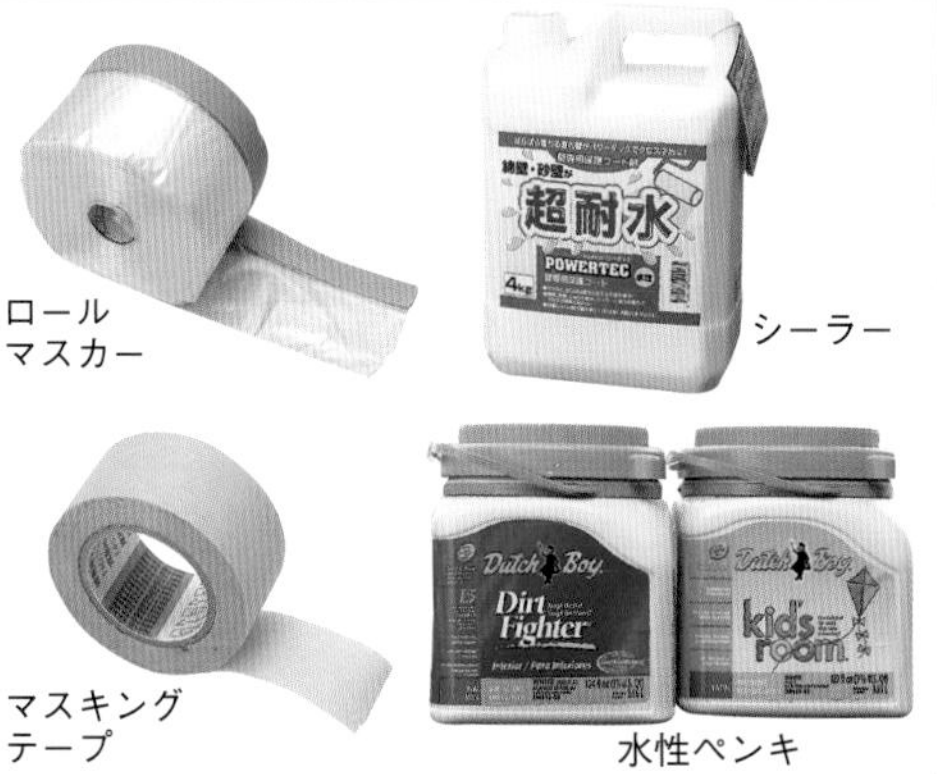

ロール マスカー

シーラー

マスキング テープ

水性ペンキ

▼DATA

コスト……………………… ¥

手間……………………… (3)

技術……………………… (2)

［ハケで細部を塗る］

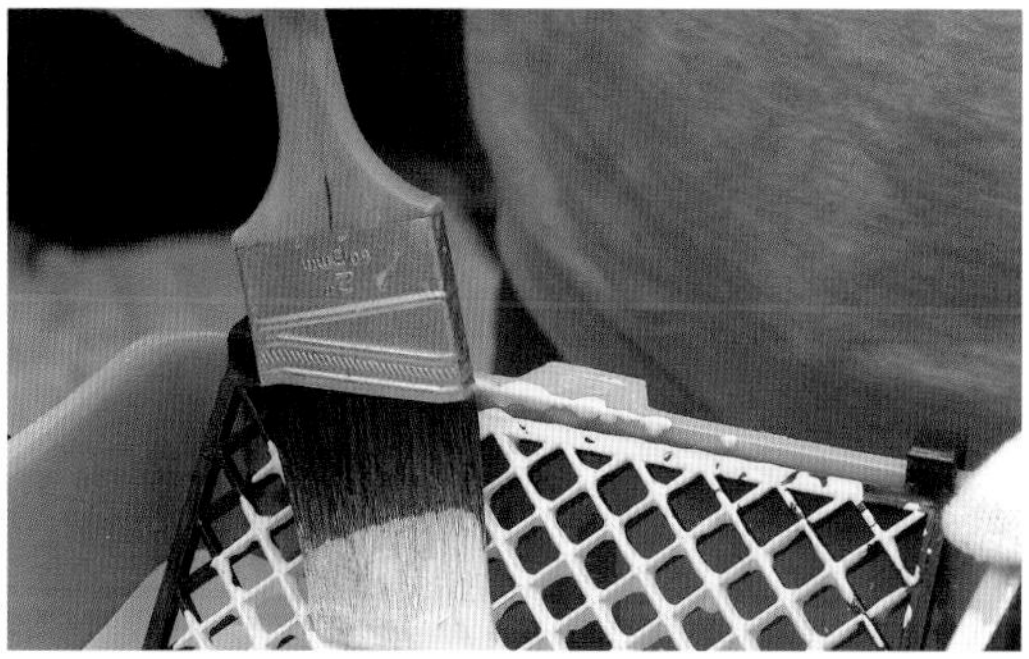

01 ハケに含ませるのは毛先の2/3まで

ハケに含ませるのは1/3～2/3くらいまで。根元まで含ますとたれる原因になる。多く含ませたときはバケツの縁でしごく

02 塗りにくい部分から先に塗っていく

天井の際、窓まわりなど、ローラーで塗れない細部から先にハケで塗ってしまう。ハケは鉛筆持ちで、手首のスナップをきかせて柔らかく動かす。なるべく毛先を立てて塗るのがコツ。寝かすと余分な力が入って均一な厚さで塗れない

Point

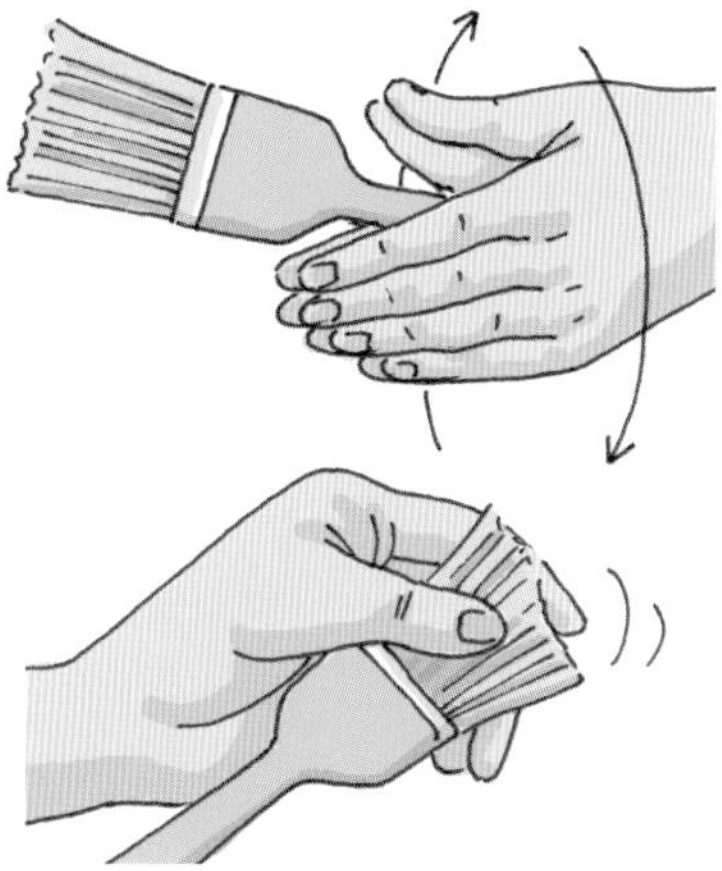

使う前に抜け毛を取る

新しいハケは抜け毛が出やすく、塗った面に毛が残ると当然仕上がりが美しくありません。新しいハケをおろすときは、まず両手で柄を挟んで回転させてます。これで抜け毛を浮かせ、その後で指先で毛先もむようにして抜け毛を取り去ります。抜け毛が完全に出なくなるまでこの作業を繰り返します。

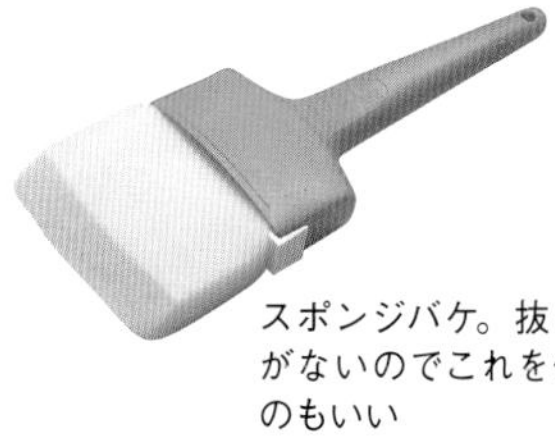

スポンジバケ。抜け毛がないのでこれを使うのもいい

作業の前に…

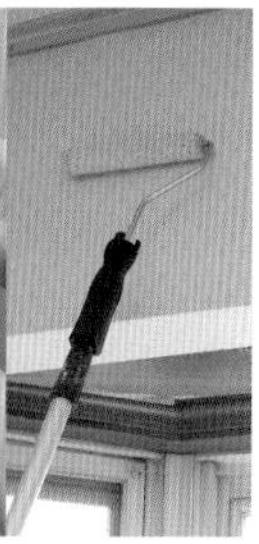

養生 ▶ P.44
下地調整 ▶ P.36

養生はペイントの成功を左右するといわれるほど重要です。マスキングテープ等でペンキが塗り面以外に付着しないようにしっかり覆います。壁面の汚れをとり、はがれ・凹凸等は調整を。ペンキが吸い込みやすい壁面（布壁紙等）はシーラーと呼ばれる下塗り材を塗って吸い込みを防ぎます。

［ペンキを準備する］

01 ペンキをよく混ぜる

顔料が沈殿している場合があるので、容器を開ける前によく振っておく。開けた後も割り箸などで中をかき混ぜる

02 バケツの半分までペンキを入れる

バケツの半分程度までペンキを流し入れる。乾燥を防ぐために容器はすぐにフタをしておくこと

Point

マスキングテープを容器の口の片側に、写真のように貼り付ける。これで容器を汚さずにすむ

容器の汚れ防止

バケツにペンキを入れる際、ペンキが容器からたれてしまいがち。これを拭き取るのは面倒。そんなときは写真のようにマスキングテープで注ぎ口をつくります。

01 ローラーにペンキを含ませる

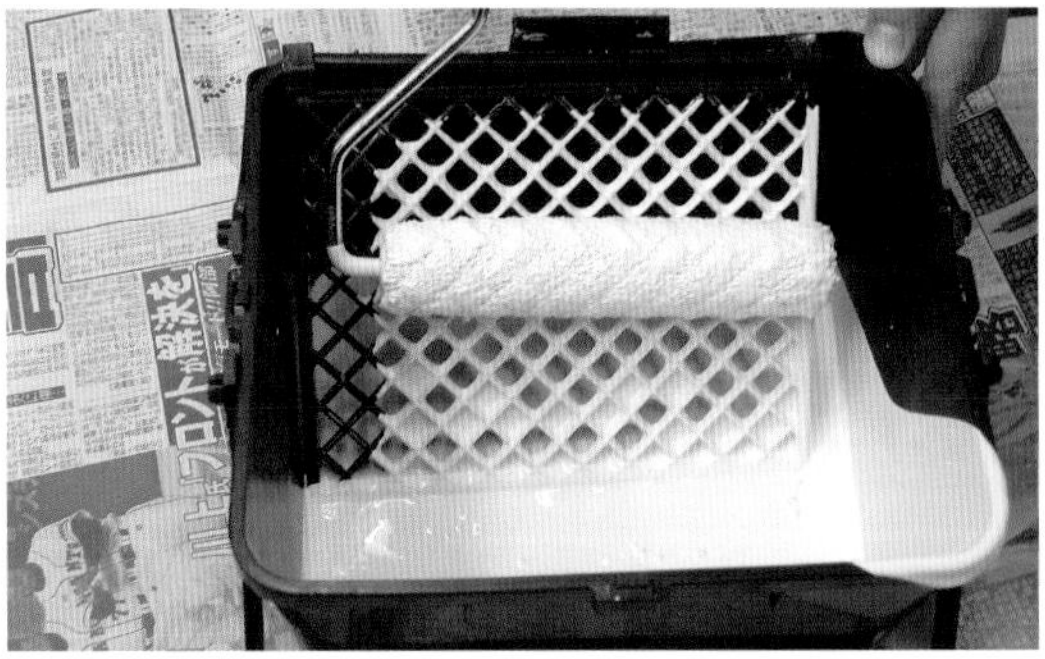

バケツに浸し、網部分でしごいて余分なペンキを落とす。たれない程度にたっぷりとつけるほうが作業しやすい

02 上部から順番に塗っていく

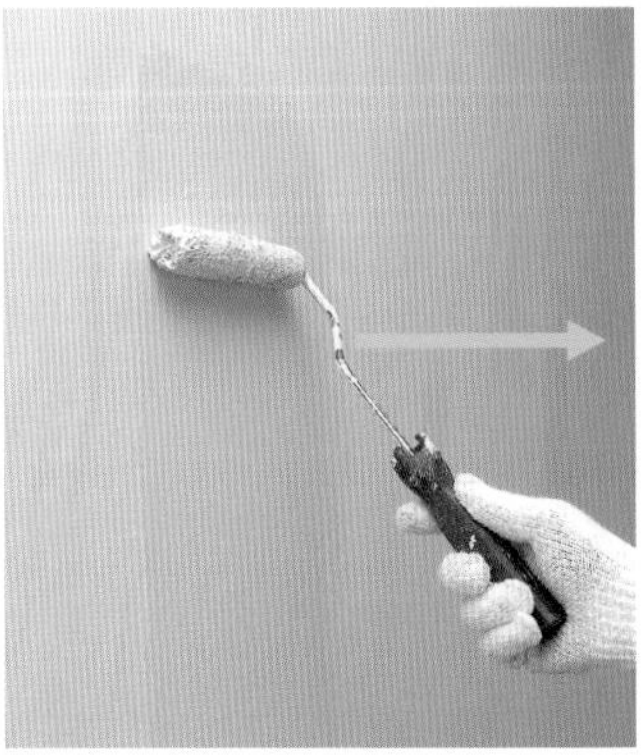

天井→壁上部→壁下部と上から順番に塗っていく。ローラーを横方向へ移動するときは、柄の付いたほうへ動かす(写真内矢印)。なお、基本的にペイントは2度塗りなので、1度目はザッと全体を塗り上げる程度でOK

03 乾燥中はローラーをラップで包む

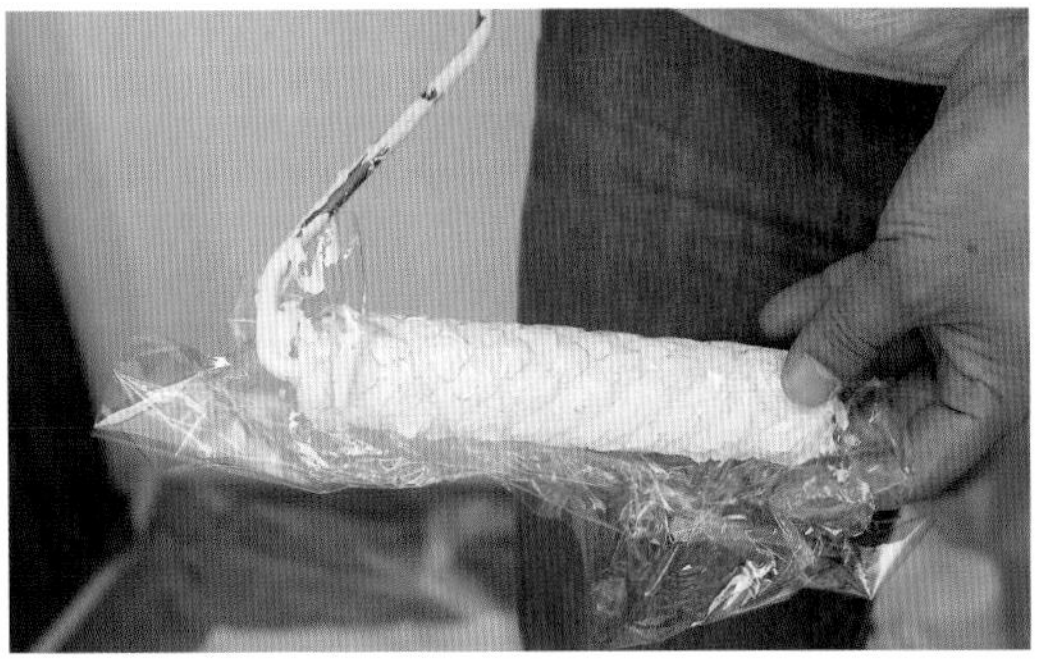

1度目を塗り上げたらしばらく乾燥させる。このとき、ローラーが乾燥しないようにラップでくるんでおく

04 ダマ(ペンキの粒)はこそぎ落とす

ペンキのダマが壁面に付着してしまったら、半乾きのときにカッターでこそぎ落としておく。跡はペンキを重ね塗りすれば目立たなくなるので大丈夫

Point

ローラー塗りは下から上へ、リズムよく

ローラーはそれほど扱いが難しい道具ではありませんが、はじめての場合はペンキがたれやすいもの。これを防ぐために少量のペンキで塗ろうとしてもなかなか上手に塗れません。そもそもローラーは厚い塗膜を均一に塗るための道具。ペンキはたっぷり付けます(ローラー塗装時は水で薄めることもしません)。たらさないコツはローラーを転がす方向にあります。必ず下から上の一方向に動かします。また、リズムも大切。からだの力を抜いて、リズミカルに塗っていくと上手に塗れます。

ローラーは上下に転がすとペンキがたれてくるので注意。必ず下から上に一方向に転がすことが大切。はじめは軽く転がし、含んだペンキが少なくなってきたら力を入れていく。高い場所は脚立か、つぎ柄を使う

屋内塗装の条件

1. なるべく乾燥が早まるように室内の風通しを確保する
2. 晴天の日を選ぶ。雨天時は湿度が高く、乾燥が遅くなる
3. 気温が5度以下の日は乾燥が遅くなるのでなるべく避ける
4. 基本的に水性タイプを使う。油性は臭いがあり、スプレーも不向き

05 重ね塗りをして仕上げる

1度目のペンキが乾燥したら同様の手順で重ね塗り。塗り漏れやムラのないように、時々壁面から離れてチェックしよう

06 養生をはがしてペイント完了

ペンキが半乾き状態のときに養生をはがす。完全に乾いてからだと塗膜がはがれる。塗り残し等は後でタッチアップする

07 使い終わった道具は一晩水に浸けておく

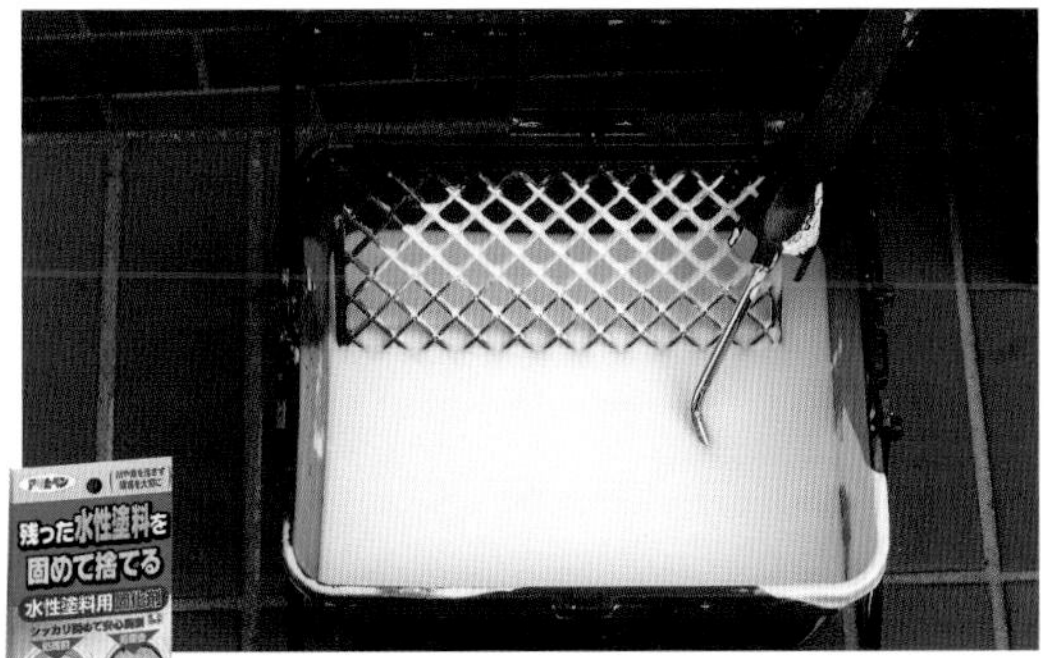

道具類は一晩水に浸けておき翌日中性洗剤で洗浄。残ったペンキは保存するか、凝固剤で固めて捨てる

Point

道具置き場で作業効率アップ

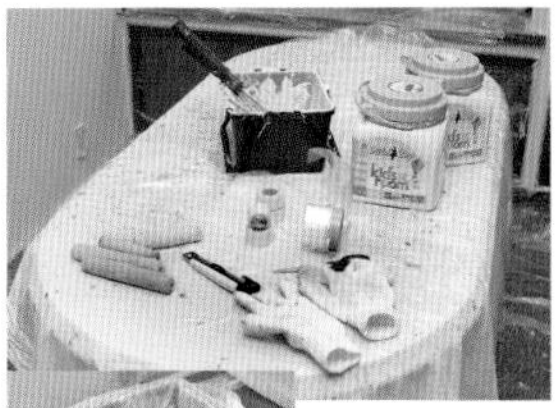

道具探しに時間を費やさないように、ダイニングテーブルにビニールシートをかぶせ、道具置き場とします。また、作業中はゴミがたくさん出るので、ペンキがついてもいいゴミ箱を用意しておくと便利。

天井の塗り方

壁と同様の手順で塗装できる

天井を塗る場合は、壁よりも先に塗り上げてしまうのが基本です。具体的な手順は壁と同じ。細部塗装→面塗装となります。壁との違いは常に脚立に乗っての作業となること。室内とはいえ、危険を伴うので十分な注意が必要です。また、常に上を向いて作業となります。これは首・肩にかなり負担がかかるので、連続作業はやめて5分塗ったら3分休憩というくらいののんびりペースのほうが結局は効率的に塗れます。なお、養生は半乾きのときにはがしますが、床に敷いたシート類は完全乾燥するまではずさないこと。天井からペンキの滴が落ちる可能性があります。

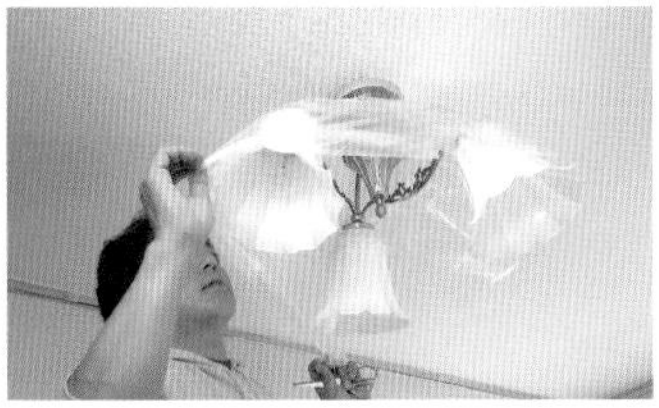

❶ 照明器具もしっかり養生する。ビニールシートの付いたロールマスカーを使えば上手に覆うことができる

▼

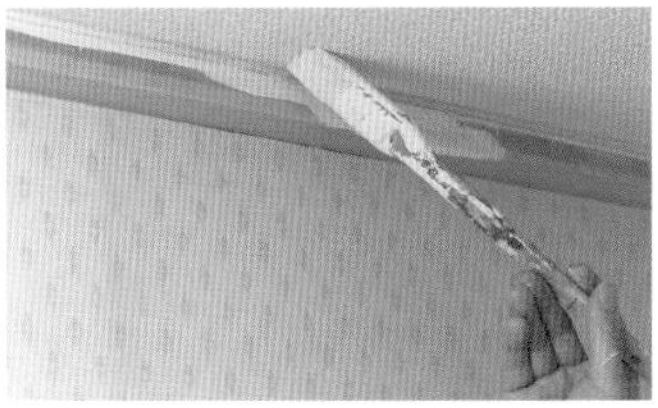

❷ ローラーで塗れない細部をハケで塗る。天井の周囲にめぐらされた縁(回り縁)の内側をハケを使って塗っていく

▼

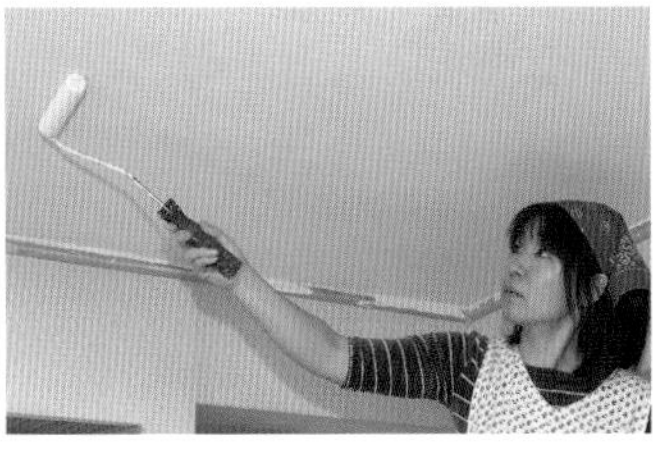

❸ 脚立に乗り、ローラーを使って仕上げていく。ときどき休憩を入れながら塗ることを忘れずに。乾燥後に重ね塗りして完成!

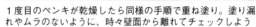

03 和風壁を塗る

土壁の落ち着いた雰囲気を蘇らせる

和風壁の塗り直しは楽しみながら作業できる

和風壁には京壁や繊維壁、漆喰、砂壁などがありますが、なかでも京壁や繊維壁は扱いやすく、作業しやすい素材です。

壁の下地が天然木や合板、モルタルなどで吸水性があれば塗ることができ、比較的素材の伸びがよく、はがれにくくきれいに仕上がる特徴があります。

また、仕上げの模様付けも自由にでき、道具もコテやコテ板などのほかは、バケツやキリ吹きなど家にあるもので済ませられるため、初心者でも気軽に作業をはじめることができます。部屋の模様替えに壁の塗り替えを考えてみませんか！

作業の流れ

1. 古い壁をはつる
2. 壁材を水で溶く
3. 壁材をコテで塗る
4. 表面に模様をつける

▼道　具

キリ吹き

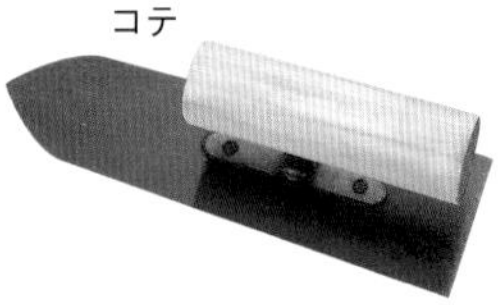
コテ

バケツ

コテ板

▼材　料

マスキングテープ

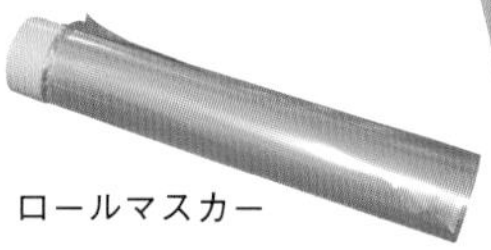
ロールマスカー

壁材

▼DATA

コスト……………………
¥¥¥

手間……………………

技術……………………

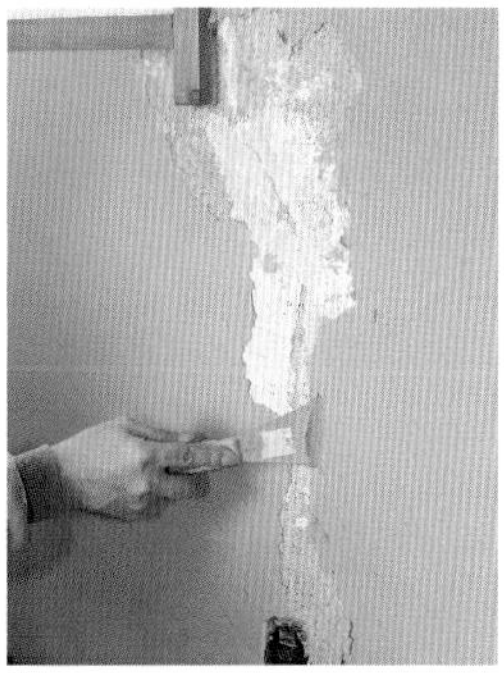

作業の前に…

古い壁にヒビ割れが入っていたり、浮いていたりすると塗ってもはがれ落ちたりします。ヒビや浮いた箇所が見られる場合は、必ずその部分の壁をはつり落としてから、新しい壁材を塗るようにします。

養生 ▶ P.44
下地調整 ▶ P.36

01 壁材に水を入れて練る

壁材に水を加えて練る場合、使用する商品により水の割合が異なるので注意書きなどの表記を確認して混ぜる

02 ダマ(かたまり)をなくしゼリー状にする

時間をかけてかきまぜダマがなくなるようにする。練り具合はやや柔らかめのほうが伸びがよく塗りやすくなる

03 練った壁材をコテ板にのせる

壁材が練りあがったら、ヘラなどを利用してコテ板に載せる。多くとりすぎると床などに落とす原因になるので注意を

04 コテ板の壁材をコテですくう

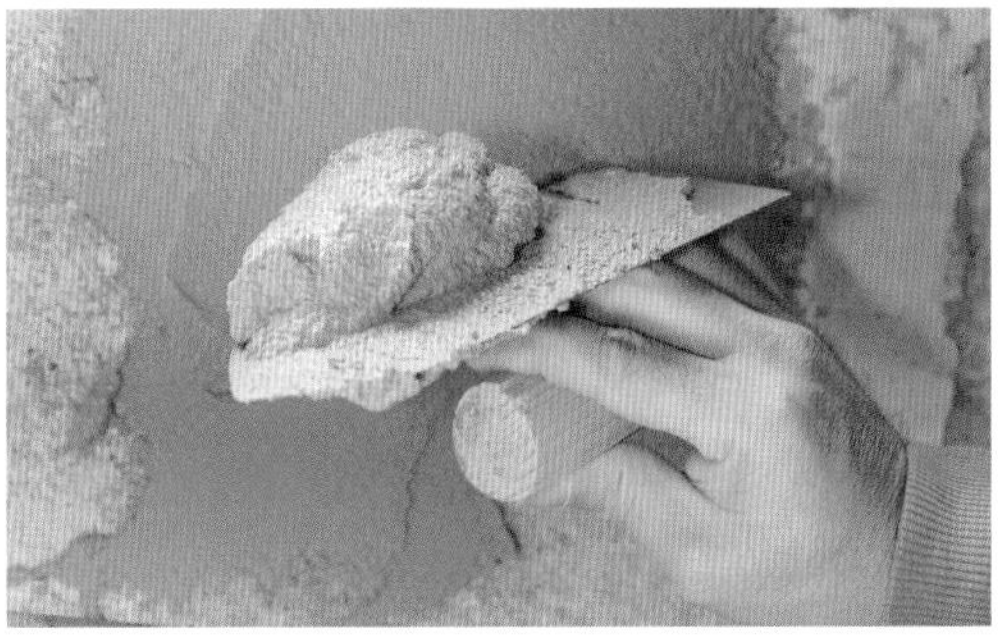

コテ板に載せた壁材をコテの裏ですくう。コテを真っ直ぐ押し出すようにすくうと適量に（すくい過ぎに注意）

05 下から上に向けて壁材を伸ばす

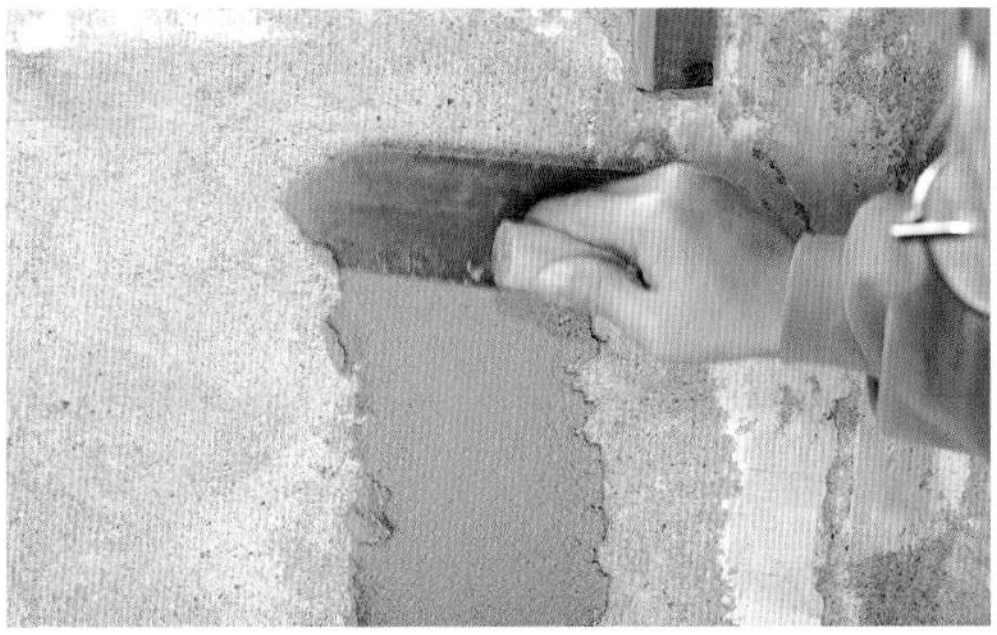

コテの壁材を塗りはじめる場合、コテを下から上へ、壁材を伸ばすように動かせば壁材がたれることもなく塗りやすい

Point

マスキングは壁から少し離す

壁周囲の柱や桟などを養生する場合、壁材を塗ったときの厚さを考え、マスキングテープは壁表面から2～3㎜離して貼ります。細いもので隙間をつくり全体をロールマスカーで覆うと作業が楽です。

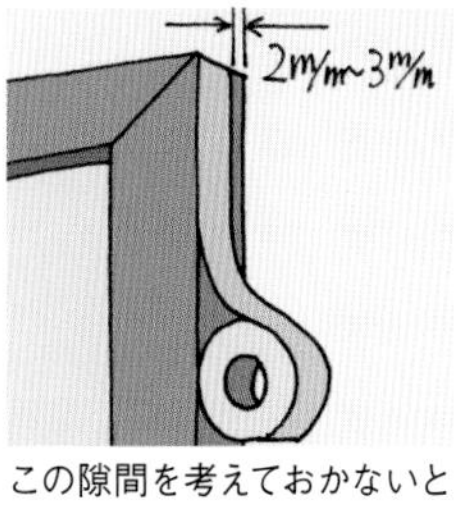

この隙間を考えておかないとマスキングを外すときに壁がはがれてしまうことがある

Point

コテは進む方向を少し浮かす

壁材をコテで塗り広げる場合、コテは写真のように動かす方向の先端を少し浮かせて動かすようにします。こうすることでコテと材が貼り付かず、塗りの表面を滑らかに仕上げられます。

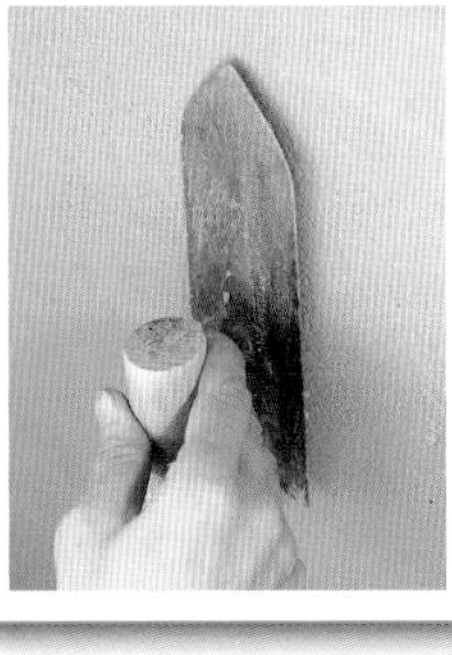

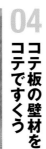

06 コテを返しながら横に広げる

コテ裏にとった壁材の半分ほどを上に伸ばしたら、コテを下に返しながら横に広げるようにして塗っていく

07 壁材を全体に塗り広げていく

壁材を伸ばす⑥の作業を2回ほどしたら、その表面をコテを横に動かしながらならし、壁全体に広げていく

08 角はコテ先を使って塗る

桟などの角内側を塗る場合は壁材をコテ先にとり、まず角に押しつけるようにしてから塗り広げるときれいに仕上がる

09 際はコテで壁材を押しつけて伸ばす

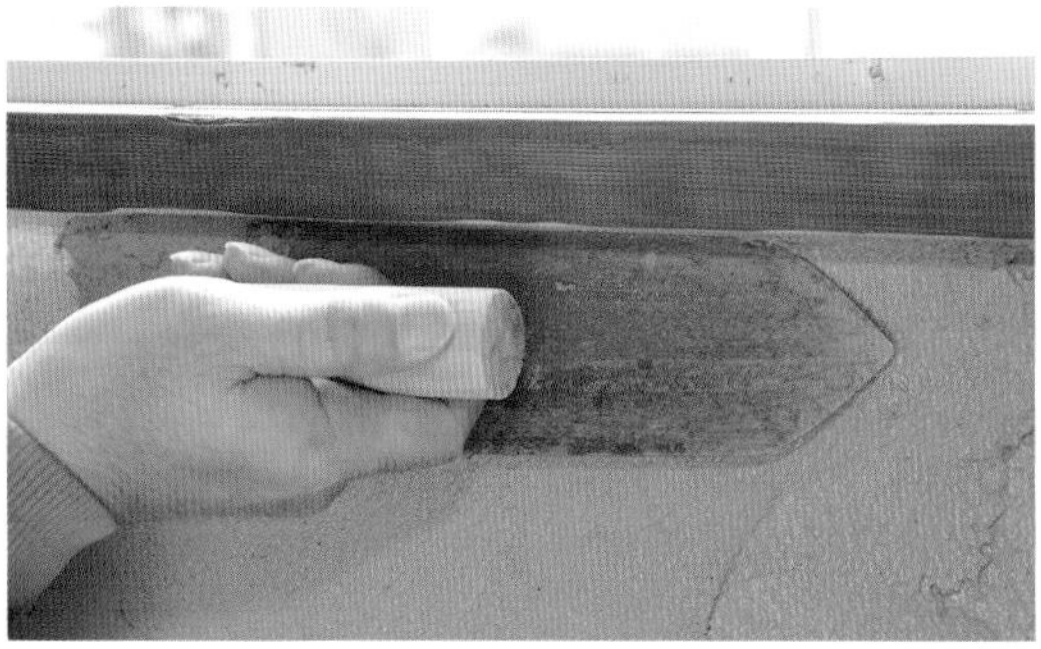

柱や桟の際を塗る場合は、コテにとった壁材を写真のようにまず際に押しつけてから広げればきれいに仕上げられる

10 仕上げのならしはキリ吹きを使う

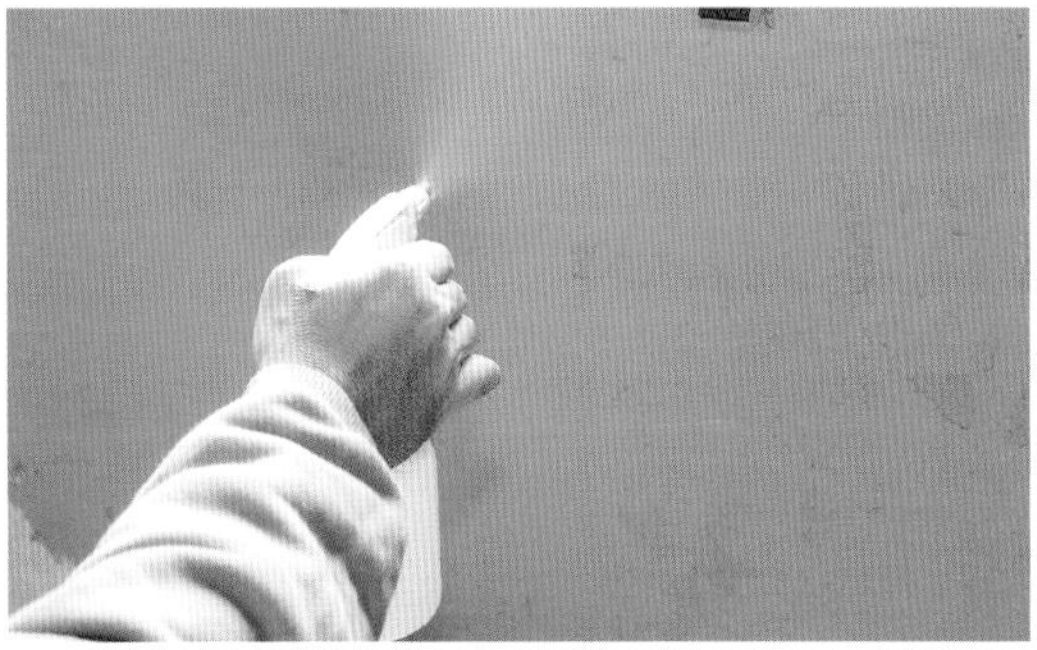

作業に時間がかかると壁材が乾き表面仕上げが難しくなる。そんな場合はキリ吹きでサッと表面を濡らしてやろう

11 コテを軽く滑らせ面を仕上げる

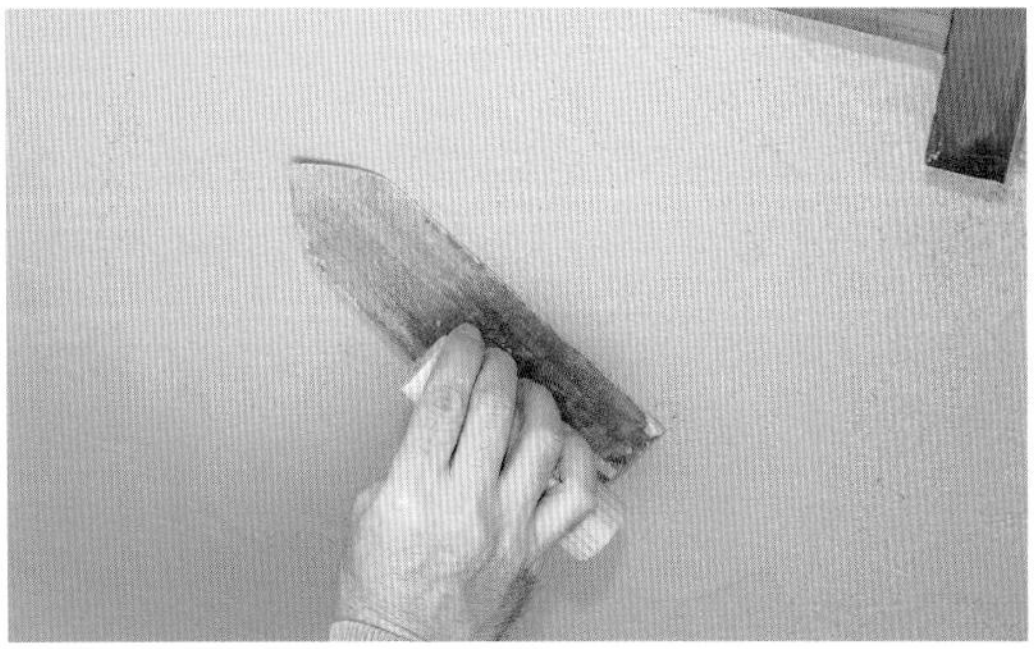

表面を滑らかに仕上げる場合はキリ吹きで濡らし、コテを軽くあてててサッと撫でるような気持ちで左右に動かしていく

Point

ほうきで表面に模様をつける

表面の仕上げはわざとコテ跡を残して凸凹にしてもいい。また、きれいにならしたあとに、その表面を写真のようにほうきで擦ったりしてもなかなか面白い雰囲気に仕上げられます。いろんな模様にチャレンジしてみましょう。

ほうきを同一方向に動かしスジのように仕上げてもいいし、×印のようにクロスさせて模様を細かく仕上げてもいい

04 珪藻土を塗る

脱臭・調湿性に優れる壁材を使う

健康素材で塗りやすさが珪藻土の大きな魅力

珪藻土はサンゴの堆積物など多孔質な素材を原料とする壁材です。多孔質の素材が部屋の中の臭いを吸収したり、湿度を一定に保つことから健康素材として注目を集め、リフォーム用塗り壁材として多くの人に利用されています。また、水を加えて練るとやや粘りがあり、コテにすくった場合に比較的たれにくく、作業しやすい特徴も備えています。

壁紙の上からでも手軽に塗れるので、周囲の壁のみならず天井にも施工すると、より優れた脱臭・調湿効果が得られます。

作業の流れ

1. タッカーで壁紙を押さえる
2. 珪藻土を水で練る
3. 壁に珪藻土を塗る
4. 珪藻土表面に模様をつける

▼道　具

カッター

コテ

タッカー

バケツ

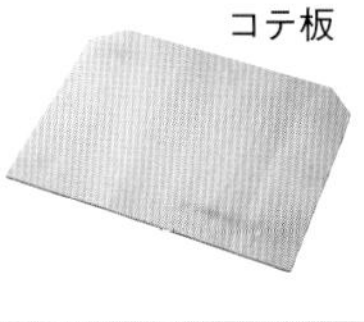
コテ板

▼材　料

マスキングテープ

珪藻土

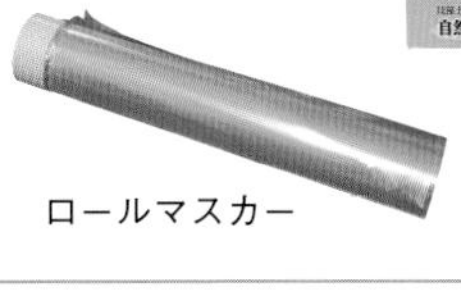
ロールマスカー

▼DATA

コスト……………………… ¥¥¥¥¥

手間……………………… (5)

技術……………………… (4)

作業の前に…

珪藻土を塗るとき、使用する製品や下地の具合（壁紙の材質など）によって、下地剤であるシーラーの塗布が必要な場合があります。作業をはじめる前に、製品の注意書きをよく確かめましょう。

養生 ▶ P.44
下地調整 ▶ P.36

01 表面の汚れやホコリをふきとる

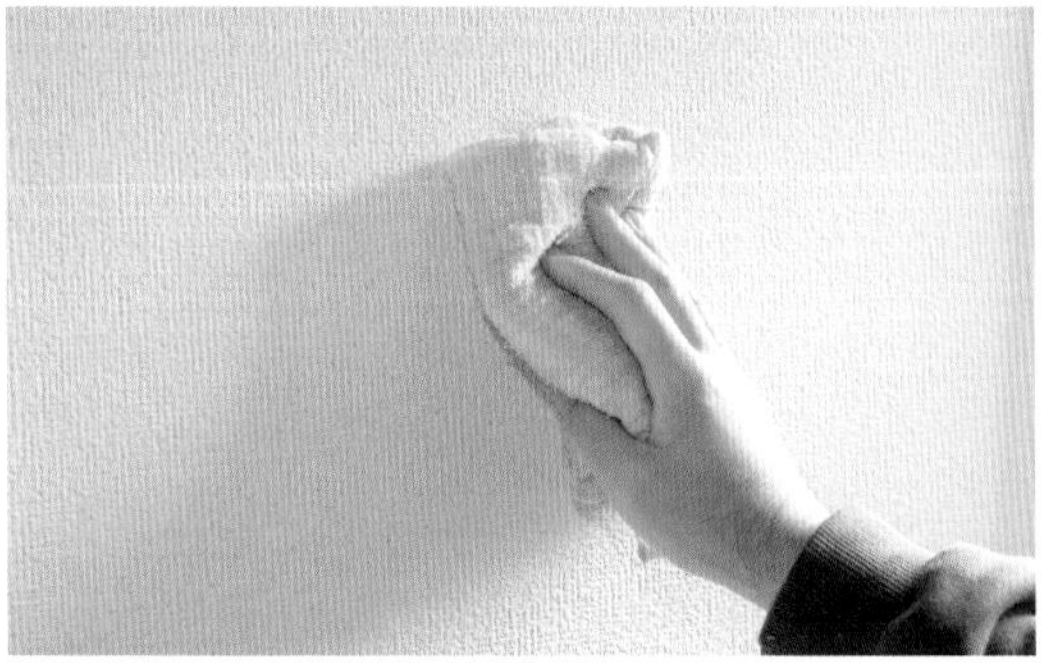

珪藻土の密着性をより高めるために、壁紙の表面に付着した汚れやホコリなどをタオルなどでふき取る

02 タッカーで壁紙を押さえる

下地と壁紙の密着が弱いと珪藻土の重さで自然にはがれることがある。タッカーを打ち壁紙を下地に密着させる

03 手を広げて間隔の目安にする

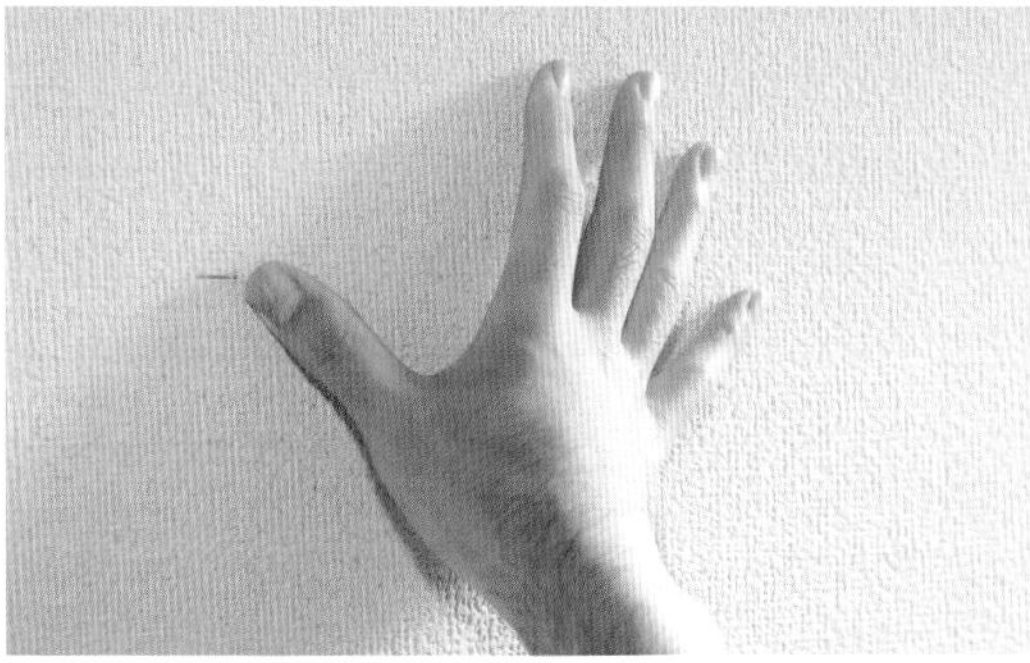

タッカーを打つ間隔は上下左右で手を広げたときの幅を目安にする。端やつなぎ目がはがれやすいのでとくに補強する

04 珪藻土に水を加えて練る

水の量は商品の説明書きを参考にするが、最初は規定量よりもやや少な目に加えて練っていく

05 固さをゼリー状に仕上げておく

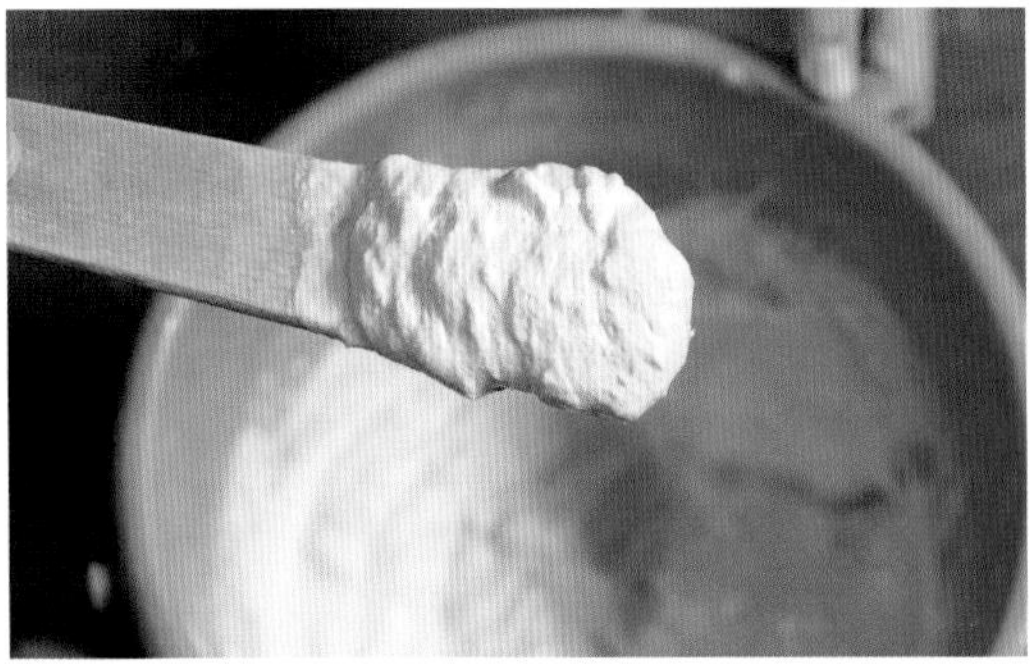

水を少しずつ加えながらゼリー状に仕上げる。粘りを出すためにもよく攪拌し、大量の場合は電動の攪拌機を使用する

06 壁全体に塗り広げていく

練りあげた珪藻土は少し寝かせてから塗りはじめるが、時間は商品の説明書にしたがう

Point

やぶれた部分はカッターで切る

壁紙に破れた部分があると、施工後にその部分が浮き上がったりはがれたりします。破れの周囲をカッターなどで切り取っておきましょう。

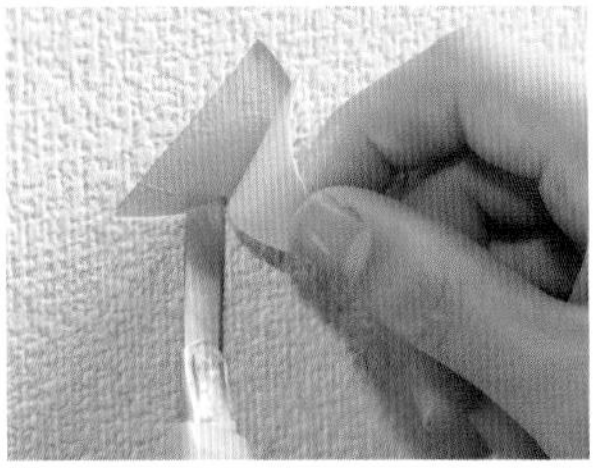

破れや穴の周囲をやや広めにカットし、壁紙の浮き上がりをなくしておく。段差の処理などはとくに必要ない

07 模様を考えて仕上げていく

表面の仕上げは自然なコテ跡を残してもいいし、平らにならしてもいい

便利アイテム

スポンジで珪藻土を塗る

珪藻土の塗り方には、コテの代わりにスポンジたわしを利用する方法もあります。凹凸面、平らな面、どちらで塗ってもOKです。珪藻土が柱などに付着すると表面が変色することがあるので注意して作業しましょう。

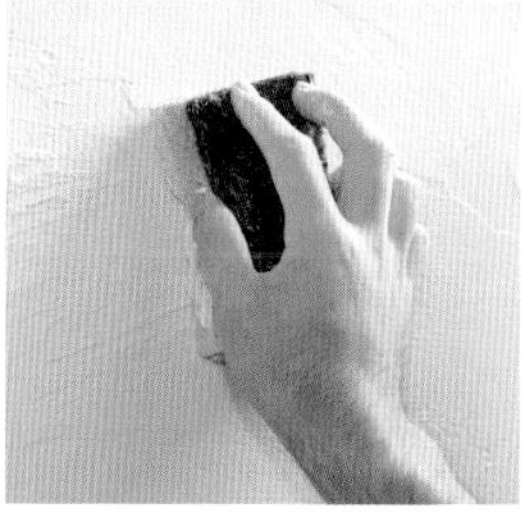

表で塗るか裏で塗るかは表面の仕上がる具合の好みで決める

Point

壁表面の模様を工夫してみる

珪藻土や京壁、漆喰などの和風壁材は、いかにも初心者が仕上げたとわかるような荒い表面でもけっこう雰囲気があります。

しかし、コテの動かし方や当て方をちょっと工夫するだけでいろいろな模様にできるし、身近にあるものを利用しオリジナルな模様を付けることもできます。

DIYだから自由な発想で楽しみながら仕上げてみましょう。

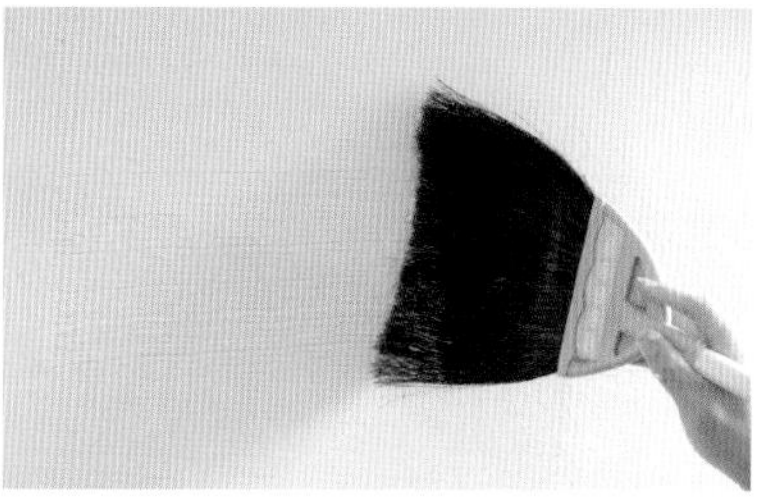

ほうきもその動かし方で模様を変えることができる。壁に部分的な模様を入れてみるのもいい

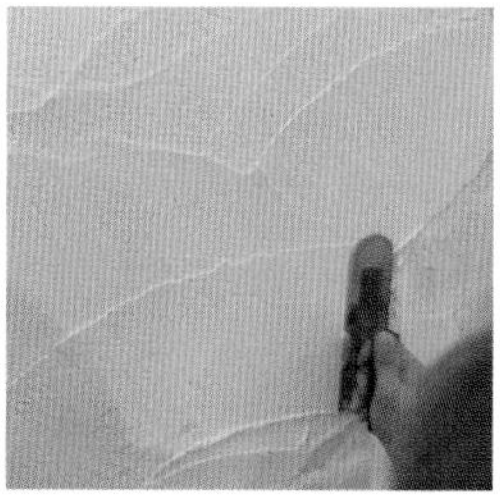

曲線を描くようにコテを動かすだけで波模様に仕上げられる

Point

下地が石膏ボードや合板の場合は目地を処理してヒビ割れを防ぐ

壁紙の傷みがひどく、はがれかかっているときは、壁紙をはがして下地面を出してから壁材を塗ります。その場合、下地の石膏ボードや合板の合わせ目にできる溝や隙間を処理しておかないと、壁材が乾いたときにヒビ割れしたり、はがれてしまう原因になります。

溝に沿ってメッシュ状のジョイントテープを貼り、その上から目地処理剤を盛ってならしておきます。この処置を施した上に壁材を塗っていけば、そんなトラブルも防ぐことができます。

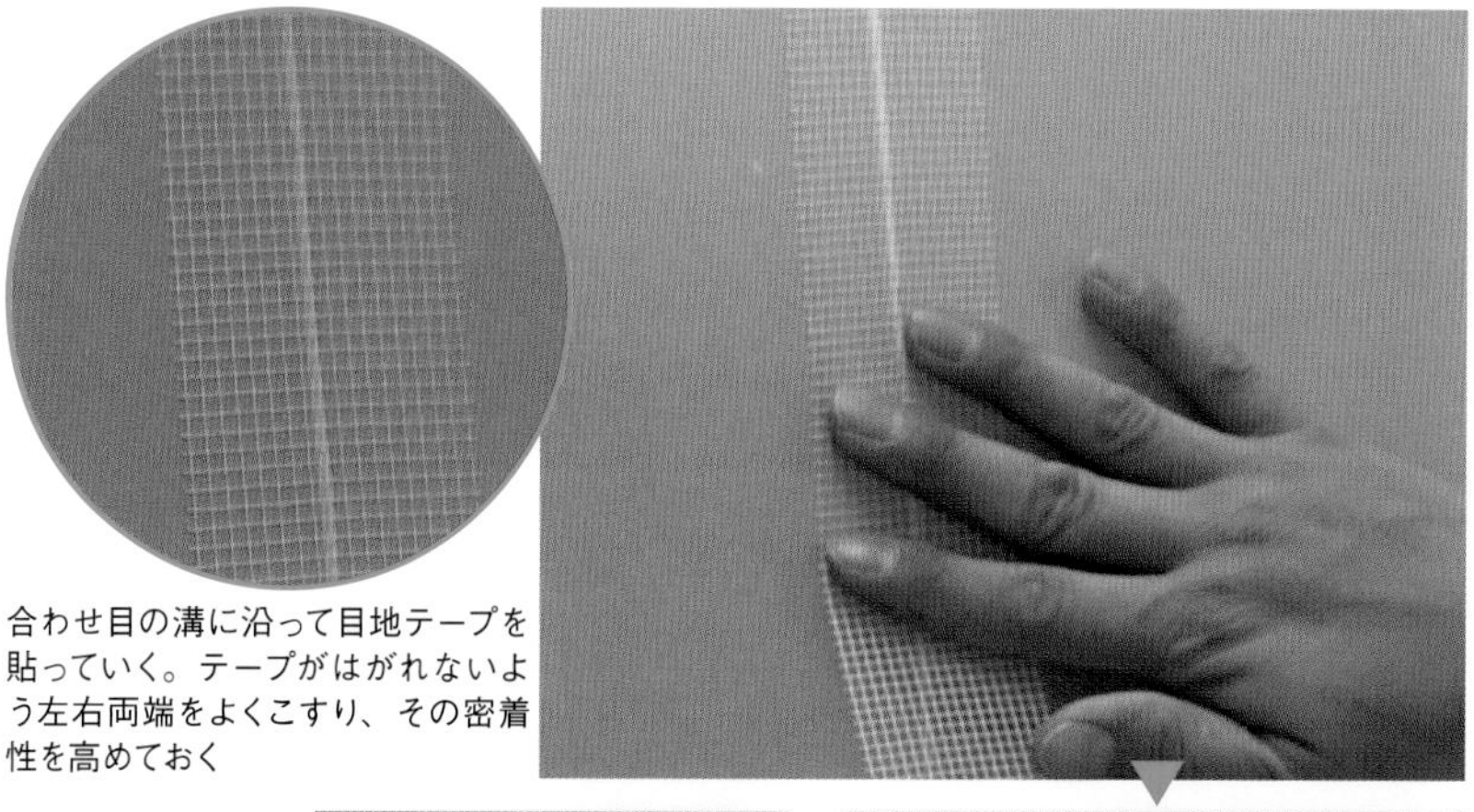

合わせ目の溝に沿って目地テープを貼っていく。テープがはがれないよう左右両端をよくこすり、その密着性を高めておく

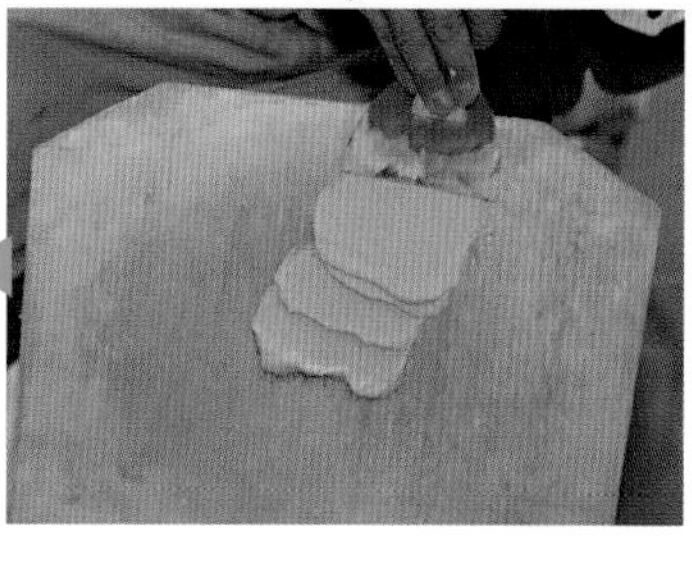

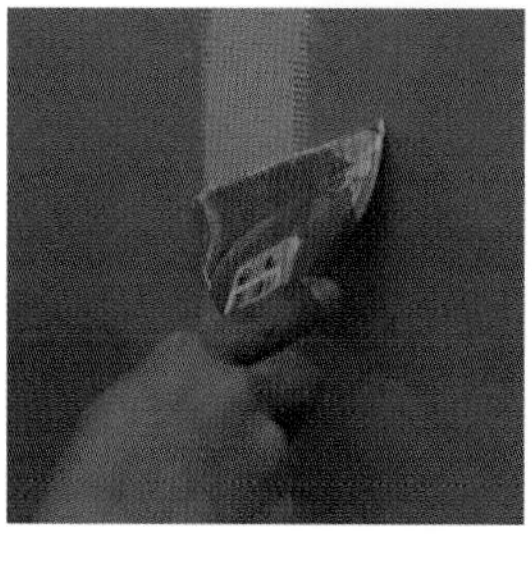

パテは水で練ったらコテ板にとってゴムベラで塗る。また、目地テープの上に塗るにはゴムベラを上下方向に動かしてパテを盛り、次に横方向に動かしながらならしていく

05 壁にタイルを貼る

部屋の雰囲気をガラリと変える

洋風から和風まで多彩なタイルで部屋を模様替え

タイルというと正方形で単色の、素っ気ないものを思い浮かべる方が多いようです。

しかし、タイルの種類は本当に多彩で、形、色、模様違いと数多くのものが用意されています。壁に貼ることで和風の部屋を洋風にするなど、ガラッと雰囲気の変わった部屋に仕上げることができます。

また施工も、作業しやすい製品や接着剤が登場してきたことで、基本的には壁に接着剤を塗ってタイルを貼るだけという、いたって簡単なものが増えてきています。

作業の流れ

1. 壁の中心を測る
2. サイズを合わせタイルを切る
3. 壁にタイル用接着剤を塗る
4. タイルを壁に貼る

▼道　具

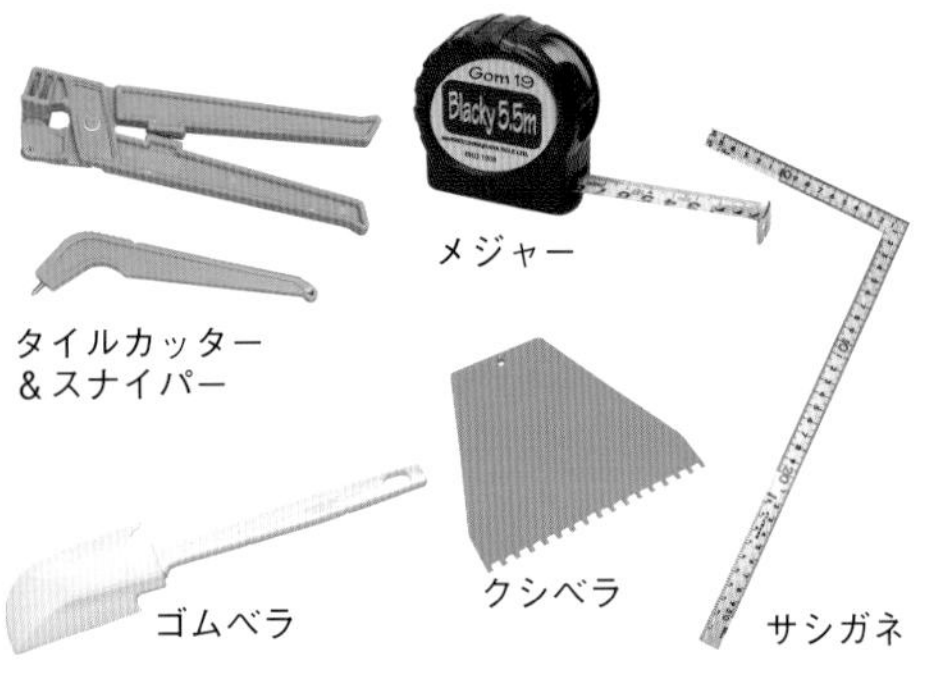

▼材　料

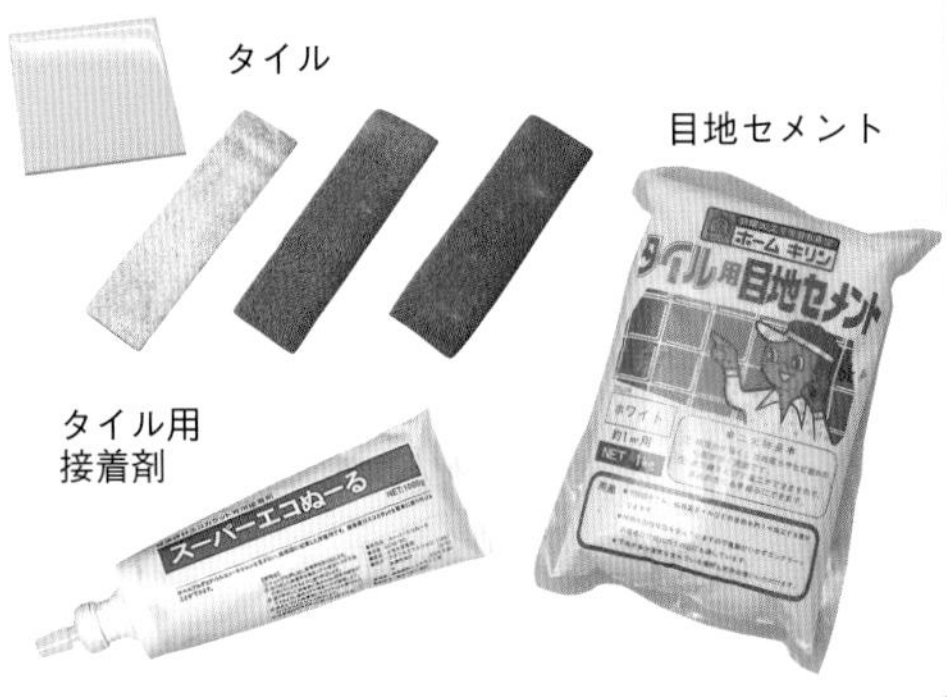

▼DATA

コスト……………………… ¥¥¥

手間……………………… 1

技術……………………… 2

作業の前に…

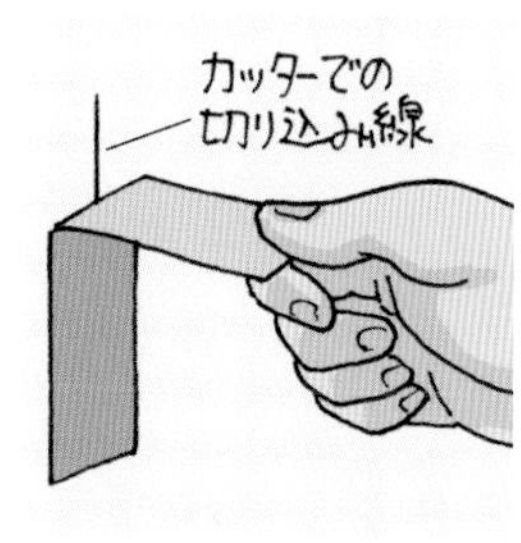

壁紙が浮いてくるようなら、壁紙をはがす必要がある

作業をはじめる前に壁紙にカッターで切れ込みを入れ、上からガムテープを貼って引っぱってみます。壁紙が浮かなければ密着性はOK。タイルを重ね貼りしても後ではがれてくる心配はありません。

養生 ▶P.44
下地調整 ▶P.36

01 壁の中心を上下2箇所で測る

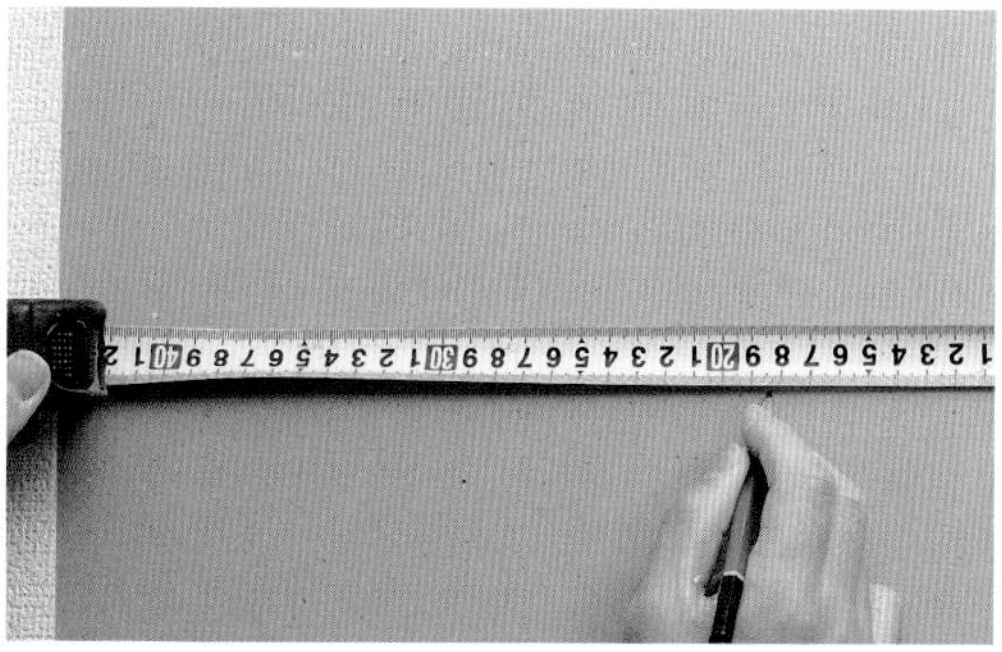

施工する壁面の上下2箇所（作業範囲）で、その中心点をメジャーなどを使って測り、印をつける

02 墨つぼで壁の中心線をけがく

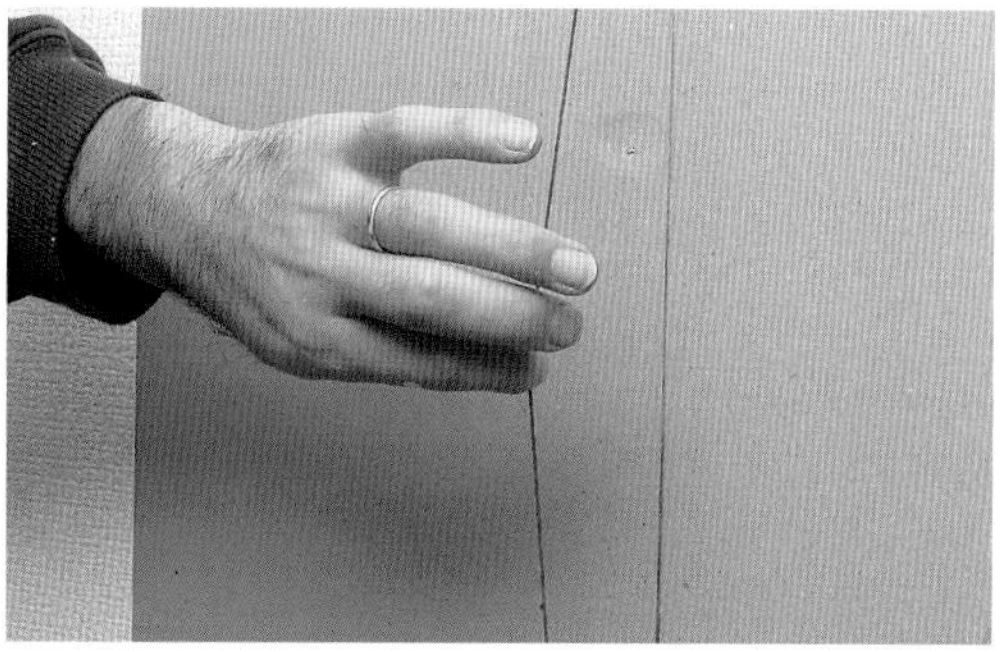

作業範囲の上下2箇所で中心点をだしたら、その2点を結ぶ垂直線を墨つぼなどを利用して書き入れる

03 タイルの幅を紙に写す

タイルを床に置き、その幅を紙に写す

04 タイルの幅を壁に写す

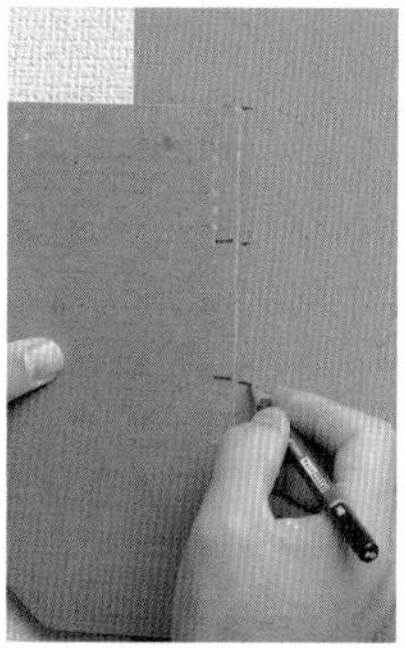

写しとったタイル幅をさらに壁の端に写す

05 タイルの貼り幅を壁にけがく

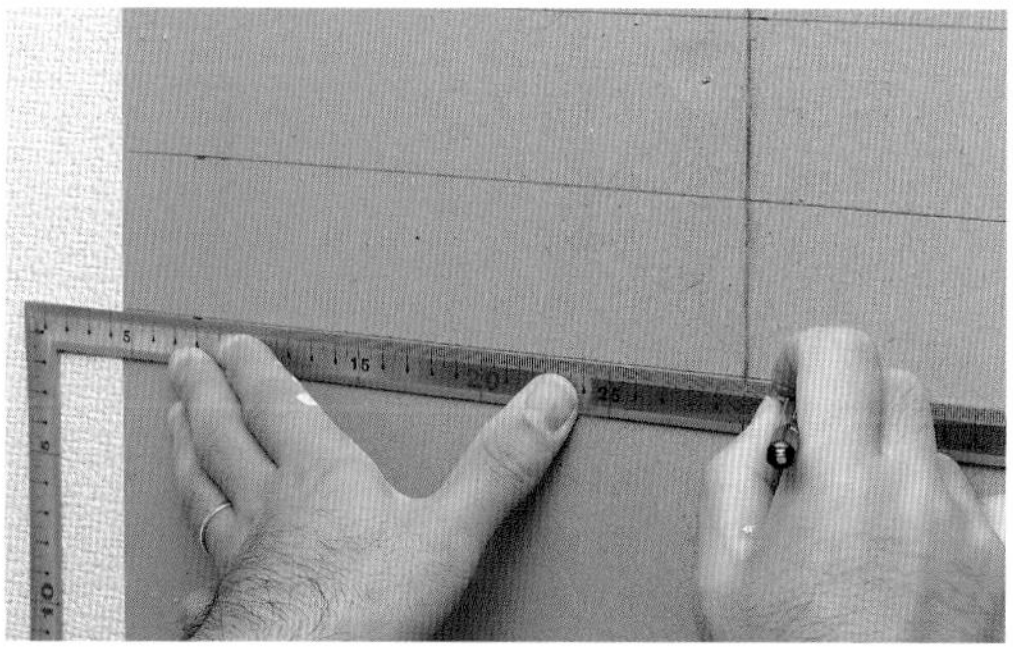

壁の端に写したタイル幅に合わせ、先に書き入れた垂直線と90度になる平行線を左右いっぱいに書き入れていく

06 タイルを仮ならべしてサイズを確認

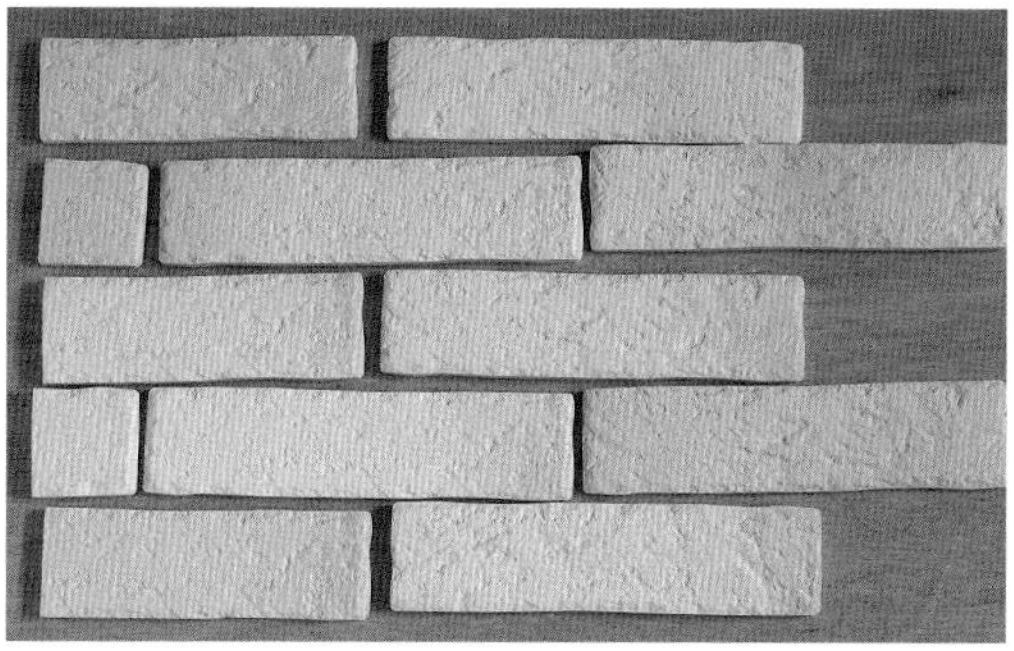

貼り幅に合わせてタイルを仮ならべする。段ごとの合わせ目は交互になるようにすると仕上がりがきれいに見える

07 タイルの裏側にカット線をけがく

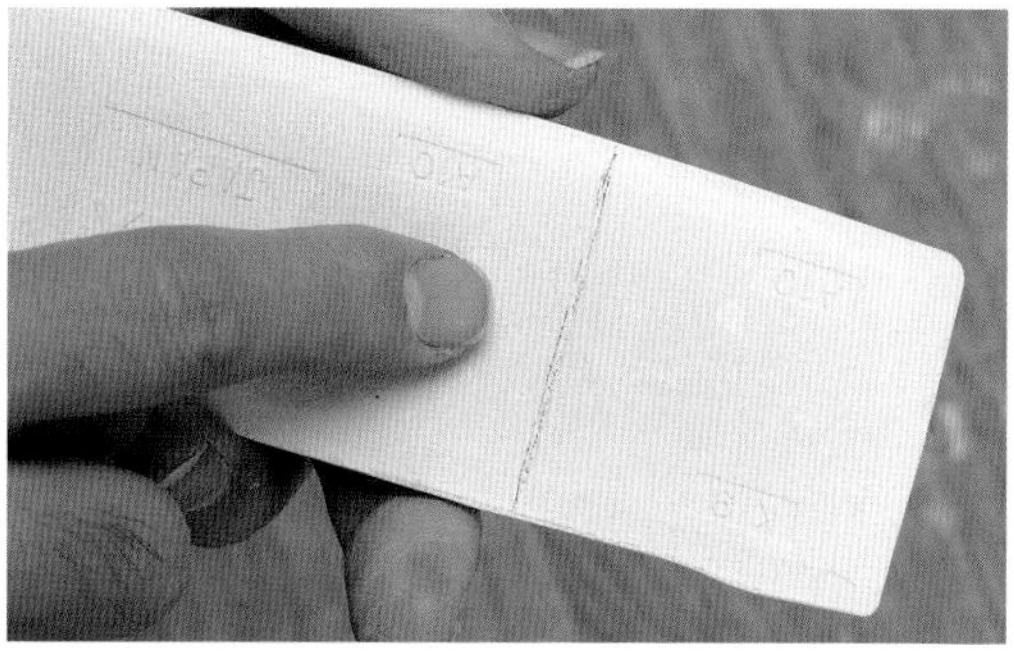

段ごとの合わせ目を交互にすると端のタイルがはみ出すので、そのはみ出し量をタイルの裏側に書き込んでおく

08 タイルの側面にカット線を写す

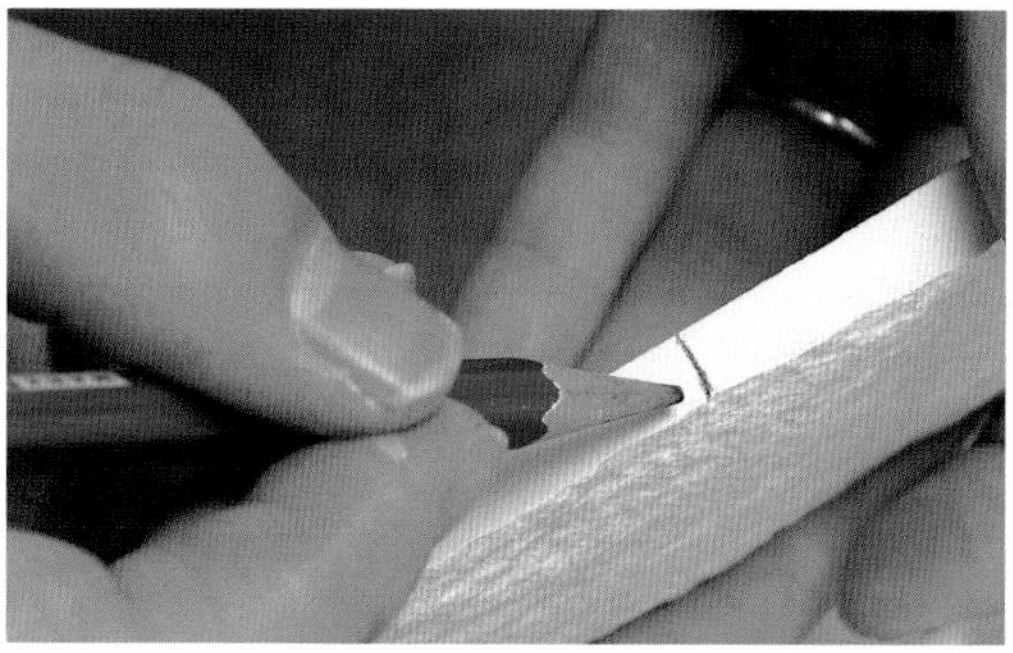

端のタイル裏側に書き入れたはみ出し量を、タイルの側面にも正確に写しとる

09 スコヤをあててカッターで切る

裏側と側面に書き込んだ線を目安に、スコヤなどをあてて直角をだし、カッターか専用カッターで2～3回切り込みを入れる

10 切り取り部分を手で押して折る

切り込みを入れたらタイルを角材などの上にのせ、はみ出し部分を手で下に押して折る

11 タイル用接着剤を壁に塗る

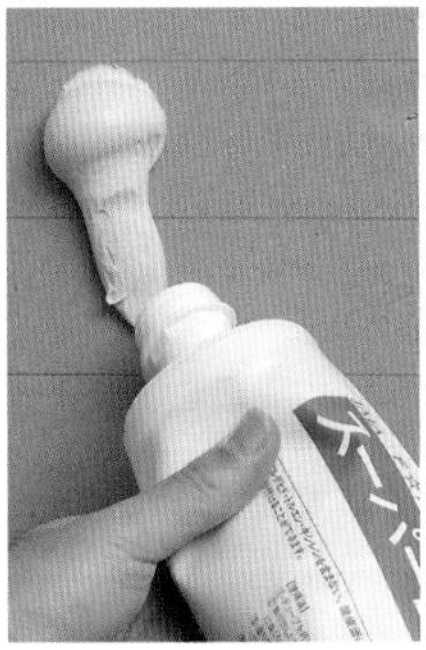

壁の施工部分全体にタイル用接着剤を塗っていく

12 クシベラで接着剤を広げる

クシベラでまず横に広げ、最後は縦に広げる

13 壁の線に合わせてタイルを貼る

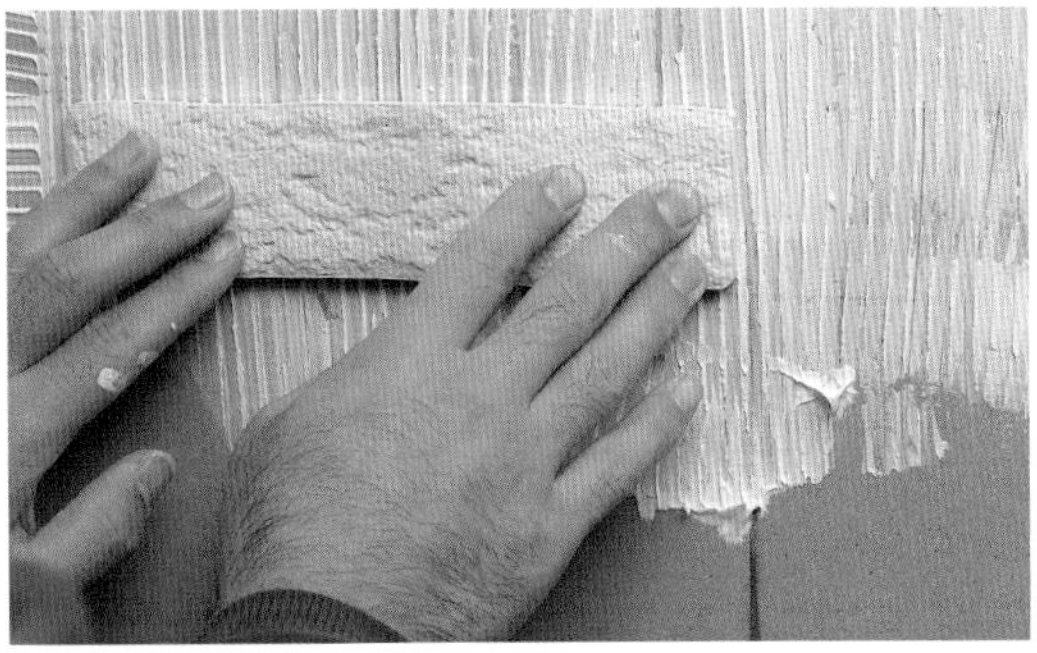

接着剤を塗ったら⑤の作業で壁に書き入れたタイル幅（線幅）に合わせて貼っていく

14 密着させながら貼りすすめる

貼っていく順番は、壁の線に合わせながら横方向に貼りすすみ、終わったら次の段に移っていく

15 時々壁から離れ曲がりを確認する

貼り広げていくときは、時々壁から離れて曲がりがないかを確認し、次の段に移っていくようにする

Point

ヘラを45度に立ててスジを残す

壁にタイル用接着剤を塗る場合、伸ばすことに気をとられ、ヘラを寝かせすぎるとスジ状に残る接着剤の量が少なくなってしまいます。45度前後の角度を維持しながら伸ばすようにしましょう。

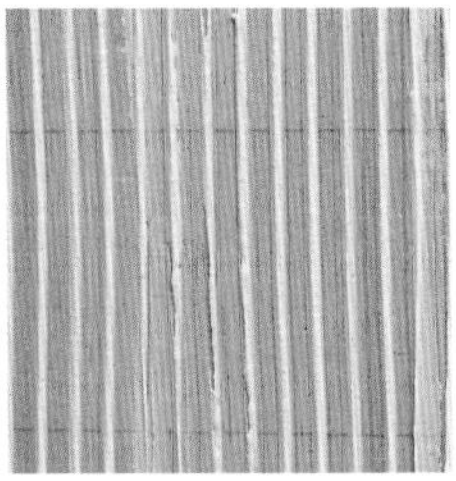

正しいヘラ使いでのばされた接着剤のしま模様

Point

サンドペーパーで凹凸を削る

タイルを密着させて目地を残さない場合、仕上げをきれいにするポイントはいかにピッタリ密着させるかです。側面に凸凹が見られたら、サンドペーパーで磨ききれいに仕上げておきましょう。

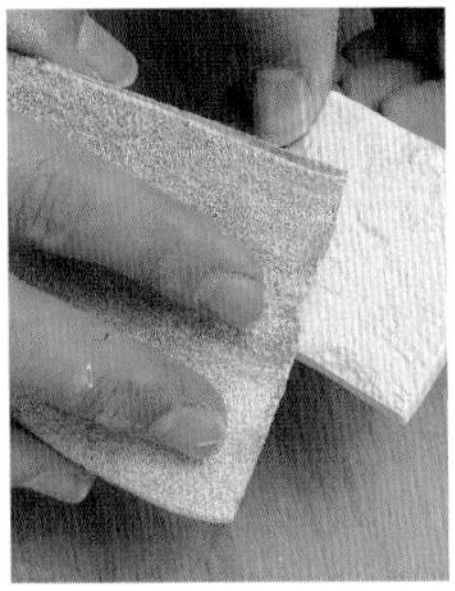

壁にタイルを貼る

目地仕上げ

タイル貼りの施工法には周囲のタイルと隙間(目地)を空けて貼る方法があります。整然とした格子状の目地が美しく、模様入りのタイルと組み合わせることで、好みのデザインや雰囲気に仕上げることができます。ここではその作業方法を紹介します。

01 壁に中心線を書いておく

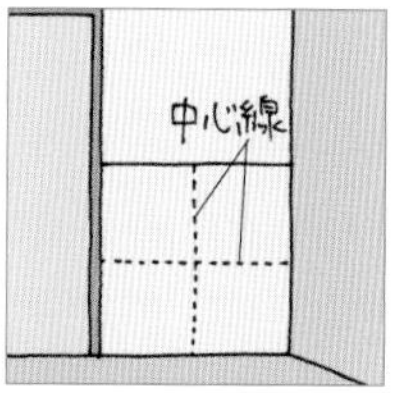

正方形のタイルを貼る場合、貼る面積の中心から四方に広げながら貼っていく。そこで、まず壁の中心を測ってイラストのように中心線を書き込んでおく

02 タイル用接着剤を壁に塗る

接着剤を貼る面積全体にクシベラで塗る

03 中心線に合わせて正確に貼る

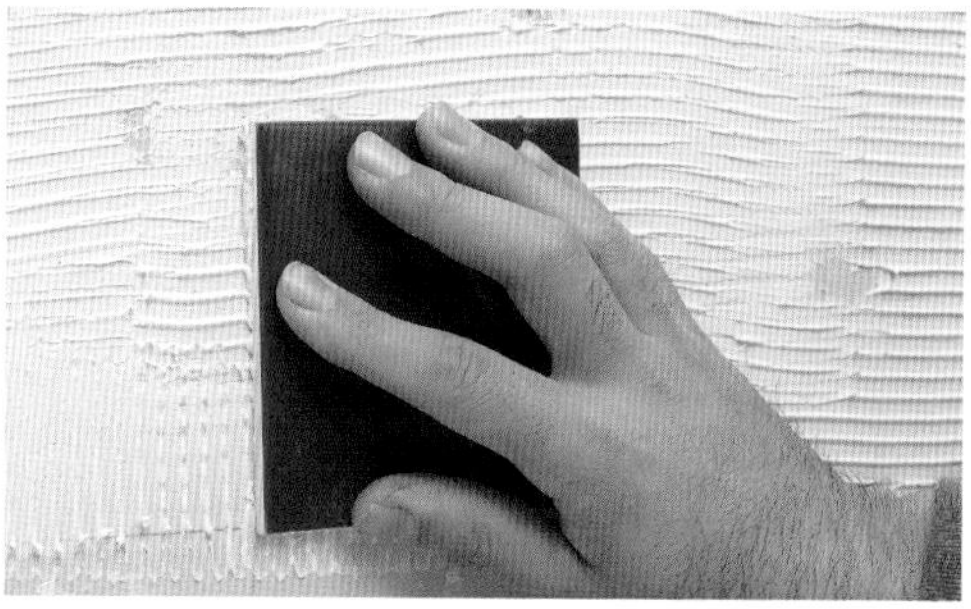

先に書き込んだ垂直·水平線の交点に、1枚目のタイルの角をしっかり合わせて貼る

04 タイルの間隔をつま楊枝で調整

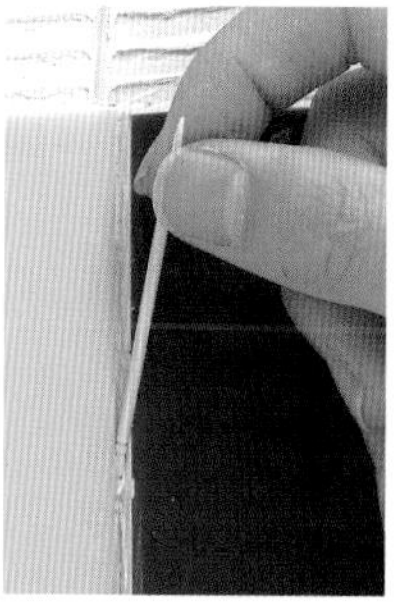

楊枝を挟み目地をつくりながら貼り広げる

05 離れて見ながら貼っていく

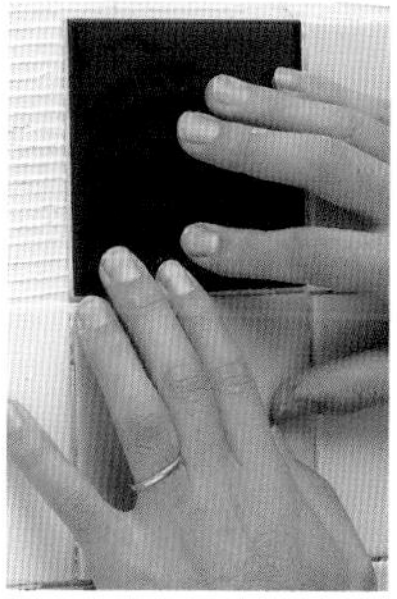

時々壁から離れて曲がりを確認しよう

06 隙間に目地剤を埋めていく

タイルを貼り終わったら接着剤が乾くのを待ち、楊枝はそのままで目地にゴムベラで目地剤を埋め込んでいく

07 タイルの表面をウエスでふく

タイル表面に付着した目地剤をゴムベラで取り去ったら、乾いたタイルで表面をふいて完成だ

Point

タイルカッターでサイズを調整

タイルを中心から貼りはじめるため、壁の隅にいくと半端なスペースに合わせてタイルをカットする必要がでてきます。そんなときに専用工具のタイルカッターがあれば、手軽に狙ったサイズにカットすることができます。

カットする寸法を必ず現場合わせで測り、定規などをあてててカッターで切り込みを入れる

切り込みを入れた部分を中心に置き、タイルカッターの柄を握るとかんたんに折れる

07 腰板を張る

風格漂う部屋へとグレードアップ

和洋どちらにもマッチ 壁のキズ隠しにも効果あり

カントリー調のやわらかい雰囲気を醸し出す、腰板のある部屋。古き良き時代のアメリカの家のよう。腰板といえば、そんなイメージが大きいのではないでしょうか。

DIYのベテランにも、腰板は人気の高いアイテム。それだけ、リフォーム効果が大きく、満足度が高いのだともいえます。

ところで、木にはさまざまな種類があるので、同じ腰板といっても、木目や色合いなど素材によって出来上がりの雰囲気はずいぶん違ってきます。

洋風にしたいのか、和風にしたいのか、明るくしたいのか、シックにまとめたいのかによって、材料の選び方も違います。材料を買うときは、自分のイメージをしっかり固めていきましょう。

また、インテリア的な効果もさることながら、腰板には傷つき傷んだ壁を隠す役割もあります。犬や猫を飼っていた家では、ペットによってつけられた傷を隠すために張ることもあるのだとか。

既存の壁紙の上から張るのであれば、技術的にはそれほど難しくありません。大きな効果が得られる腰板は古い我が家のリメイクにはもってこいの素材といえます。

▼道　具

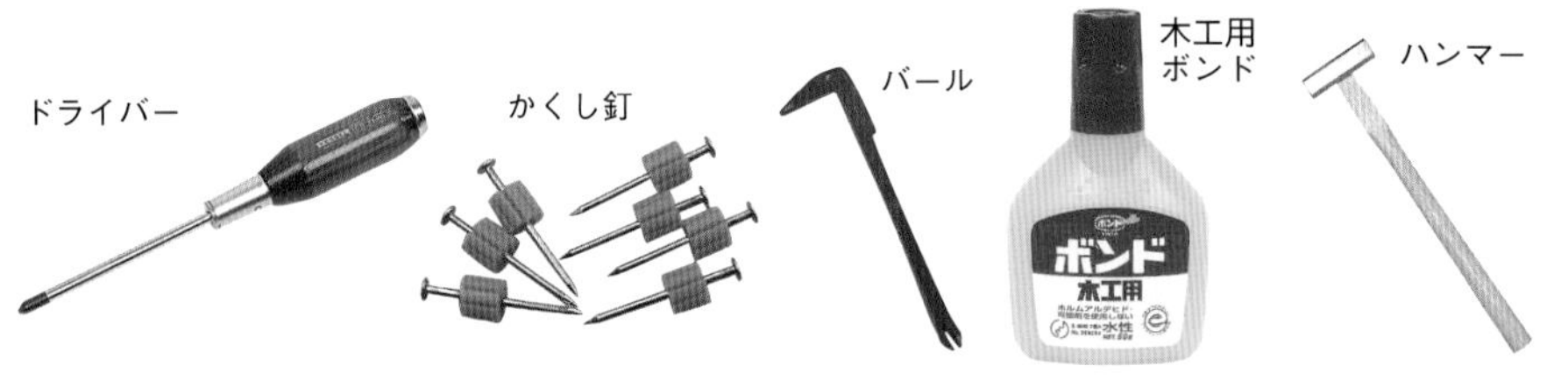

▼DATA

コスト…………………… ¥¥¥

手間…………………… 3

技術…………………… 4

下準備をする

01 壁の巾木を外す

巾木がない場合は必要ないが、たいていの壁には巾木が使われているもの。巾木というのは、床から数cmの幅で張りめぐらされている木。壁より若干前に出た巾木は、腰板を張る上では邪魔モノ。バールで巾木を外しておこう

腰板を張る

02 かくしクギを打つ

プラスチックのクギ頭（ピンク色の部分）のあるかくしクギで、腰板を受けとめる横木を壁に固定する

03 かくしクギの頭部分を外す

かくしクギは、壁に打ち込んでいくとプラスチックの部分がクギの上部に移動する。そこでクギの頭を横から叩くと頭部分が取れて、板には本体だけが残される。こうすると、クギがほとんど見えなくなる

04 腰板をはめる

受けの横木と壁とのすき間に、腰板をはめ込む。木工用ボンドを溝部分につけてから差し込み密着させる

05 すき間をつめる

腰板同士がぴったりくっつくように、金づちで横からも軽く叩く。すき間が空いているときれいに仕上がらなくなってしまうので注意

06 細クギでとめる

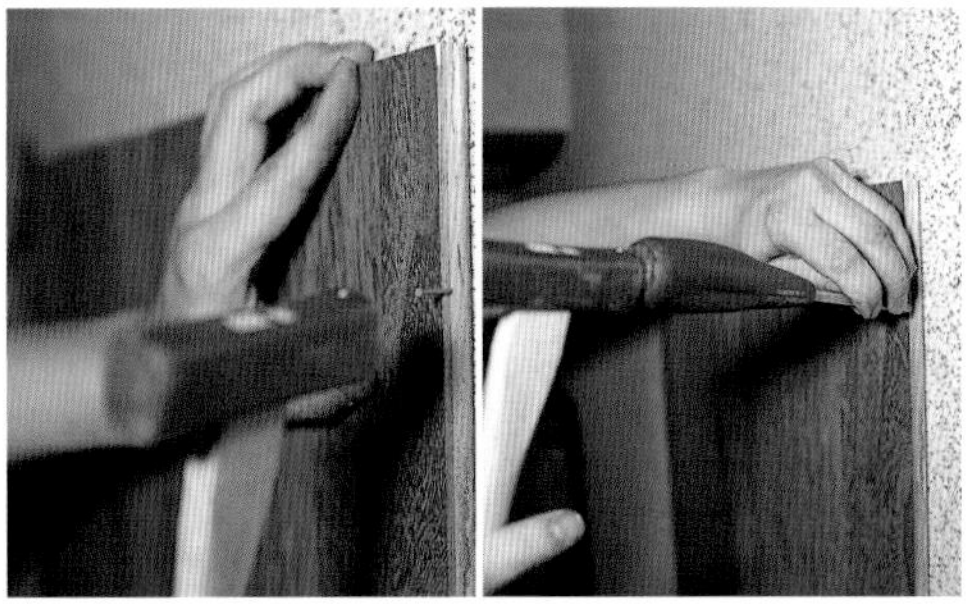

腰板の重なる部分を何枚かに一度、細いクギで留める。クギの頭が出ていると隣の板が引っ掛かるので、ドライバーの先などをあててハンマーで打ち、奥へ押し込む

07 上から横木をかぶせる

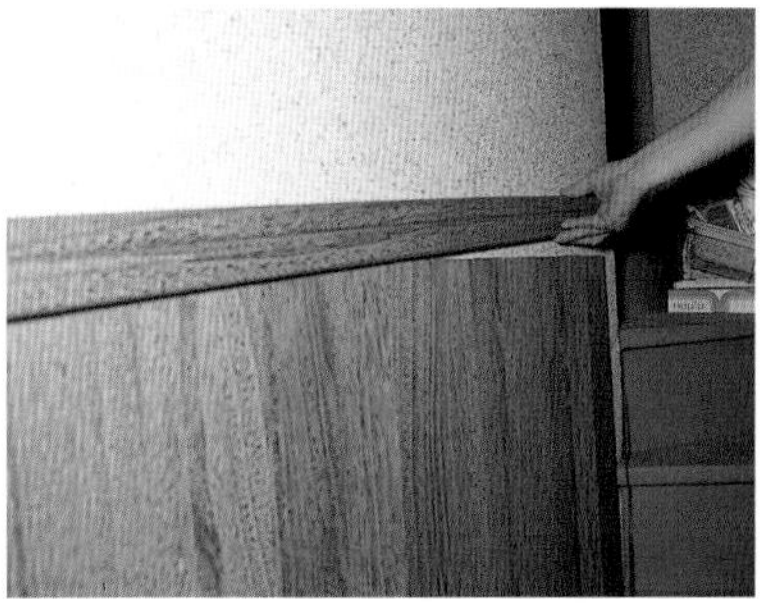

腰板を張ったら、上から横木をかぶせてかくしクギで留めて固定する。最後に手順❸と同様にかくしクギの頭を落とす

08 完成

和風の腰板の完成。焦げ茶の色合いと木目模様が、砂壁とぴったりマッチ。もっと明るい色の木を使うと、カントリー風な雰囲気になる

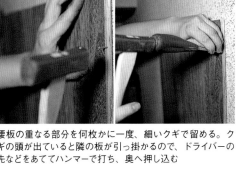

08 浴室を塗り替える

浴室用塗料ですっきりリフレッシュ

After

Before

湿気と水気の多い浴室は塗装が傷みやすい場所

家の中で、いちばん湿気のあるところが浴室。ユニットバスは別ですが、ペンキで仕上げてある浴室の壁は、カビが発生したり、塗膜がはがれ落ちたりしやすい場所です。バスタイムを気持ち良くリラックスして過ごすためにも、数年に一度は塗り替えることをおすすめします。

塗り替えの際の塗料は、「浴室用」と明記されているものを選びましょう。カビ防止や抗菌効果など、ほかの塗料には含まれない機能があるからです。

浴室塗装の成功のコツは、カビやはがれた塗膜を取り除き、凹みや亀裂はパテで埋め、壁の表面を整えてから塗ることです。カビはカビ取り剤で除去した後、カビ止め剤をスプレーしておいてもよいでしょう。

また、水分を吸い込む壁や触ると表面がボロボロはがれてくる壁などの場合は、下地剤（シーラー）を塗って表面を固めてから塗料を塗ると、きれいに仕上げられます。

湿気のある場所なので、塗装の際には天候に留意することも必要です。冬や雨の時期は避け、気温が平常以上で湿度の低いときを選びましょう。

作業の流れ

1. カビ・はがれを落とす
2. サンドペーパーをかける
3. 浴室用塗料を塗る

▼道　具

浴室用塗料

カビ止め機能のない塗料で塗るとカビ発生の原因に

カビ取り剤

カビのある場合はカビ取り剤を使って殺菌漂白する

▼材　料

ローラーバケ・トレイ

- サンドペーパー
- ロールマスキングテープ
- ウエス

▼DATA

コスト……………………… ¥

手間……………………… 2

技術……………………… 2

01 カビを取る

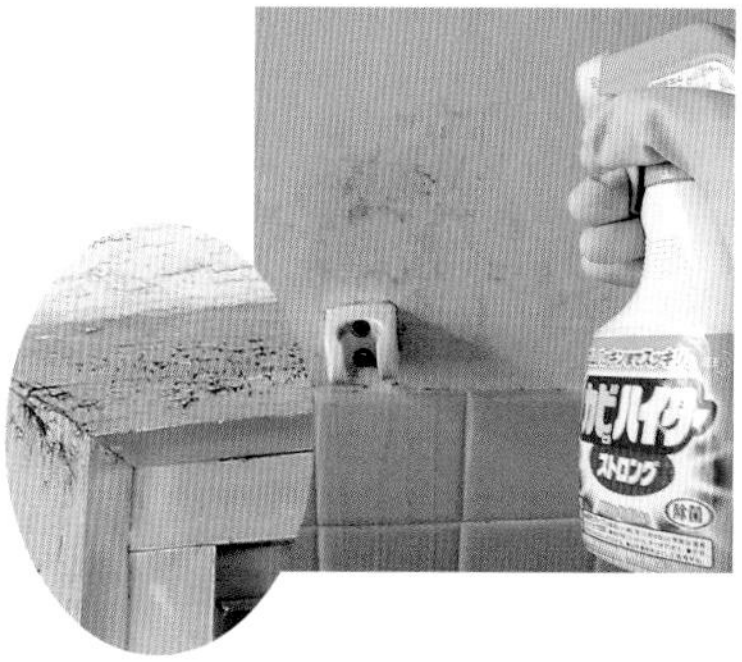

カビ取り剤を使ってカビを殺菌漂白し、水洗いしてよく乾燥させる

02 はがれた塗膜は取り除く

はがれかけた塗膜はヘラなどできれいに取り除く。凹みやヒビがあったら、パテで埋めサンドペーパーをかけておく

03 全体にサンドペーパーをかける

壁全面に、軽くサンドペーパーをかける。はがれやすい壁などの場合は、下塗り剤（シーラー）を塗ってよく乾燥させる

04 ロールマスキングテープを貼る

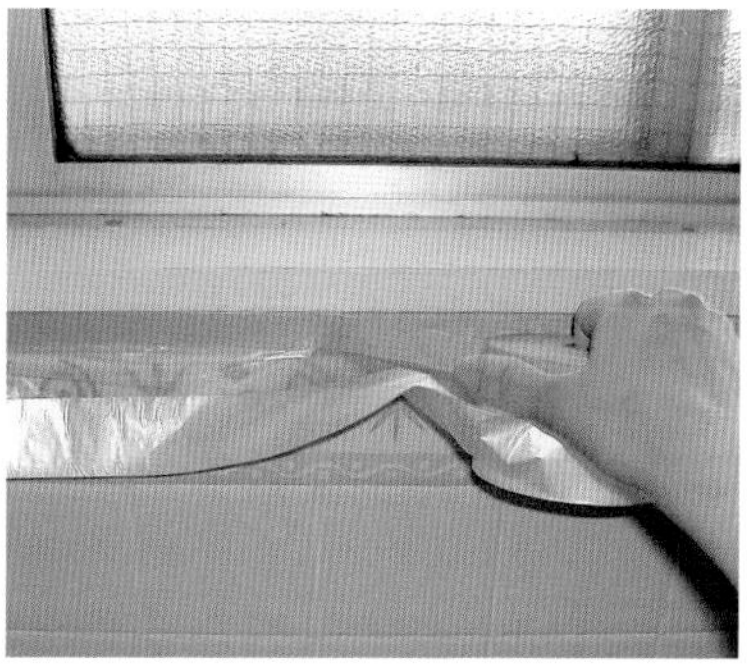

塗料をつけたくない部分を覆うようロールマスキングテープを貼る。貼ってからシート部分を広げて覆う

▼

タイルや窓など、塗料を塗らない部分をマスキング。水栓やシャワーなどもきちんとカバーすること

Point
浴槽は全体をカバーする

意外に忘れがちなのが浴槽。浴槽の中に塗料が付着しないように、浴槽全体を覆うようにシートや新聞紙などをかぶせておこう。床にもシートや段ボールを敷くとよい。

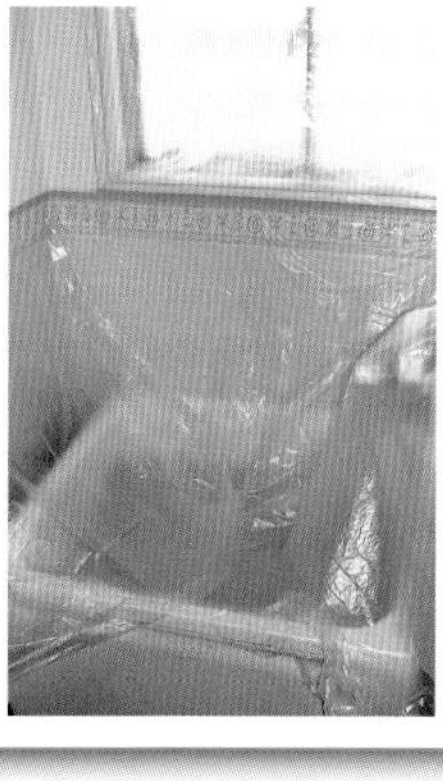

05 隅の部分を先にスジカイバケで塗る

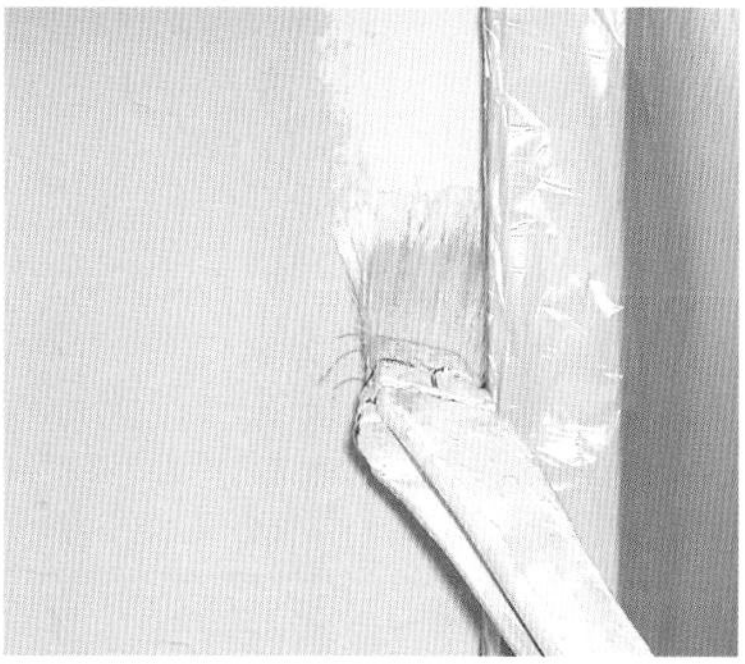

窓枠など塗りにくい部分を先に塗る。すじかいバケに塗料を含ませ、先にチョンチョンと配り、のばして塗るとたれない

06 ローラーで広い面に塗料を配る

すじかいバケと同じように、ローラーバケに含ませた塗料を、広い面に大胆に配る。W字型にするとやりやすい

07 配った塗料をのばす

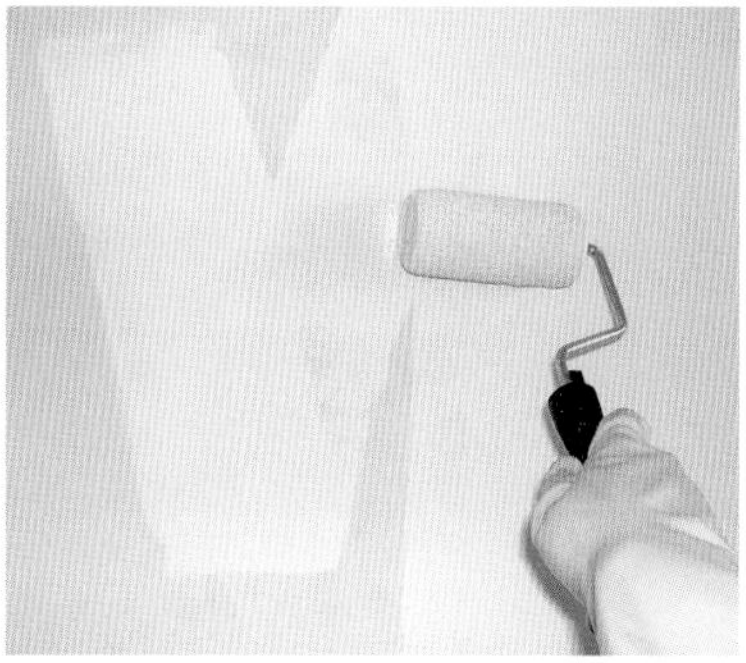

配った塗料をのばしながら塗る。ローラーは狭い範囲でチョコチョコ転がさず、上から下へゆっくり転がすように塗る

Column

壁 リフォーム素材カタログ

壁紙、塗料、塗り壁材などが代表的な素材です。それぞれ柄や色を工夫することで部屋の印象が見違えます。また、始めからのりがついた壁紙や、壁紙の上から塗ることができる塗り壁材など、DIY向きの製品も数多くあります。

壁紙

●生のりパック壁紙／アサヒペン

裏面にあらかじめ生のりが塗られているので、シートをはがすだけで簡単に張れる。裏面のシートにはマス目が入っているのでカットもラク。シワや空気が入っても、乾くまで修正がきくので初めての方にもおすすめ
●92㎝×5m 4,515円～

●クラシックデザイン リリカラ

本格的なリフォームにおすすめなのが、高級仕上の壁紙。張るだけで、部屋のイメージをがらりと変えることができる
●92.5㎝幅
●1,090円/m
(必要量切売り/税別)

室内壁用塗料

●ダッチボーイペイント NOAH

DIY向けに開発されたアメリカの塗料。対面方式のショップで色を選び調色してもらうスタイルで、1000色以上の色と光沢から選ぶことができる。壁紙の上から塗ることができる
●1クォート(0.8ℓ) 2,730～3,360円、1ガロン(3.7ℓ) 6,190～8,190円

●水性かべ用和室色 アサヒペン

落ち着いた、気品ある色合いが和室のリフォームにはピッタリ。聚楽壁の塗替えにもオススメ。無臭性のツヤ消し仕上げなので週末施工にもどうぞ
●4色
●0.7ℓ 1,785円、1.6ℓ 3,339円、3ℓ 4,883円

塗り壁材

●京壁／家庭化学工業

のびがよくコテムラが出にくいので、初心者でも塗りやすい。落ち着いた風合の和風壁に仕上げられるので和室にオススメ。ビニール壁紙には無理だが、板壁やしっくい壁の上に塗ることができる
●全4色 ●0.9kg ●㊫800円

●ミュール・ドートルフォア／トミタ

コテの動かし方によって、さまざまなテクスチャーに仕上げることが可能。乾燥後にカラーワックス「ラ・シール」を上塗りすると、南欧風な雰囲気の色合いに仕上げられる
ミュールドートルフォア、ラ・シール、下塗り材/セット ●39,700円(約10㎡/使用)

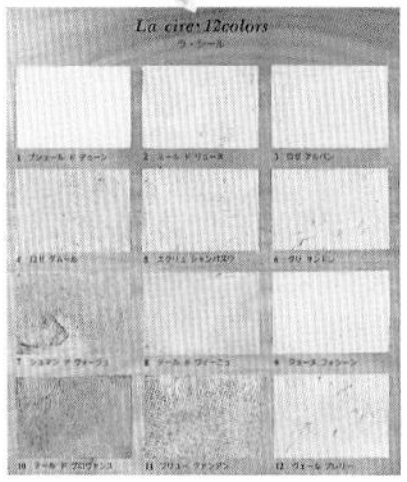

タイル

●インテリアモザイク ニュアンス／INAX

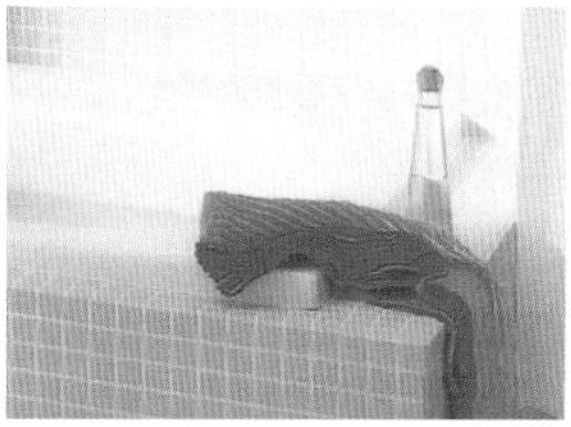

モザイクタイルは、目地幅を均一にとった状態でネットに貼り付けられている。接着剤を塗った下地に、ネット単位で貼り付けられるから、目地幅を整える手間がぐんと少なくて便利。2.2cm角の小さなタイルが壁にキュートな表情を醸し出す。合間に❺や❻のようなボーダーを並べてもよい
●目地共寸法：❶～❹300×300㎜、❺～❻300×50㎜ ●6.0㎜厚 ❶10,290円/㎡ ❷20,790円/㎡ ❸9,240円/㎡ ❹8,505円/シート ❺1,890円/m ❻2,940円/m

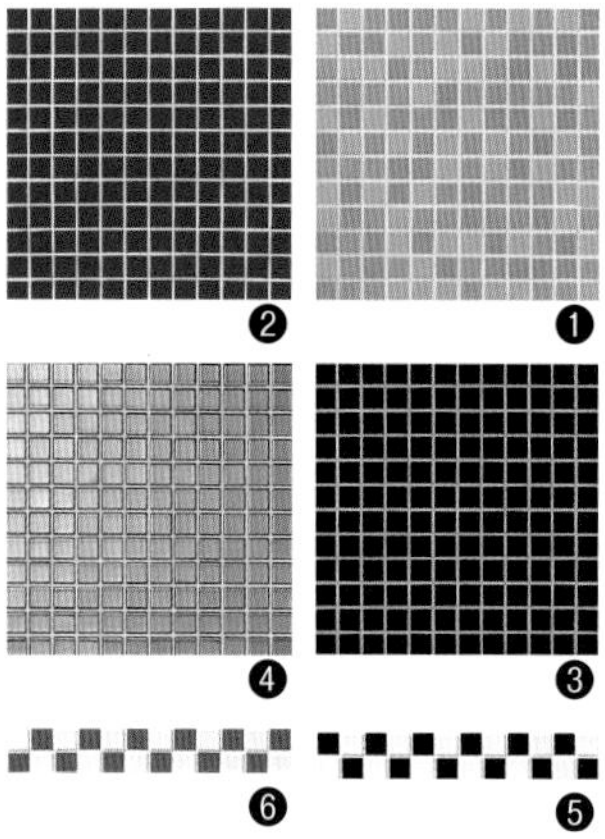

Part 3
床・天井をリフォームする

足もとのリフォームは、室内の快適性を大きく左右します。
目的やスタイルによって、素材の種類はとっても豊富。
また、一見難しそうな天井リフォームも
コツさえ押さえれば、決して難しくありません。

◎床まわりの簡単メンテナンス
◎クッションフロアを敷く
◎カーペットタイルを敷く
◎フローリング材を敷く
◎天然素材の床材を敷く
◎玄関にタイルを敷く
◎浴室にスノコを作る
◎天井用壁紙を張る
◎天井にペンキを塗る

フローリングの簡単メンテナンス

速効メンテナンス 1 表面的な小さなキズは補修材で着色・埋める

表面のキズ、深くても比較的小さいキズに手軽なのが今回使用する木部補修材。表面を着色するマニキュアタイプと、溝を埋めるクレヨンタイプがセットになったもの。フローリングのカラーにも合わせやすい色が揃っていて、調色も可能です。

▼道　具

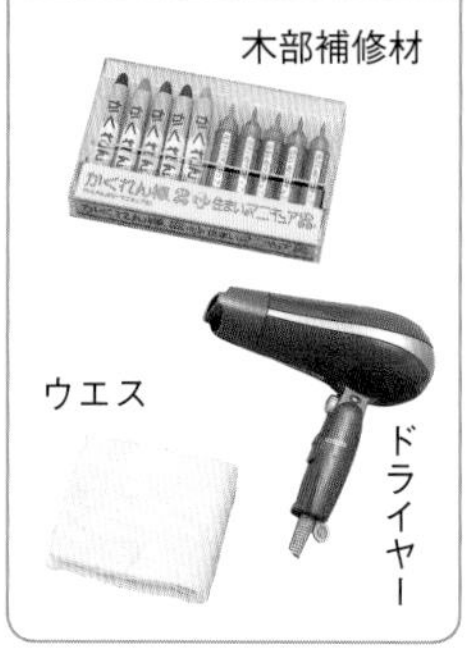

① 表面のキズ

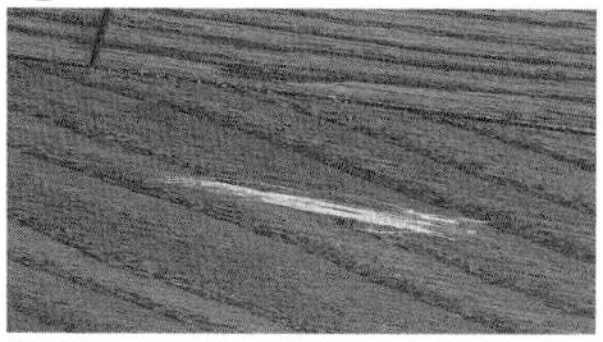

表面の塗装がはがれたキズ。目立たなくするには、色と光沢を補う必要がある。これにはマニキュアタイプを使う

② 色を選んで着色する

まわりの色より薄めの色を選び、キズに沿って塗っていく。重ねて塗ると色が濃くなるので、加減しながら全体を塗る

③ 木目を描き足す

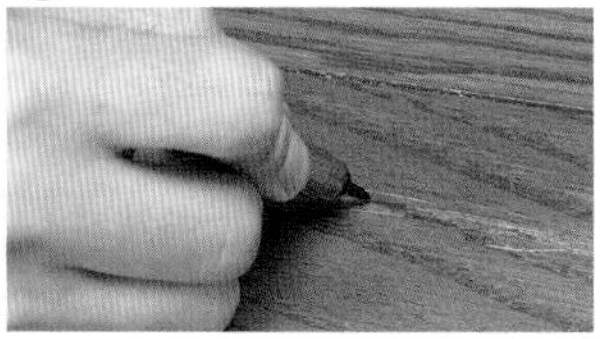

細かい木目を描き足すには少々コツがいる。筆先で少しずつ、まわりの木目をつなげるように色をのせる。乾いたら完成

① 深めの小さなキズ

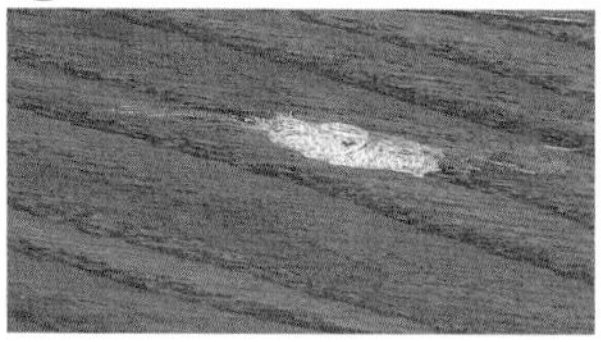

表面の板が削れている。もう少し深いと合板が見える。このような面積の狭いキズや凹みにはスティックタイプやクレヨンタイプを使う

② ドライヤーで温める

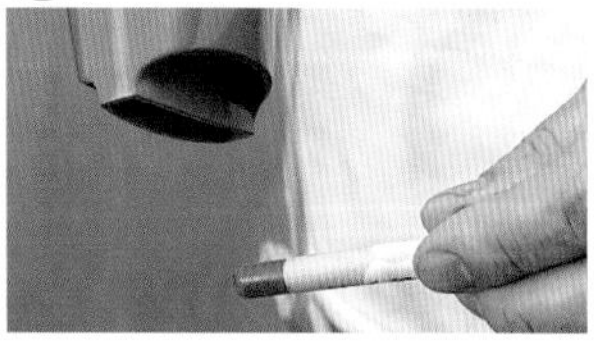

フローリングに近い色を選び、ドライヤーを当てて柔らかくする

③ キズに塗り込む

キズを埋めるように塗り込む。すき間なく埋めるには縦、横、斜めと方向を変えると良い

④ 色を混ぜる場合

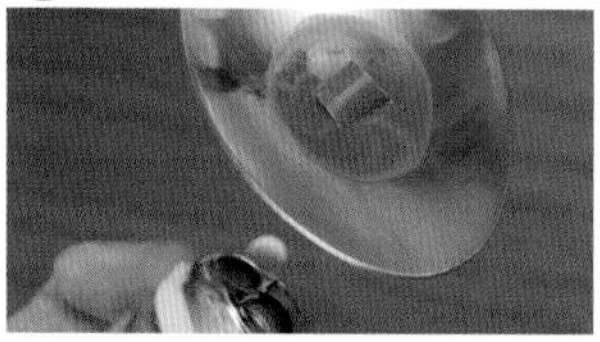

近い色がない場合は、クレヨンタイプを数色混ぜて色を作る。補修材をカッターで切り取り、スプーンに乗せ、ライターであぶって溶かす

⑤ キズに流し込む

楊枝などで色を混ぜたら、溶けているうちにキズに流し込む。表面張力で盛り上がる程度に、少し多めに充填すること

⑥ ヘラで平らにする

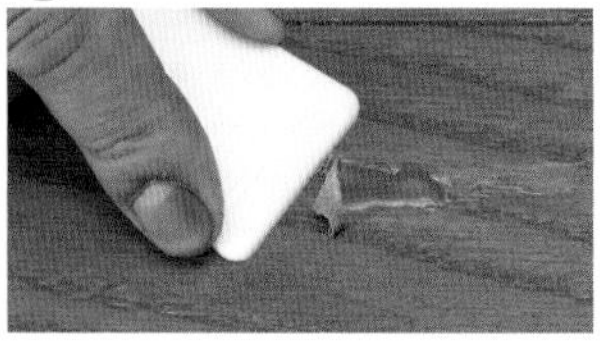

熱が冷めて固まったら、付属のヘラで余分をかき取り、平らにする。必要であれば模様を描き足し、周囲をウエスで拭く

速効メンテナンス 2 大きな凹みはパテで埋める

陥没や、キズや欠けの面積が広い場合は、木部用のエポキシパテを用います。乾燥するとしっかり硬化し、上から着色することもできます。着色には①の補修材か、水彩絵の具＋ニスを。

① パテ埋めの準備

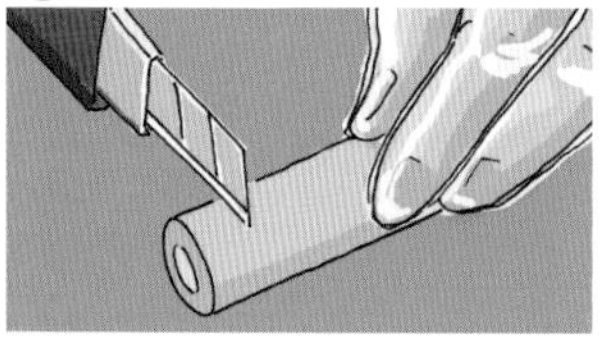

作業前に清掃、サンドペーパーでバリを取っておく。皮膚の弱い人はビニール手袋をしてパテをカッターで適量切り取る

② パテを埋める

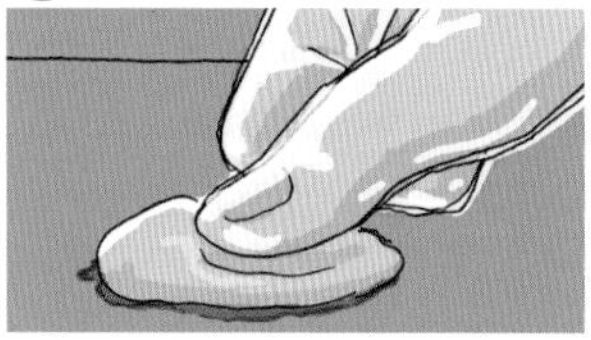

よく練り合わせたパテをキズにしっかり埋め込む。キズまわりに付着しないよう、マスキングテープを貼ってもよい

③ 表面を仕上げる

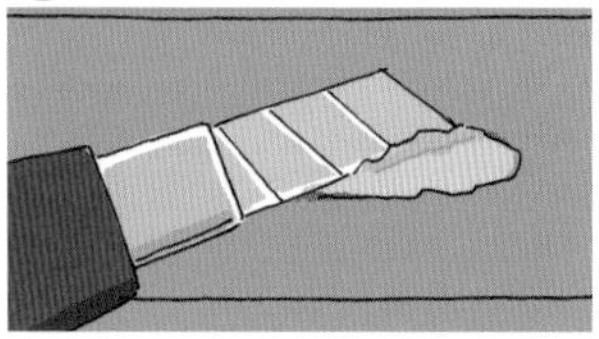

乾燥、硬化したら、カッターを寝かせて盛り上り部分を削り取り、サンドペーパーをかける。必要なら着色して仕上げる

▶道具

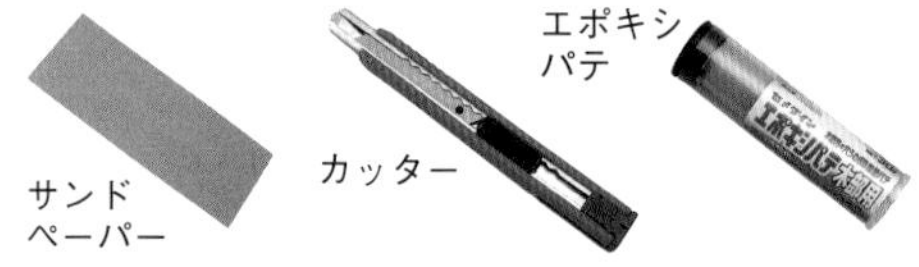

速効メンテナンス 3 ワックスをかける

表面に保護膜を作り、キズを防止するワックス。複合フローリングには手軽に使える樹脂ワックスがおすすめです。一般的に、値段が高いものほど効果が持続すると言われています。マメな人なら数百円のものでも十分。塗り方は簡単ですが、少量を薄くのばすのがポイントです。

1 床を掃除する

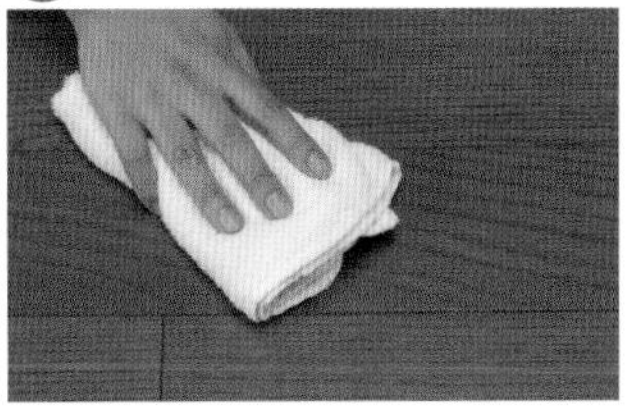

部屋の家具などを移動し、全体に掃除機をかけて乾拭きする。ひどい汚れは住宅用洗剤で落としておく

2 必要量を計る

部屋の広さに適した必要量は、使用するワックスに表示してある。計量はペットボトルのキャップが便利。キャップ1杯は約5mℓ

3 ワックスをまく

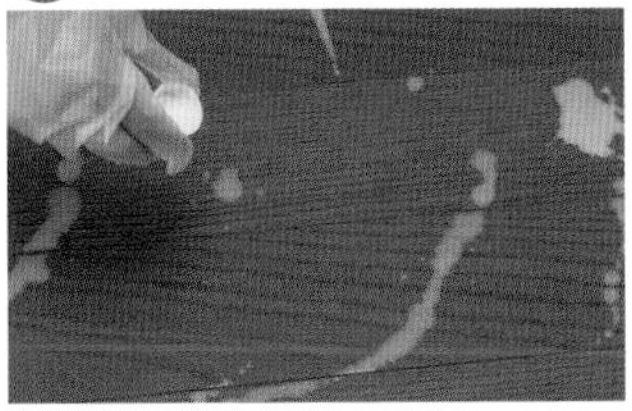

必要量を計りながら床にワックスをまく。大量に使用すると、ムダなばかりかフローリングの変色の原因になるので注意

4 ワックスを薄くのばす

手が荒れないようにビニール手袋をはめ、ウエス（布）で素早くのばす。毛羽立ちの少ないウエスを選び、水を固く絞って

5 乾燥させる

全体にムラなく、薄くのばしたら、乾燥させる。ツヤが出て、表面の細かいキズも目出たなくなる

▼道 具

速効メンテナンス 4 ニスを塗る

ワックスの効果は数か月ですが、ニスを塗れば1〜2年はツヤが持続し、その後のお手入れが楽になります。ニスは必ず床用を使って。UV塗装やセラミック塗装が効いている床材には、ニスを塗ることはできません。

1 床の汚れを落とす

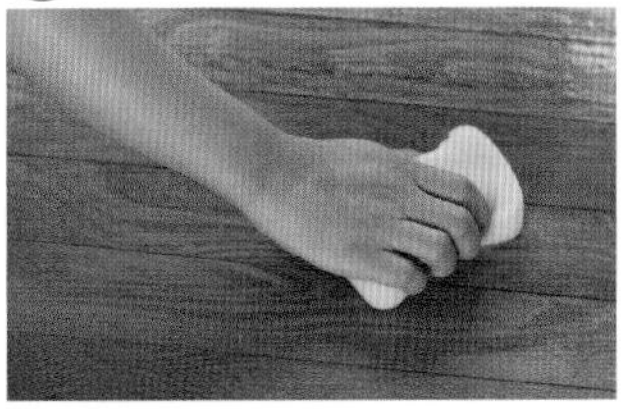

部屋の家具などを移動し、掃除機をかけて、住宅用洗剤で拭き掃除を。頑固な汚れはペイントうすめ液を用いて。窓をあけて換気に注意する

2 サンドペーパーをかける

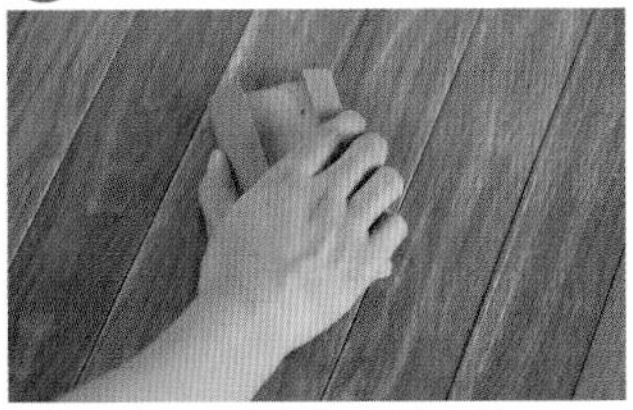

掃除した床が完全に乾いたら、240番のサンドペーパーに当て木をして、全体を軽く研磨する。電動のサンダーがあれば作業効率があがる

3 削り粉を掃除する

ペーパーがけの削り粉は必ず掃除機で吸い取り、乾いた布で除去しておく。ニスが付いては困る巾木や敷居などには、塗装前に、あらかじめマスキングテープを貼っておく

4 ニスを塗る

コテバケにニスを含ませ、部屋の奥から、板目に沿って塗り、乾燥させる。より美しく丈夫に仕上げるには、さらに400番のサンドペーパーをかけて2度塗りを。3度塗りまですれば完璧！

▼道 具

●サンドペーパー

Point

ワックスやニスを塗るときは順路を決めて効率よく

ワックスやニスを塗る際は、必ず部屋の奥から塗り始め、出入り口で塗り終わるようにする。また、床用ニスには低臭の水性と、塗膜が強く仕上がる油性があり、どちらも使えるが、ニスが固く塗りにくい場合は、水性なら水、油性ならペイントうすめ液で、それぞれ5〜10%に薄める。

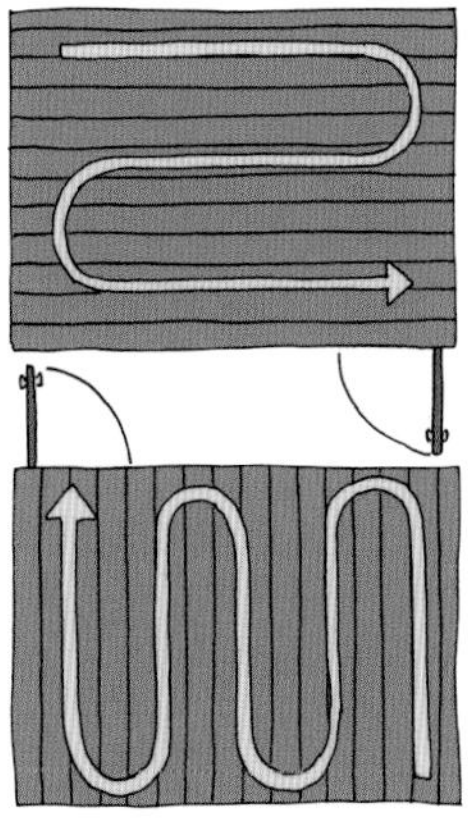

床を塗る方向

速効メンテナンス 1 付着物に合った洗剤でシミを抜く

シミが付いてしまったら、まず付着物が水性なのか油性なのかを確認しましょう。すでにあるシミでも判別することはできます。水性には水を、油性にはベンジンを使って判別し、落とします。

1 シミを判別する

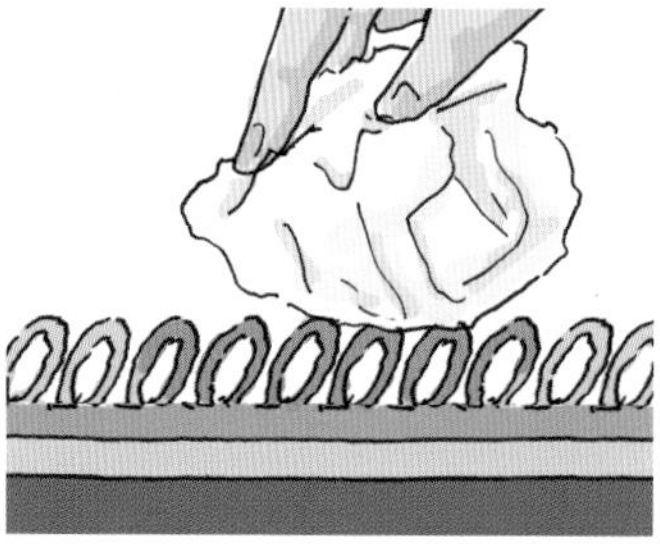

ティッシュを丸めて軽く水を含ませ、シミに当てる。色が付いたら水性のシミ。ベンジンを使って落ちるのは油性のシミ。軽く押し当ててシミを移す

2 乾いたティッシュをあてる

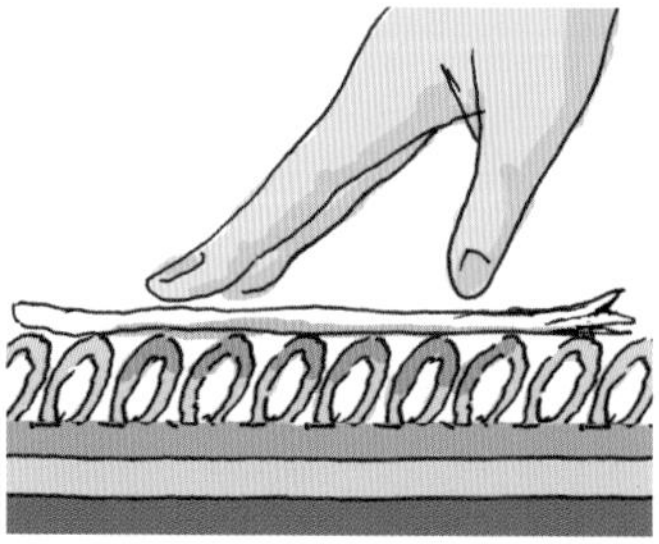

乾いたティッシュで吸い取る。取れるまで1、2を繰り返し、落ちなければ住宅用洗剤、洗濯石鹸、中性洗剤の順に、水で薄めてシミを落とす

3 水を含ませて拭く

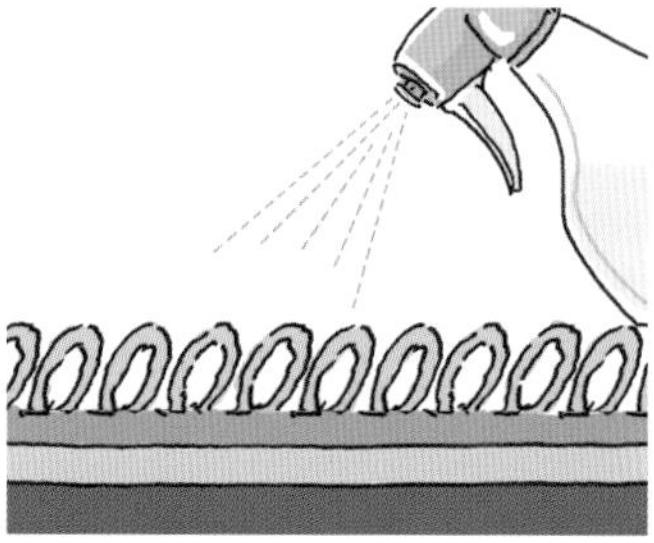

汚れが落ちたら、カーペットに染み込んだ洗剤を落とすために、霧吹きなどで湿らせて拭き取る。後は窓を開けて自然乾燥させる

ガムが付いてしまったら

氷とガムテープで取る

時間が経って取れにくくなったガムは、まず氷で冷やし硬化させて取ります。残ってしまったら、ガムテープをあててはがします。

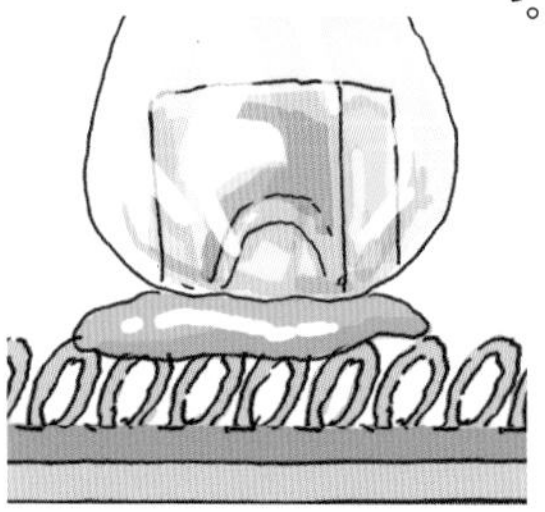

速効メンテナンス 2 焦げ跡をパイルで埋める

タバコで焼け焦げた跡は、薄いものであれば硬いブラシでこすれば目立たなくなります。溶けて硬くなってしまったものは、次の方法でパイルを埋めると目立たなくなります。

1 焦げ跡の状態

化学繊維のカーペットが焦げると、その部分が溶けて硬くなる

2 焦げ跡を削る

カッターの刃先を使って、焦げた部分を削り落とす

3 パイルの繊維を削る

カーペットの目立たない場所を選び、カッターの刃を寝かせて繊維を削り取る

4 接着剤を付ける

布用接着剤を焦げ跡の穴に付ける。少し多めに塗ること

5 繊維を穴に埋める

削り取った繊維を毛玉にして、穴に埋める。指先で軽く押さえて、周囲と馴染ませる

6 完成

ループを再現することはできないが、補修した部分が小さければ、ほとんど目立たない

▼道具

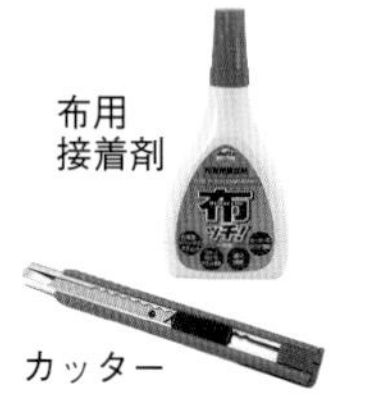

速効 メンテナンス 3

蒸気でパイルを起こす

カーペットのパイルが寝てしまったら、蒸らして、ブラッシングします。広範囲の凹みには毛の硬いヘアブラシを使ってみてください。

① 柔軟仕上げ剤を塗る

水で薄めた柔軟仕上げ剤を、凹んだ部分に塗る。繊維をふんわりさせる柔軟仕上げ剤の機能を利用。塗ったらしばらく放置する

② アイロンをあてる

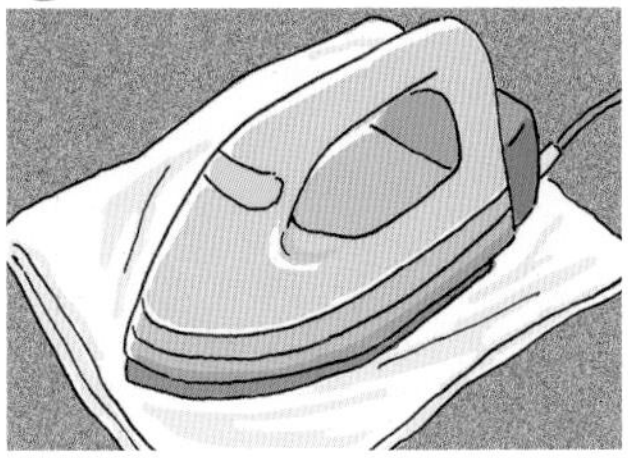

凹んだ部分に濡れタオルを置いて、アイロンで温めて、蒸らす。強く押し付けると、かえってパイルが寝てしまうので気を付ける

③ パイルを起こす

歯ブラシを使い、根元から起こすようにブラッシングする。2、3を繰り返すと目立たなくなる。最後は自然乾燥させる

速効 メンテナンス 4

穴があいてしまったらパッチで部分補修をする

カーペットの大きな穴は、部分的に切り取って、同じ大きさのカーペットでパッチをあてます。パイルの種類にもよりますが、どこを補修したのかわからなくなるほど、きれいになります。

① 穴の状態

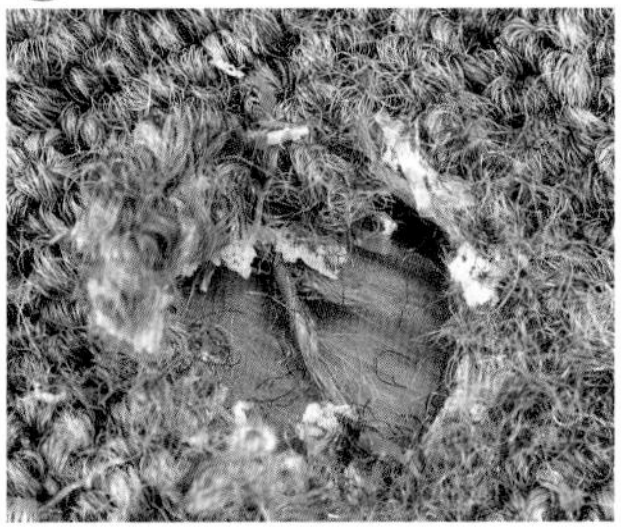

これは部分接着で固定したカーペット。穴があいて床が見える。フェルトグリッパー工法では、下にフェルトが見える

② 同じカーペットを用意する

同じ色柄のカーペットを、穴が隠れる大きさにカットし、ガムテープを四方に貼る。同じものがない場合は、家具の下など目立たない場所から切り取る

③ 2枚重ねて切る

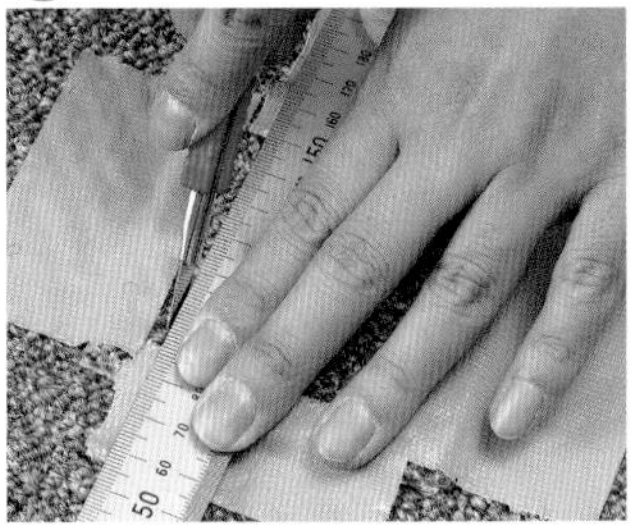

穴の上に②を重ねてガムテープで固定。定規をあてて2枚いっしょにカッターで切る。定規は幅が広い方が使いやすい。下地を傷つけたくない場合は、下にカッティングマットなどを敷く。切り取ったら、穴のあいたカーペットを取り除く

④ 両面テープを貼る

下地に両面テープを貼る。4辺をしっかり固定できるサイズを貼って、はく離紙をはがす

⑤ 切れ端をはめ込む

重ねて切ったものをはめ込み、手でしっかり押さえて密着させる。最後に境目の毛並みをブラシなどで整えれば完成

▶道具

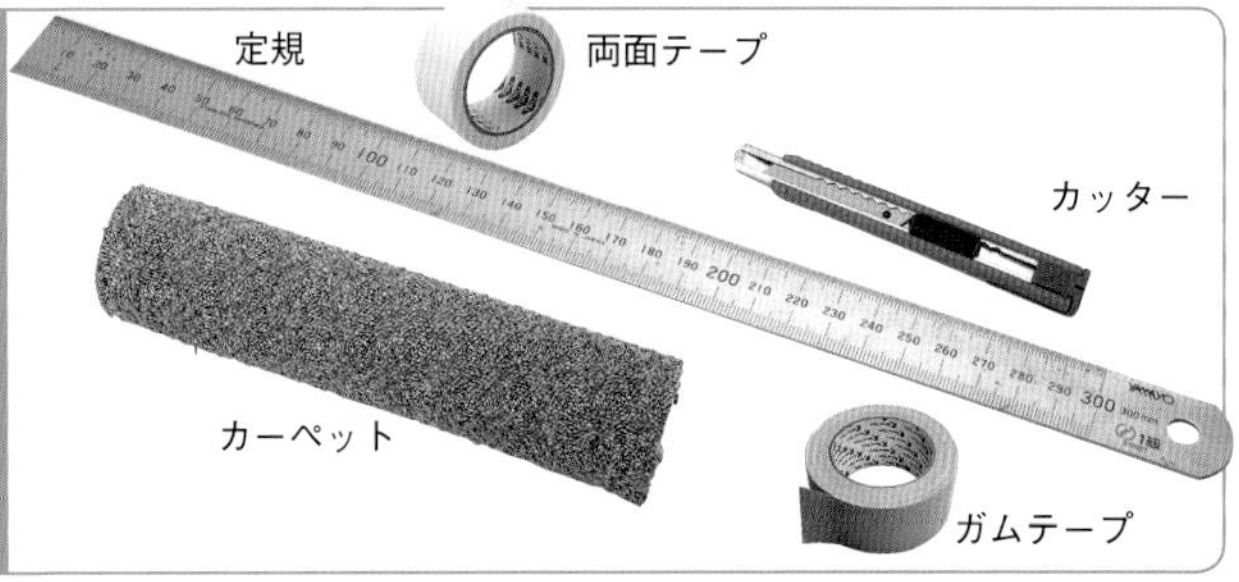

クッションフロアの簡単メンテナンス

速効メンテナンス 1 接着剤でめくれた部分を貼る

はがれてしまったクッションフロアは、時間が経つごとに硬くなって、貼り直しにくくなります。無理に貼っても、またはがれてしまいます。そんなときはドライヤーであたためる方法を。

1 貼る面を掃除する

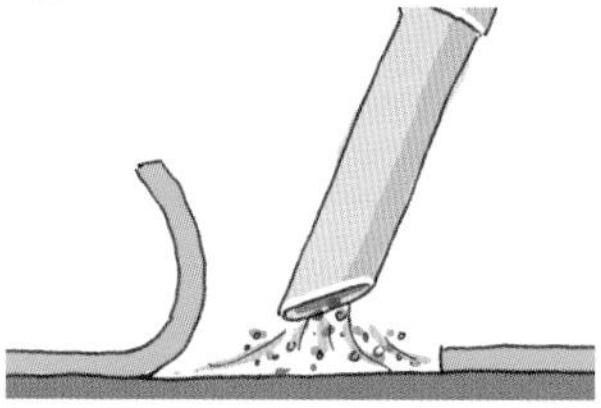

掃除機でめくれた面を掃除する

2 ドライヤーであたためる

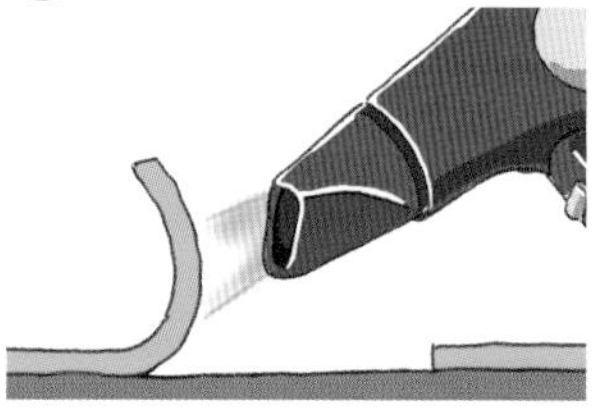

硬化したクッションフロアを貼りやすくするために、ドライヤーであたためて、柔らかくする

3 接着剤で貼る

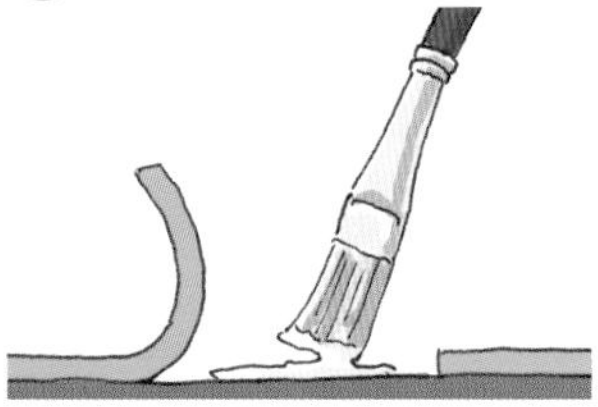

接着剤または両面テープで貼り合わせる。継ぎ目はシームシーラーでつなぎ合わせる

▶道具

シームシーラー

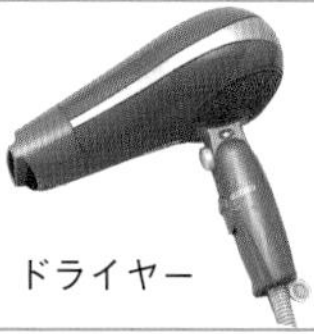

ドライヤー

接着剤

両面テープ

速効メンテナンス 2 部分張り替えをする

部分張り替えをするには、カーペットの補修で紹介したように、同柄の端材を用意し2枚重ねて切って、貼り合わせる方法が基本です。けれども木目などの場合は、それぞれサイズに合う部分を切り取って貼るほうが、よりきれいに補修できます。

▼道具

両面テープ

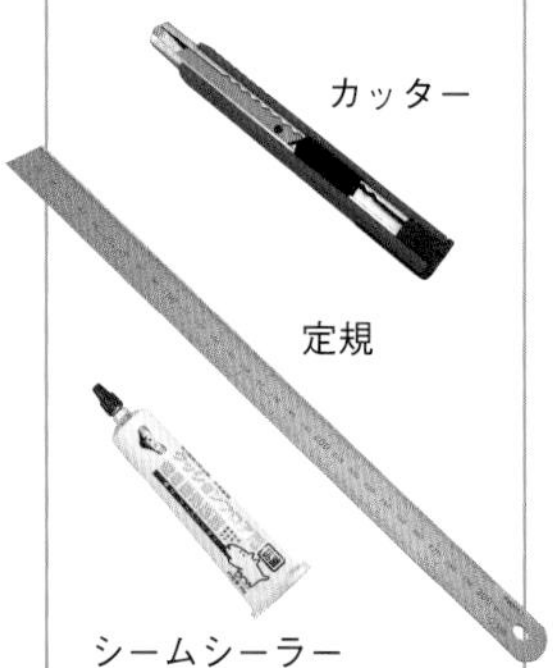

カッター

定規

シームシーラー

1 木目のクッションフロアのキズ

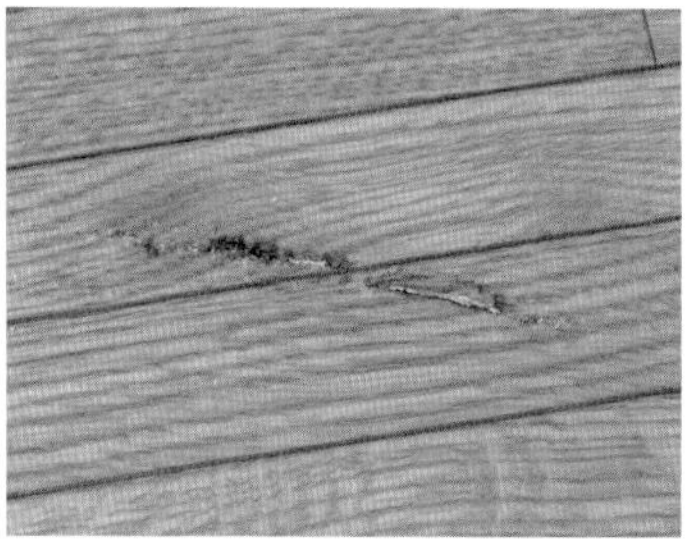

深くえぐれ、汚れが沈着している

2 キズ部分をカットする

キズのある面を、板目の模様に沿って切り取る。まっすぐ刃をあてて切るのがポイント

3 切り取った状態

板の模様に合わせて切り取ったら、サイズを測っておく。板の模様の幅や長さは、まちまちにプリントされているので注意！

4 端材をカットする

切り取った部分と同じサイズの板模様を探し、カットする

5 両面テープを貼る

すべての継ぎ目がしっかり貼れるように、下地に両面テープを貼る

部分張り替えの基本

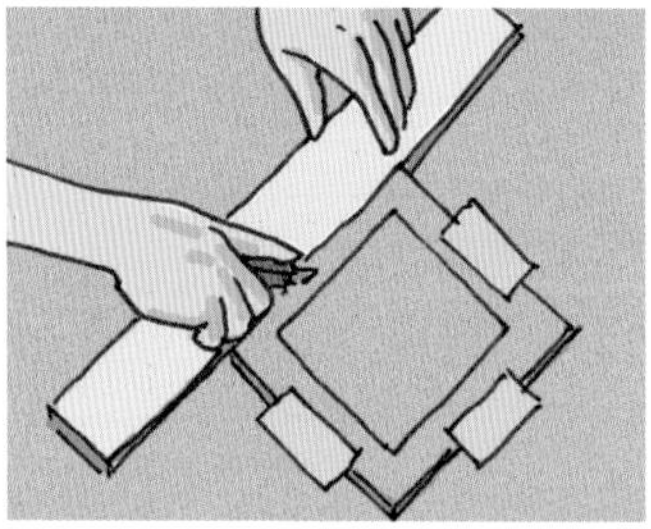

同じ色柄の端材を、穴が隠れる大きさにカットして重ね、ガムテープを四方に貼る。2枚重ねて切ったら端材を貼る

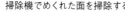

同柄のクッションフロアがない場合

異なる色柄のフロアカーペットでパッチワーク風を楽しむ

フロアカーペットの部分補修には、同じ色柄を使うのがベストですが、端材がない場合は、家具の下などの隠れる部分から切り取る方法もあります。また、あえて別柄を選んで床をデザインしても良いでしょう。

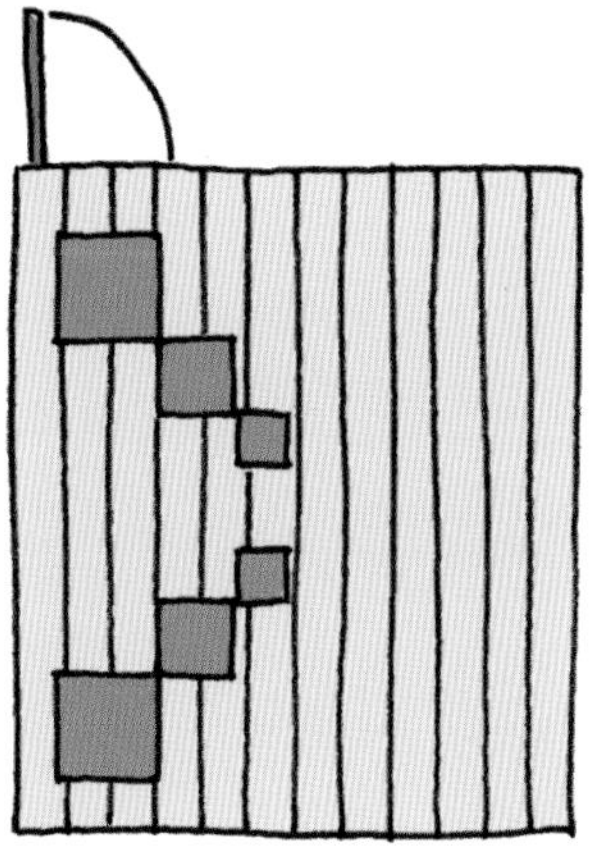

床の中ほどを部分補修する場合、一部分だけ別柄で補修すると目立ってしまう。部屋の中心から左右対称に床材を配置したり、大小の床材を並べて、パッチワーク風を楽しむ方法もある

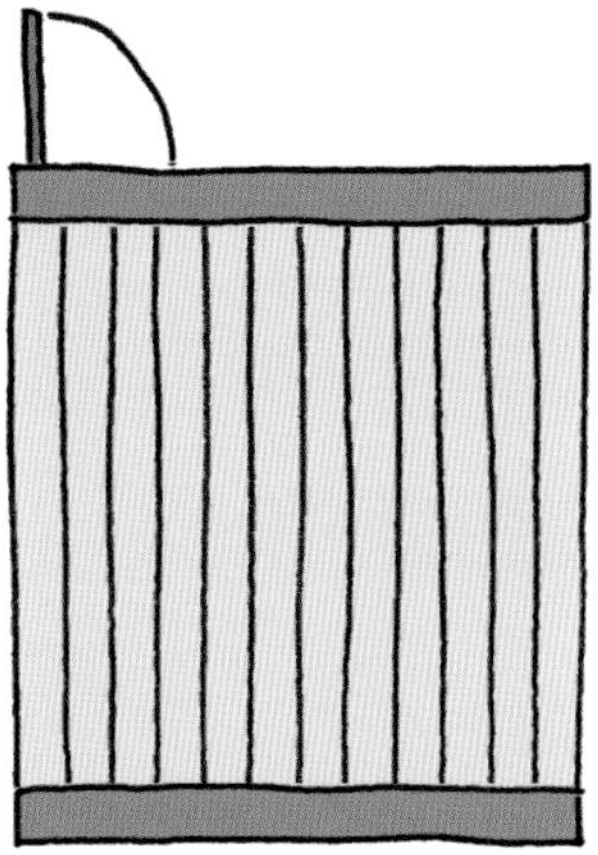

部屋の隅のほうを補修する場合は、床を縁取るように、異なる色柄の床材を張ると良い。イラストのように、一辺だけでなく、部屋の反対側にも張ると、全体のバランスが取りやすい

❼ 端材を貼る

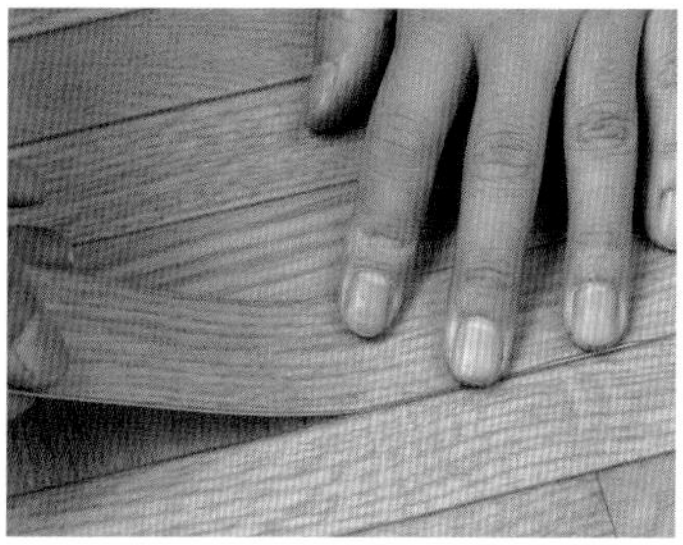

同じサイズに切り取った端材を、張り込む

❽ シームシーラーで溶着する

継ぎ目には、シームシーラーを塗って溶着させる。水やホコリが入らなくなる

❾ 完成

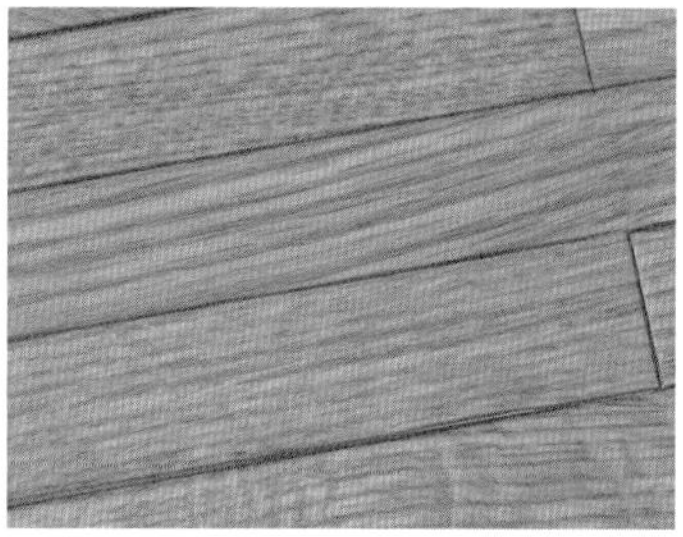

板の模様に沿って張り込んだので、継ぎ目はほとんどわからない。この方法は市松模様などの単純な模様に使える

Point

コーナーや凹凸部分の部分張り替えをするコツ

部屋の隅や柱などの出っ張りがある部分を補修する場合は、少々コツがいります。切り込みを入れたり型取りをして、よりきれいに仕上げましょう。

●コーナーの切り込み

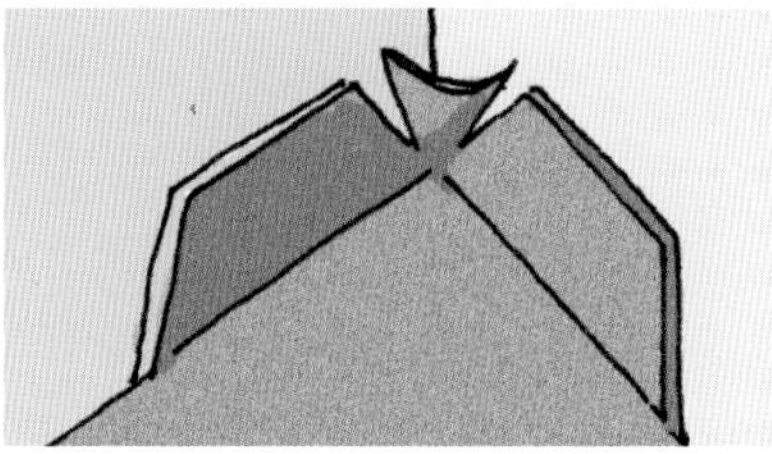

端材を大きめに切ってコーナーにあてる。ピンなどで角の印を付けてから、図のように切り込みを入れるとカットしやすくなる

●出っ張りのあるコーナー

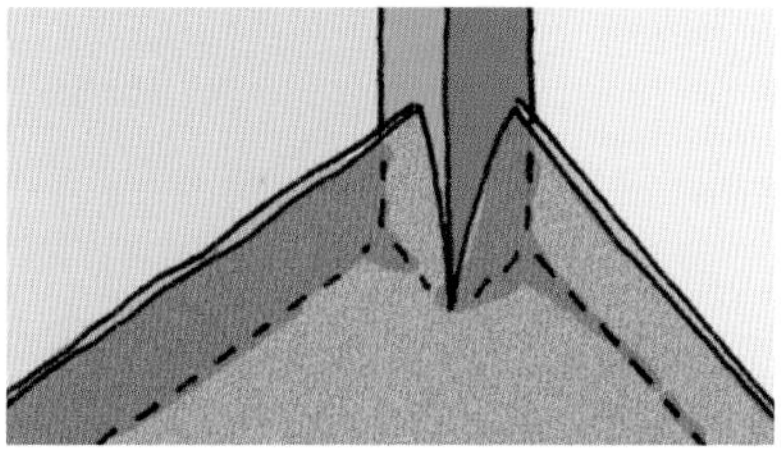

隅に柱がある場合、大きめにカットした端材に切り込みを入れる。ピンなどで角の印を付けながら折り目を付けるとカットしやすい

●凹凸部分の型取り方法

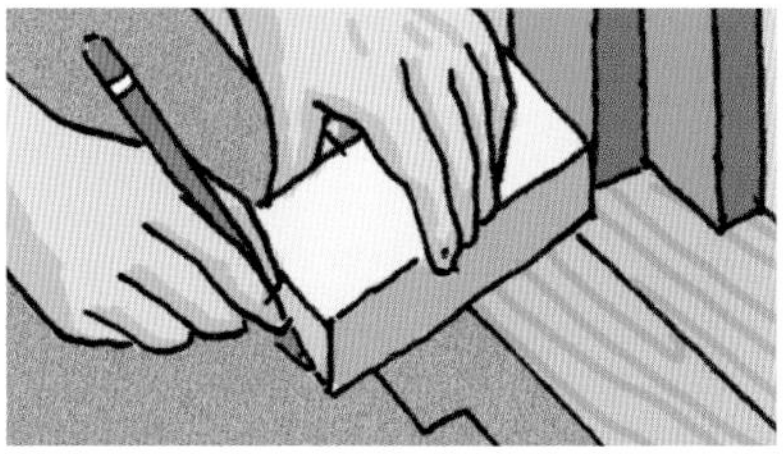

凹凸部分を型取りするときは、四角い木の板やブロックを使う。端材を壁から少し離して置き、凹凸に板を沿わせて線を引いていく

畳の簡単メンテナンス

速効メンテナンス 1 シミは付着物に合った方法で処理する

畳を汚してしまった場合は、それぞれに適切な方法で、すぐに処理することが大切です。油や油分を含んだ液体は、基本的に、粉に吸わせて取ります。

醤油

醤油をこぼしたときは、小麦粉やベビーパウダーなどをふりかけて吸い取らせる。そのあと掃除機をかけ、固く絞った布で拭き取る

クレヨン

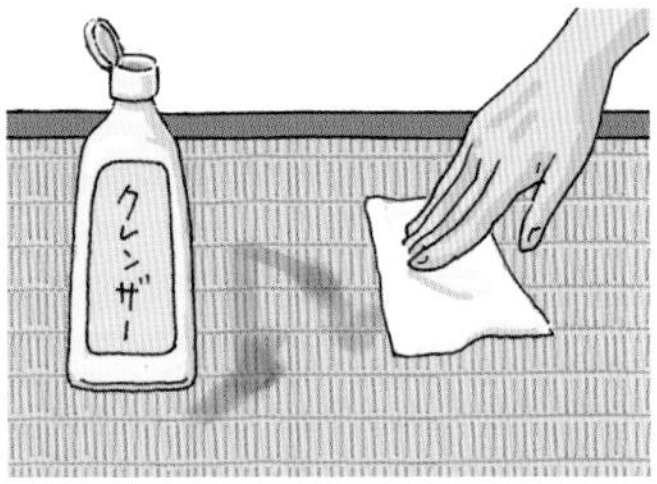

クレヨンにはクリームクレンザーを使用。乾いた布に少量付けて拭く。強くこすると畳の目に入ってしまうので、ていねいに拭き取る

インク

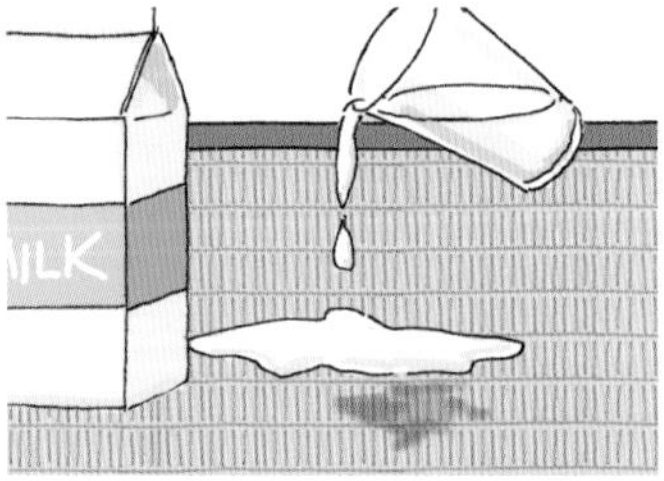

インクが付いてしまった場合は、牛乳で湿らせてから拭き取る。レモン汁を付けて、10倍に希釈した塩素酸ソーダで拭く方法もある

サインペン

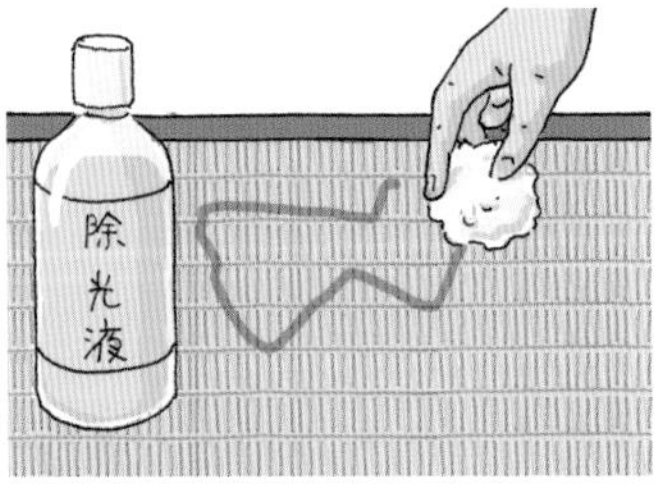

油性のサインペンの汚れは、マニキュアの除光液をティッシュに付けて拭く。水性のサインペンはクレンザーを付けて拭き取る

速効メンテナンス 2 アイロンをあてて凹みを直す

家具の跡が凹んでしまったら、アイロンで蒸らして、自然乾燥でゆっくり回復させます。畳に水気を使うときは、湿気がこもらないよう、必ず天気の良い日に行ってください。

凹みのある場所に固く絞った布を置く。上からアイロンをあてて蒸らす。窓を開けて風通しを良くして、自然乾燥させる

速効メンテナンス 3 日焼けは酢水で拭く

畳が日焼けして黄色く変色した部分は、酢水で拭くと、若干白くなります。汚れも落ちてきれいになりますが、水拭きするときは、必ず固く絞ってください。脱水機を使っても良いでしょう。

バケツにお湯を注ぎ、10～20%の酢を入れる。布を浸して固く絞ったら、日焼けした部分を、畳の目に沿って強く拭く。その後水拭き、乾拭きの順で仕上げる

速効メンテナンス 4 焦げ跡を補修する

焦げ跡を目立たなくするためには、黒く焦げた部分を削ります。削った後はささくれやすくなるので、接着剤を塗っておきましょう。ごく薄い焦げ跡ならオキシフルで漂白しても目立たなくなります。

① サンドペーパーで削り取る

240番のサンドペーパーを適当な大きさに切って、畳の目に沿って軽く擦る

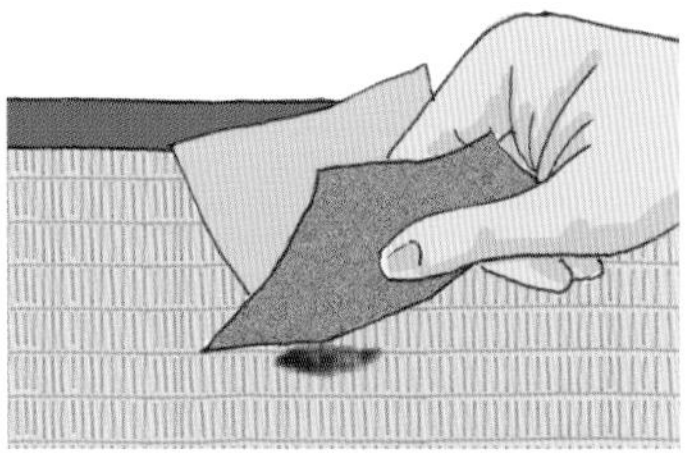

② 木工用接着剤を塗る

小皿に木工用接着剤を適量のせて、少量の水で溶く。削った部分に筆を使って塗り、乾燥させる

▶道具

筆　木工用接着剤　サンドペーパー

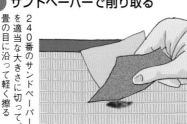

速効メンテナンス 5 目立つシミは畳シールで応急処置

畳の焦げ跡や、目立つシミなど、とにかく目立たないようにしたい場合は、畳目がプリントされたシールでカバーすることもできます。

▼道具

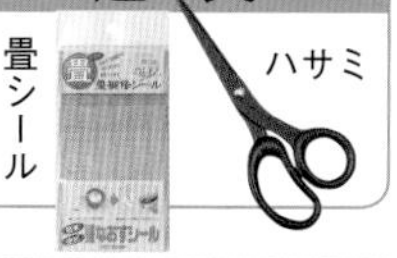

❶ 畳の色に合うものを選ぶ

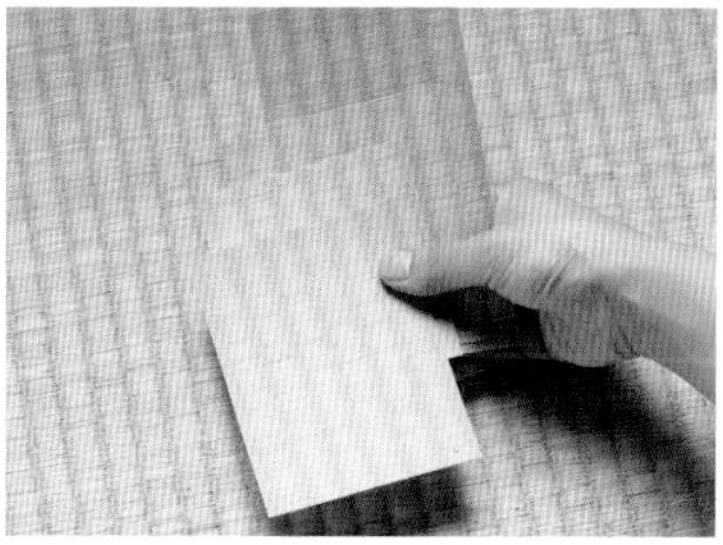

畳シールは、畳の色に合わせやすいように数色入っている。隠したい場所にシールを置いて、近い色を選ぶ

❷ シールをハサミで切る

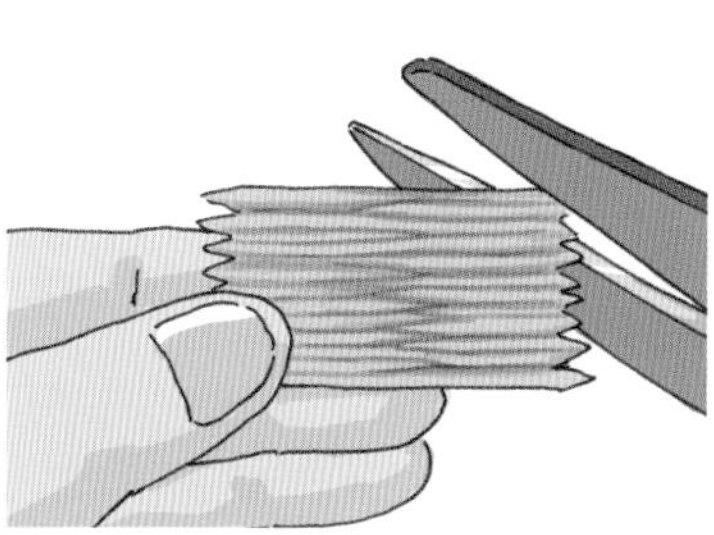

焦げ跡やシミが隠れるサイズに切る。端の部分はギザギザにカットするのがポイント

❸ シールを貼る

カットしたシールを畳に貼る。指で触ってしまうと、粘着力が低下するので、端のほうをつまむか、ピンセットを使って貼る

❹ シールを密着させる

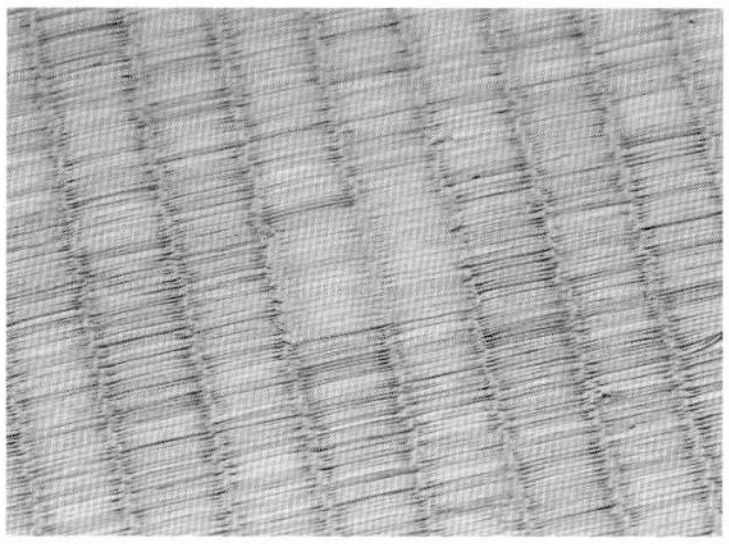

指先でシールを密着させれば完成。畳目はエンボス加工されているので、思いのほかきれいに仕上がる

速効メンテナンス 6 接着剤でささくれを補修する

畳の表面がささくれてしまったときは、早めに木工用接着剤を使って補修しておきましょう。放っておくと摩擦でささくれが広がってしまいます。なお、全体的にささくれが目立つ場合は、裏返しや表替えをする必要があります。

▼道具

❶ ささくれの状態

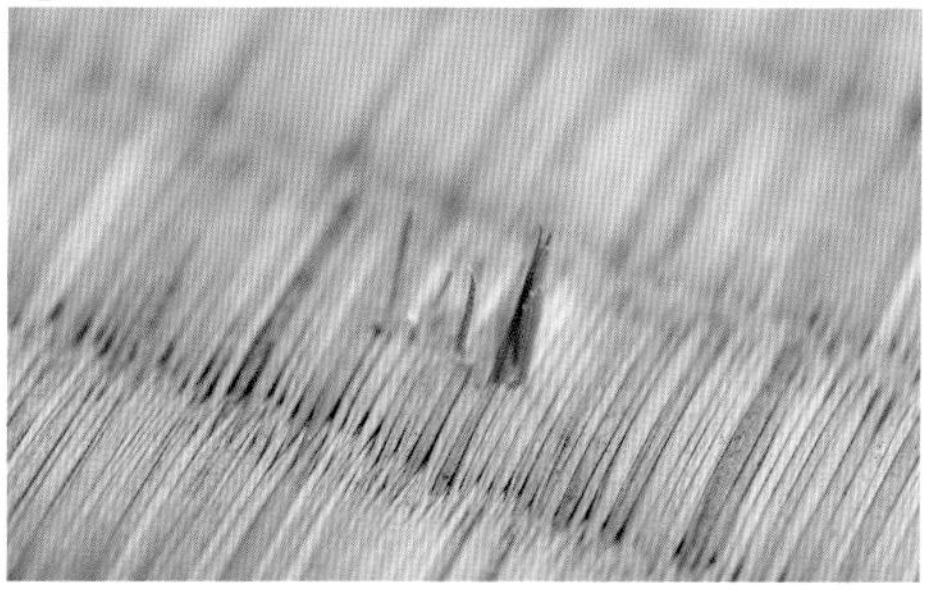

家具の移動による摩擦や、鋭利な部分でこすれてしまった場合、このようなささくれができる。ペットの爪もささくれやキズの原因になる

❷ 木工用接着剤を水で溶く

小皿に木工用接着剤を適量のせて、少量の水で溶く

❸ 筆で接着剤を塗る

削った部分に筆を使って接着剤を塗る

❹ 指先で押さえる

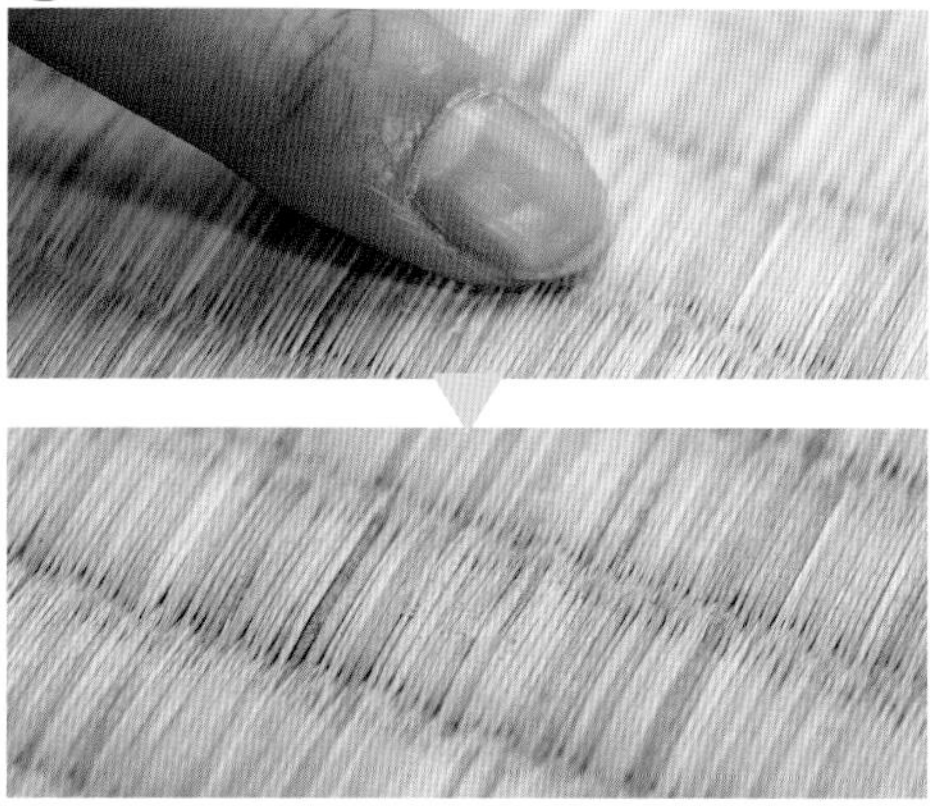

ささくれた部分を指先で押さえる。その後、乾燥させる。木工用接着剤は乾くと透明になる。少々ツヤが出るが目立つほどではない

01 クッションフロアを敷く

ふだんのお手入れがラクなのはやっぱりうれしい!

汚れに強いのが最大のポイント 型取りテープ施工なら簡単に

ひと昔前と違って、最近はフローリング柄など、おしゃれなタイプがたくさん登場しているクッションフロア。キッチンやサニタリーまわりには、サッと汚れが拭き取れるこうしたビニール系素材が便利。普通、ホームセンターでは数十m分を巻いた状態で売っているので必要な量だけ購入します（横幅は製品によって違うので注意。90～180㎝まであります）。施工は左で紹介している「型取りテープ」を使うのが最も簡単です。

普段のメンテナンスは水拭きで十分ですが、ときどき樹脂ワックスをかけると汚れがつきにくくなって美しいツヤが保てます。

▼道　具

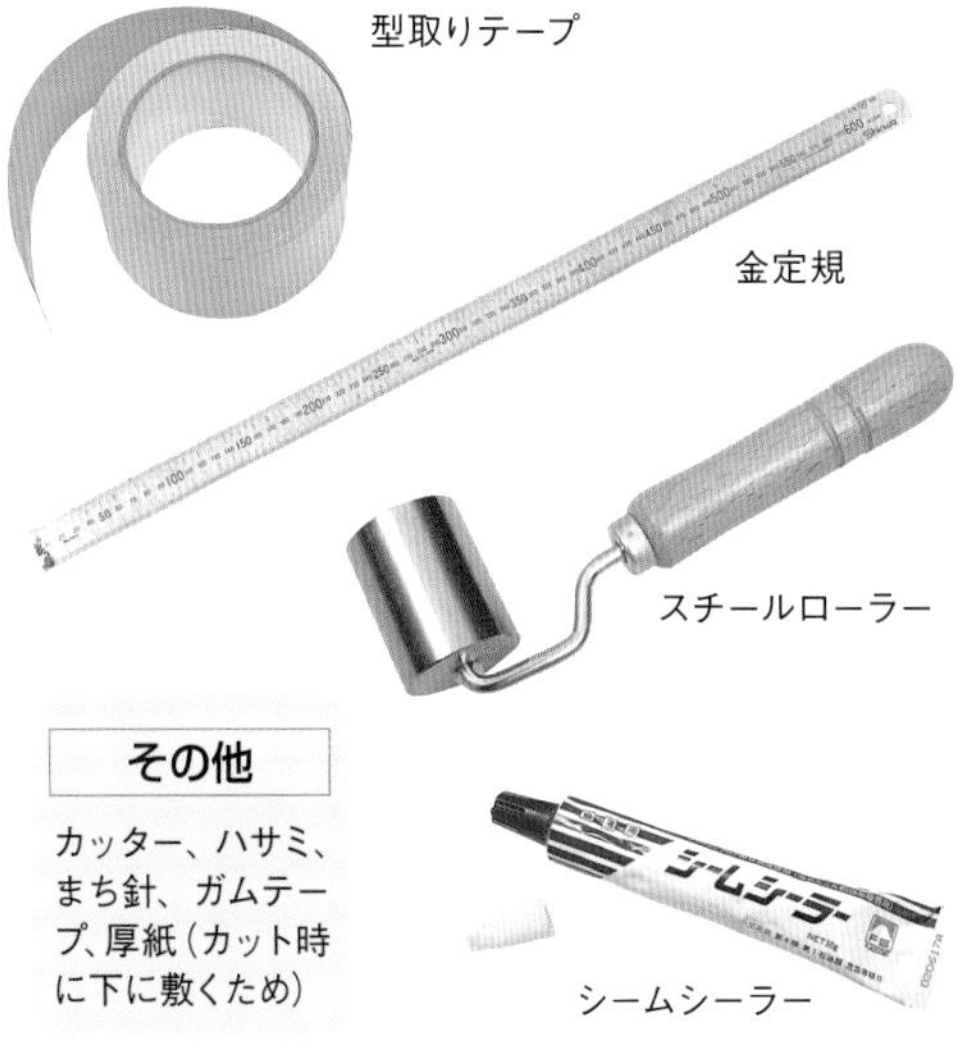

その他

カッター、ハサミ、まち針、ガムテープ、厚紙（カット時に下に敷くため）

▼DATA

コスト……………………

手間……………………

技術……………………

下準備をする

01 部屋の見取り図から必要量を算出

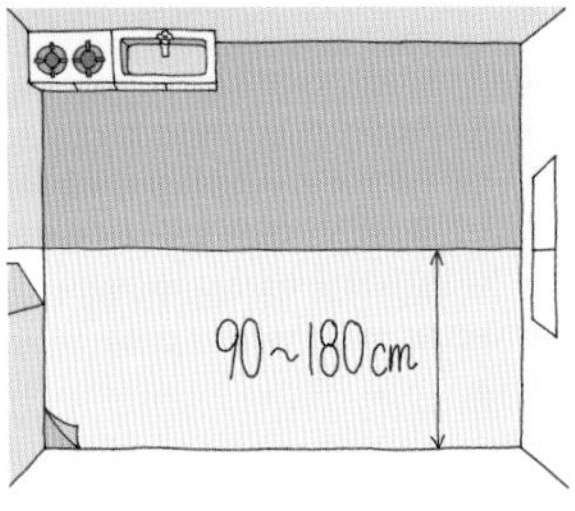

見取り図から必要量を出す。幅は製品によって90～180㎝まであるので注意

02 壁際に型取りテープを貼る

床面を掃除。A（イラスト下）の紙だけをはがして壁際に型取りテープを貼る

壁際にすき間ができないように貼る

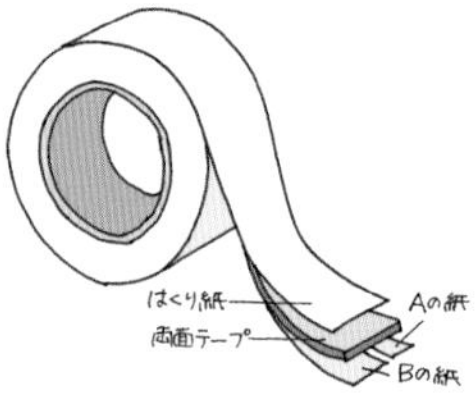

専用型取りテープの構造は右の通り。ホームセンターで購入できる

クッションフロアを敷く

03 クッションフロアを仮置きする

クッションフロアを床に仮置きする。実寸よりも10㎝程度余分に購入するのが通常。写真下のように余り部分が出るはず

Point 出隅と入り隅収め方のコツ

床材を仮置きした後、出隅・入り隅ともに、角に向かって斜めにハサミで切り込みを入れる。あとは同様に型取りをして、余分な部分をカットし、貼りつけるだけ

04 押しつけてテープで型を取る

02で壁際に貼った型取りテープのはくり紙をはがし（Bの紙はそのまま）、その上から仮置きしたクッションフロアを押しつけて型取りする

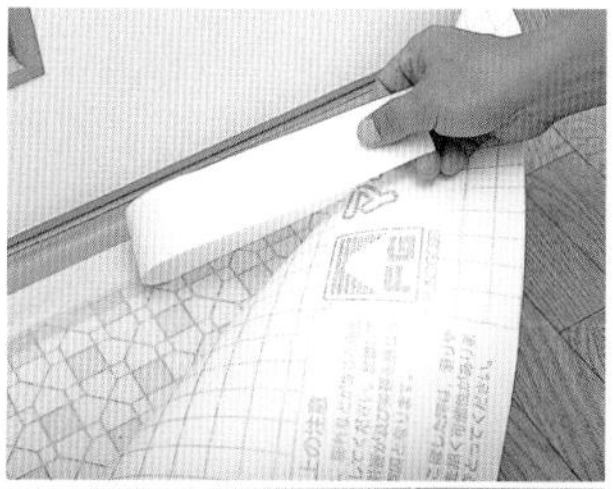

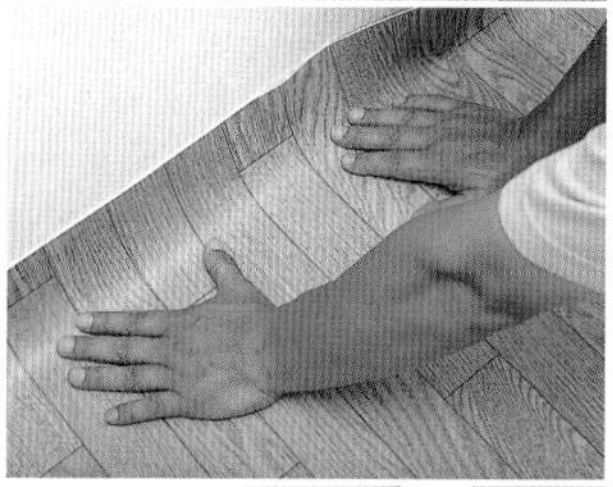

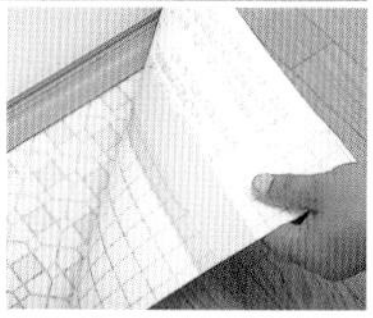

写真右の様にテープがクッションフロアに貼り付いた状態となる

05 余り分を切り落とす

床材をいったんはがし、テープに沿って余分な部分を切り取る

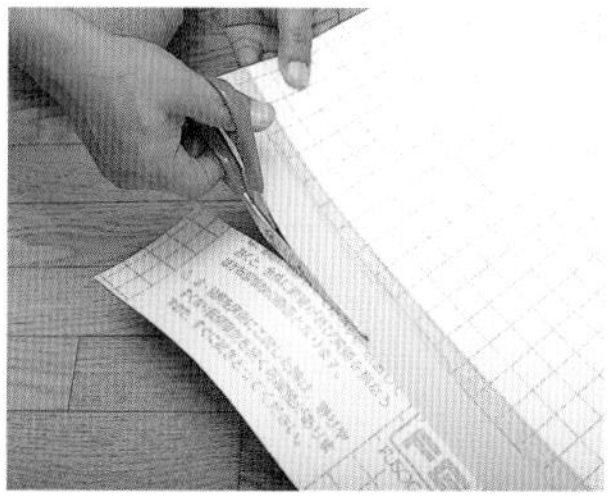

06 テープBをはがしてクッションフロアを本貼り

余分な部分をすべて切り終えたら、テープのBの紙（02のイラスト参照）をはがし、壁にピッタリと合わせて本貼りする

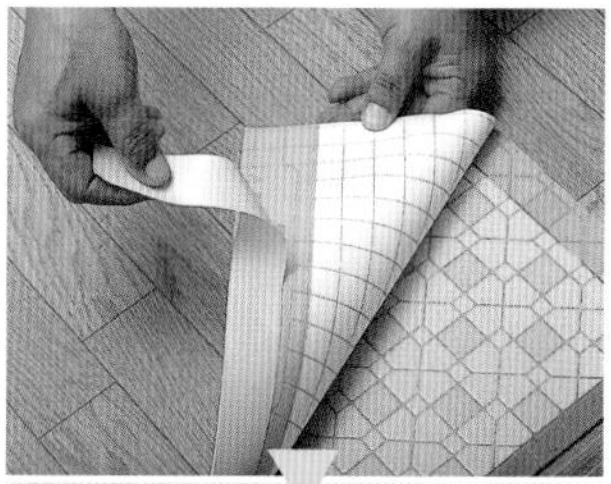

07 2枚目は柄合わせをして重ねる

2枚目を敷く場合は、写真右の様に1枚目との柄をしっかり合わせながら重ね置く。テープなどで止め、ピンを垂直に刺して柄が同じ位置にあるか確認するといい

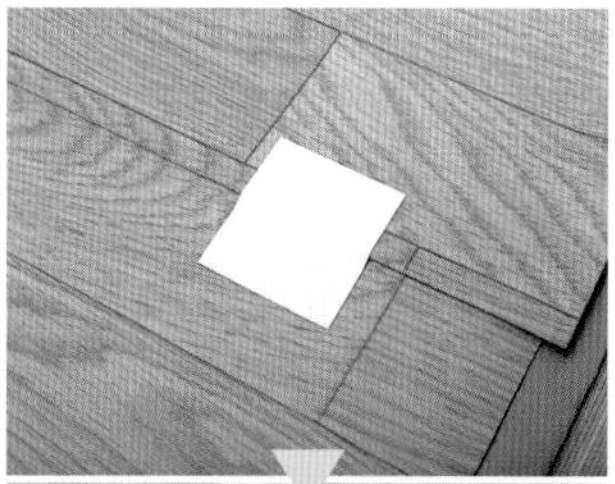

08 重なり部分を切る

2枚が重なった部分の真ん中に定規を当て、カッターで2枚を一緒に切る

09 継ぎ目となる部分にテープを貼る

継ぎ目の真下となる床面に型取りテープを貼る。AとBをはがして床材を貼る

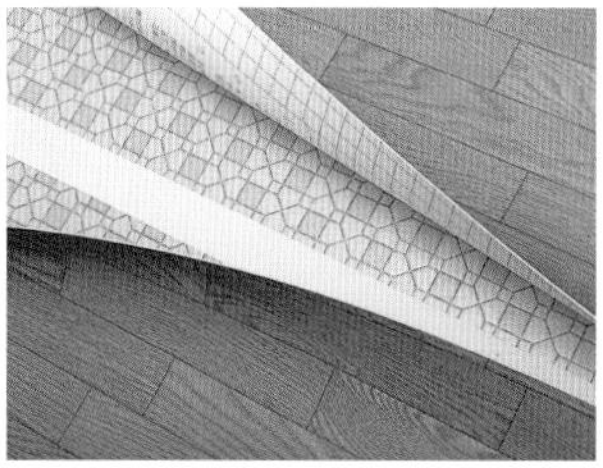

10 スチールローラーで圧着

継ぎ目の上からスチールローラーを当て、押しつけて圧着する

11 シームシーラーですき間を埋める

シームシーラーで継ぎ目のすき間をふさぎ、シーラーが乾いたら完成

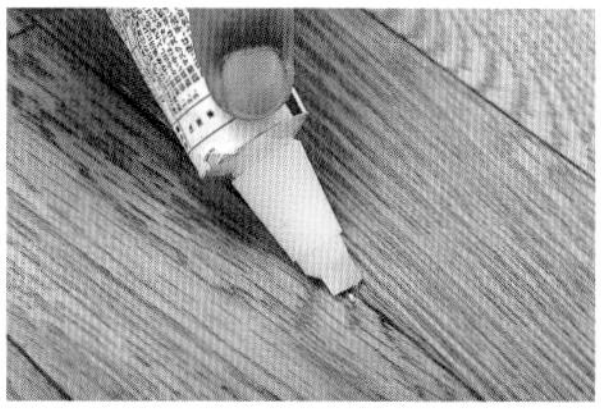

Catalog DIYリフォームにおすすめのクッションフロア

キッチンやサニタリーに最適

富双合成／マイフロアシリーズ

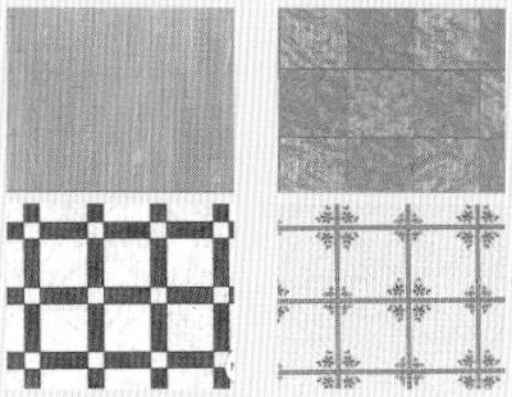

水や汚れに非常に強いのが特長。キッチンやサニタリー、トイレなどに向いている。色柄の種類も豊富。

02 カーペットタイルを敷く

並べて敷くだけの簡単床材で快速リフォーム

自在なアレンジが可能 お手軽床材NO.1

部屋のイメージチェンジはしたい。でもわざわざ床材を替えるのはちょっと面倒……。そんなときはカーペットタイルがおすすめ。部屋の真ん中にアクセントとして何枚か敷くだけでも部屋の雰囲気をガラリと変えてくれます。しかも大がかりな家具の移動もせずに模様替えができるのはウレシイ限り。

カーペットタイルは色柄のバリエーションも豊富。単色を敷きつめるだけでなく、たとえば濃い色と薄い色を交互に敷きつめれば市松柄に。右上の写真のように、色数を増やせば自分だけのオリジナルカーペットも創り出せます。

施工道具はカッターナイフと専用滑り止めテープ。目地に気をつけて順番に敷いていくだけです。テープ止めできる床（フローリングなど）であればどんな部屋でも敷けますが、カーペットなのでやはりキッチンなどの水まわりは避けたほうが無難。洗濯機で丸洗いができるし、汚れがひどければ部分的に張り替えればOKと、フトコロへのやさしさも魅力です！

Point

組み合わせ方でオリジナル模様も！

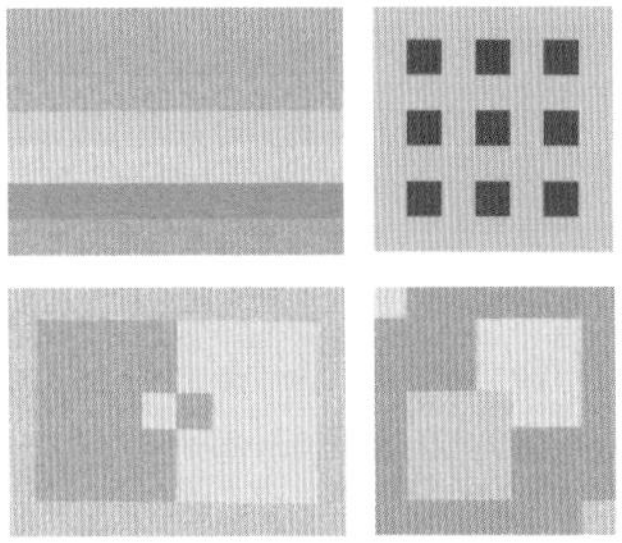

敷き方を工夫すれば、こんな幾何学模様も。正方形のものをただ敷きつめるだけでなく、たとえば対角線で切って三角形にしたり、半分に切って長方形にしたりすればいろいろなデザインが楽しめる。自分だけのオリジナル模様に挑戦してみては？

▼道 具

滑り止めテープ

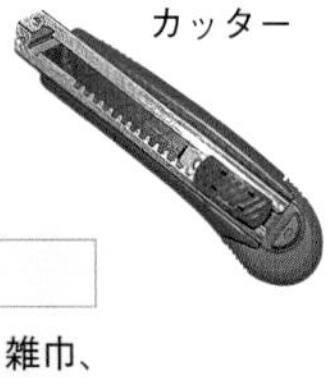

カッター

その他

ハサミ、中性洗剤、雑巾、段ボールなどの厚紙

▼DATA

コスト……………………

手間……………………

技術……………………

下準備をする

01 床の掃除をする

まずはゴミを取り除き、床面の掃除をする。フローリングなどの場合は中性洗剤できれいに拭いておこう。埃がたまった上に敷くと滑ってしまう。作業の邪魔になる家具があれば移動させておくこと

02 タイルを準備する

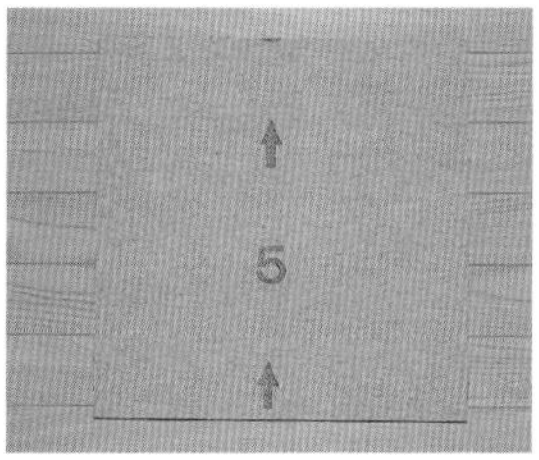

必要枚数を準備する。裏面に記されているタイルの向きを確認しておくこと

敷き方は2パターン 流し貼りと市松貼り 重要

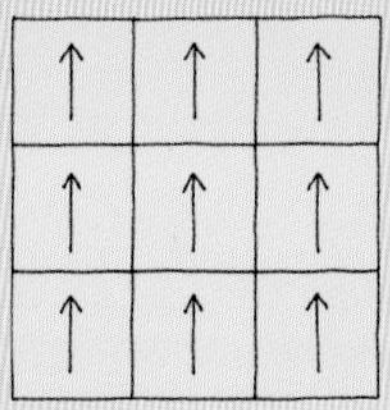

流し貼り

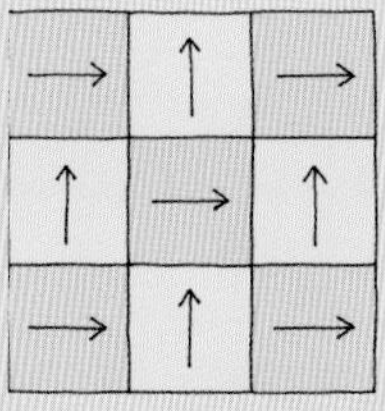

市松貼り

カーペットタイルには目地に方向性がある。裏面に記された矢印を同一方向に揃えて並べるか（流し貼り・上）、縦横交互に並べる（市松貼り・下）。バラバラだと統一感が出ない

カーペットタイルを敷く

03 両面テープを裏に貼る

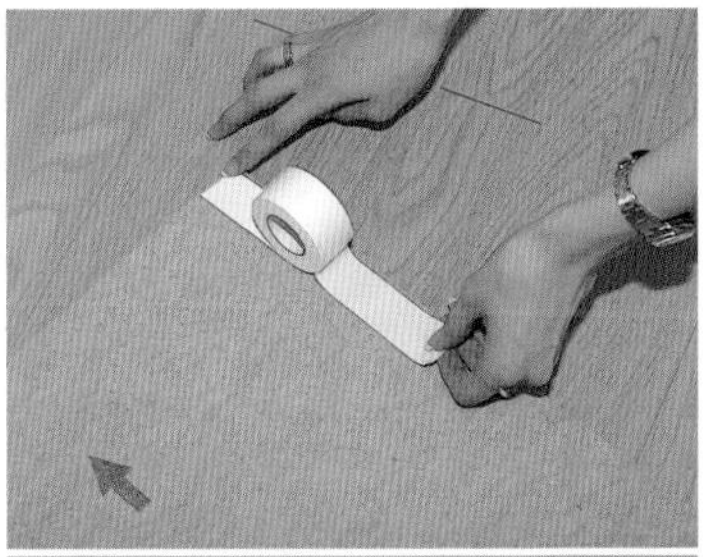

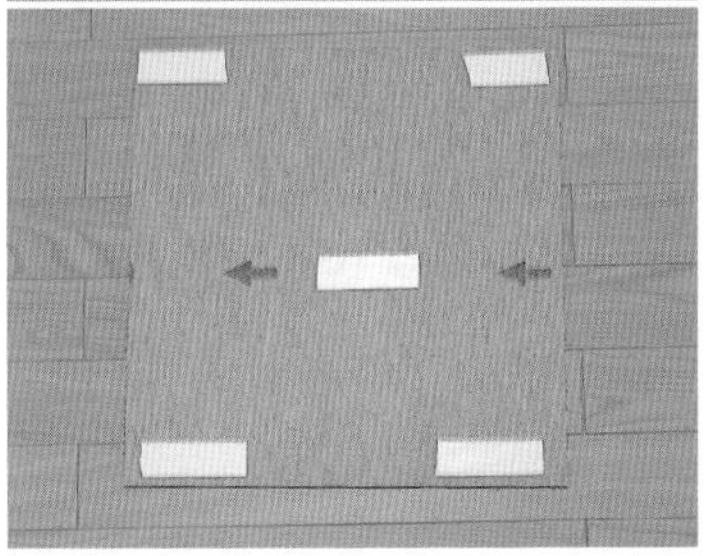

滑り止めテープをタイルの裏面に貼る。このとき、粘着力の強い面がタイル側になるように貼ること。写真のように四隅と真ん中に貼ればOK。（注・裏がゴム質や、滑り止め加工済みであればテープは不要）

04 隅を合わせながら敷く

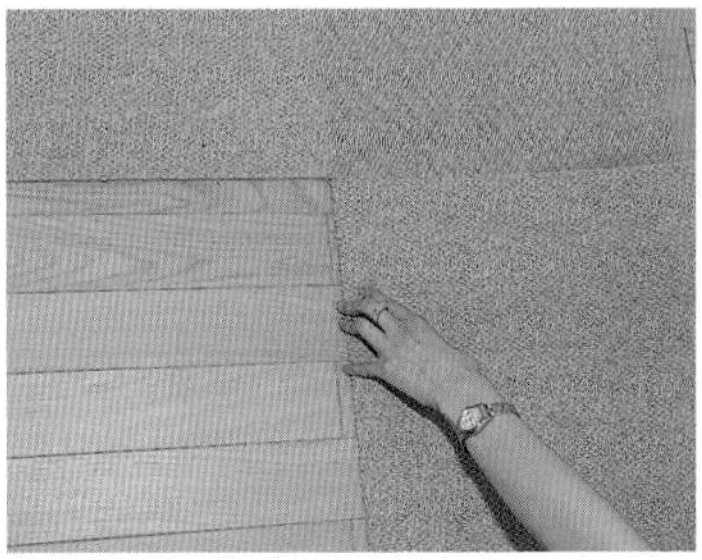

隣接するカーペットタイルの隅と隅を合わせ、すき間のないようにして敷いていく

Point

床全体に敷きつめる場合

床の一部分ではなく、全体に敷きつめる場合の手順は以下の通り。タイルの厚みを考え、敷居の高さやドア下のすき間に充分な高さがあるか確認しておくこと

①部屋の中心から敷き始める

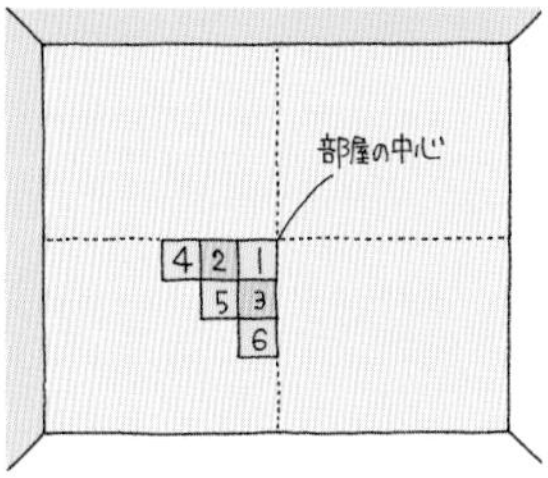

採寸して部屋の中心を割り出す。中心点から壁に向かって、図のような順番で敷いていく。壁際とのすき間を残し、床全体に敷きつめる

②カットして壁とのすき間を埋める

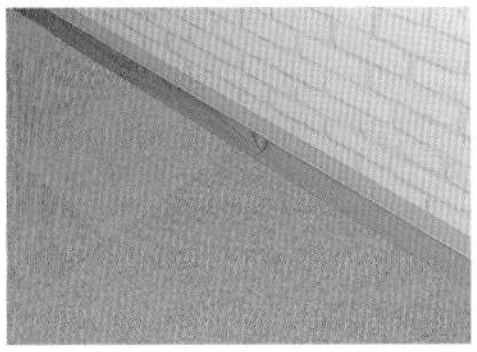

敷きつめていくと、壁際に写真のようにすき間が生まれる

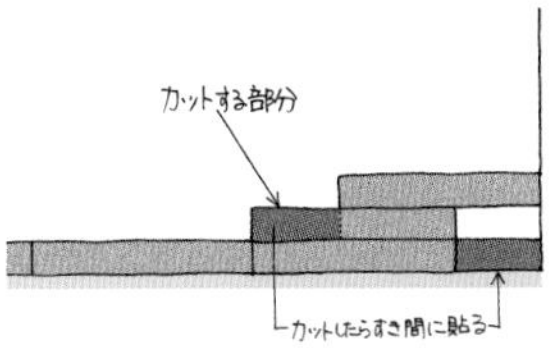

壁とのすき間は、図のようにカットした部分を埋める。一番上のタイルを定規代わりに当ててカットすれば、すき間にぴたりと収まる

Catalog DIYリフォームにおすすめのカーペットタイル

ビビッドなカラーリングで明るい雰囲気に
東リ／アタック250

ピンク、パープル、イエローなど、鮮やかな色調を揃えたシリーズ。全12色。

部屋をナチュラルイメージに
東リ／アタック400

さらりとした独特の肌触りが特徴。ブラウン系、グリーン系など、アースカラーを揃えた全8色。

扱いやすい40cm角 洗濯機でも洗える手軽なタイル
サンゲツ／ファミタ100

遮音性能が高く、フローリング床に敷くのに最適。

商品のデータは取材時のものです。商品によっては価格変更や廃番になっている場合があります。

After

Before

03 フローリング材を敷く

古くなった床もあっという間にリフレッシュ

両面テープだから張り替えもラクラク DIY初心者でも安心のパネルタイプ

一般的にフローリングの張り替えというと、やはり古い床材をはがして、下地処理をしたり、床の高さを揃えたりと、何かと下準備が大変で、素人が手を出すのはかなり難しいもの。普通は専門の業者に施工を任せてしまうものですが、うれしいことにDIYで施工できるタイプも売られています。フローリングやPタイル、合板などの上にそのまま張り付けたり、敷いたりすることができるタイプのフローリング材で、それほど手間もかかりません（クッション性の高い畳やカーペットなどの上には適してません）。

中でも、両面テープとカッターで仕上げられるパネルタイプのフローリング材は、手軽に施工できるのでDIY初心者にもおすすめ。クギも電動工具も使用しないので、大きな音を出さずに作業ができ、隣近所への迷惑を心配することもありません。実作業での最大のポイントは、パネルの置き方（割り付け）を明確にする、ジョイントの部分（さね）をきちんと組み合わせる、の2つ。また、このような床に重ねて張るフローリング材の場合、僅かですが床の高さがアップします。製品によっては「ドアが開けられなくなった！」なんてこともあるかもしれないので床高は必ずチェックしてから作業を始めてください。

▼道　具

あると便利！

墨つぼ

フローリング材を張るための基準線を引く道具

両面テープ（専用）

カッター

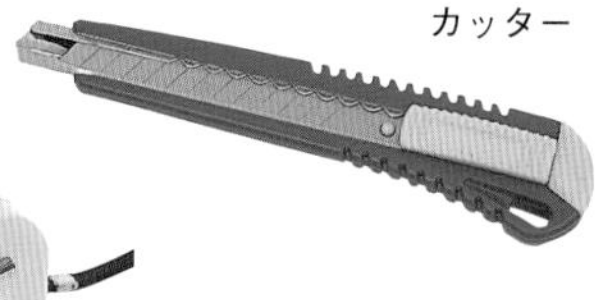

メジャー

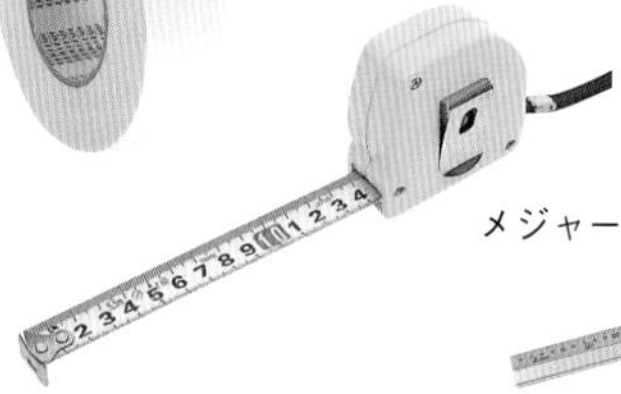

定規

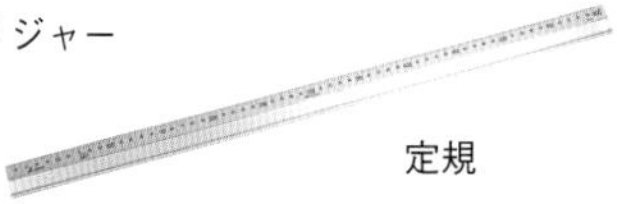

▼DATA

コスト……………………… ¥¥¥

手間………………………

技術………………………

下準備をする

01 下地を掃除する

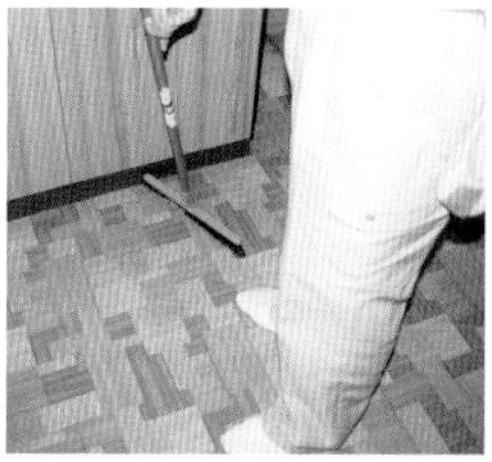

下地となる床のゴミ・ホコリは完全に取り除く。ワックスを使用している場合は市販の除去剤で除去する

Point
段差やでこぼこは確実に処理する

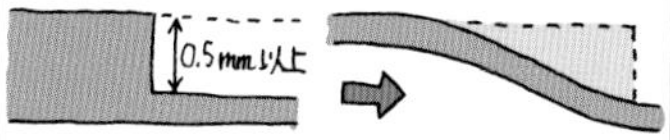

下地に段差がある場合、ヤスリなどで0.5mm以下に調整する。高い方を確実に削り平らにする

フローリング材を張る

02 フローリング材を張る位置を決める基準線を引く

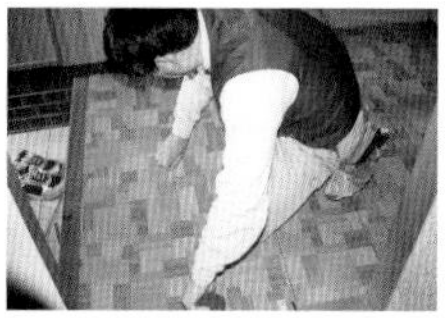

メジャーや、定規（または墨つぼ）を使って、下地に基準線を引く。線の間隔は150mm

Point
部屋に応じて張る方向を決める

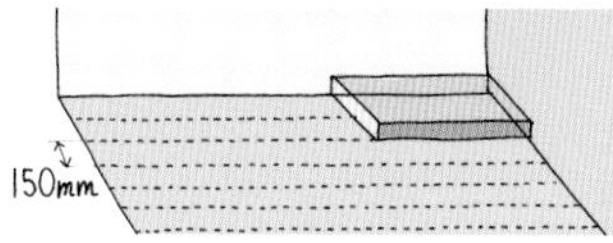

長方形の部屋では部屋の長辺に合わせてフローリング材の長辺を並べるときれいになる。基準線も長辺に合わせて引く

03 フローリング材を加工する

カッターで端に張る部分を切る。レンガ張りなので切るサイズは1/2サイズのみ。張り終わりの部分は仮並べの後、サイズを測って切断

Point
張り方の基本はレンガ張り

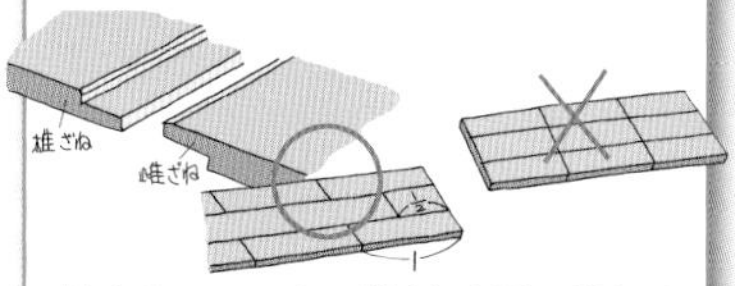

基本はフローリング材を交互に重ねるレンガ張り。張りはじめは右上からで、雄ざねが手前なるように張る

04 仮並べをする

実際に張るようにフローリング材を並べてみる。不具合があったら修正し、なければもう一度掃除をする

05 下地にテープを張る

基準線に合わせ150mm間隔で両面テープを張る。テープを張り終えるまでテープのもう片面ははがさない

Point
両面テープの張り方

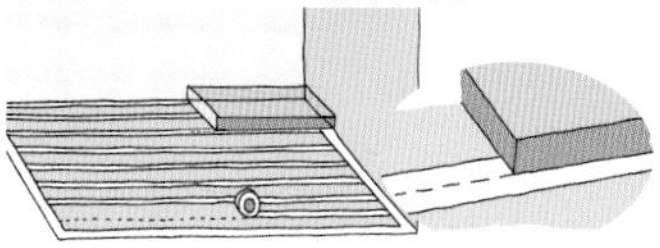

フローリング材を張る場所の外周すべてに両面テープを張る。次に基準線が両面テープの中央に来るようにテープを奥から順番に張ってゆく

06 隅から順に張ってゆく

両面テープをはがし、右隅から仮並べした位置通りに、順次フローリング材を張っていく。テープは張る部分だけはがしていく

Point
張り出しと合わせ目に気をつけよう

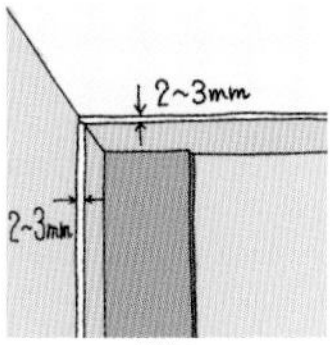

時間や温度によって生ずるズレを吸収するために巾木から2～3mm離して張る。2～3mm厚の板を添えると正確に張れる

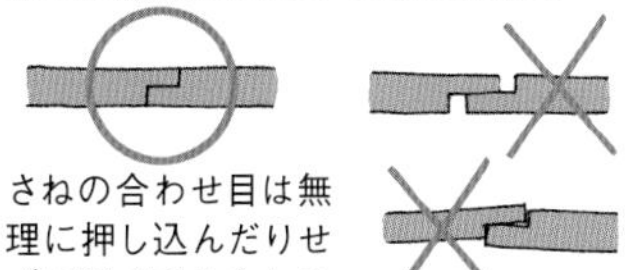

さねの合わせ目は無理に押し込んだりせずに軽く突き合わせるといい。さねの間が空いたり重なり過ぎたりすると不具合の原因になる

Catalog DIYリフォームにおすすめのフローリング材

敷くだけでさわやかな風情漂う
上田敷物工場／UV 竹タイル

洗面、脱衣所からリビングまで幅広く利用できる竹の床材

水まわりのフローリングにはキッチンシリーズが最適
南海プライウッド／リフォームキッチンシリーズ
(3×303×900mm)

耐水性に優れ、水や汚れに強いキッチン用フローリング材。V溝が水はけに威力を発揮

床の上に直接張れるリフォーム専用の高品質フローリング材
南海プライウッド／リフォームシリーズA･Bタイプ
(3×303×900mm)

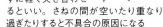

耐久性抜群で熱や摩耗に強さを発揮。Aは裏溝加工、Bは裏面が両面テープのタイプ

04 天然素材の床材を敷く

素足が気持ちいい脱衣所に

湿気のある場所には乾きやすい自然派素材を

洗面・脱衣所の床は、湿気や水滴がたまったり、髪の毛が落ちたりしやすく、清潔に保つのに気を遣う箇所です。使い勝手を考えて、ビニール床材を使用している家が多いのですが、歩いたときの感触がいい、天然素材の床材もおすすめです。今回紹介するのは竹製の置き敷きタイル。

　床材を替えるというと、大がかりになることが多いのですが、この置き敷きタイルは接着剤ナシ、ユニットを連結させて敷き詰めるだけでOK。クッションフロアなどの上に置くだけという、超カンタン床材です。

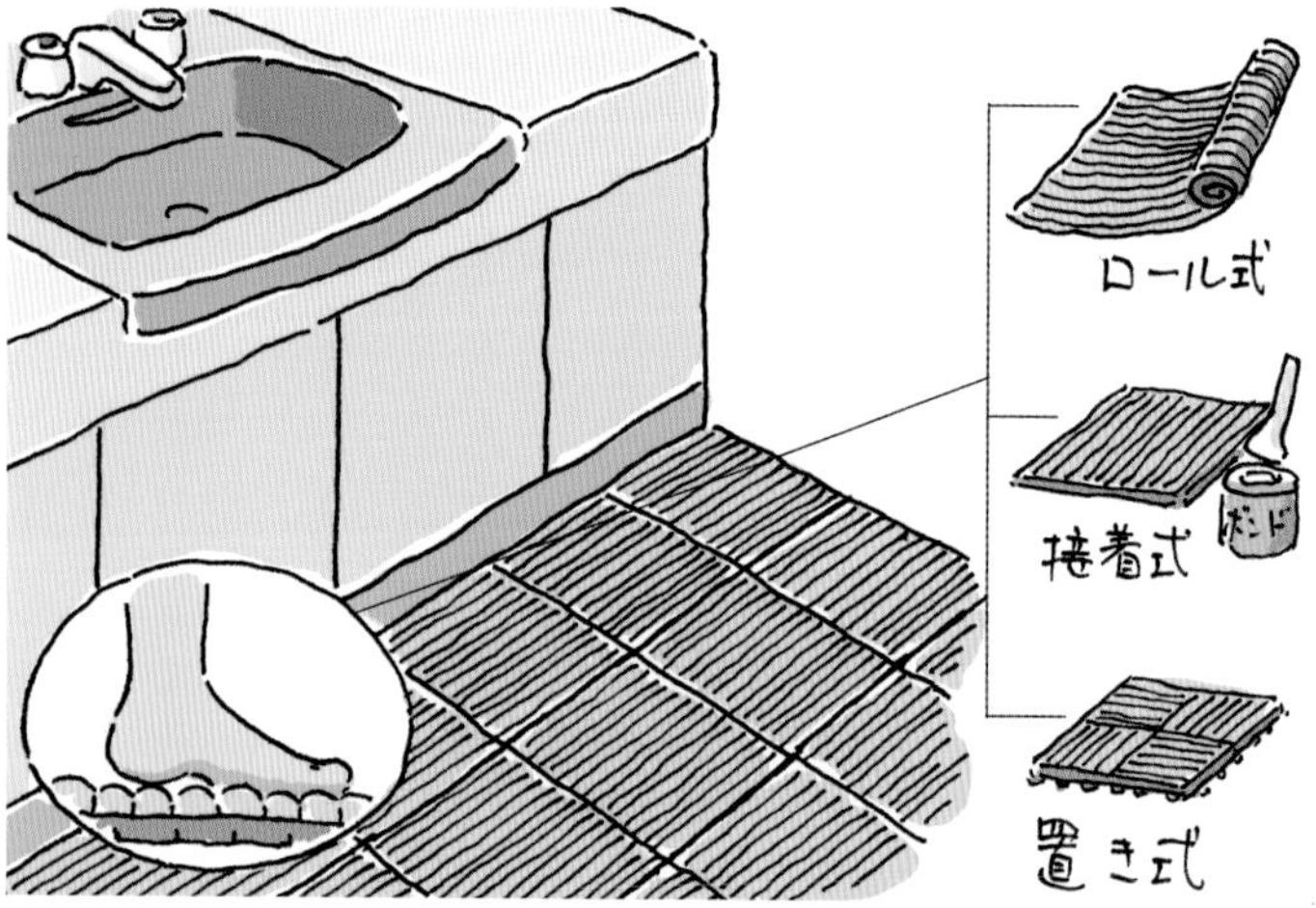

▼DATA

コスト…………………… ¥¥¥¥

手間……………………

技術……………………

▼道　具

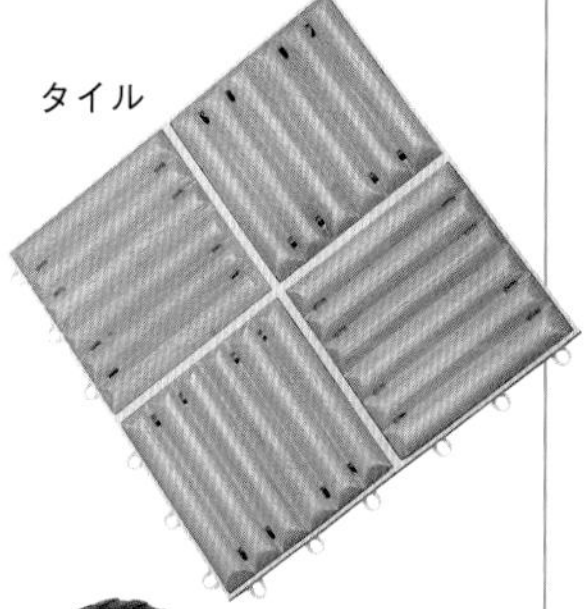

タイル

メジャー

01 床のサイズを測る

まずは床面の縦横のサイズを測り、どのように配置するか決める。スノコユニットは30㎝角なので、並び方を決め、壁に当たる不必要なユニットパーツ部分を切り落としておく（パーツがあると壁との間にすき間ができてしまう）

02 ジョイントをはめて敷く

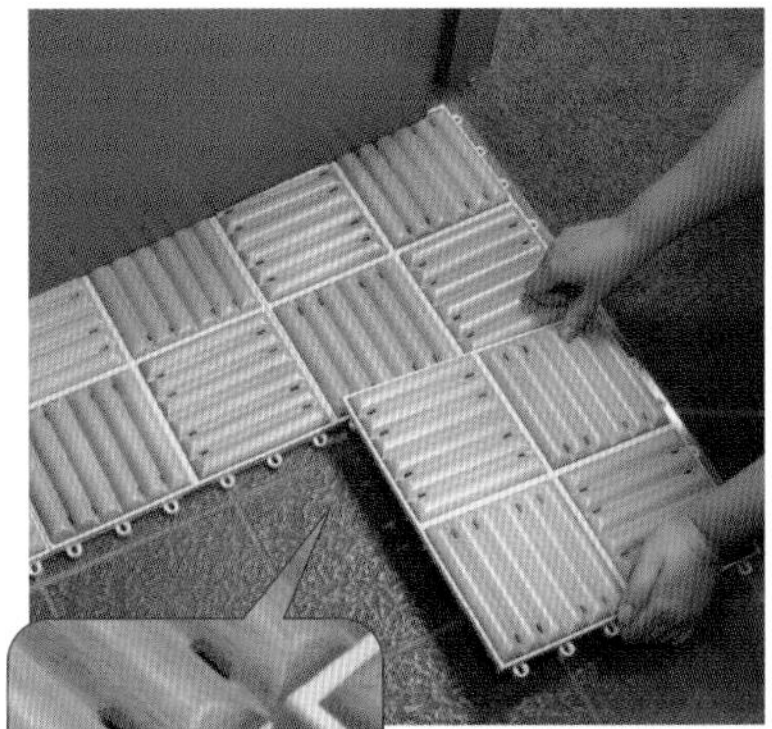

タイルを並べて敷く。隣り合うタイル同士は、ユニットパーツ部分で連結させる。タイルを敷き詰めたら完成

Point

置き敷きタイプの場合は敷き詰めるだけ！

ユニットで連結しないで、置くだけでOKというタイルもあります。裏面がすべりにくいゴム素材なので、接着剤などで直接床に貼らなくても、ずれたり動いたりしない床にすることができます

① サイズが合わない場合は切る

洗面所のサイズを測り、タイルの寸法に合わない部分は切る

② 端から敷き込む

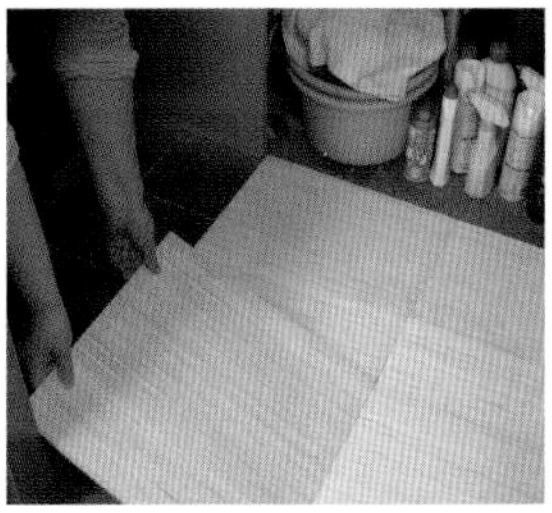

ずれないよう、端からぴたりと敷き込んでいくのがコツ

③ 完成

すき間なく敷いたら完成。接着していないので、貼り替えも簡単

おすすめDIY素材

水はけのよいユニット式！

桐　健康スノコ／上田敷物工場

湿気に強く、通気性に富んだタイル。表面のソフトな凸凹が、足の裏に気持ちイイ刺激

足の裏にも気持ちいい

スモークラタン　ピタタイルD／上田敷物工場

裏面が天然ゴムなので、接着剤を使わないで敷くことが可能。さらっとした足触りのいい床に

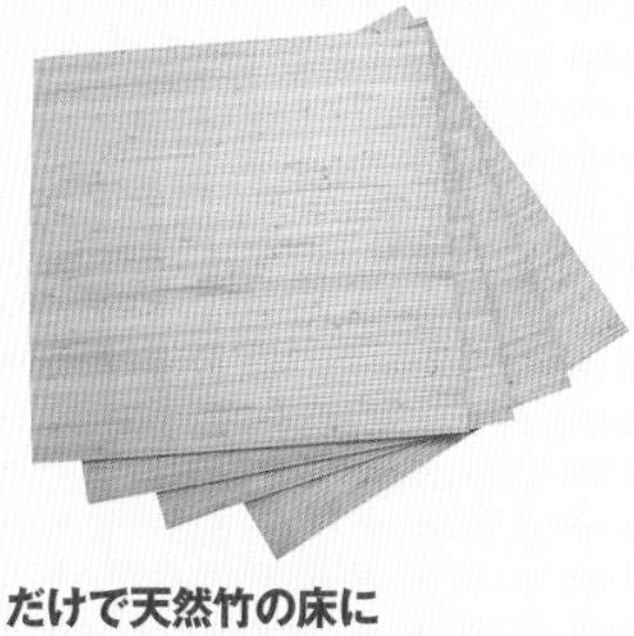

敷くだけで天然竹の床に

藤ピタタイルDX／上田敷物工場

天然籐材を職人のワザで仕立てた置き敷きタイル。裏面は天然ゴム

05 玄関にタイルを敷く

タイルで玄関をもっとスタイリッシュに

タイルを敷いて クラシカルで優美な玄関に

床に敷くものはカーペットやフローリングだけとは限りません。タイルも、床材の定番としてよく使われています。

とはいっても、タイルは硬質なので、素足で暮らし、床に座る日本の部屋にはあまりなじみません。けれど、バスルームのような水気の多いところや、人が靴で出入りする玄関などは、かえってその特徴が生きてくるのです。

ちなみに、タイルとひと言で言っても床用タイルと壁用タイルは耐久性が全く異なるので、壁用のタイルを床に貼るのはNG。

最近では、床に敷くだけで使える「フローリングタイル」なども販売されている。接着剤も目地材も使わずに、タイルカーペットのように置いて敷くだけの簡単施工なので、初心者でも手軽に作業ができます。

もちろん玄関以外でも、部屋のコーナーにアクセント的に敷き、植物を置けばおしゃれなインテリアにもなります。

Catalog DIYリフォームにおすすめの**タイル**

接着剤も目地剤もいらない、画期的なDIY用タイル。サイズの大小は、コルクのタイルで微調整。タイルと粘着ネット、両面テープ、コルクが入ったセット

▼道　具

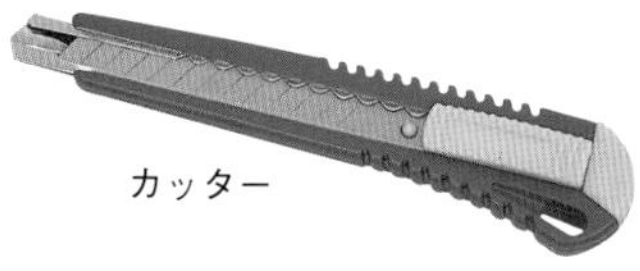

カッター

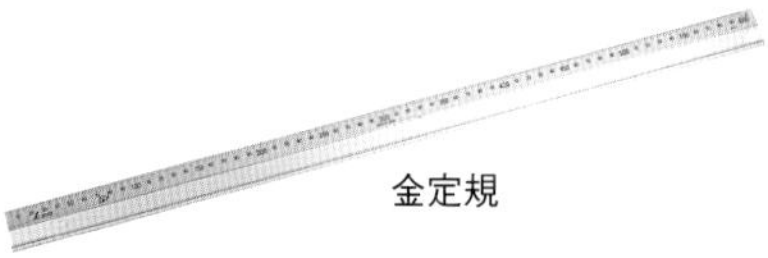

金定規

▼DATA

コスト……………………

¥¥¥¥¥

手間……………………

技術……………………

下準備をする

01 タイルの配置を決める

セットの中には、ハーフサイズのタイルやコルク板が入っている。これらをどう配置するか決める

02 コルク板をカット

端のすき間を埋めるために、コルク板をサイズに合わせて事前にカット

タイルを敷く

03 ネットを敷き込む

粘着ネットをタイルを置く場所へ敷く。粘着性の強いネットなので、これでタイルはずれない

04 タイルをのせていく

順番にネットの上にタイルをのせる。端にはあらかじめカットしたコルク板を敷いて完成

お手軽玄関リフォームにはPタイルもおすすめ

敷くだけで高級感が漂う「敷きタイル」。こんなに簡単なモノは他にない！と思っていたら、ありました。Pタイル。約30㎝角の塩化ビニール製タイルで、カッターで切れるから加工がしやすく、そのうえ安い。施工は両面テープで貼るだけなので、市松模様に貼り込めば、カンタン&オシャレなリフォームのできあがり。賃貸の場合でも、ベニヤ板の上にPタイルを貼れば、敷金対策も万全です。

Before

After

コンクリートの玄関も、Pタイルを敷くだけで明るく。玄関の場合は1/4サイズにカットして貼ると市松模様がキレイ

カラーバリエーションも豊富。ホームセンターなどで購入できる

Pタイルのカット

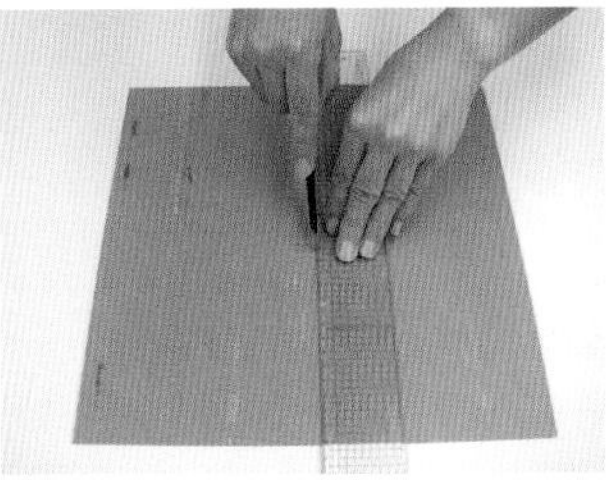

定規を当ててカッターで切れ目を入れる。それほど力を入れなくてもスッと線が入る

両手で持って折り曲げると、やわらかく真ん中から折れる。このように、Pタイルのカットはカンタン

06

浴室にスノコを作る

入口との段差を解消し、浴室に木の香！

一般的な浴室。入口との段差は約10cm。このままでも使えないわけではないが、やや不便

一段下がった浴室の床をスノコで上げて、つまずき防止

浴室は、水があふれるのを防ぐため、たいていは脱衣所よりもいくぶん下がった位置に床が設置されています。そのため、室内から浴室へ入るときに、段差をまたいで入る格好になっています。

段差そのものは、非常に大きな問題ではありませんが、足腰が弱くなったときには、つまづきの原因にもなります。

タイル床の冬場の冷たさ解消も含めて、ジャストサイズのスノコを作って、段差を解消し、足触りのいい床を作ってみましょう。

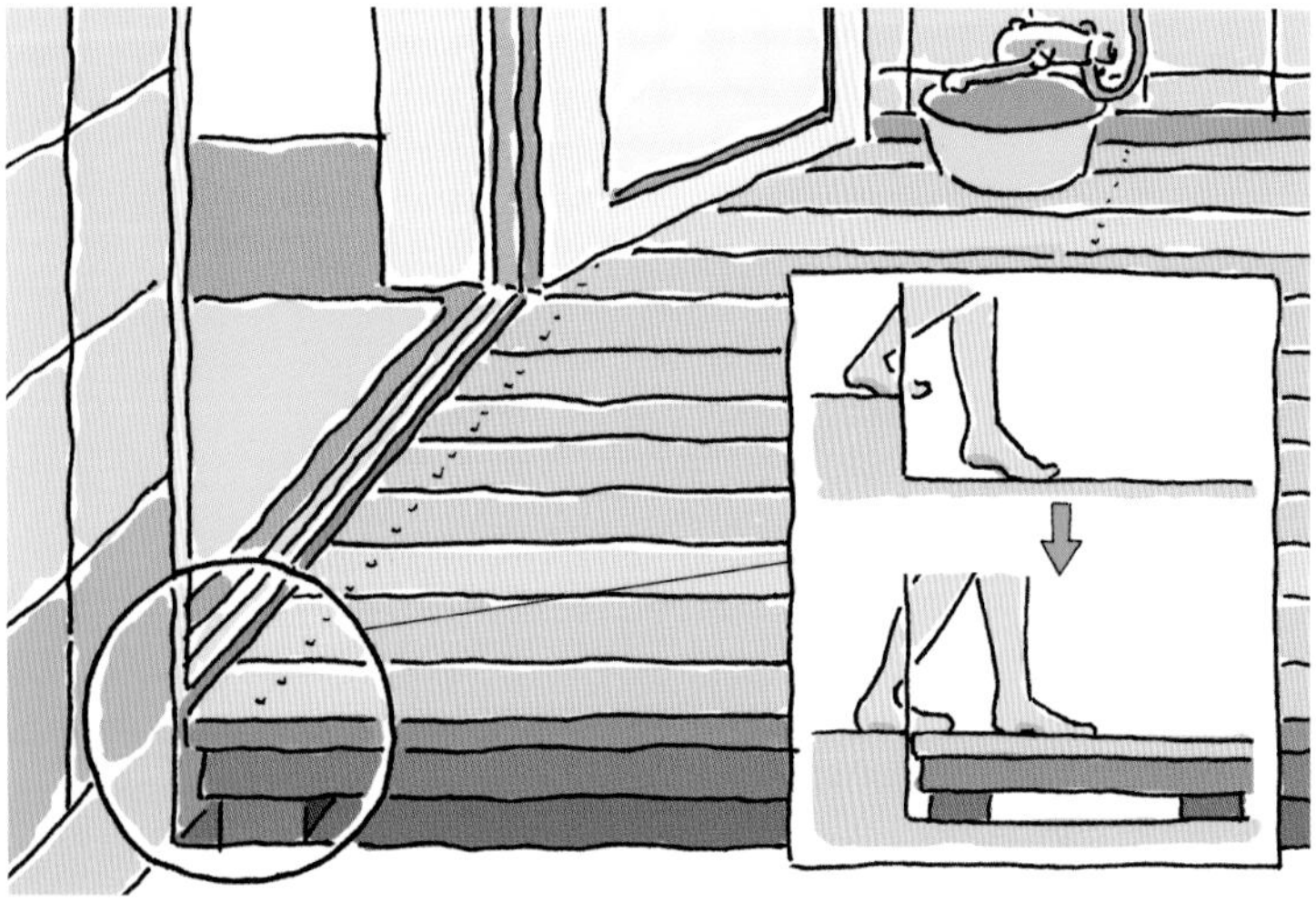

脱衣所から浴室までの段差を解消

▼ DATA

コスト……………………

手間……………………

技術……………………

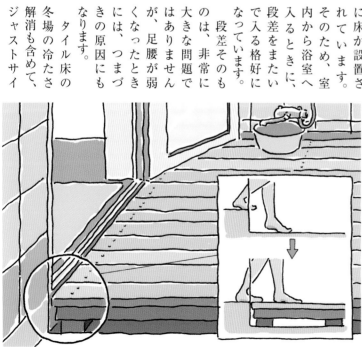

Point
構造を考えて板を切る

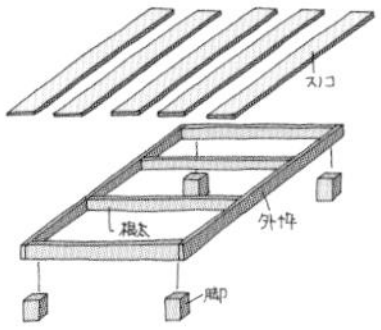

まず枠を作り、スノコを渡して作る。浴室のサイズに合わせ、必要な部材のサイズと数を割りだそう

01 床までの高さを測る

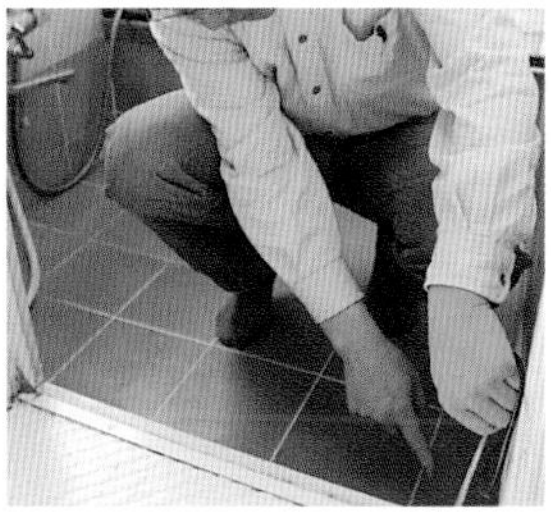

床から入口までの高さを測る。浴室には、排水のために勾配（傾き）がつけられているので、入口だけでなく数カ所で高さを測る

▼道 具・材 料

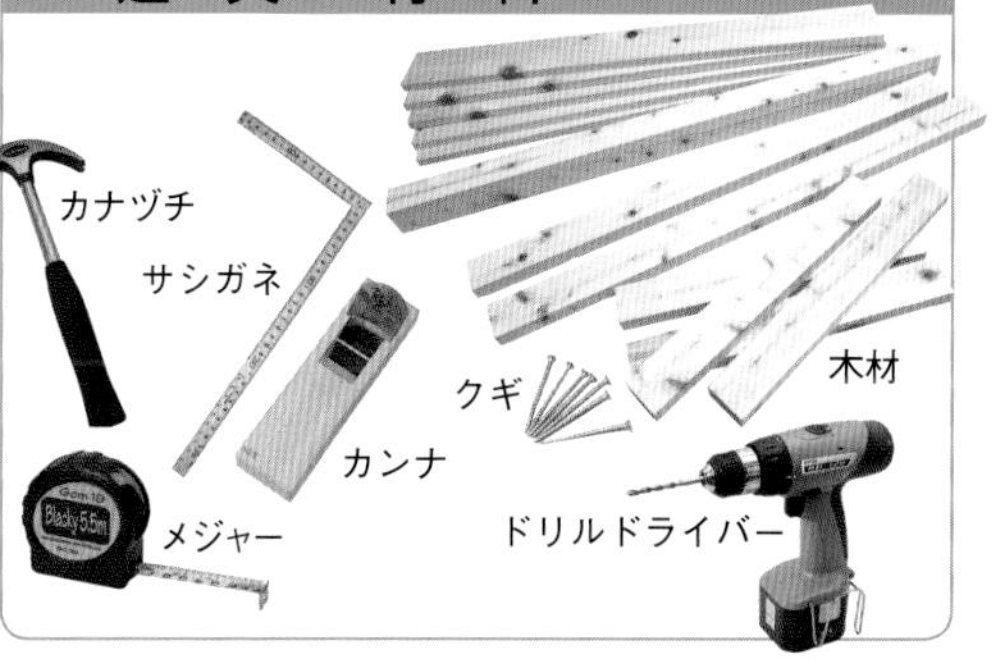

02 スノコの外枠を作る

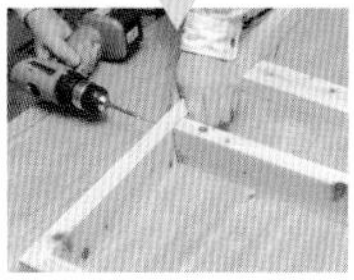

外枠を組んだら、内側の根太の位置を決めて木ネジを締めていく

外枠となる木材を並べ、枠の組み方を決めたら、木ネジで外枠から固定していく。ネジの長さは板厚の2倍以上必要だ

03 全体にカンナをかける

完成時に下になる裏面は、持ち上げる場合に手が触れるので面取りし、完成時に上になる面も、そのつど角の面を取る

04 脚を取り付ける

脚となる角材を外枠の内側に木ネジでとめる。欠けを防ぎ、水切りをよくするため、ここでも脚の角にカンナをかける

05 スノコ板を張る

スノコの角を面取りし、スノコを固定する位置を等間隔に決め、両端のスノコを固定する

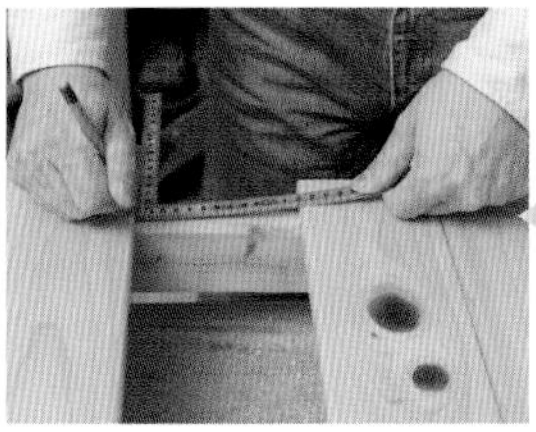

スノコを均等に並べ、すき間が均等になるように定規で正確に測りながら、位置を決めていく

真っすぐな板などを使って、スノコの端のライン（木口）が直線になるようにそろえる

06 根太の位置にクギを打つ

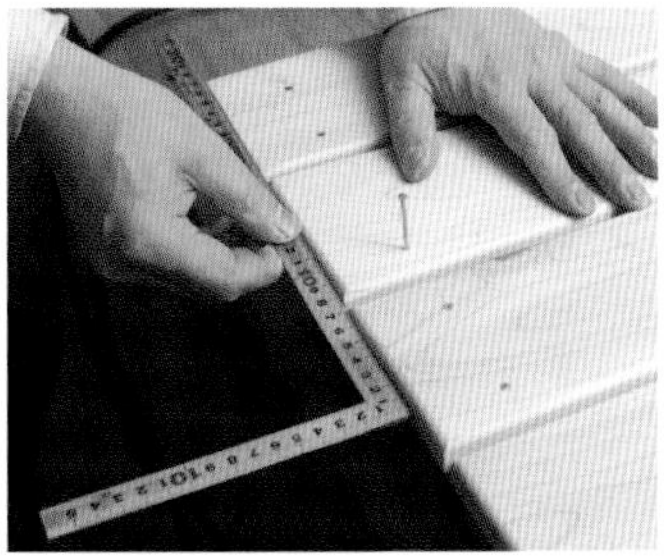

先がねじれていて抜けにくく、さびにくい、ステンレス製のスクリュークギを使い、下が根太の部分にクギを打つ

07 完成

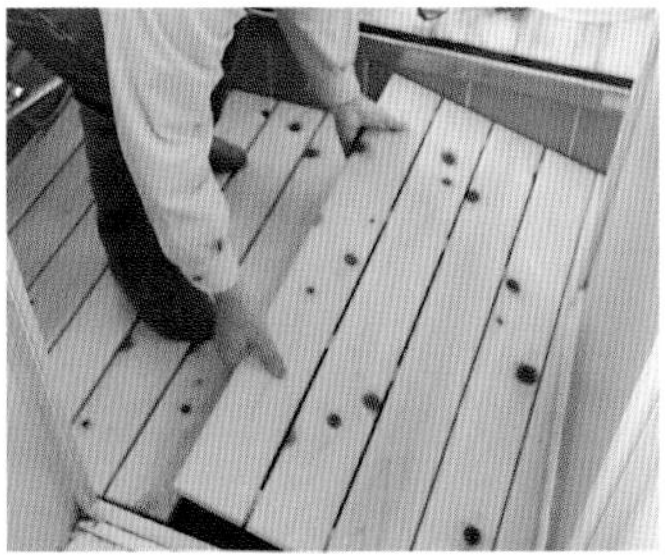

分割した2枚のスノコが完成。1枚で作ることもできるが、手入れのしやすさを考えると、分割タイプのほうが使いやすい

Point
スノコを持ち上げるとき指をかける穴をあける

スノコがピタリと収まっていると、そうじのときに持ち上げにくいので、ゆびをかける穴をあけておきます

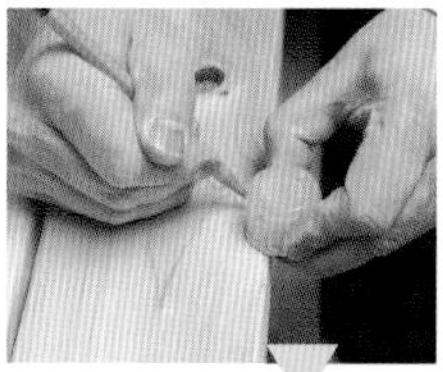

ペットボトルのフタを利用して穴の印をつける

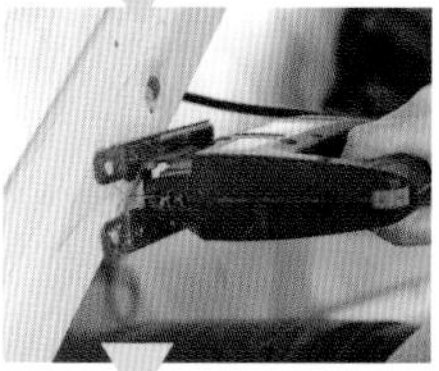

印をつけた部分をジグソーで切る

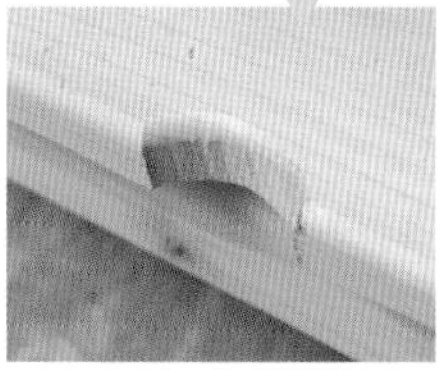

指かけ穴も完成。穴の周囲はサンドペーパーをかけておくとよい

07 天井用壁紙を貼る

小サイズの壁紙なら、ひとりで手軽に！

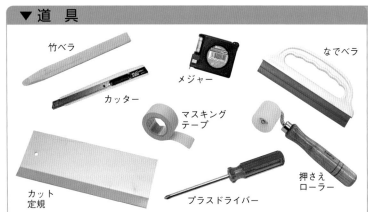

壁紙の小サイズ化が天井張りの困難を解消

天井に壁紙を張るとなると、どうしても二の足を踏みがちです。ネックは、壁紙が長いためにひとりでの作業が困難なことにあるようです。

ところが、小さなサイズ（1辺が32㎝の正方形）の天井用壁紙を使えば、裏紙をはがして今の天井紙（板）の上に貼るだけでOK。初心者でもひとりで、自分のペースでできるのでおすすめです。ただし、布壁紙、繊維壁、天井用石こうボード、砂壁、土壁の上には貼れないので、購入する前に確認しましょう。足場を安定させることも怠りなく。

作業の流れ

1. まわり縁をペイント
2. 天井の汚れを落とす
3. 奥の隅から貼り始める
4. 継ぎ目の浮きを確認

▼道　具

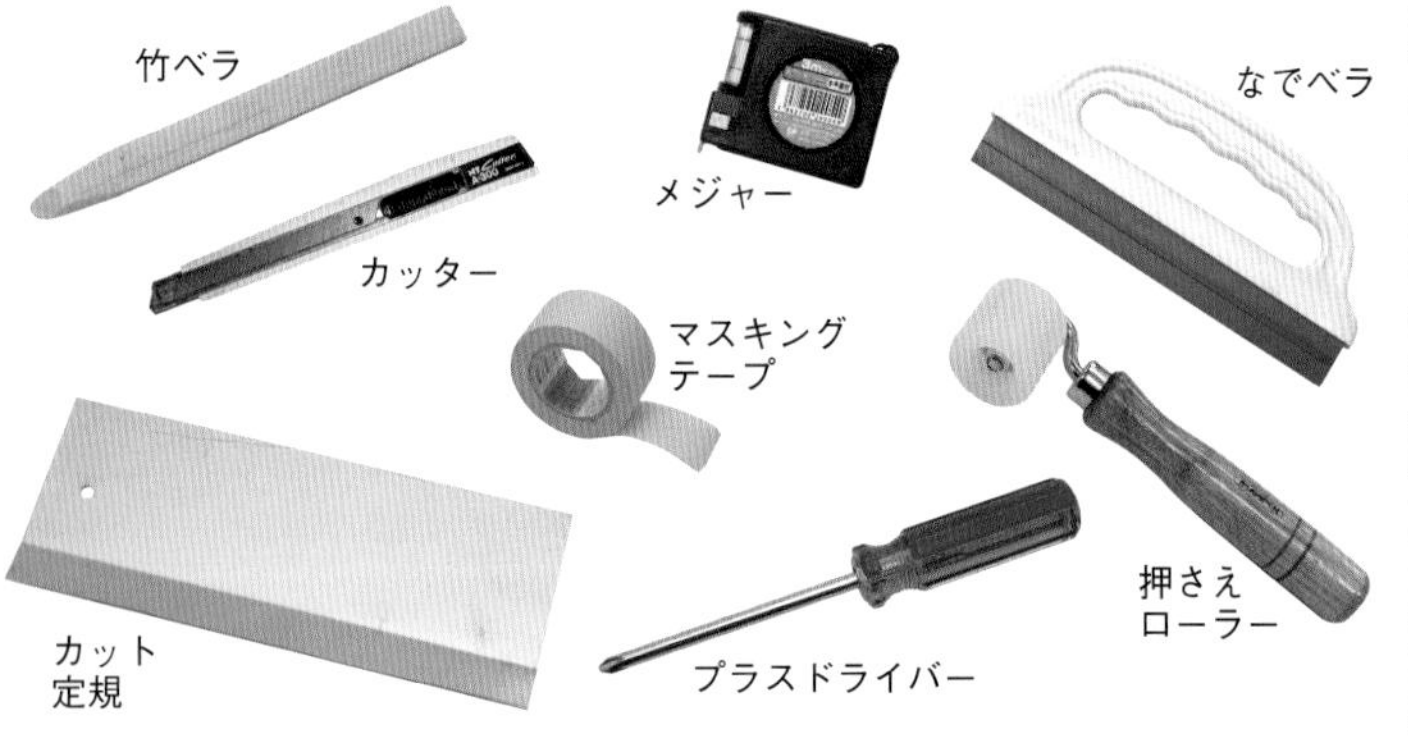

▼材　料

天井壁紙

一辺32㎝として、天井の縦横サイズを測って必要な枚数を計算する。6畳間の場合、108枚が目安

▼DATA

コスト…………………… ¥

手間…………………… (3)

技術…………………… (2)

作業の前に…

天井板（下地）の汚れを乾いた布で落とします。まわり縁は、マスキングテープを貼ってペイント。引っかけシーリングはネジをはずして垂らしておきます。天井板の継ぎ目のミゾは埋めなくてもOK。

養生 ▶ P.44

01 裏紙の矢印の向きに注意する

裏紙の矢印は、表面の柄の向きを表している。貼り進めるときは、この矢印の向きをすべて揃えるように注意する

02 部屋の奥のコーナーから貼り始める

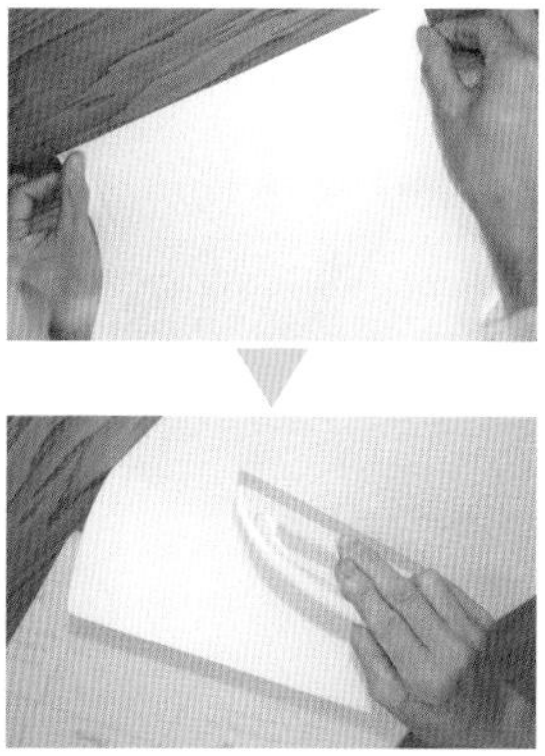

天井用壁紙は、部屋に入ったときにもっとも目につきやすい奥の隅から手前に向かって貼り進めるのが一般的だ。裏紙を均等の幅に少しはがし、コーナーの貼る位置に合わせて手のひらで押しあてる。裏紙を少しずつはがしながら押さえベラで天井になでつける。裏紙をすべてはがし終えたら、再度押さえベラで全体を強くこすってシワをのばし、天井に圧着する

03 目地を重ね合わせて貼り進めていく

裏紙の矢印の向きが同じかどうかを確認しながら、目地と目地をきちんと重ね合わせるようにして貼り進めていく。並びがほんの少しズレるようだったら、この目地の部分で微調整して修正する。部屋の奥の1枚目の目地の上に2枚目の目地を重ねて貼っていくようにすると、部屋の入口から天井を見たときに目地を貼り合わせた箇所が目立ちにくいというメリットがある

04 目地はローラーで圧着する

目地と目地が重なっている部分は、必ず押さえローラーを使ってしっかりと圧着する

05 コーナーは竹ベラでしっかり押さえる

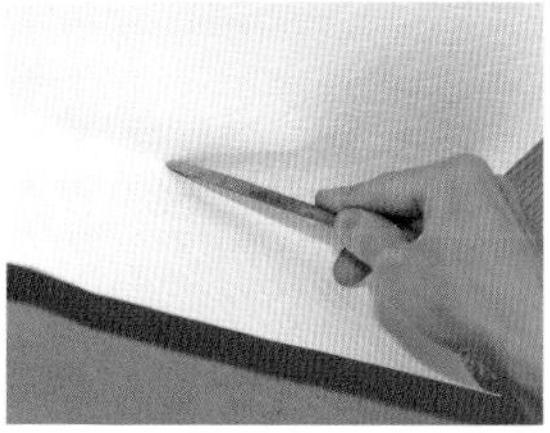

天井用壁紙がはみ出た部分は、竹ベラを使ってコーナーに押しつけてしっかりと角を出す

06 最後のコーナーを貼る

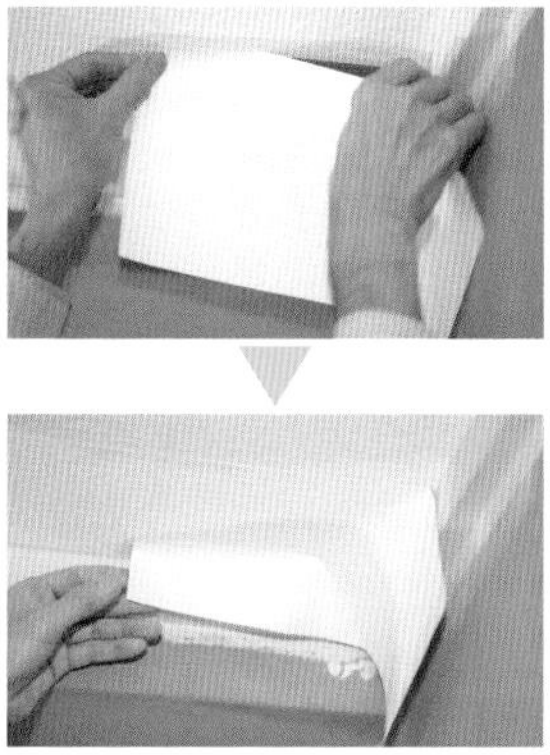

部屋の奥から手前に向かって貼り進めていくと、最後に入口近くのコーナーに半端なスペースが残ってしまう。そこにも同じようにして、壁紙を貼る。手前にある壁紙の二辺の目地の上にきちんと重ね合わせて壁紙を押し当て、押さえベラでなでてシワをのばす。はみ出した壁紙は竹ベラを使ってしっかり押さえつけて角を出しておくと、きれいに切ることができる

07 はみ出した壁紙を切り落とす

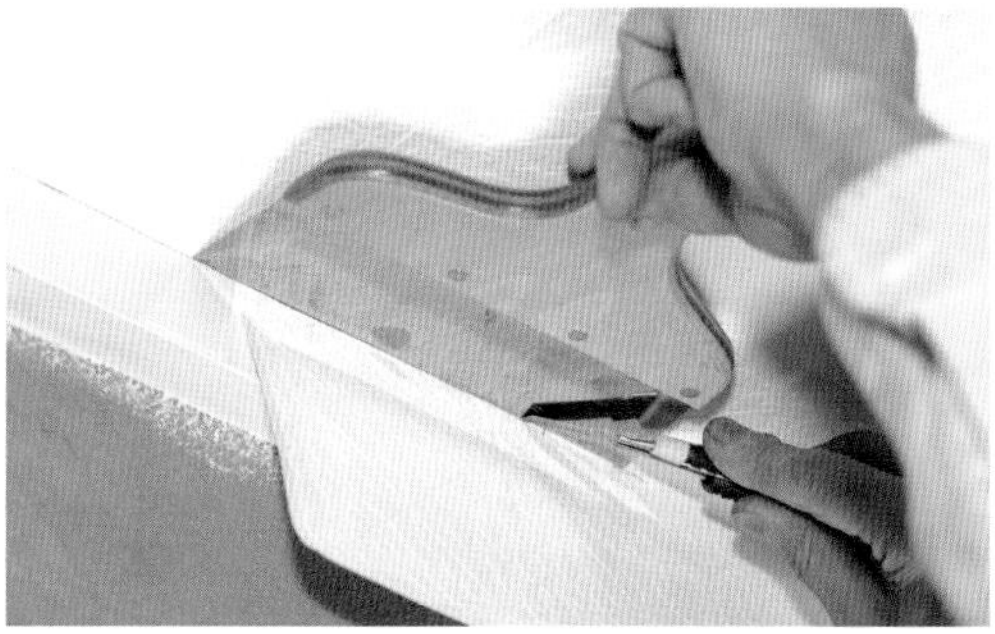

(柄付き)カット定規を押しつけ、その下側にカッターを当てて切り落とす。カッターはできるだけ寝かせるのがコツ

Point

シーリング部分の貼り方

照明器具用の引っかけシーリングの部分も、簡単にきれいに貼ることができます。

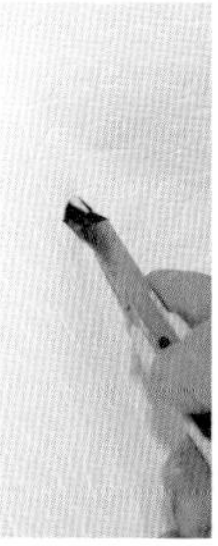

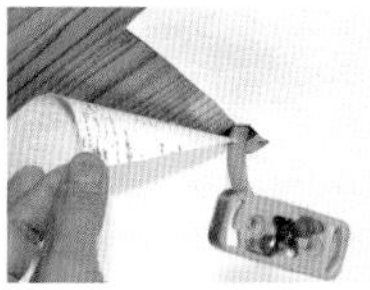

壁紙のコード穴にあたる部分にカッターで穴をあけ、そこからもっとも短かくてすむ方向に切れ込みを入れる。そこにコードを通してから圧着する

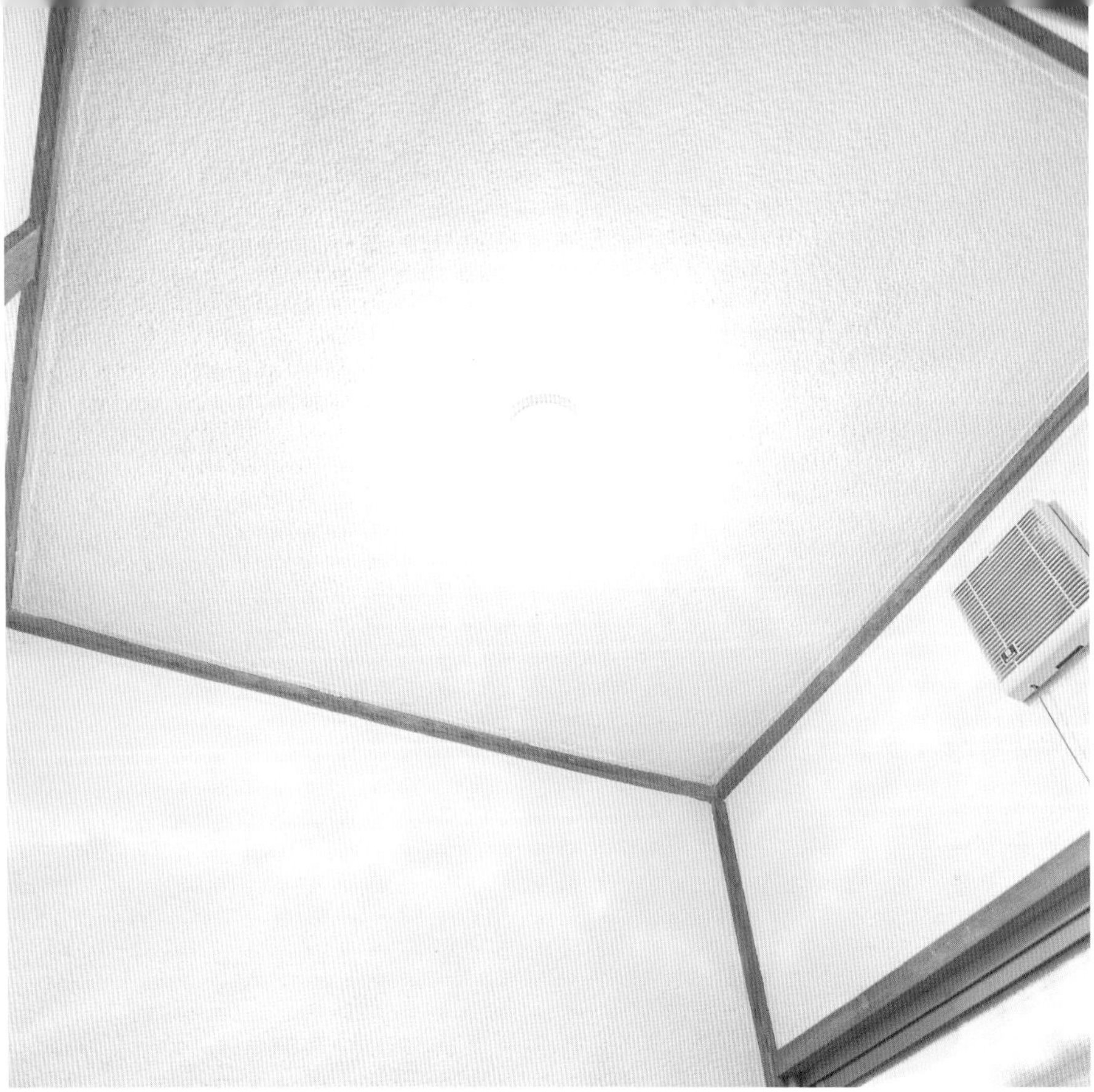

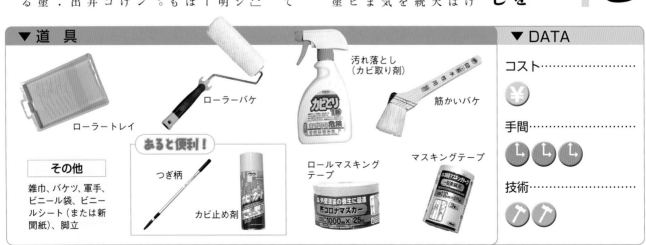

08 天井にペンキを塗る

壁とのセット塗装がおすすめ。部屋の統一感もアップ！

つぎ柄＋ローラーバケを使えば「ぽた落ち」もなし

ペンキ塗りの場合、壁だけ塗っておしまい、というのではちょっともったいない。壁と天井の色を揃えれば部屋全体の統一感もアップ。せっかく養生をしたのであれば、この際、一気に天井まで塗り上げてしまいましょう。特に浴室は全面にカビが発生するので壁とのセット塗りがおすすめです。

天井の塗装というと、

「塗料がポタポタ落ちてきて塗りづらそう」

「脚立を使って塗るのは面倒」

と、ちょっと大変そうなイメージが。でも実際に手間なのは照明まわりの養生くらいで、ローラーバケにつぎ柄を付けて塗れば、ぽた落ちもほとんどなく、脚立も使わずに済むので快適そのもの。


基本的な塗装作業は壁のペンキ塗りと同じです。ひとつだけ注意したいのは雨ジミとタバコのヤニ。特に雨ジミがある天井の場合、塗装後にシミが浮き出てくることがあるので、ヤニ・アク止めシーラーを最初に塗り、乾燥した後で上塗りをするようにします。

▼道　具

ローラートレイ

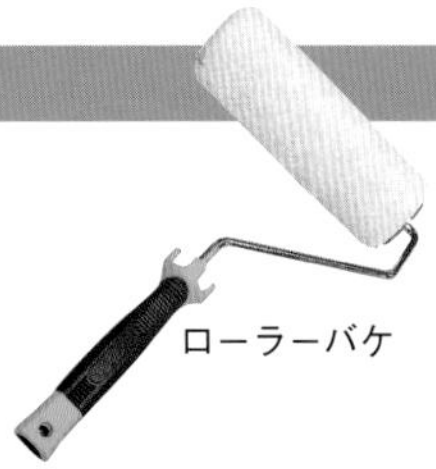
ローラーバケ

汚れ落とし（カビ取り剤）

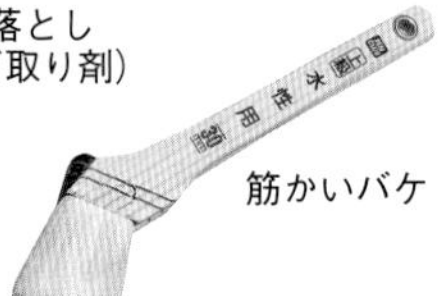
筋かいバケ

その他

雑巾、バケツ、軍手、ビニール袋、ビニールシート（または新聞紙）、脚立

あると便利！

つぎ柄

カビ止め剤

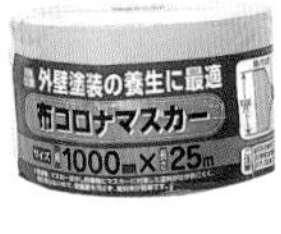

ロールマスキングテープ

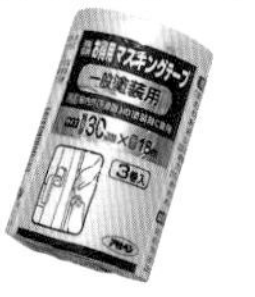
マスキングテープ

▼DATA

コスト……………………

手間……………………

技術……………………

下準備をする

01 マスキングテープを貼る

部屋の換気を充分にし、天井のホコリ、カビなどを落としてから水洗いする。床などはビニールシートを被せて、照明はロールマスキングテープで覆ってしっかりと養生する（壁の下処理はP.36を参照）

ペンキを塗る

02 ハケを使って隅から塗る

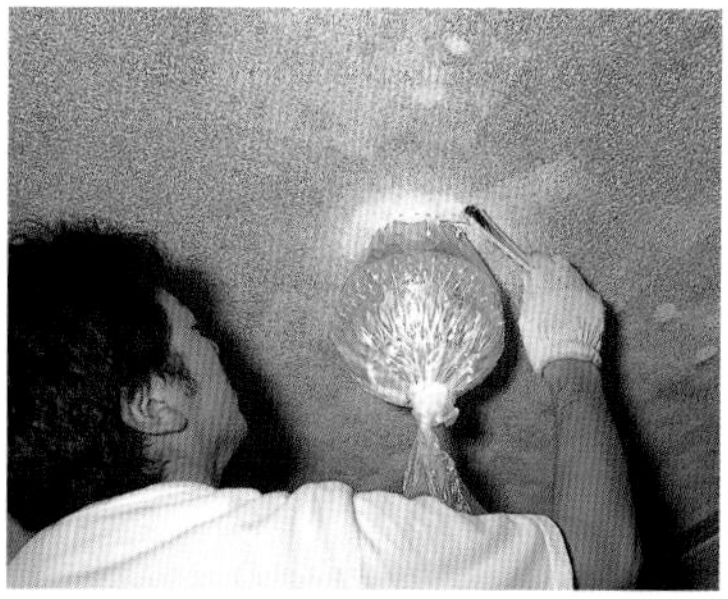

塗る面がある程度乾いたら、塗料をよくかき混ぜ、ローラートレイに移す。まずは隅や照明のまわりなど、塗りにくいところから先に筋かいバケを使って塗っておく

03 ローラーを使って天井全体を塗る

広い面は奥の方からローラーバケを使って塗る。天井塗りでつぎ柄は必需品。脚立を使わずに高いところも楽に塗れる

仕上げ

04 マスキングテープをはがして完了

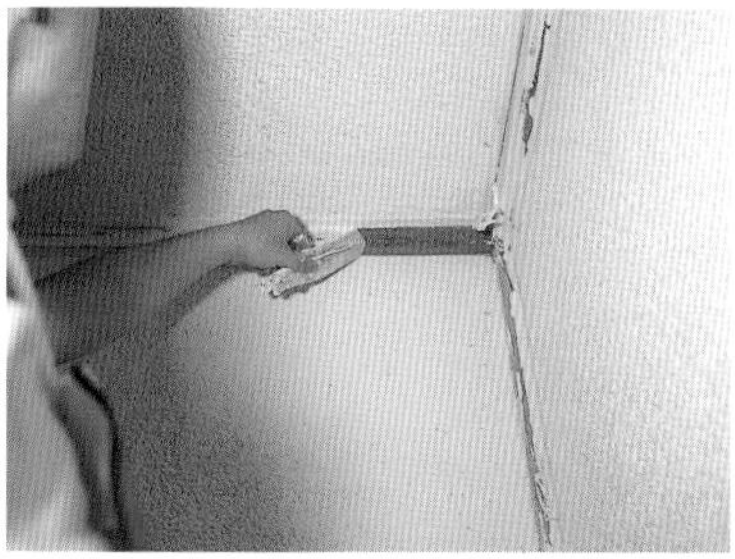

塗り終えたら、塗料が乾く前に隅に貼ったマスキングテープをはがす。一方、床の養生は塗料が乾いてからはがすこと

Point

でこぼこの天井（壁）には2度塗りが効果的

砂壁や繊維壁などのでこぼこした壁面の場合、一度まず全体に塗り、乾いた後にさらに二度塗りをする。これでムラなくキレイに仕上がる。一度目に塗るときはスジやダマに気をつけながらさっと塗ることがコツ

Catalog DIYリフォームにおすすめのペンキ

強力防カビ効果のスプレー塗料
サンデーペイント／かべ・浴室スプレー

手軽なスプレータイプ。ノズルが上向きなので、天井にも塗布しやすい。強力防カビ、抗菌効果

夏場なら約20分で乾燥 速乾性の水性塗料
サンデーペイント／超速乾水性かべ・浴室用

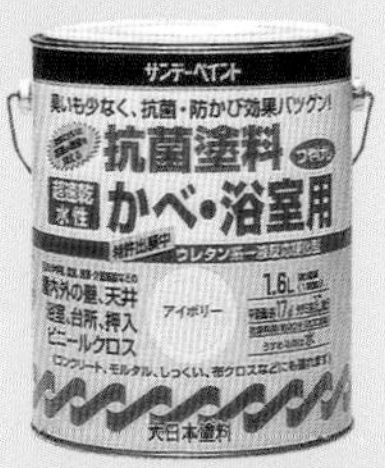

夏場は約20分、冬場は約30分と乾燥スピードが極めて速い

防カビ・防サビ剤配合 汚れにくく耐久性も抜群
アサヒペン／ビッグ10 カベ・浴室

特殊フッ素樹脂配合で耐久性に優れた塗料。水性・無臭で、ビニール壁紙の上から塗れる。つや消し

ソフトなツヤで 場所を選ばず塗れる
アサヒペン／ビッグ10 多用途

落ち着いたツヤで上品な雰囲気に仕上がる。水性・無臭タイプで、屋内はもちろん、屋外にも塗れる

商品の情報は取材時のものです。

Column

床 リフォーム素材カタログ

クッションフロアやカーペット、フローリング材、コルク材など、種類が豊富です。壁のリフォームと比べるとやや難易度が高いですが、DIYでも十分施工が可能です。部屋のスタイルや目的に合わせて床材を選びましょう。

クッションフロア

クッションフロア サンゲツ

クッションフロア特有の表面のべたつき感を抑えたHフロア。写真は自然素材風のHM-2049
●1.8×1820㎜
●5,010円/m(税別)

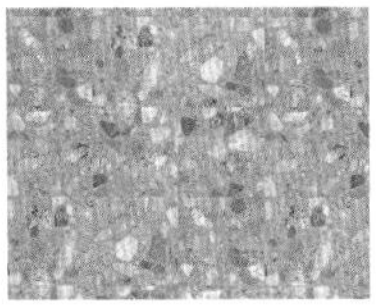

コルクタイル

置き敷きタイプ(コルクスタイル)

接着剤も釘も使わず、サネをはめ込んでいくだけの省施工がうれしい置き敷きコルク床材。既存の床材の上からでも施工可能で、取り外し後の再施工もできる
※2019年現在廃番

フローリング材

レッドパイン 三層Lock-it 岡崎製材

三層構造の床暖房対応フローリング。釘や接着剤を使わず、「Lock-it」と呼ぶサネの引っかけ方式を採用し、置き敷き施工できるのが特長
●15×161×1970㎜
●17,850/㎡～

天然素材

パテラ草木タタミ 上田敷物工場

見た感じは畳だが、実は木質パルプ100%で、洋室にも和室にもマッチするモダン和風床材。パネルタイプで両面テープまたはホットメルトで施工する。初心者でも簡単に施工できる
●PT-B2 ●約29×820×820㎜
●24,948円/枚

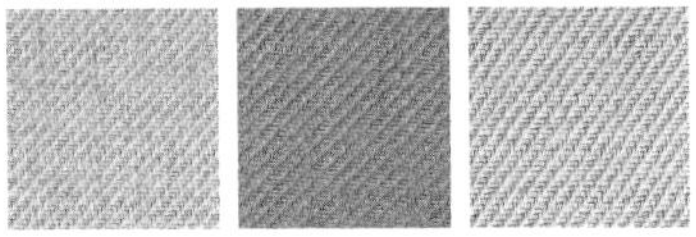

タイル

オーリオ／ INAX

明るい黄色が地中海テイストを演出するボーダー&コーナー柄タイル。同系色の床タイルとのコーディネイトが楽しめる
ボーダー柄 ●300×300㎜ ●9㎜厚
●8,925円/m
コーナー柄 ●300×300㎜ ●9㎜厚
●2,625円/枚

タイルカーペット

ファミタ・ライト／サンゲツ

裏面の特殊加工で階下への音漏れを最小限に防ぐ。静電気が発生にくく、ホコリが付きにくいので掃除がラク
●11×500×500㎜ ●1,325円/枚(税別)

商品のデータは取材時のものです。商品によっては価格変更や廃番になっている場合があります。

Part 4

窓をリフォームする

お部屋に太陽の光を取り込む窓まわりは、
自然に視線を集めるインテリアのポイントといえます。
窓ガラスにフィルムを貼ったり、カーテンを交換したり、
それだって、十分に立派なリフォームです。

◇◇◇

◎窓まわりの簡単メンテナンス
◎窓用フィルムを貼る
◎カーテンレールの設置
◎ブラインド・ロールスクリーンの設置

網戸の簡単メンテナンス

速効メンテナンス 1 網を全面張り替える

網戸の全面張り替えは、押さえゴムを引き出して古い網を外すことからスタート。あとは、新しい網を押さえゴムで固定するだけで完了するので、はじめての人でも想像以上に簡単。これで、窓まわりも見違えるほどすっきり！

❶ 古い押さえゴムを外す

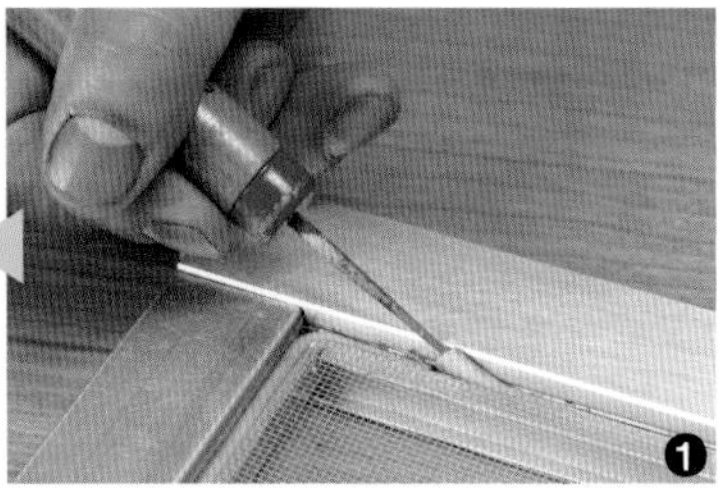
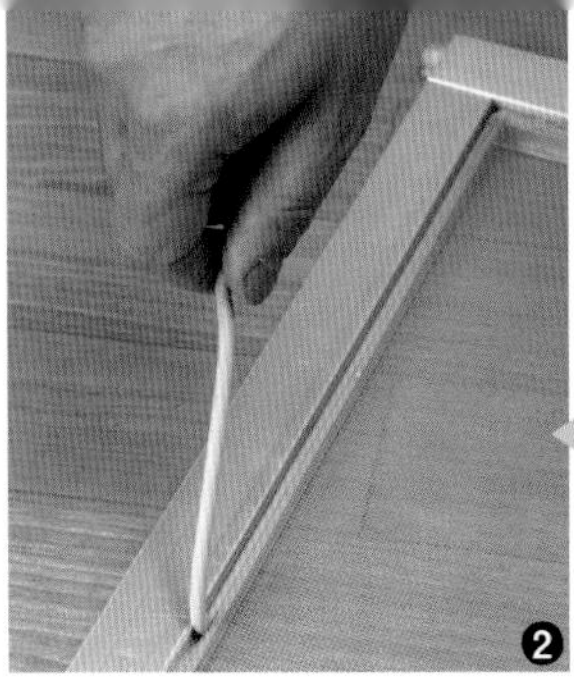

❶キリやマイナスドライバーなどで、切れ目から古い押さえゴムをこじ上げる。❷手でゆっくり引っ張り上げながらすべてのゴムを引き出す

❷ 古い網を外し汚れを拭き取る

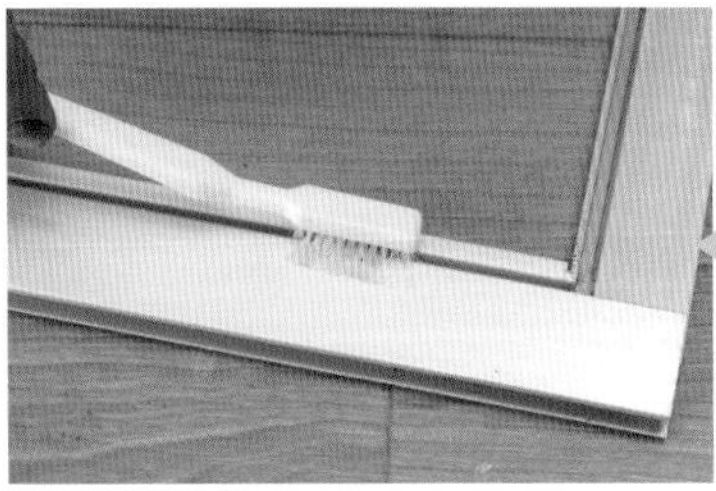

古い網を外す。押さえゴム用のミゾにたまったゴミやホコリは古歯ブラシなどでかき出す。フレームの汚れも濡れた布できれいに拭き取る

❸ 新しい網を荒切りする

新しい網をフレームに沿って広げ、少し大きめにハサミで切り取る。網目をよく見てフレームと並行になっているかを確認する。余ったゴムで網全体をフレームに仮止めしてもよい

❹ ゴムの押し込みをスタート

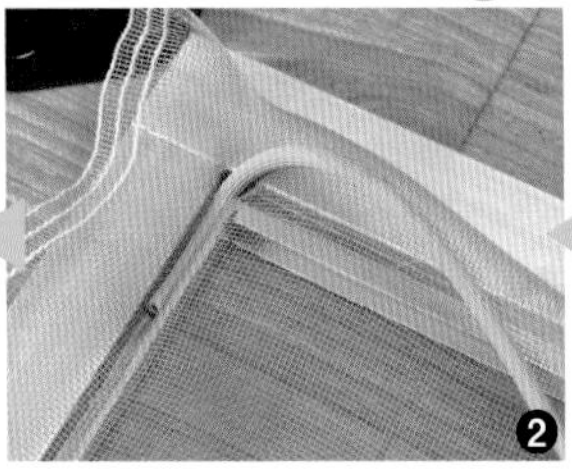

❶押さえゴムの押し込みは、コーナーの4、5㎝手前からスタートする。ワンタッチローラーの反対のとがった部分を使って網の上からミゾに押し込んでいく。❷❸最初のコーナーのゴムを押し込んだら、網目がフレームと並行になっているかどうかを確認して、次のコーナーのゴムを押し込んで網がずれないように仮止めする

❺ ミゾ全体にゴムを押し込んで網を固定

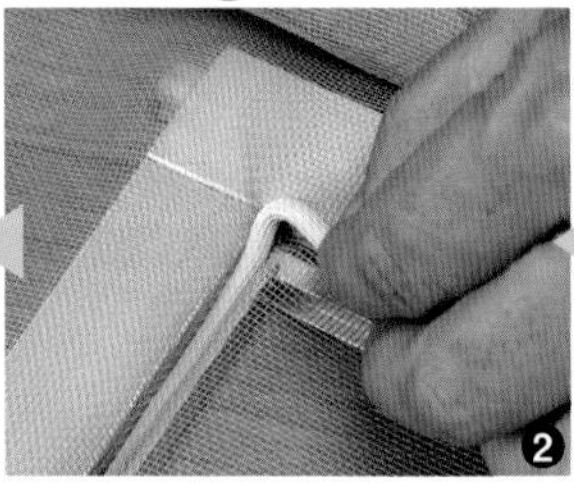
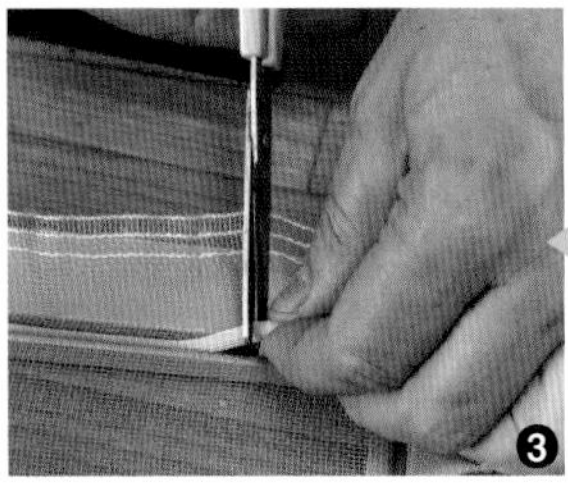

❶ミゾの直線部分は、網を軽く外側に引っ張りながら、ワンタッチローラーをゆっくり転がしてゴムを押し込んでいく。❷コーナーの部分は、少しゆとりを持たせるのがコツ。❸ミゾ全体にゴムを押し込み、スタート地点まで戻ったらカットする。念のため、ゴムが浮いていないか、ワンタッチローラーを押しながら再度確認する

❻ たるみがないかを確認

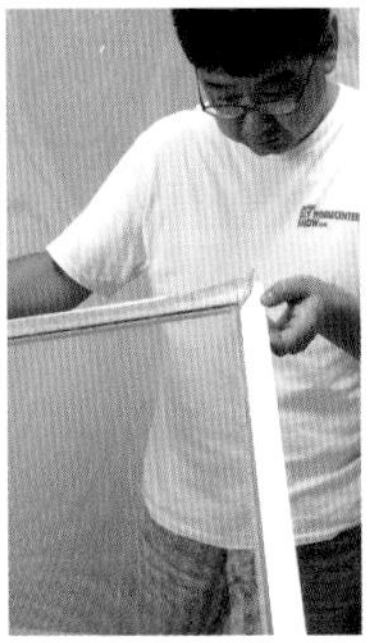

網戸をななめに持ち上げて、網にたるみがないかを確認する。たるんでいたら、その箇所のゴムを外して網を外側に引っ張って直す

▶道具

❼ 余分な網はカット

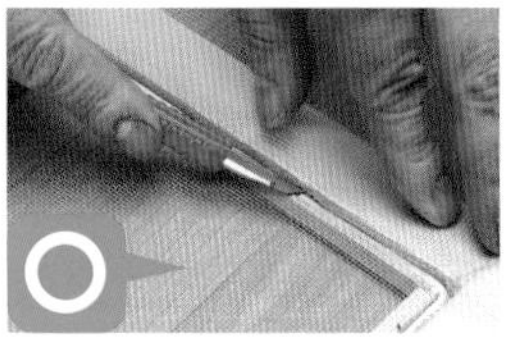
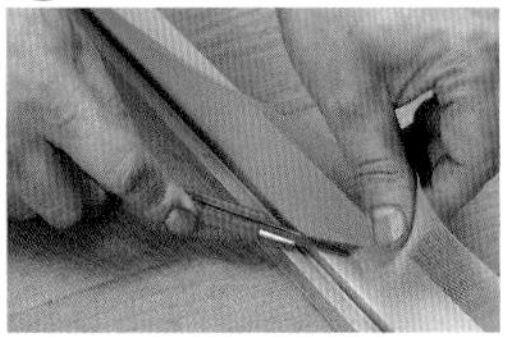

余った網は、カッターの刃を外側に向け、寝かせるようにして切り取る。ミゾのフチに沿って切るとケバ立ちやすいので（写真右）、押さえゴムに沿って切るのがおすすめだ。切れ味が落ちるので、カッターの刃先はこまめに折って新しくする

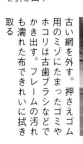

速効メンテナンス 2 穴をふさぐ

網の穴は、専用の網戸補修シートを両面から貼り合わせます。小さな穴用、大きめの穴用、枠用などのタイプがあります。それより大きな穴は、同質同色の網を大きめにハサミでカットして、網糸で固定したり、専用接着剤で貼り付ける方法があります。

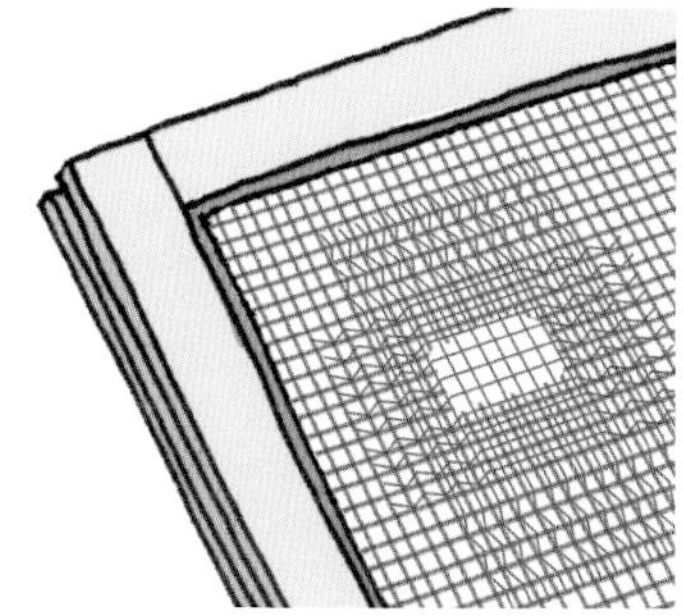

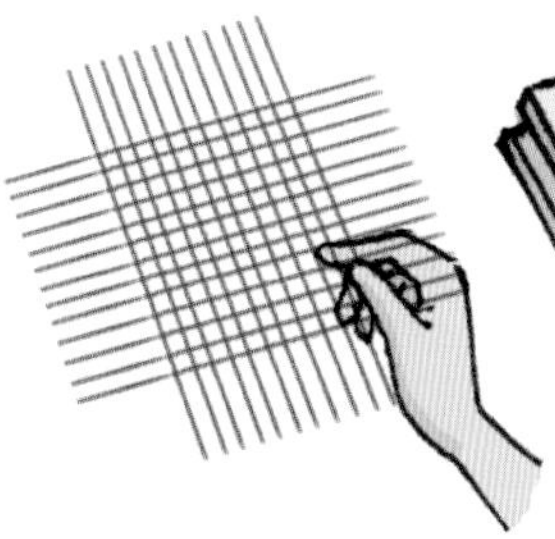

少し大きな穴の場合は、網戸と同じ網を用意して穴より大きく切り、周囲の網糸を抜く。それを穴の箇所にあて、ピンセットなどで1本1本網目に交互に入れて固定する。また、1本の長い網糸で縫いつけてしまうやり方もある

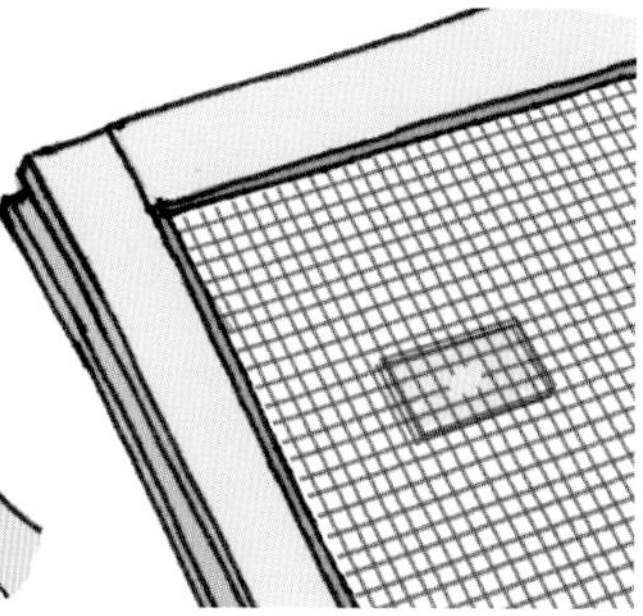

穴が小さい場合は、穴のあいた箇所の汚れをきれいに落としてから、同じサイズに切った専用の補修シートを両面から貼る

▶道具

ハサミ

専用接着剤（塩ビ用）

網戸補修シート

網の切れ端（同質同色のもの）

速効メンテナンス 3 外れ止めを調節する

網戸のフレームがゆがんでいると、ガタつきます。ガタつきを直してから固定ネジを締め直します。レールのミゾのゴミや汚れは、古歯ブラシやわりばしできれいに取り除きます。

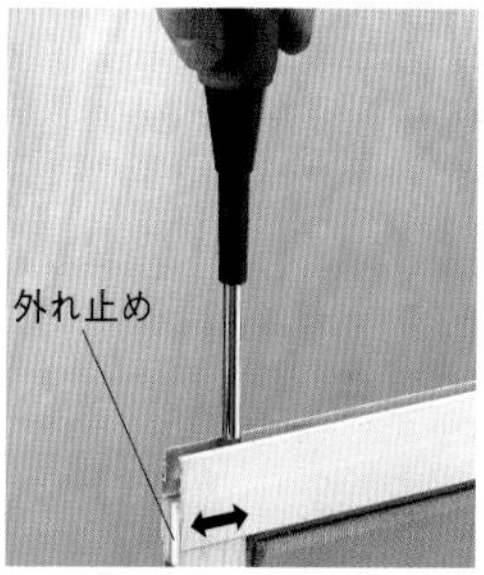

網戸上部の外れ止めが引っかかるのもガタつきの原因。プラスドライバーでネジをゆるめて調整。最後に、潤滑剤をスプレーしておくとよい

▼道具

古歯ブラシ、割りばし、プラスドライバー、潤滑油

速効メンテナンス 4 戸車を交換する

戸車にゴミが付着したり、壊れているためにスムーズに回転しないことも考えられます。ゴミを取り除いて潤滑油を吹き付けるか、壊れていたら新しい戸車に交換します。

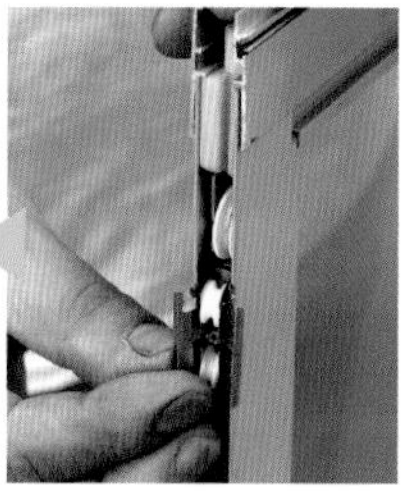

はめ込み式の戸車の場合、古い戸車が外れなければ、すぐ隣りに新しい戸車をはめ込んでも差しつかえない。そのとき、新しい戸車が活かされるように車高ネジで高さを調整する。外れ止めが外付けの場合、ネジを外せば新しいものにすぐ交換できる

▼道具

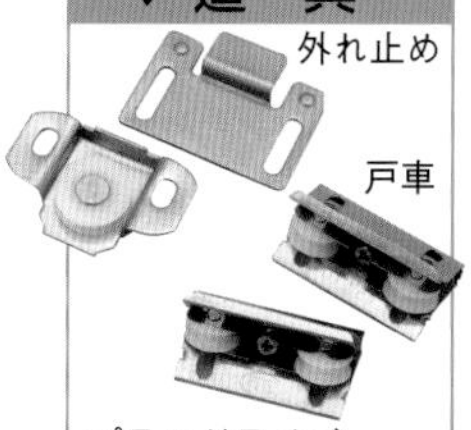

速効メンテナンス 5 ドライヤーでたるみを直す

全面張り替えをしたあとにたるみを見つけたときは、押さえゴムはもう外せないので、ドライヤーで温風をあてて直す裏ワザがあります。

ドライヤーの先端は網から10㎝以上離す。一点に温風をあて過ぎると網が変形してしまうので注意する

▼道具

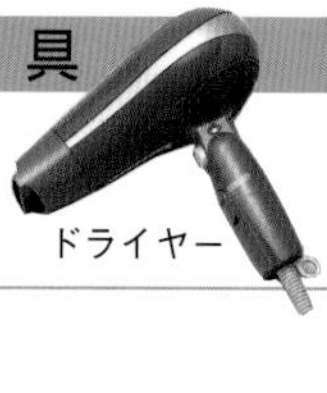

ドライヤー

Point

網戸をきれいにする

網戸が汚れると通気性が悪くなり、見た目にも美しくない。網戸を外し、水圧を利用して水をかけてから、やわらかいブラシに住宅用アルカリ性洗剤をうすめた液をつけて全体に塗り、再び水で洗剤を洗い流す。網戸を外さなくてもできる。網戸の片面に新聞紙を貼って掃除機をかけ、ホコリを吸い取る。そのあと、アルカリ性洗剤のうすめ液をコテバケなどで全体に塗り、2、3分してから絞った布で洗剤を拭き取る。網戸専用のクリーナー（写真上）も便利だ。コテバケや布で網にふれるときは、上下左右させず必ず一方向に動かすのがポイント

サッシ窓の簡単メンテナンス

速効メンテナンス

1 戸車の高さを調整する 戸車を交換する

とくに戸建ての家の場合、サッシ窓のガタつきは、窓枠が微妙に歪んだことが原因として考えられます。

サッシ窓の側面型枠の下に、2つのネジ穴が開いています。上の穴は型枠固定ネジ（サッシ枠を固定するためのネジ）、下は車高調整ネジです。この車高調整ネジをプラスドライバーで回して戸車の高さを調整します。車高を調整してもスムーズに動かないときは新しい戸車に交換します。交換作業は、型枠の構造によっては型枠接合ネジをゆるめて型枠を外して行います。

窓に限らず、障子やふすまなど外した2枚戸をはめ戻すとき、左右どちらが手前か奥かがわからなくなりがちですが、「向かって左側が奥になる」と覚えておきましょう。

戸車を交換する

1 アルミサッシ窓を外す

窓を両手で持ち上げ、外側に押し出すようにして窓枠から外す。戸車が引っかかるときは、車高調整ネジで戸車を引っ込める

2 戸車を用意する

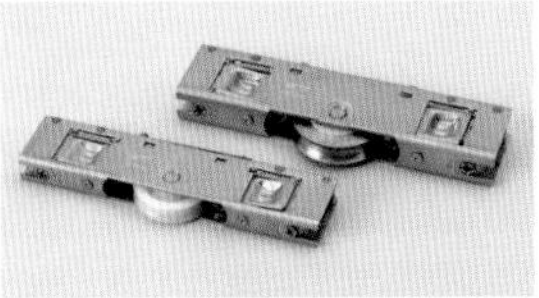

拡張式

はめ込み式

戸車取り付け部の両脇に段差があるときは、拡張式戸車を利用する

戸車取り付け部（戸車が装着されている型枠ミゾ）の両脇が、並行（同じ高さ）か段差があるかを確認する。並行の場合は、はめ込み式あるいは拡張式の戸車、段差がある場合（写真左）は、拡張式の戸車を使用する。新しい戸車を購入するとき、装着部分の幅と深さをきちんと測ること。できれば古い戸車を持参すると間違いない

3 古い戸車を外す

古い戸車を取り外す。外し方はサッシの種類（構造）によって異なる。型枠のミゾにドライバーを差し込んで古い戸車を持ち上げて外す。どうしても古い戸車を取り外せないときは、隣りに新しい戸車を装着してもさしつかえない。高さ調整ネジで古い戸車に高さを合わせたあと、新しい戸車を活かすために古い戸車を低くする

4 窓枠を外す

古い戸車が外れなければ、両脇の型枠接合ネジをプラスドライバーで外し、型枠を引き上げるようにして外す。外した型枠のミゾにたまったホコリは取り除いておく

5 古い戸車を外し、新しい戸車を入れる

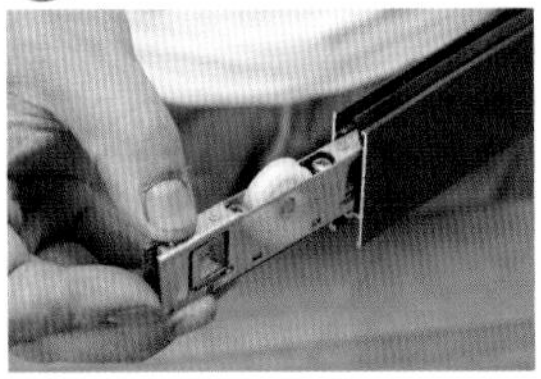

古い戸車をスライドさせて横から取り出し、上下を間違えないように新しい戸車を横から装着する

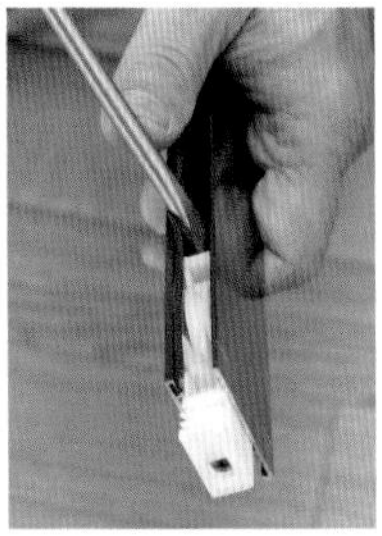

6 戸車の高さを調整する

はめ込み式

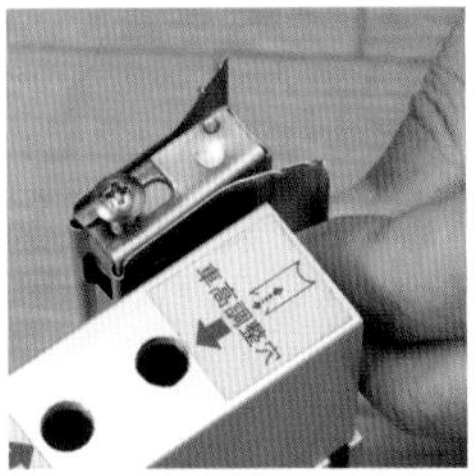

はめ込み式戸車は、型枠の車高調整ネジ穴からドライバーを差し込んで調整できるように、調整ネジが外側に向くようにはめ込む

拡張式

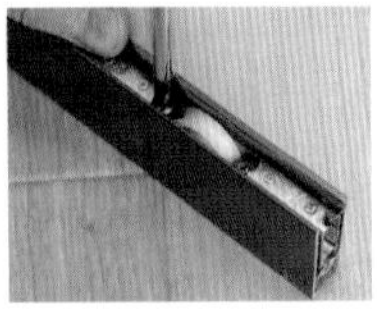

拡張式戸車は、装着したら幅調整ネジを回し幅を広げてミゾにフィットさせ（写真右）、車高調整ネジで高さを均等にする（写真左）。はめ込み式、拡張式いずれも表裏は決まってない

7 型枠を元に戻す

外した型枠は水平にして押し込むようにして元に戻してから、プラスドライバーを使い固定ネジで固定する。ネジはしっかり締めないとガタつきの原因になる

戸車の高さを調整

車高調整ネジを右に回すと上がり、左に回すと下がる。左右両側を調整すれば、窓全体が持ち上がる。古い戸車は潤滑油をスプレーするとよい

▼道具

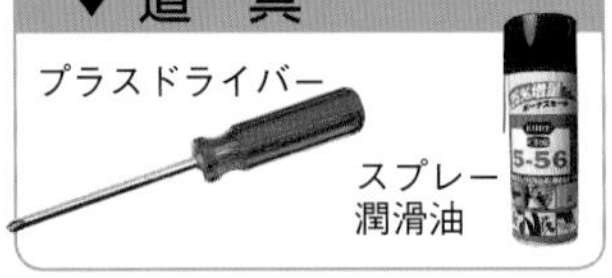

速効メンテナンス

❷ クレセント錠を調整する、交換する

クレセント錠を開け閉めするとき、ひっかかる感じでスムーズに動かないことがよくあります。クレセント錠は、少しゆるめに掛けられるようにするのがポイント。錠本体も受け金も、固定ネジをゆるめれば、位置の微調整が可能です。

クレセント錠本体の軸にガタつきが出た場合には、新しいものに交換しましょう。クレセント錠を交換するとき、古い錠のネジ2本をいっぺんに外してしまうと、サッシ内側の留め金が落下してしまうので、必ず先に外したネジで仮止めしてください。

クレセント錠の調整

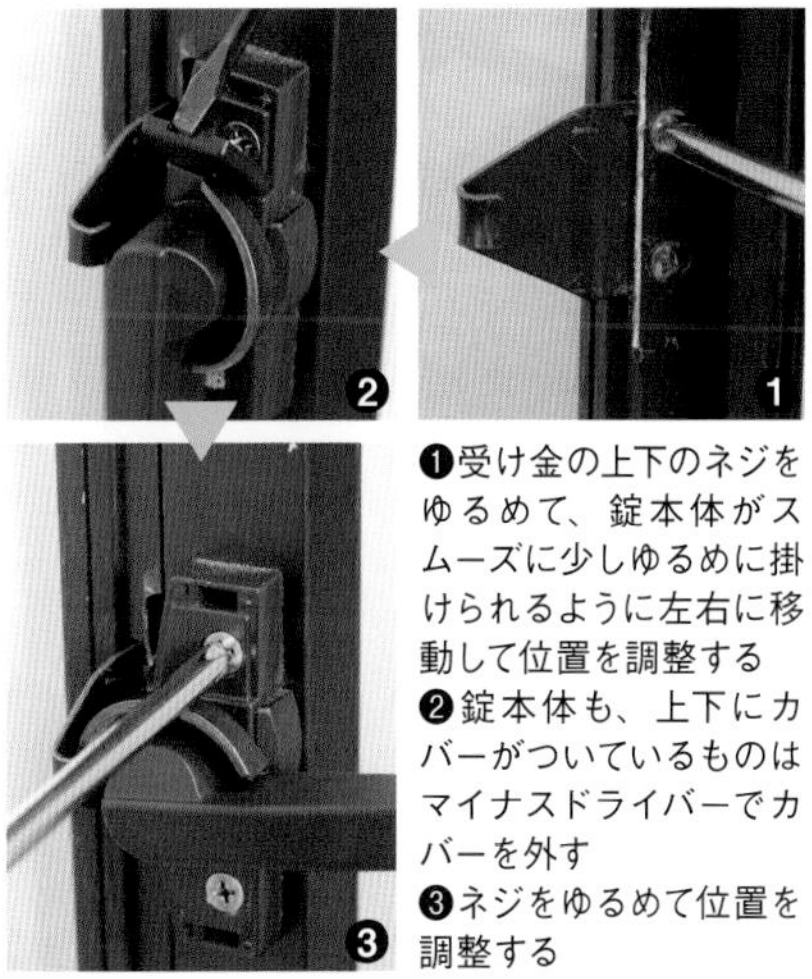

❶受け金の上下のネジをゆるめて、錠本体がスムーズに少しゆるめに掛けられるように左右に移動して位置を調整する
❷錠本体も、上下にカバーがついているものはマイナスドライバーでカバーを外す
❸ネジをゆるめて位置を調整する

クレセント錠の交換

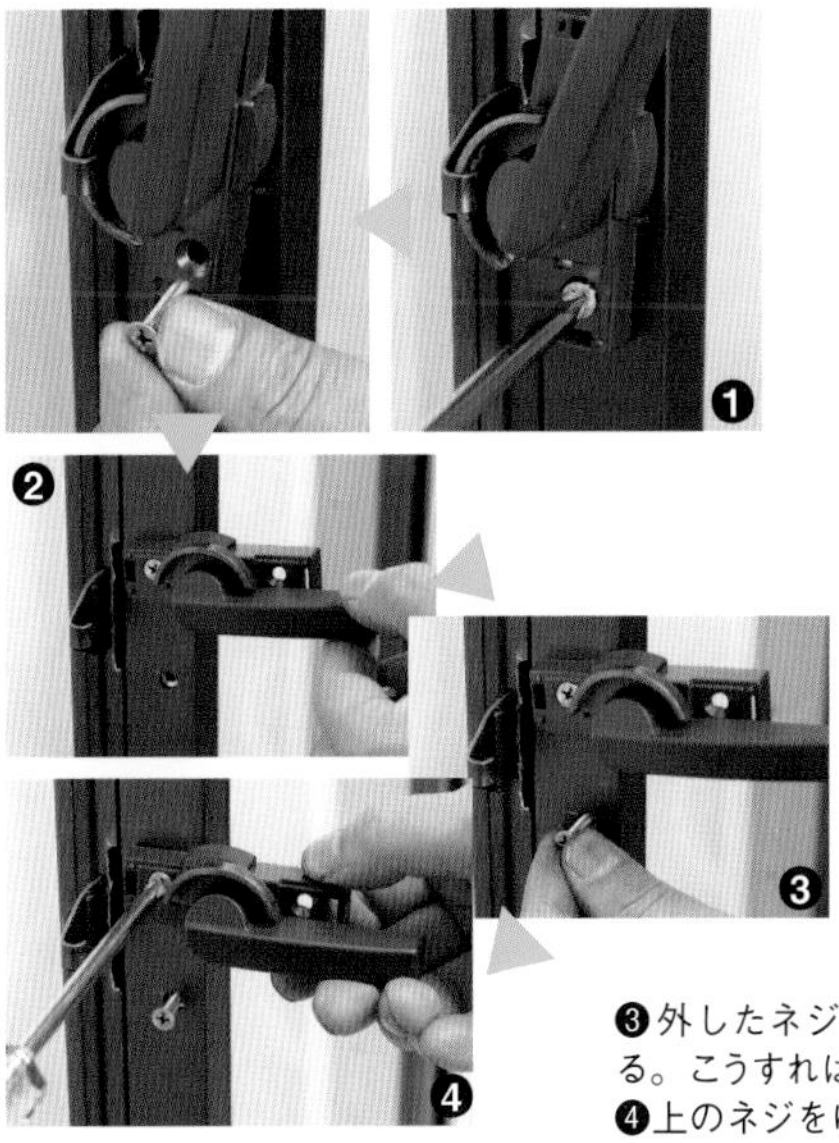

❶クレセント錠本体の下のネジをゆるめて外す
❷上のネジを少しゆるめ、クレセント錠の下の部分を手前に持ち上げる
❸外したネジを下のネジ穴にはめる。こうすれば留め金が落下しない
❹上のネジをゆるめて、古いクレセント錠を取り外す。新しいクレセント錠を、上のネジで仮止めし、はめ込んであった下のネジを外して止め、上下のネジを締めて固定する

▼道具

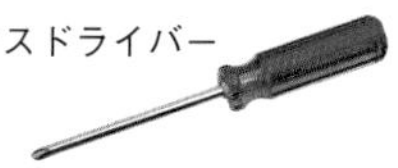

速効メンテナンス

❸ 結露対策に断熱フィルムを貼る

結露はサッシの窓を傷め、ゴムパッキンにもカビを発生させて黒ずませたりします。結露対策としては、市販されている水の吸い取りテープを貼る方法のほか、料理で煮炊きするときは換気扇を回したり、浴室の湯気が他に流れないようにしたり、エアコンをドライ運転すればかなり防ぐことができます。ここでは、窓に断熱フィルムを張る方法を紹介しましょう。

❶ 窓枠のサイズを測る

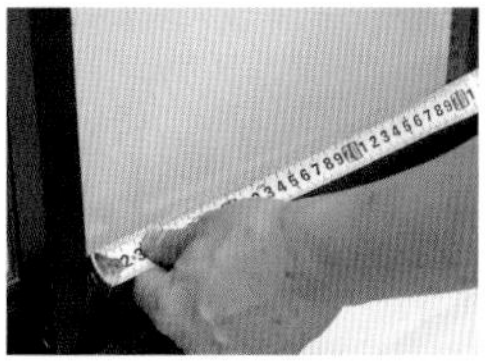

窓枠のサイズを測る。このとき、1か所ではなく、上中下の3か所で測るとより正確になる

❷ フィルムをカットする

測ったサイズ通りに断熱フィルムをカットすれば、サッシ窓を外さなくても張る作業はしやすい

❸ ガラスの汚れを取る

フィルムを張る面に水溶液（水200ccに中性洗剤2、3滴）を吹き付けて汚れを落とす

❹ 裏紙をはがす

フィルムと裏紙（粘着シート）の角にセロテープを貼って引っ張ると、裏紙をはがしやすい

❺ フィルム裏面に水溶液を吹きかける

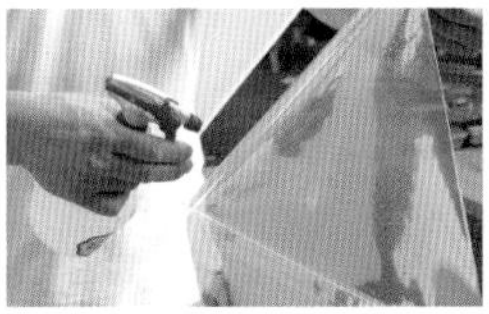

裏紙を少しずつはがしながら、フィルム裏面に水溶液を吹きかける。裏紙をすべてはがしたら、もう一度水溶液を吹きかける

❻ ガラス面に水溶液を吹きかける

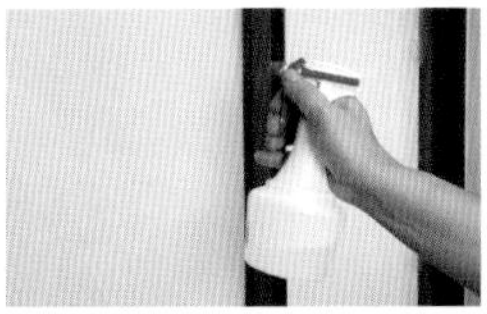

ガラス面にも、霧吹きで同じ水溶液をたっぷりと吹きかける。フィルムを貼るとき、すべらせて位置を微調整する作業をしやすくするためだ

❼ フィルムをガラス面に貼る

カットしないフィルムの辺の直線を活かすと垂直に張りやすい。水や空気を逃がすため、窓枠とフィルムは2、3㎜あける

❽ シワを伸ばす

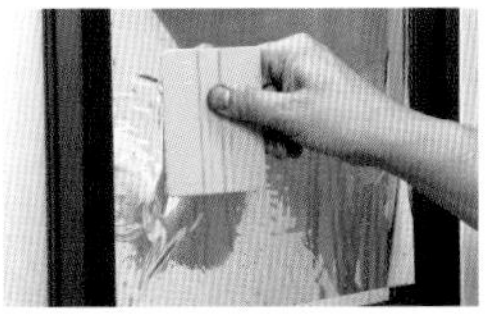

水溶液を吹きかけながら、中心から上下左右に窓拭き用ヘラでなでる。シワの空気や水はカッターの刃先で穴を開けて逃がす

▼道具

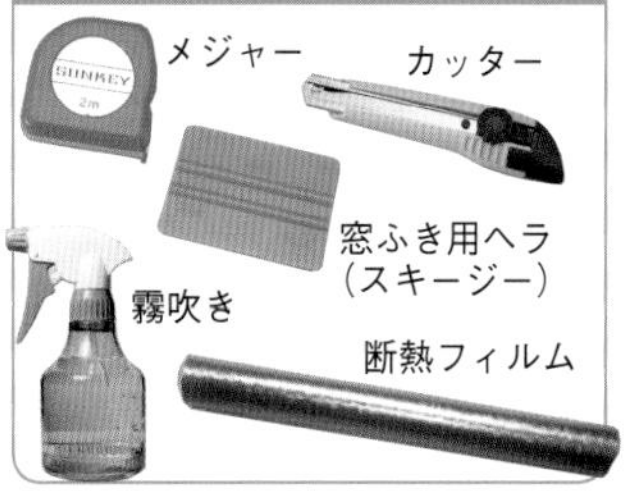

01 窓用フィルムを貼る

簡単な貼り付けでプライバシーを守る

窓ガラスの飛び散りと家具の色あせ防止にも効果を発揮

窓辺にサンサンと射し込むお日様は気持ちのいいもの。かといって、カーテンの開けっ放しは部屋が丸見え。一般にはあまり知られていませんが、カーテンと違って光をさえぎらず、外からは部屋の中が見えないようにしてくれるスグレモノが窓用フィルム。しかも、目隠し効果だけでなく、割れたガラスの飛び散り防止にも効果を発揮。

　窓用フィルムは種類も豊富。紫外線カット専用タイプを貼れば家具やカーペットの色あせを防ぐこともできます。また、ステンドグラス風など、インテリア効果の高い柄もあります。なお、基本的にひとりでもできますが、ふたりで貼れば作業がさらにスムーズです。

下準備をする

01 ガラスの汚れを落とす

水200ccに対して中性洗剤0.2cc（約2～3滴）を入れた水溶液を作る。これを窓に吹き付け、まず汚れを落とす

錠側から窓枠に向かってゴムベラを水平に動かし汚れをいったん端に寄せる。次にゴムベラで汚れを下にためる。窓の上部から一列ずつ、2～3度行う

Point

ゴムパッキンの汚れは水流で落とそう！

霧吹きの口を「ストレート（または強）」にして水圧で汚れをはじき出す。切り替えができない場合、数回同じ場所に吹き付けて汚れを落とす

02 窓枠の寸法を測る

フィルムを貼るガラス面のサイズを測る。フィルムはガラス面より1～2cm長いサイズを目安にする

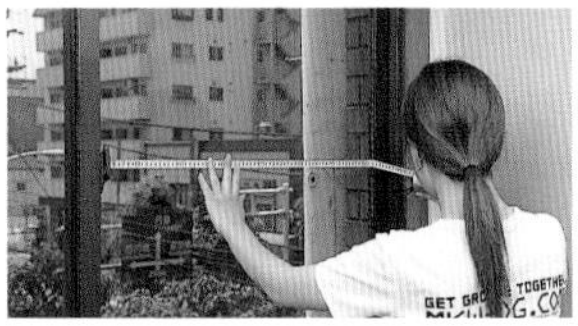

03 フィルムを裁断する

フィルムは巻き癖がついてるので端に重しを乗せて切るといい。逆巻きにして伸ばすのは折れる原因

▼道　具

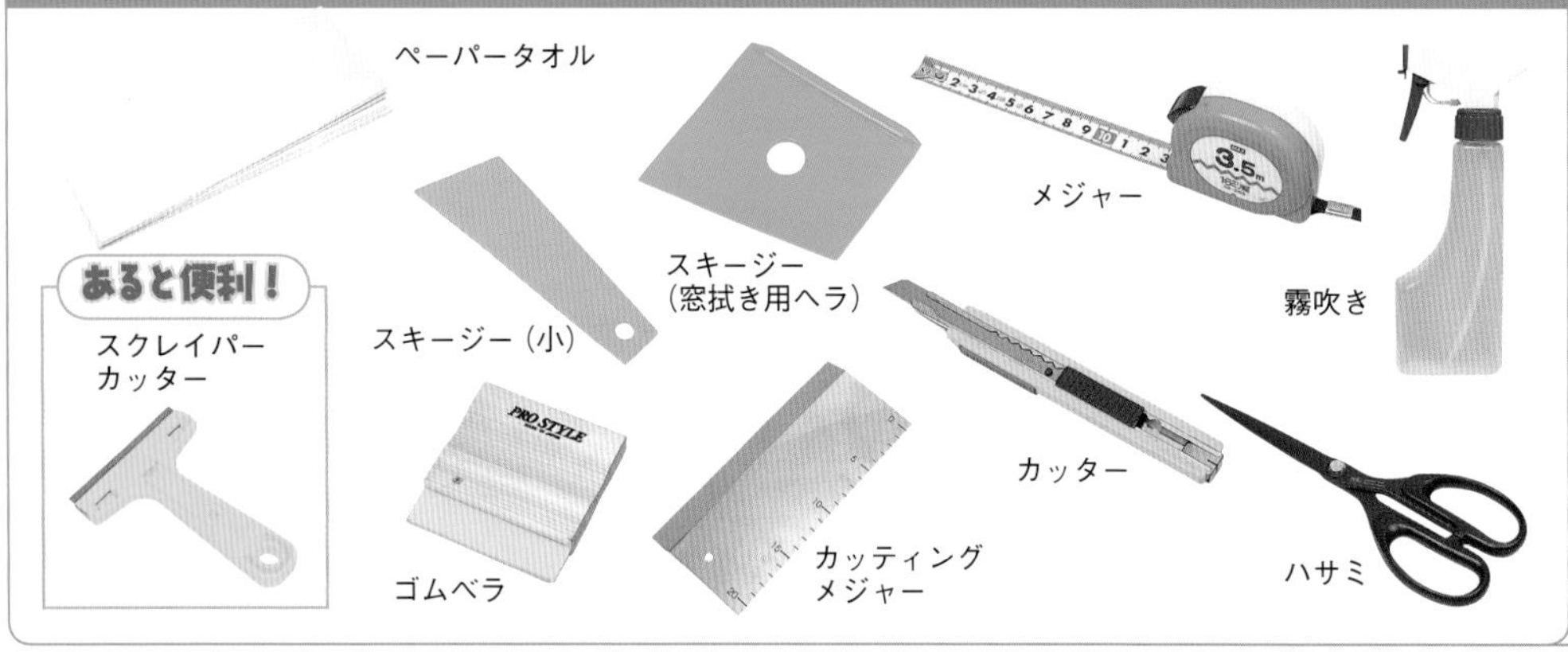

▼DATA

コスト…………………… ¥¥

手間……………………

技術……………………

04 フィルムに水分を含ませる

フィルムを少しずつはがしながら裏側の面に霧吹きで水溶液をかける

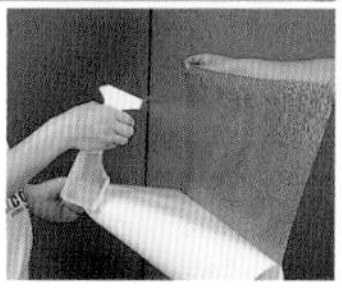

フィルムにまんべんなく霧吹きをする。ふたりで作業するとやりやすい

Point
セロハンテープで簡単にはがせる！

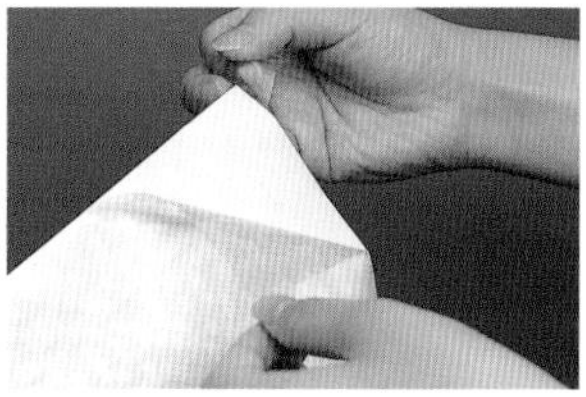

裏紙がはがれにくい場合は、フィルムと裏紙にテープを貼って引っ張る

05 フィルムを貼る

ガラスに水溶液を吹きつけ、フィルムを貼る。錠側の窓枠に合わせるとまっすぐに貼ることができる。また、フィルムの一番端は、初めからきっちり直線が出ているので、この直線を活かすとさらに垂直が出てズレが少なくなる。水、空気の逃げ道を作るために窓枠から1～2㎜離すこと

06 水と空気を抜く

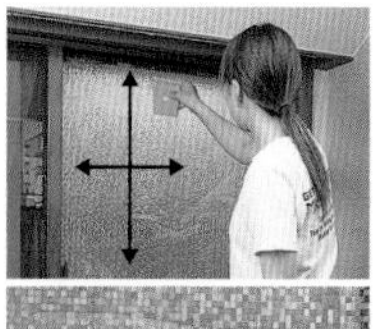

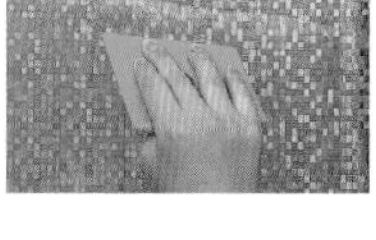

フィルム表面に水溶液を吹きかけ、スキージーを窓の中心から上下左右になでるように動かし、水と空気を押し出してフィルムを貼る。シワを残さないよう、まんべんなく押しなでる

07 窓のサイズにフィルムを合わせる

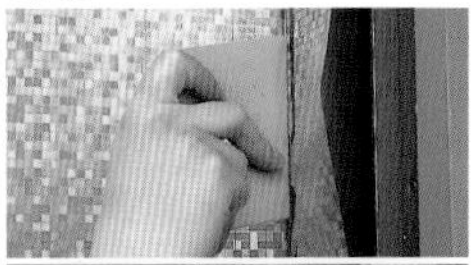

フィルムの上からスキージーをパッキンに押しあて、カットする部分に筋を作る。フィルムのだぶついた隅を斜めに切ると作業がしやすくなる

08 余分なフィルムを切る

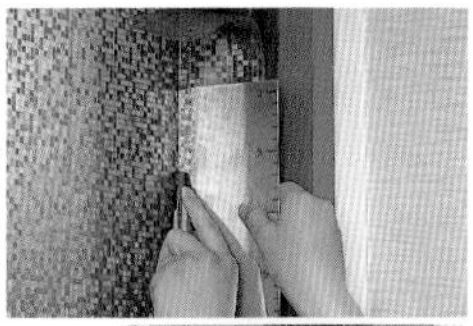

カッティングメジャーをパッキンにあてて切る。一気に切れば仕上がりがきれい

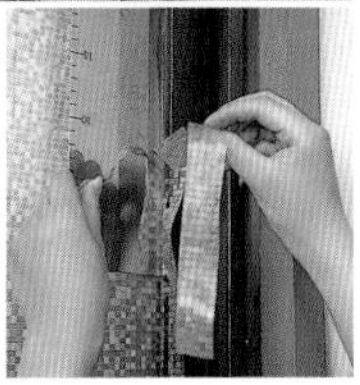

切ったフィルムをはがすときはカッティングメジャーを添えること。フィルムの引きちぎりを防ぐことができるほか、切り残しも発見できる

09 フィルムを完全に貼り込む

再びフィルムに水溶液をかけて、スキージーで水と空気を抜く。錠の部分は小さいサイズのスキージーを使うと作業しやすい。また、窓枠についた水分はペーパータオルなど繊維が残らないもので拭く。完全に密着したら柔らかいタオルでフィルムをきれいに拭く

Point
2枚並べて貼る場合は？

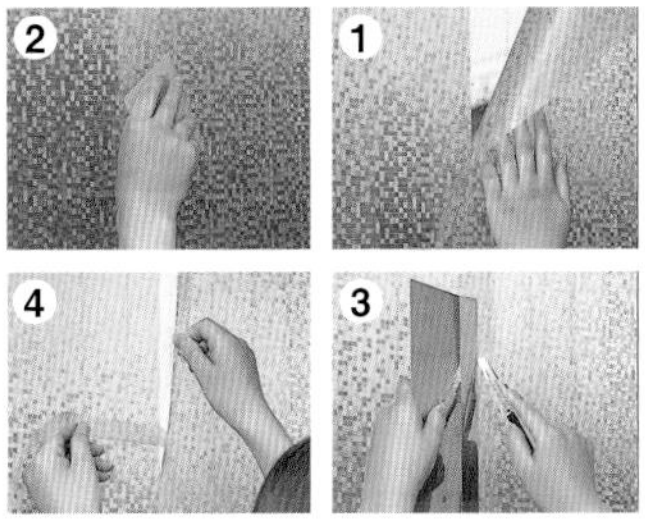

①2～3㎝重ねてフィルムを貼る。②次に、重なり合ったフィルムの上をスキージーでならして仮止めをする。③重なり部分の中央にカッティングメジャーをまっすぐに当て、フィルムを下まで切る。④切り取ったフィルムを下から順番に2枚はがし、合わせ目に水溶液をかけ、スキージーで水分と空気を抜くときれいに貼れる

Point
古いフィルムのはがしかた

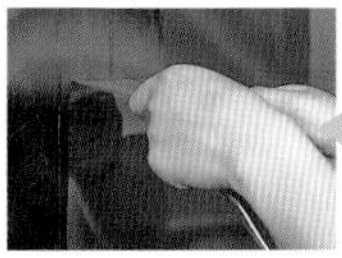

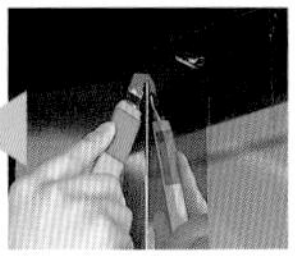

フィルムの上端を残し、約10㎝の幅で切れ目を入れる。面に対してフィルムを90度にし、ゆっくり引っ張るとうまくはがせる

頑固に付着したのりは、水と中性洗剤を1対1で混ぜた水溶液を吹き付け、放置した後、スクレイパーで削る

Catalog DIYリフォームにおすすめの窓用フィルム

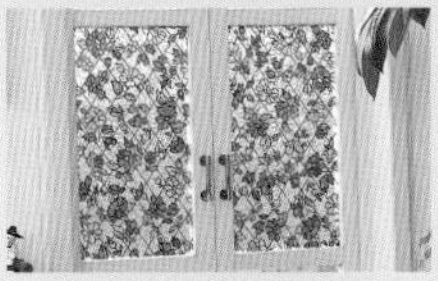

窓ガラスに貼るだけでステンドグラスに変身
ホームガラスメイト ステンドグラス（参考商品）

窓ガラスや家具のガラス面に貼るだけでステンドグラス調に早変わり

型ガラス調のフィルムでプライバシーを守る
ホームガラスメイト エンボスタイプ（参考商品）

貼るだけで目隠し効果とガラスの飛散防止効果がアップ

窓ガラスに貼るだけで紫外線や太陽光をカット！
クリアー＆ミラータイプ（参考商品）

クリアータイプは紫外線を、ミラータイプは太陽光をカット

02 カーテンレールの設置

取り付けカンタン、窓辺の雰囲気を変える

カーテンが引き立つ相性のいい一本を選ぼう

お気に入りのカーテンも、普通のカーテンレールに吊してるだけではちょっと味気ない。装飾カーテンレールは派手なリフォームアイテムではありませんが、イメチェン効果は大。しかも窓が大きく見えるという効果もあります。

取り付け前にひとつ注意したいのが、窓とのサイズ合わせ。長すぎる場合はノコギリでカットする必要があります。カーテンレールの種類は木製、ステンレス製などさまざま。部屋、カーテンとの相性を考えて選びます。

下準備をする

01 ブラインドを外す

すでに取り付けてあるブラインド、またはカーテンレールを外す

02 カーテンレールの寸法を窓に合わせる

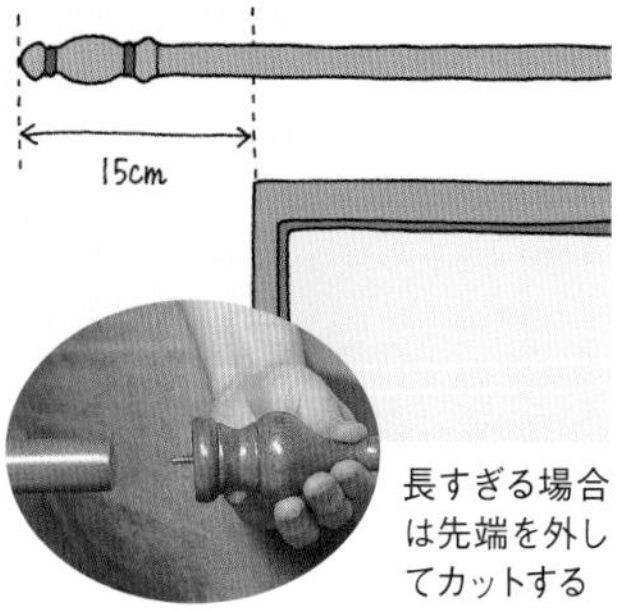

レールは窓枠の両端から15cmほど外側に出るくらいが丁度よくきれいに見える

長すぎる場合は先端を外してカットする

03 下地の場所を探す

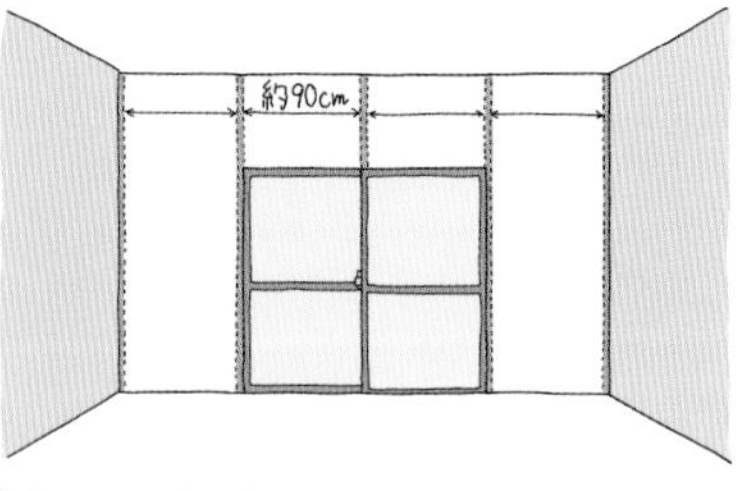

木ネジは下地に打ち込む。下地は一般的に窓枠から90cm間隔で並んでいる。壁を軽くたたくと音の変化で見つけられる

カーテンレールを取り付ける

04 ブラケットの位置を測る

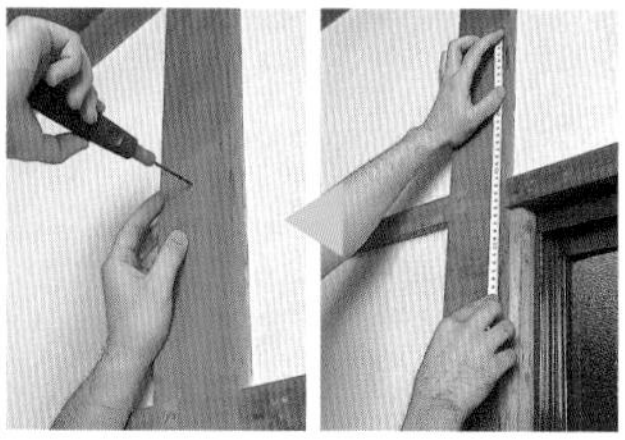

窓の高さプラス20cmが目安。取り付ける場所にキリで下穴をあける

05 レール取り付け用プレートを固定する

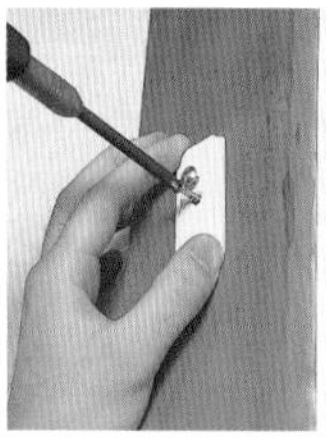

下穴に木ネジを入れて、レール取り付け用プレートを柱に固定する

▼道　具

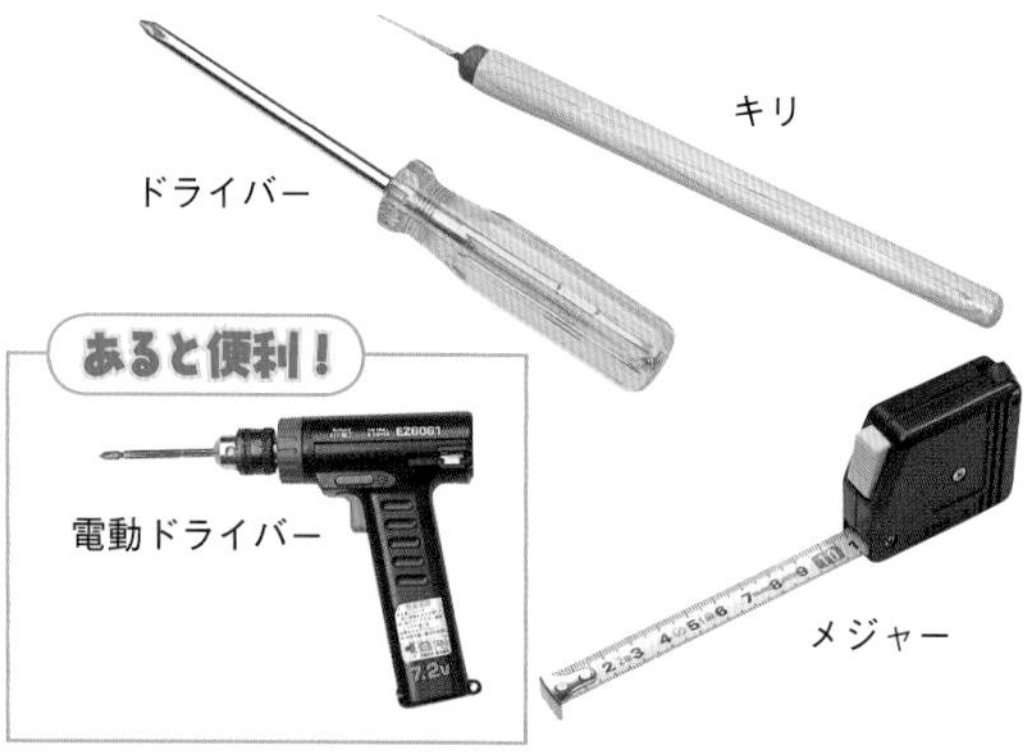

▼DATA

コスト……………………… ¥¥¥

手間……………………… 2

技術……………………… 1

06 ブラケットを取り付ける

レール取り付け用プレートにブラケットを取り付ける。両方のブラケットが平行になっているか確認する

07 レールランナーを入れる

カーテンレールの先端を外し、カーテンフックと同じ数のレールランナーをカーテンレールに入れる

08 レールを取り付ける

ブラケットにカーテンレールをのせる。カーテンレールが水平でない場合、ブラケットを動かせば微調整できる

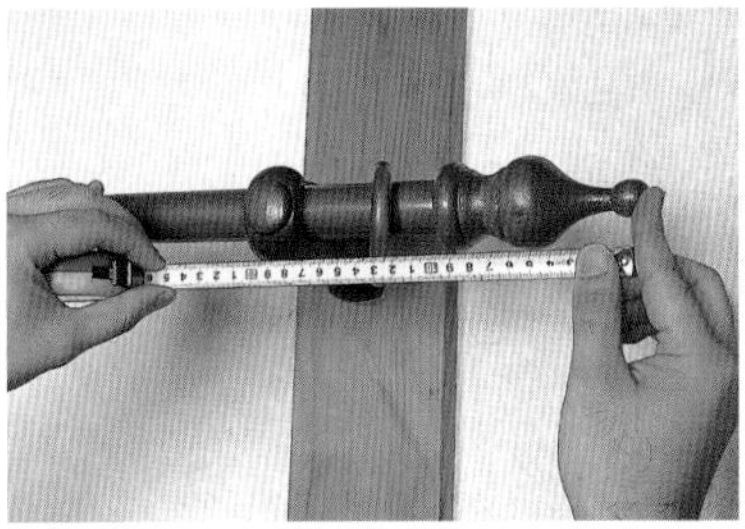

両端にレールランナーを1個ずつ残してカーテンのエンド部分を作る。両端が均等な長さになっているか確認

09 ブラケットを固定する

ブラケットにカーテンレールをのせたら、木ネジを通すネジ穴にキリを入れて下穴を開ける。下穴が開いたら木ネジでブラケットとカーテンレールを固定する

10 カーテンを取り付ける

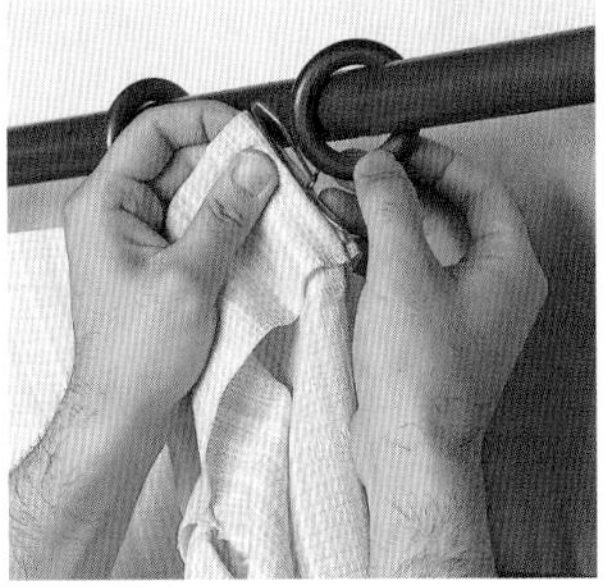

カーテンにカーテンフックをつけ、レールランナーに取り付ける。フックはAタイプを使用

Aタイプはカーテンがぶら下がる格好になり、レールを見せられる

11 ふさかけを取り付けて完成

タッセル（カーテンを束ねるためのストラップ）の位置を決め、それに合わせふさかけを固定する。汚れや油分を取り除き、平らな面を選んで固定すること

Catalog DIYリフォームにおすすめのカーテンレール

重厚なデザインで窓辺にアクセントをつける
トーソー／アート・スミス

アイアンのカーテンレールが伝統を感じさせる。独特の重厚感が窓辺にアクセントをつける

真ちゅうのカーテンレール硬質な輝きが魅力
トーソー／ニース28

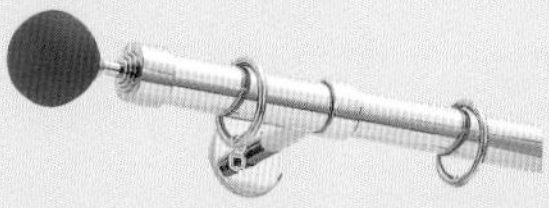

透明感のあるガラスキャップと真ちゅうポールの素材を使い、窓辺をモダンに演出する

カーテンの走行性に優れた木目調装飾レール
タチカワブラインド／装飾カーテンレールDW-A

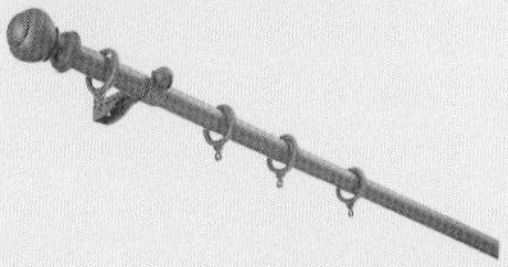

一般カーテンレールのランナーを使用することで、カーテンの開閉がスムーズに。シングル正面付けセット

天然木を使用して暖かい質感を演出
ユニテックパロマ／天樹

天然木をレールに使用し、暖かい質感が魅力的。表面も室内に調和しやすい高級感ある家具調に仕上げている

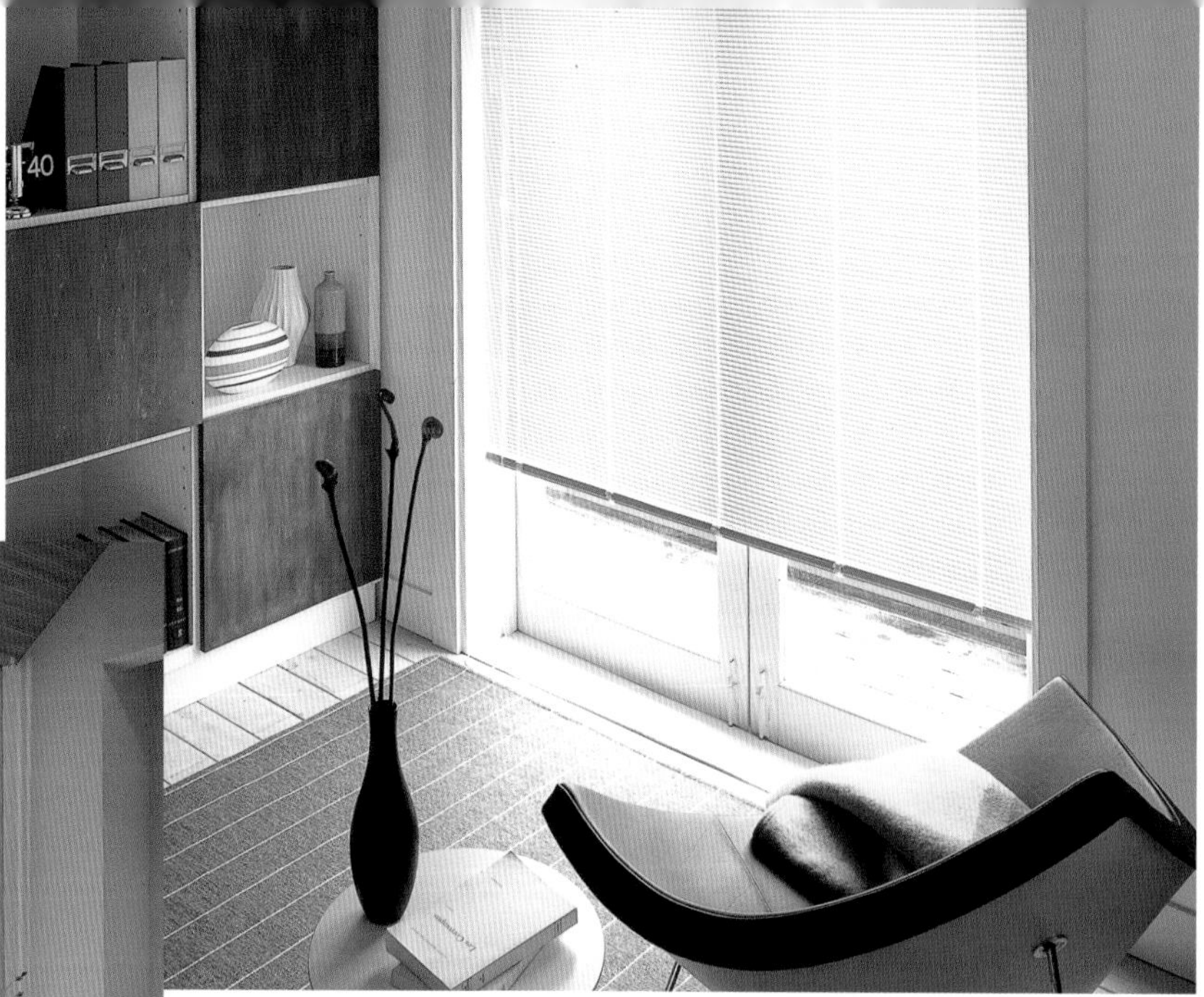

ブラインド

ロールスクリーン

03 ブラインド・ロールスクリーンの設置

採光や風の調整が自由自在にできる

豊富なバリエーションで自分好みのアレンジが可能

窓辺のイメージチェンジというとカーテン交換が一般的ですが、思い切ってブラインドやロールスクリーンに替えてしまう方がイメチェン効果は大。機能性のアップも期待できます。

ブラインドの場合、目隠し効果に加え、光量調節ができるのがメリット。カーテン同様、断熱性や通風性にも優れています。基本は木ネジ止めですが、つっぱりタイプもあるのでリビングはもちろん、タイル貼りの浴室などにも取り付けられます。

ロールスクリーンの場合は見た目のスッキリ感が魅力です。使わないときは上部へたたみ込んでしまっておけるので、部屋をなるべく広く見せたいという人には、おすすめ。

取り付け作業はどちらもドライバー一本でOK。女性ひとりでも簡単にできます。窓は部屋面積に占める割合も大きく、視線も向きやすい場所。思い切ったイメージチェンジは部屋全体の雰囲気も変えてくれそうです。

Point

部屋の窓サイズをチェックしよう

幅	丈（cm）
45 ×	100
90 ×	140
130 ×	180
180 ×	200
200 ×	230

窓枠の寸法は、左の表にあるような5タイプが一般的。自宅の窓枠がホームセンターなどで販売されているブラインドのサイズに合わないときは、オーダーメイドという方法もある。オーダーメイドをした場合、注文してから約1週間から10日間で仕上がる

▼道　具

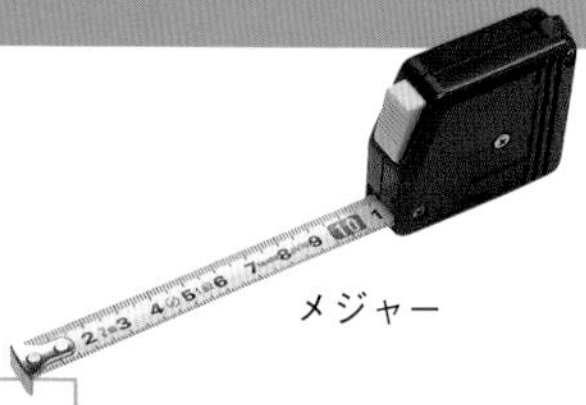

メジャー

あると便利！

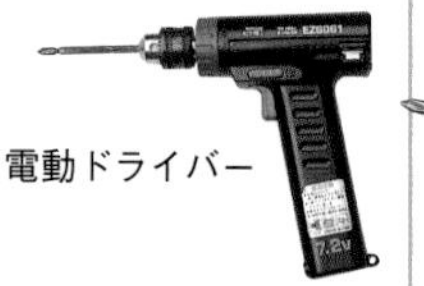

電動ドライバー

ドライバー

▼DATA

コスト……………………

手間……………………

技術……………………

下準備をする

01 カーテンレールを外す

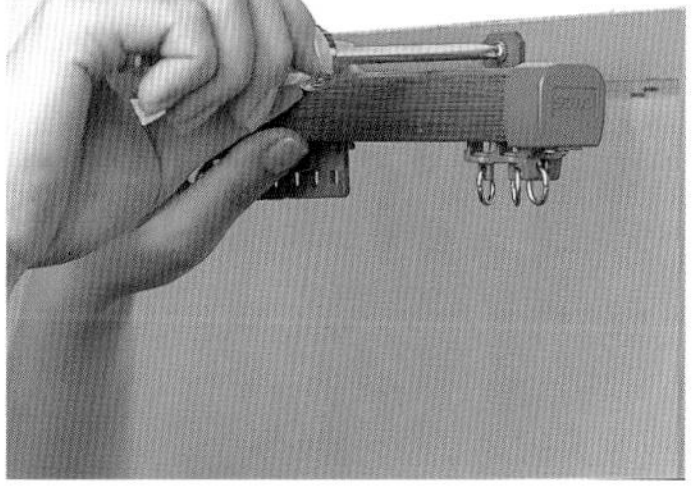

すでに取り付けてあるカーテンレールを外す。ドライバーを使うときは、木ネジに対してドライバーを垂直にまわすことに注意する

02 窓枠(内側)の寸法を測る

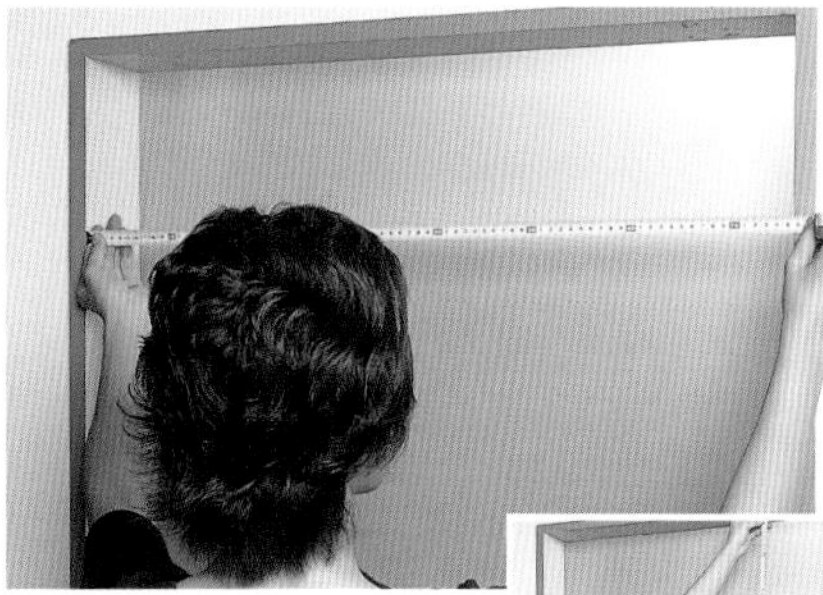
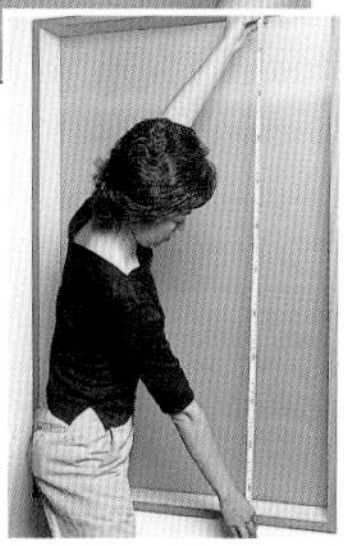

窓枠の内側寸法をメジャーで測る。ブラインドは内側への取り付けが普通。窓枠よりも幅・高さともに1cm短いサイズを目安にする

ブラインドを取り付ける

03 ブラケット(取り付け金具)の位置を決める

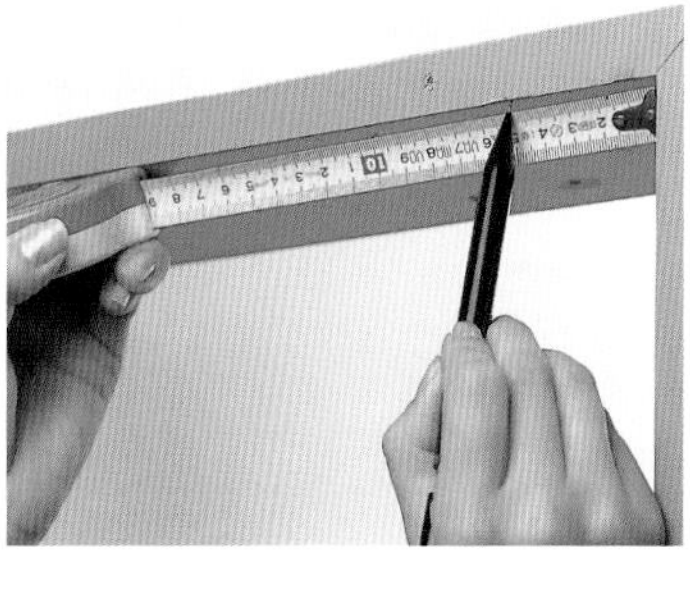

製品の説明書に記載されたブラケットの取り付け位置をメジャーで測る。取り付け位置が決まったら鉛筆でネジ穴の目印を付ける

04 ブラケットを取り付ける

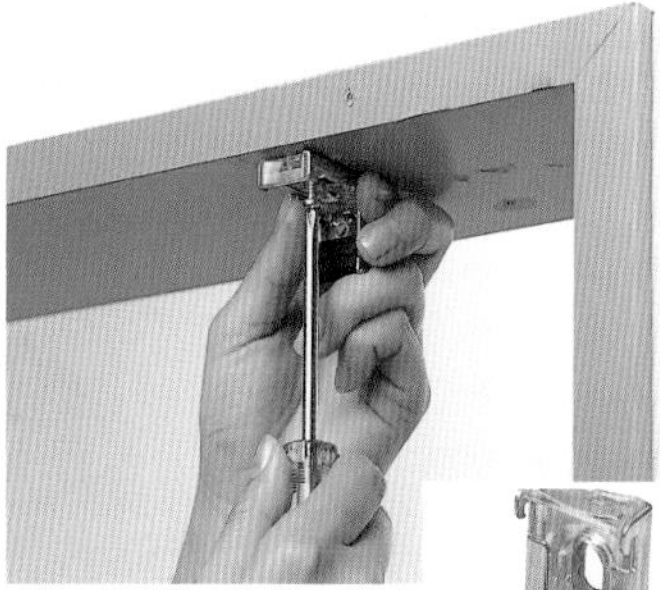

ブラケットをドライバーで窓枠に取り付ける。木ネジを取り付ける前に、キリで窓枠に少し穴を開けるとネジが回りやすい

ブラケットはブラインドに付属した専用のものを使うこと

05 ブラケットにブラインドをはめる

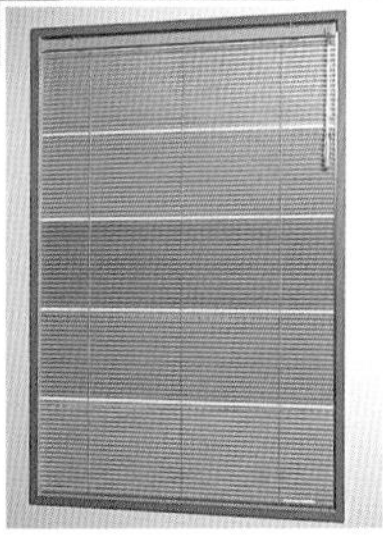

ブラケットを窓枠に取り付けたらブラインドをはめ込む。なるべく左右均等に力を入れる。メーカーによってはめ方が異なる場合もあるので事前に確認すること

ロールスクリーンを取り付ける

01 下準備をする

ロールスクリーンも前項で紹介したブラインドとまったく同じ手順で取り付けられる。重要なのは窓枠に合うサイズを用意すること。また、ハンドル式、チェーン式のどちらかに決める

02 ブランケットを取り付ける

ブラケットを取り付ける位置を決めてネジ留めする。前後左右の長さに気をつけ、曲がらないように注意して付ける

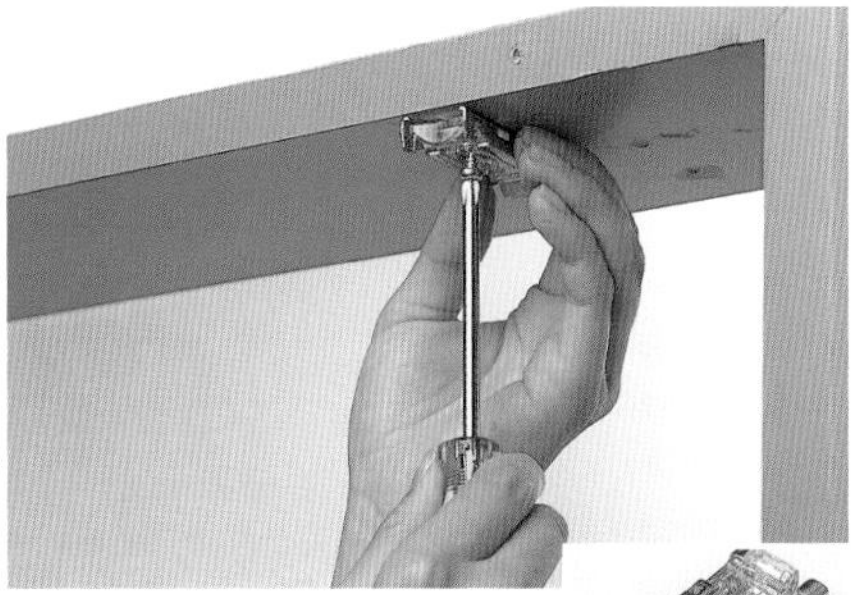

ロールスクリーンに付属した専用のブラケットを使用

ロールスクリーンを手のひら全体で包むように持ち、しっかりとブラケットにはめ込む。最後にスクリーンの動作を確認

Column

窓まわり リフォーム素材カタログ

光が差し込む窓辺の雰囲気は部屋全体の印象を左右する大切なポイントです。カーテンやブラインドで上手に演出しましょう。また、紫外線をカットしたり、外から室内を見えなくしたりする機能性カーテンも人気があります。

カーテン

●クレアス　ローマンシェード　ダブルタイプ　タチカワブラインド

2枚の生地をコンパクトに1台に納めたタイプ。生地の風合いを生かしておしゃれな窓辺に

●55,080円～(幅180×高180の場合)

●クレアス　パネルカーテン　タチカワブラインド

パネル状の生地をバトンで開閉。生地の付け外しも簡単で、ウォッシャブル生地なら洗濯も可

●38,800円～(幅180×高180の場合)

ブラインド

●クレール／ニチベイ

天然木でつくられた表情のあるブラインド。木の素材を生かす全14色のバリエーション

●82,700円～(幅180×高180の場合)

●アルペジオ／ニチベイ

窓の開放感を損なわないスタイル。三角形の傾斜窓にも対応するなど使い方は自由自在

●29,800円～(幅180×高180の場合)

すだれ

●障子風すだれ／東急ハンズ渋谷店

付属の金具でカーテンレールや天井にも取り付け可能

●1,980円 ●幅88×高180㎝

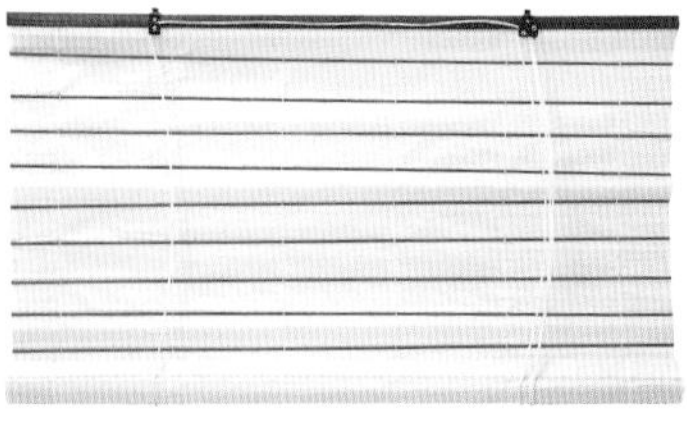

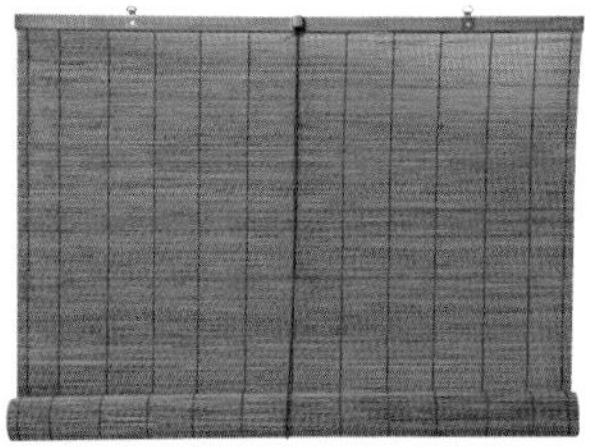

●ナチュラルインテリア　東急ハンズ渋谷店

付属のヒモで巻き上げるすだれ。大きい窓には複数並べて使うのも良い

●3,980円 ●幅87×高175㎝

ロールスクリーン

●ソフィー　バスタイプ　ニチベイ

抗カビ加工を施した清潔感のあるロールスクリーン。バス、トイレなど水まわりで大活躍

●31,800円～(幅180×高180の場合)

窓用シート

●窓辺のハーモニー　アサヒペン

裏紙をはがしてサッと貼るだけ。気泡も残りにくい構造。ガラスに貼れば割れにくくなる

●2,000円 ●46×180㎝/92×90㎝

Part 5

ドア・建具をリフォームする

ドアやふすま、障子などの建具は、
年月によって自然と劣化する消耗品といえます。
定期的なメンテナンスの方法さえ身につけておけば、
いつまでも住まいを気持ちよく保つことができます。

◇◇

速効メンテナンス

1 丁番を調整する

丁番は蝶番（ちょうつがい）とも呼ばれ、ドアや扉を開閉させるための大切な金具。スムーズに動かなかったら、固定するネジを締めたりサビを取る等の調整が必要です。

丁番のネジを締め直す

ドアは、毎日の開け閉めや、強風などで勢いよく開いたときに丁番のネジがゆるんで、きちんと閉まらなくなることがよくある。すべての丁番のネジがゆるんでいないかを1本ずつ順にチェックし、ゆるんでいたら締め直すことで解決することが多い。ネジがきかない箇所は、埋め木する（コラム参照）

丁番に潤滑油を吹き付ける

ドアを開け閉めしたときに「ギーッ!」というきしむ音がしたら、丁番のサビや汚れによるすべりの悪さが原因。サビや汚れを落とし、軸に潤滑油をスプレーすれば解消する

▼道　具

Point

鉛筆の芯の粉を使うのが裏ワザ

カギがカギ穴にスーッと入らなかったり抜けなくなったとき、専用の潤滑剤を除いて、スプレー潤滑油やミシン油といったオイルをカギ穴にさすことは絶対に避けましょう。ホコリや砂などが付着しやすくなり、かえって逆効果です。

鉛筆の芯を削って粉にしたものをカギに付けて、くり返し抜き差しをするとスムーズになります。ぜひ、お試しを。

Point

丁番のネジがきかなくなったら、埋め木する

下地が木の場合、ネジがきかなくなったら、同じ径で少し長めのネジに交換して試してみるか、そのネジ穴に割りばしで埋め木をするとよいでしょう。
（小さい穴の場合、P125を参照）

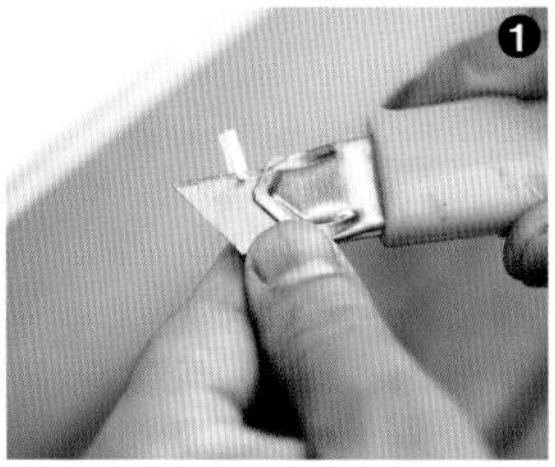

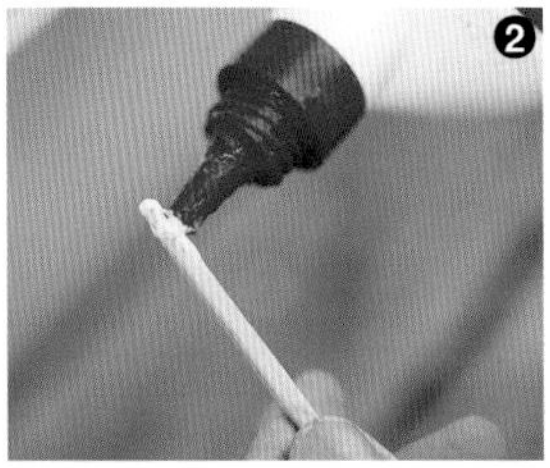

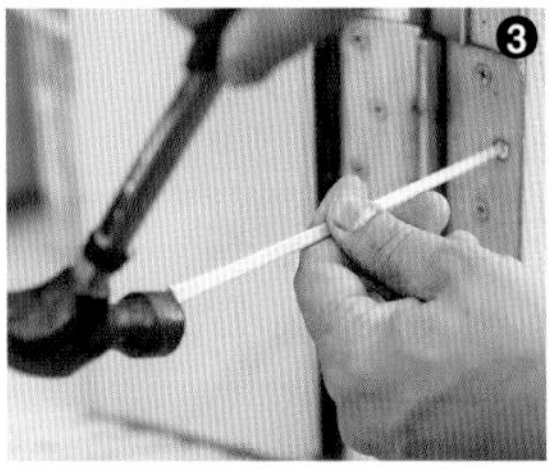

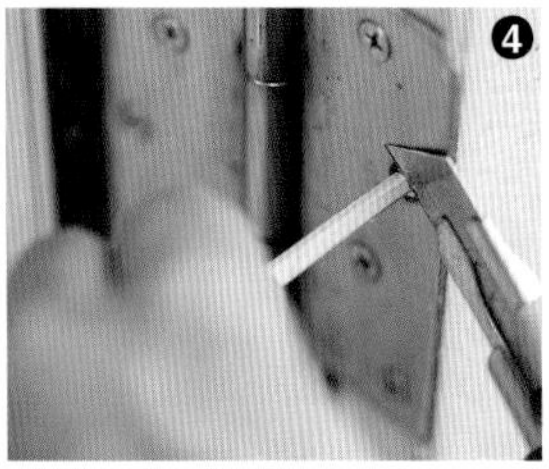

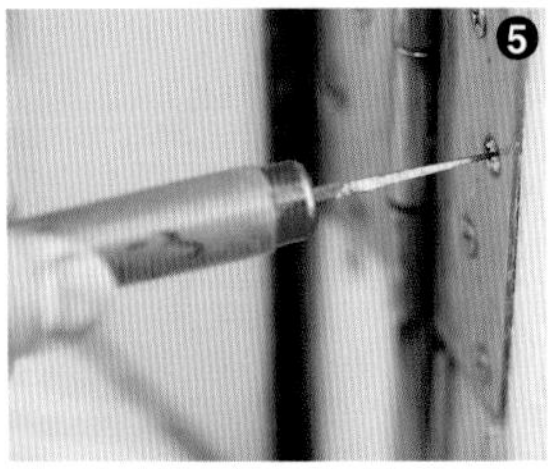

❶ネジ穴に奥深く入るように、同じ径になるまで割りばしを削る
❷割りばしの先に木工用接着剤を付ける
❸ネジ穴に差し込み、カナヅチでたたきながら奥深く埋める
❹表面ギリギリのところで割りばしをカッターで切り落とす
❺キリで割りばしの中央に下穴を開ける。接着剤が乾いたら、ネジを締め直す

速効メンテナンス

2 ドアノブの裏金のネジを締め直す

ドアノブがガタつくのは、ドアノブをドアに固定している丸座裏金のネジがゆるんでいることが考えられます。丸座をはずしてネジを締めれば、間違いなく解消します。

▼道　具

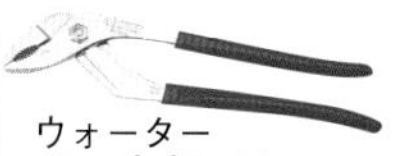
ウォーター
ポンププライヤー

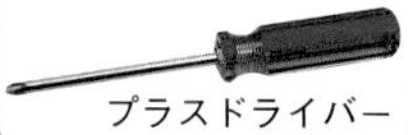
プラスドライバー

❶ 丸座を外す

ドア内側のドアノブと丸座を左に回す。固くて動かないときは、ウォーターポンププライヤーではさんで回す

❷ ドアノブを外す

ドアノブをドアから取り外す。ドアノブと丸座が一体型となっているものと、別々になっているものがある

❸ 裏金のネジを締める

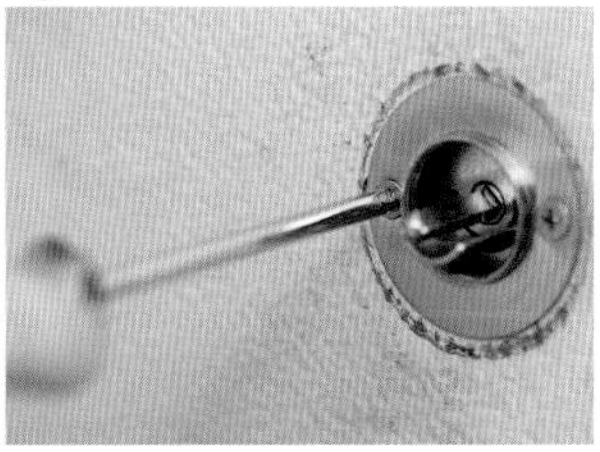
ドアノブがガタつくのは、丸座の裏金ネジがゆるんでいるのが原因なので、ドライバーで締め直す

❹ 丸座を取り付ける

サムターン（カギを閉めるつまみ）を横向きにしたとき、デッドボルトが飛び出す（カギが閉まる状態になる）ことを確認してからドアノブと丸座を戻し、右に回して締める

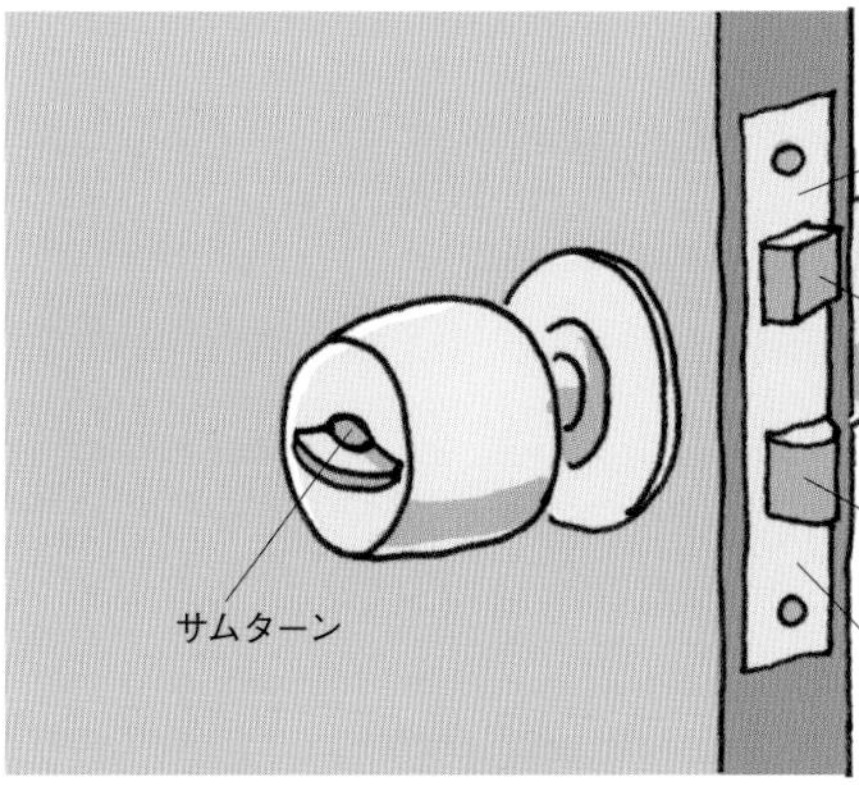

速効メンテナンス

3 ドアノブを交換する

ドアノブの交換は、現在ドアに付いているものを持参して同じタイプを購入し、取り外すときの逆の手順で取り付けましょう。

●円筒錠

キリを穴に差し込みストッパーを押しドアノブを外す

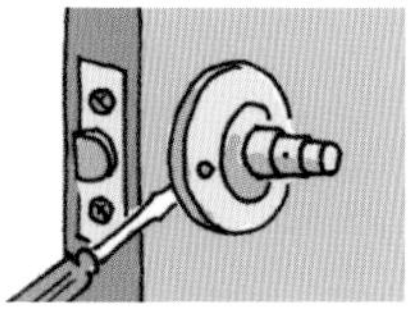
マイナスドライバーでこじ起こし丸座のカバーを外す

錠本体を外してから、フロント板のネジをゆるめてラッチを取り除く

●箱錠

丸座を反時計まわりに回してドアノブと丸座を外す

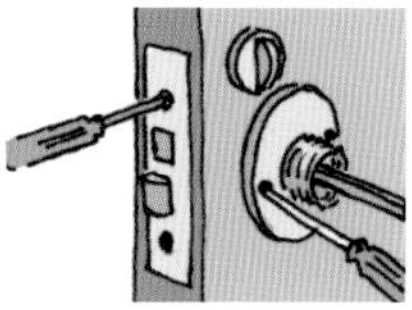
丸座の裏金を外し、外側のドアノブを回して外す

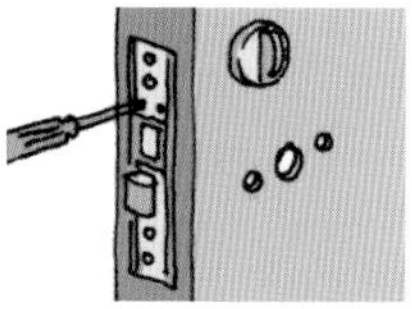
フロント板のネジをゆるめて、錠本体を取り外す

▼道　具

ウォーターポンププライヤー、プラスドライバー

●チューブラ錠

丸座の取り付けネジを外してドアノブを取り外す。フロント板のネジをゆるめて、錠本体を取り外す。一体型のものは箱錠と同じように外す

速効メンテナンス

4 ドアクローザーを調節する

「バターン！」と大きな音を立てて勢いよく閉まるドアはとても危険。ドアクローザーの調整ボルトで、ドアの閉まる速度は調整できます。

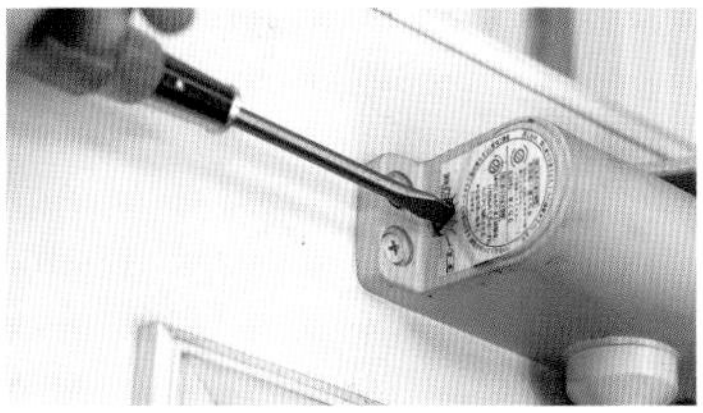
ドアが閉まる速度は、本体に付いている速度調整ボルトで調整できる。マイナスドライバーでゆるめる（左回し）と早くなり、締める（右回し）と遅くなる。4分の1程度回すだけで効果があるので回しすぎないこと

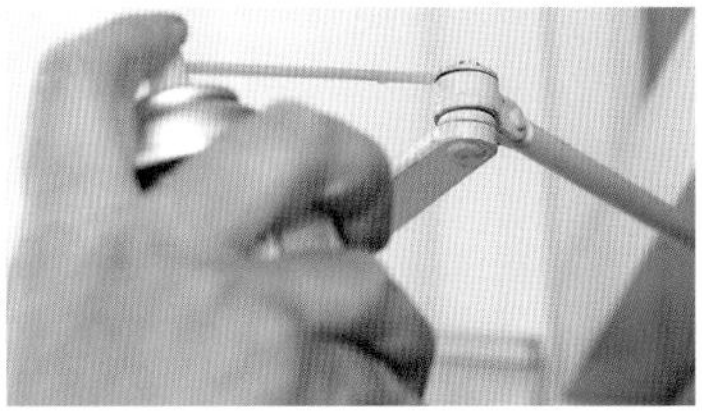
きしむときは、アームのV字部分に潤滑油をスプレーする。本体から油もれしているときは新品に交換を。“取り替え用”を購入すれば対応しやすい。もし鉄製ドアにネジ穴を開けるときは、できれば専門の業者に依頼する

▼道　具

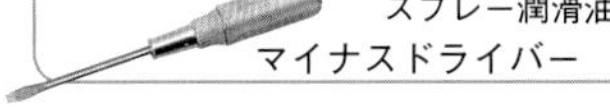

スプレー潤滑油
マイナスドライバー

速効メンテナンス 1 障子紙を全面張り替える

障子紙が破れていたり、日焼けで黄ばんだりホコリで黒ずんだりしていると、せっかくの和室のすがすがしさも台無しです。小さな穴であれば、その部分だけ貼り替えることもできますが、できればそれは応急処置と考えて、手間を惜しまず全面張り替えることをおすすめします。

❶ 桟を湿らせる

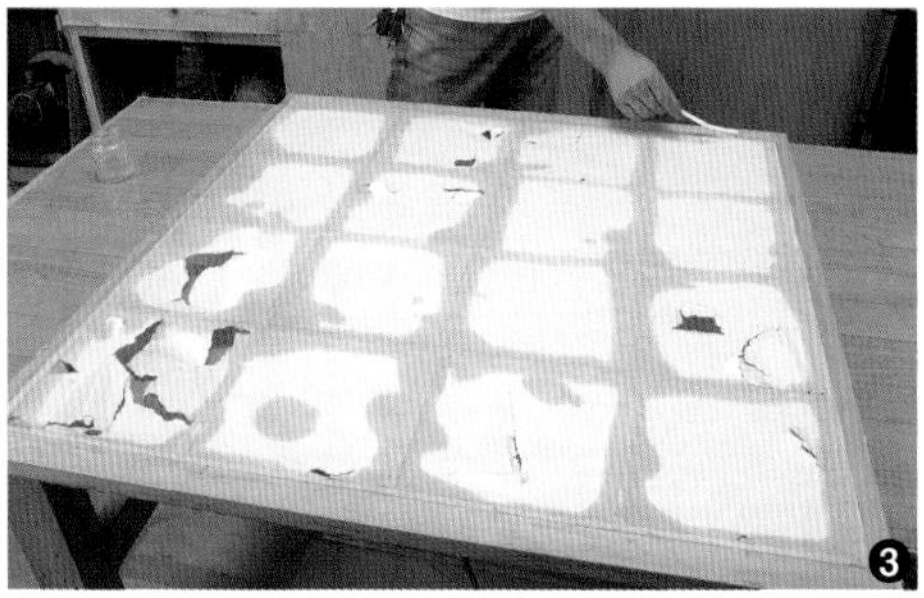

❶障子をのりが付いている面を上（裏返し）にして置く。床に置くときは、のりや水で汚れないように、新聞紙やシートを敷く。❷❸桟や枠ののりが付いている部分を、ブラシやスポンジを使ってお湯か水で湿らせる。桟や枠が劣化しやすいので、のりの付いていないところはできるだけ湿らせないこと

❷ 古い障子紙をはがす

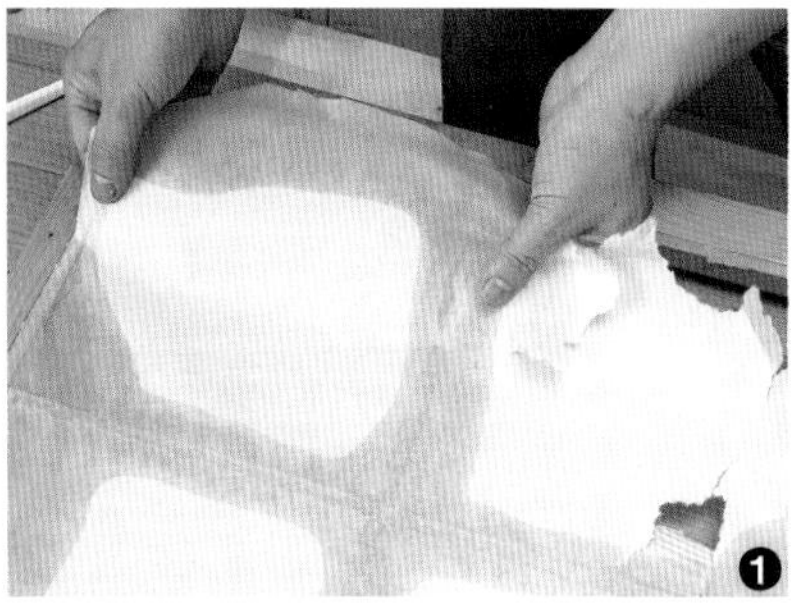

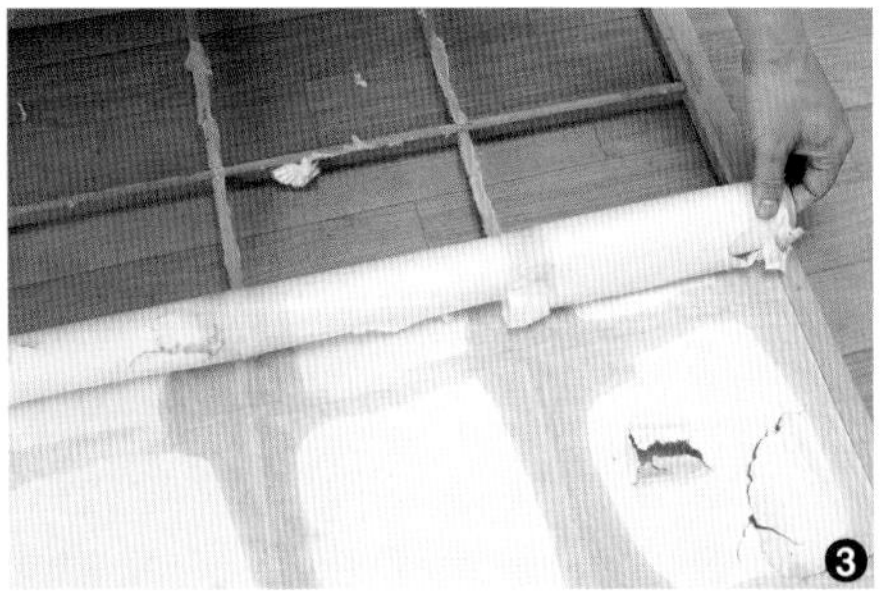

❶手前から少しずつ持ち上げるようにして、障子紙をはがしていく。❷❸ある程度はがしたら、ロール棒（あるいは新聞紙を丸めたもの）を転がしながらゆっくり巻き取っていくときれいにはがしやすい

❸ 桟の汚れを落とす

桟や枠に残ったのりは、プラスチックのヘラやブラシで入念に落とす。桟全体の汚れも濡れた布でよく拭き取る。白木漂白剤を使うと、桟のくすみ、日焼けの漂白に効果がある

❹ 障子紙を仮止めする

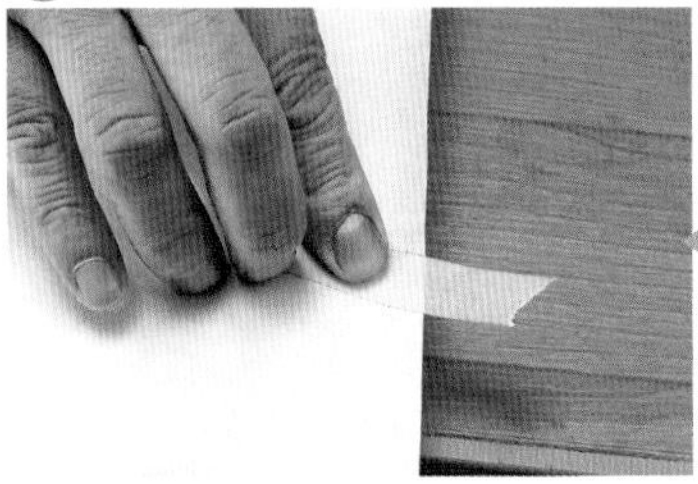

桟の小間寸法に合わせてカットする必要のない一枚張りの障子紙を用意する。張るスペースより一回り大きくカットし、一辺をセロテープやマスキングテープで枠に仮止めする

▶道具

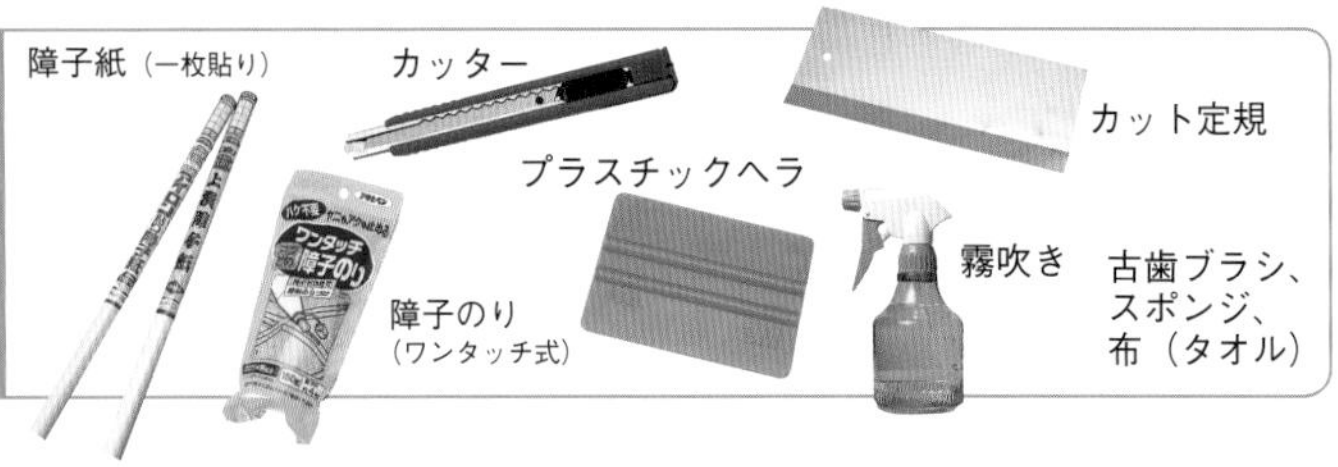

❺ 全体にのりを付ける

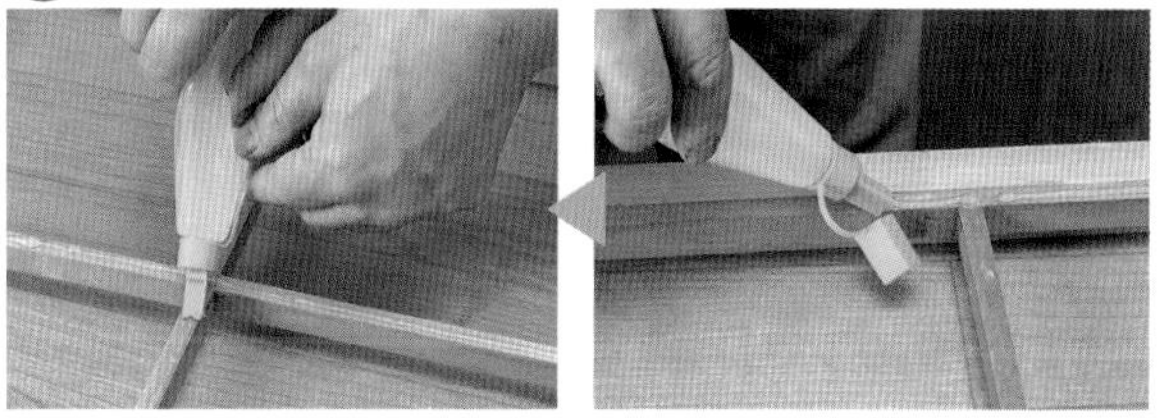

桟や枠をブラシなどでサッと湿らせてから、全体にのりを付ける。桟全体に均等に、周囲の枠部分は少し多めに付ける。桟や枠が乾いたままのりを付けると、水分が吸収されてのりが乾きやすく張る作業がしにくくなる。エアコンで乾燥した部屋での作業はできるだけ避ける

❻ 紙を張り指先でならす

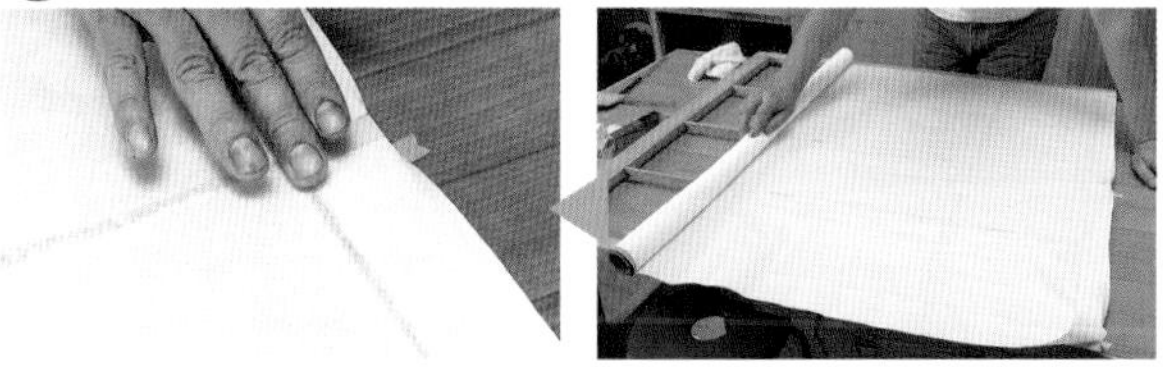

仮止めしてあった障子紙を、少し引っ張り気味にのばして桟の上にのせる。できれば、一人が一辺を押さえ、もう一人が一辺を引っ張ると、シワができにくく作業がしやすい。障子紙の上から、桟ののりが付いた部分を指先でならしながら、しっかりくっつける。シワがあったら、その部分の障子紙をいったんはがしてシワをのばしてから張り直す

❼ はみ出た紙をカットする

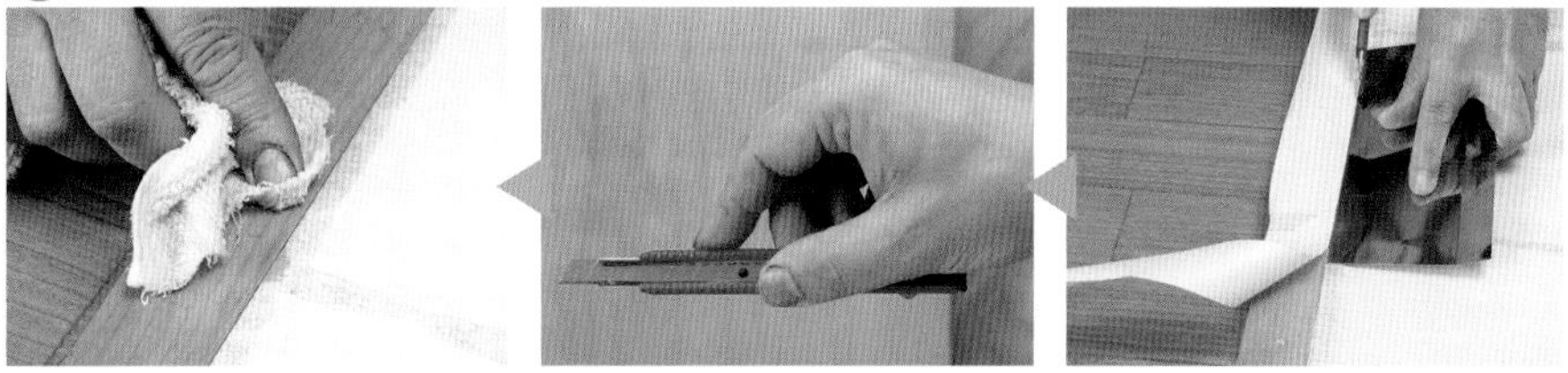

はみ出た障子紙は、カッターとカット定規（金属定規）で切り落とす。湿った紙をカットするときは、カッターの刃先をできるだけ寝かせるのがコツ。カッターの刃先は、カットを終えるまで枠にあてたまま、それをガイドにカット定規をずらしていくとまっすぐにカットできる。はみ出たのりは、ぬれた布で拭き取る

❽ 霧を吹いて日陰で乾燥

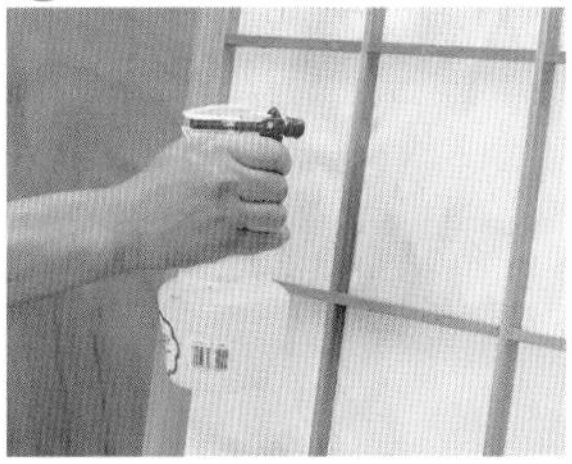

のりが乾いてからシワが出た場合、障子紙全体に霧を吹き、日陰で乾かす

速効メンテナンス ❷ 障子紙を一部張り替える

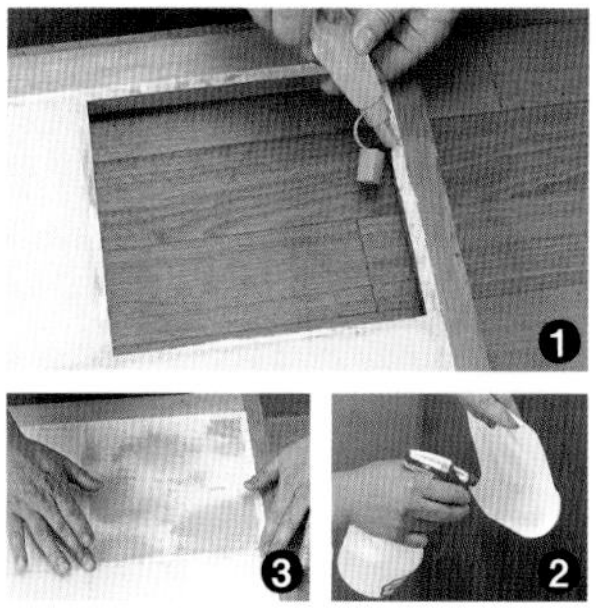

❶障子紙の大きな破れは、ひとマス分を張り替える。桟の四方にのりを付ける。❷ひとマスの大きさにカットした障子紙に霧を吹く。❸桟の上にのせて指先で軽くなぞり桟にくっつける。日陰で乾かす

▼道具

障子紙、障子のり、カッター、金属定規、霧吹き、障子補修用シール

Point

小さい穴は、障子紙補修用シールを貼る

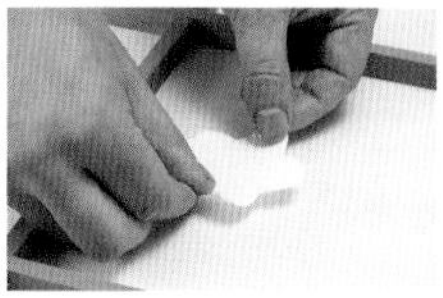

小さな穴は、障子補修用シールを貼ればふさぐことができる。1か所だけ貼るとそこだけ目立つので、破れていない箇所にも数か所貼るとよい

速効メンテナンス ❸ 桟のヒビ割れ折れを直す

障子を突き破って桟がヒビ割れたり欠けてしまうことがあります。でも接着したり一部を交換することで簡単に修復できます。

●折れた部分が残っている場合

ヒビ割れた桟は、木工用接着剤を割れ目につけて修復する。はみ出た接着剤を濡れた布できれいに拭き取ってから、バネクランプで挟んだりビニールヒモで縛って圧着する。乾けば元通りになる

●折れた部分が残っていない場合

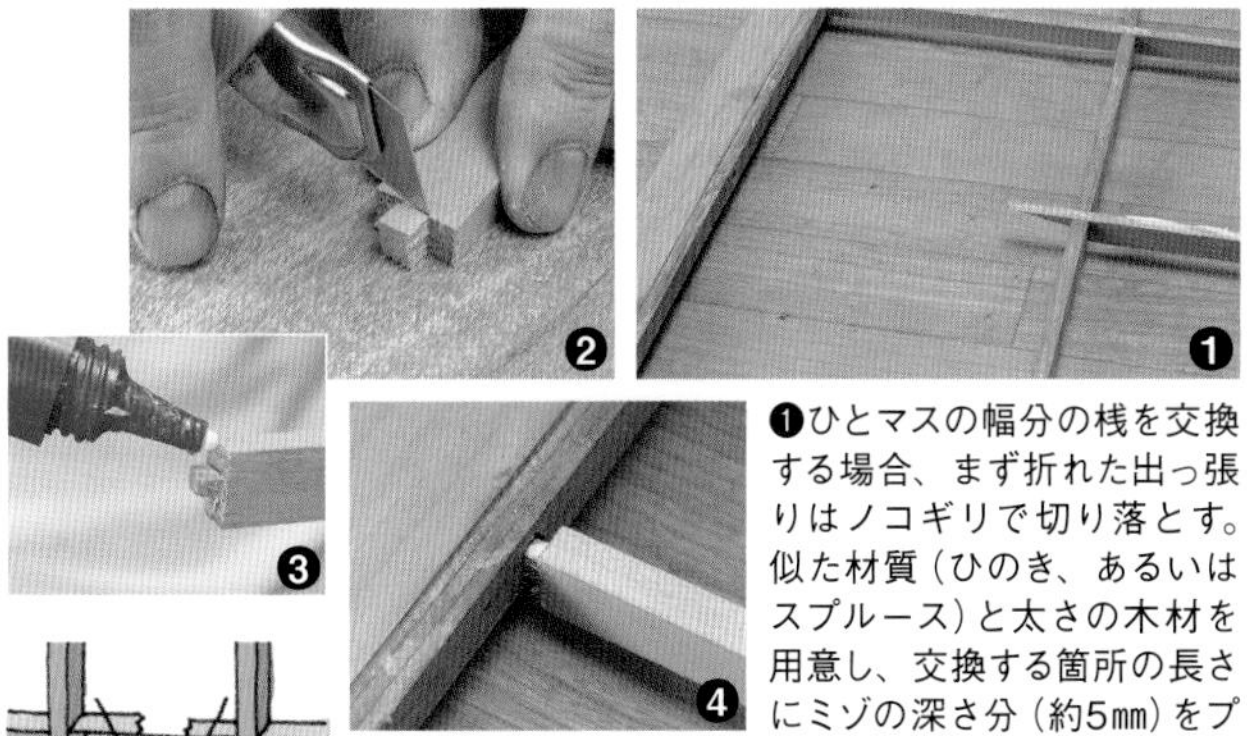

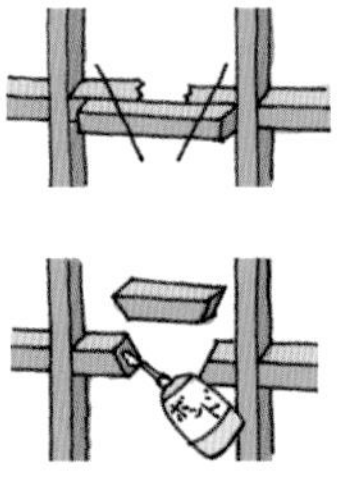

❶ひとマスの幅分の桟を交換する場合、まず折れた出っ張りはノコギリで切り落とす。似た材質（ひのき、あるいはスプルース）と太さの木材を用意し、交換する箇所の長さにミゾの深さ分（約5㎜）をプラスした長さにカットする。❷片方の先を、ミゾにはめ込める大きさに加工する。❸❹左右がピッタリとはまることを確認したら、両端に木工用接着剤をつけて、となりの桟と一直線になるようにはめ込む。真ん中あたりで接ぎ木をする方法はイラスト参照

▼道具

桟と同質の端材、木工用接着剤、バネクランプ（ビニールヒモ）、カッター、ノコギリ

ふすまの簡単メンテナンス

速効メンテナンス

1 ふすま紙を全面張り替える

本ぶすまの張り替えは、横枠を取り外すことから始めて、引き手を取り付けて完了します。とくに大きなふすま紙を張るときは、ふたりで行うと作業がしやすいでしょう。

1 横枠を取り外す

❶ふすまを横向きに置く。横枠の天側にあて木をしてカナヅチで軽く打つ。❷横枠を地側にずらしていく。❸ある程度ずれたら、手で引き抜く。❹上下を入れ替えて、もう片方の横枠も同じ要領で外す。❺このとき、折れ合い釘が畳や床をキズつけないように、両端を厚めの板にのせて作業する。外した横枠は、左右どちらのものであるか鉛筆で印をつけておく

2 天枠と地枠を取り外す

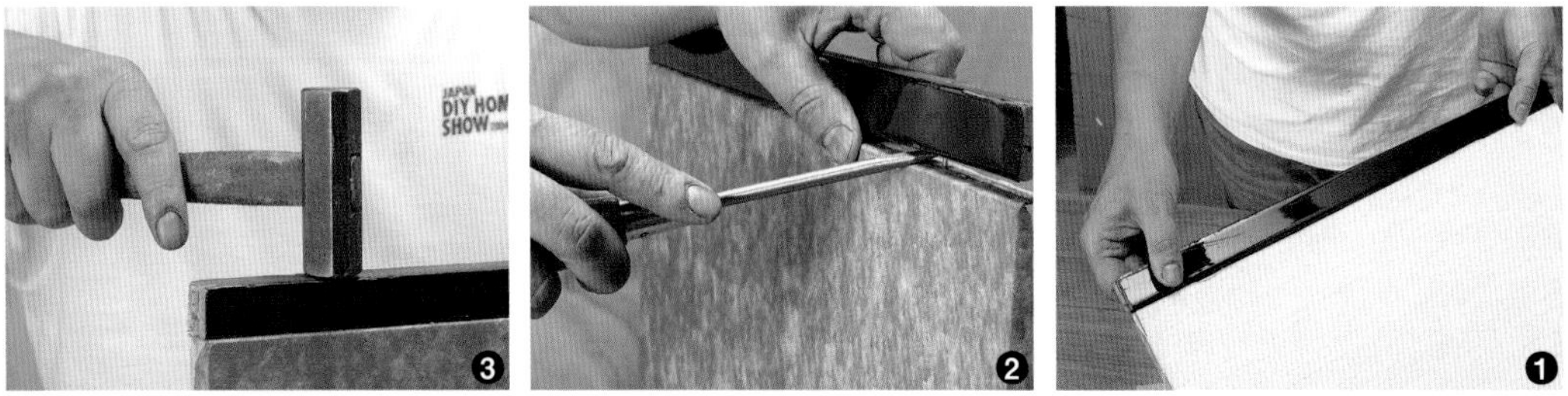

❸指先でゆらしても枠が動かないときは、釘の箇所をカナヅチで軽くたたいて刺激を与えるとよい

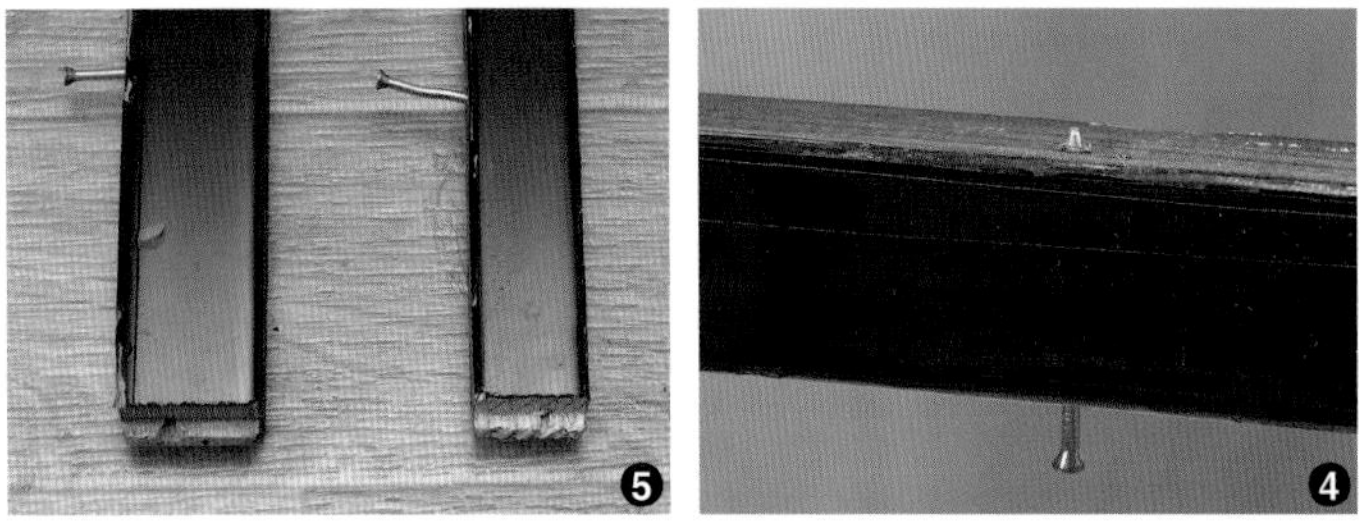

❶横枠は折れ曲がった折れ合い釘で固定されているが、天地の枠はまっすぐな釘で止められていることが多い。両手指先で枠をつまみ、引っ張り上げるようにして枠を少しゆらしてみる。❷枠が少し浮いてきたら、ふすまの表面を傷めないようにするため、必ずふすまの裏面からマイナスドライバーを差し込んでさらに浮かせ、最後に手で引き抜く

❹❺天枠、地枠を外したら、釘の先端をカナヅチで軽くたたいて、枠からほんの少し出るように戻しておく

3 引き手を取り外す

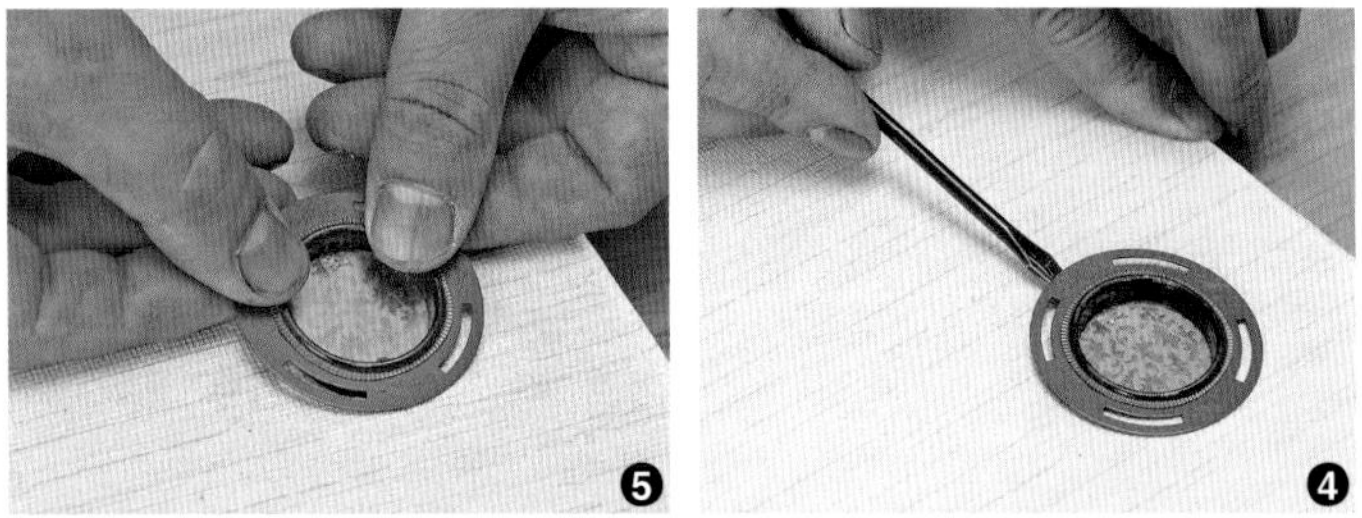

❶引き手は、上のほうが目立ちにくいので、まず上の釘から抜く。❷釘の頭の下にマイナスドライバーを差し込んでカナヅチで軽くたたき、釘の頭を少し浮かす。❸2本のドライバーで、釘の頭の下を両方から挟むようにして釘を引き抜く。❹❺釘を抜いた引き手の上をマイナスドライバーで少し起こし、引き手全体を手で引っ張れば下の釘も抜ける。ただ、引き手は壊れやすく、キズつきやすいので取り扱いには十分に注意する。壊れたら、新しいものに交換する

▼道 具

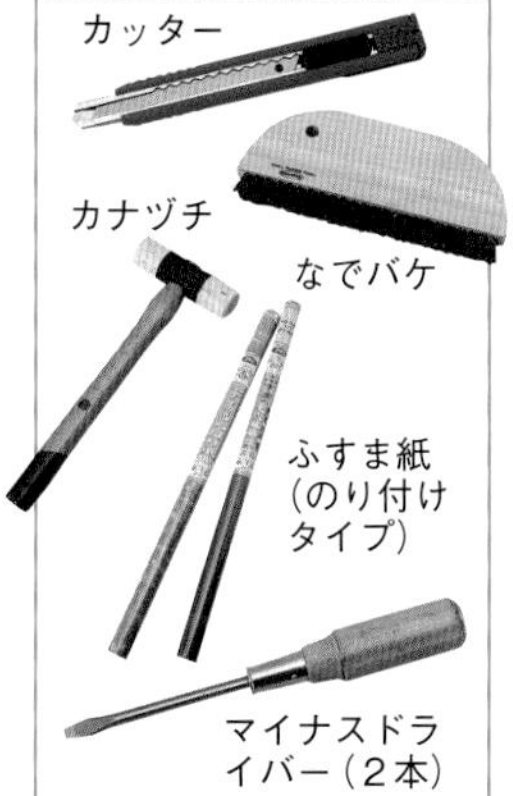

スポンジ、洗面器、布（タオル）、ホッチキス、厚めの板2つ（作業用）端材（当て木用）

❹ 張る面をきれいに拭き、新しいふすま紙を荒切りする

❶ふすまに大きな穴が開いていない限り、プロが貼った上張りははがさずに、その上から新しい紙を張るとよい。乾いた布で、ふすま全体をきれいに拭く。❷とくに隅は汚れやすいので入念に。❸❹ふすま紙は、張る面よりも各四方1.5cm大きく荒切りしておくと張る作業がしやすい

❷

❶

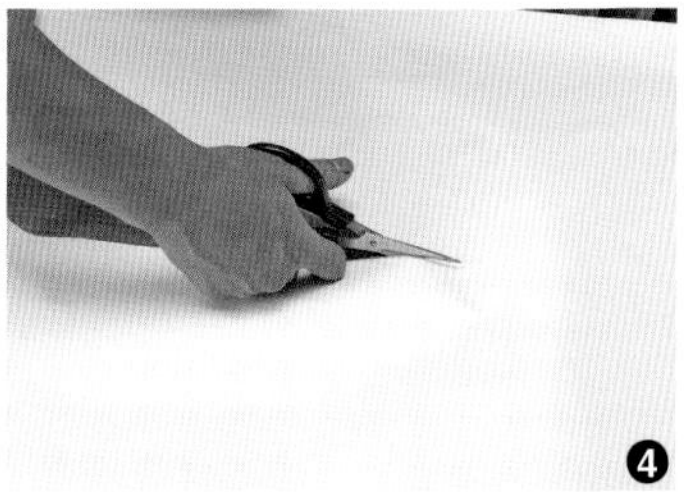
❹

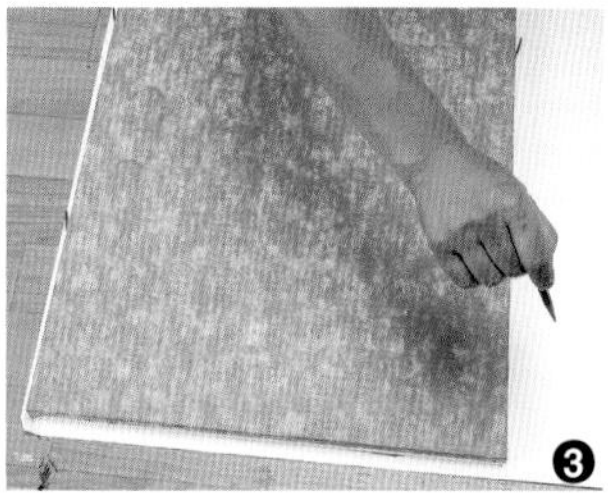
❸

❺ のりが付いた面に水を含ませて張る

❷

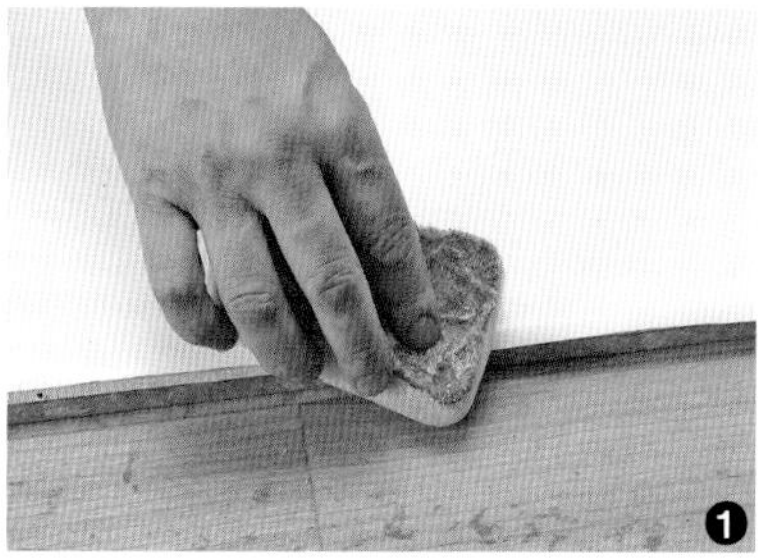
❶

❶洗面器を用意し、スポンジに水をふくませて、紙ののりが付いた面にたっぷり水を付ける。このとき、水の量が少ないと、すぐにのりが乾いてしまって作業がしにくくなる。とくに紙の周囲10cm幅に付け残しがないように水をたっぷり付ければ、紙全体に水を付けなくてもさしつかえない。❷水を付けた紙を裏返しにし、一辺の位置を合わせてから紙を軽く引っ張り気味にしてゆっくりと下ろしていく。きれいに張るために、この作業は必ずふたりで行うこと

❻ なでバケでしわを伸ばす

専用のなでバケ、あるいは乾いたタオルを巻いたものをふすまの中心にあて、必ず外側に向かってくり返しこすりながら空気を押し出し、しわをのばしていく。空気が抜けないときは、その部分をいったんはがしてから張り直す

❼ 折り返し部分もしっかりのり付けする

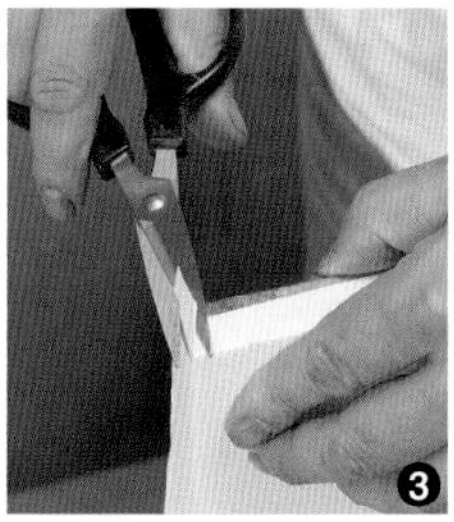
❸

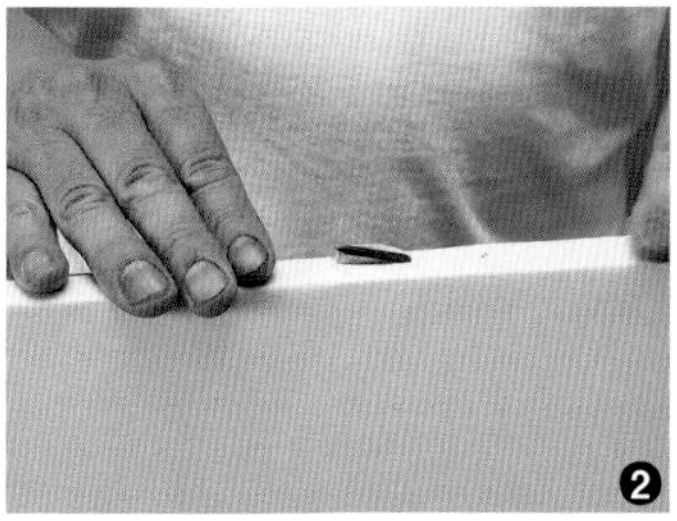
❷

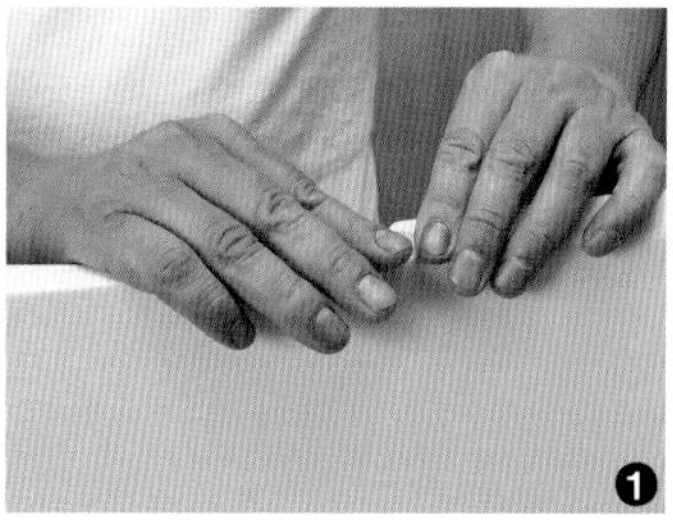
❶

❺

❹

❶側面の折り返しの部分もしっかりのり付けする。❷横枠の折れ合い釘の箇所は、カッターで紙をカットして釘をむき出しにしておく。❸角の紙の出っ張りは、折りたたまないで切り取る。その部分から空気が抜けるので、シワができにくいからだ。❹のりがくっつきにくいときは、ホッチキスを開いたままあて、カナヅチで軽くたたいて針で止める裏ワザもある。❺側面からはみ出した紙は、のりで濡れているので、カッターをできるだけ寝かせて切り取る

❽ 引き手の部分を十字にカットして、日陰で乾かす

引き手の部分は、穴を十字にカットしてから、陰干しする。直射日光にあてて急いで乾かそうとすると、ふすまが反ってしまうので注意する。多少シワが残っていたり波打っていても、乾けば驚くほどピンとなる

❾ 枠をはめ戻す

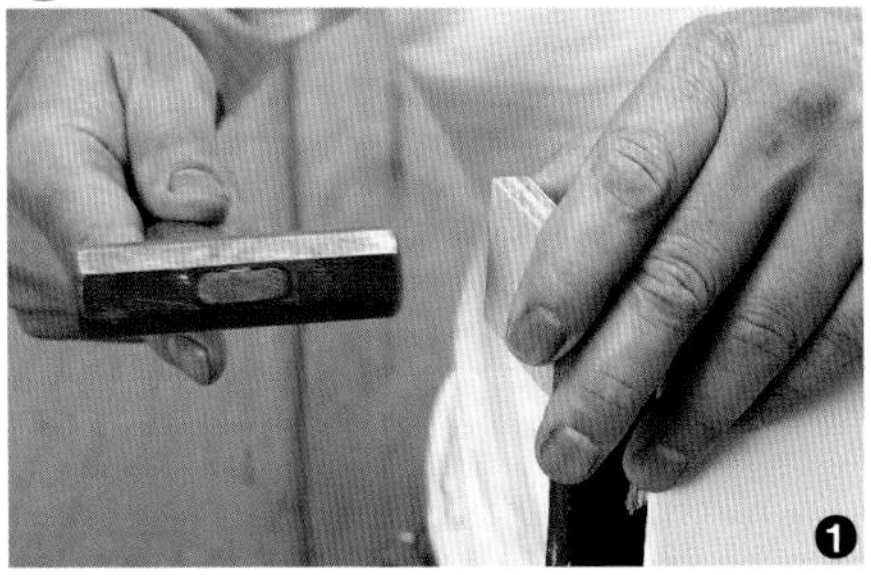

枠をはめ戻す作業は、まず天枠からはめる。元の釘穴に合わせてのせ、釘を打ち付ける。天枠と同じように、釘穴を合わせて地枠をはめる。

❶次に、引き手側の横枠をはめる。あて木をしてカナヅチで打ちながら折れ合い釘にはめ込んでいく

❷引き手側の横枠は、端がすれているほうを下（地側）にしてはめ込む。❸反対側の横枠は、かき込みが大きいほうを上（天側）にして置き、同じようにあて木をしてカナヅチを打ちながら折れ合い釘にはめ込む

❿ 引き手を取り付ける

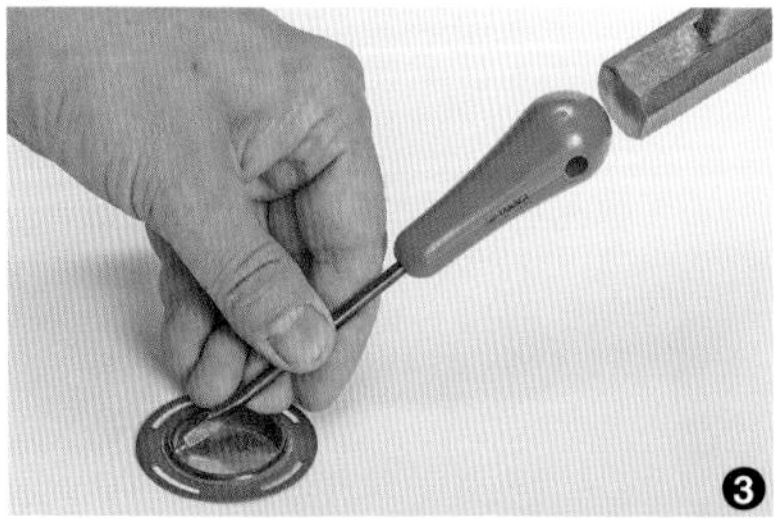

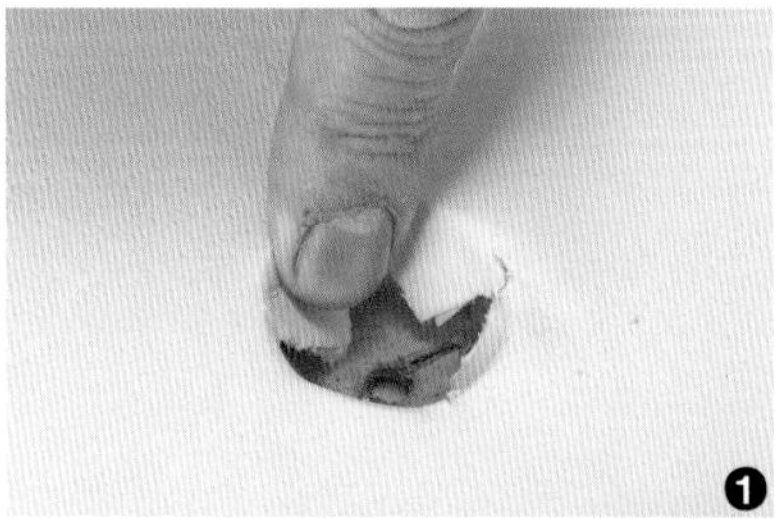

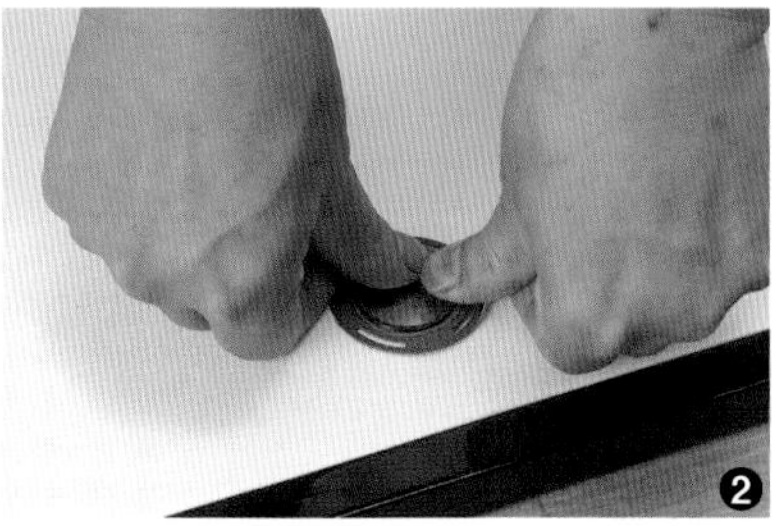

❶十字に切ってあった引き手の箇所を、指先で押して穴を広げる。❷釘穴がちょうど上と下にくるように引き手を穴に押し込む。❸まずは、下側の釘から、釘の頭にドライバーをあてて打ち付ける。同じようにして、上側の釘を打つ。❹上側の釘の頭はほんの少し出るようにしておくと、次の張り替え作業のときや、引き手の交換作業がやりやすくなる。すべての枠がきちんと取り付けられたかをきちんと確認したうえで、ふすまを敷居に立てる

Point　ゆがみの直し方

あて木の長さは10㎝、幅は敷居のミゾの幅と同じ。ゆがみの度合いに合わせてくさび形に削って作る

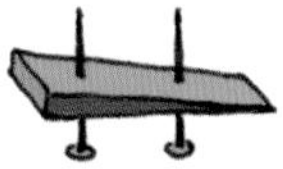

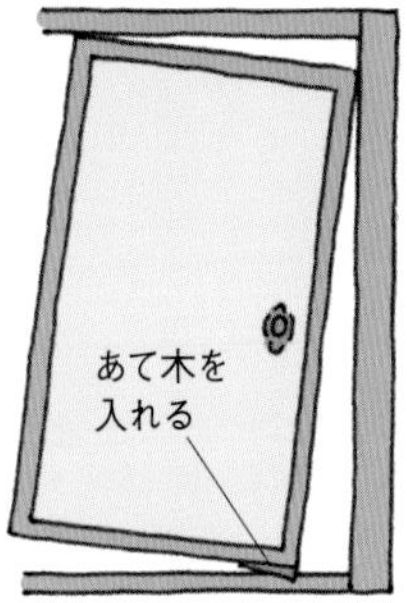

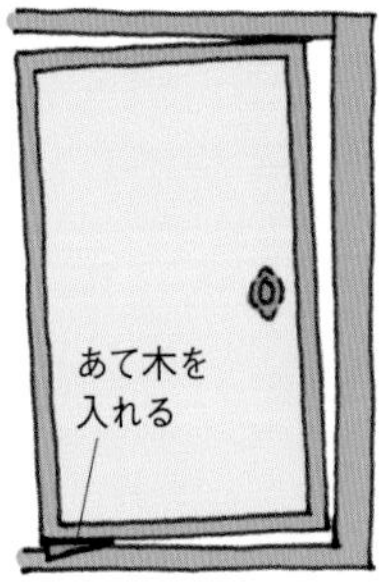

ふすまの下の枠にくさび形のあて木を入れる

ふすまがゆがむと、スムーズに開け閉めできなくなって敷居を傷めたり、ふすまの枠と柱の間にすき間ができてしまいます。ゆがみを直すには、長さ約10㎝、敷居のミゾと同じ幅の板を用意します。それを、すき間（傾き具合）に合わせてくさび形に削り、ふすまの下の枠に細い釘で打ちつけます。すき間の位置によってあて木を入れる位置が異なります。

速効メンテナンス 2 穴をふさぐ（破れを直す）

ふすまに穴が開いても、破れた紙がそのまま残っていれば目立たなく修復できます。穴は放っておくとますます大きくなり、上張りの下の袋張りや組子にも影響が出ます。早めの処置が大切です。

▼道具

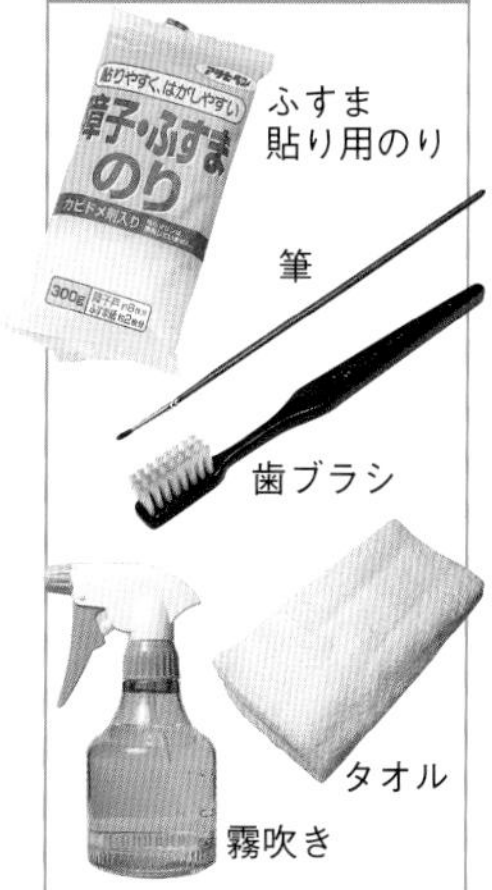

ふすま貼り用のり
筆
歯ブラシ
タオル
霧吹き
ハガキ（厚紙）、針と糸

❶ 穴の部分を湿らせる

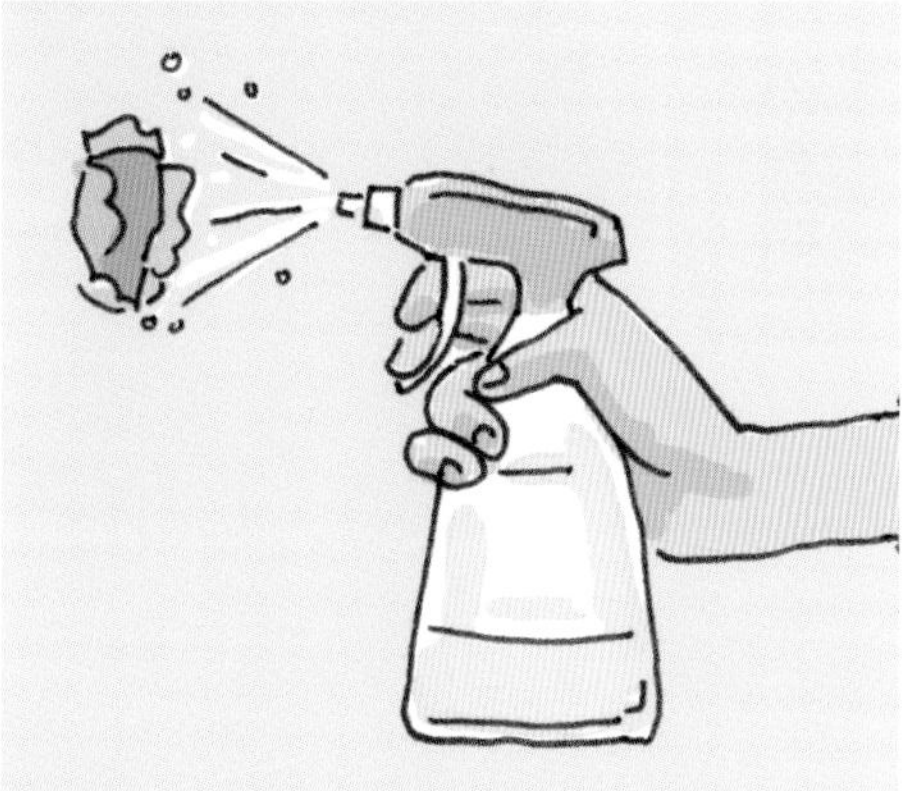

破れた部分の紙をていねいにめくり、その裏面を霧吹きで軽く湿らせる。袋張り（下張り）まで破れていたら、上張りと袋張りをていねいに分離する

❷ ハガキ（厚紙）を用意する

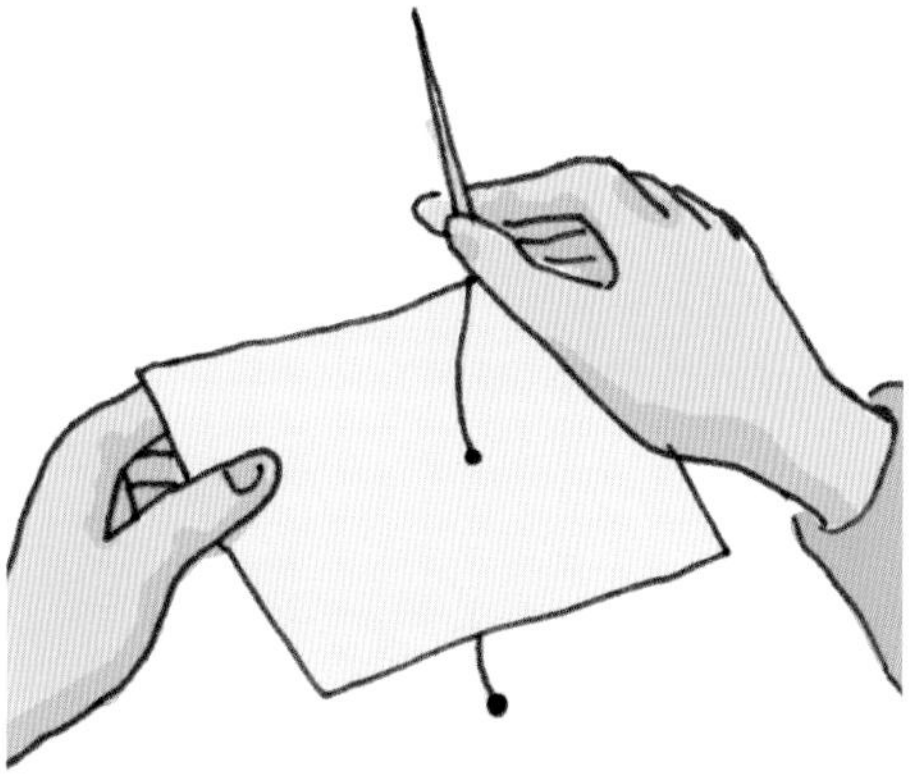

ハガキや画用紙などの厚紙を用意し、破れた部分にあてて穴よりもやや大きめにカットする。その中心に、玉結びをした糸を通すが、袋張りが破れていなければ必要ない

❸ のりを付ける

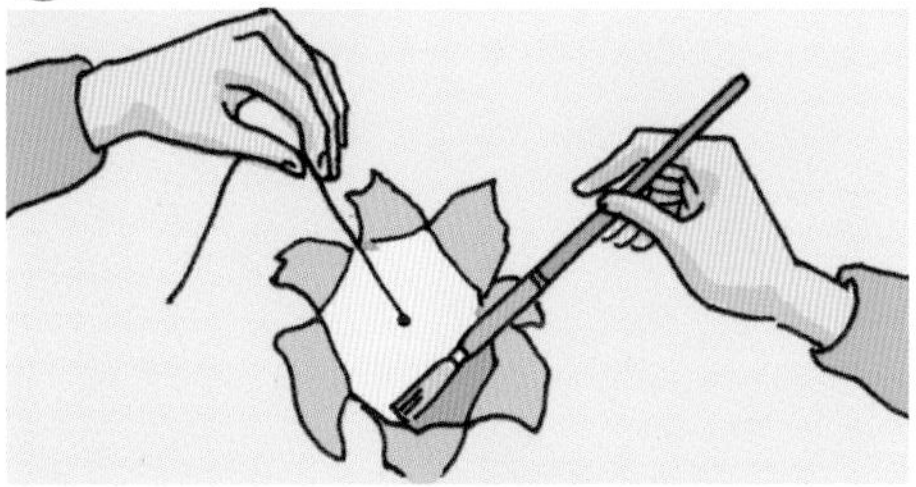

厚紙を破れた部分の上張りと袋張りの間に差し込み、筆を使って奥の方からていねいにのりをつけていく

❹ 破れを貼り合わせる

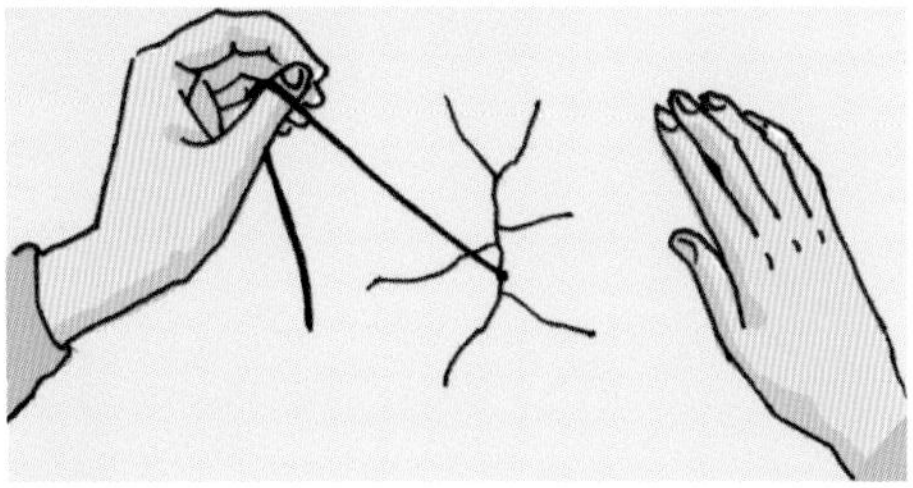

厚紙の糸を引っ張りながら、シワにならないよう上張りを厚紙に貼り付けていく。細かい部分は針で仕上げる

❺ タオルでしわを伸ばす

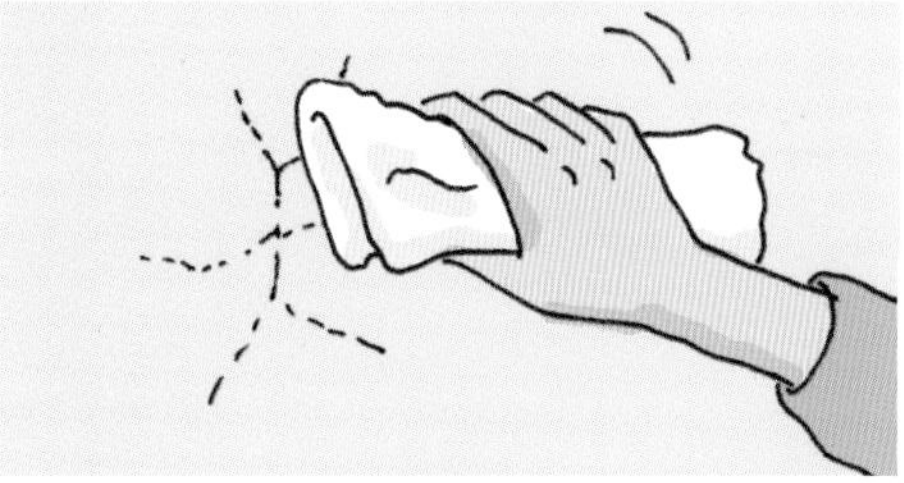

糸を切ってから、上張りの継ぎ目が目立たなくなるように乾いたタオルで軽くシワをのばす

速効メンテナンス 3 敷居すべりを貼る、ロウをぬる

ふすまがゆがんでいないのにスムーズに開閉しなかったら、敷居すべりを新しいものに交換してみましょう。敷居のすべりをなめらかにするロウやワックスも効果があります。

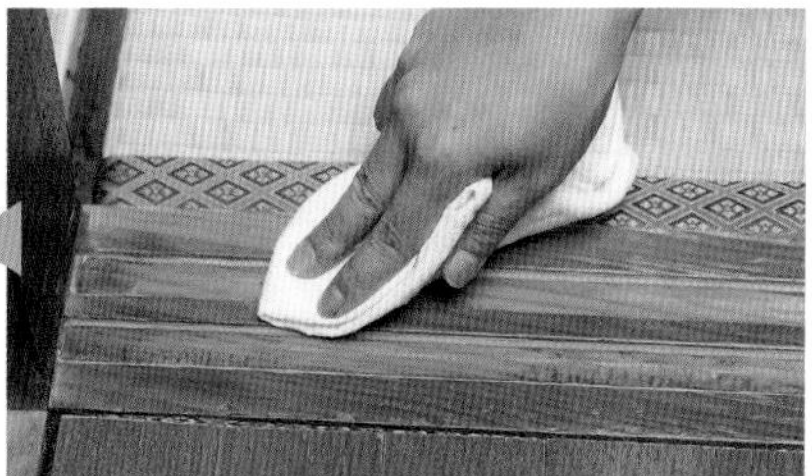

敷居ミゾのゴミや汚れを布でよく拭き取る。50番、次に100番のサンドペーパーでミゾをなめらかにする

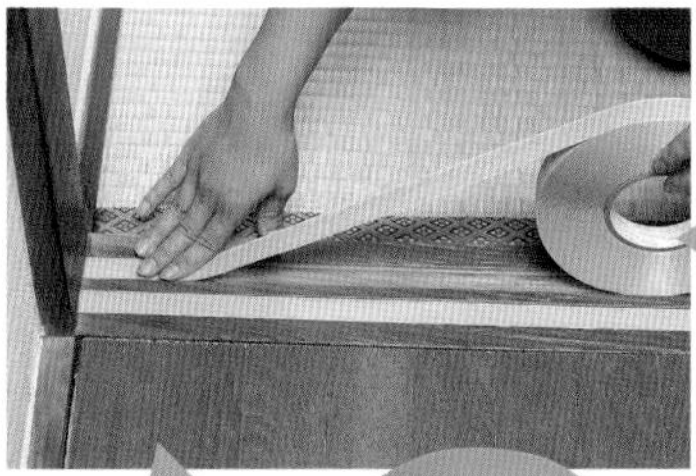

敷居すべりは、ピンと引っ張りながら指で押さえて貼っていく。ゆるんでいると、あとで浮き上がりの原因になる

敷居すべりを交換するだけでなく、敷居ミゾにロウ状のワックスを塗ったり､すべり剤をスプレーするのも効果がある

▶道具

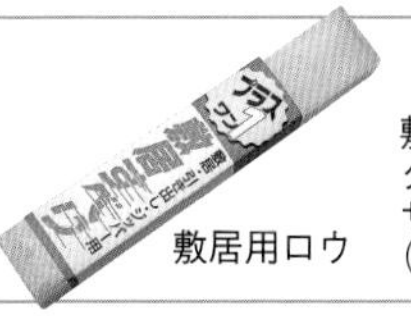

敷居用ロウ

敷居すべり、
タオル、
サンドペーパー
（50番と100番）

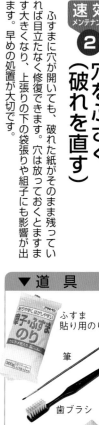

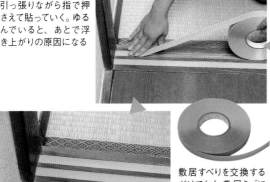

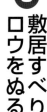

01 レバーハンドルに交換する

握らなくてもドアの開閉がスムーズ

やさしい使い心地が室内の雰囲気も変える

握って回すドアノブと比べて、押し下げるだけのレバーハンドルは使いやすく、握力の衰えた高齢者や小さなこどもにもやさしいバリアフリーアイテムです。また、見た目にもスマート。部屋のデザイン性もアップします。

玄関や室内扉はもちろん、トイレ、浴室などいろいろな場所に使用されているレバーハンドルですが、DIYで簡単に取り換えられるのは、錠のタイプがチューブラ錠と円筒錠です。ドアノブの交換は、実はこの錠とセットにして考える必要があり、錠だけ、ドアノブだけという交換は基本的にはできません。また、ドアノブ（錠）の交換に際してはドアノブ周辺のサイズなど、調べなくてはいけないことが多く、どれかが大幅に異なるとそれだけで交換が難しくなります。規格サイズもメーカーで異なることが多いので、できるだけ現在付いているものと同じメーカーの物にするといいでしょう。ここでは、一般的な室内扉にもっとも多く使用されているチューブラ錠を例に紹介していきます。

▼材　料

レバーハンドル

押し下げるだけで力をあまり必要としない、軽い操作感が魅力のドア用ハンドル。写真は「Jレバーシリーズ／川口技研（2,790円～）」

▼道　具

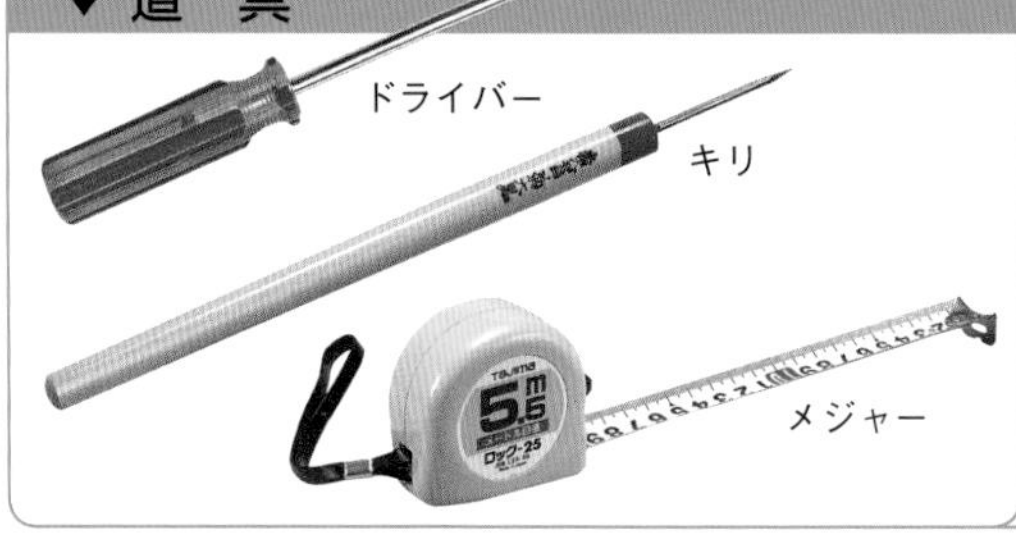

▼DATA

コスト……………………

手間……………………

技術……………………

01 錠の種類を確認する

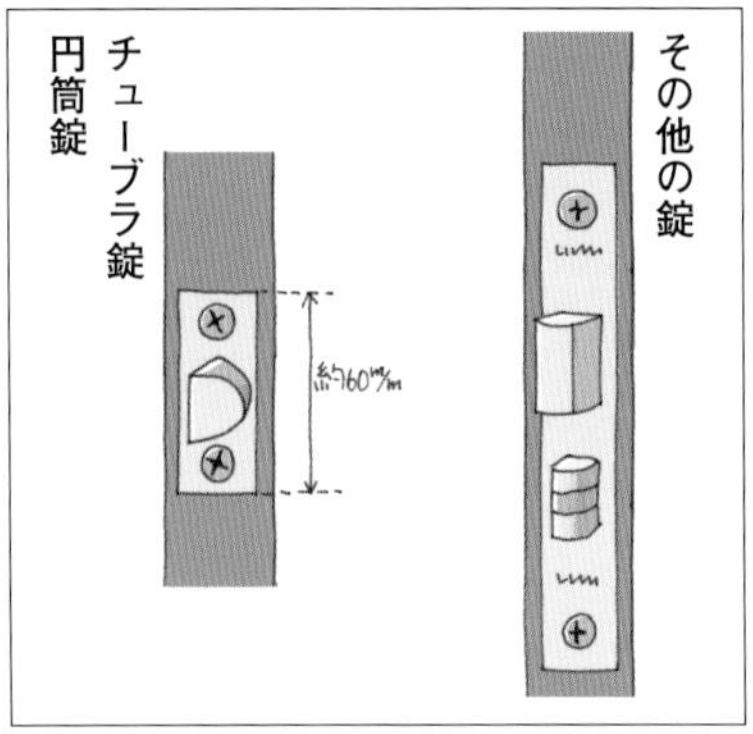

交換可能なのはチューブラ錠と円筒錠。どちらもフロントの長さが約60㎜なので、交換できる錠かどうかはここで見分ける

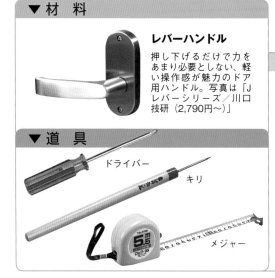

02 各サイズを確認する

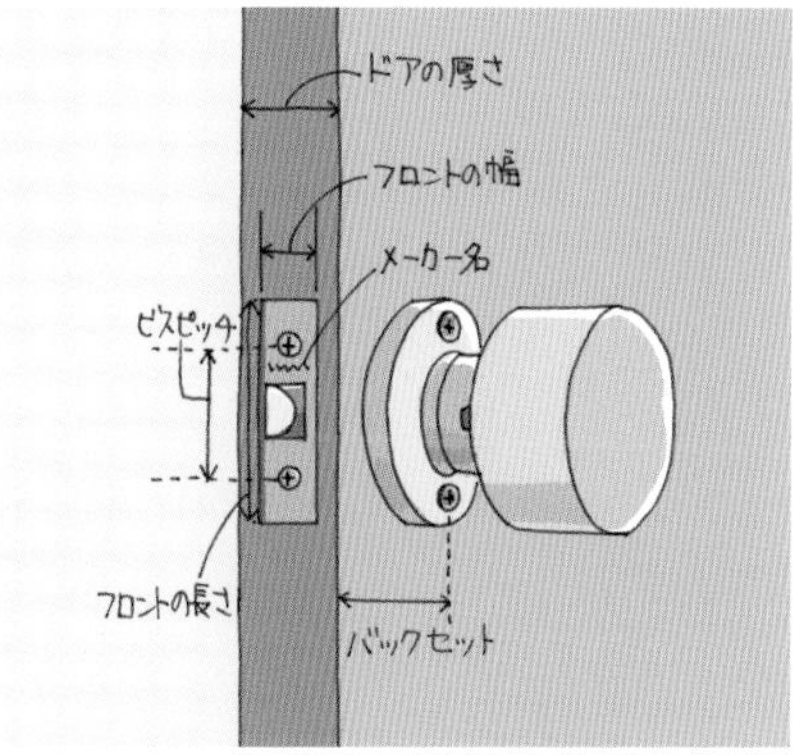

交換に必要なサイズを調べる。特にバックセットは重要で、いくら気に入っていてもサイズが合わないと交換は難しい。メーカー名で探すと適合品が見つかりやすい

03 ドアノブを外す

ドアノブの台座についた木ネジをドライバーでゆるめて外す。後に、同じ穴に取り付けることもあるので、穴が変形しないように丁寧に外す。表裏のネジを外したら、ドアノブを手前に引き抜いて外す

04 ラッチ本体を抜く

ネジ穴は再び使うので、フロントの木ネジは丁寧に外す。ラッチ本体は簡単に抜ける場合もあるが、固くて抜けない場合はドライバーなどを使って抜く。外したラッチボルトの向きを必ず覚えておくこと

05 ラッチ本体を交換する

レバーハンドルに付属されているラッチ本体を取り付ける。穴を壊さないように注意する

Point

ラッチ本体を抜くにはドライバーを活用する

ラッチ本体を抜こうとしても固くて抜けない場合がある。そんなときはドライバーを使うと簡単。ラッチ本体にあいている角芯を入れる四角穴にドライバーを通し、両手でゆっくり引くと抜けてくる。親指をフロントの下側に添えると力が入り、安定する。

ドライバーを使用しても、左のようなことはしてはいけない。上記同様の抜き方だが、片手でドライバーを持って引っ張ること。これではラッチ本体を真っ直ぐ抜くことができず、ドアの穴を傷つけてしまう。

また、マイナスドライバーでフロントをえぐり取るのも良くない。フロントのおさまっている溝を破損するからだ。交換用のラッチボルトを取り付けるとき、穴や溝に入りにくくなるので注意すること。

06 レバーハンドルを付け、下穴をあける

交換するレバーハンドルは台座が小判型。以前のネジ穴が使えないので、ハンドルを仮組みし、キリで木ネジを入れる下穴をあけることに

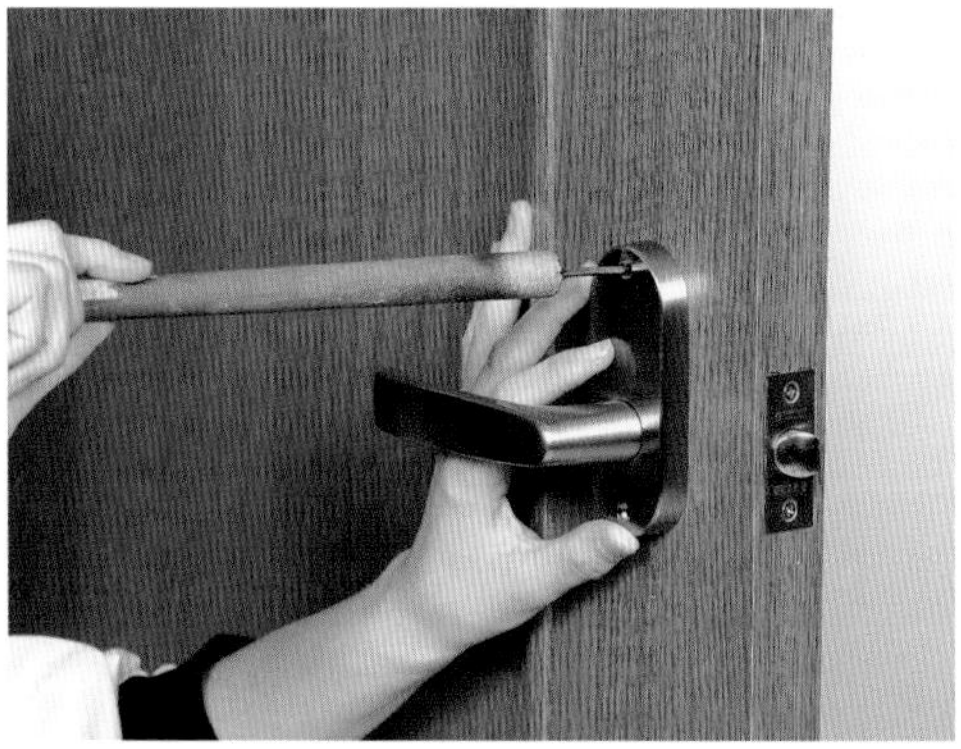

Point

レバーの動きがシブいのは芯が出ていないから

レバーの動きがシブい。ぎこちない。下げて離したときの返りの反応がいまひとつ……。チューブラ錠の場合、レバーの動きが思わしくない原因はほぼ、芯が出ていないため。芯とは角芯のこと。ラッチ本体の角穴と角芯、そして両側のレバーの芯受けが歪みなく一直線につながっている状態がベスト。少しでも芯に狂いが生じるとレバーの動きに影響を与える。写真上のように、芯が出ていないときはラッチ本体の芯穴にずれが見られる。また、下穴のずれにより、台座が曲がって取り付けられた場合も芯は出にくい。

07 仮止めをして、動きを確認

台座の取り付けは片側ずつ行なう。まず、下穴に合わせてネジをもみ、軽く固定したら、レバーを下げてスムーズに動くか確かめる

Point

ラッチ本体は必ず交換すること

ハンドルに合わないラッチボルト

ハンドルに合ったラッチボルト

ドアノブからレバーハンドルに交換するときは必ず付属のラッチ本体に交換すること。ドアノブ(握り玉タイプ)とレバーハンドルではラッチ本体の回転角度が違うため、ドアノブのラッチ本体をそのまま使用することはできない。そのまま使用すると、レバーを下げてもラッチボルトがフロント板の中に入りきらなくなり、ドアの開閉に不具合が生じやすくなってしまう。その他、ラッチボルトの向きにも気をつけること。同じく、ドアの開閉に不具合を生じさせることになるので、取り外す前に必ず確認しておきたい。

08 反対側のレバーも同様に確認

反対側の台座も下穴に合わせて仮止めをする。両側のレバーの動きとラッチの動きも確認

09 増し締めして完成

動きに異常がなければそのまま増し締めする。異常を感じたら台座を外し、⑤からやり直す

Point

ゆるくなった小さなネジ穴を生き返らせる補修テクニック

ネジのもみ方や外し方が荒いとネジ穴はすぐにダメになる。そこで登場するのが1本のつまようじ。どんなネジ穴も簡単に復活させてしまう裏技を紹介しよう

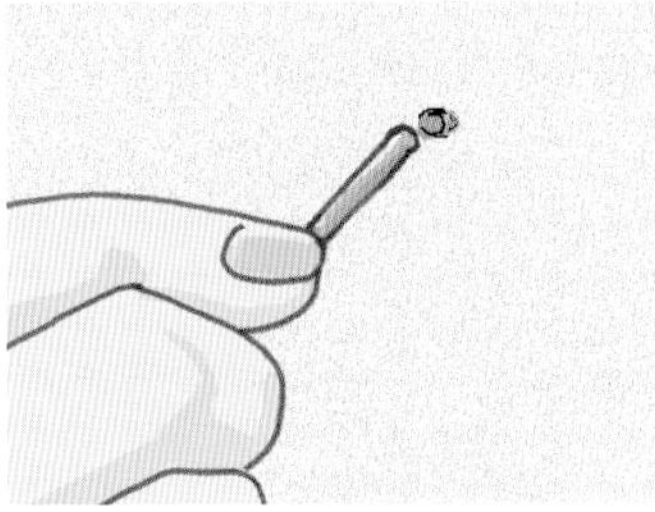

広がった穴につまようじを差し込む。奥まで充分に入れてから、ポキリとつまようじを折る。1本で穴がふさがらないときなどは、穴の広さに合わせて、ギュウギュウになるまでつまようじを何本も差し込むか、割りばしを差し込む（P114参照）

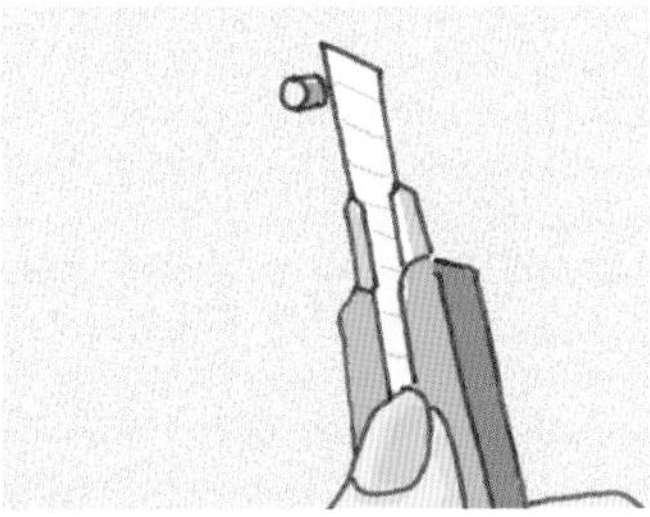

ネジ穴に入れたつまようじの突き出ている部分をカッターで切る。ドアに合わせて平らになるように削り取れば新しいネジ穴が完成。ドアだけでなく、木製品になら何でも応用がきく便利な裏技だ

Point

円筒錠からレバーハンドルへの交換

チューブラ錠での交換と同じように、ラッチ本体を交換する。付属のネジ筒を用意し、表裏のハンドルの間に角芯と一緒に差し込んでネジを締める。ネジ筒は呼び込みになっており、ネジを締めると表裏の台座が互いに密着していく。すぐ増し締めせずに、途中でハンドルの動きを確認しながら固定していく

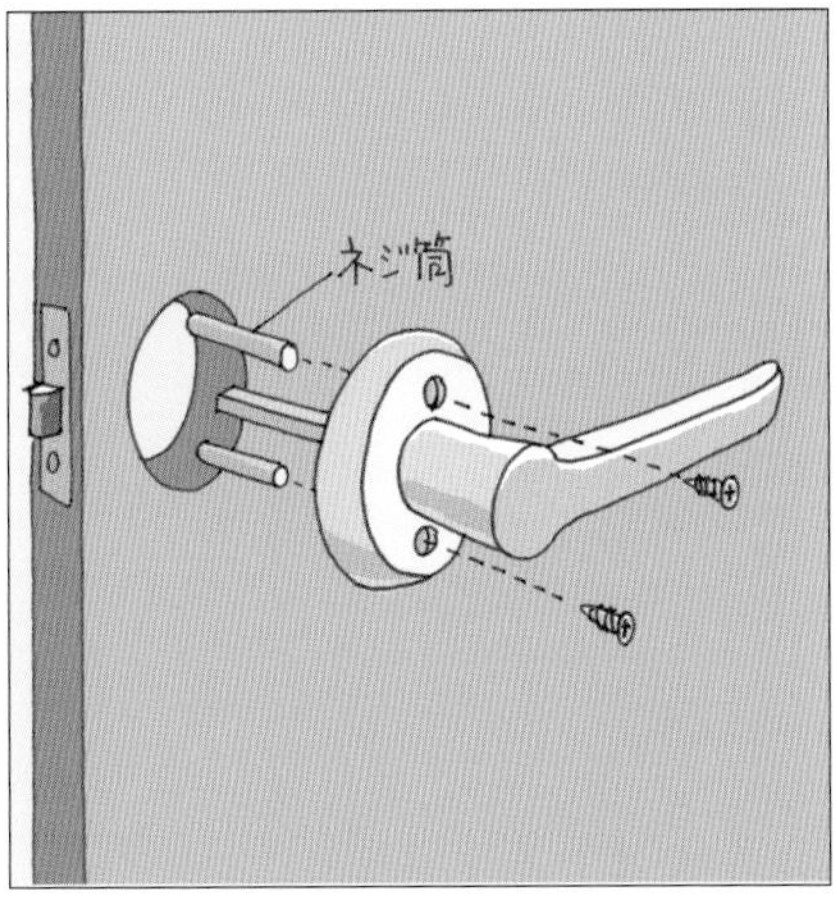

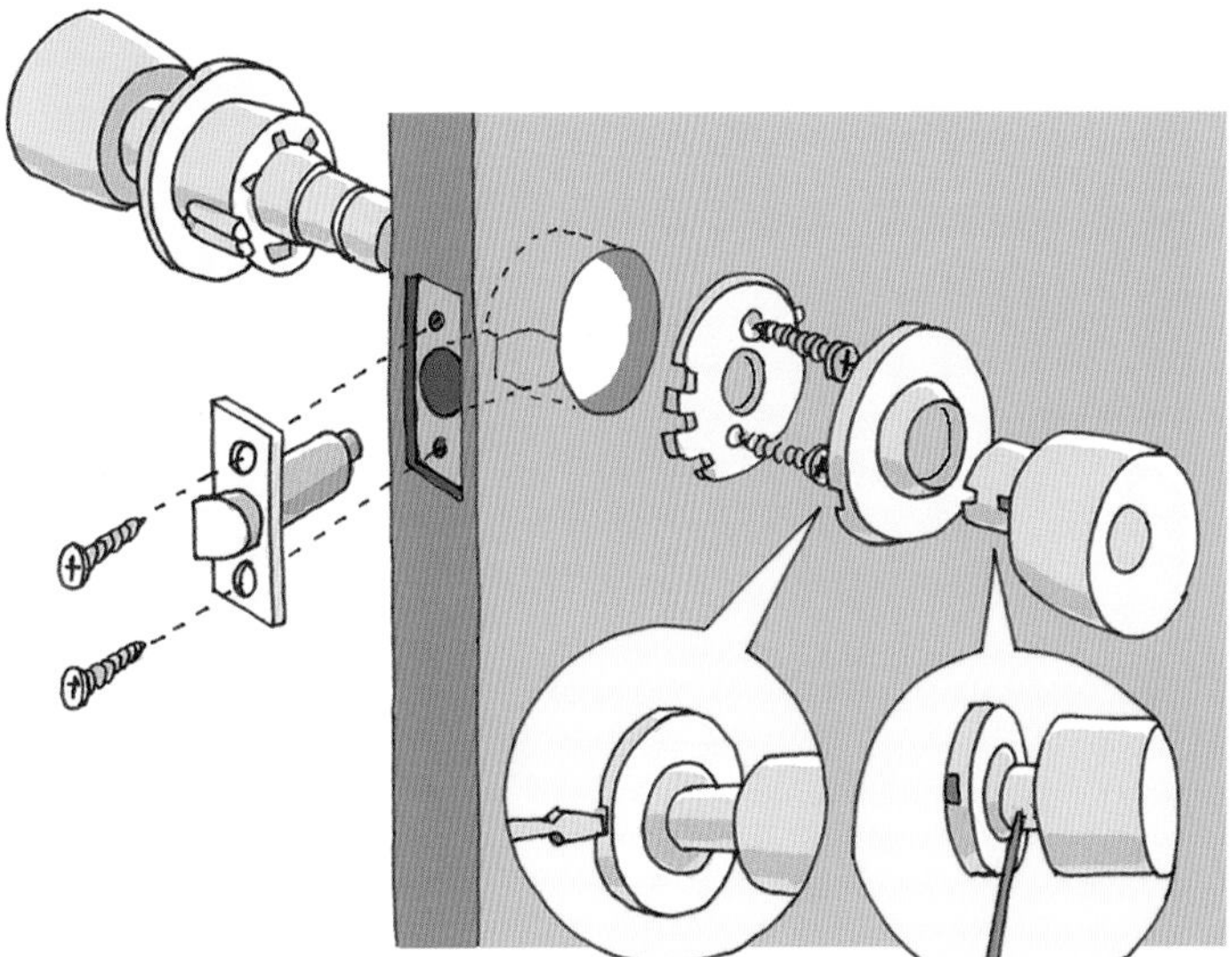

ドアノブのつけ根部分にある小さな穴にキリなどの細いものを差し込む。軽く押しつけ、バネのような手ごたえを感じる部分を探す。見つけたら、そこを強く押してノブを引き抜く。次に、台座を外す。側面の切り込みにマイナスドライバーを差し込んでこじ起こせば外れる。そして、台座の裏金についたネジをまわし、表裏の裏金を外す。最後にラッチ本体を外す

「わが家をこうしたい!」
DIYリフォーム相談室―❷

DIYビギナーでも
ここまでできる。快適な住まい
づくりに挑戦!

CASE 1 掃除しやすい床にはどんな素材がある

リビングにじゅうたんを敷いています。小さな子どもがいて、ダニの死骸やホコリがアレルギーの原因になるとよく聞くので心配です。フローリング材の床なら掃除しやすいと思うのですが、冬は足元が冷たそうです。何かいいリフォーム方法はありませんか。

◆

確かにフローリングの床なら掃除もしやすく、ダニやホコリの心配も軽減されるでしょう。足元の冷たさが心配なようですが、複合フローリング材でも少々高価なものを選ぶか、あるいは無垢の単層フローリング材を用いれば、保温性もあり、足元に木ならではのぬくもりが感じられて快適です。ただし単層フローリング材はコストが高めなのと、施工の難易度がやや高いのでDIY中級～上級者向きです。

足元が温かく、柔軟性があり歩行感のよいコルクタイル。施工も簡単だ

このほかには、コルクタイルもおすすめです。床の下地に直接張り付けていくので施工は簡単。保温性がよく、適度な弾力性があります。足への負担が少なく、転倒してもケガをする危険性が低いので、小さな子どもや高齢者のいる家庭にはぴったりの床素材といえます。

選ぶ素材にもよりますが、6畳間のリフォームで、無垢の単層フローリング材、コルクタイルで6畳間をリフォームした場合、いずれも8万円強からの予算となるでしょう。

CASE 2 ペットが壁や床を傷つけて困ります

部屋で猫を飼っているのですが、柱や壁、カーペットの傷みが激しくて困っています。ペットと仲良く暮らしていける方法を教えてください。

◆

大切な家族の一員であるペット。しかし、室内で飼うとなると、柱や壁、畳、フローリングを傷つけたり、臭いや汚れが発生したりと、トラブルがつきものです。そこで、ペットも人間もお互いに快適に暮らせるようなリフォームを考える必要があります。

壁をキズや汚れから保護するのにうってつけなのは、腰板の設置です。ペットの手が届く範囲の壁を守ってくれます。腰板の設置は6畳間なら約4万円から。接着タイプの硬質ビニール製腰板も販売されていて、こちらは施工が比較的簡単です。また、ペットの臭い対策には、珪藻土を壁材に使うとよいでしょう。臭いを吸着する機能があるのでおすすめの素材です。

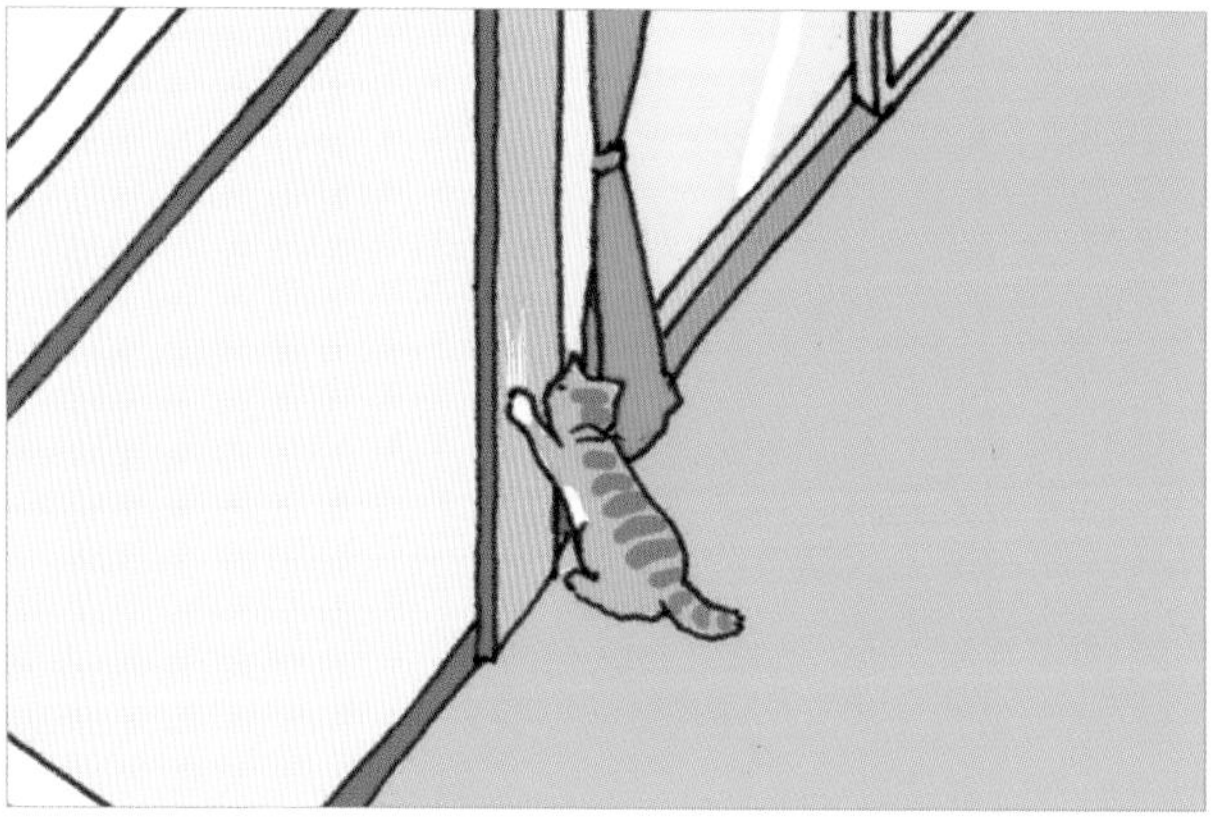

フローリングの床はペットの爪でキズがつきやすいうえに、滑りやすいのでペットが脱臼するなどの危険性もあります。キズや汚れ防止・すべり止め効果のあるコーティング材が市販されているので塗布するとよいでしょう。またコストは高めですが、コルクタイルの床にすると、足触りもやわらかく滑りにくいので、ペットにも人にも優しい環境をつくることが可能でしょう。

Part 6

水まわり

をリフォームする

施工に専門知識を必要とする水まわりは、
ビギナーにとって、やや難易度の高い分野と思われがち。
でも、基本的な設備の構造さえ知っていれば、
心配することは何もありません。

◇◇

◎水道・排水設備のしくみ
◎水まわりの簡単メンテナンス
◎シングルレレバー混合水栓に交換
◎木製便座を取り付ける
◎温水洗浄便座を取り付ける

水まわりの基礎知識

水道・排水設備のしくみ

蛇口配水管・排水トラップ、トイレ、浴室の水まわり設備、構造を知ることが、メンテナンスの第一歩！

蛇口の種類と構造

混合栓 [ツーハンドルタイプ]

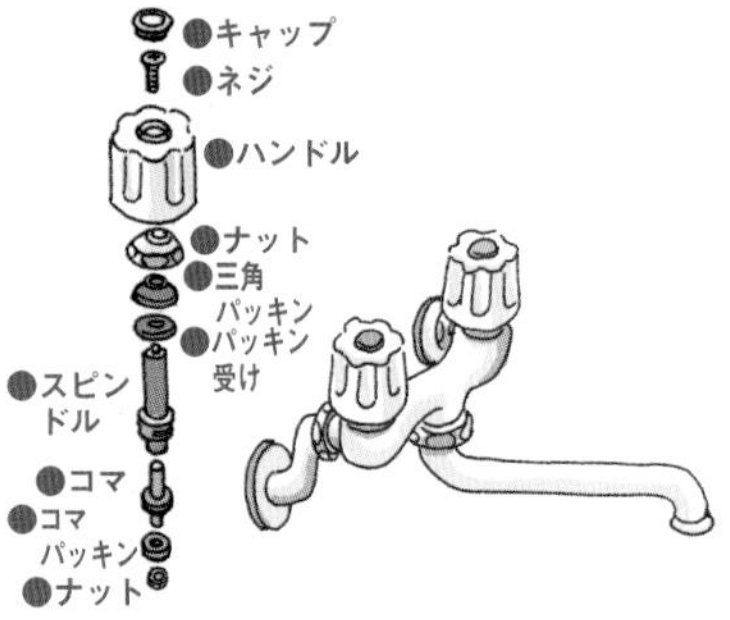

水とお湯の量を混合させて好みの温度に調整できる。基本的な仕組みは単水栓と同じ

[シングルレバータイプ]

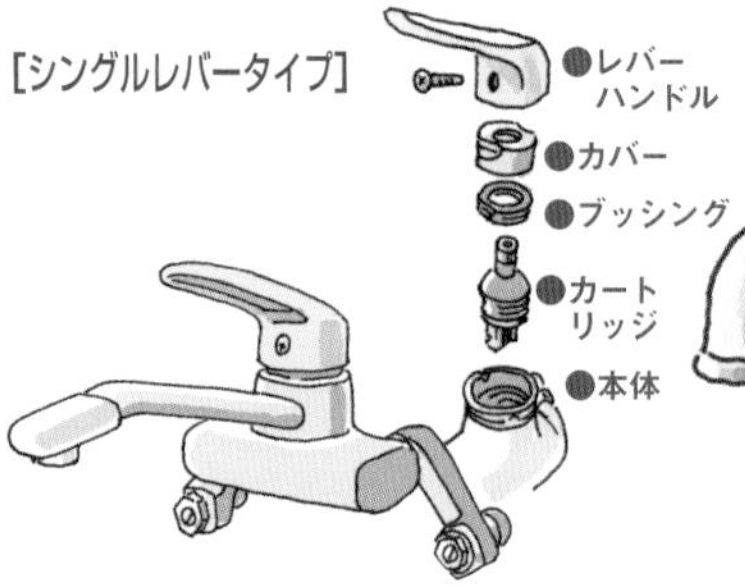

指先で温度の調節などができる。スピンドルとコマのかわりにカートリッジを使用

単水栓 [ワンハンドルタイプ]

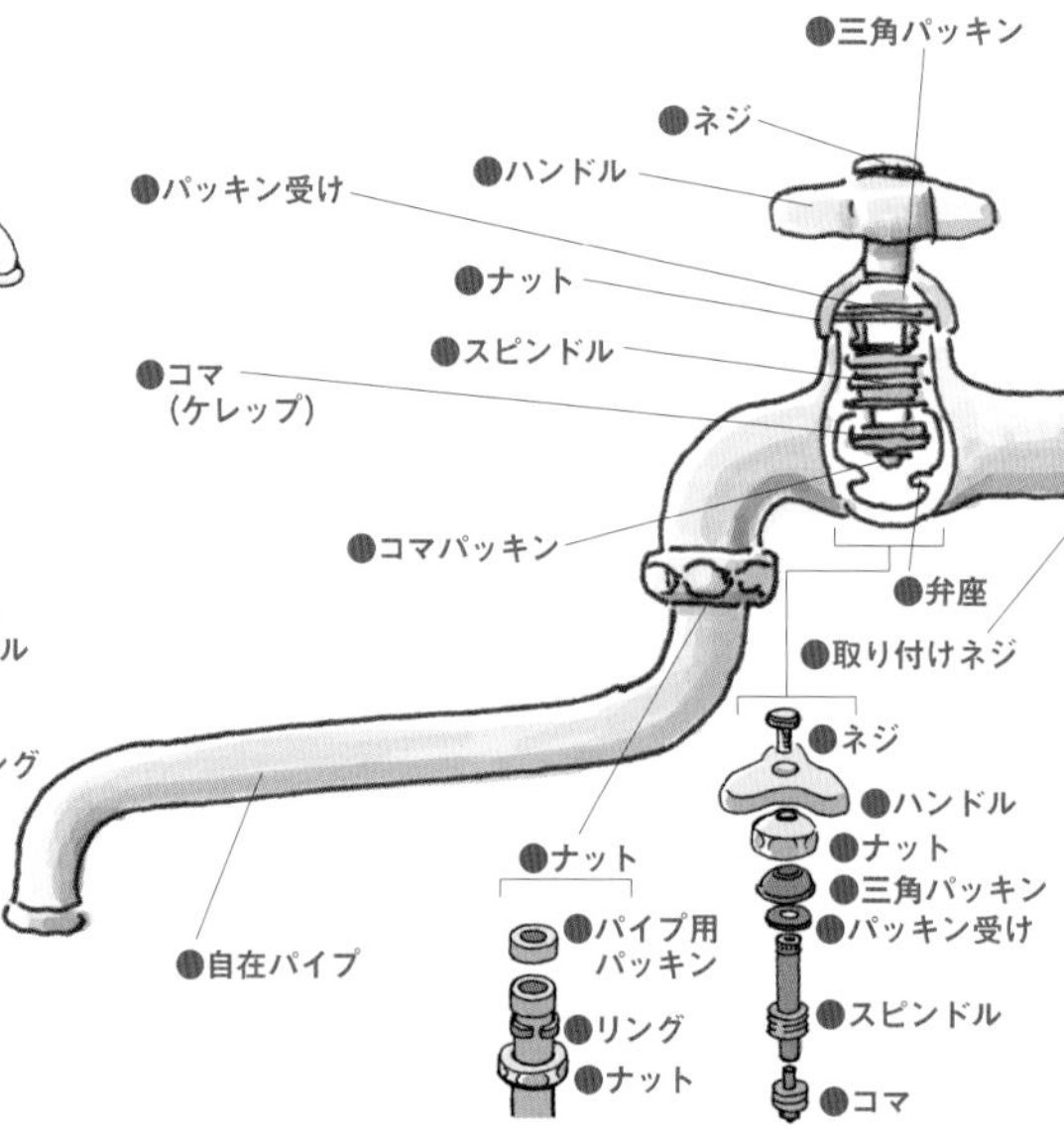

配水管の構造とトラップ（臭気止め）の種類

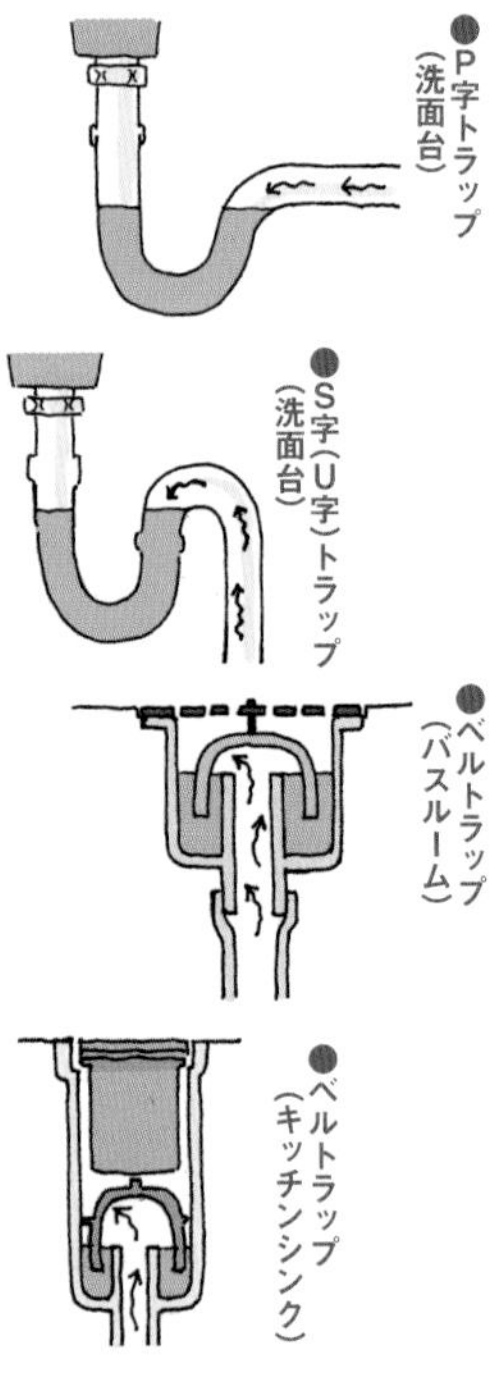

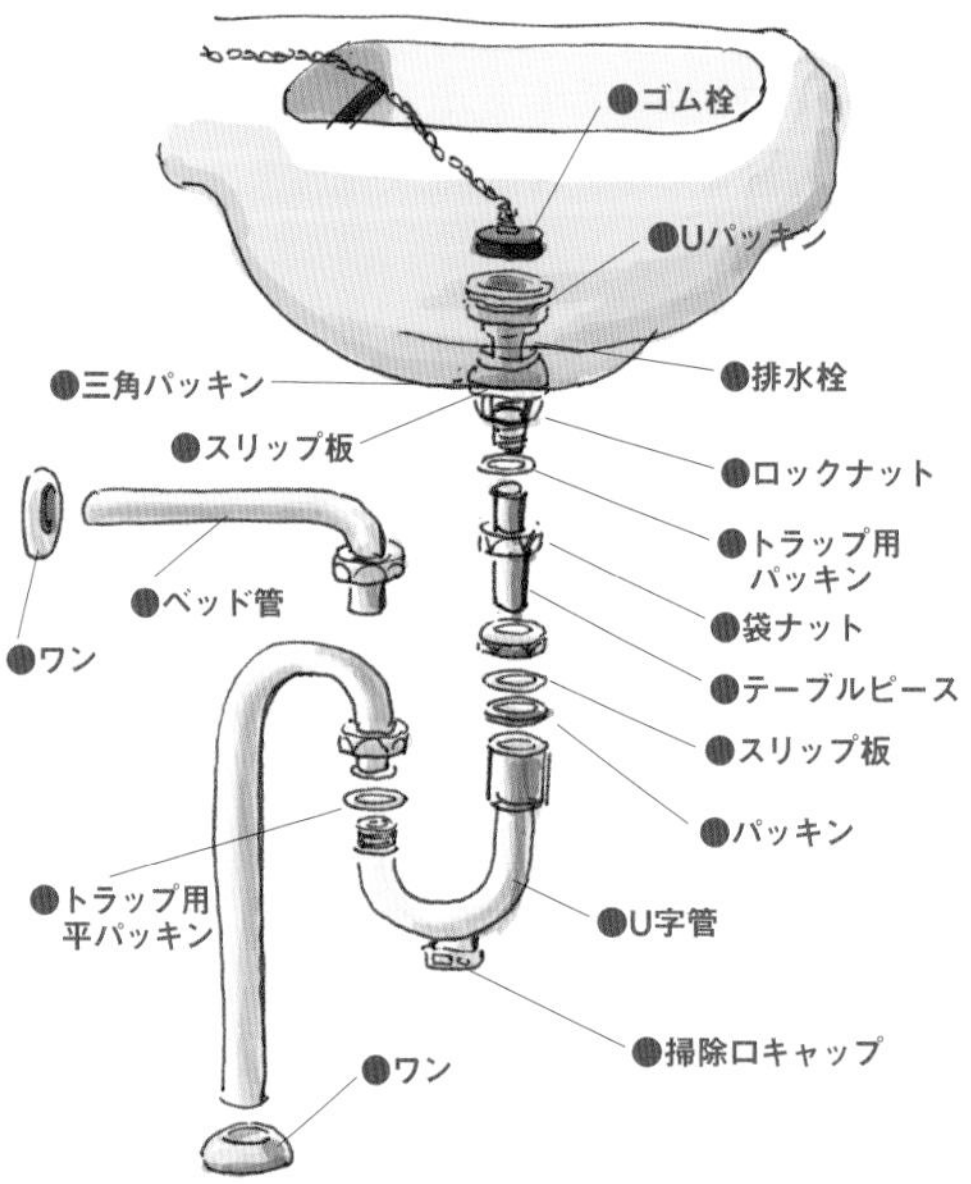

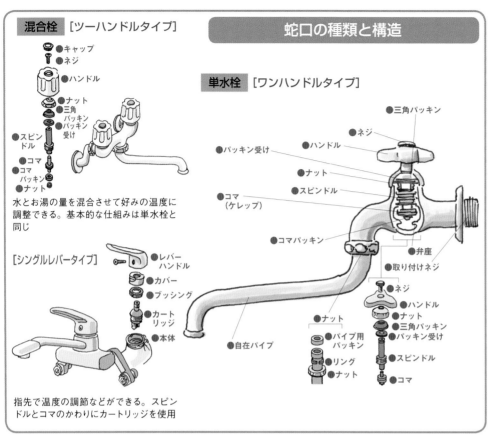

水が流れる仕組み

❶排水と同時に給水開始

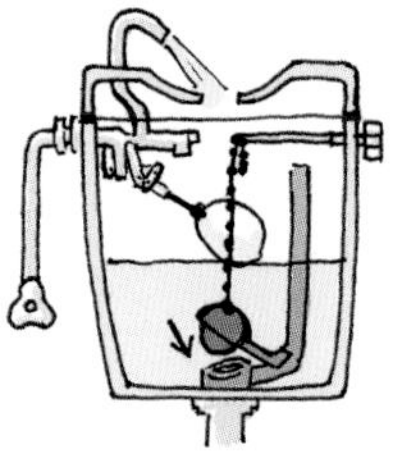

レバーを回すとゴムフロート弁が上がって便器に水が流れる。タンクの水位が下がると、タンク内への給水が始まる

❷便器への排水が止まる

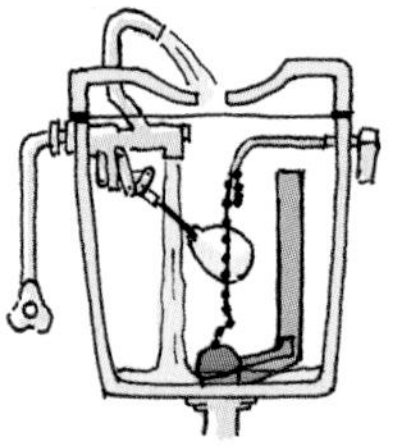

タンク内の水が便器に排水されて水位が下がると、ゴムフロート弁が閉じられるために便器への排水が止まる

❸タンク内に水がたまる

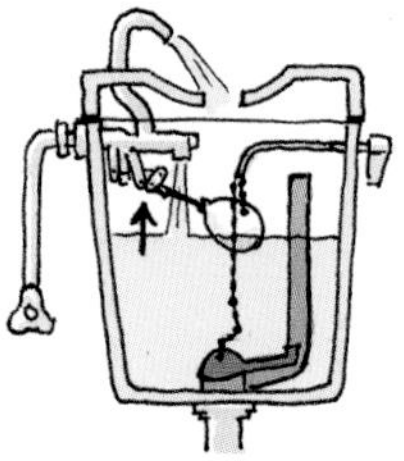

いっぽうで給水が始まっているので、タンク内の水が徐々に増えていく。水位が上がるにつれて、浮き玉の位置も上昇する

❹給水が止まる

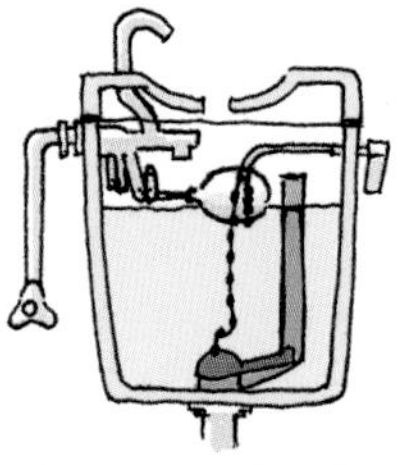

浮き玉が決められた最初の位置に戻ると、それに連動してボールタップの弁が閉じ、タンク内への給水が止まる

ロータンクの構造

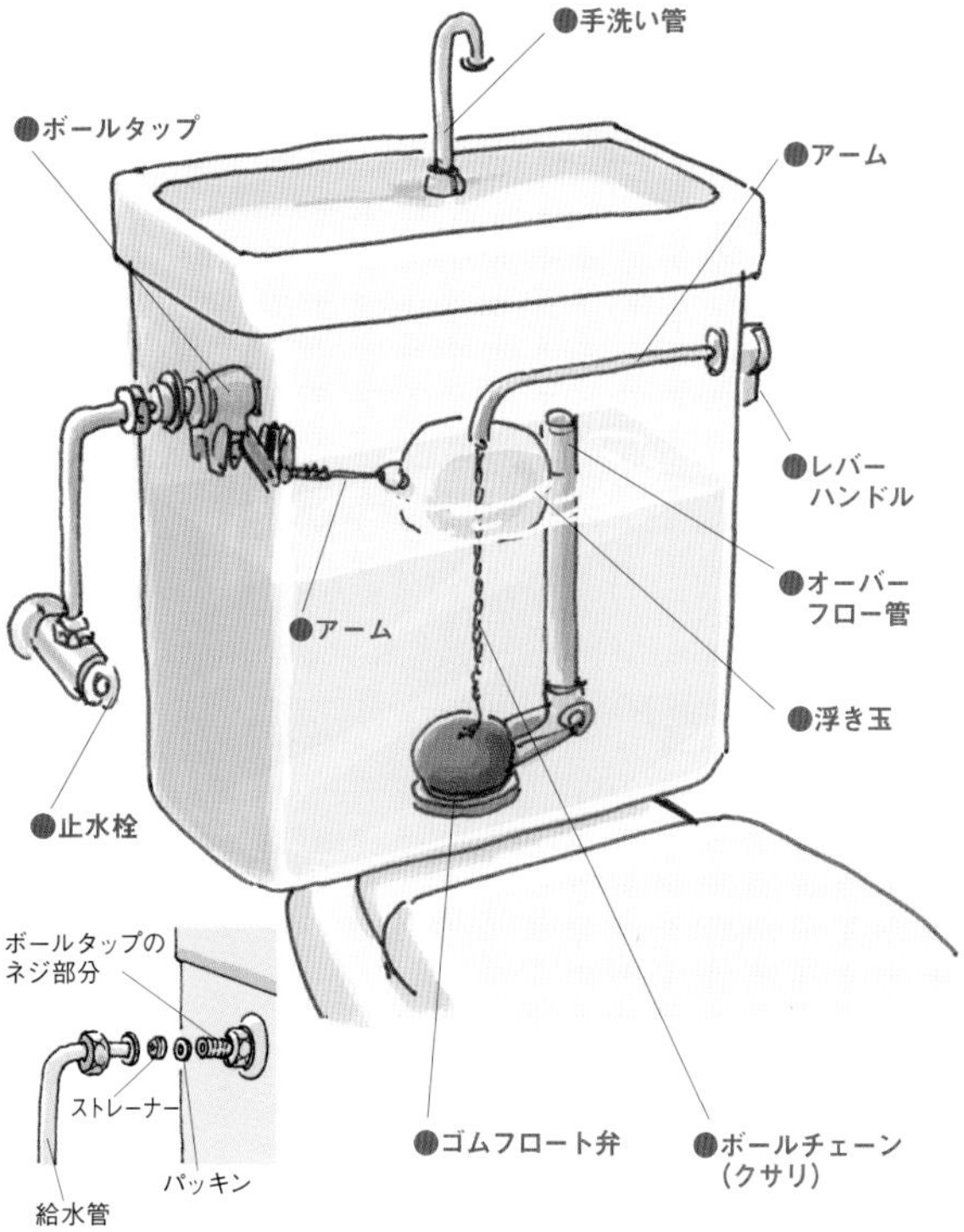

浴室のつくり

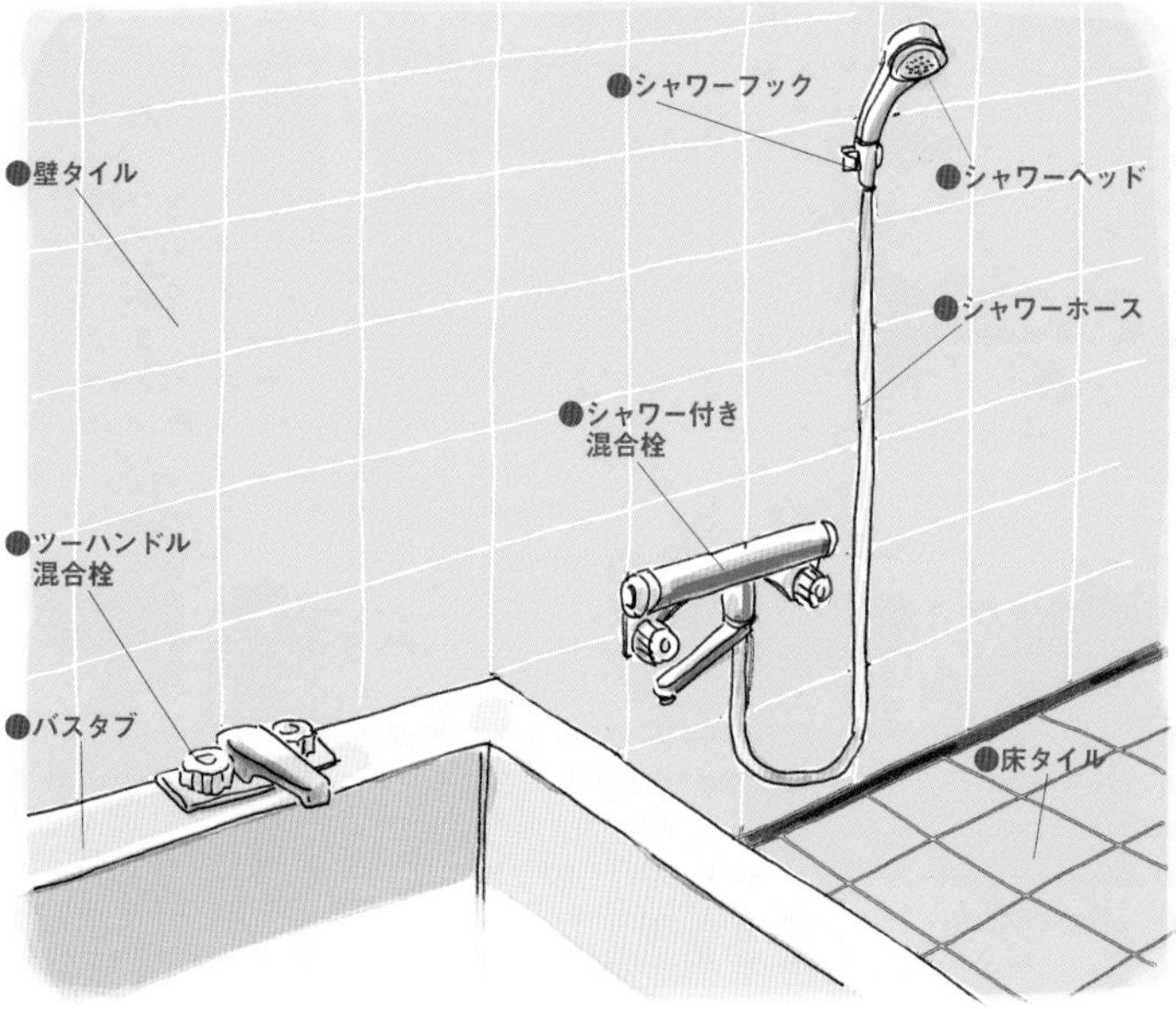

速効メンテナンス 1

排水口からの水漏れを直す

排水口（蛇口の先端）から水が漏れ出すのは、中のコマパッキンが古くなったことが原因として考えられます。ハンドルを外して、新しいコマパッキンに交換します。

▼道　具

コマパッキン

ウォーターポンププライヤー

マイナスドライバー、プラスドライバー

❶ ハンドルキャップを外す

まず水道メーターボックス内の止水栓を閉める。次にハンドルを左に回して蛇口を開けた状態にし、マイナスドライバーでキャップをこじ起こす

❷ ハンドルを外す

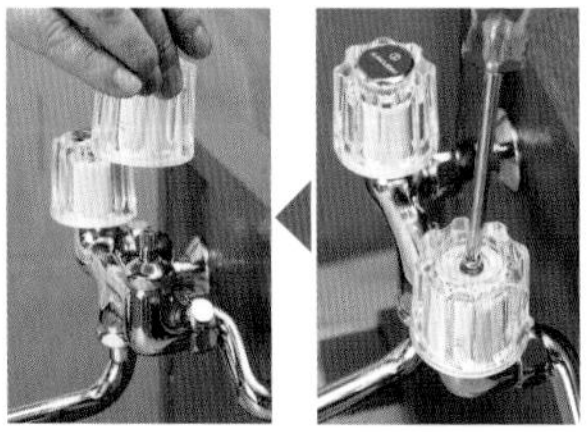

固定ネジをプラスドライバーでゆるめ、ハンドルを抜いて外す。ネジが固くて回りにくいときは、ネジにドライバーをあてたままドライバーを軽くたたいてから回すとよい

❸ ナットを外す

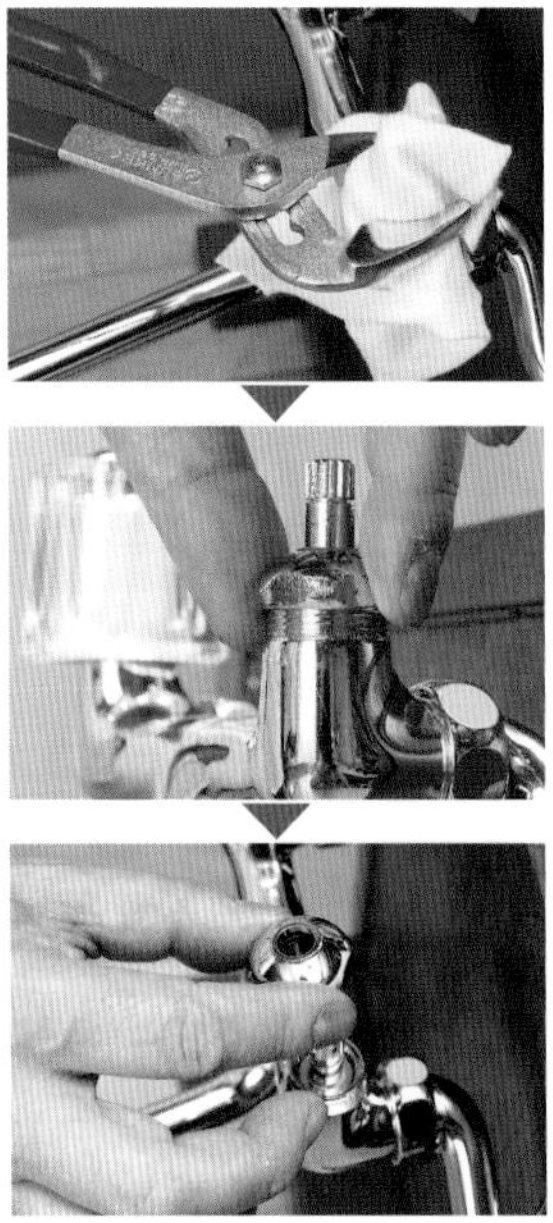

ナットをキズつけないように布をかぶせて、その上からウォーターポンププライヤーでつかむようにしてゆるめる。ナットを少しゆるめたら、あとは指先で回して外す

Point

ウォーターポンププライヤーの使い方

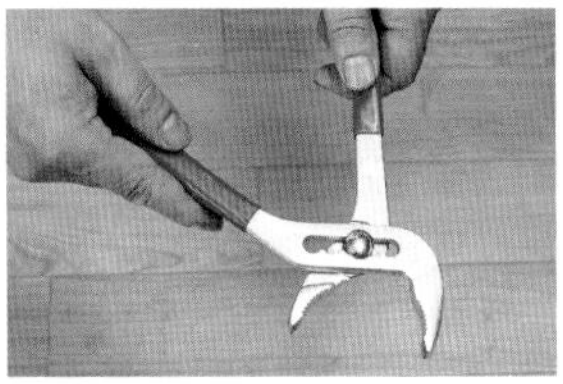

ウォーターポンププライヤーの先端は、ナットの幅と同じになるようにスライドさせてから使うと、力を入れずに締めたりゆるめたりすることができる

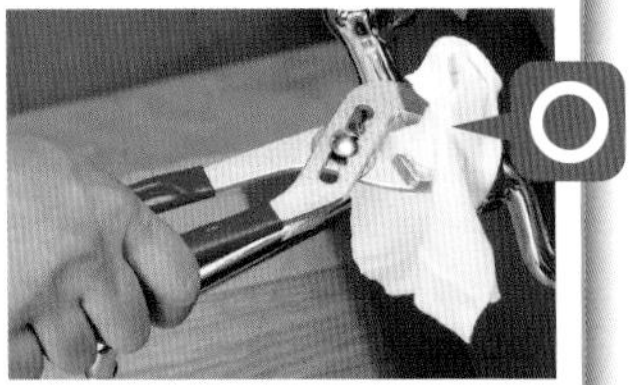

ウォーターポンププライヤーを使うときは、ナットをキズつけないように必ずあて布をする

❹ スピンドルを抜き出す

中に入っているスピンドルと呼ばれる軸を、指先でつまんで回すようにしながら抜き出す

❺ コマパッキンを抜き出す

ピンセットや割りばしを使って、スピンドルの下に入っているコマパッキンを抜き出す（寒冷地用の場合、スピンドルとコマがくっついて一緒に抜けることがある）

❻ 新しいコマパッキンを入れる

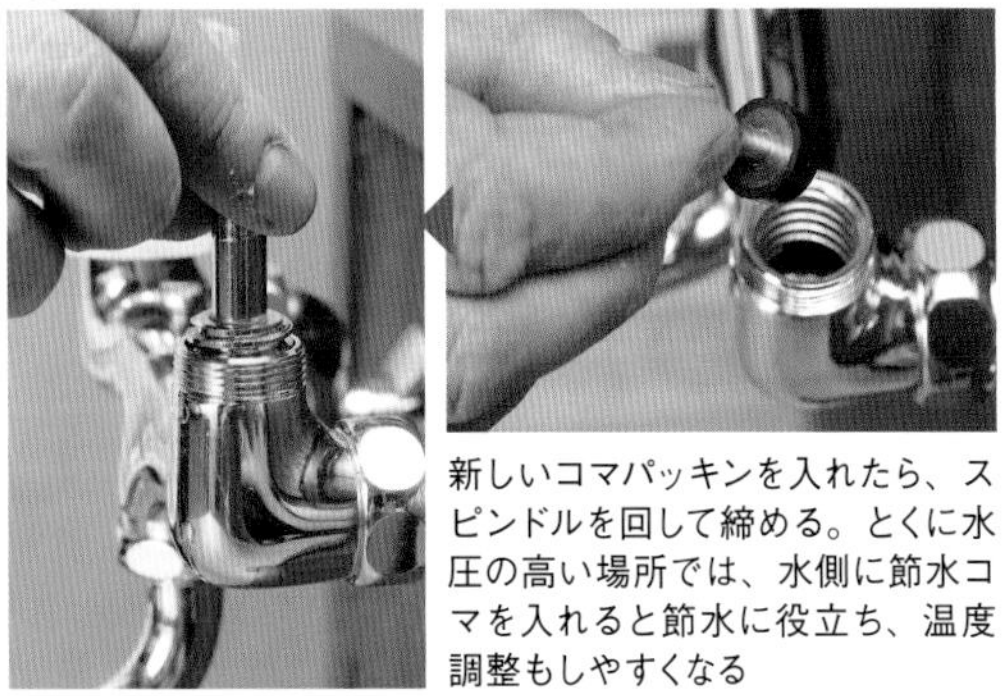

新しいコマパッキンを入れたら、スピンドルを回して締める。とくに水圧の高い場所では、水側に節水コマを入れると節水に役立ち、温度調整もしやすくなる

❼ ナットを締める

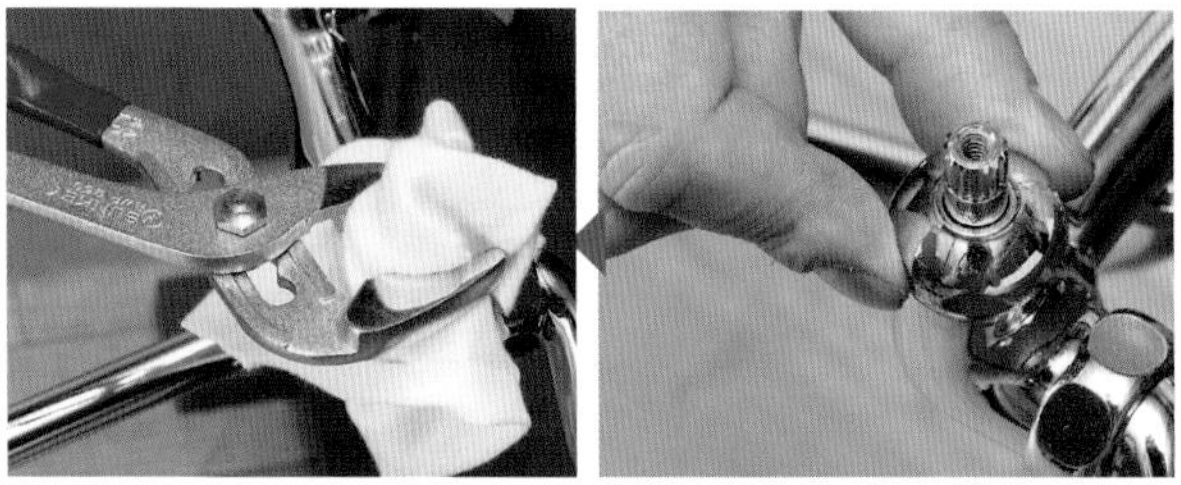

ナットを指先で回して締めてから、ウォーターポンププライヤーを使って軽く締める。このとき、強く締めすぎないこと

❽ ハンドルを固定する

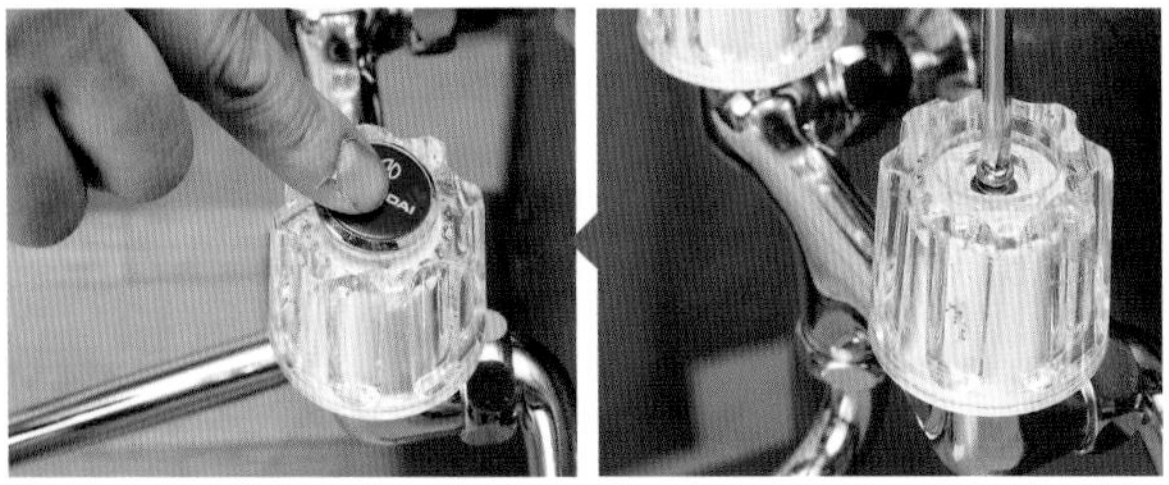

ハンドルをのせて、ネジをプラスドライバーで締める。最後に、カチッと音がするようにハンドルキャップをはめる

速効メンテナンス 2 ハンドル下からの水漏れを直す

ハンドルの下から水漏れするのは、ナットの三角パッキンが劣化したことが原因です。新しいものに交換しましょう。

① ハンドル下のナットを外す

水道メーターボックス内の止水栓は閉めなくてもかまわないが、作業中に水が出ないようにハンドルは右に回してしっかり締めておく。速効メンテナンス①の①②③と同じ要領で、ナットを外す

② 古い三角パッキンを取り出す

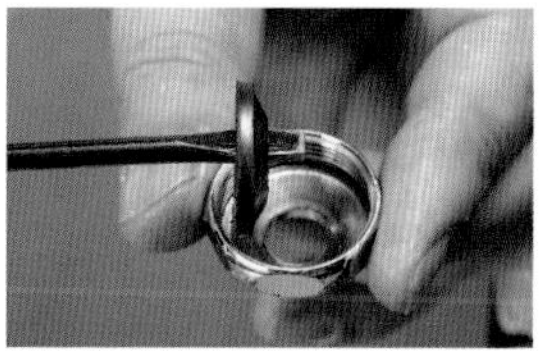

ナットの中の三角パッキンと金属のパッキン受けをドライバーで取り出す。三角パッキンをさわってみて、指先が黒く汚れるのは劣化しているからで、同じサイズの新しいものに交換する

③ 新しい三角パッキンに交換する

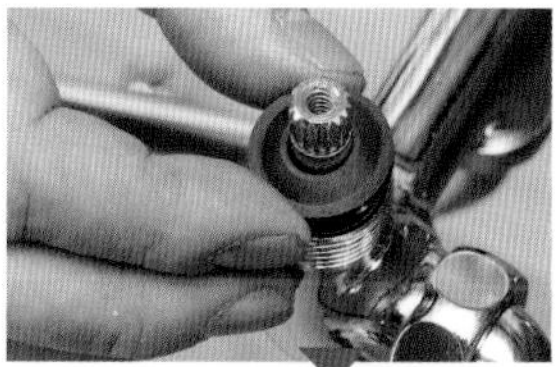

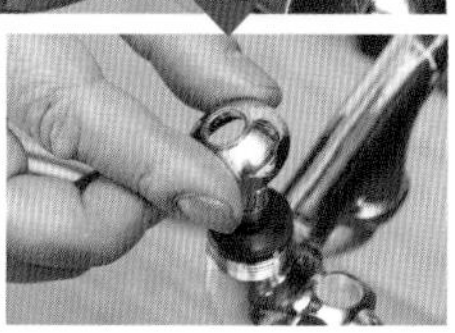

スピンドルの先端（上）にパッキン受け、次に新しい三角パッキンを広い方を下にしてはめ、その上からナットをかぶせて締める。速効メンテナンス①の⑧の要領でハンドルを固定する

▶道具

三角パッキン

ウォーターポンププライヤー

マイナスドライバー、プラスドライバー

速効メンテナンス 3 自在パイプ付け根からの水漏れを直す

自在パイプ付け根からの水漏れは、その部分のナットがゆるんでいるか、パイプ用パッキンの劣化が原因。新しいものに交換します。

▼道具

ウォーターポンププライヤー

パイプ用パッキン

① 自在パイプ付け根のナットをゆるめる

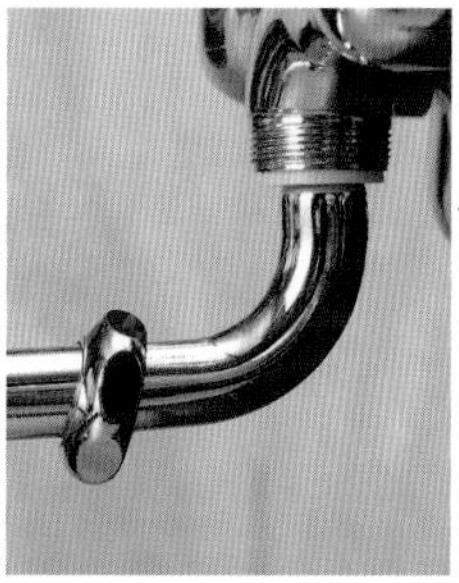

止水栓は閉めなくてもよい。自在パイプ付け根のナットにあて布をして、ウォーターポンププライヤーでゆるめる。ネジなどは、締めるときは右回し、ゆるめるときは左回しが通常だが、このナットをゆるめるときは右に回すので注意

② 自在パイプを抜く

ナットが少しゆるんだら、あとは指先でゆるめてから外し、自在パイプの先端を引き抜く

③ 古いパイプ用パッキンを取り出す

指先を入れて、古くなったパイプ用パッキンを取り出す。指先が黒く汚れたら、パイプ用パッキンが古くなっている証拠

④ 新しいパイプ用パッキンを指先で差し込む

パイプ用パッキンはミゾを上（水が来る方向）に向ける。水がミゾに入ると圧力で広がり水を通しにくくする

新しいパイプ用パッキンを指先にのせて、ていねいに差し込む。自在パイプの先端にはめて差し込もうとするとずれやすい

⑤ 自在パイプを取り付ける

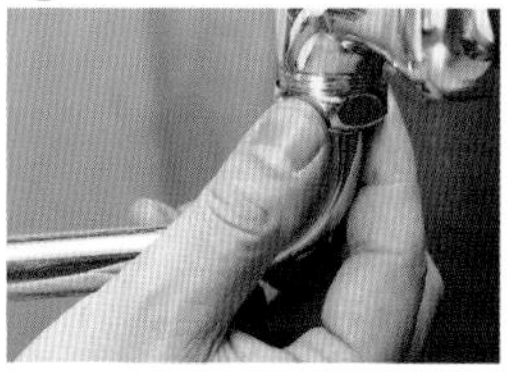

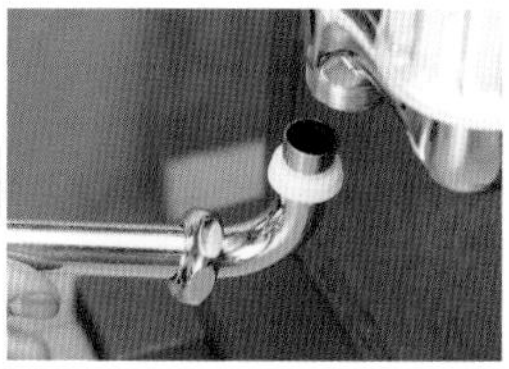

自在パイプを差し込んで、指先でナットを締める。最後にウォーターポンププライヤーで軽くナットを締める

Point

止水栓の閉め方

水まわりの修理のときは、作業中に水が吹き出さないように、水道のメーターボックス内の止水栓は必ず閉める。ハンドル式やレバー式などがある

速効メンテナンス 4 本体とクランクのつなぎ目からの水漏れを直す

壁から出ているクランクと混合栓本体とのつなぎ目から水漏れしている場合は、ナットがゆるんでいるかクランク用パッキンの劣化が原因です。

① ナットをゆるめる

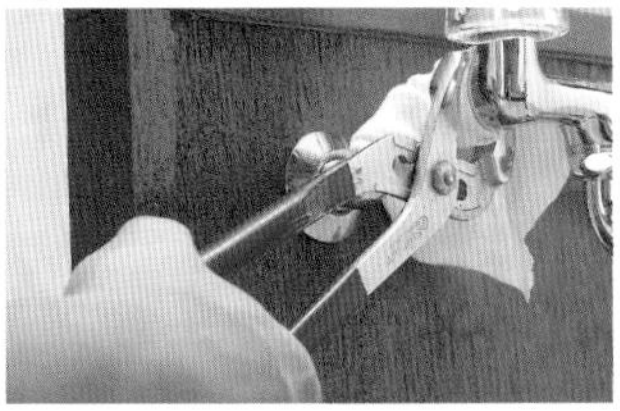

止水栓は必ず閉める。つなぎ目のナット部分に布をあて、ウォーターポンププライヤーで水側、お湯側両方のナットを少しゆるめる

② 本体を外す

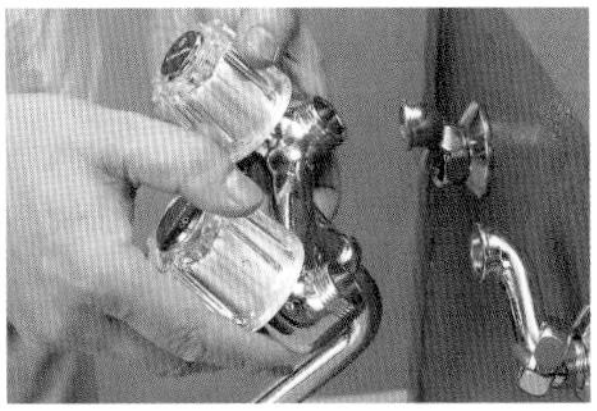

混合栓本体が落ちないように手で支えながら、指先で両方のナットをゆるめていく。ナットが外れたら、本体をクランクから引き離す

③ 古いパッキンを抜き出す

クランクの中から、古くなったクランク用パッキンを抜き出す。クランクの中にパッキンの黒い汚れがついていたら、布で拭いてきれいにする

④ 新しいパッキンを入れる

クランクの中に、同じサイズの新しいクランク用パッキンを指先でていねいに押し込む

⑤ 本体をクランクに取り付ける

本体をクランクに取り付ける。最後にウォーターポンププライヤーでナットを軽く締める

▼道具

ウォーターポンププライヤー

クランク用パッキン

速効メンテナンス 5 クランク付け根からの水漏れを直す

クランクを回転させて壁の中のパイプに取り付けるネジ山には、シールテープが巻かれています。それが劣化すると、水漏れを起こします。取り外して、新しいシールテープを巻き直します。

① 本体をクランクから外す

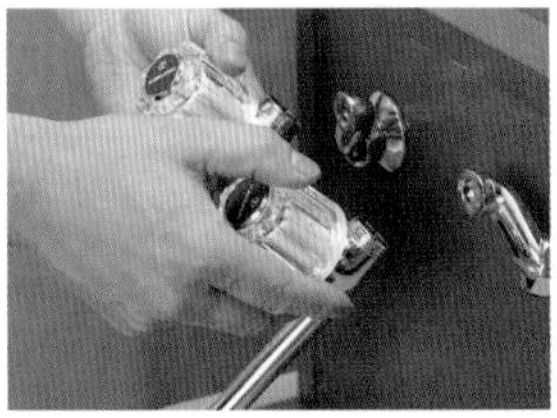

止水栓は必ず閉めておく。速効メンテナンス④の①②の要領で、本体をクランクから外す

② クランクを壁から外す

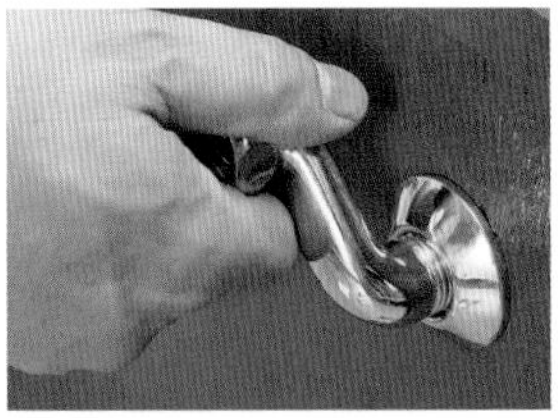

両方のクランクを、左回りに回転させせながら壁から外す。回し始めるとき、少し力がいる

③ 古いシールテープをきれいに落とす

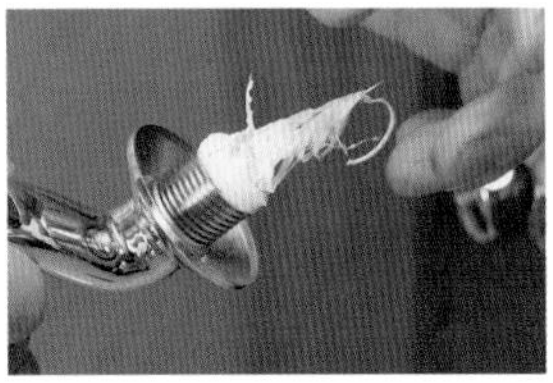

クランクのネジ山と、壁側のパイプの中に残った古いシールテープはきれいに取り去る。シールテープを巻く前に、いったん左右のクランクを壁のパイプに仮止めしてみる。このとき、クランクを何回右に回転させると動かなくなるか、その回転数を覚えておく

④ ネジ山にシールテープを巻く

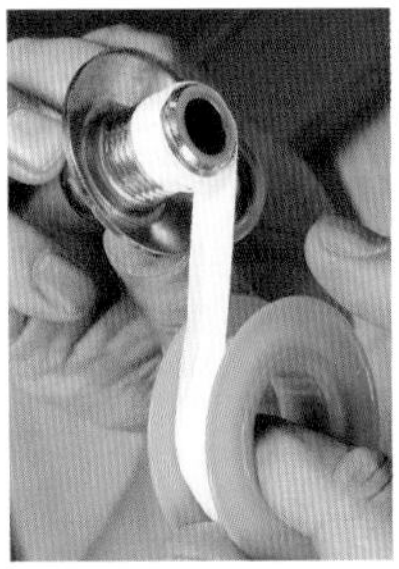

仮止めしたクランクを再び左に回して外して、ネジ山にシールテープを巻いていく。その巻き方については、右下のポイントコラムを参照

⑤ クランクを本体に取り付ける

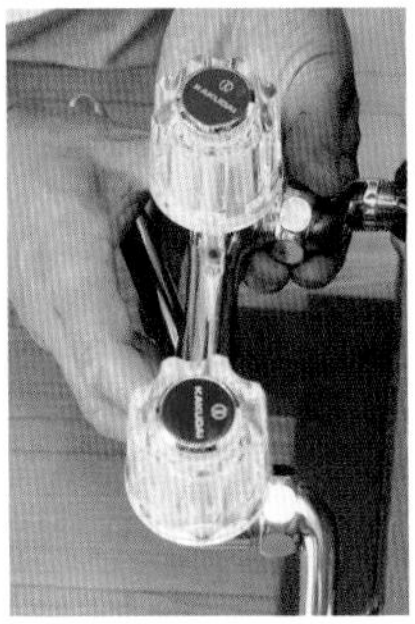

クランクを、仮止めしたときと同じ回数右に回してパイプに取り付ける。左右水平か、上からのぞいて壁から均等の高さかを確認したら、新しいクランク用パッキンをはめ本体を取り付ける。最後にウォーターポンププライヤーでナットを軽く締める

▼道具

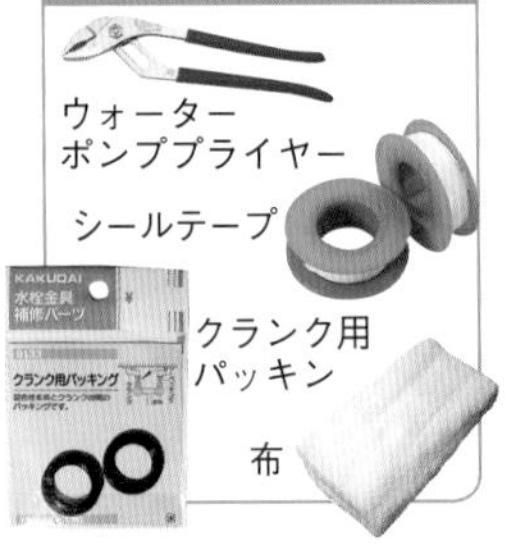

ウォーターポンププライヤー

シールテープ

クランク用パッキン

布

Point シールテープの貼り方

○

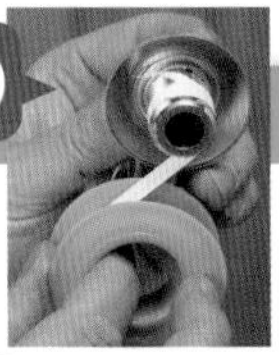

×

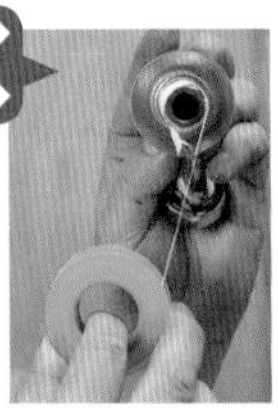

シールテープに表裏はなく、粘着剤もついていない。テープの先端をネジ山にあてて押さえ、強く引っ張りながらテープリールを6、7回右回転させて巻く。テープリールは写真左上の位置にすると巻きやすいだろう。巻き終えたら、指先でテープをネジ山のミゾになじませるが、ネジ山の先端にまで巻かないように注意

速効メンテナンス 6 ツーハンドルの混合栓をシングルレバーに交換

止水栓を閉め、速効メンテナンス4と同じ要領でツーハンドルの混合栓本体とクランクを外してから、シングルレバーの混合栓を取り付けます。お湯と水の混合が片手でできてとても便利です。

❶ クランクをいったん仮止め

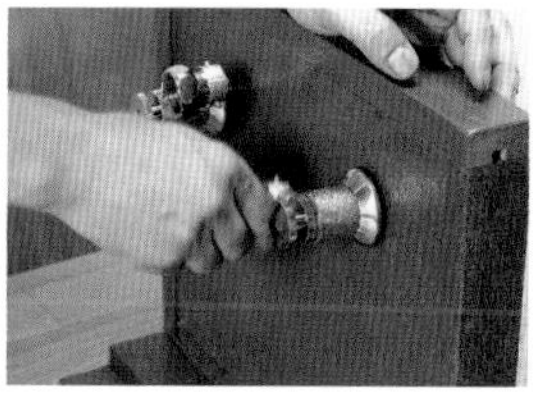

シールテープを巻かないで、左右のクランクをいったんパイプに仮止めする。このとき、クランクを何回右に回転させると動かなくなるか、その回転数を覚えておく

❷ ネジ山にシールテープを巻く

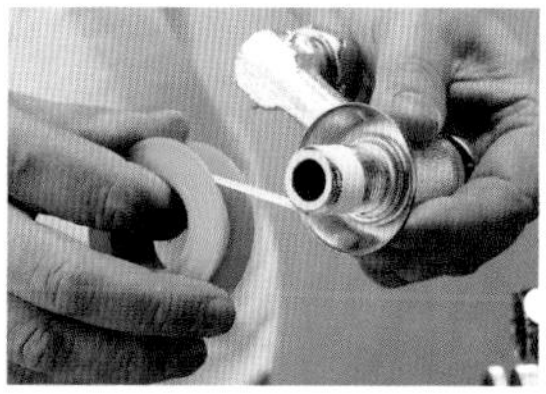

仮止めしたクランクを外して、シールテープのリールを6、7回右回転させて、ネジ山にシールテープを巻く（巻き方は、右ページ下のPointを参照）

❸ クランクをパイプに取り付ける

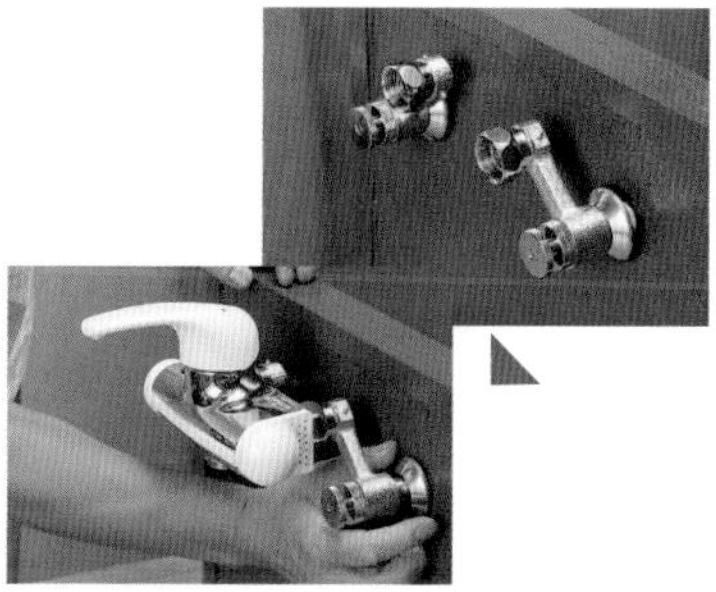

クランクを、仮止めしたときと同じ数右に回してパイプに取り付ける。クランクの本体取り付け部分が左右水平か、壁から均等の高さかを確認したら、クランク用パッキンをはめて本体を取り付ける。ウォーターポンププライヤーでナットを軽く締める。最後にクランクカバーをはめ、自在パイプを取り付ける

▶道具

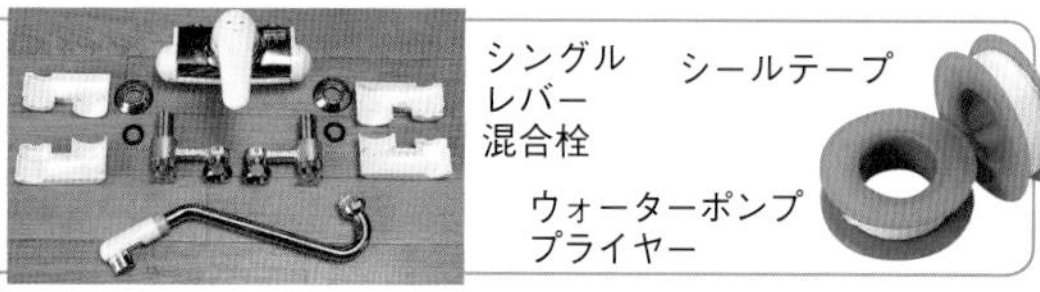

速効メンテナンス 7 レバーハンドルに交換する

握って回転させなければいけないハンドルが固く動きにくくなったら、レバー式に交換してみましょう。物を持ったままでもワンタッチで水量調整ができて何かと便利です。

レバーハンドルは長い方が使いやすいのですが、ツーハンドルの場合は左右のレバーがぶつかるので、短めのものを用意します。

お湯側から熱湯が出るセッティングのときは、金属レバーは熱くなるので注意しましょう。

混合栓の場合

❶ ハンドルを外す

ハンドルキャップをマイナスドライバーで外したら、プラスドライバーで固定ネジをゆるめる。ハンドルを引き抜いて外す

❷ アダプターをはめる

レバーハンドルをのせてみてネジ穴が合わないときは、セットになっているアダプターから、サイズの合うモノを選んではめる

❸ レバーハンドルを固定する

レバーハンドルをのせ、ウォーターポンププライヤーで固定ネジを軽く締める。レバーを手前にすると水が止まるようにセットする

単水栓の場合

❶ 三角ハンドルを外す

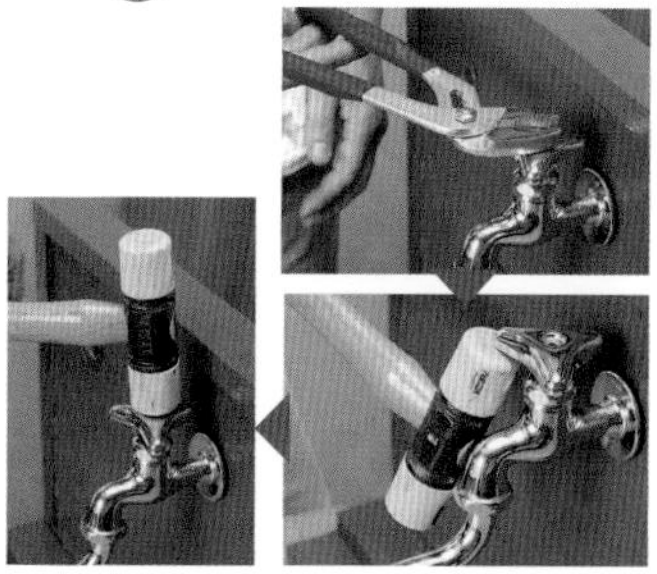

三角ハンドルの上のネジをウォーターポンププライヤーでゆるめて外す。外れにくいときは、ハンマーでハンドルを下から、あるいはネジを上から軽くたたくとよい

❷ アダプターをはめる

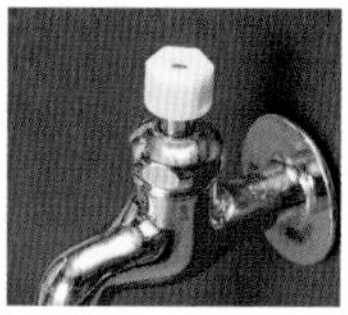

ネジ穴が合わないときは、セットになっているサイズの合ったアダプターをはめる

❸ レバーハンドルを固定

レバーハンドルをのせ、最後にウォーターポンププライヤーで固定ネジを軽く締める。レバーの位置が手前に来たときに水が止まるようにセットするのが一般的だ

▼道　具

レバーハンドル、マイナスドライバー、プラスドライバー、ウォーターポンププライヤー、ハンマー

速効メンテナンス 8 先端が高い自在パイプに交換

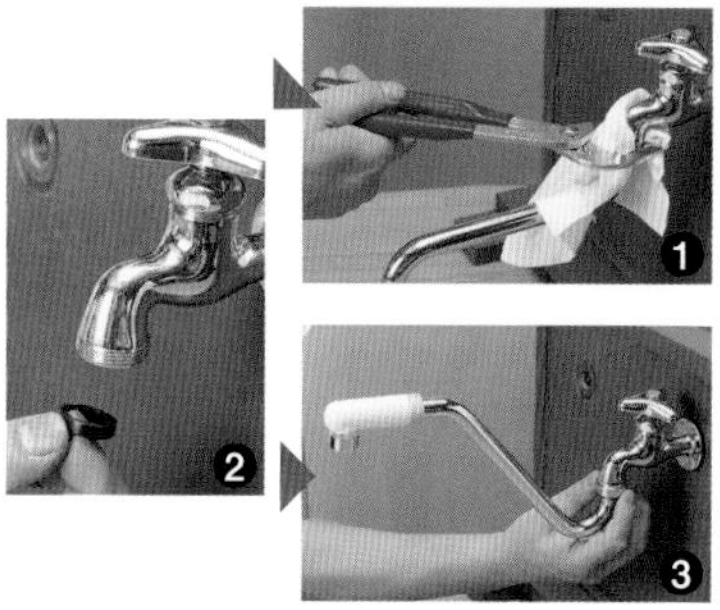

❶自在パイプの先端が低くて洗い物などがしにくいときは、先端が高いものに交換する。取り付け部分のナットにあて布をしてウォーターポンププライヤーでゆるめて、自在パイプを外す。❷❸Uパッキンのミゾを上にしてはめてから、新しい自在パイプを差し込む。最後にウォーターポンププライヤーで軽く締める。パイプ口径の規格はいろいろあるので、外したパイプを店に持参して選ぶこと

▶道具　自在パイプ、Uパッキン、ウォーターポンププライヤー

速効メンテナンス 1 継ぎ目のナットを締め直す パッキンを交換する

排水トラップの継ぎ目から水漏れをしている場合は、ナットがゆるんでいないかをチェックし、締め直します。それでも直らなかったら、パッキンが傷んでいることが原因です。古いパッキンを持参して、新しいものと交換しましょう。

❶ ナットを締め直す

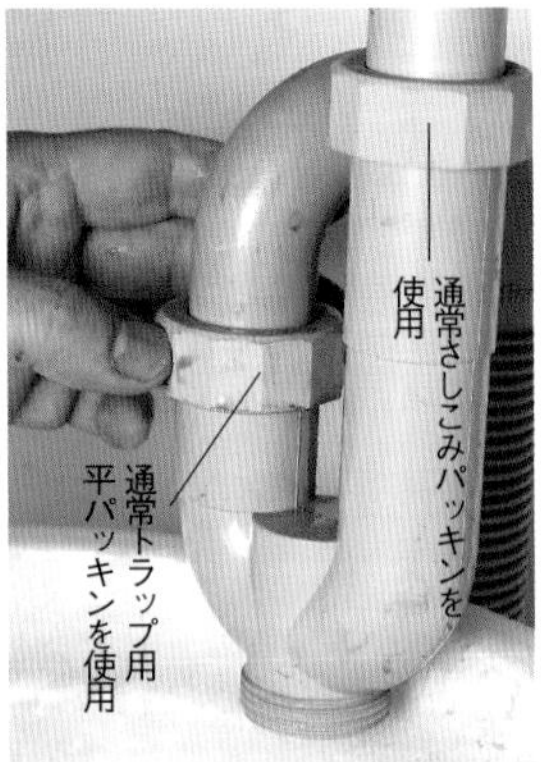

トラップの継ぎ目部分のナットを締め直す。ウォーターポンププライヤーなどを使って強く締めすぎると、ナットやパイプが破損することがあるので注意する

❷ パッキンを交換する

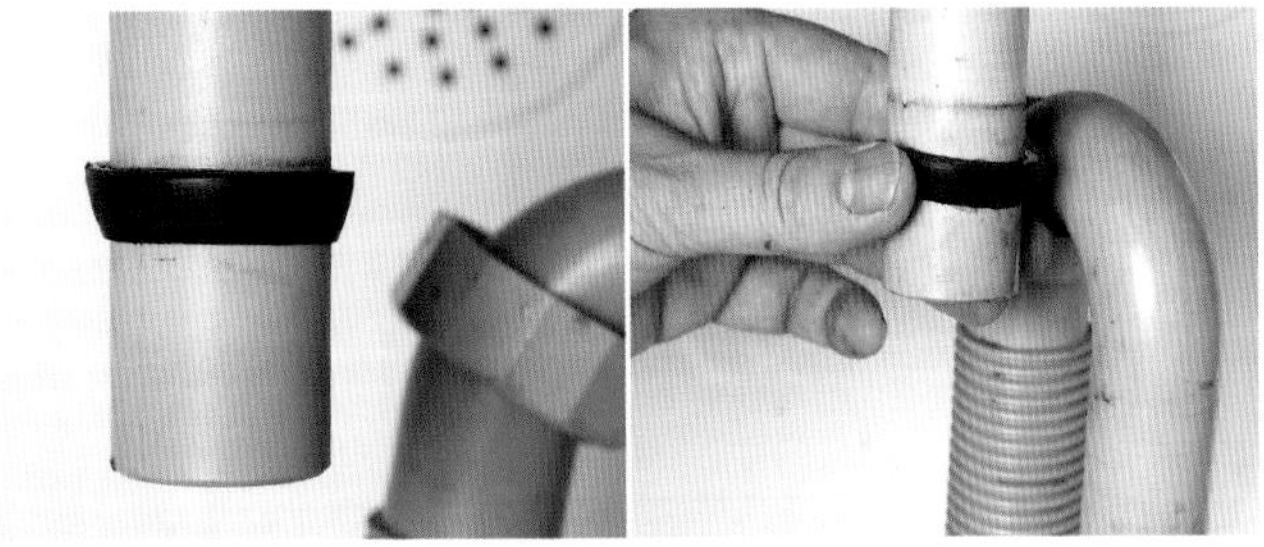

トラップ用平パッキンを新しいものに交換する。パッキンはふくらんでいるほうを上（水が流れてくる方向）に向ける。パイプの直径は、25㎜、32㎜、38㎜の3種類が一般的だが、古いパッキンを持参して購入すれば、サイズを間違えることはない

▶道具

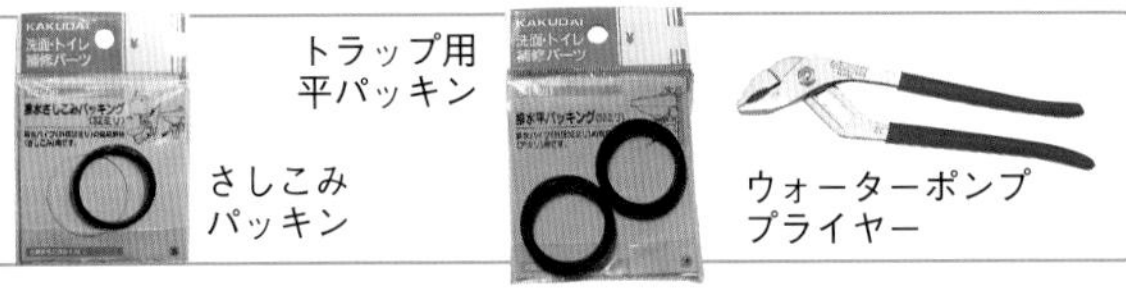

速効メンテナンス 2 パイプ洗浄剤を流す

排水の流れが悪いときや、水を流したときに排水口からボコボコ音がしたりするときは、排水管の汚れや詰まりが原因。市販のパイプ洗浄剤を流し込むだけで解決することがよくあります。洗浄剤には、粉末顆粒タイプ、液体タイプ、固形タイプがあります。

●バイオ系洗浄剤を流し込む

もっともおすすめの洗浄剤がこれ。流し込んで、夏なら30分、冬なら1時間おく。酵素と微生物が取り付いて、詰まりを分解する。ガンコな詰まりが3日目ぐらいで解消することもある

●塩素系洗浄剤を流し込む

毛髪を溶かすものもある。洗浄剤の容器にある目盛りを目安に、必ず指定された分量を流し込む。30分ほど経ったら水を流す。詰まっているところに水がたまっていると効果が半減する

●熱湯を流し込む

できるだけ熱いお湯を流し込むと、油分などを溶かしてくれる。じゃばらの排水ホースは、大量に流すと熱で変形するので注意する。くれぐれもヤケドをしないように

▶道具

パイプ洗浄剤（バイオ系、塩素系）

Point

便器の詰まりを直す

便器に水を流したとき、いったん便器の中の水位が上がって、その後徐々に水位が下がるのは、詰まりかけている証拠。こんなときは、ラバー吸引カップが効果的だ。便器の中の水が引いていたらバケツなどで水を入れ、吸引カップの上ぐらいまで水をためてから始める。ゆっくり押し付け、引き上げるときに力を入れるのがコツだ。

また、ラバーよりポンプ式の方が吸引する力が強力なのでおすすめ。詰まりが直ったと思っても、ハンドルを回して水を流すのは危険。バケツなどで少しずつ水を流して確かめるといいだろう。

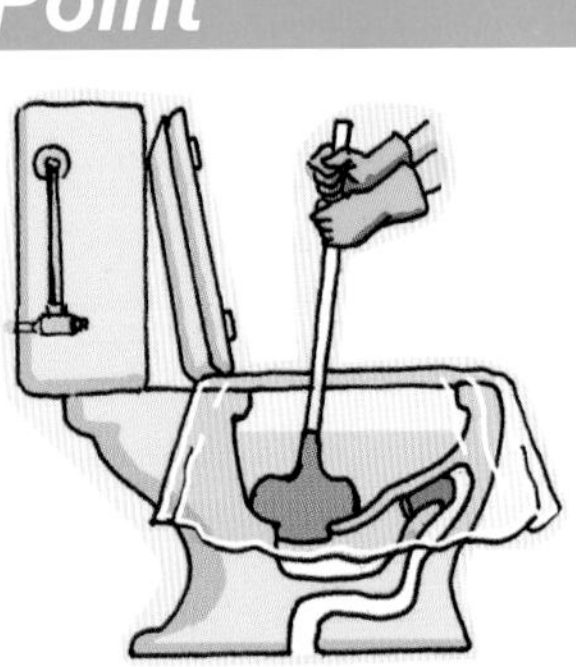

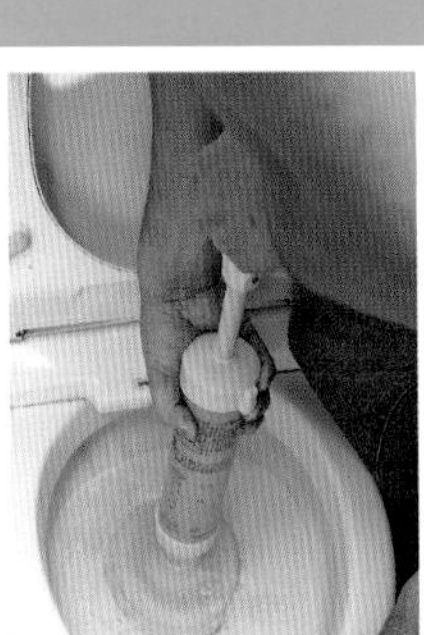

速効メンテナンス ③ トラップを外して洗浄する

水の流れが悪かったり悪臭がするときは、排水トラップの汚れや破損が原因として考えられます。いったん分解して中を洗浄し、壊れていれば新しいものに。このとき、古いトラップ用パッキンは交換します。

① 掃除口キャップを外す

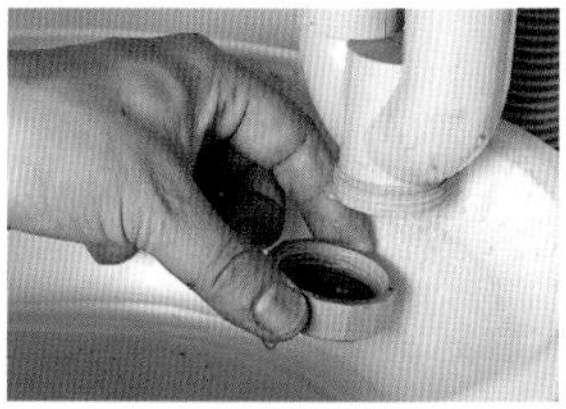

トラップの下に洗面器を置く。掃除口キャップが付いている場合は回して外し、パイプの中にたまっていた水を洗面器に流し出す。水は汚れているので、床にこぼさないように

② 指先で汚れを確認

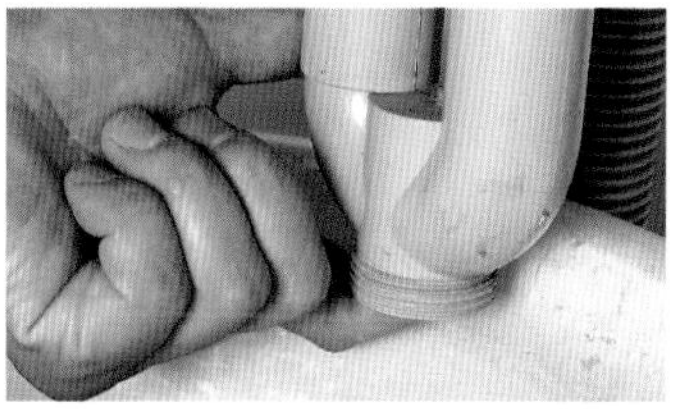

掃除口から指先を入れて、汚れや詰まりがないかどうかを確認する。汚れや詰まりがあったら、古歯ブラシなどでこすって落とす。外したキャップの方もきれいにすることを忘れずに

③ ナットを外してトラップを分解する

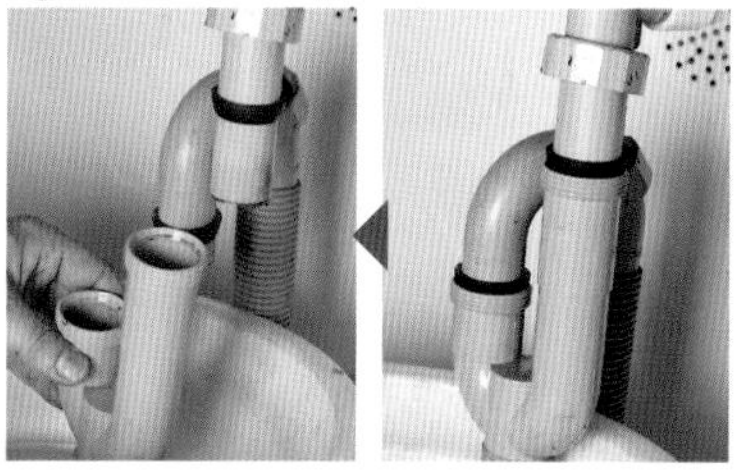

接続部分すべてのナットを外して、トラップを分解する。床に差し込んであるパイプは、ただ引き抜けば外れることが多い。このとき、ふだんは見えにくい洗面台すぐ下の両脇にある止水栓に水漏れがないかをチェックするとよい

④ 古歯ブラシなどで洗浄する

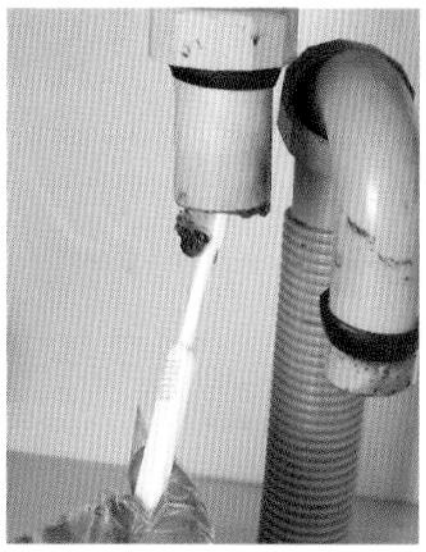

古歯ブラシなどを使って中をていねいに洗浄する。直線の部分よりカーブ部分が詰まったり水アカがたまりやすいので、とくに入念に

⑤ パッキンを交換して組み直す

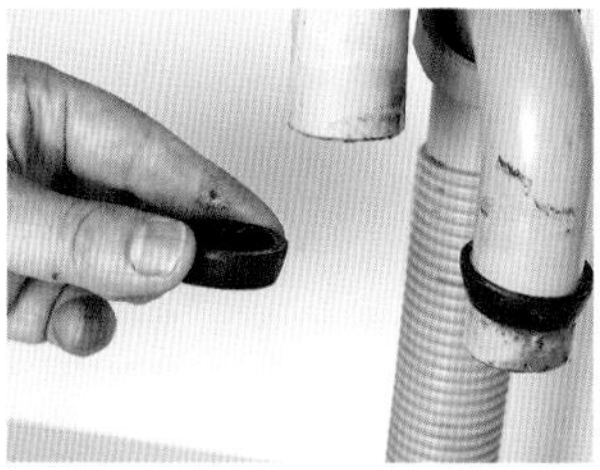

すべての洗浄が終わったら、元のかたちに組み直す。このとき、トラップ用パッキンはすべて新しいものに交換することが望ましい

▼道具

ウォーターポンプ プライヤー

古歯ブラシ

トラップ用パッキン

速効メンテナンス ④ パイプクリーナーで詰まりを直す

浴室・洗面所は髪の毛、キッチンは生ゴミや油汚れの固まりがたまり、トイレは子どものおもちゃや小物、長年こびりついた尿石、芳香剤といった異物によって、排水管を詰まらせてしまうことが多いようです。ふだんから汚物を流さないように心がけることが大切ですが、万が一、詰まってしまったら、パイプクリーナーが役に立ちます。

① ラバー吸引カップを使う

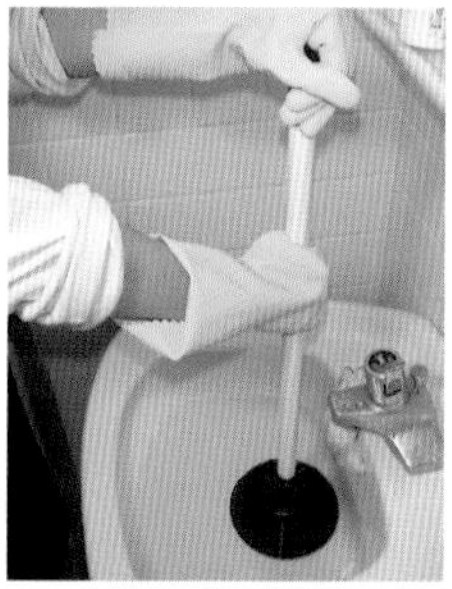

洗面台の水位穴をタオルなどでふさいで水をためる。吸引カップを排水口に押しあてて、グーッと押して強く引く動作をくり返して、何回かボコッという音をさせる。手軽に使えるが、水圧が弱く、引いたときにたまった水がはねやすいのがやや難点

② ポンプ式吸引カップを使う

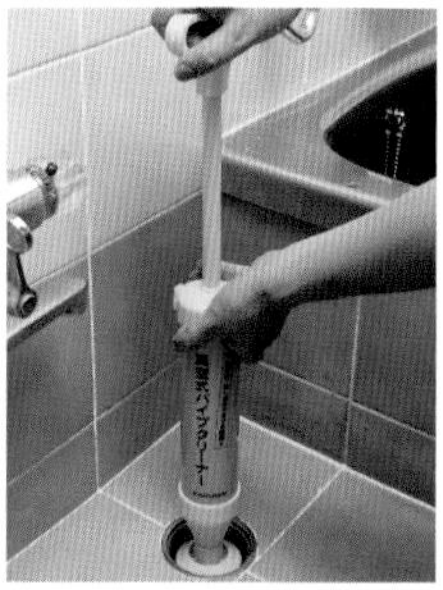

先端のラバーを大きなものにすればトイレ用、小さいものに取り替えれば浴室用になるのでとても便利だ。ラバー吸引カップより圧力も強く、ポンプレバーをゆっくり上下させるだけなので水はねもなく使いやすいというメリットがあり、おすすめ

③ ワイヤー式クリーナーを使う

ラバーやポンプ式の吸引カップでも詰まりが解消しないときは、ワイヤー式クリーナーを排水口から差し込んで使う。長さは3m、5m、10mのものがある。排水管のかなり奥にある固形物などガンコな詰まりを直接ひっかけて取るすぐれもの

Point

浄化マスを洗浄する

一戸建ての家では、屋外にキッチン、洗面所、浴室ごとに浄化マスが設置されている。1年に1回はフタを開けて汚れやつまりを点検しよう。水道ホースの先端をパイプに深く差し込み、ホースのまわりにタオルを巻いてパイプをふさいでから強い水流を送り込むと、圧力で詰まった汚れも流し出せる

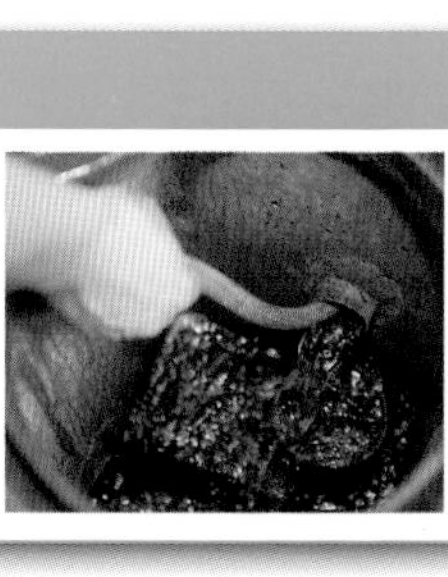

▼道具

ポンプ式吸引カップ

ワイヤー式クリーナー

ラバー吸引カップ

トイレの簡単メンテナンス

速効メンテナンス 1 止水栓を回して水流を調整する

手洗い管からの水が細くなって、タンクになかなか水がたまらないということがよくあります。そんなときは、マイナスドライバーやコインで止水栓の開き具合を調整してみましょう。

手洗い管からの水の出が少ないときは、止水栓を少し左へ回すと水流が強くなり、タンクにも早く水がたまるようになる。反対に勢いが強すぎて水がはねるときは、止水栓を少し右に回してみる

Point

ロータンクの修理に取りかかる前に

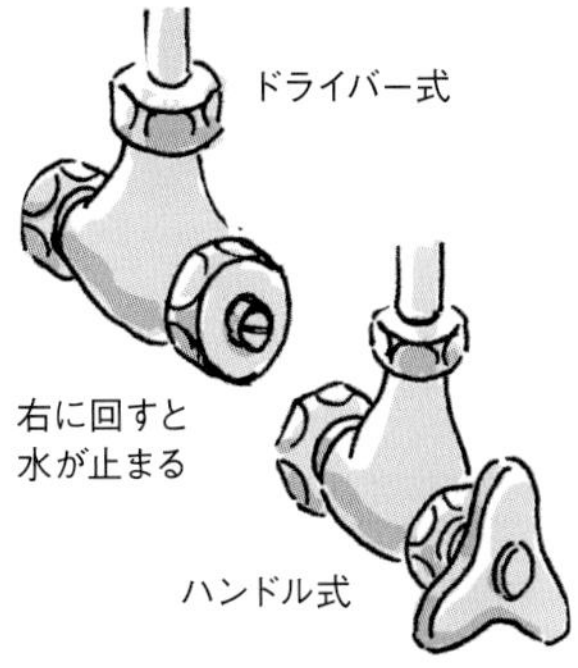

タンクの横や下にある止水栓は必ず閉めること。ハンドル式もドライバー式も、右に回すと水が止まる。次にレバーを回して、タンクの中を空にする。手洗い管が固定されているときは、タンクのフタを少し持ち上げて接続部分を外してから、フタを完全に開ける。

▶道具

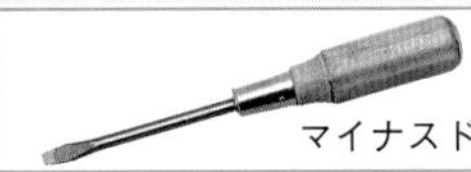

マイナスドライバー

速効メンテナンス 2 クサリの外れ(切れ)を直す

タンク内に水があるのに便器に水が流れないのは、レバー内側のアームに付いているクサリが外れたり切れてレバーがきかないのが原因。タンクの中をのぞいてみて、クサリが外れていたらアームの金具にかけ直し、切れていたらゴムフロート弁ごと新しいものに交換します。

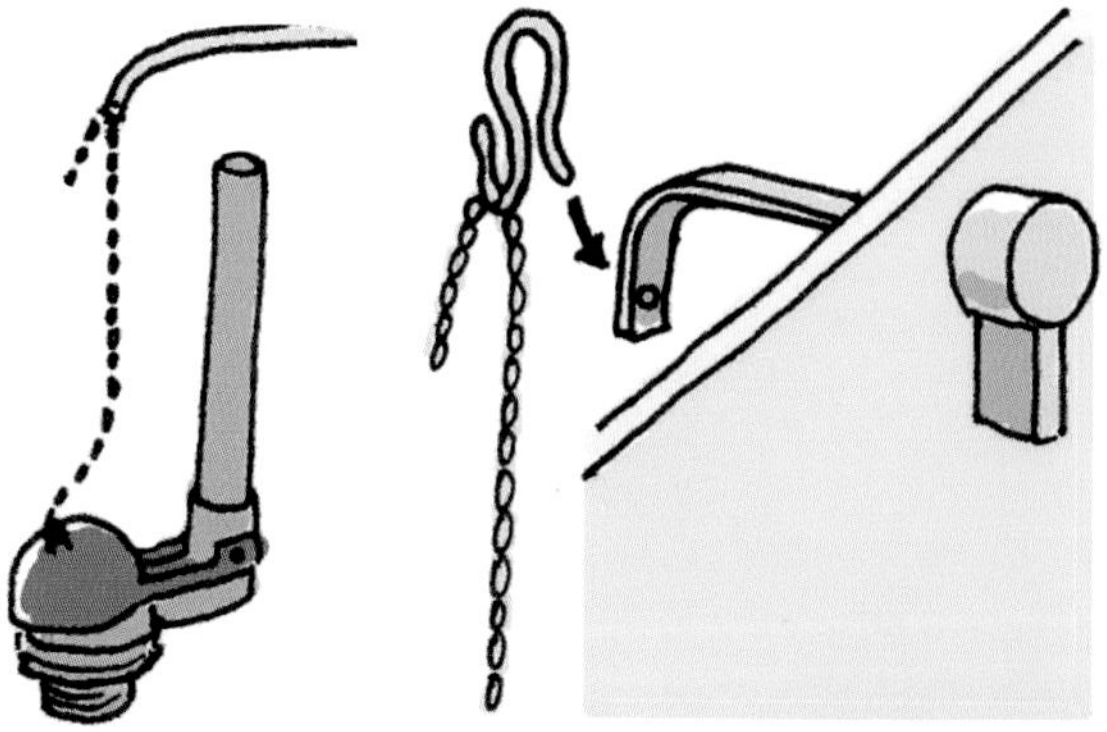

クサリをかけるときは、ピンと張らずに3、4玉分たるませるのがポイント。クサリが短すぎるとゴムフロート弁がきちんと閉まらなくなり、長すぎるとゴムフロート弁があまり持ち上がらずに排水量が少なくなったり、クサリがからまりやすくなる

▼道具

ペンチ

速効メンテナンス 3 止水栓を開ける

トイレを修理したあとなど、止水栓をうっかり開け忘れていることがよくあります。止水栓が閉まったままでは、当然水は流れません。ドライバー式、ハンドル式いずれも、左に回すと止水栓は開きます（上記ポイントコラム参照）。

▼道具

マイナスドライバー

速効メンテナンス 4 浮き玉の引っかかりを直す

タンクのフタを開けて、浮き玉がどこかに引っかからないか、外れていないかを点検します。タンク内にバケツで水を注ぐと、どこが引っかかっているかが確認しやすいでしょう。浮き玉が下がらないとタンク内に給水されず、浮き玉が外れていると水が止まらなくなります。

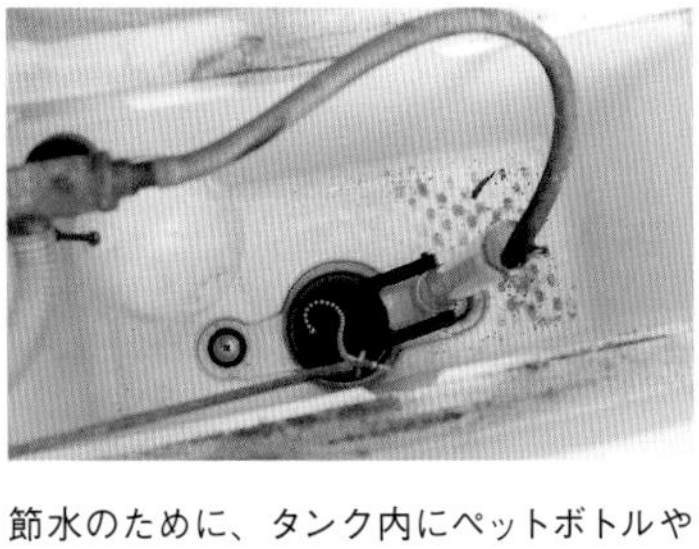

節水のために、タンク内にペットボトルやビンなどを入れるケースがよくある。しかし、これらが浮き玉の引っかかりの原因となりやすいことは確かだ。節水も大切だが、できれば取り除くことが望ましい

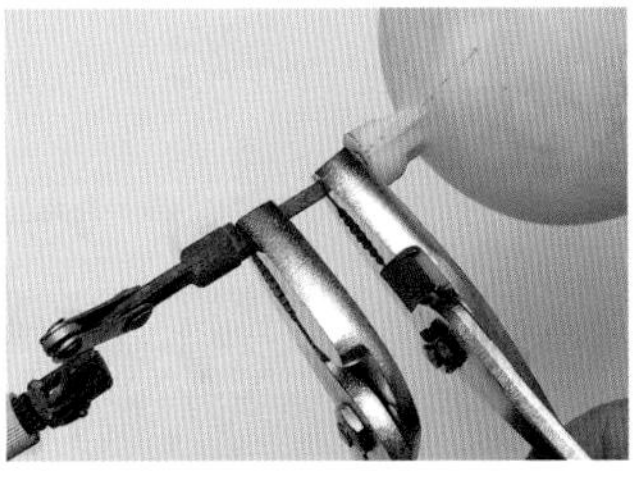

それでもまだ浮き玉が引っかかる場合には、アームの角度を調整する。浮き玉をアームごと外し、必ずペンチ2本でアームを挟むようにしてほんの少し曲げるようにする。ペンチ1本で無理して曲げようとすると破損しやすいので注意する

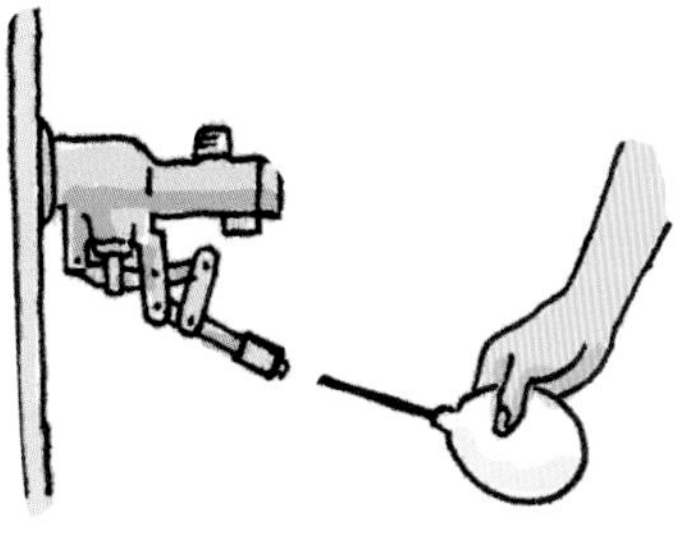

浮き玉のアームを固定するナットがゆるんでいたら締め直し、外れていたらアームをボールタップにはめ込んでナットを締める

▶道具

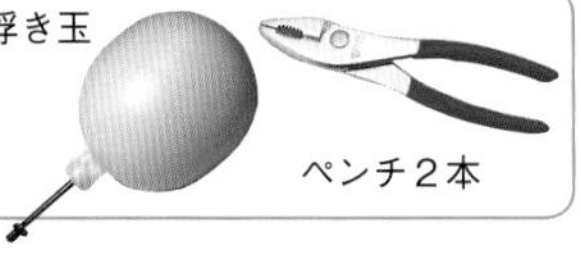

浮き玉　ペンチ2本

速効メンテナンス 5 ボールタップ弁を点検する

水は、給水管からボールタップを通ってタンク内に給水されます。ボールタップの弁（ピストンバルブ）には水アカがつきやすいため、水が止まらないのはこの弁の汚れやパッキンの劣化が原因です。ボールタップを外して点検します。

❶ ボールタップを外す

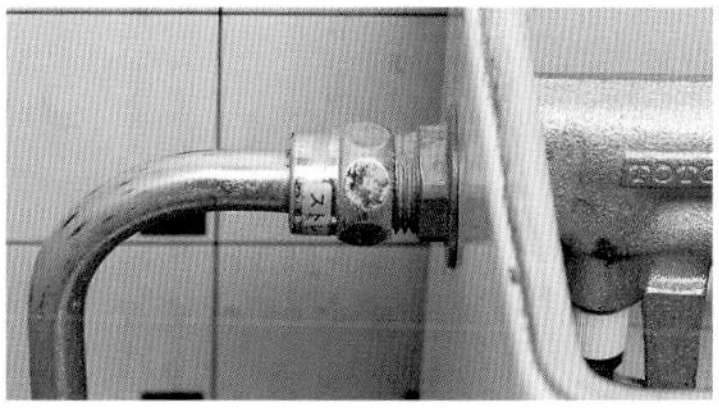

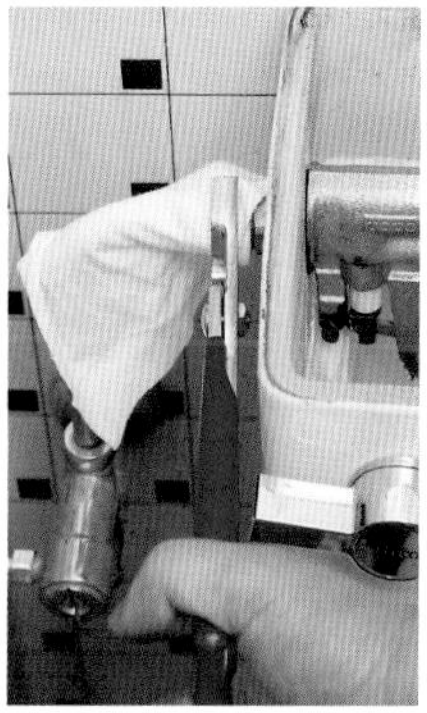

タンクの外側にあるボールタップの取り付けナットにあて布をして、ウォーターポンププライヤーで少しゆるめる。タンク内のボールタップが落ちないように支えながら、指先でナットをゆるめてボールタップを取り出す。力まかせにやってタンクをキズつけないように注意する

❷ ストレーナーの汚れを落とす

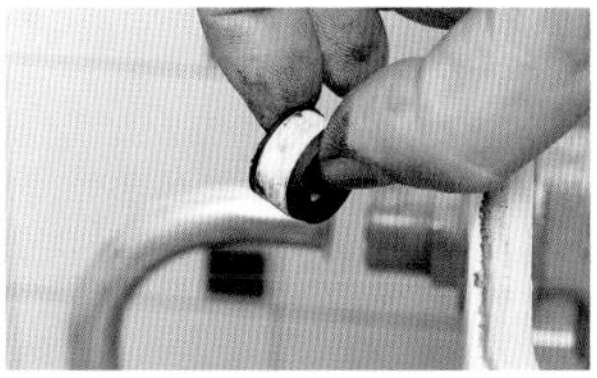

ボールタップの取り付けナットを外したとき、ストレーナー（タンク内にゴミが入らないようにするためのフィルター）がセットされている場合には、汚れをきれいに落とすか、新しいものに交換する

❸ ボールタップ弁を抜き出す

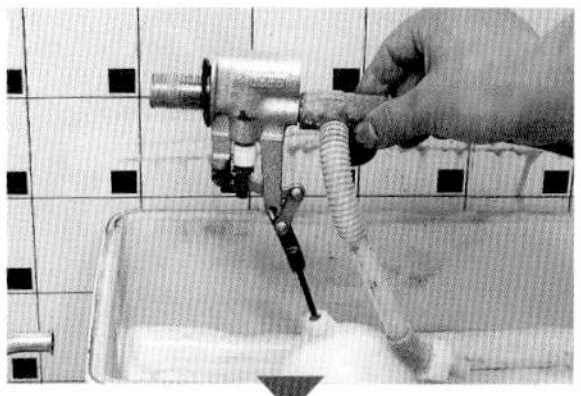

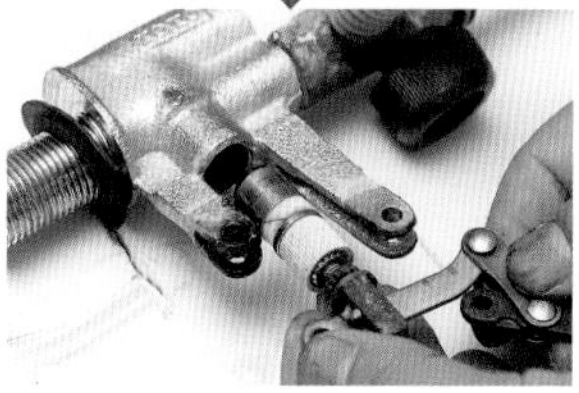

ボールタップの弁（ピストンバルブ）を固定する左右のネジをペンチでゆるめて外し、ピストンバルブを抜き出す。汚れていたら、古歯ブラシなどできれいに掃除をする

❹ パッキンを交換する

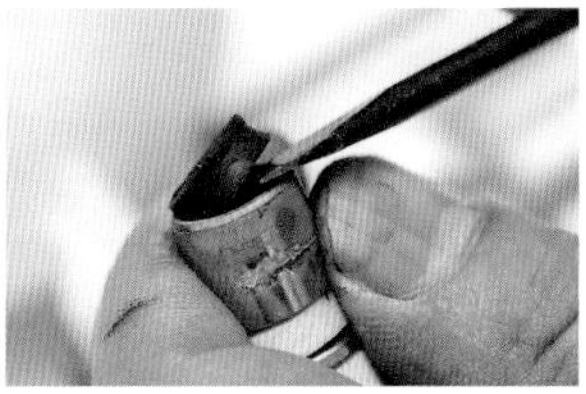

ピストンバルブの先のパッキンが劣化していたら、新しいものに交換する。パッキンは台形の広い面を下にしてはめ込む。メーカーによってサイズが異なるので、購入するときは古いものを持参するのが確実。最後に、逆の手順でボールタップをタンクにセットする

▼道具

ウォーターポンププライヤー

ピストンバルブ弁パッキン

速効メンテナンス 6 レバーハンドル付け根のサビ、汚れを落とす

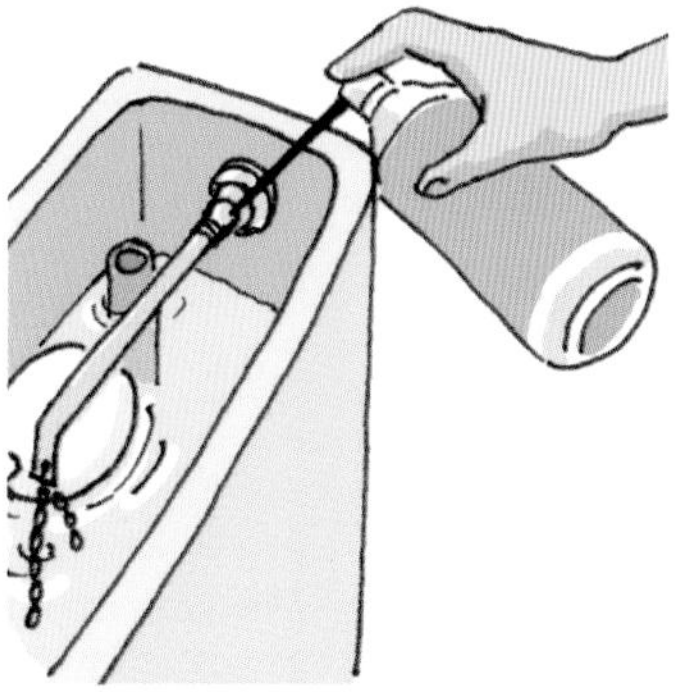

レバーを回して手を離しても下がらず、ジャージャーと便器に水が流れ続けていたり、スムーズに動かないのは、レバーの付け根がサビていたり汚れていることが原因。古歯ブラシや布でサビや汚れをこすり落としたり、付け根の部分に潤滑油を吹き付ければ、レバーのスムーズな動きが復活する

▼道具

布

古歯ブラシ

スプレー潤滑油

速効メンテナンス 7 ゴムフロート弁の外れを直す、交換する

ゴムフロート弁は、ロータンクの底にある排水口の弁の役割をしています。不具合があると、便器内に水が流れ続けます。ピッタリとはめ直したり、新品と交換します。

▼道具

ゴムフロート弁

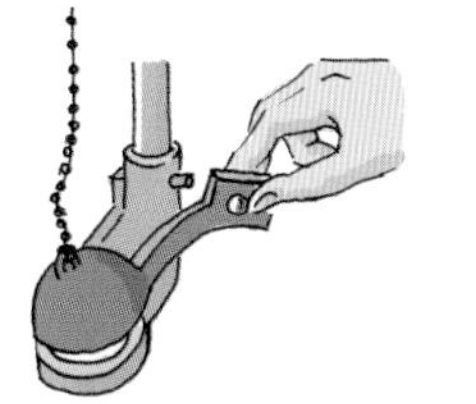

ゴムフロート弁を少し持ち上げて、ゴミや異物などが挟まっていたら取り除く。外れていたら、2本のアームをオーバーフロー管の根元の突起にきちんとはめ込む（TOTOタイプの場合）

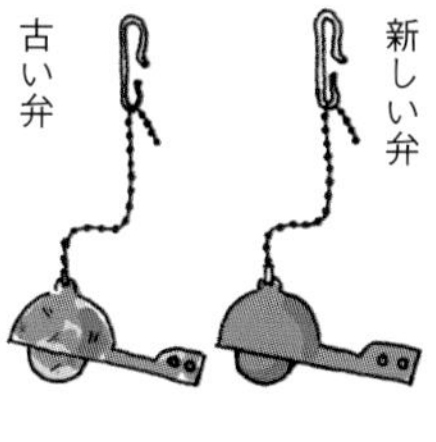

触ったときに指先が真っ黒になるようなら、弁が劣化しているので新品に交換する。新聞紙の上に古い弁と新しい弁を並べて置き、クサリの長さを同じにしてフックを付けると面倒ではない

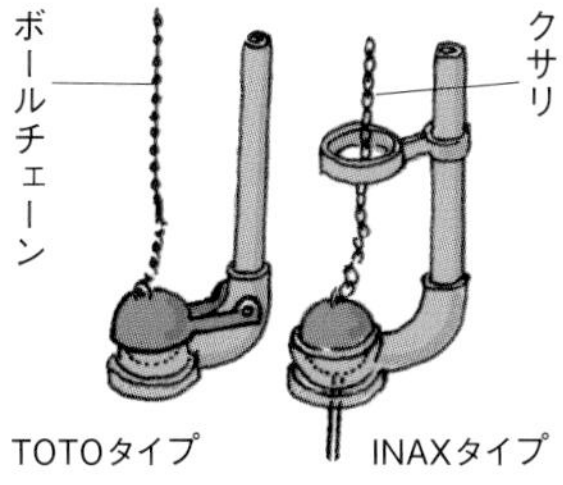

ゴムフロート弁は、TOTOとINAXではサイズや形状が異なる。古い弁を持参すれば、買い間違えることはないだろう

速効メンテナンス 1

新しいタイルに交換する

タイルの大きい欠けやヒビ割れを放っておくと、そこから水がしみ込んで、タイルがはがれたり、下地や柱、土台の腐食を加速させて、取り返しのつかないことになりかねません。また、快適なバスタイムも台無しです。できるだけ早く新しいタイルに交換しましょう。

❶マスキングシートを貼る

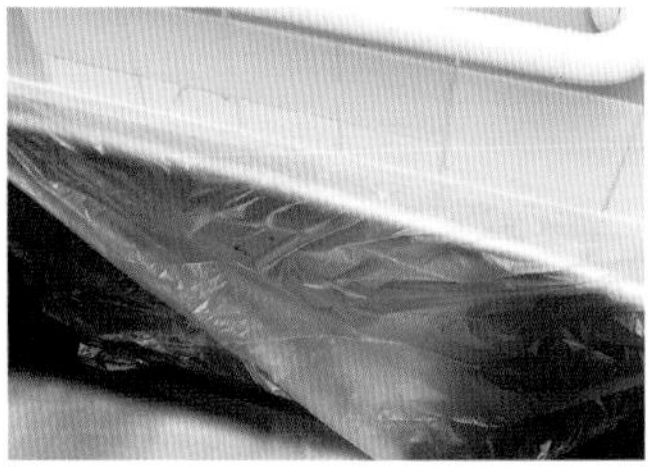

飛び散ったタイルの破片がバスタブや床をキズつけないようにするため、交換するタイル下のフチに合わせて、マスキングシート（マスキングテープが付いているシート）をを貼る。マスキングシートがなければ、マスキングテープで新聞紙を貼ってもよい

❷目地をこわす

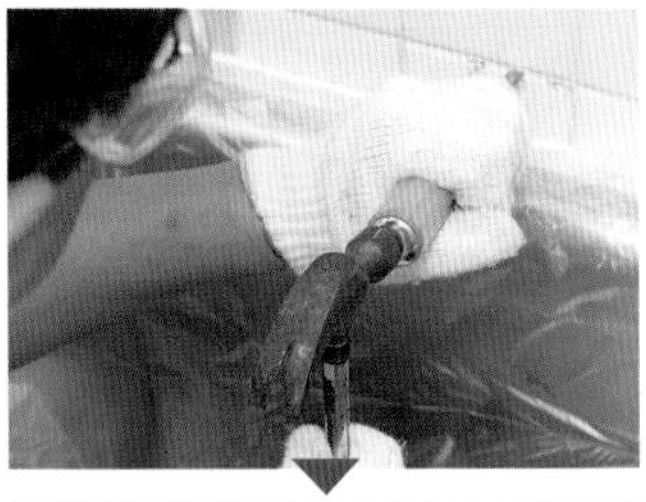
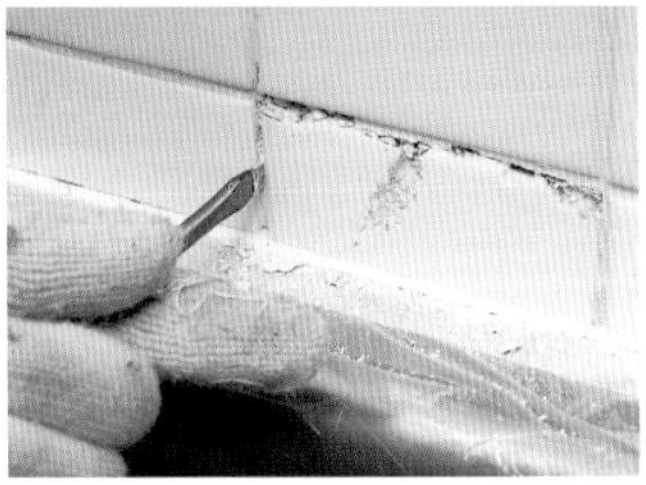

マイナスの貫通ドライバー（グリップの先端をハンマーでたたけるもの）を使って、はがすタイルのまわりの目地セメントをこわす。まわりのタイルをキズつけないように、ドライバーの先端は常に内側（はがすタイルの方向）に向ける。ケガ防止のため、軍手と防塵メガネは必ず着用する

❸コーキング剤をはがす

壁のタイルとバスタブの間にあるシリコンのコーキング剤は、カッターで切って引っ張り取る

❹ドライバーでタイルを割ってはがす

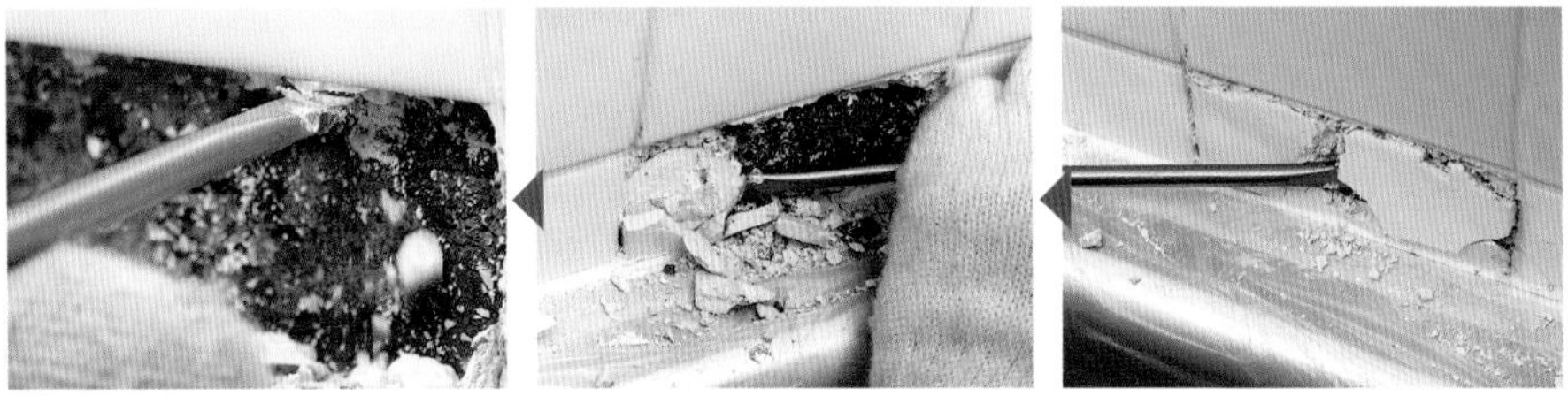

マイナスの貫通ドライバーをハンマーでたたきながら、タイルの中心から少しずつ壊していく。タイルをすべてはがし終えたら、周囲に残った目地セメントや下地に残ったタイルの破片をきれいに取り去ってから、下地を十分に乾かす

❺サイズを測る

タイルをはがした箇所に定規をあてて、貼るタイルのサイズを測る。となりのタイルと同じであれば、それを測る方が測りやすい

❻接着剤をタイルに盛る

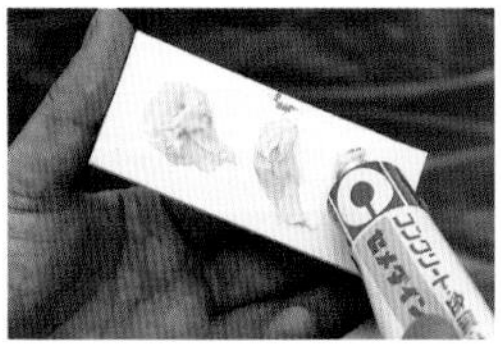

下地が充分に乾いていることを確認したら、タイルの裏側にコンクリート用接着剤を団子状に盛る。タイルを丸ごと一枚使うときは、9か所に均等に盛るか、川の字に線状に盛る

❼タイルをはめ込む

周囲の目地の幅が均一になるようにタイルをはめ込み、下地に押し付ける。コンクリート用接着剤が乾くまで約半日待つ（水中エポキシの場合は、下地が乾いている必要はなく、約1時間で乾燥する）

Point

陶器タイルをカットする方法

❶サイズを測り、カットする箇所に油性ペンで線を引く

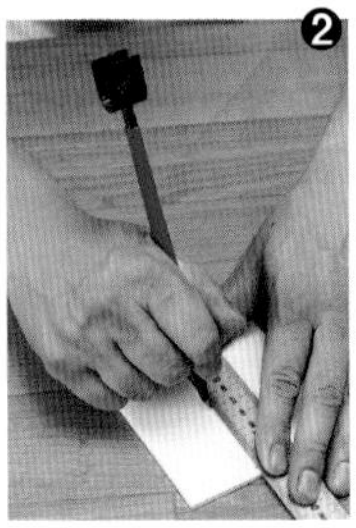

❷線に沿って金属定規をあて、タイルカッターで2、3回キズ線を入れる。カッターは、手前に少し寝かせて引くのがコツ

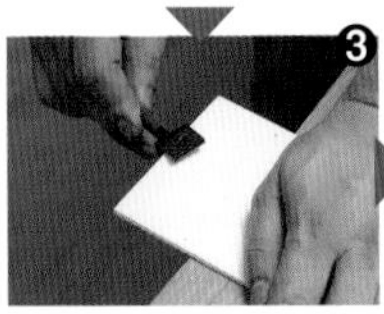

❸机の端からタイルのキズ線が少しはみ出すようにして押さえる。タイルカッターのU字部分をタイルに挟み入れる

❹その上から手をおおうようにあてる。キズ線の所から折る感覚で、軽く下に押すと、簡単にカットできる

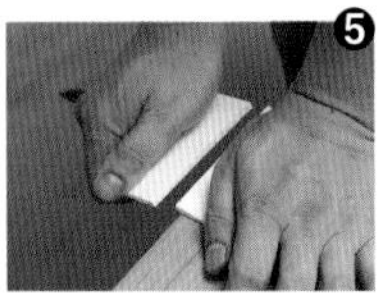

❺壁用の陶器タイルはこの方法でカットすることができるが、固い床用の磁器タイルは機械で切ってもらうとよい

⑧目地材をよく練る

プラスチック皿などにタイル目地材（目地セメント）を必要量入れ、水を少しずつ加えながら耳たぶ程度の固さになるまでヘラで練る

⑨目地材を目地に埋め込んでいく

ヘラで目地にすり付けるようにして、目地材が下地に届くように均等に埋め込んでいく。目地材の固さは、目地材200gに対して水約65ccを目安とする

⑩スポンジで表面をなめらかにする

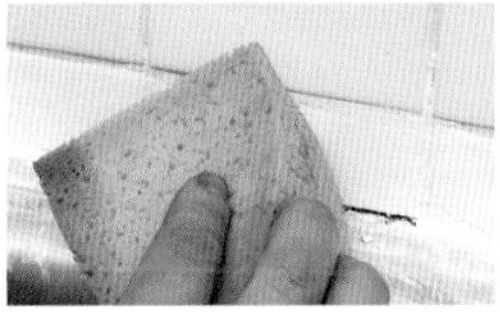

目地材が乾かないうちに、水を少しふくませたスポンジで目地の表面を軽くこすってなめらかにする。同時に、タイルの表面の汚れも取り去る

⑪マスキングテープを貼る

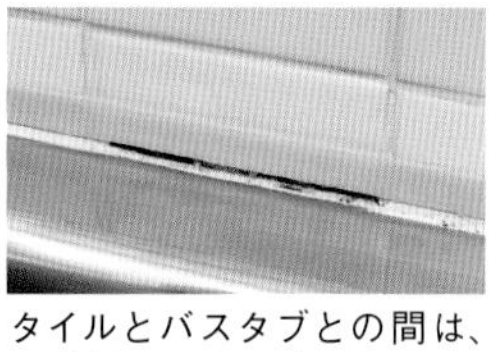

タイルとバスタブとの間は、目地材ではなくバス用コーキング剤を埋める。コーキング剤が付いてはいけないところにマスキングテープを貼る

⑫コーキング剤を流し込む

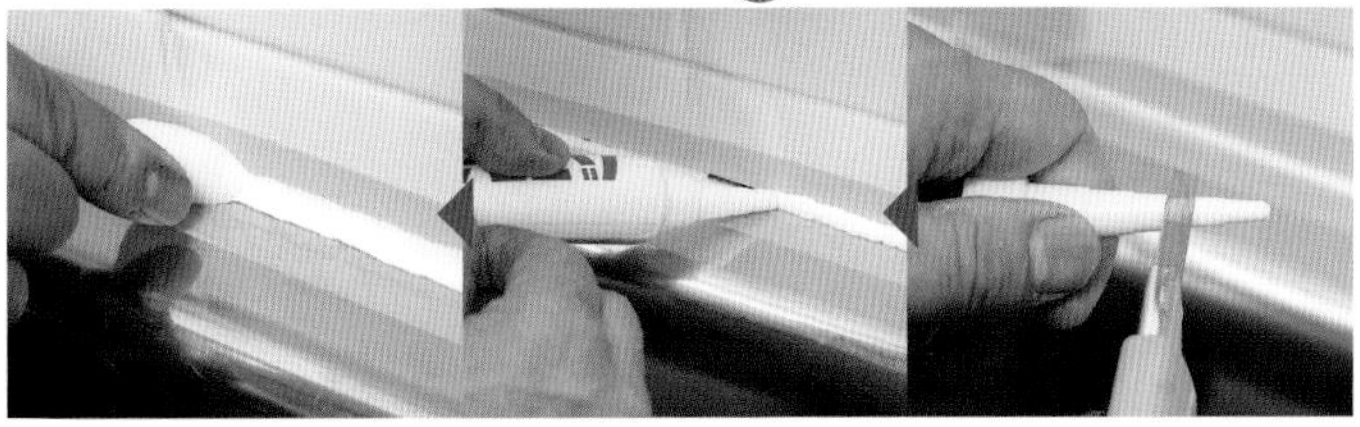

コーキングする箇所の幅（太さ）に合わせて、コーキング剤ノズルの先端をカットする。コーキング剤を十分に奥まで流し込んでから、ヘラ（コテ）で表面をならす

⑬マスキングテープをはがして完成

コーキング剤が乾かないうちにマスキングテープをはがせば、タイルの貼り替えは完成

▶道具

マスキングシート、マイナスの貫通ドライバー、軍手、カッター、ハンマー、金属定規、コンクリート用接着剤（水中エポキシパテ）、プラスチック皿、スポンジ

バス用コーキング剤

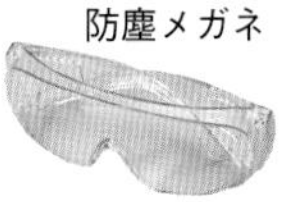

防塵メガネ

タイル目地セメント（付属ヘラ）

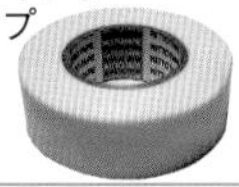

マスキングテープ

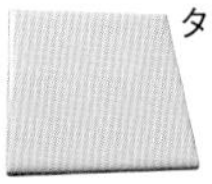

タイル

速効メンテナンス 2 タイルの小さな欠けは充てん剤で補修する

タイルの欠けはどんなに小さくても、放置しておくとそこから水がしみ込んで下地を湿らせ、木造建築では柱や土台を腐食させる危険性があります。また、見た目にも決して美しいとはいえません。タイルを丸ごと貼り替える必要はありませんが、できるだけ早く充てん剤を埋める補修をしましょう。

①汚れや水分を拭き取る

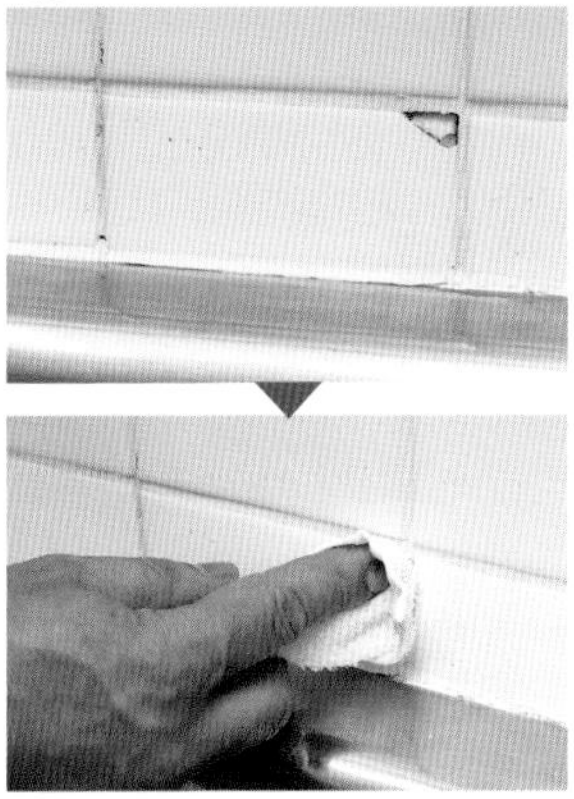

タイルの欠けている部分に付着している汚れや水分は、乾いた布できれいに拭き取る。そうしないと、充てん剤が付きにくいからだ

②充てん剤を必要分切る

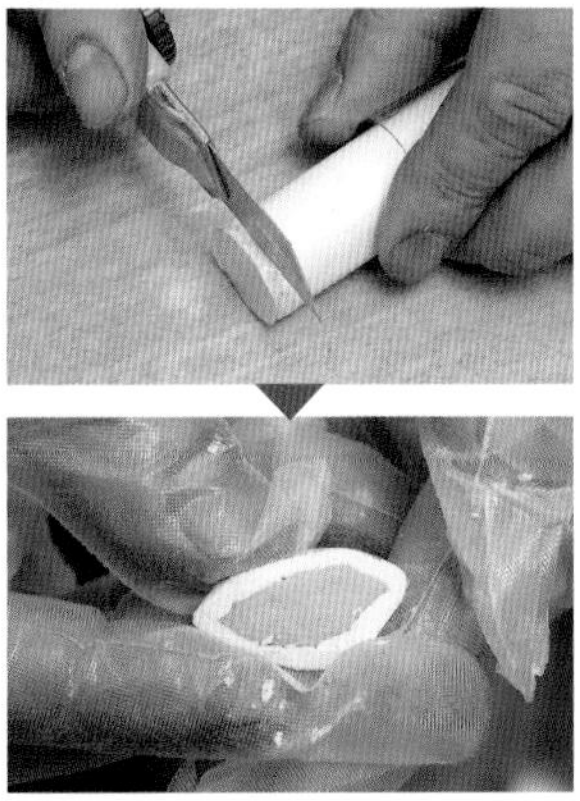

金属用エポキシパテなど粘土状の充てん剤を、必要な分量だけカッターで切り取る。欠けた部分の大きさにもよるが、わずかな欠けであれば幅5㎜ほどでよいだろう。手が荒れるので、必ずビニール手袋を着用する

③充てん剤を詰める

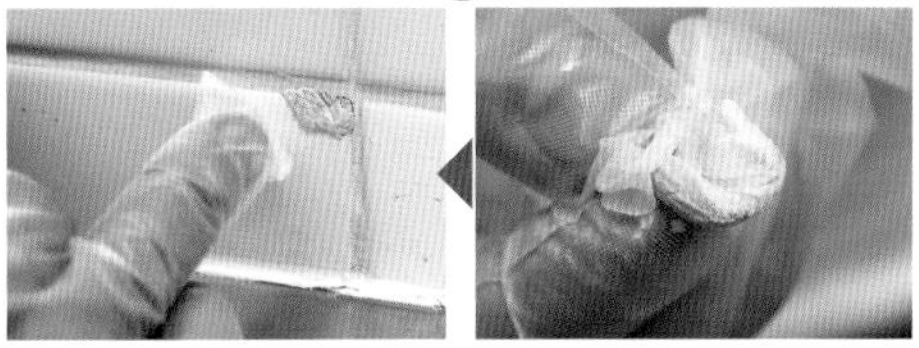

充てん剤の使用説明書にしたがってよくこねてから、タイルの欠けたところにていねいに詰める。タイルと水平になるように、指先でよくならす

④カッターの刃先で修正

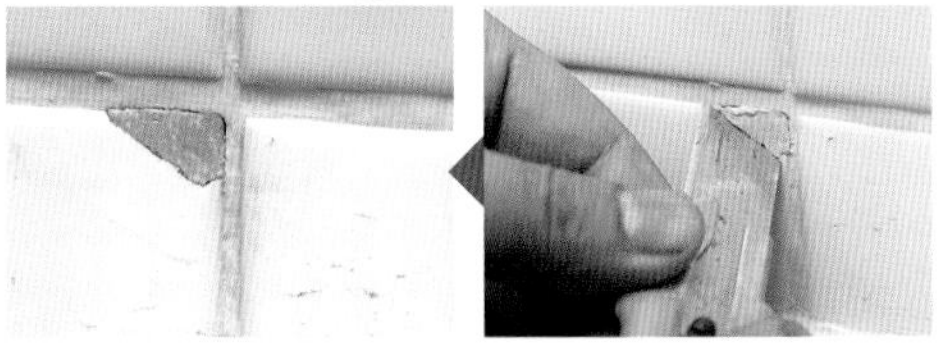

カッターの刃先で細かく修正する。欠けた箇所からはみ出た充てん剤は取り除く。充てん剤が少し固まったら、サンドペーパーで軽く磨いてなめらかにする。充てんした箇所が目立つときは、タイルと同じ色を塗って色合わせをする

▼道具

耐水性サンドペーパー（1200番）

金属用エポキシパテ

速効 メンテナンス

3 シャワーホースを交換する

シャワーホースの根元から水漏れしていたら、パッキンを交換します。ホースが破れたりカビで黒ずんだときは、新しいホースに交換します。ゴム製よりステンレス製のほうが多少重いのですが、汚れにくくて耐久性があるのでおすすめです。

▼道　具

ウォーターポンプ プライヤー

1 古いホースを外す

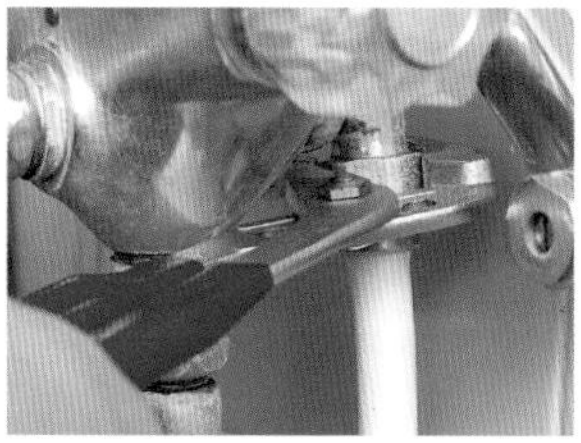

ウォーターポンププライヤーを使って、古いホースのつけ根にあるナットを少しゆるめる。さらに指先でゆるめて古いホースを外す

2 アダプターをはめてナットを締める

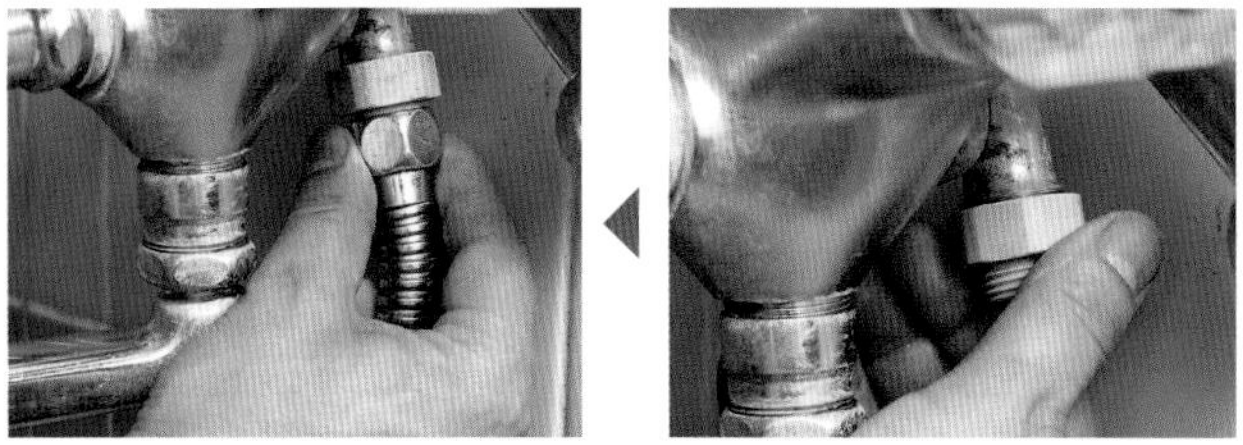

メーカーによってサイズが異なるので、合う付属アダプターをはめる。新しいパッキンを根元に入れてから、新しいホースの先端を差し込んで指先でナットを締める。さらにウォーターポンププライヤーで軽く締める

3 ヘッドを取り付ける

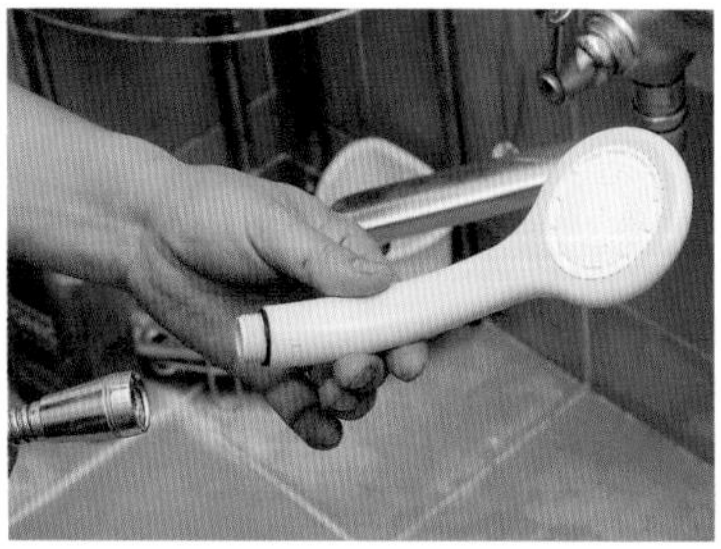

新しいヘッドをホース金具に取り付ける。アダプターが付いていてどの金具にも接続できる

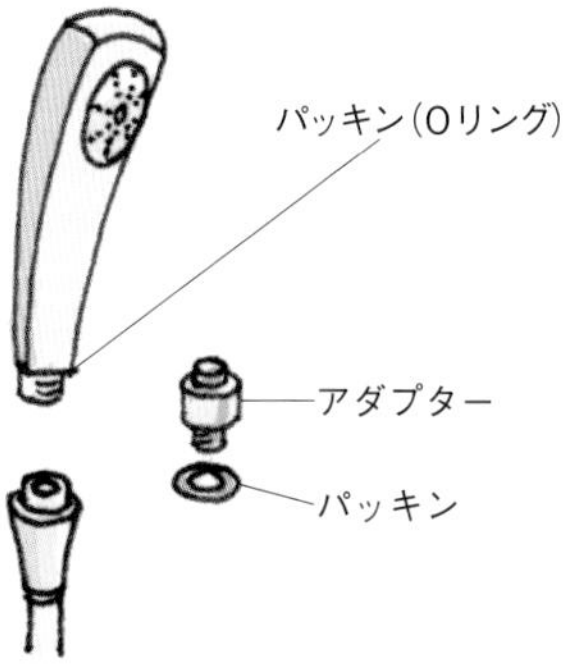

速効 メンテナンス

4 シャワーフックのネジプラグを交換する

毎日の入浴で、シャワーホースを引っかけるフックは酷使されているため、ネジがゆるんでガタつくことが多いようです。固定ネジを締めるか、ネジがきかなかったらネジプラグを交換します。

▼道　具

電動ドリル
ウォーター ポンププライヤー
ネジプラグ
プラス ドライバー、ハンマー

1 ネジの締まり具合を確認

シャワーフックを固定するネジがゆるんでいたら、ドライバーで締めればガタつきは直ることが多い

2 プラグを抜き出す

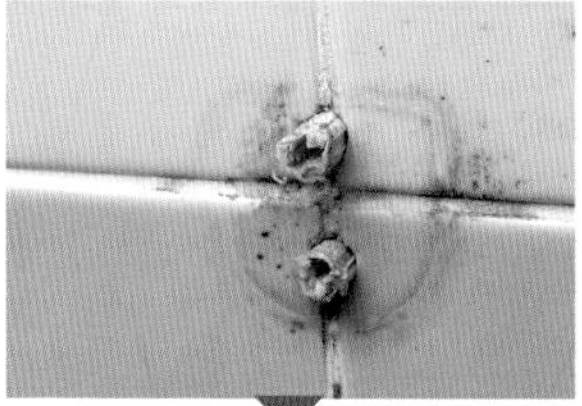

ネジがきちんとしまらない場合、ネジプラグ（コンクリート壁に埋めてあるネジ受け）がきかなくなっている。ウォーターポンププライヤーで、古いネジプラグを抜き出す

3 抜けない場合、ドリルで

古いネジプラグが抜けないときは、同じネジ穴に電気ドリルを使ってプラグに合った穴を開け直す

4 新しいプラグを差し込む

ネジのサイズに合った新しいネジプラグをハンマーでたたいて押し込む。タイルを割らないように注意する

5 ネジを締める

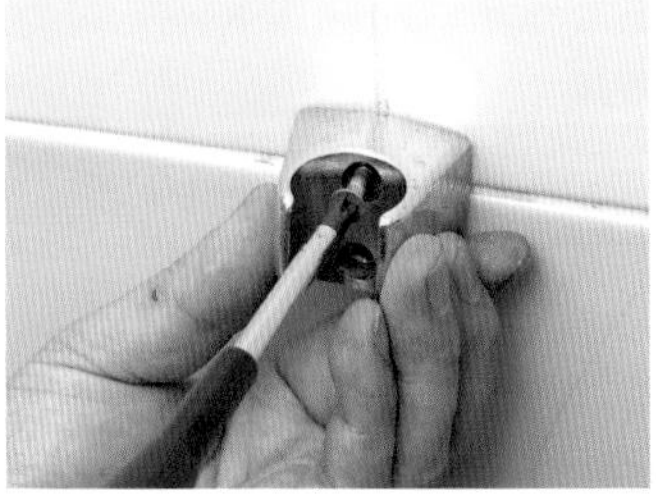

シャワーフックをあててネジで固定する。フックの汚れは、取り付ける前にきれいに落としておく

速効メンテナンス 5

シャワーヘッドの目詰まりを直す

シャワーの水の出が弱いのは、シャワーヘッドの穴が水アカによって詰まっていたり、ヘッド取り付け金具の中のパッキンが劣化して、シャワー板の周囲から水漏れしていることが原因です。マチ針で突っついて穴を通すか、パッキンを交換するか、新しいヘッドに交換します。

▼道 具

プラスドライバー、マイナスドライバー、マチ針、古歯ブラシ、ゴム手袋、中性洗剤

①シャワー板を外す

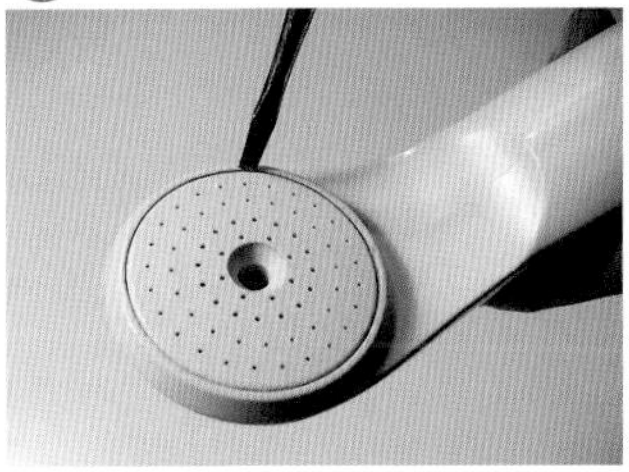

中央のネジをプラスドライバーでゆるめシャワー板を外す。マイナスドライバーでこじ起こすと外れやすい

②シャワー板裏を洗う

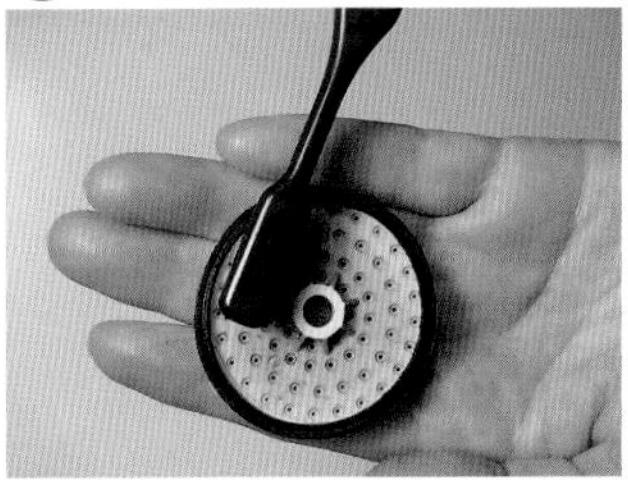

古歯ブラシに中性洗剤をつけて、シャワー板の裏を洗う。きれいになったら、中性洗剤はよく洗い流す

③マチ針で穴を通す

マチ針で、穴1つ1つをていねいに突っついていく。水アカを落とせば、穴の通りがよくなる

④シャワー板を取り付ける

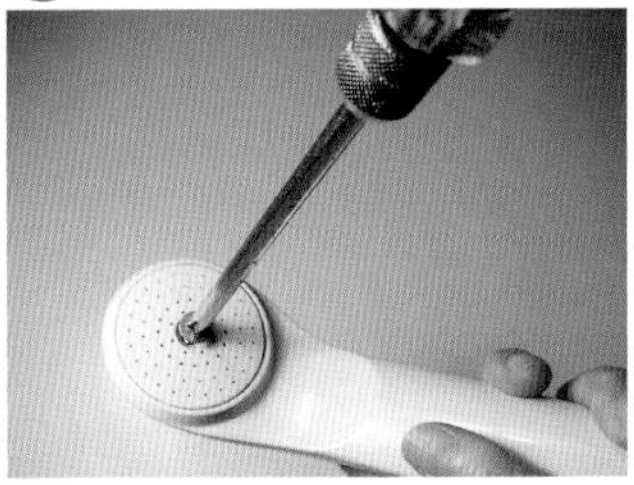

パッキンをさわって指先が黒くなったら新しいものに交換。ネジでシャワー板をヘッドに固定する

Point

キッチンの収納トビラがガタついたらスライド丁番を調整する

最近の収納扉には、スライド丁番が使われているのが一般的です。扉がガタついたり、両扉がピタッと閉じないときにドライバー1本で調整できるので便利です。

①扉のすき間をチェック

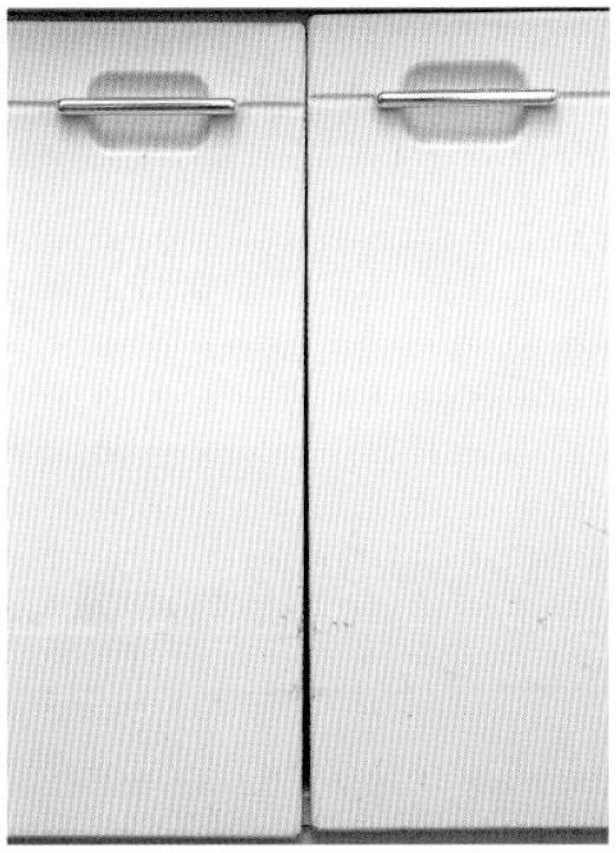

左右トビラのすき間のあき具合をチェックする。上の写真は、下の方にすき間がある。トビラがきちんと取り付けてあったら（③を参照）トビラを外す必要はなく、調整ネジを回すだけで調整できる

②取り付けネジをゆるめる

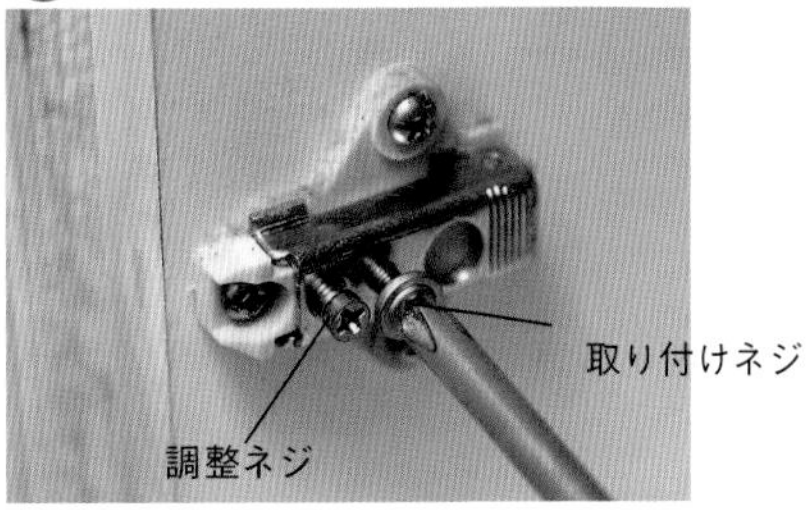

スライド丁番の2つ並んでいるネジのうち、右側の取り付けネジを少しゆるめて、いったん扉を取り外す

③扉側を付け直す

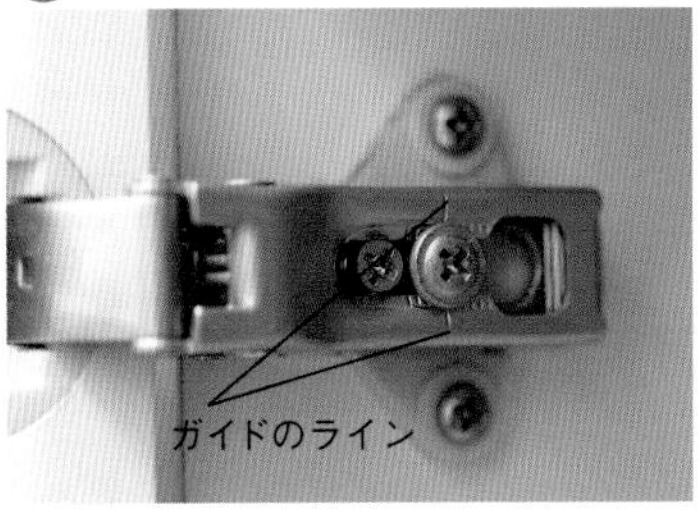

再び扉をはめ、扉側のスライドを移動して、ガイドのラインとネジの中央が一致するところで取り付けネジを締める

④調整ネジを回す

もし両扉の間にすき間ができたときは、2つ並んでいる左側の調整ネジで調整する。ドライバーで右回転すると扉は下がり、左回転すると扉は上がる

⑤扉の締まり具合を確認

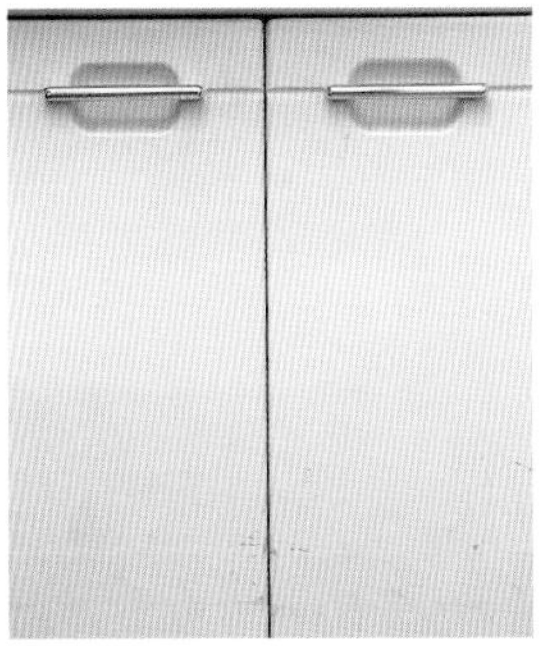

扉をくり返し開閉させながら、両扉がピタッと閉じるようになるまで、調整ネジを回して調整をする

▼道 具

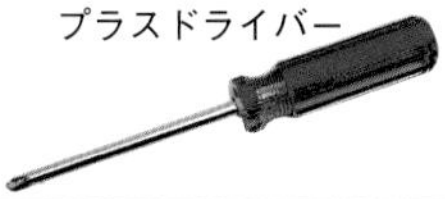

01 シングルレバー混合水栓に交換

レバーひとつで湯と水の切り替えができる

ツーハンドル混合水栓のハンドルを交換しただけで明るく快適に！

賃貸住宅でもＯＫの取り替え用混合栓

ふたつのハンドルを握って回し、湯と水の割合で温度を調整するツーハンドルの混合水栓。少し前までは一般的に使用されていたタイプですが、現在はシングルレバー混合栓が主流となっています。その理由は、レバーひとつで水量と温度を調整できる使い勝手のよさです。上下左右にレバーを傾けるだけなので、調理や洗い物もはかどります。

プロに頼まなくてもＤＩＹでシングルレバーへ交換することができます。今回は、既存の水栓の本体を外さずに取り替えられるタイプを紹介します。

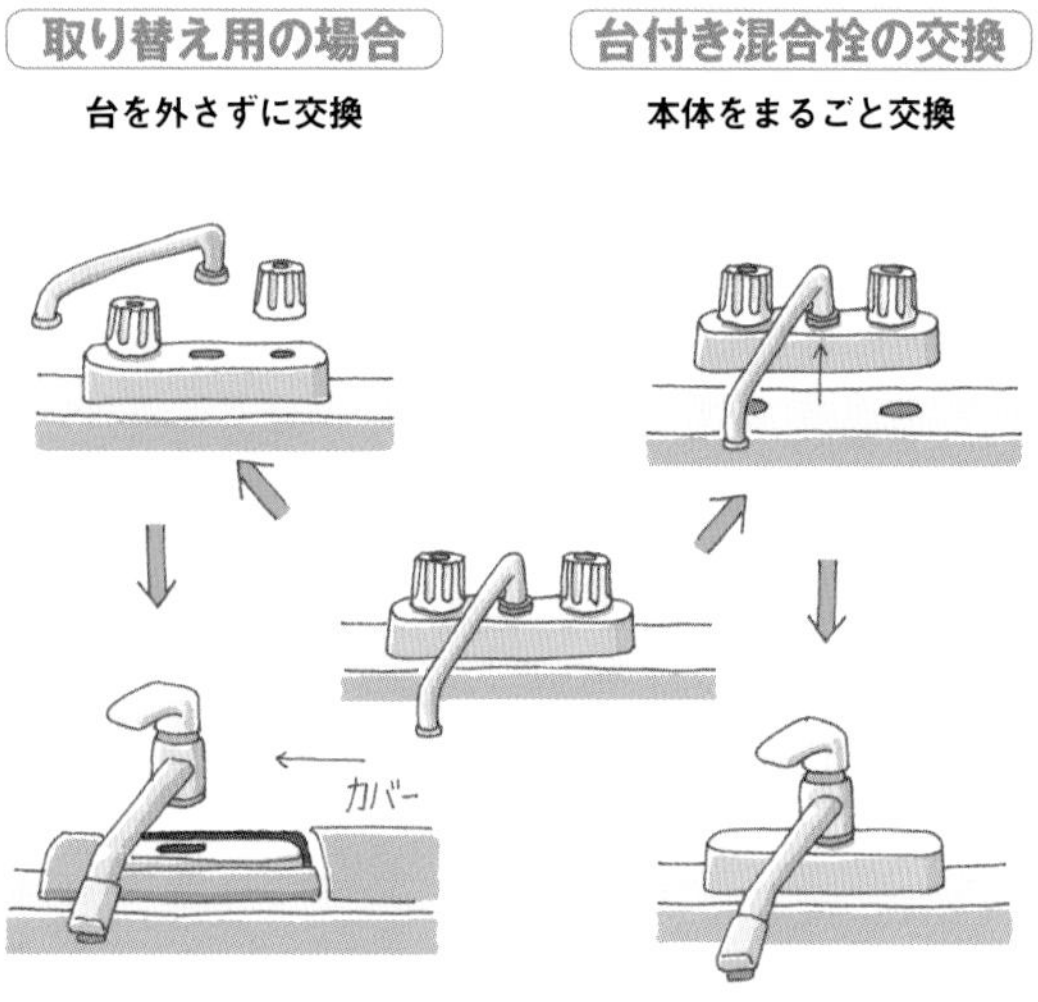

▼道　具

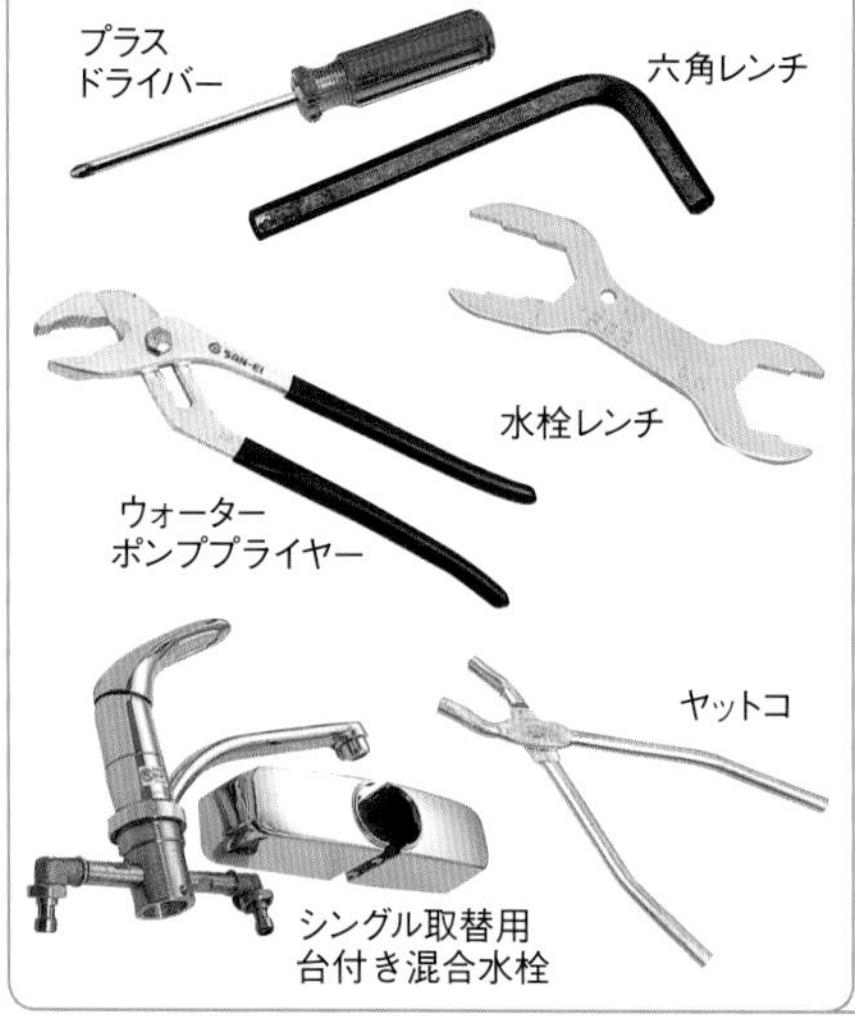

▼DATA

コスト……………………

手間……………………

技術……………………

パイプとハンドルを外す 01

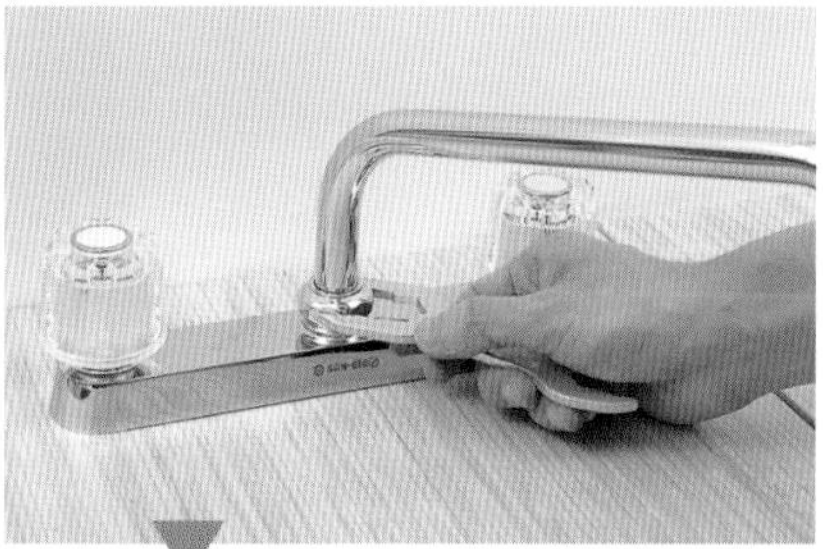

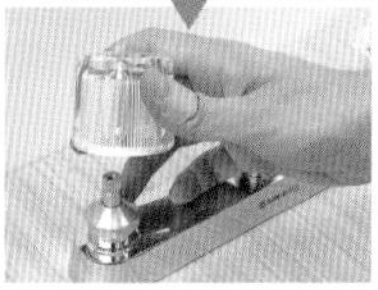

作業を始める前に止水栓を閉める。もとのパイプとハンドルを取り外す。ハンドルは頂点のネジをゆるめれば外れる

パッキン押さえをゆるめる 02

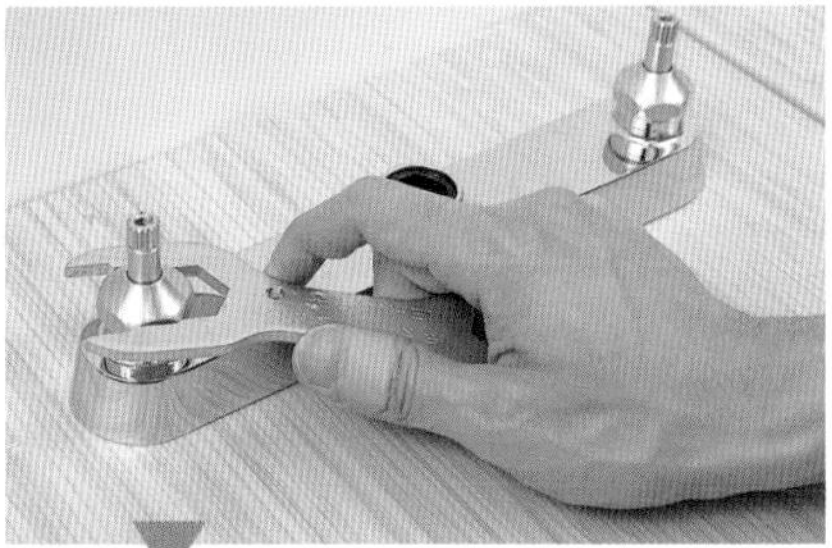

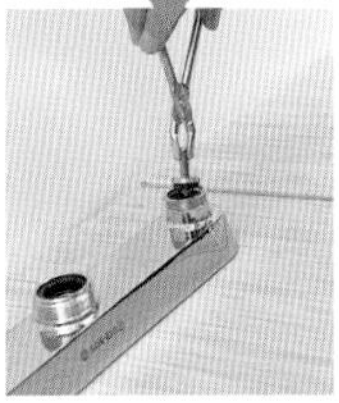

スパナでパッキン押さえをゆるめ、三角パッキンとパッキン受け、スピンドルを取り除く。ケレップがある場合は、ヤットコなどでつまんで取り出す

取り付けナットをはめる 03

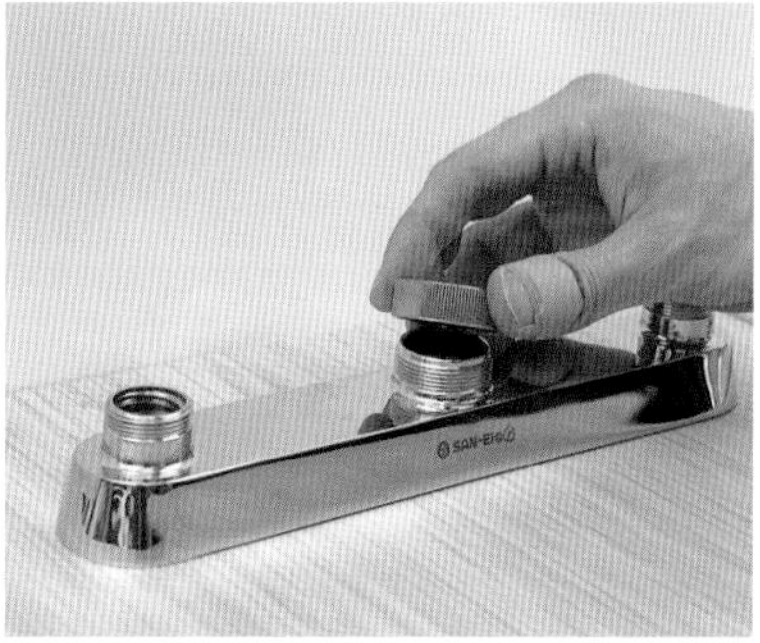

すべてのパーツを取り出したら管の内部やまわりを、歯ブラシなどで掃除する。きれいになったら、取り付けナットをはめる

本体を取り付ける 04

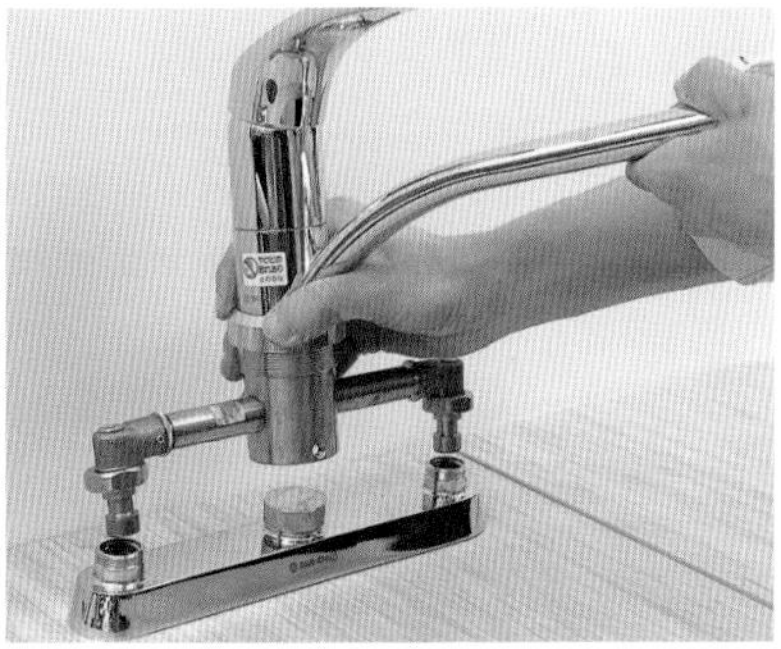

取り付けナットの上に本体をはめ込み、左右のアジャスターを回して幅を調整する

止めネジを締める 05

本体を固定するには、中央の止めネジを六角レンチで締めて固定する。本体が水平になっているか確認しておく

袋ナットを締める 06

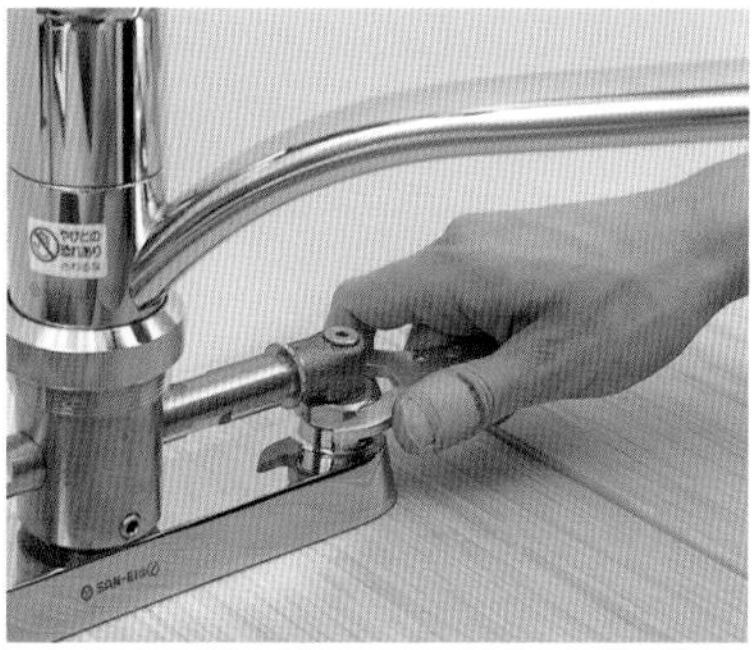

もとのハンドル部分との接合箇所を袋ナットで締める。左右同じ割合で少しずつ、交互に締めていくこと

カバーをかぶせて完成 07

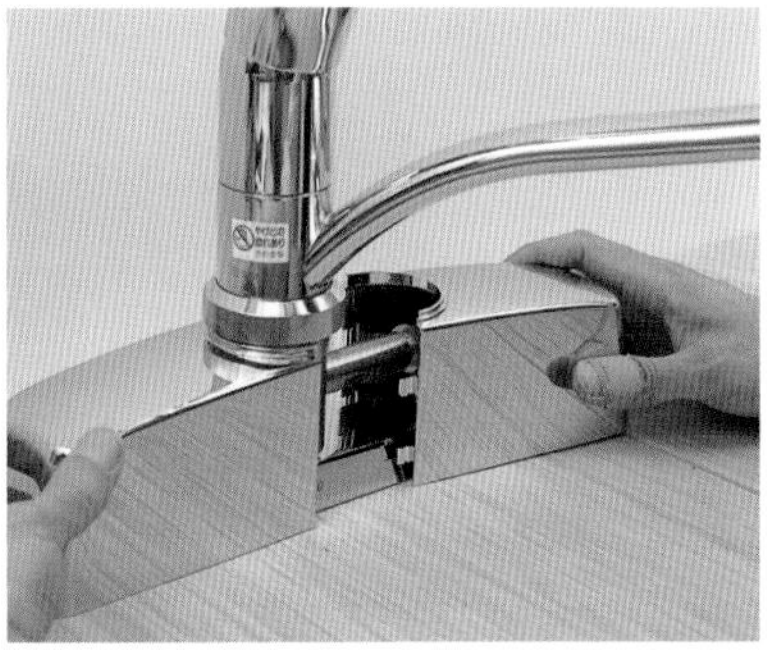

カバーを取り付ける前に止水栓を開き、水漏れがないか確認する。その後、本体の両脇から挟み込むようにカバーをかぶせて完成

Point

おすすめDIY素材

シングル取替用台付混合栓／三栄水栓

カンタン取り替えタイプのシングルレバー混合栓。賃貸住宅でももとに戻せるので安心

02 木製便座を取り付ける

取り付けた瞬間、オシャレなトイレに大変身！

賃貸住宅でも大丈夫！ 速攻イメージチェンジ

簡単、スピーディにトイレをイメージアップできるのが、デザイン便座への交換です。木製の他にアクリルやプラスチックなどの素材があり、さまざまな色柄があるので、インテリアの趣味に合わせて購入するとよいでしょう。

便座の取り付け方はどのタイプも同じで、もとの便座を外して、取り付け穴に固定するだけです。便座締め付け工具は１００～３００円で販売されています。簡単に便座を取り外しできるので、トイレ掃除にも役に立ちます。

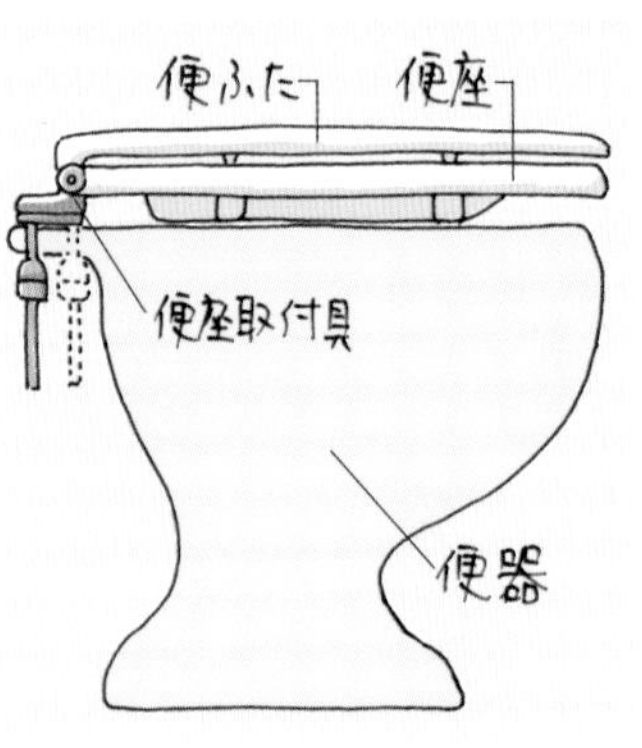

便器のサイズにはレギュラー（普通）とエロンゲート（大型）の2種類がある。取り付け穴の間隔は14㎝が一般的。便座を購入する前に各サイズを確認しておくこと

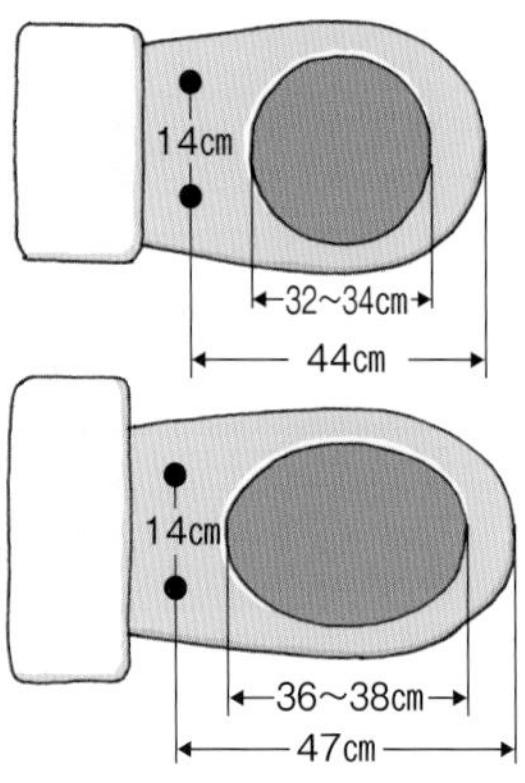

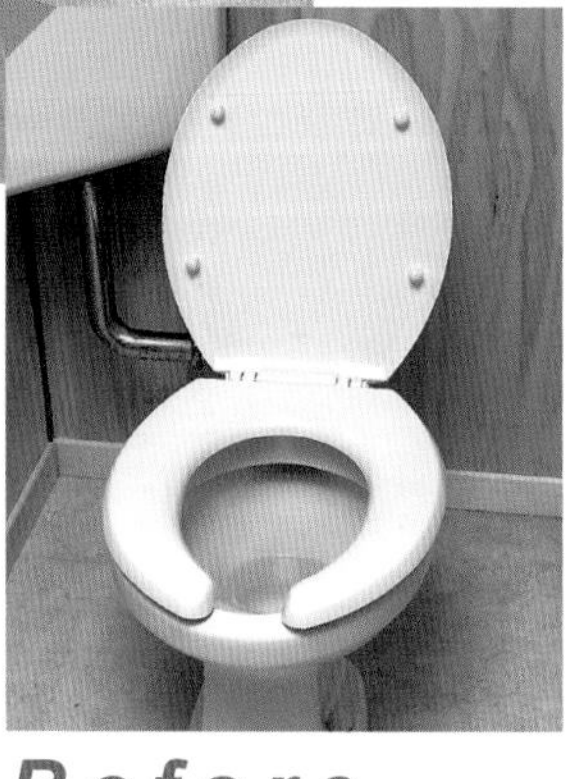

もとは一般的な便座。木製便座に取り替えただけで、オシャレなレストランにあるようなトイレに変身。少々重いので静かにそっと開閉しよう

▼ DATA

コスト……………………

手間……………………

技術……………………

▼道具

便座締め付け工具

木製便座

01 ナットを外す

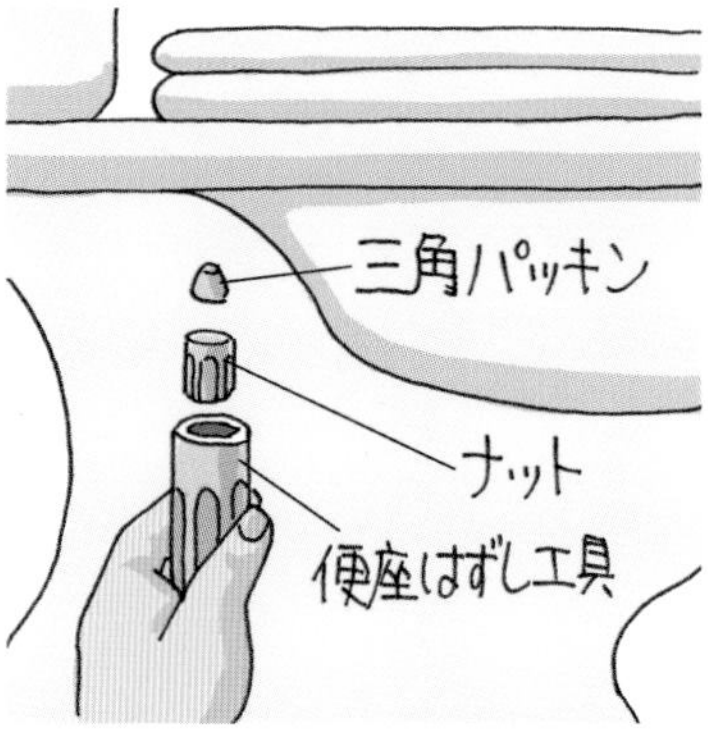

便座を固定しているナットを外す。ナットは便座取り付け穴の下、便器の裏側にある。手で外すこともできるが、硬くて外しにくい場合は便座締め付け工具で回せば簡単に外れる

便座を外す 02

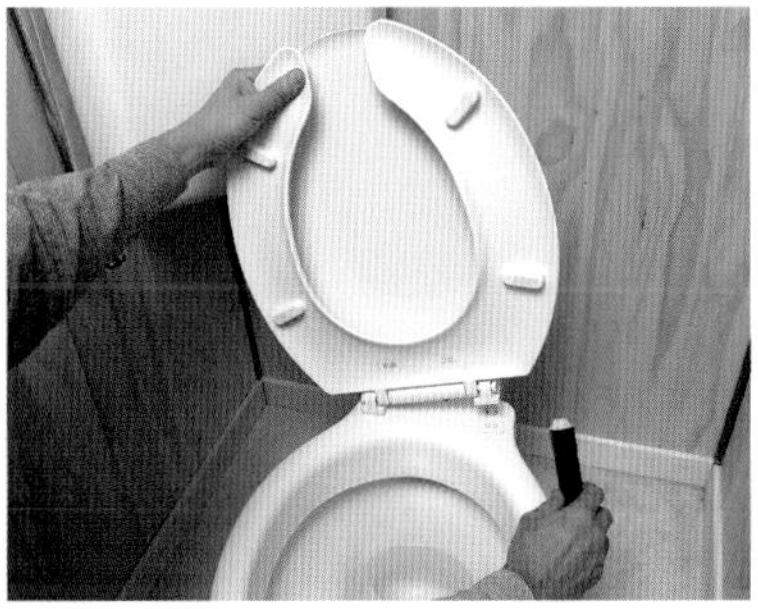

便座を上に持ち上げて引き抜く。外したナットやパッキンなどの付属品は、きれいに洗って保管しておく。引っ越しなどでもとに戻す必要がある場合はなくさないように注意しよう

掃除をする 03

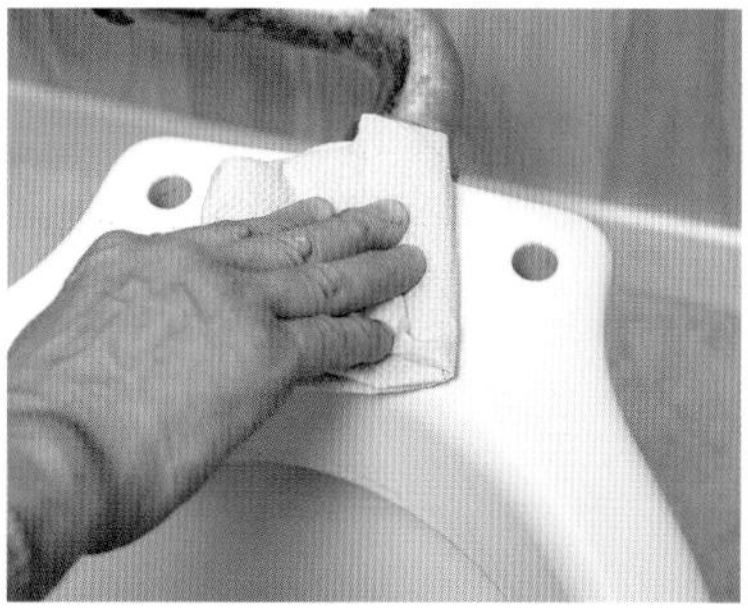

新しい便座を取り付ける前に、中性洗剤を使ってきれいに掃除しておく。汚れが落ちにくい場合はクレンザーを使うと取りやすい。便座取り付け穴は、割り箸などを布で巻いて拭くとよい

ワッシャーを差し込む 04

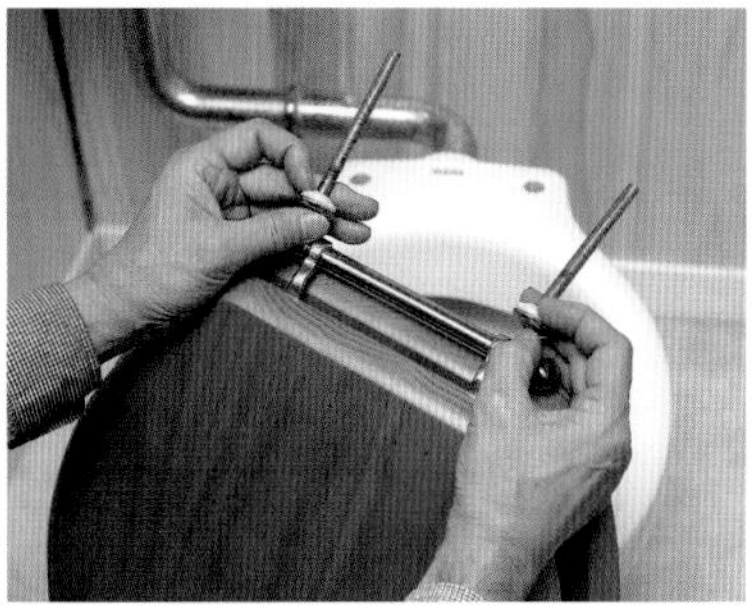

陶器の便器と便座の間でクッションになるよう、便座のボルトにワッシャーを通して、間にかませる。便座によっては固定金具の種類や順序が異なるので、説明書に従って準備しよう

05 便座を取り付ける

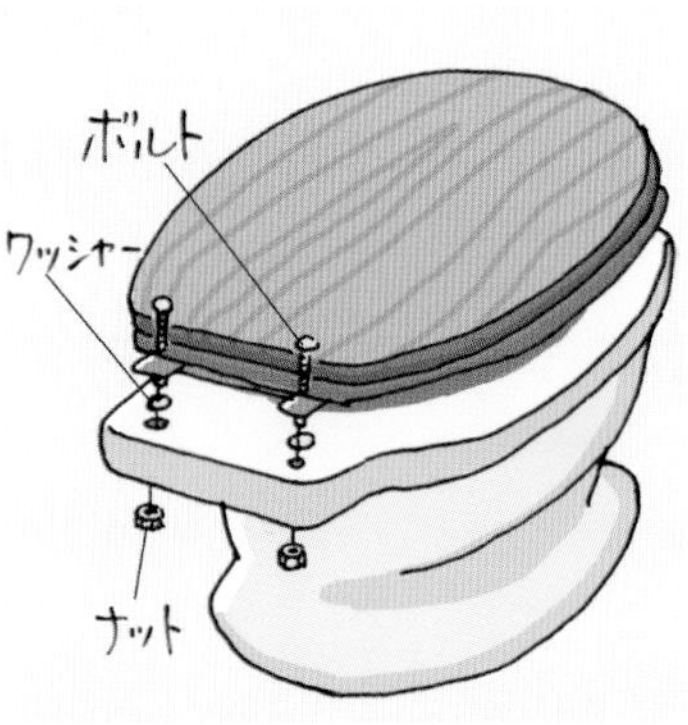

便座のボルトを取り付け穴に差し込み、便器の裏側から便座締付工具などを使ってナットをしっかり締めて固定する。グラつき、ガタつきがないかチェックし、問題がなければ完成！

Catalog おすすめDIY素材

アーティスティックなアクリル製便座

アートシート便座
ハンドメイドのオーダートイレシート。貝殻が埋め込まれたものなど個性的なデザインが揃う

アメリカンデザインのポップな便座

アクリルアート便座
アメリカ製のアクリル便座。スケルトンやアニマル柄などがある。輸入時期により色柄が異なる場合あり

高級感あふれる天然木の家具調便座

木製便座
座ったときやさしい感触の、シックなオーク材の便座。真ちゅうの金具がアクセント

03 温水洗浄便座を取り付ける

温かくおしりにやさしいトイレに変身！

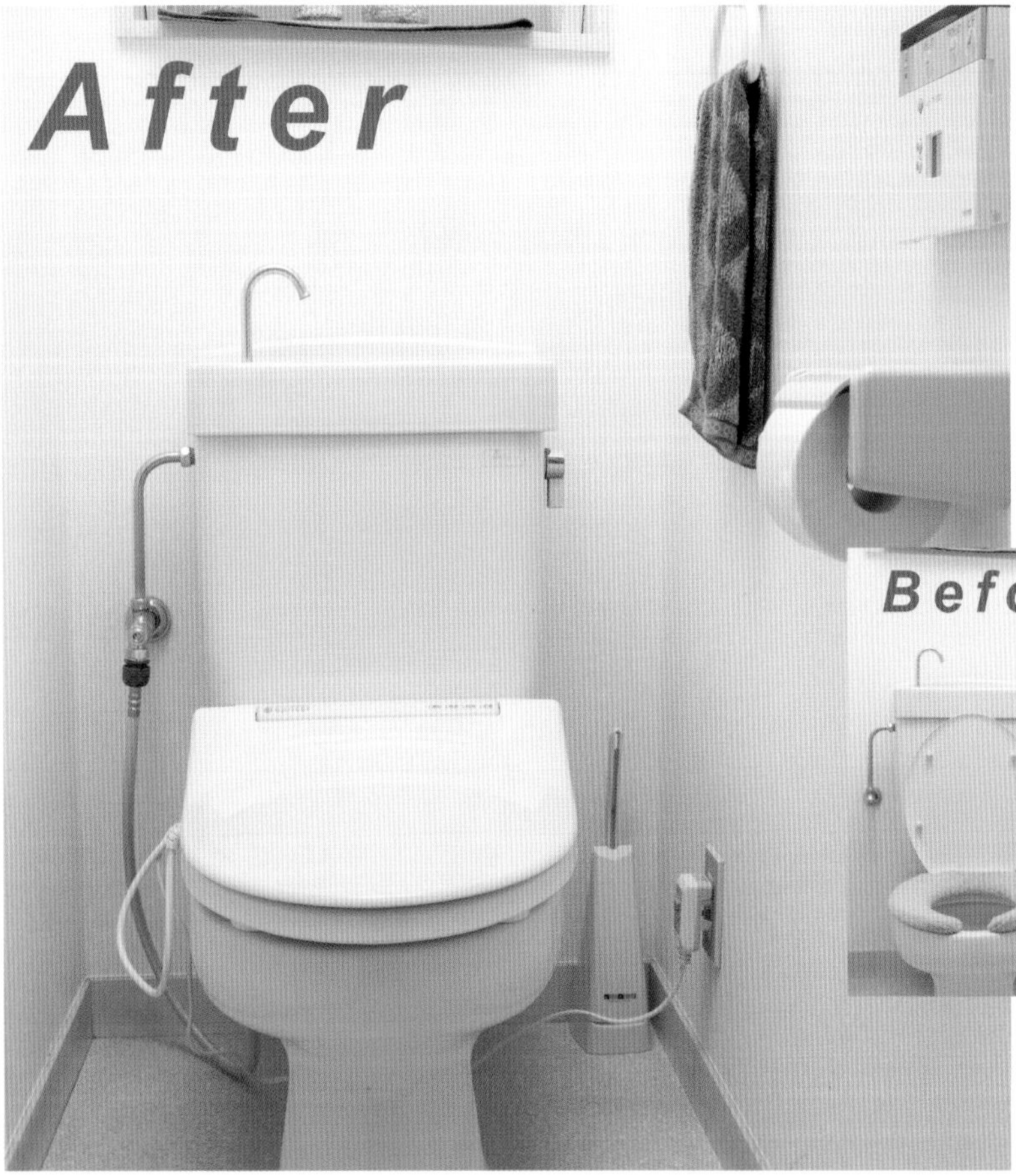

もとはごく普通のトイレ。便座にはカバーをかけて使っていたが、冬場はひんやり

衛生的で快適な便座でトイレをリフォーム

便座の適度な温かさとお湯での洗浄が心地いい温水洗浄便座。寒い冬はもちろん、年間を通して活躍するアイテムです。温風乾燥機能や脱臭機能、室内暖房機能のあるタイプもありますが、洗浄と便座暖房の基本機能だけでも十分快適です。

144ページでは便座の取り付け方をご紹介しましたが、トイレにコンセントが付いていれば、この温水洗浄便座を取り付けることができます。水道につなぐポイントをしっかりおさえれば、思いのほか簡単に交換できます。

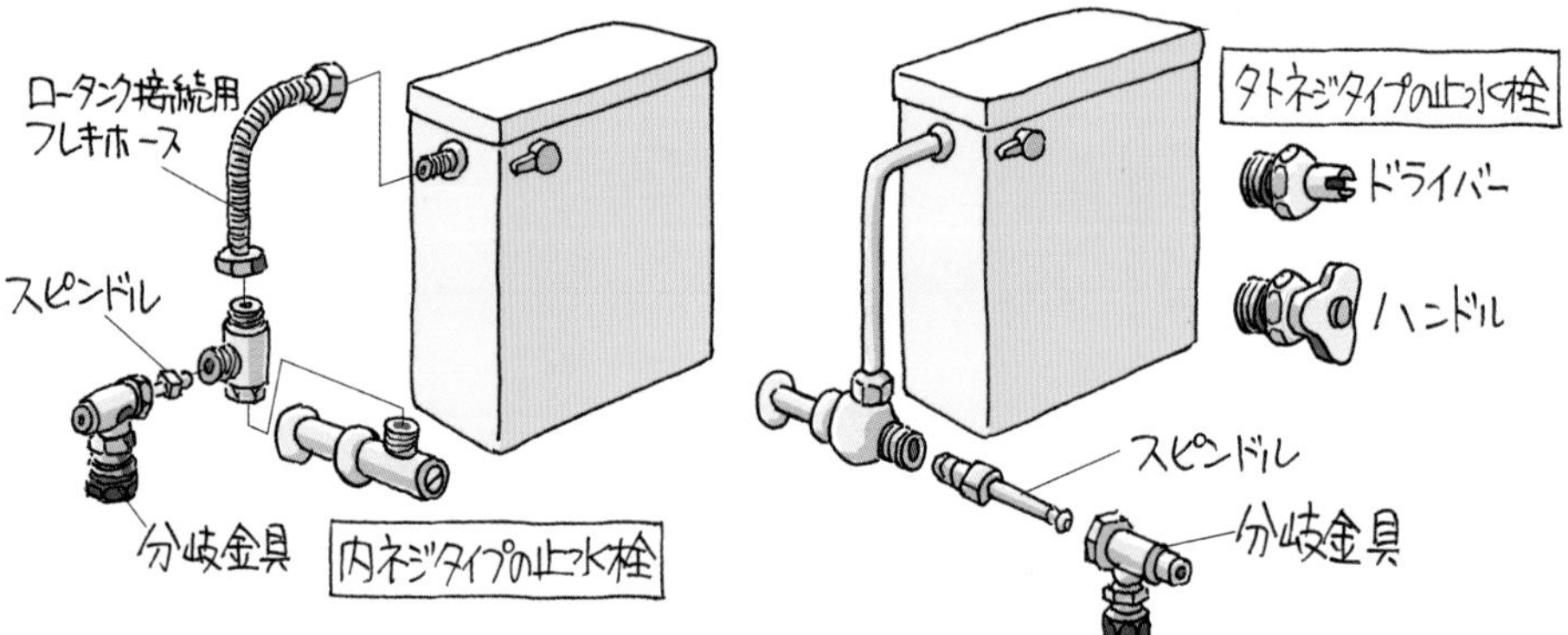

温水洗浄便座は止水栓に分岐金具を取り付けて給水する。イラストのような内ネジタイプの止水栓には、分岐継ぎ手も必要だ。また、ロータンクへの給水管を外し、ホースを交換する必要がある

▼ DATA

コスト……………………

手間……………………

技術……………………

▼道具

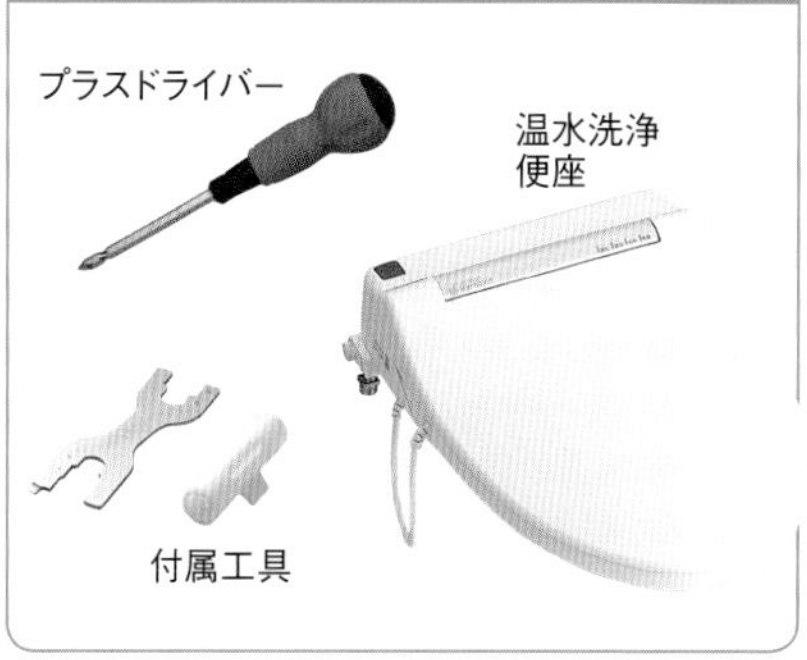

01 便座を外してタンクの水を抜く

まずは145ページと同じ手順で便座を外す。水道の元栓は必ず閉めておくこと。タンク脇の止水栓を外すときにパイプの水が飛び出すことがあるので、床にタオルや洗面器を置いておく。またタンクの水は一度流しておこう

02 止水栓のパーツを外す

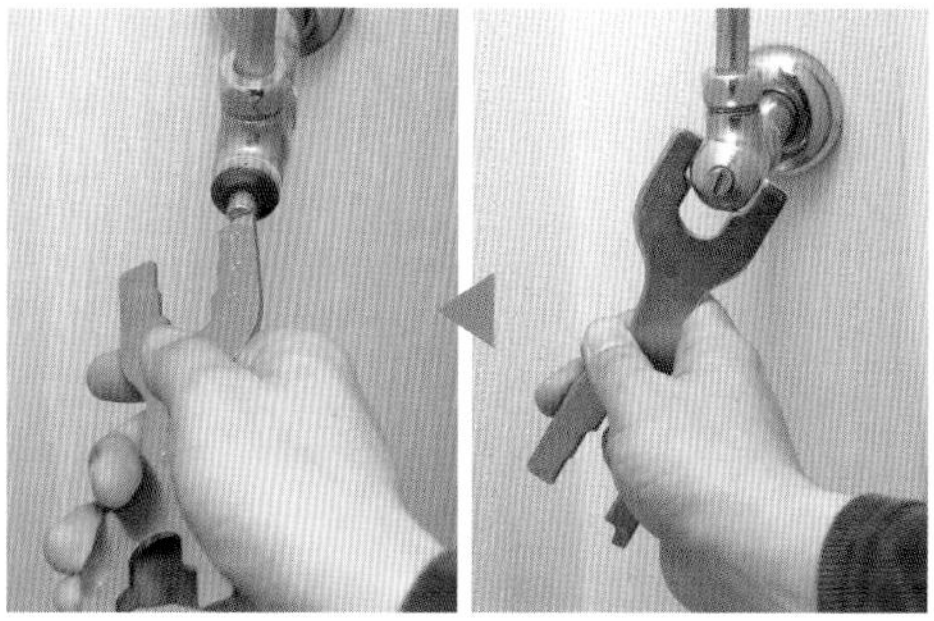

キャップナットを付属工具で外し、中のスピンドルも外す。外したパーツは、もとに戻すとき必要になるので、なくさないよう大切に保管しておこう

03 止水栓に分岐金具を付ける

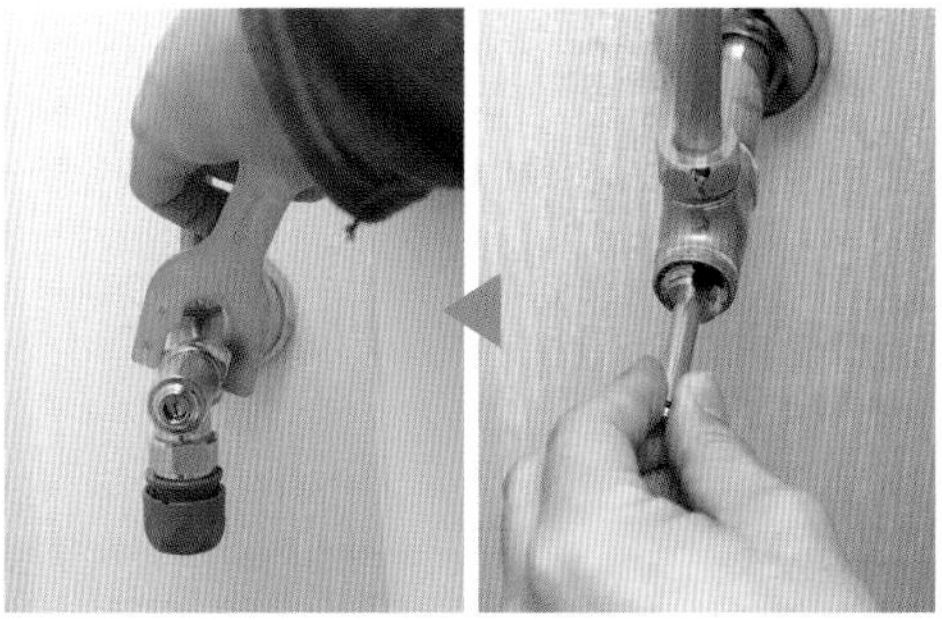

便座付属のスピンドルを止水栓の奥にねじ込み、そのスピンドルに通して付属の分岐金具をはめる。分岐金具のナットをスパナでしめて完了。止水栓は付属工具でしめる

04 ベースプレートを付ける

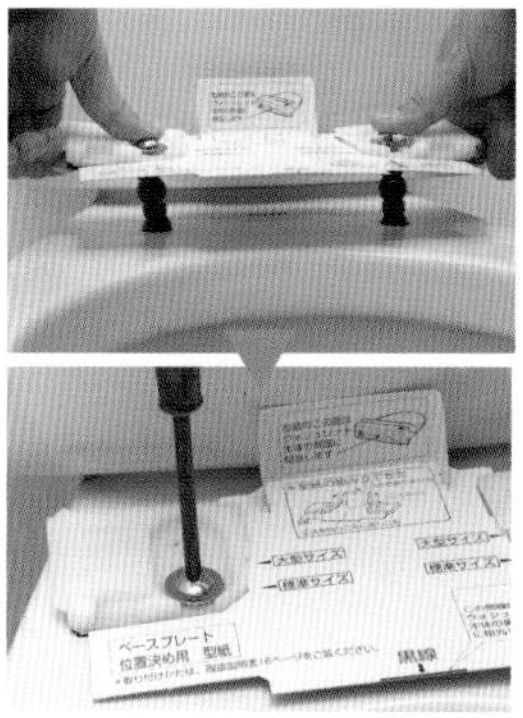

付属のベースプレートを組み立て、便座取付け穴にはめる。便器に合わせてボルトの位置を決め、ドライバーで固定する

05 便座を取り付ける

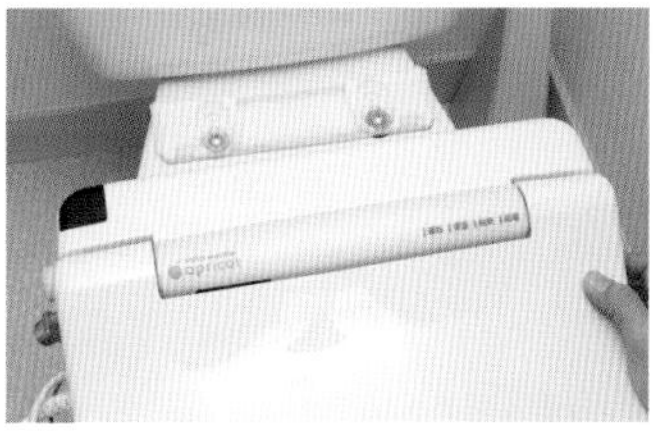

プレートの型紙を外し便座の中心とプレートの中心を合わせて取り付ける。押し込んでカチッと音がしたら取り付け完了

06 連結ホースを付ける

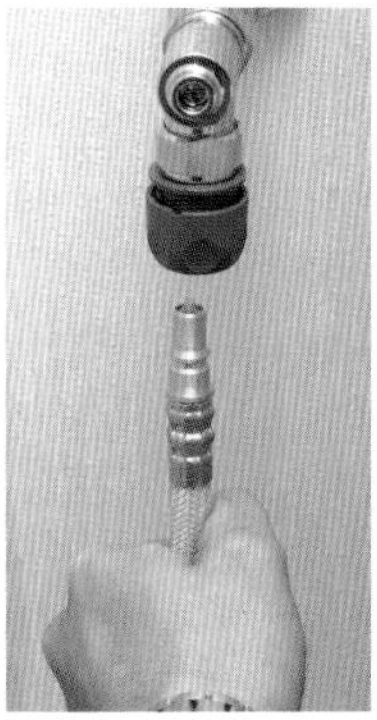

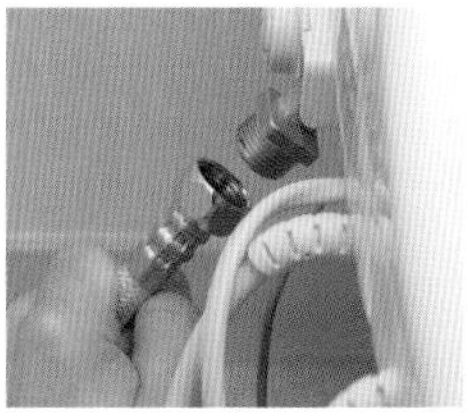

付属の連結ホースはナットとプラグが両端に付いている。便座本体の給水口にナットをはめてスパナで固定する。分岐金具にはプラグを差し込む

07 止水栓を開け電源を入れる

水道の元栓を開いて、止水栓を付属工具で開き、水漏れがないか確認。便座の電源とアースをコンセントに差し込む

08 リモコンを取り付ける

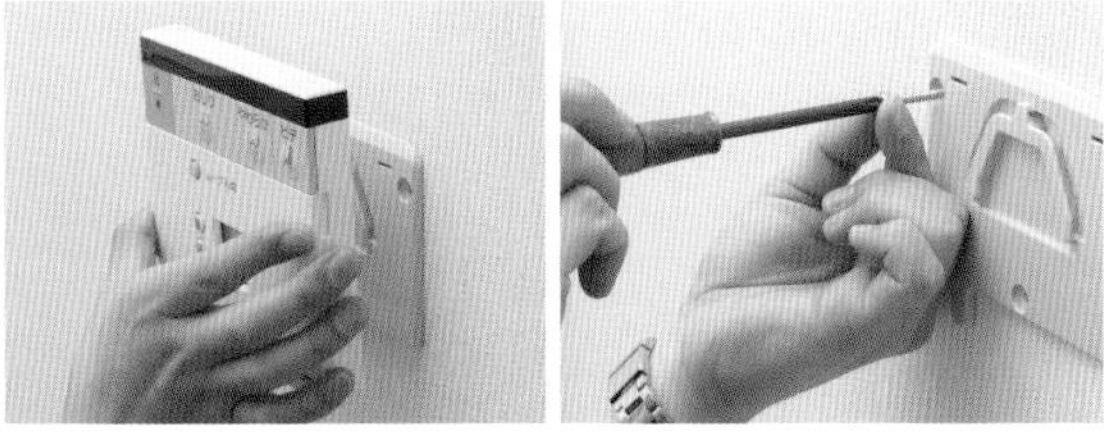

壁にリモコンのベースを取り付ける。実際に座ってみて、操作しやすい場所を確認するとよい。ネジのきかない石膏ボードやコンクリートの壁には付属のアンカープラグを使って取り付ける

Column

水まわりリフォーム素材カタログ

いちばん手軽な水まわりのリフォームは、給水栓や蛇口ハンドル、シャワーヘッドの交換です。ぴかぴかの新品に交換するだけで、いつも見慣れた空間が見違えることでしょう。ぜひお試し下さい。

給水栓

●単水栓

水、お湯のいずれかを単独で吐水する給水栓が単水栓。取り付ける場所と構造の違いから、横水栓と立水栓の2種類あるが、中身の構造は基本的に同じ。ホームセンターなどにも、機能や用途にあった多様な単水栓がラインナップされている

❶「万能ホーム水栓」カクダイ ●3,570円(呼13)
❷「ミニセラ自在水栓」三栄水栓製作所 ●3,950円(呼13) ●節水仕様
❸「横水栓」カクダイ ●2,205円(呼13)、4,410円(呼20)、6,405円(呼25)
❹「横形自在水栓」カクダイ ●3,990円(呼13)

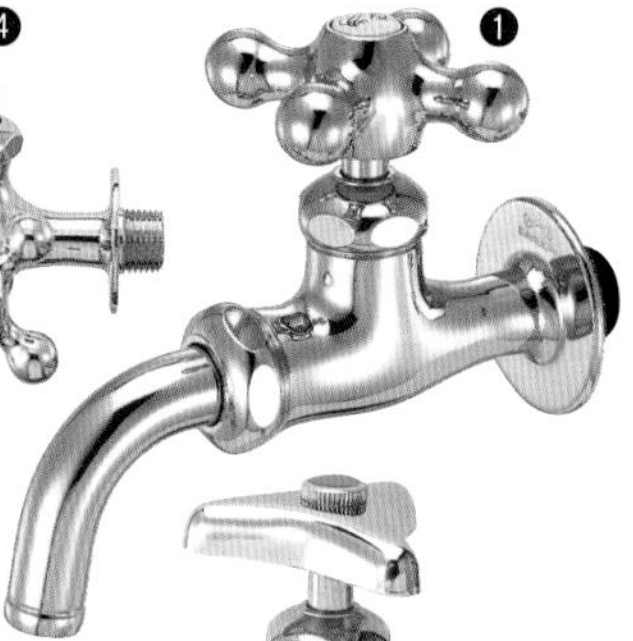

●混合水栓

吐水口はひとつだが、水用とお湯用の配管が別々に接続されている水栓を混合水栓と呼ぶ。最近ではさまざまなメーカーから、より簡単に交換ができるように工夫された取換用混合水栓が登場している

❺ミキシングワンホール混合栓(先止)／三栄水栓製作所 ●47,000円 ●節水仕様
❻「シングル混合栓」三栄水栓製作所 ●23,000円 ●断熱、抗菌、節水仕様
❼「シングル取替用台付混合栓」三栄水栓製作所 ●39,000円

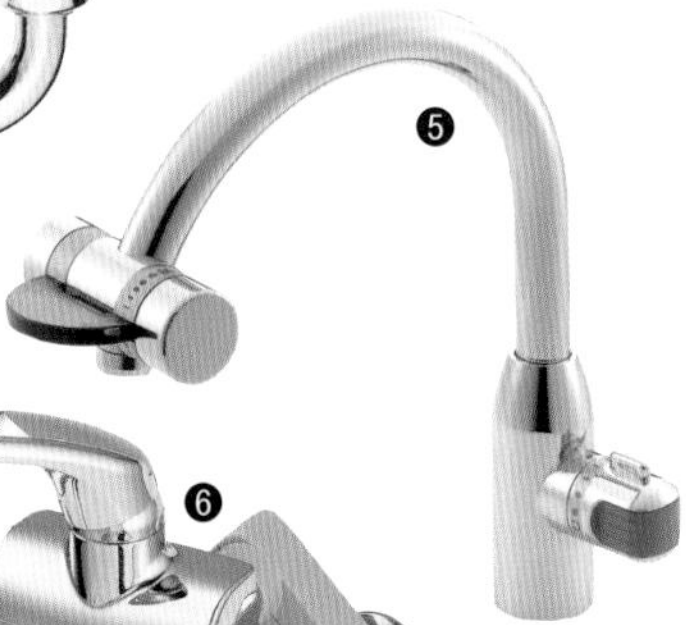

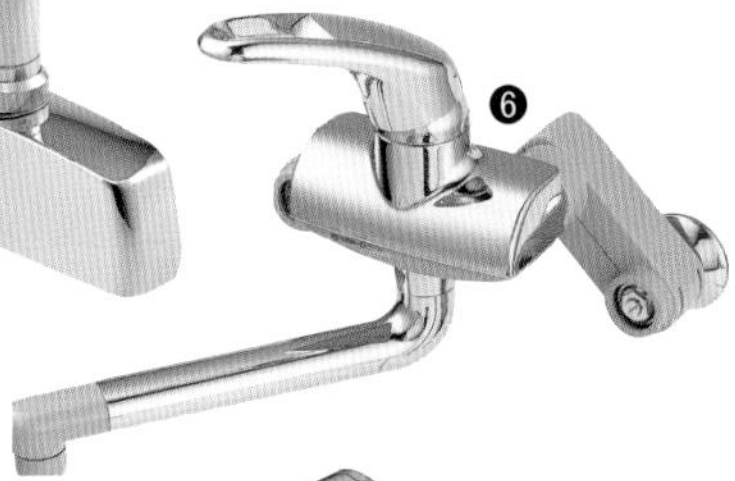

シャワーヘッド

最近のシャワーヘッドは従来のものと違い、機能と操作性が飛躍的に向上している。たとえば、手元でシャワーのオン・オフができるもの、または塩素除去やマッサージシャワーなどの健康面に配慮されたもの、そして水勢を強く変化させる低水圧対応シャワーなど、各メーカーから工夫を凝らした製品が発売されている

❶「低水圧用マッサージシャワヘッド」三栄水栓製作所 ●6,300円
❷「プッシュオフシャワ」カクダイ ●2,520円 ●止水、吐水切替可能
❸「モバリオシリーズ」グローエジャパン ●20,580円〜26,775円
❹「ビタシャワー2」TOTO ●7,875円●塩素除去

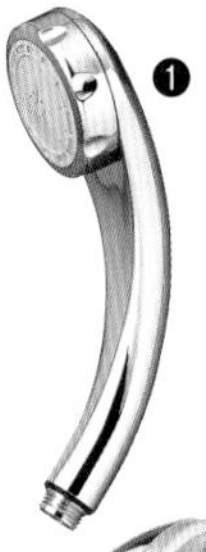

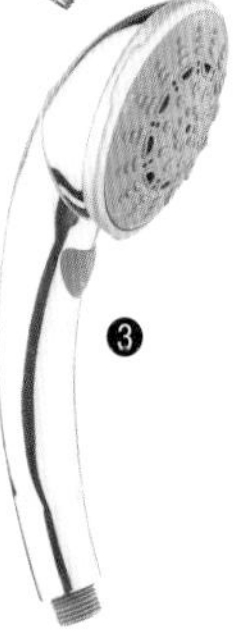

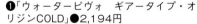

ハンドル

“つかむ”、そして“ひねる”。このシンプルな動作をスムーズに行うために長年磨き上げられてきたフォルムが心地よさそうな水栓ハンドル。水栓金具の中では、握ったフィーリングを楽しめる唯一のパーツだ

❶「ウォーターピヴォ　ギアータイプ・オリジンCOLD」●2,194円
❷「ウォーターピヴォ　ギアータイプ・オリジンHOT」●2,194円
❸「クロスハンドル」三栄水栓製作所●1,580円
❹「カラークロスハンドル」カクダイ●1,890円
❺「Dハンドル」カクダイ●882円
❻「Sハンドル」カクダイ●819円

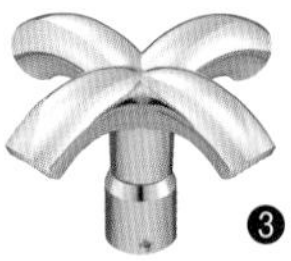
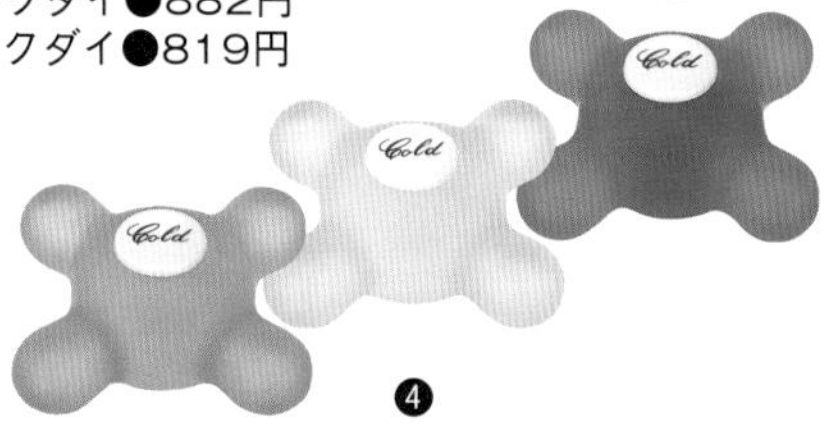

商品のデータは取材時のものです。商品によっては価格変更や廃番になっている場合があります。

Part 7

ユニバーサルリフォーム

お年寄りが安心して生活できるように、
家の中の不便をスッキリと解消しましょう。
安全のための“ユニバーサルリフォーム”だって、
DIYで思いのままです。

◎ユニバーサルリフォームの重要ポイント
◎トイレに手すりを付ける
◎階段に手すりを付ける
◎玄関用の腰掛けと踏み台を作る

ユニバーサルな家にするための

重要ポイント

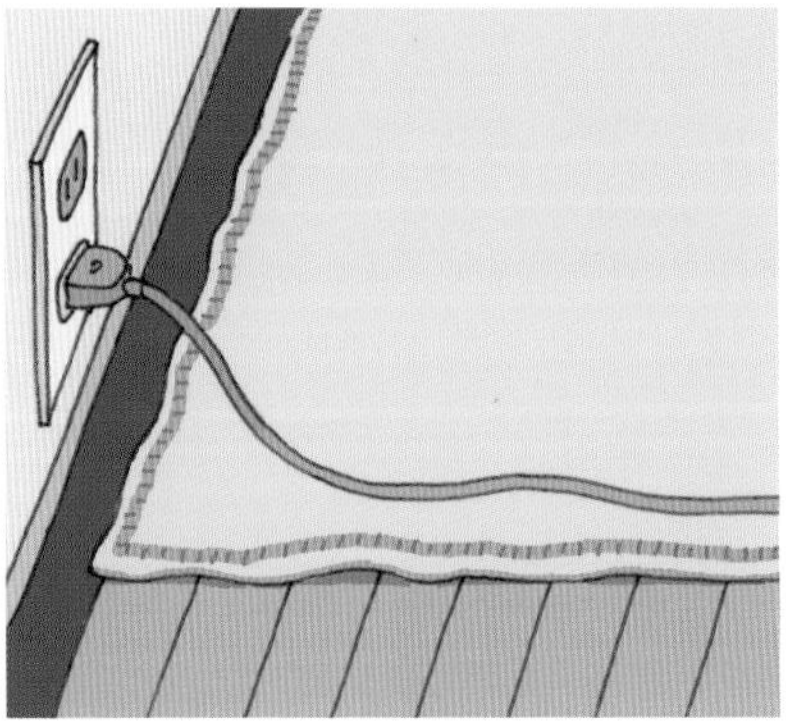

床材は滑りにくいものを

すべりやすい床は素材を替えたり滑り止め加工を施すことで解決する。浴室は水に濡れても滑りにくい床材を採用する。また、転倒時を考えて衝撃が少ない床材という視点も重要だ。しかし、いくら床材に注意を払っても敷かれたマットや電気コードなどもつまずきの要因となるので注意が必要

手すりは利用者に合わせて

重心の上下移動があるトイレ、浴室、階段など不安定な姿勢をとる場所には特に必要となる。高さは利用者の身長や身体状況によって決定する。太さは直径28～40㎜、手すりと壁の間隔は30 ～ 50㎜が標準とされるが、これも利用者との相性で決める。なお、服が引っかからないように手すりの端が下側か壁側に曲げられているものが望ましい。取り付け場所（壁）については構造を調べ、必要に応じて補強板を施すなどの対策をとる

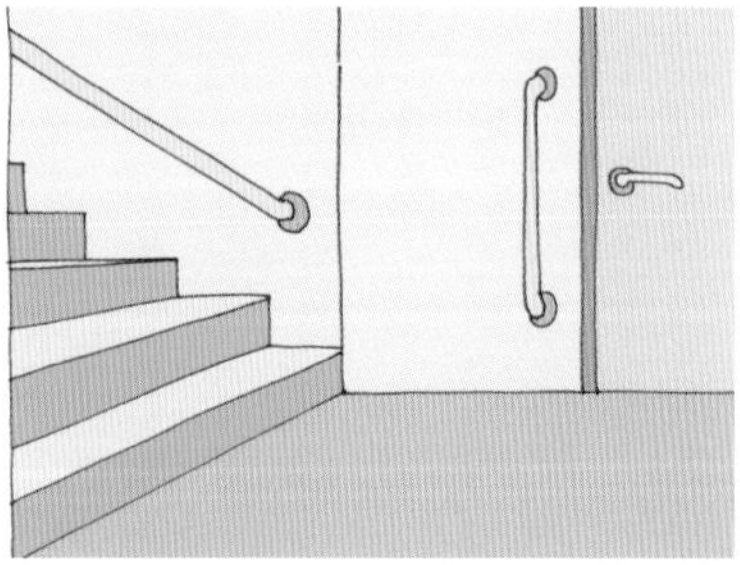

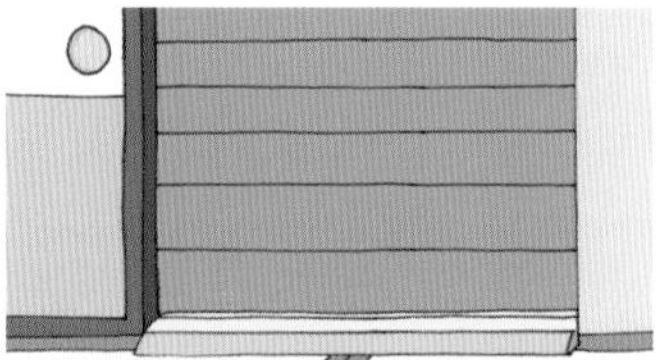

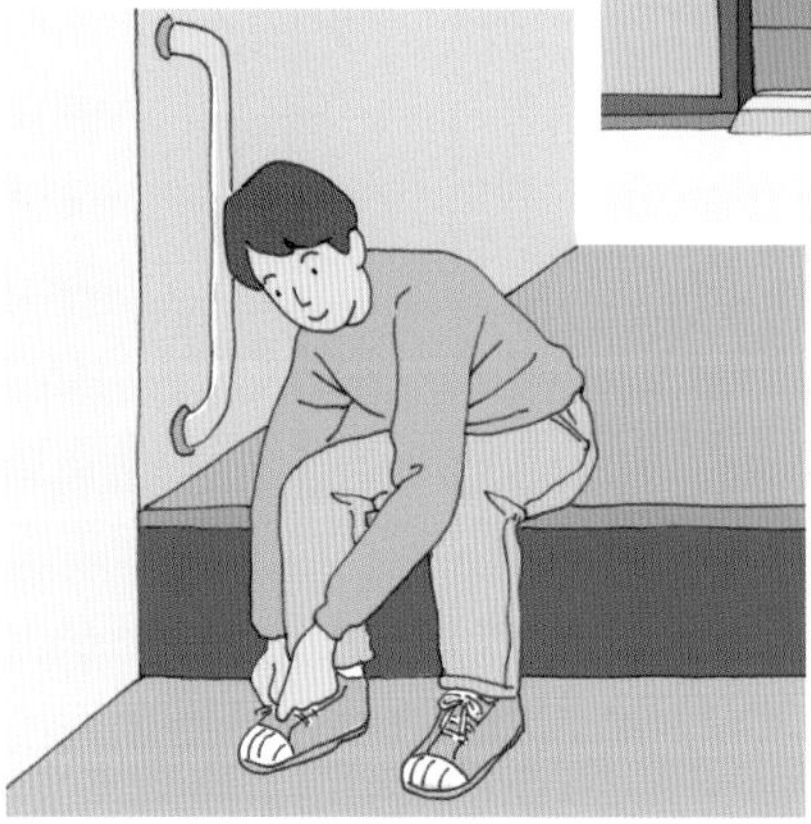

緊急時への対応を念頭に

たとえばトイレの中で倒れた場合、ドアが内開きだとすぐに救助に入ることができない。トイレのドアは必ず外開きにしておくなど、もしもの場合を考えておく

小さな段差はなくし、大きな段差は活用

和室の敷居など、数センチの段差がつまずきや転倒の原因となることも多い。小さな段差は徹底して解消する。高すぎる玄関の上がり框には踏み台を置き、高さは上がり框のちょうど半分とするのが望ましい。ただし、上がり框が腰掛け替わりになっていて靴の着脱をサポートしていたり、同様に腰掛けながら出入りできる一段高い畳コーナーなど、段差の解消が必要ない場合もある

常に整理整頓をこころがける

移動の妨げとなるような家具や無駄なモノをなるべく置かないようにするのが鉄則。部屋のレイアウトを変え、なるべく家全体の動線がスムーズになるようにこころがける

Universal Reform

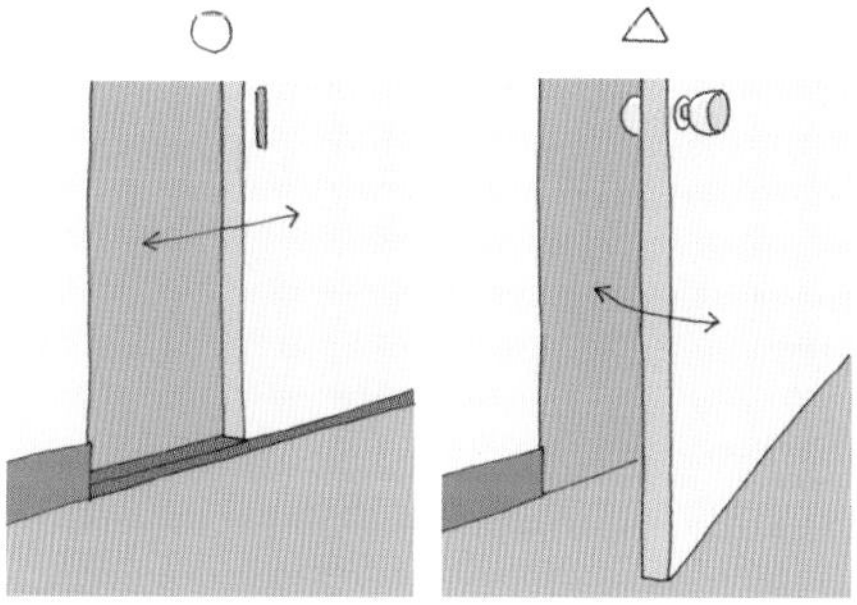

建具は引き戸に

開閉がしやすく、安全であることが基本。ドアよりも引き戸の方が、開閉の際に身体の位置を変えなくて済むので動作が楽だ。ドアの場合であれば取っ手を握り玉式ではなく、レバー式に変更。また、急激な開閉を防ぐためにドアクローザーの設置も有効だ

明るさ・色彩にも配慮する

高齢者の場合はとくに視覚的な衰えも家庭内事故の原因となる。明るい場所から急に暗い場所へと移ると目が慣れず、段差につまずいてしまうことも。開口部の確保や照明で、家全体をなるべくバランス良く明るくする。また、段差の前後で床の材質や色を変えるなどして段差を認識しやすくするのも有効

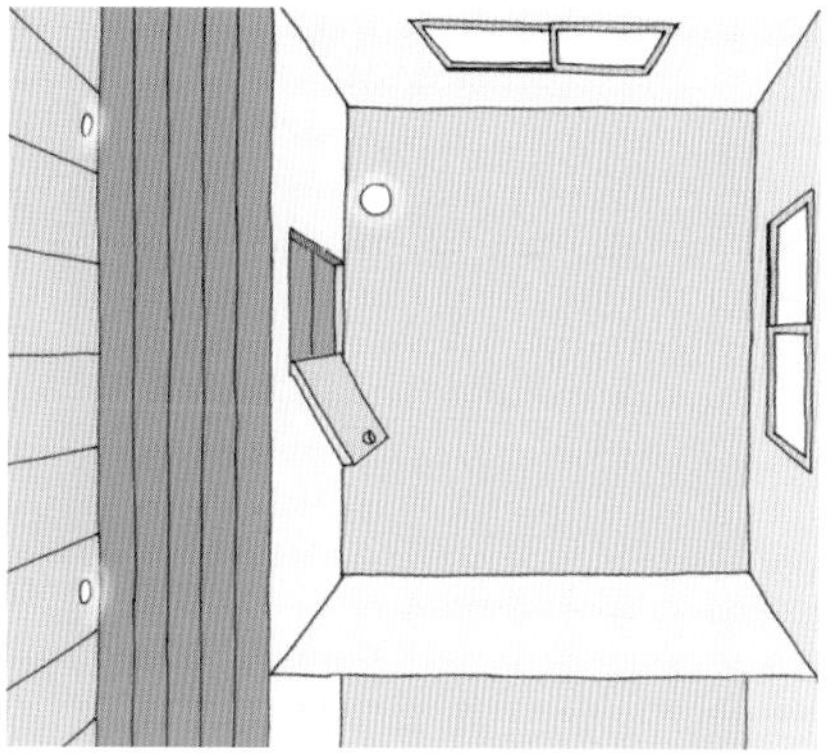

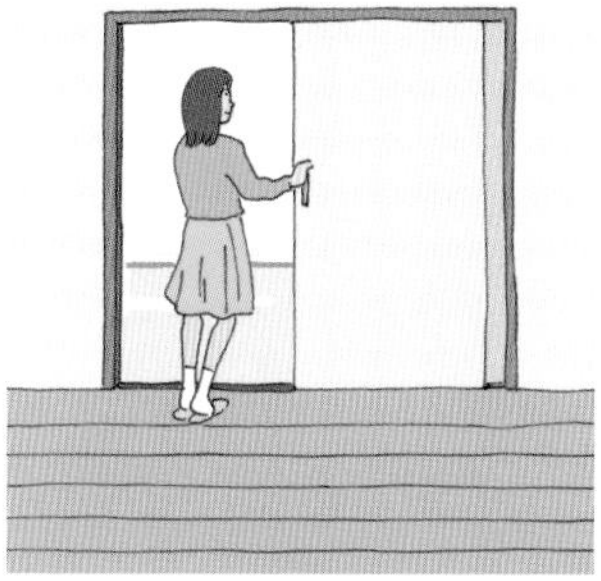

通路と出入り口は広く

通路や出入り口は車椅子が通れる広さが確保されていることが望ましい。廊下にモノを置かない等、日常生活で改善できる事も多い

ユニバーサルな設備機器を選ぶ

座ったまま調理できる調理台や、出入りの楽な浴槽、または使いやすい寸法・形状の便器など、設備機器にも気を配りたい。その際には将来的に身体状況が変化しても対応できる機種を選ぶという視点が重要

こんなリフォームに注意!

せっかく取り付けた手すりも、本人の身体状況に合っていなければ意味がない。また、慣れていて問題のなかった段差を解消したおかげで、それがつまずきの原因となる、そんなことがないともいえない。ただ手すりを付ける、段差をなくすというリフォームではなく、それが本人にとって必要かどうかをしっかり見極めた上で着手する。常にそのことを頭に置いておきたい

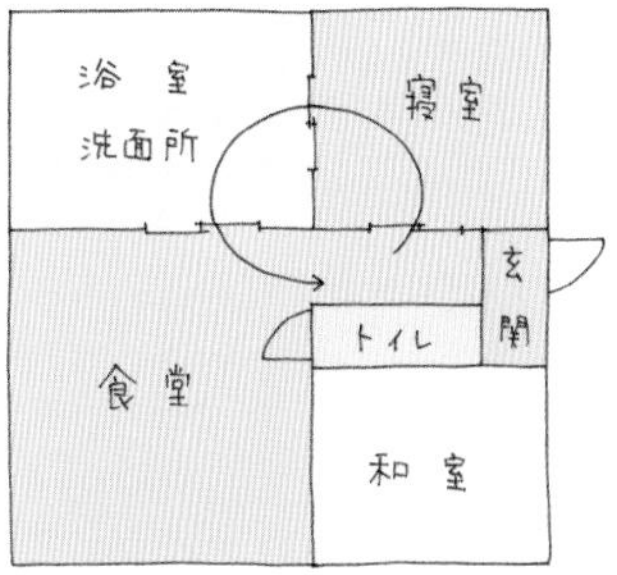

回遊性のある動線を確保

ひとつの部屋に2方向から入ることのできるような回遊性のある動線が望ましい。部屋の使い方が変わった場合にも対応が容易で、車椅子での移動が必要となっても動線が確保できる

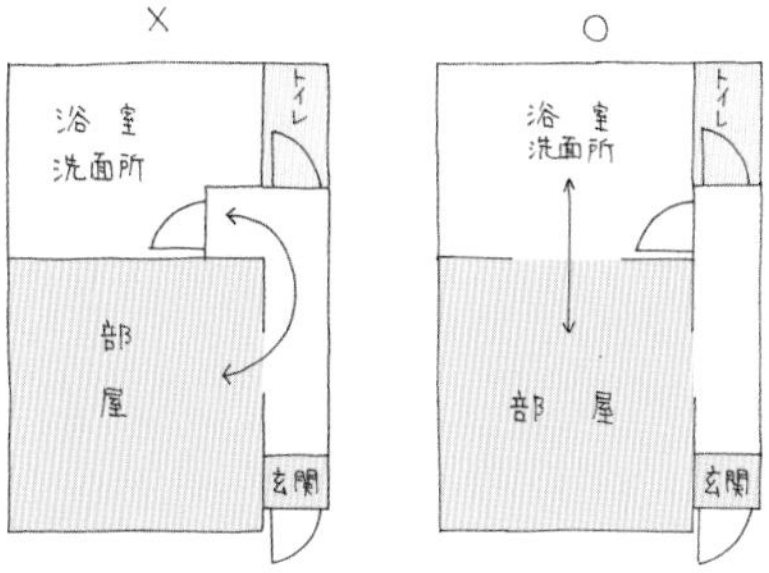

単純明快な間取りにする

玄関、トイレ、浴室、寝室など基本的な生活空間は同一階に配置。また、住宅内の移動が直線的で、単純明快となるような間取りとしたい。高齢者などの寝室と居間・トイレ・洗面所は移動の頻度が高く、優先的に直線でつなげる

●参考文献：神奈川県福祉のまちづくりガイドブック 住宅編
高齢者のための住宅改修早わかり(厚有出版)
長寿社会対応マニュアル(高齢者住宅財団)
住宅改修実践事例演習テキスト(厚有出版)

01 トイレに手すりを付ける

握りやすく確実に固定できる位置を探して取り付ける

トイレの利用はヒザの屈伸運動を必要とすることで、体に不自由を感じる方やお年寄りには、ちょっと辛さを感じさせてしまいます。

そこで、座る場合や立ち上がるときに、体を支えられる手すりがあれば、利用しやすさが格段に向上します。また、一人で利用できるようになりはじめた子どもにとっても、手すりは大きな安心感をあたえます。

ただ、取り付ける手すりは水を利用する場所だけに、防水処理や滑り止め加工などが施されたものを選ぶと安心です。

取り付け位置は目安となる標準寸法がありますが（左下イラスト参照）、利用者の握り方や身長の差などでも違ってきます。

実際に握りやすい位置を確認するとともに、確実に固定できる間柱などとの位置関係を、しっかり考え合わせて決めましょう。

柱を探す秘密兵器プッシュペン

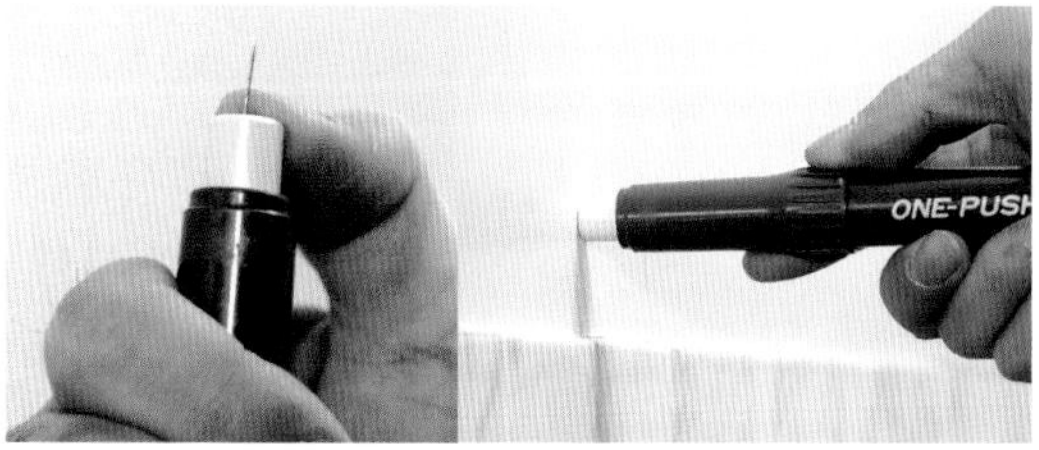

取り付けは木ネジをしっかり締められる箇所を探すのがカギ。そこで写真のようなプッシュペンを利用する。壁にあてて後部を押すと先端から針が出て中に刺さる。薄いとスッと入るが、柱などがあると抵抗があり位置がわかる

Point

標準値をベースに取り付け位置を決める

L型手すりは、間柱などに縦棒がしっかり固定できれば強度が確保しやすい。また、握り部分が長めのものなら手を握りやすい位置に自然と動かせることで、取り付け位置にも自由度がでる。基本は使いやすいことだ。

単位はmm

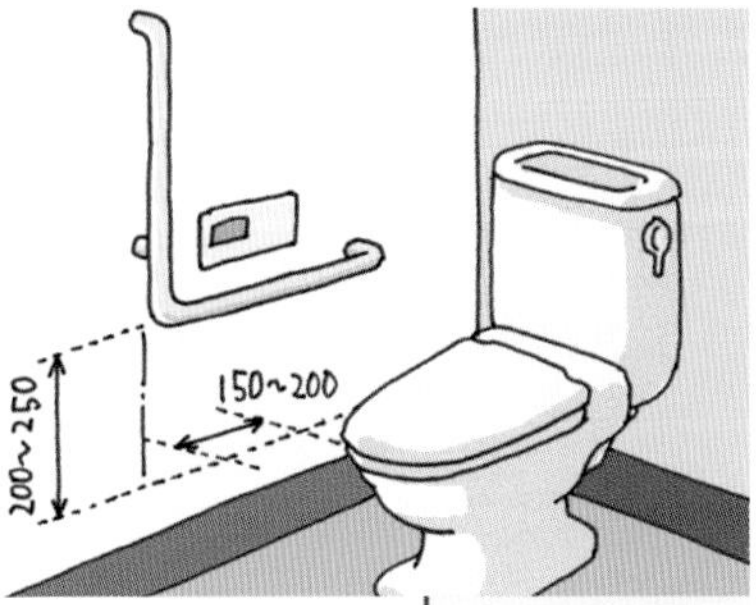

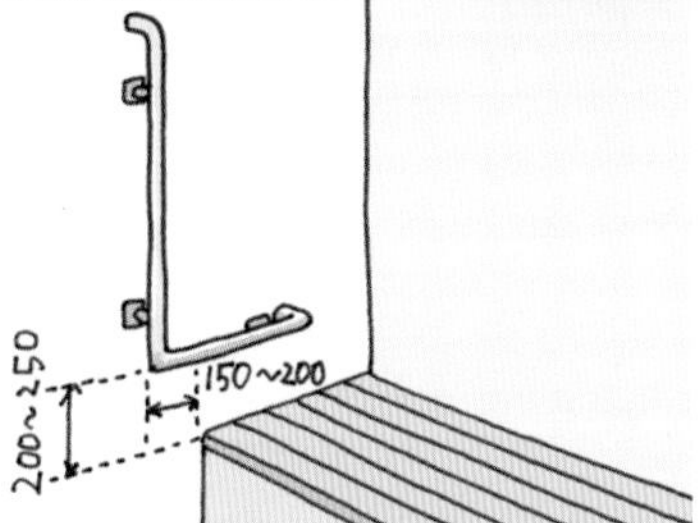

▼材　料

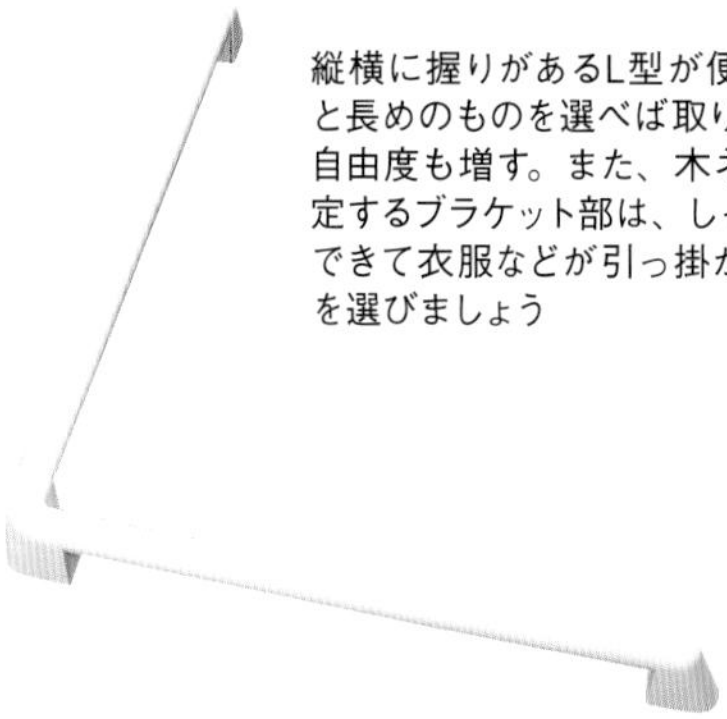

縦横に握りがあるL型が便利。ちょっと長めのものを選べば取り付け位置の自由度も増す。また、木ネジなどで固定するブラケット部は、しっかりカバーできて衣服などが引っ掛からないものを選びましょう

▼DATA

コスト……………………… ¥¥¥

手間……………………… 2

技術……………………… 2

01 便器の高さを測る

取り付け位置を決めるための基本が便器の高さ。まずはメジャーで測っておこう

02 紙テープを利用する

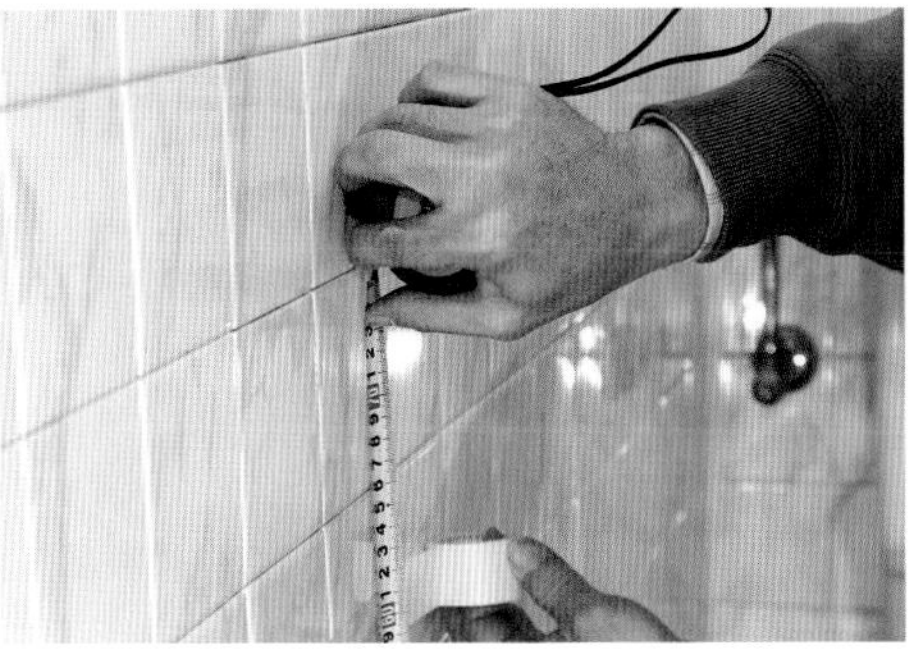

取り付け位置は、壁に紙テープを貼ってその上に記すといい

03 便器の高さに標準値を足して測る

便器の高さに標準値の200 ～ 250㎜を足した寸法を算出し、メジャーで測りながら壁に手すりの下の位置を記す。縦棒の標準的な前後位置は便器の先端から前に150 ～ 200㎜。印をつけたら、その周辺に間柱があるかプッシュペンなどで確認し、その位置に紙テープの高さを変えないようにして移動する。なお、間柱の位置は在来工法の家なら柱と柱の中間にあり、壁面を軽く叩くと音が変わることでも探すことができる

裏が合板なら金属製のアンカープラグを使用する

04 位置を確認して固定する

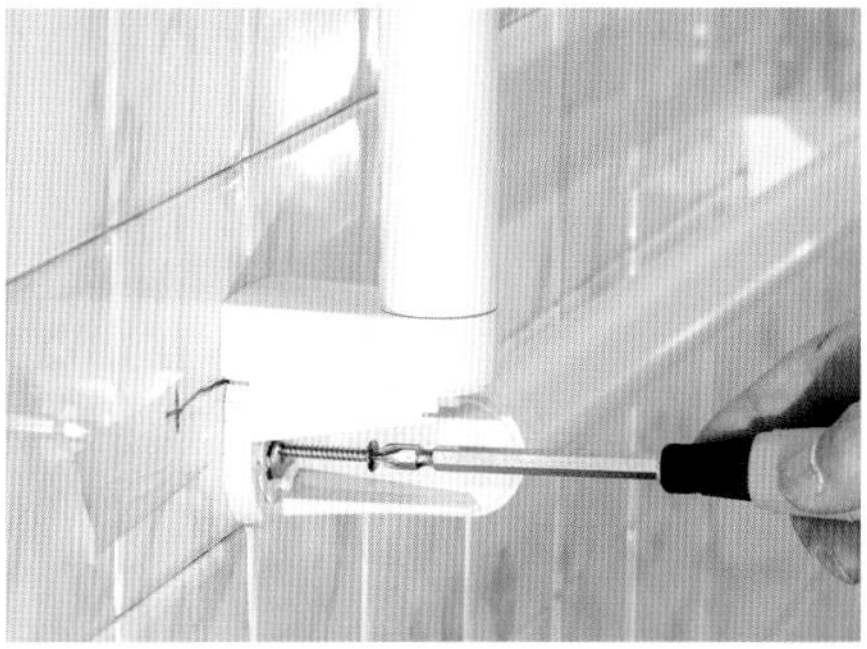

紙テープを移動した位置で、もう一度利用しやすいか確認して木ネジで固定する

05 アンカープラグを利用

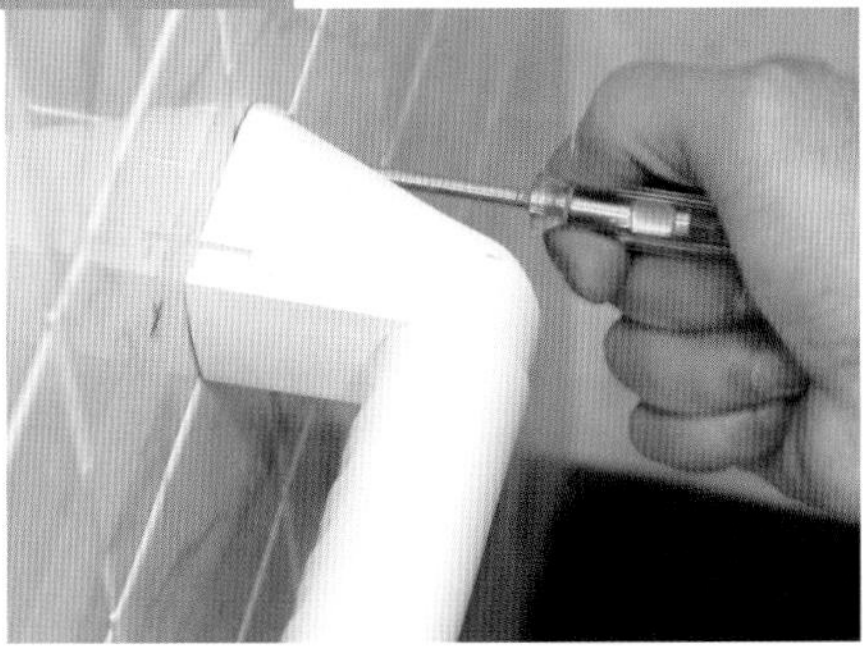

横棒のもう一方の固定は、木ネジの効きが弱いと感じたらアンカープラグを利用

06 規定本数を必ず締める

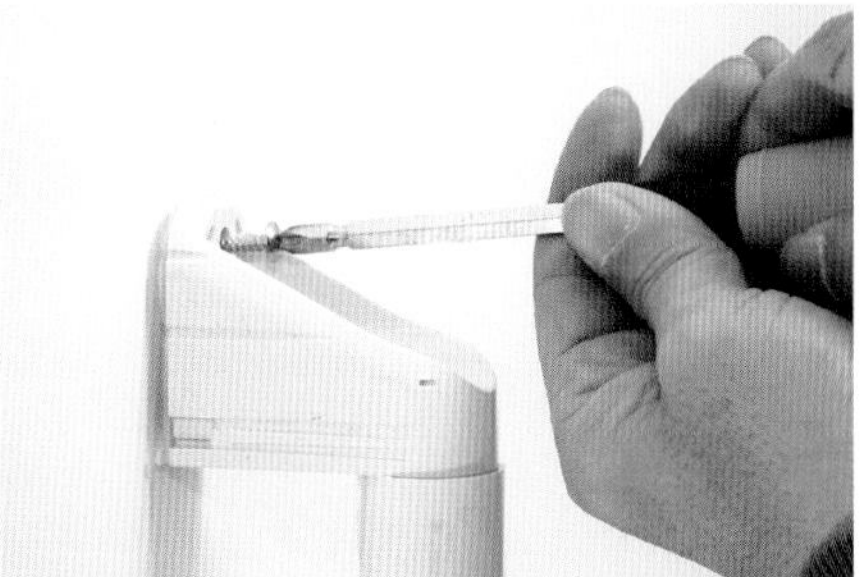

木ネジは必ずブラケット固定用に穴があいている規定本数を締め強度を確保する

07 カバーをする

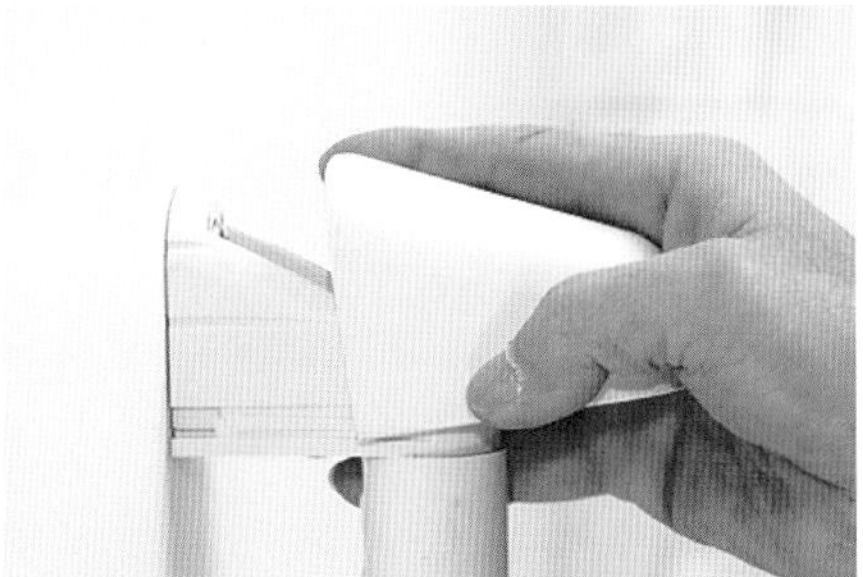

取り付けが終了したらブラケット部にカバーをする。力を入れて押し込めばカチッとはまる

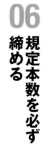

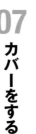

02 階段に手すりを付ける

移動しやすさと安全性を高める

手すりを取り付けるとちょっとしたときにからだを支えられ、屋内での移動の安心感などが飛躍的に高まります。

玄関や廊下、お風呂場などに取り付けても効果を発揮しますが、特に必要とされ効果を実感するのが階段です。

装着した後に上り下りすると、手が自然と手すりを握ることから考えても、いかに子どもやお年寄り、からだに不自由さを感じている方の手助けになるかを考えさせられてしまいます。

取り付け作業は強度をしっかり確保するとともに、握りやすい位置を探して取り付けることが肝心です。

また、手すりには上部が平らで肘を滑らせながら利用できるタイプ、水場用に防水対策が施されたタイプなどさまざまあり、用途に合わせて選べることも知っておきましょう。

手すりの取り付け高さ

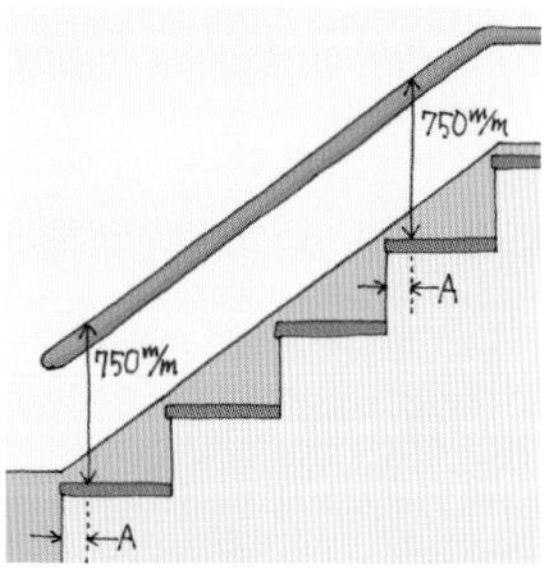

取り付けの高さは標準値が床面から750㎜といわれているが、必ず利用する人が握りやすいか確認して位置決めしよう。また、階段の場合、下り用は上り用の取り付け高さ（標準値）よりも、階段一段分高くすると利用しやすくなる

間柱の位置を探す

手すりの取り付けは、金具を柱や間柱に固定するのが基本。在来工法の家なら柱の中心から中心までが91㎝で、その中心に間柱がある。化粧パネルを止めているかくし釘の跡で確認したり、プッシュペン（P152参照）で探してみよう

▼道　具

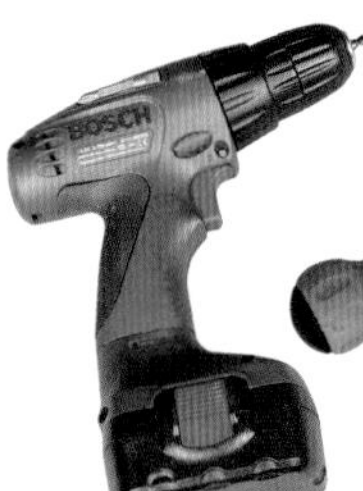
ドライバードリル

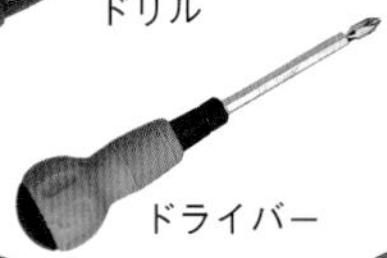
ドライバー

メジャー

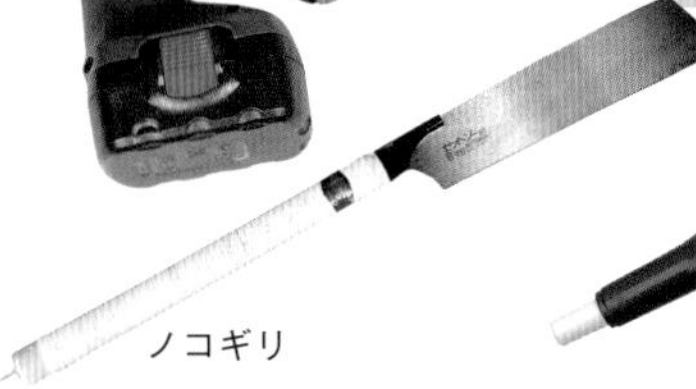
ノコギリ

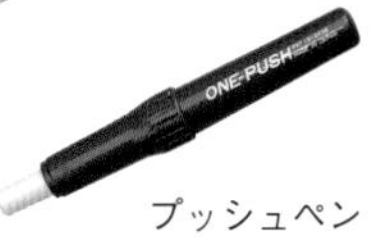

プッシュペン

▼材　料

手すり
太さは35㎜ほどで、滑り止め加工をしてあるものがいいでしょう

木ネジ

アンカープラグ

木工ボンド

▼DATA

コスト……………………

手間……………………

技術……………………

01 棒に手すりの高さを記す

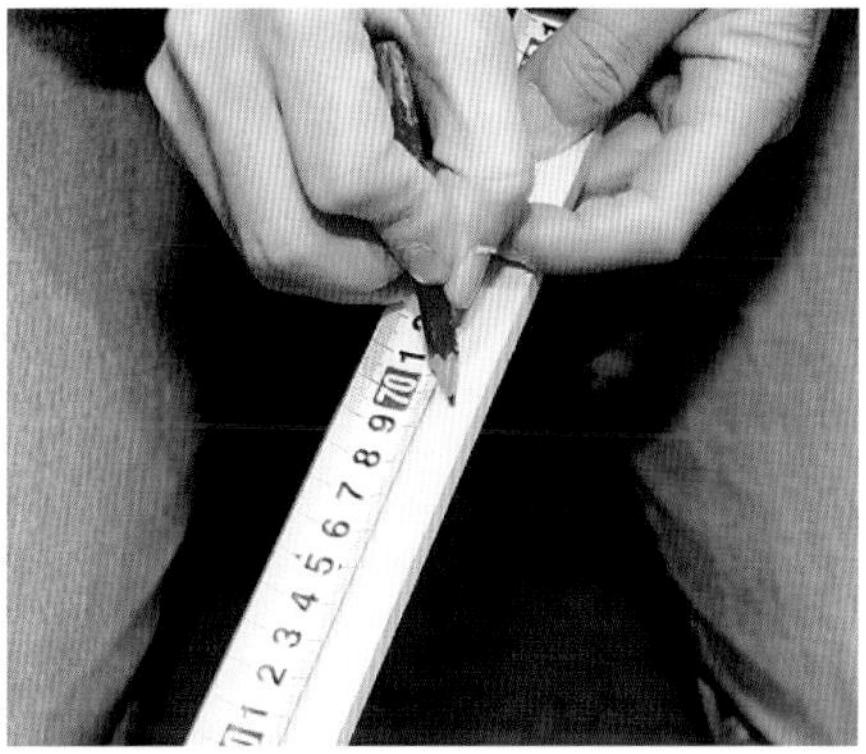

取り付け位置を毎回メジャーで測るのは大変。棒を用意し高さを記して使うと作業がスムーズ

Point

取り付け高さは、段の同じ位置から計測する

手すりの取り付け位置を決める場合、階段の奥行きが同じ位置で高さを計測しないと、階段と手すりの傾斜が違ってしまう。(右ページのイラスト内Aを参照)。

02 金具の位置に印を付ける

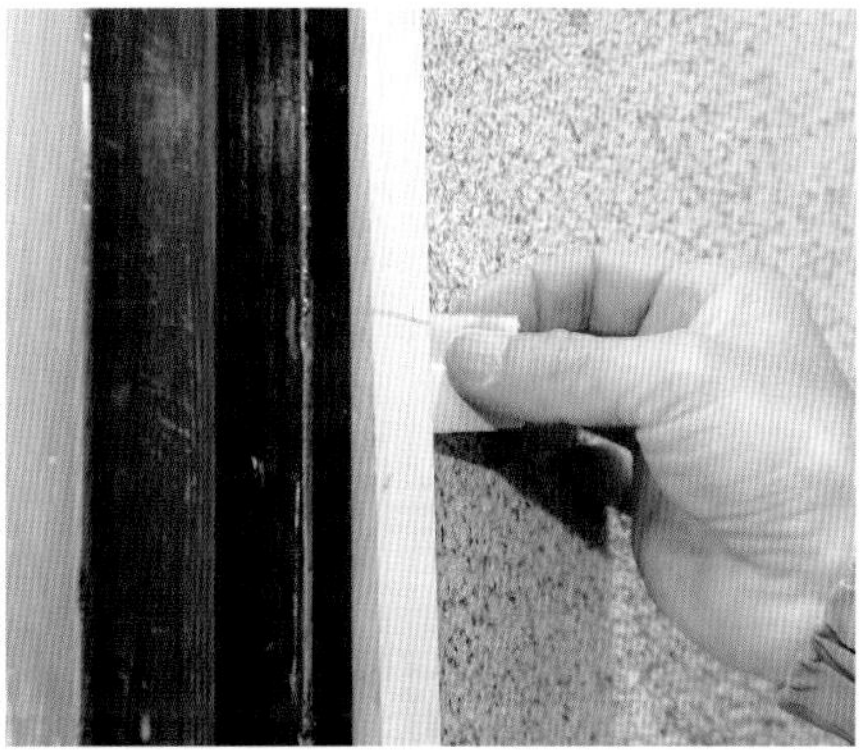

①の棒をあてて金具の位置を記すが、写真のように砂壁の場合は紙テープを貼り、位置を記す

03 間柱の位置に印を付ける

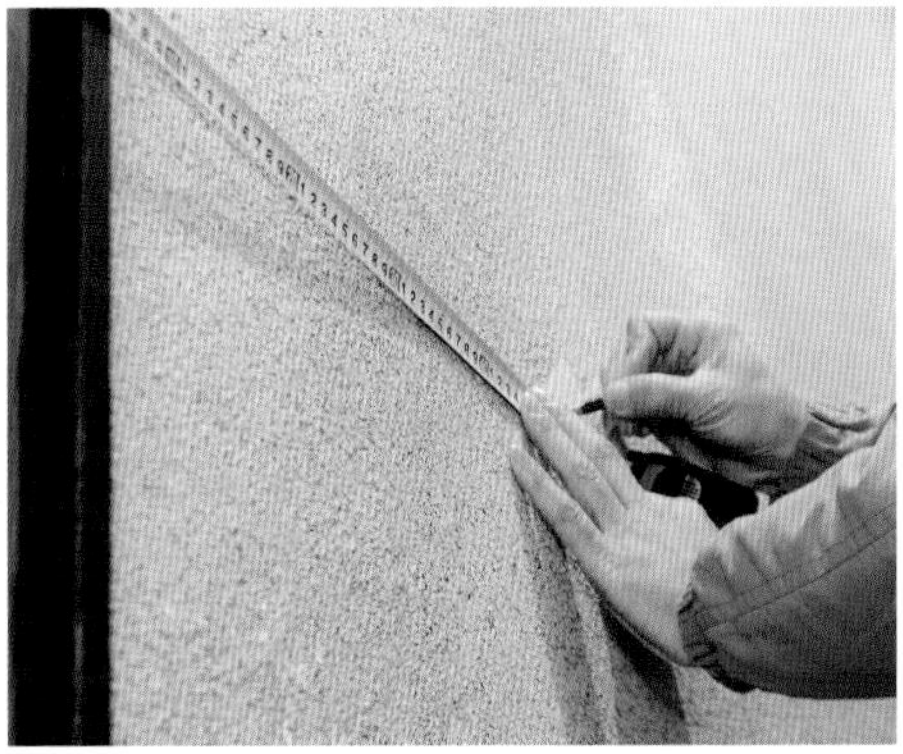

柱の太さも計算に入れて計測し、間柱の位置にも金具の取り付け高さを記す

04 手すりの傾斜を確認する

金具の取り付け位置を記したら、棒をあてて階段の傾斜と平行か確認しておこう

05 両端の金具を仮止めする

両端の金具のネジ止め穴1カ所を木ネジで仮止め。グラグラしない程度に締めておく

06 手すりを渡し、角度決め

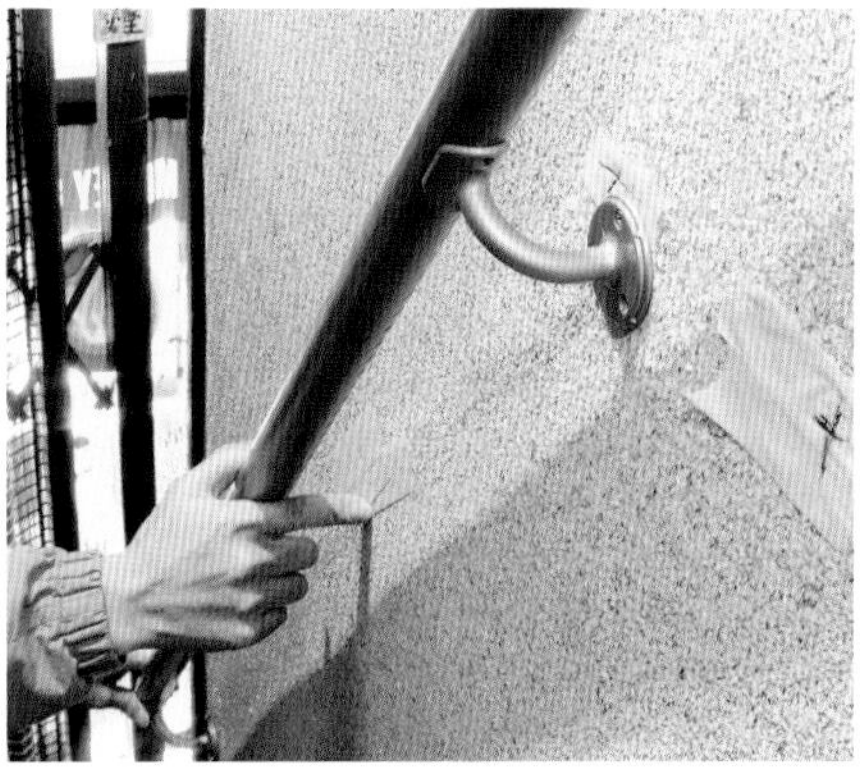

両端の金具を仮止めしたら手すりを渡し、金具の角度を決めて木ネジで固定する

07 中央の金具を固定する

両端を固定したら、中央の金具（間柱の位置）の角度を確認しネジ穴の位置を決めて固定

踊り場の手すりを付ける 08

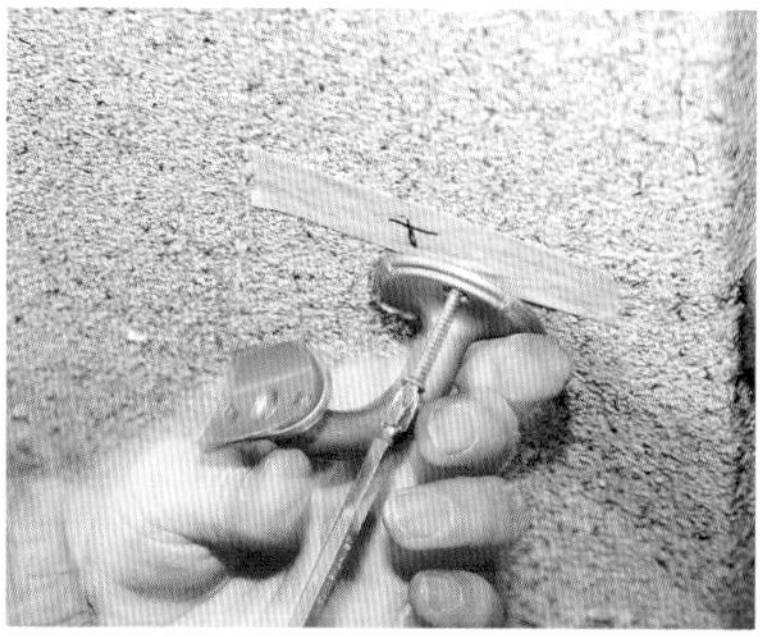

今回使用した金具と金具の取り付け間隔は900㎜以内（製品により異なるので仕様を確認すること）なので、平らな踊り場用の金具は左右の柱に固定した

高さを再度確認する 09

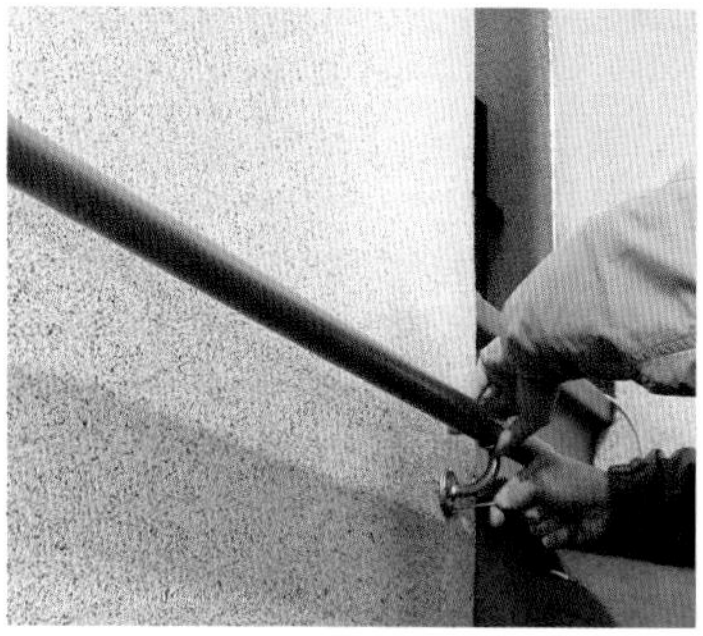

手すりをのせて床と平行か確認したらまず金具を仮止めし、固定するが、利用しやすい高さは階段部分と異なる可能性があるので、再度、手を添えやすいか確認しておこう

手すりの長さを調整する 10

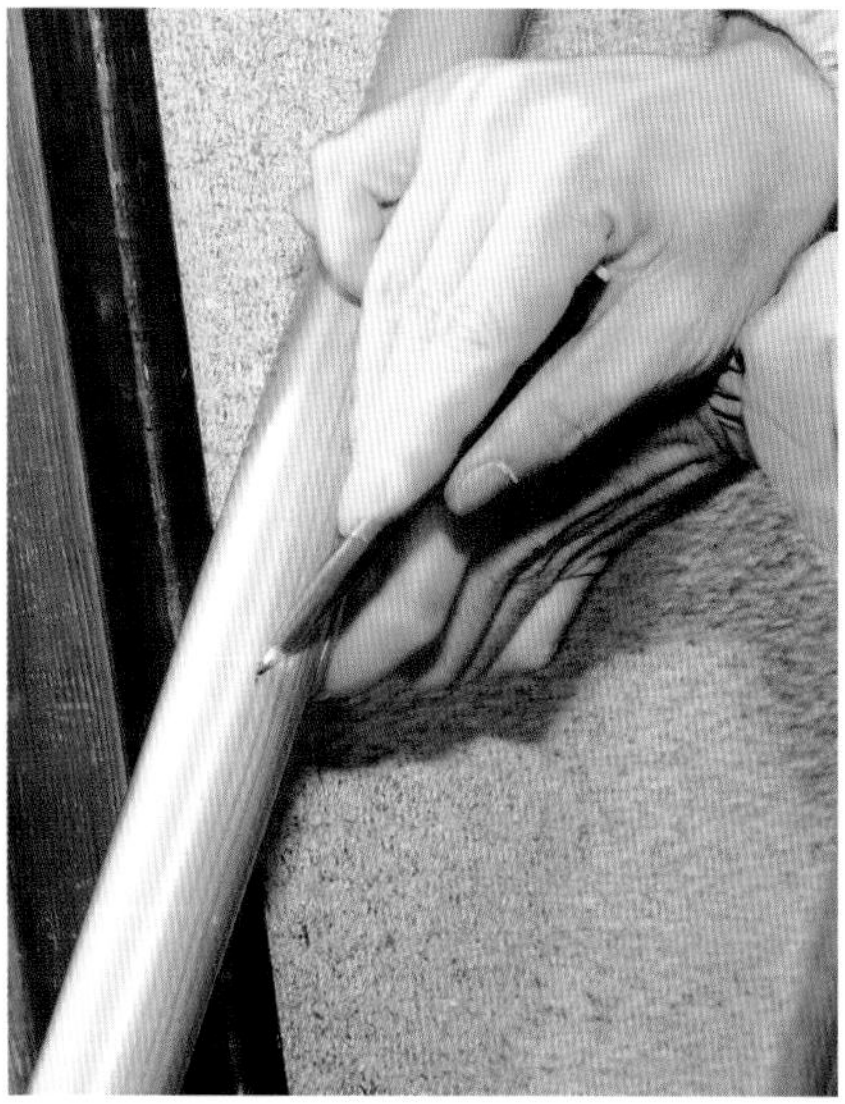

取り付ける手すりの長さは、先端が柱の外に出ると体をぶつけたり衣服を引っ掛ける原因になるので、やや短かめに切るようにする

余分な長さを切り落とす 11

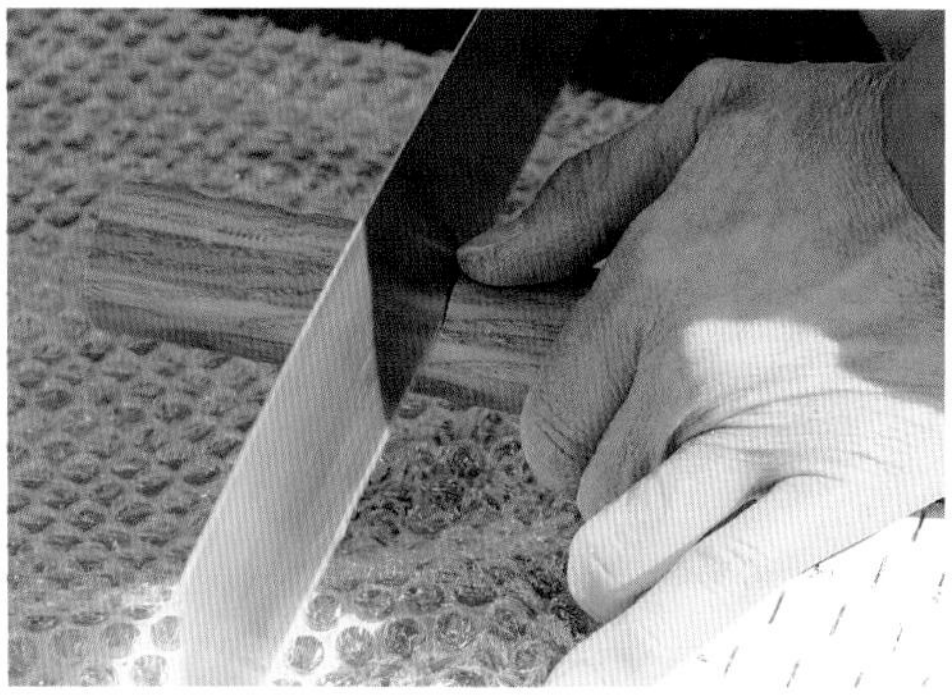

余分な長さをノコギリで切り落とす。切り口には作業の最後にボンドでキャップを接着するのでなるべく平らに切ろう

Point 手すりの取り付け強度強度を高めるには

間柱が見つけにくい場合は柱の間に添え木を渡す

間柱が見つけにくい場合は、柱の間に厚さ15㎜前後の添え木を渡し、そこに金具を取り付けるといい。裏にはボンドを塗布し左右を長めの木ネジで固定する

Point

壁裏が石膏ボードや薄い合板ならアンカープラグで補強

手すりは取り付け強度が安全性を左右するが、間柱の幅が狭かったり階段部分は金具が斜めになってしまうことで、3本のネジ穴の1つが柱や間柱から外れることもある。

壁裏が石膏ボードや薄い合板だと、木ネジを打ち込んでも強度が出ないので、そんな時は写真のアンカープラグを利用。

先の尖ったものでガイド穴をあけ、ドライバーでネジ込んだら真ん中の穴に金具を固定する木ネジを締め込むのだ。かなり強度が高められる。

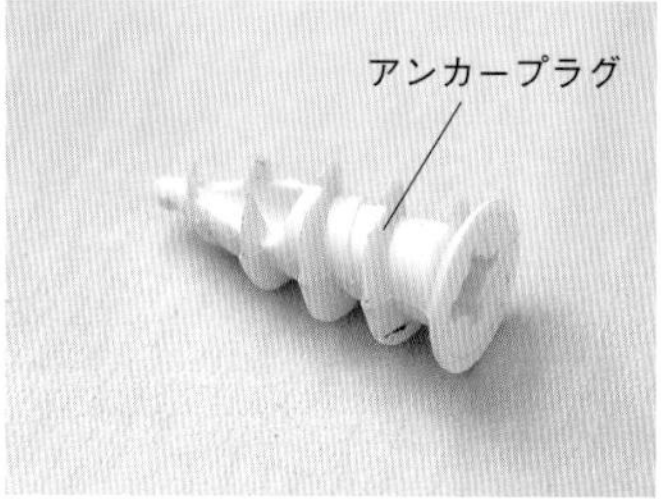

もろい壁にはプラスチック製を使用する

ドライバーで回して簡単に埋め込める

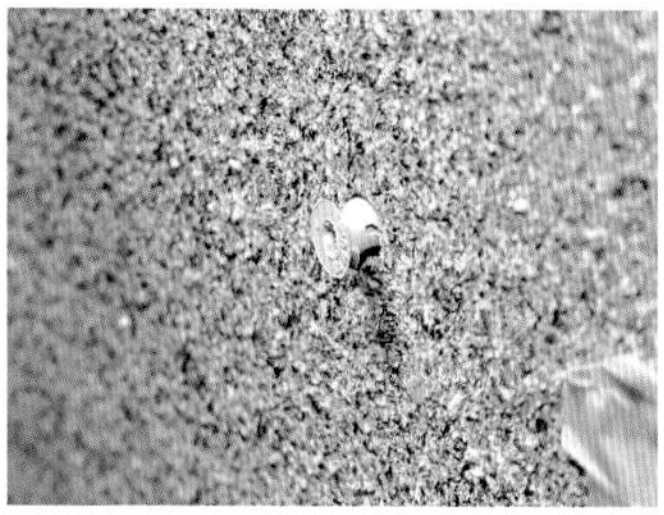

頭部が壁面と平らになるまで締め込もう

12 手すりにガイド穴をあける

手すりと金具の固定位置を決め、使用する木ネジよりも細い径のドリル刃でガイド穴をあける

13 木ネジを締め込む

手すりに使われる素材は硬いため、ガイド穴はやや深めにあけて木ネジで固定する

14 エンドキャップを付ける

取り付け作業が終了したら手すりの両端にキャップを付ける。木工ボンドは多めに塗ろう

Point 手すりの安全性を高める工夫

基本は全体を繋げた施工がベスト！

手すりをより安全に利用するには、その施工にも工夫がいる。

　基本的には、手すりに手を添えて移動したときに、ずっと手すりを持ち替えなくてすむのが理想的だ。階段と踊り場の境の角度が変わる場所や、廊下の曲がり角部分に、ジョイントなどを上手に利用して施工したい。

繋ぎ目にジョイントを使用しない場合は、手すりと手すりの隙間を手が落ち込まないように狭く設定しておくといい

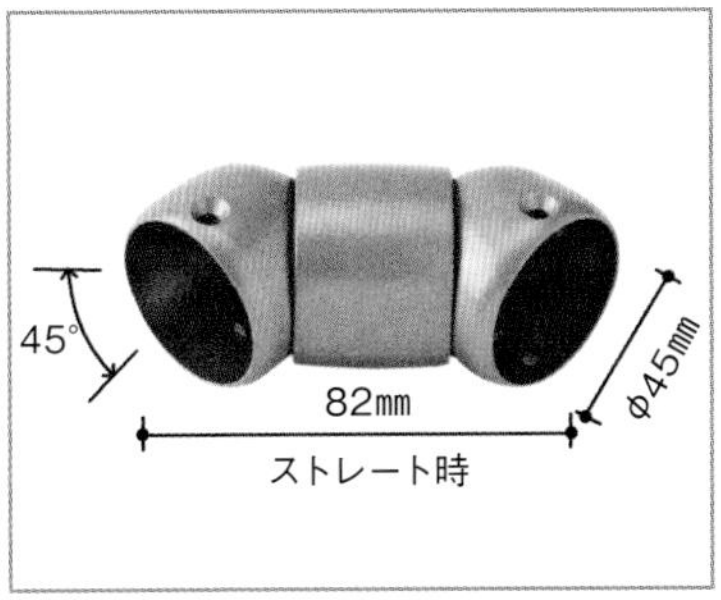

手すりを繋げるジョイントには、写真のように角度が自在に変えられる便利な物もある。金具の取り付け位置などと干渉しないならぜひ利用したい

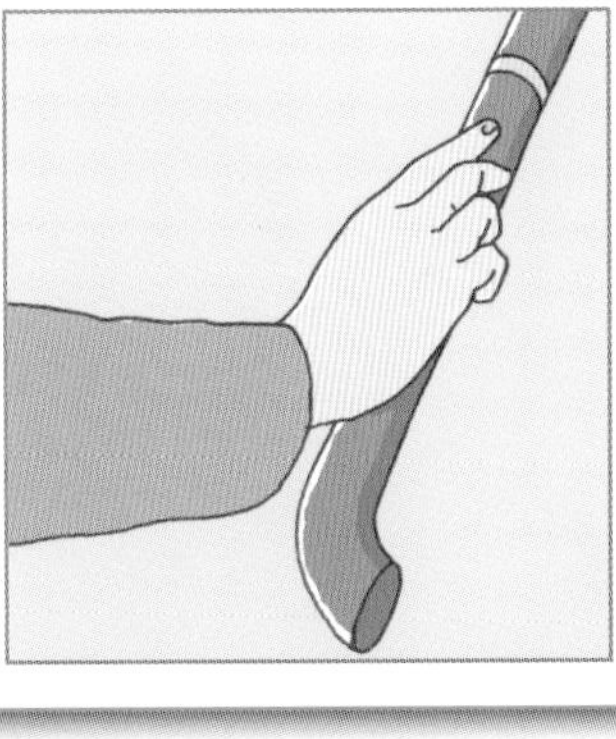

手すりの部材には、手を移動させる際に衣服の袖口などを引っ掛けないように、手すりの先端を壁側に向けて曲げてある物もある。便利な部材がたくさんあるので検討を

Point

穴あけに失敗したら木工ボンドで補修

手すりの取り付け高さを調整したり、間柱の位置を探したりしていると金具の取り付け位置が変わることもある。

　壁に穴をあけてから取り付位置が変わったときは、左の写真のように補修するといい。

　まず穴の上に木工ボンドを塗って、その上に壁際の下などに落ちてる細かな壁材のカスを集めて押しつけてやるといい。

①そのままだと穴がかなり目立つ

②やや多めの木工ボンドで穴を埋める

③壁材の粉などを表面に付ける

03 玄関用の腰掛けと踏み台を作る

上がり框《かまち》の段差も苦にならない

玄関の段差を解消して足と腰への負担を軽減

こちらは、築27年の日本家屋。タタキと框《かまち》には約27㎝の段差があります。玄関の上り下りの動作と、靴の脱ぎ履きの際に、少々のつらさを感じ始めたのをきっかけに、腰掛けと踏み台を自作しました。

腰掛けに座れば、靴を脱ぐのも履くのも本当に楽。また、踏み台のおかげで脚と腰への負担も解消し、つまずきや転倒の危険も半減しました。

踏み台の高さは、上がり框の高さの約半分。腰掛けは、座りやすい高さを自分で決め、47㎝としました。

▼道　具

▼材　料

木材
腰掛け：赤松集成材（18㎜厚）、丸棒（50㎜径）。踏み台：赤松集成材（18㎜厚）、パインの板材と角材を使用

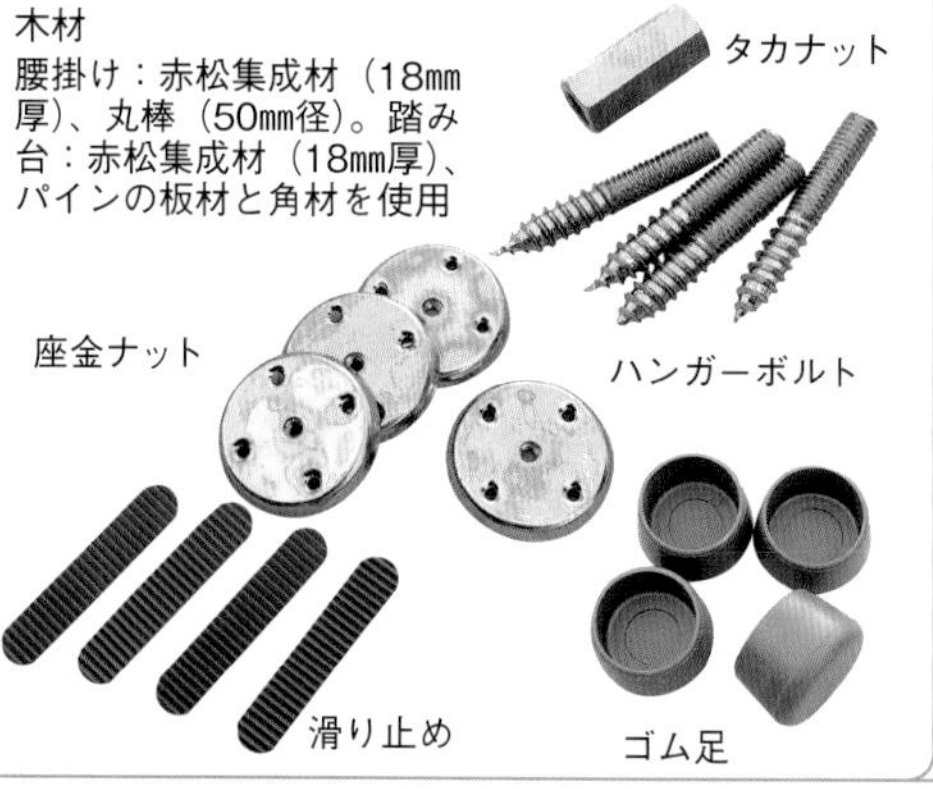

▼DATA

コスト……………………

手間……………………

技術……………………

腰掛けを作る

01 座面の角を丸くする

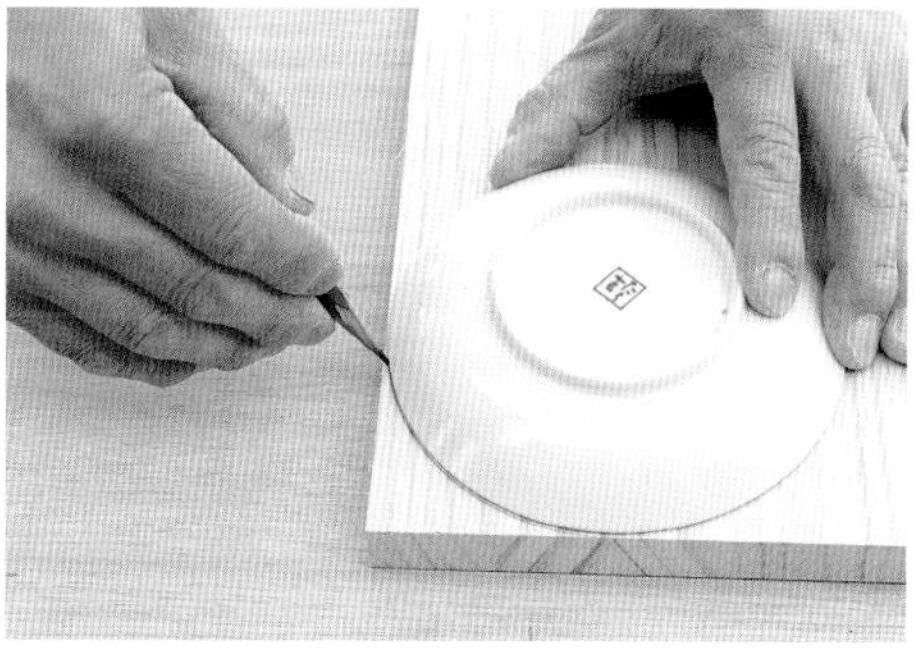

座り心地を良くするため、座る板の角にアールをつける。適当な皿を置き、線を引く

02 ジグソーでカット

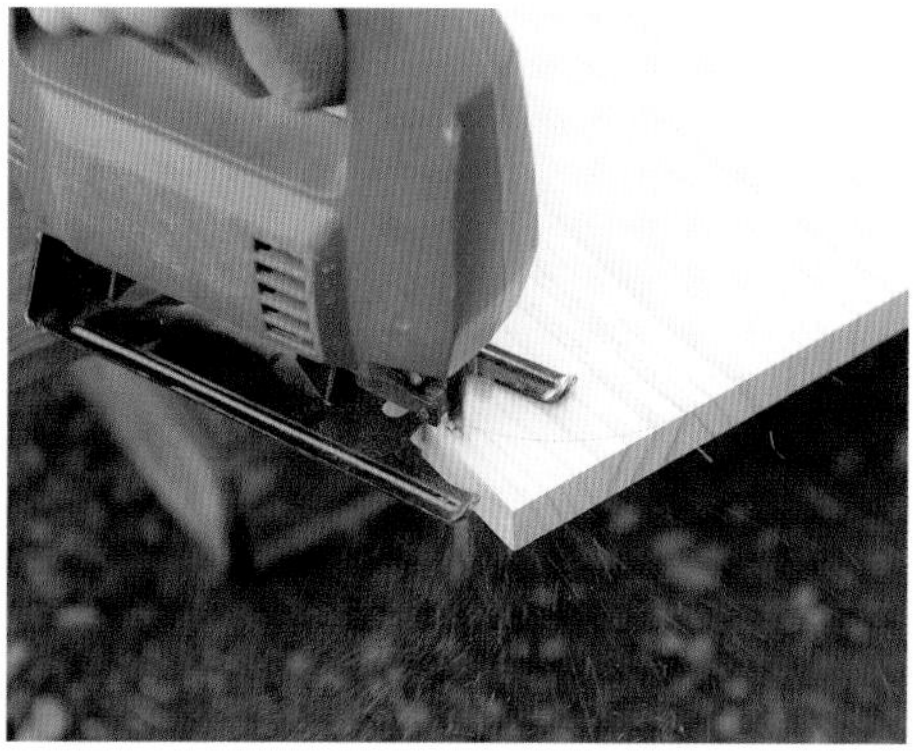

①の線にそってジグソーでカットする。腰掛け前面の角2カ所にアールをつけることにした

03 カンナでアールを仕上げ

切り残しをカンナで削っていき、線の通りのきれいなアールに仕上げる

04 カンナで面取り

全ての角にカンナをかけて、面取りをしておくこと。座ったときの感触を良くするためだ

05 サンドペーパーで磨く

サンドペーパー（240番）で座面、木端・木口を磨く。板の裏面以外はすべて磨くことにした

06 座金ナットをネジ止め

板の裏側4隅に座金ナットをドライバーでネジ止めする。ここが脚の取り付け場所になる

07 丸棒を切って脚を作る

丸棒をノコギリで切り、脚を4本作る。切断面が傾かないように慎重にノコギリを引くこと

タタキ側の長い脚2本と框側にのせる短い脚2本の完成

水平や傾き調整のために実寸よりも長めに切る

水平の調整やガタつきの調整のために、後で脚を詰める必要がある。そのため、脚は多少長めに作っておく

08 ボルト用の下穴をあける

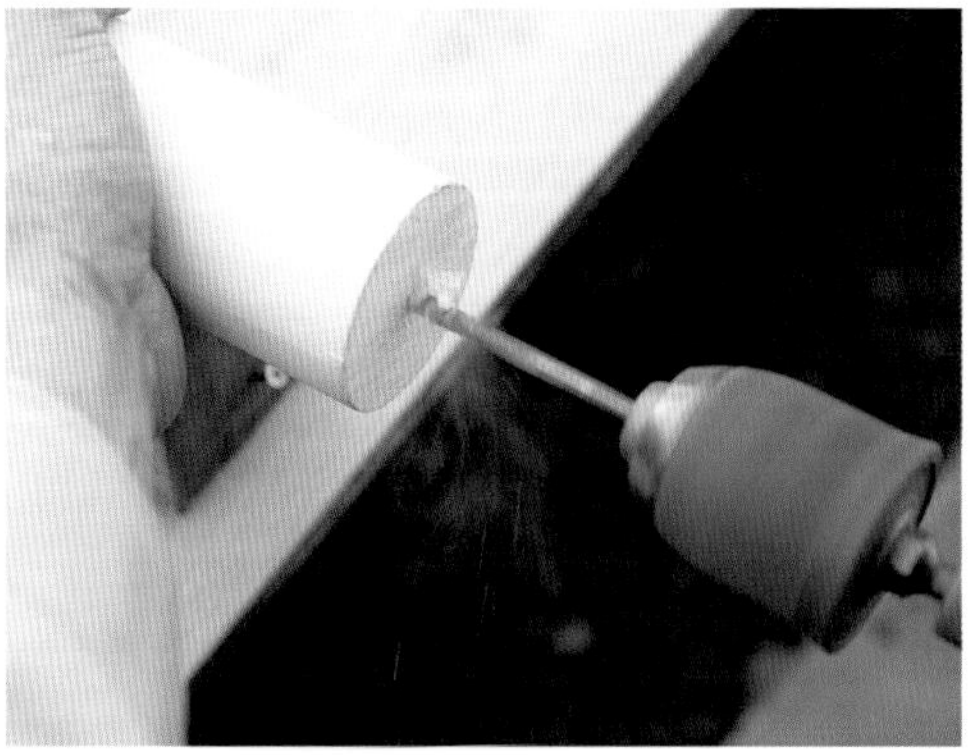

ハンガーボルトを打ち込むための下穴をドリルであける。できるだけ真っ直ぐにあけること

09 ハンガーボルトを打ち込む

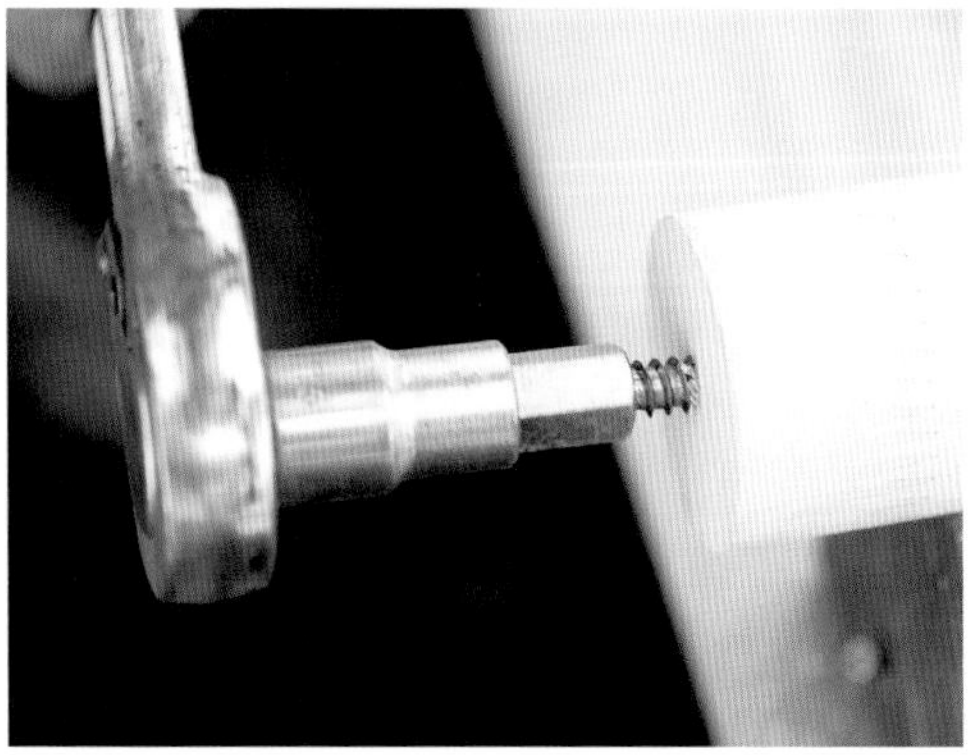

ハンガーボルトの頭にタカナットをはめて、レンチで脚の下穴にねじ込んでいく

10 カナヅチで曲がりを調整

打ち込んだハンガーボルトが傾いていたらタカナットの上から強く叩いて真っ直ぐに調整する

11 脚を取り付ける

タカナットを外し、座金ナットにボルトをねじ込んで4本の脚を取り付ける

Point

丸棒をクランプで固定する

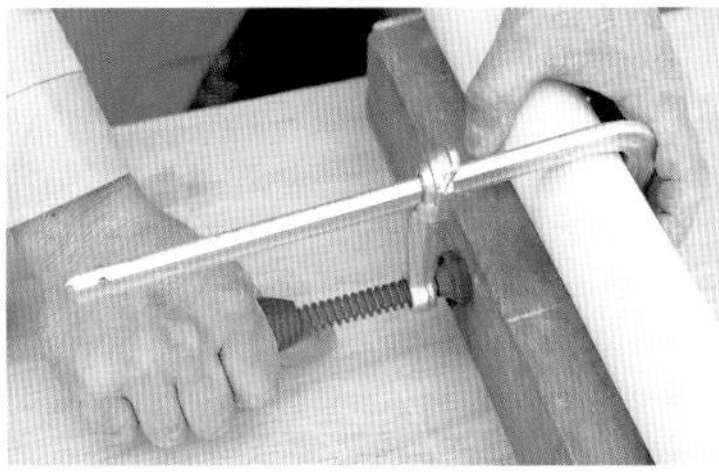

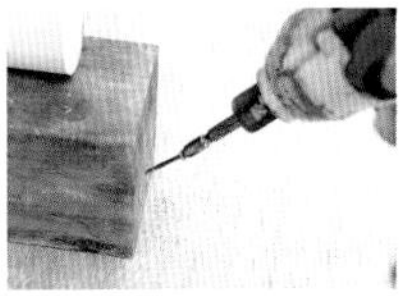

下穴あけの作業を正確に行なうために、作業台に木片を固定し、その上に丸棒をのせてクランプで固定した

12 水準器で水平を調整

水準器と座面の隙間の値だけ逆側の脚をカットして水平にする。縦・横の両方向で水平を調整

13 ゴム足をはめ込む

滑り止めのためにゴム足を脚先にはめる。厚紙などをはさみ込めば、ガタつきの微調整も可能

14 腰掛けの完成

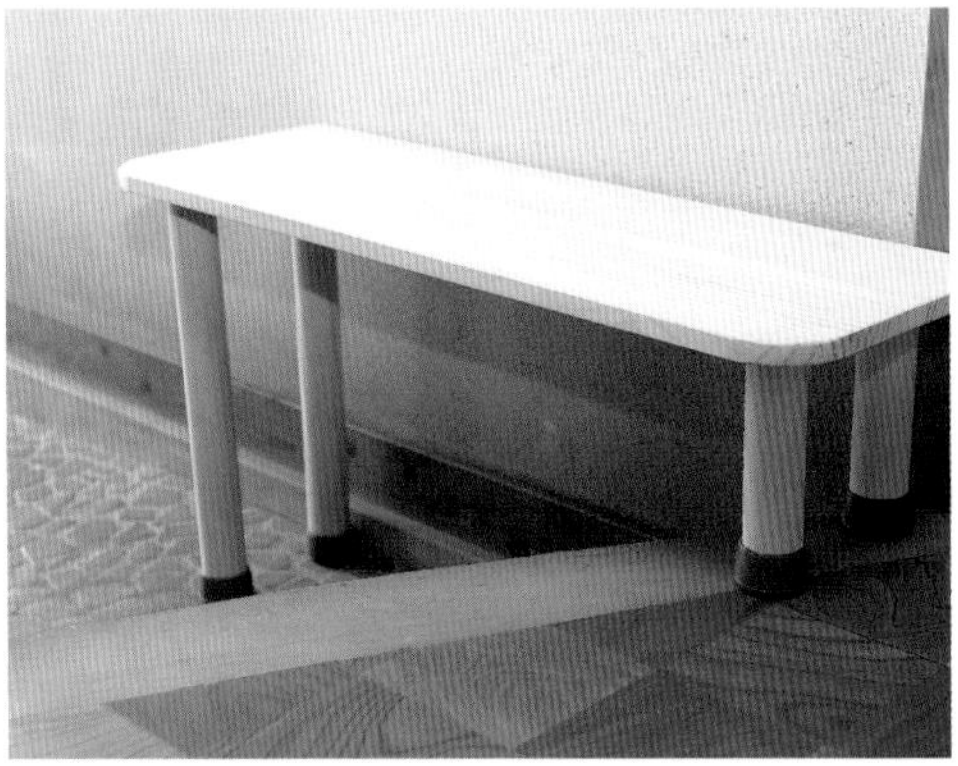

設置して座り心地を確認。座面が高いようなら脚を同寸法ずつ詰めて微調整すること

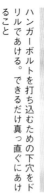

踏み台を作る

01 材料を加工する

天板はP159の①〜⑤と同様。脚になる板と脚の補強用角材を切りそろえ、面取りする

02 角材に接着剤を塗る

脚になる板に補強用の角材を取り付ける。木工用接着材を角材の一面に塗っておく

03 木ネジで角材を固定

脚になる板に手順②の角材を写真のように合わせて木ネジで固定する（2カ所）

04 天板に脚を固定する

木ネジを天板側から打ち込み脚を固定（3カ所）。木ネジの頭を約5㎜板にめり込ませる

05 水平を確認

水準器を使って水平を確認する。縦・横の両方向ともチェックすること

06 水平・ガタつきを調整

傾きやガタつきがなくなるまで、カンナで脚を削って調整を繰り返す

07 ゴム製の滑り止めを貼る

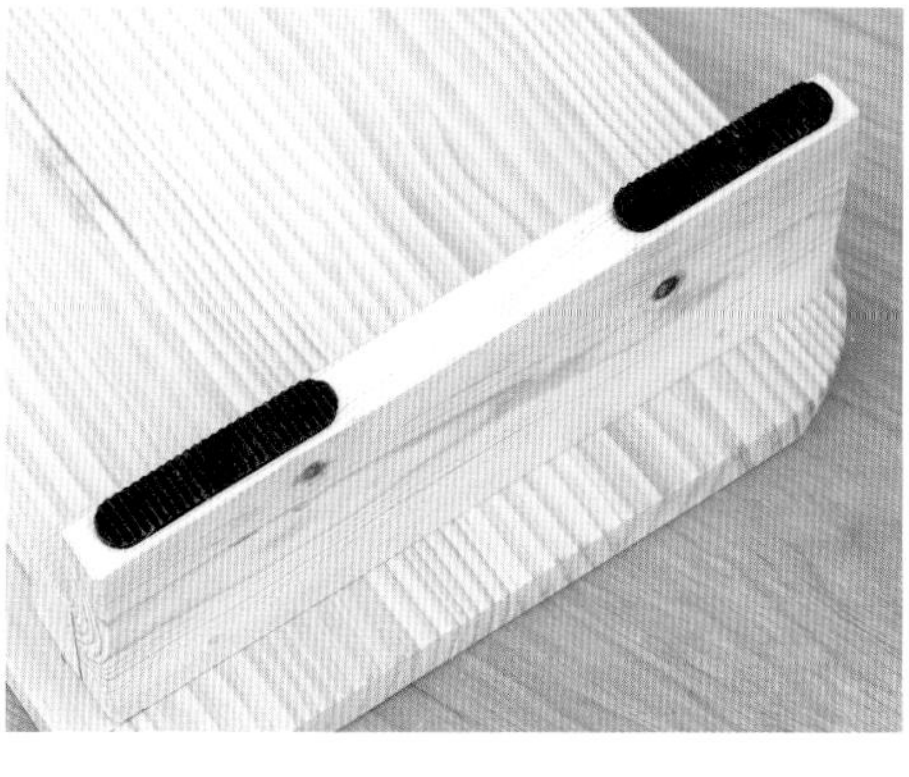

最後に脚の底に市販の滑り止め（ゴム製）を貼り付け、踏み台の完成

Point

木工用パテでネジ穴をかくす

01 ネジ穴にパテを置く

工程④でできた深さ5㎜ほどのネジ穴を埋めるために、木工用パテを必要量置く。木材の色に近い色のパテを使用すると良い

02 ヘラでパテをならす

①の木工用パテを、ヘラを使ってしごくようにしてネジ穴に詰め込む。余分なパテは取り除き、板に付着したパテは塗れた布で拭き取っておく

03 ペーパーで仕上げ

パテが乾いたら、サンドペーパーで磨いて仕上げる。ネジ穴がきれいに隠れ、見栄えの良い腰掛けが完成した

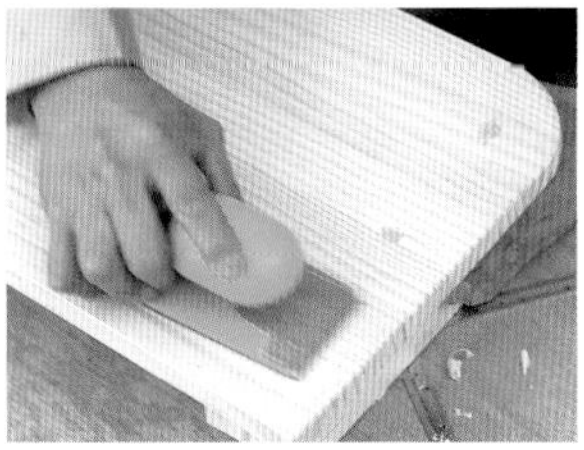

Column

いざというとき役に立つ!

常備したい道具・工具

リフォーム施工やメンテナンス作業で役に立つ道具と工具。ここでは、家庭に常備しておきたい道具・工具をご紹介します。いざ！という場面で使えるよう、ぜひ揃えておきましょう。

ツールボックス

道工具がセットになったツールボックスを用意してもよい。ぴったり収納できるので、使いやすく整理しやすい

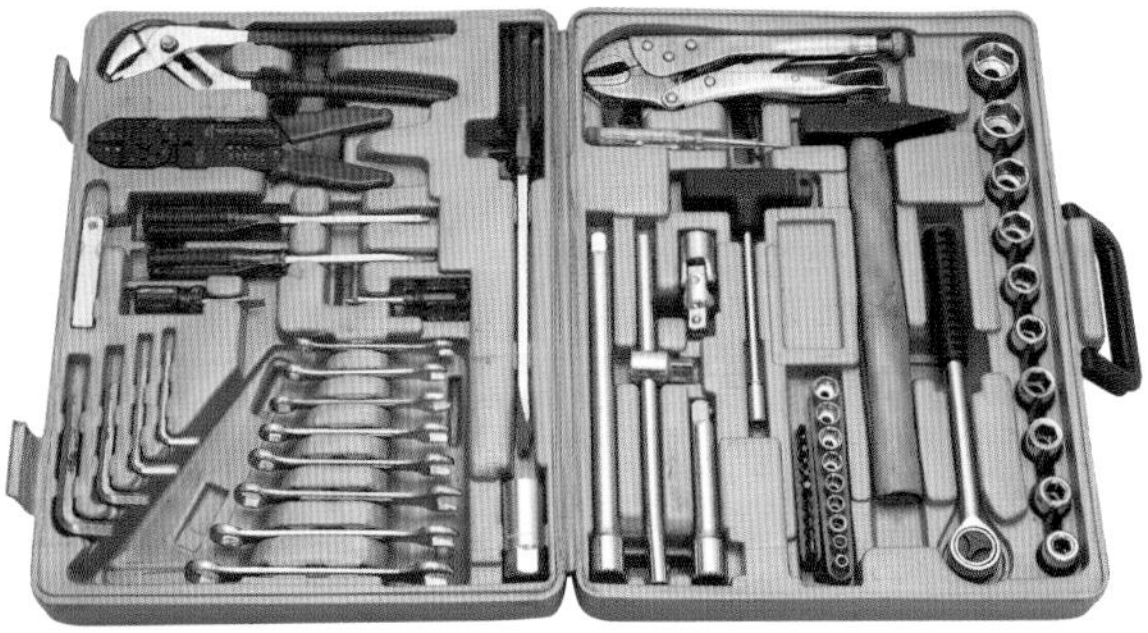

ノコギリ

板などを切断するために使う。両刃と片刃、折り畳み式替え刃式などがある。家庭で使いやすいのは、替え刃式の片刃ノコ

ドライバー

木ネジやビスを締めたりゆるめたりする必須アイテム。プラスとマイナス、大小２本くらいずつ揃えておくとよい

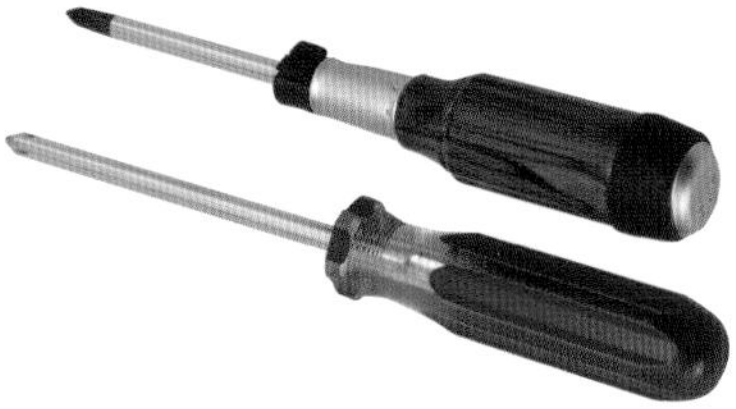

釘・ネジセット

釘とネジを小分けにして売られているセット。箱になっているものだと整理しやすく使い勝手もよい

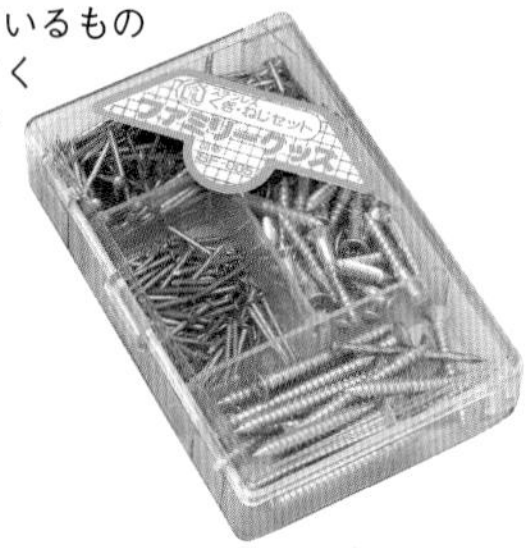

やや大がかりな作業をするのであれば、これらのほかに電動工具（192ページ参照）や長さを測るメジャー、モノを固定するクランプなども揃えておくと便利

キリ

穴を開ける道具。クギや木ネジを使う際には、下穴をあけておくと作業がスムーズ。種類がいくつかあるが、三ツ目キリか四ツ目キリが一般的

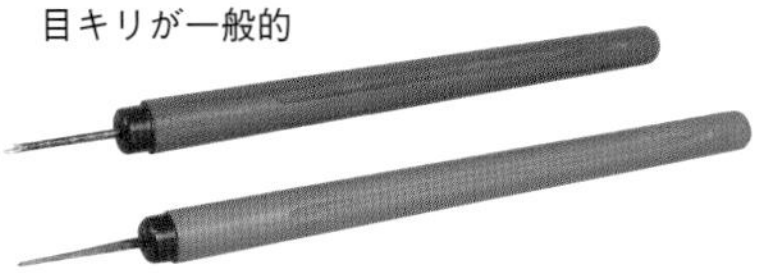

スパナ・レンチ

ナットを締めたりゆるめるのに使う。口があいてるものがスパナ、かぶせて使うのがレンチ。写真は片目片口スパナ

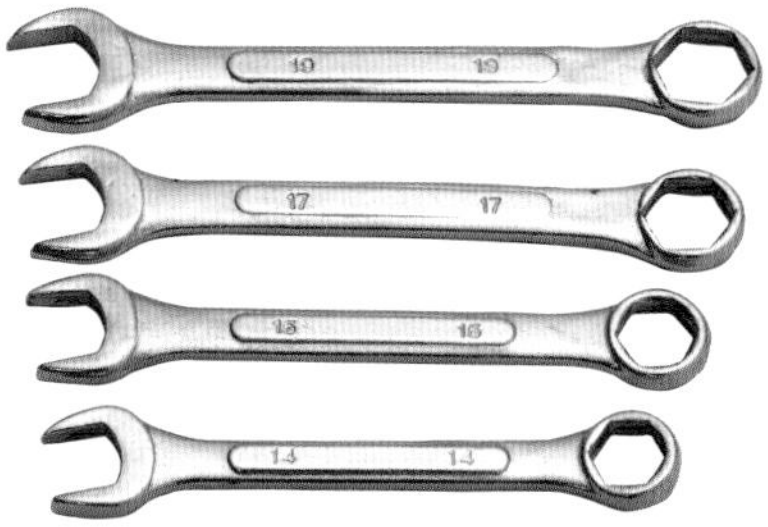

モンキーレンチ

ボルトやナットを締めたり、ゆるめたりするときに使う。口のひらきをボルトやナットのサイズに合わせて使用する

コンビネーションプライヤー

モノをつかんだり、針金を切ることができる用途の広い道具。つかむもののサイズに合わせて口の開きをかえて使う

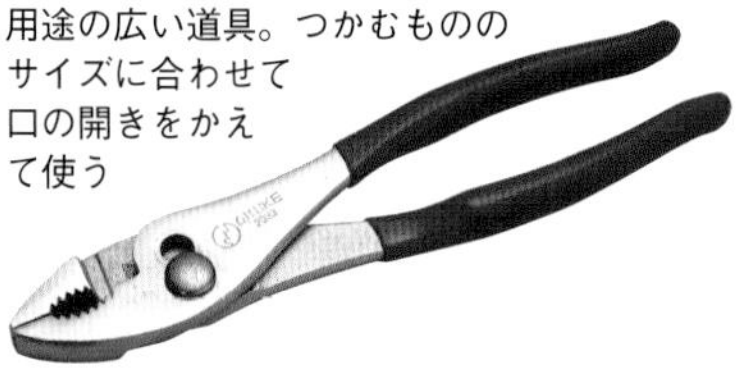

ラジオペンチ

細かいものをつかんだり、針金を曲げたりすることができる、先端の細くなったペンチ。口の奥では針金を切ることができる

ニッパー

道工具がセットになったツールボックスを用意してもよい。ぴったり収納できるので、使いやすく整理しやすい

カナヅチ

釘を打つ、抜く、モノをたたくときに使う。両口ゲンノウなどもあるが、揃えるなら釘抜きが後ろについたものが便利

Part 8

収納のためのリフォーム

ムダなスペースを有効利用して、収納力アップを目指します。
好みの場所に自分サイズの収納が作れるのも、
DIYならではの利点だといえるでしょう。

◇◇

◎自作クローゼットで収納不足を解決
◎すき間収納ワゴンを作る
◎オープン棚を作る
◎飾り棚を作る
◎つっぱり棚の取り付け
◎押し入れの結露を防ぐ
◎すのこで棚に扉を作る

01 自作クローゼットで収納不足を解消！

クローゼットの枠作りには2×4材を使用しました。これは経済性、加工のしやすさ、強度などを考えての選択。

実際の製作で苦労したのは寸法合わせ。天井と床までの距離がそれぞれの場所によって数ミリずつ違っていたので、枠の柱の高さを一本ずつそれに合わせました。

家には多少のゆがみがあるもの。こまめに寸法を取って、細かく合わせていくことで完成度の高いものができます。わが家にも作りつけの収納や棚をと考える人は、まずそのことを覚えておいてください。なお、棚の位置は入れる物をあらかじめ想定してから決めることが鉄則です。

▼道　具

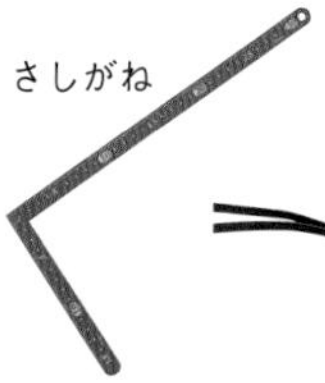
さしがね

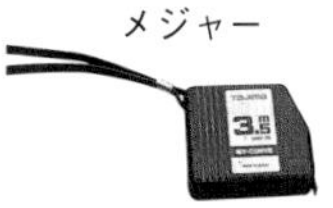
メジャー

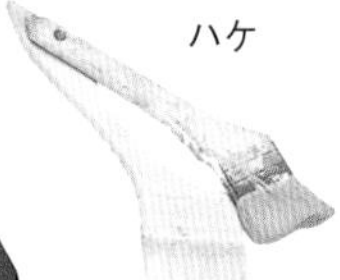
ハケ

丸ノコ

インパクトドライバー

▼材　料

オイルステン

木ネジ

木材

ニス

バイフォールドア

▼DATA

コスト……………………

手間……………………

技術……………………

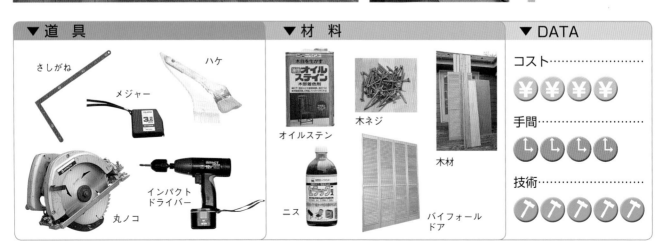

01 まわり縁と巾木を外す

クローゼットを取り付ける場所のまわり縁と巾木を外す。壁の床際と天井際がむき出しとなる

02 天井までの寸法を測る

枠の柱を立てる場所の床から天井までの寸法を出す。どんな家でも多少のゆがみはあるもの

03 寸法通りに印をつける

②で測った寸法通りに材に印をつける。印は鉛筆でつけるのが基本

04 丸ノコでカットする

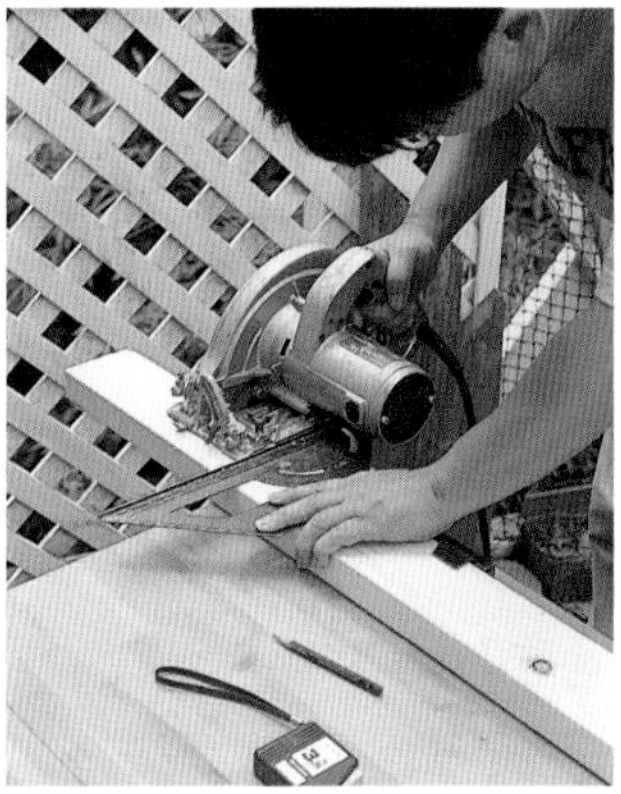

印に合わせて丸ノコでカットする。厚い材を切るにはこれが一番。しかし、注意を要する工具でもあるので、初心者は練習をして、慣れてから使うこと

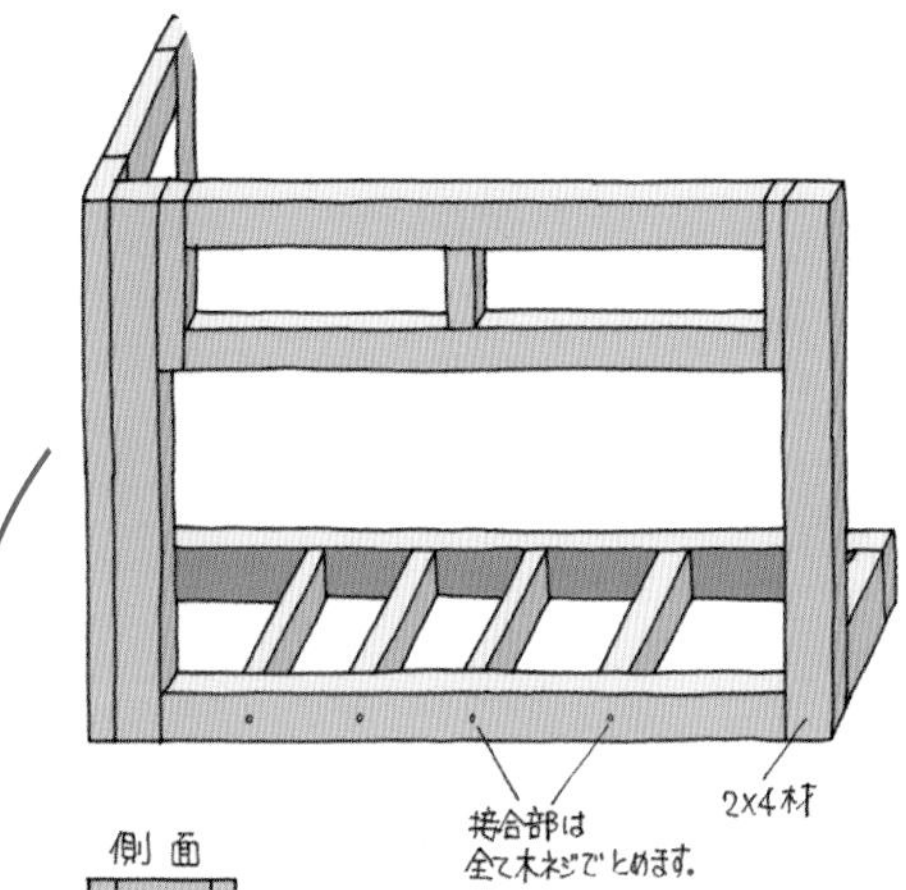

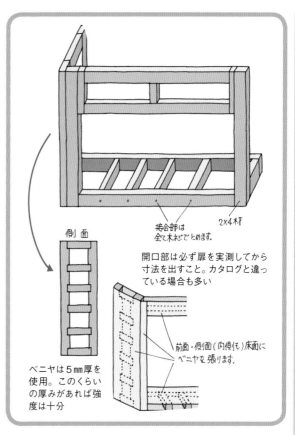

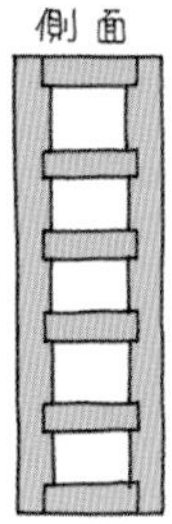

開口部は必ず扉を実測してから寸法を出すこと。カタログと違っている場合も多い

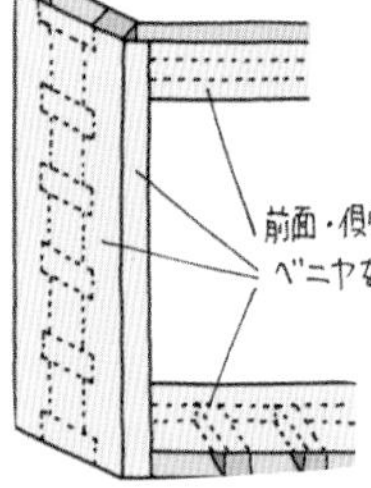
前面・側面(内側も)床面にベニヤを張ります。

ベニヤは5㎜厚を使用。このくらいの厚みがあれば強度は十分

05 材料に切り込みを入れる

枠材の接合部となる場所に切り込みを入れる。まずは丸ノコを入れ、ケビキで切り落とし線を引く。ケビキはノミやノコギリでの作業をしやすくするために、あたりをつける道具。ベニヤなどの薄い板なら切断もできる

ノミは慎重に入れる

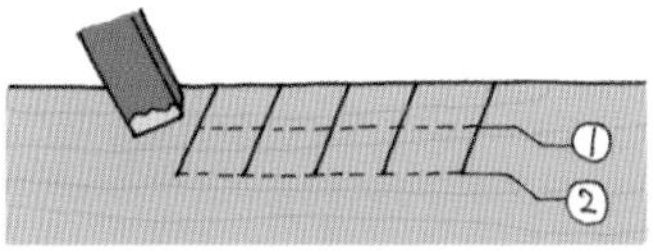

ノミは①→②の順に入れ、少しずつ、慎重に落としていく。いきなり②の深い位置にノミを入れると材が割れてしまうことがある

切り落とし線にノミを当てて、たたき落とす。このとき、ノミに対してカナヅチを垂直に振りおろすことが大切

06 木ネジで枠材同士を固定

ハタガネを使って枠材同士を固定し、インパクトドライバーを使って木ネジを締めていく

07 天井と床に側面を固定

完成した枠の側面を天井と床に直接、木ネジどめする。床・天井面に対して斜めにとめたことで木ネジが効き、枠はしっかり固定された

08 反対側もしっかり固定

枠の右側の柱を固定する。こちらも天井と床、そして壁面に木ネジどめする

09 床部分に根太を取り付け

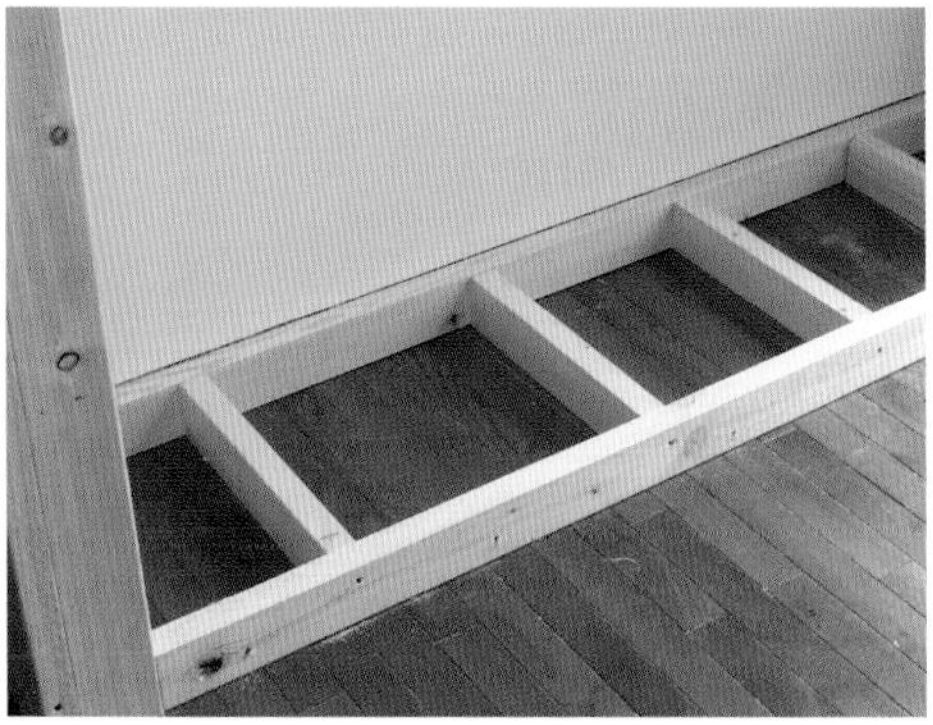

枠の床部分を製作。強度を出すために外枠の内部に根太を6本取り付けた

10 枠の上部を取り付ける

最後に枠の上部を取り付けて、2×4材による枠の骨組みがこれにて完成

11 カットしたベニヤを枠に打ち付ける

木工用ボンドを塗った枠にベニヤを貼り付け、クギを打つ

12 枠に棚を付ける

棚板を取り付ける。左右が水平になっているかをしっかりチェックする

13 クローゼットの枠が完成！

内部の棚も付け終わり、これで枠はすべて完成

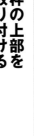

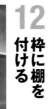

バイフォールドドアを取り付ける

バイフォールドドアとは、クローゼットなどの物入れに使われる折戸のこと。表面がルーバーになっているタイプ（写真）のほか、普通の木製ドアのようなパネルタイプもあります。通気性を重要視するならばルーバータイプがおすすめです。

ドアは無塗装のままで売られているので、自分でオイルステインやニス塗りをする必要があります。取り付け方は幾通りかありますが、枠の開口部にレールを付けて、金具で吊り下げるのが一般的です。

01 表面に紙ヤスリをかける

特にルーバー部などは荒れていることが多い。紙ヤスリをかけて滑らかにしておく

02 オイルステインを塗っていく

ハケにオイルステインをふくませ、枠とルーバーの接合部のような細かい場所から先に塗っていく

03 透明ニスを塗る

つや出しのほか、ヤニ止めや着色剤のにじみ出し防止効果がある。1時間ほど乾燥させてからもう一度、上塗りする

04 扉を取り付ける

開口部にレールを取り付け(写真左上)、扉には専用の吊り金具をセット(写真右上)。枠に扉を当ててみて、微調整しながらはめ込む

05 巾木とまわり縁を取り付ける

取り外してあった巾木とまわり縁を再び取り付ける。隠しクギを使うときれいに仕上がる

02 すき間収納ワゴンを作る

中途半端な幅を有効活用できる便利収納

すき間収納ワゴンはジャストサイズがベスト

キッチンには構造的に狭いすき間ができている場合があります。空間を無駄にするのはもったいない。そんな場合はすき間収納ワゴンを作ってみましょう。

すき間にちょうど入るサイズで細長い棚を作り、底にキャスターを取り付けると、使いやすいすき間収納ワゴンになります。

2cmごとに製品が用意されている市販品もあるので、そういったものを使うこともひとつの方法ですが、高さや奥行きが合わなかったり、収納したいものが入らないことも。材料をホームセンターでカットしてもらえば、組み立てるのはそれほど難しくないので、自分が使いやすいワゴンを作ってみましょう。

▼道 具

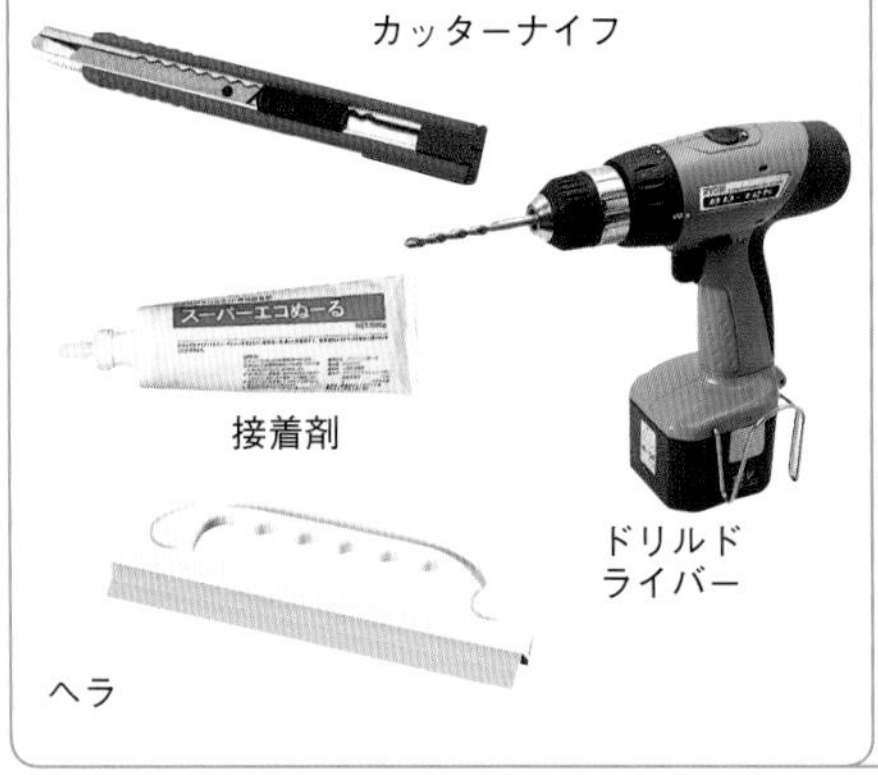

▼材 料

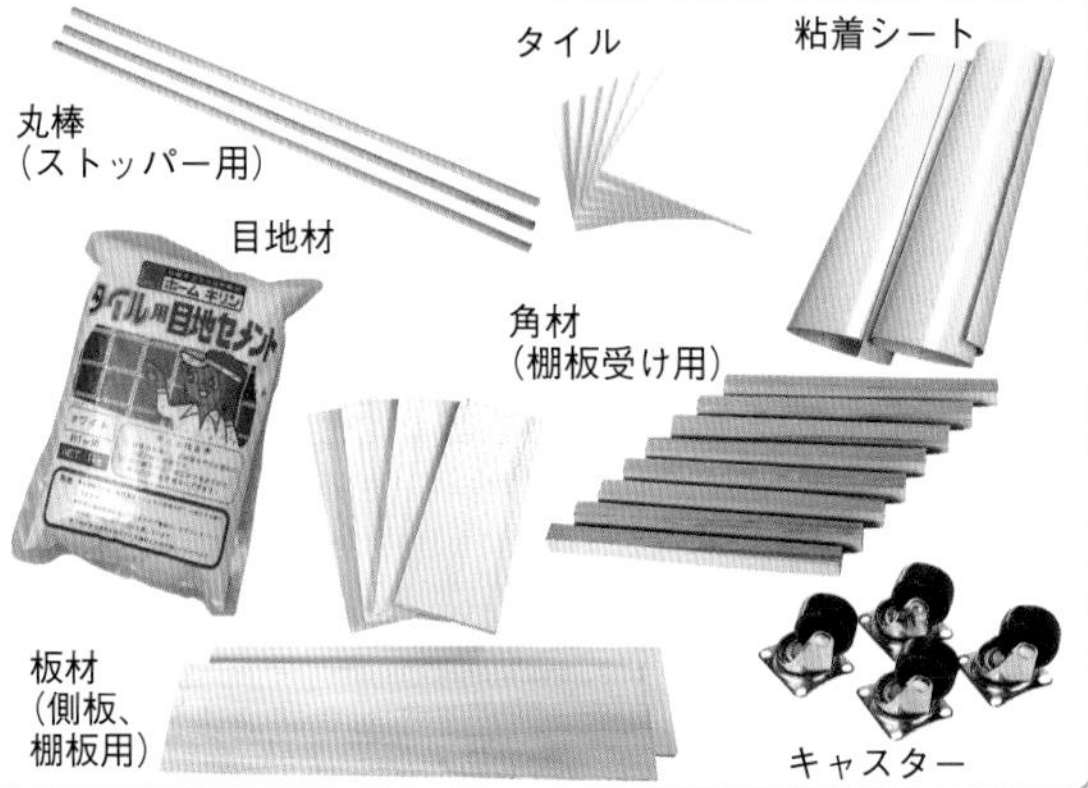

▼DATA

コスト……………………
¥¥

手間……………………
(3)

技術……………………
(4)

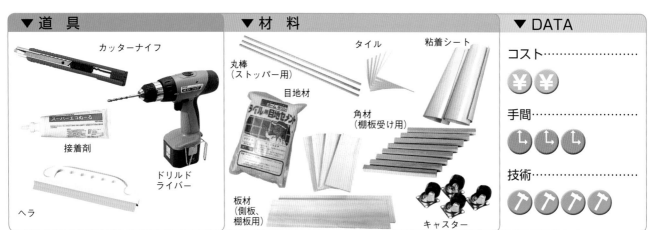

01 サイズ通りに切った板を組み立てる

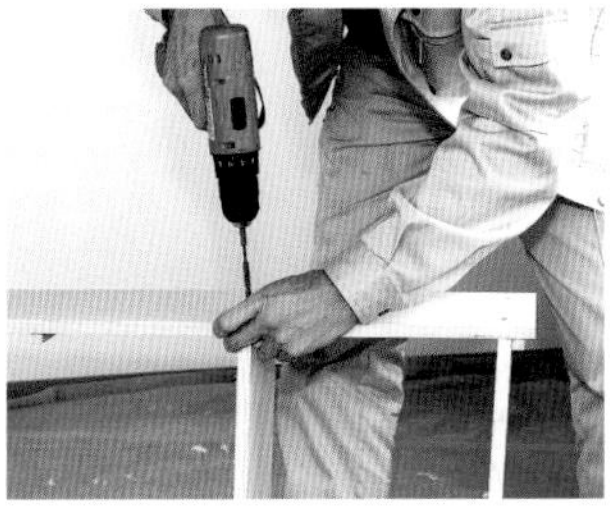

設計図を書き、必要サイズを割りだして、ホームセンターで板をカットしておく。次に下準備。側面になる板には、棚板の受けとなる角材を固定しておく。側面には丸棒を通すための穴をあける

02 棚板の背側に丸棒を取り付ける

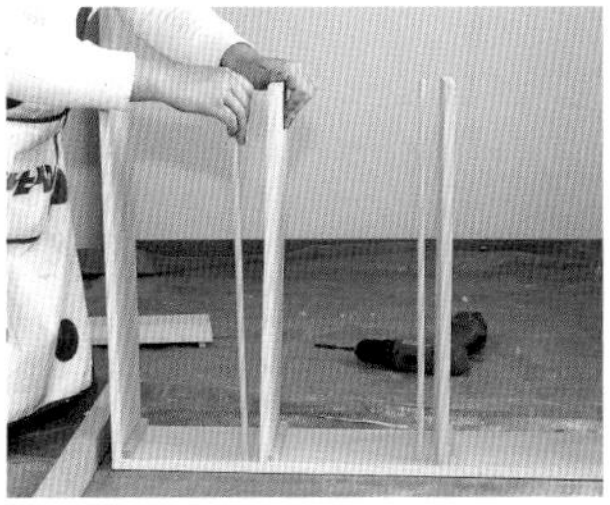

モノが落ちるのを防ぐためのストッパーとして、棚板の上に丸棒を渡す。丸棒は端に接着剤を付け、あけておいた穴に差し込む。棚板は、受けの上にくるよう並べる

03 もうひとつの側板を取り付ける

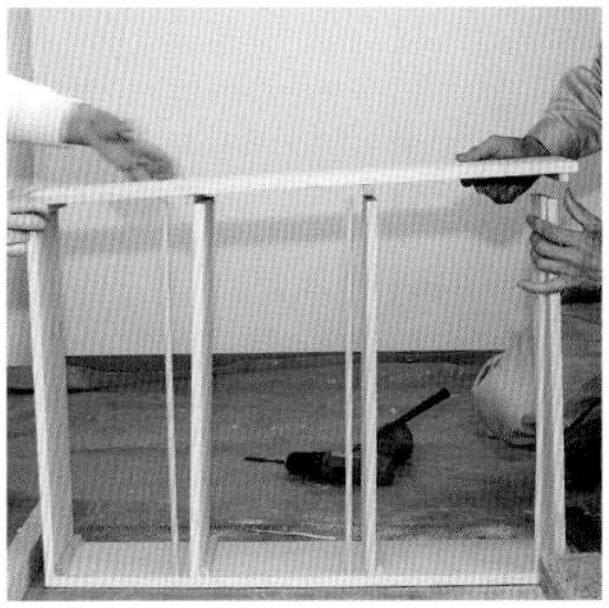

棚板を並べたら、もう1枚の側面になる板を上から置き、丸棒を穴にはめ、ドリルドライバーで棚板を固定する

04 ワゴンの全体像

骨組みのできあがり。全体にゆがみがないかチェックする。幅が細いワゴンは不安定なので、ひどくグラつく場合はL字金具などで補強する

05 表にくる面には粘着シートを貼る

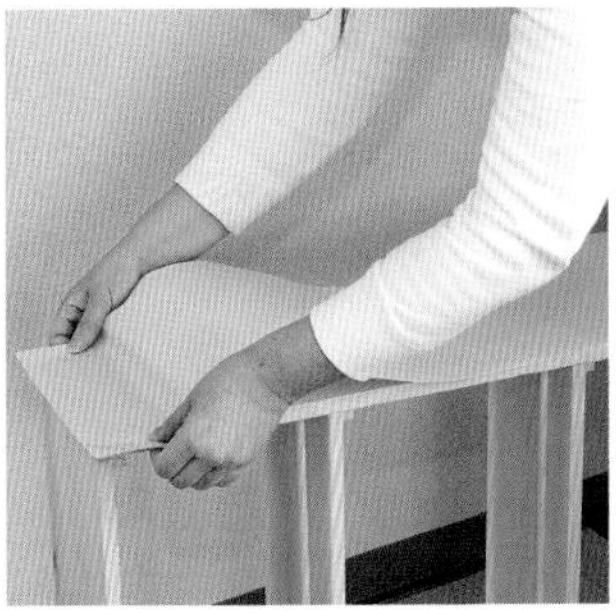

キッチンの表側になる側面に、粘着シートを貼る。キッチンシンクと同じ色にすると、一体感が出るのでオススメ

06 ゆっくりヘラで粘着シートを貼る

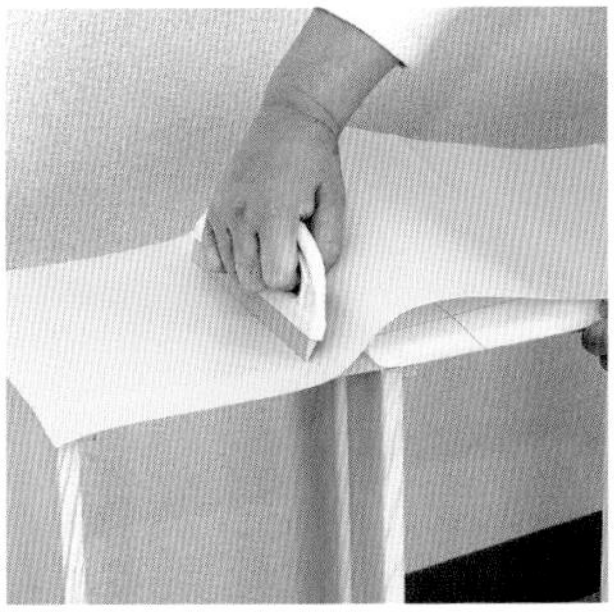

粘着シートの上部を貼り、ゆっくり裏紙をはがしながらヘラで粘着シートを貼りつける。空気が入らないようにする

07 カッターナイフで慎重に切り落とす

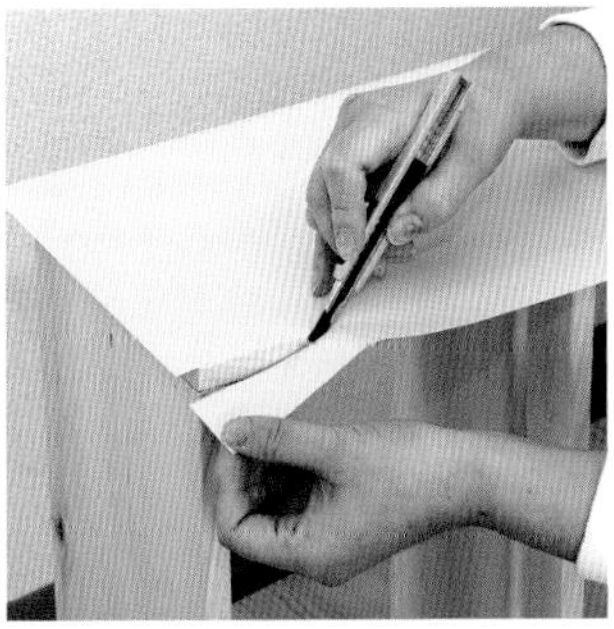

周囲の余った部分をカッターナイフで切り落とす。側面の外側にカッターを沿わせ、直線になるように切る

08 取っ手を付ける

粘着シートを貼った側面の上部に、ワゴンを動かすための取っ手を取り付ける。粘着シートと同じく、できればこれもシンク下の扉の取っ手と同じものを使うと、統一感を出すことができる

09 キャスターを取り付ける

下側になる面にキャスターを取り付ける。キャスターは耐荷重が10kg以上、瓶や缶詰めや米など重いものを乗せる予定であれば20kg以上のものを選ぶ。キャスターは方向回転しない固定タイプでもOK

10 天板にタイルを貼る

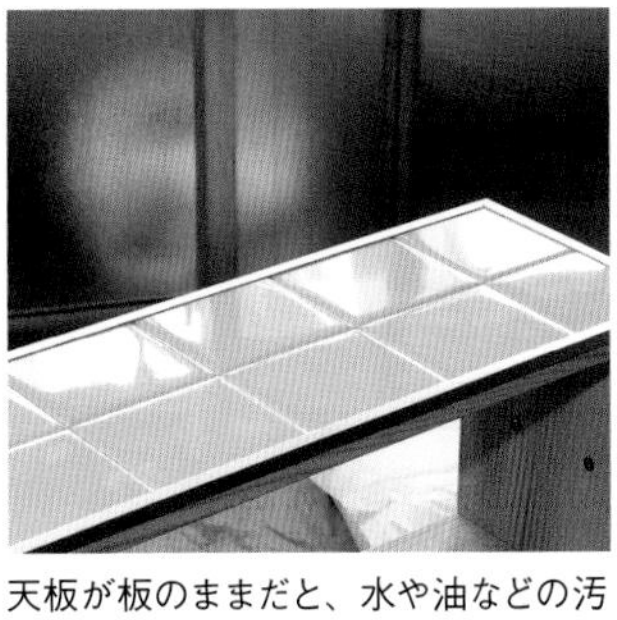

天板が板のままだと、水や油などの汚れがつきやすいので、タイルか金属でカバーしたいもの。ここではタイルを貼り、周囲をL字金具でおさえた

11 完成

キッチンの表側に粘着シートを貼り、取っ手をつけ、隣に並ぶキッチンシンクと統一感が出るようにした。今回は棚間をほぼ均等に取ったが、自分が収納したいもののサイズに合わせて棚位置を決めると、より使いやすいワゴンを作ることができる

Point

側板には棚受けを！

棚の重みを支えるために、先に棚受けとなる角材を取り付けておき、棚受けの上に乗るように、棚板を渡します。

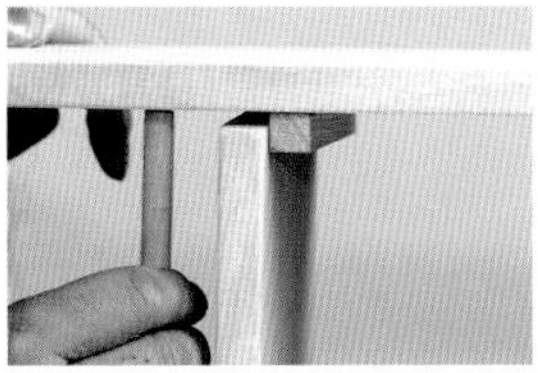

03 オープン棚を作る

キッチンの窓枠に合わせてお手軽な収納棚を作る

基本は枠を作って棚を取り付けること

「棚作り」なんて聞くと、「木工はやったことがないから……」と二の足を踏む人がいますが、簡単なものであればすぐに作れます。今回、作った棚は窓枠にはめ込むタイプでしたが、基本的にはどんな棚も構造は一緒。

まず枠（柱）を作り、内側に棚板を取り付けます。作る際は、まず設計図を起こしてからホームセンターへ。お店の人に強度や構造について相談してから材料を購入します。ノコギリが苦手ならそこで材料カットをしてもらい、家では組み立てと塗装だけにする方が初心者には楽です。

01 寸法に合わせて材料をカット

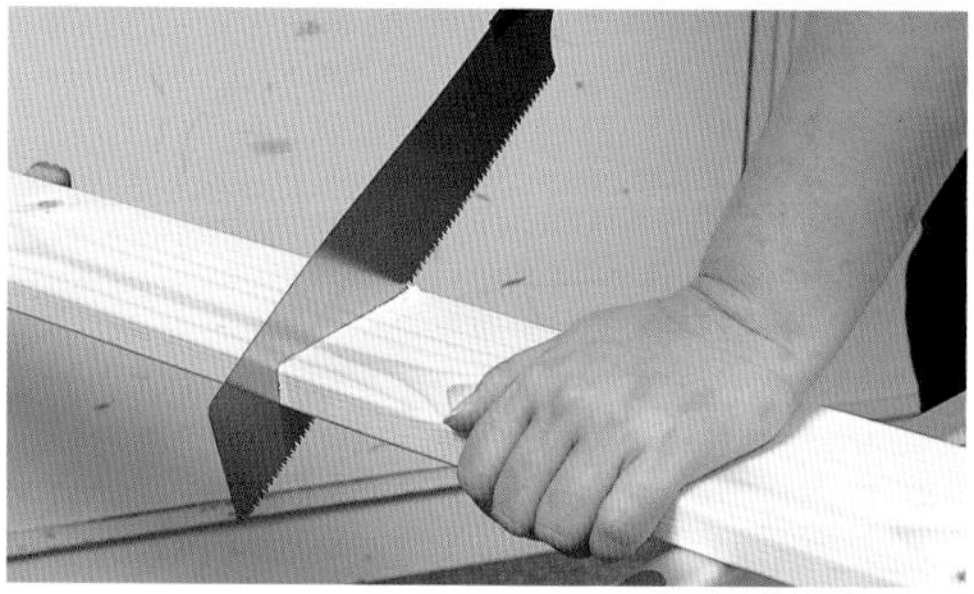

寸法に合わせて木材を切る。今回は1×4材を使用。ノコギリ使いが苦手なら、木材を購入したホームセンター等であらかじめカットしてもらおう

02 棚板受け（桁）を取り付ける

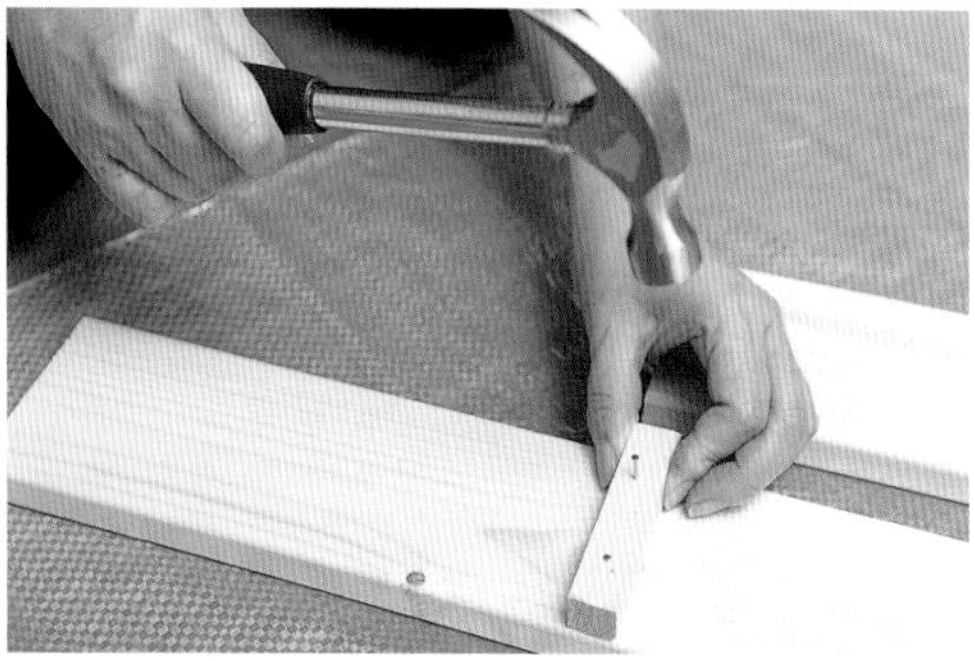

棚板の受け（桁）を木工用ボンドで貼り、さらに釘打ちして取り付ける。釘ではなく、木ネジを使えばさらに強度は増す

Point

釘の長さは厚さの3倍が目安

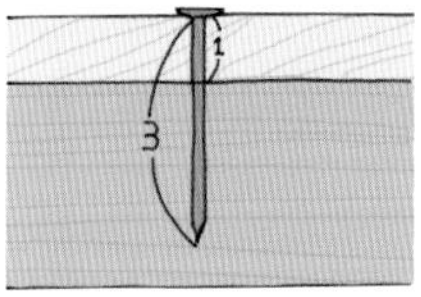

釘の長さは、板材の厚さの3倍を目安にする。これで十分に固定はできるが、木工用ボンドを使えばさらに安心。

▼道　具

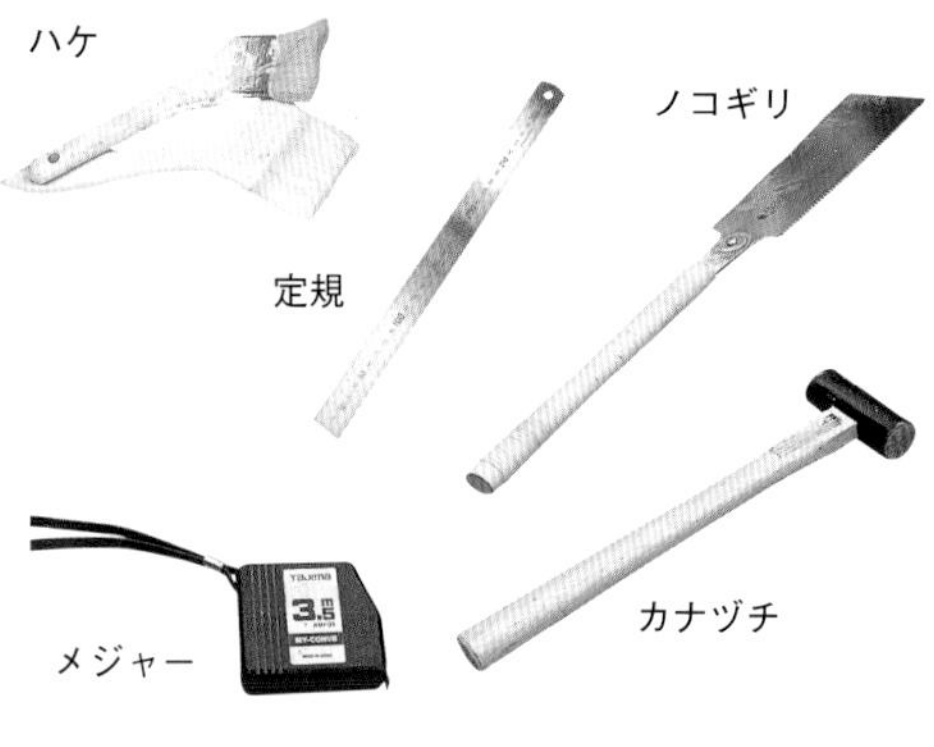

▼材　料

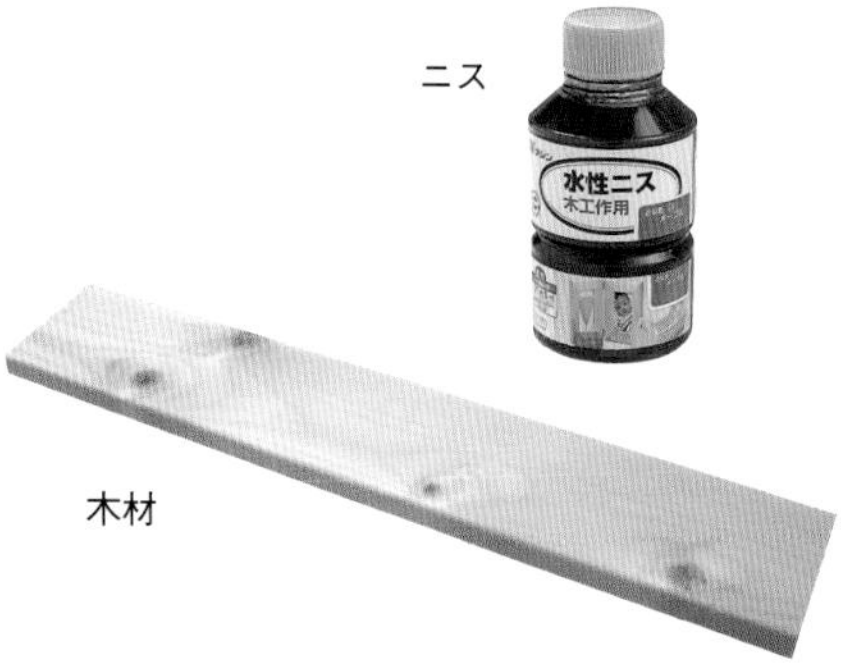

▼DATA

コスト……………………

手間………………………

技術………………………

03 板の表面にニスを塗る

表面にニスを塗る。ニスはつや出しのほか、腐食止めなどにも効果がある。ムラが出ないように均等に塗ることが大切。乾いた後、さらに上塗りして仕上げる

04 窓枠にはめ込んで棚が完成

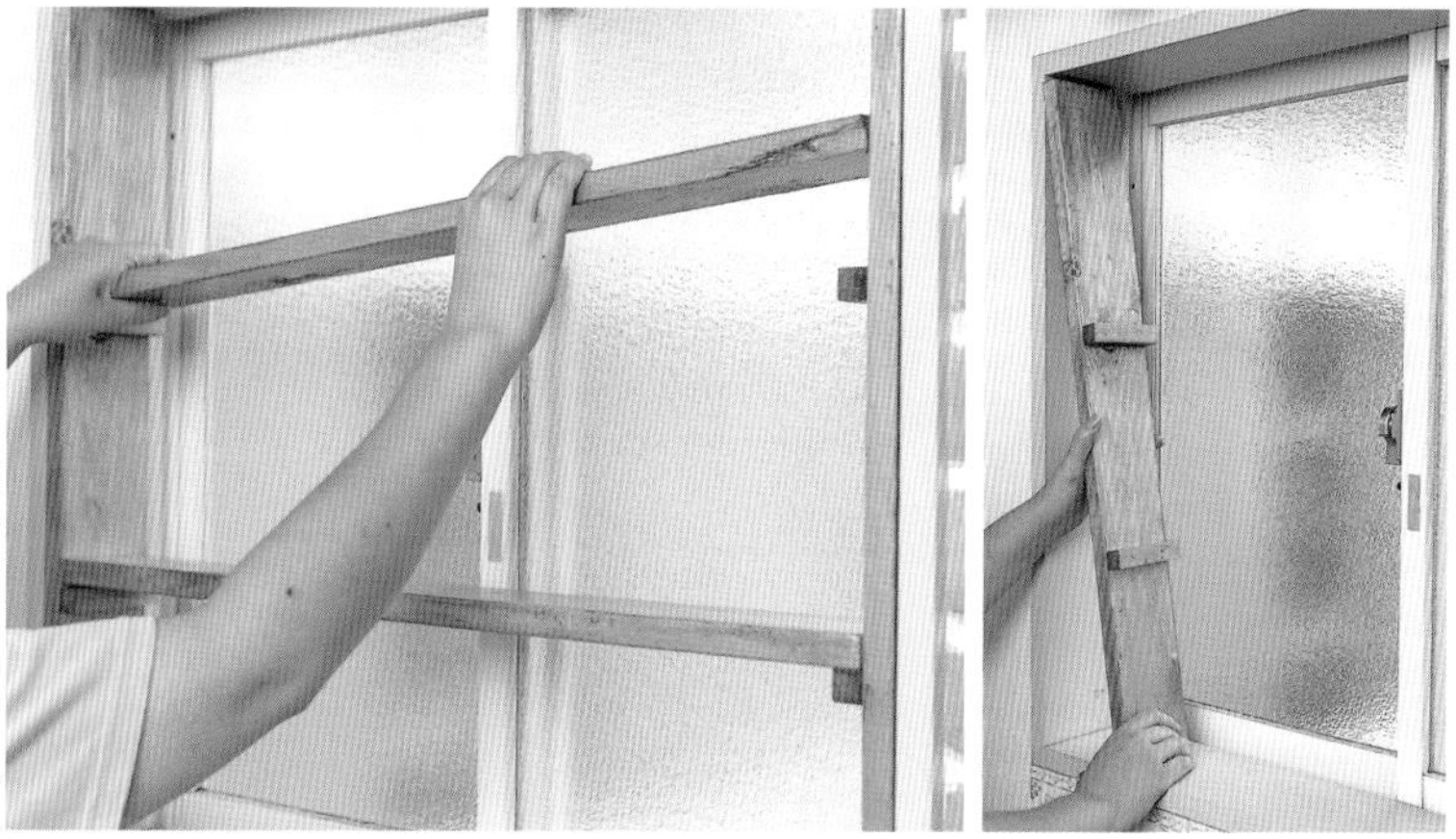

窓枠に柱をはめ込み、棚板を渡して完成。窓枠にぴったりと収まる寸法で作ったので、棚板と枠は木ネジなどで止めなくともしっかり固定されている

知って おこう!

木材の基礎知識

●主な木材とその特徴

種類	特　徴
杉	日本の代表的木材。建築材から家具まで何にでも使える万能材。軟らかく加工がしやすいのも特徴。値段も安い
パイン	米松とも呼び、カントリー家具でおなじみの輸入材。軟らかく加工性も高い。用途は家具、構造材、造作材と広い
松	樹脂（松ヤニ）が多く、耐水性が高い。また、堅くて重いため、構造材として多く使われる。加工はやや難しい
檜《ひのき》	高級木材の代名詞。木肌が美しく香りも良い。耐水・耐久性にも優れる。家具から造作材までのオールラウンド材
ラワン	フィリピンなど南洋からの輸入材。合板（ベニヤ）の材料として多く使われる。安価だが水に弱いのが難点
集成材	板材や角材を貼り合わせて作ったもの。見た目はムク材に近い。幅も広く、しかも反りや割れが少ないのが特長
合板	薄い板を張り合わせたもので、一般にベニヤとも呼ばれる。反り・割れもなく価格も安いため DIY 向きといえる
2×4材	2×4インチを基準規格とした木材。樹種は SPF（スプルース、パイン、ファー）やレッドウッドなどがある

●木材各部の名称

木の中心線に沿って製材され、木目が平行線になっている。割れや反りが少ない

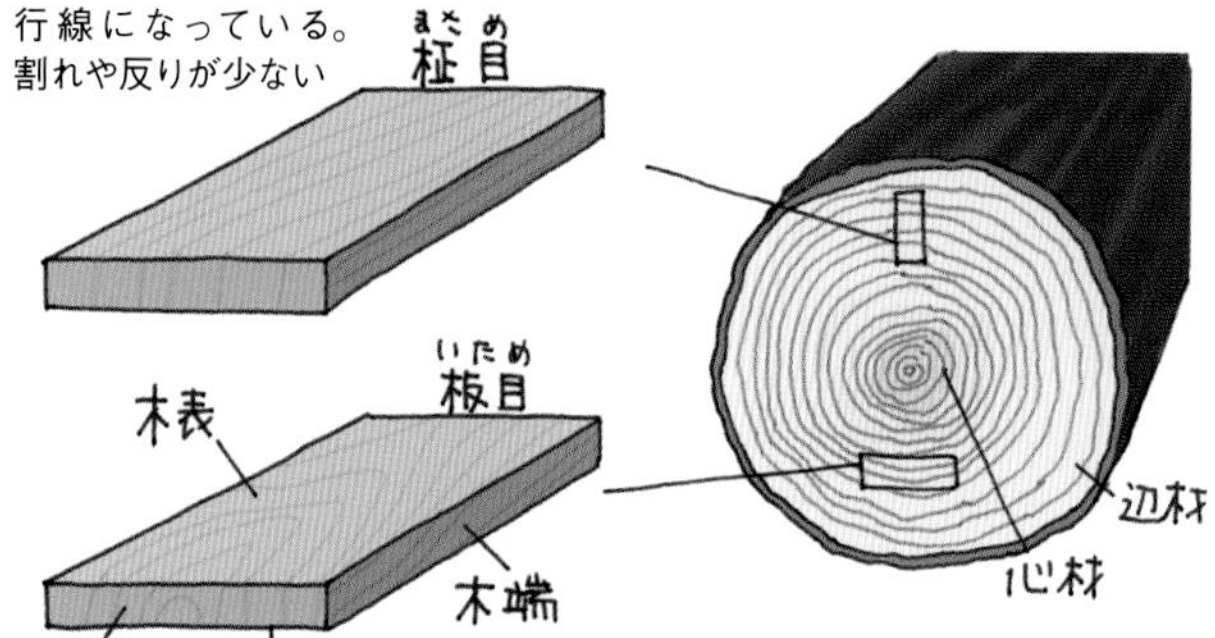

木目が山や波模様となっていて、反りや割れが生じやすい。樹皮に近い方が木表となる

丸太は部分によって材質が変わる。中心部は「心材」と呼ばれ、赤みを帯びている。堅くて変化しにくいのが特長。一方、周辺部は「辺材」と呼び、こちらは白っぽい色。心材に比べて軟らかくて腐りやすい性質を持っている。

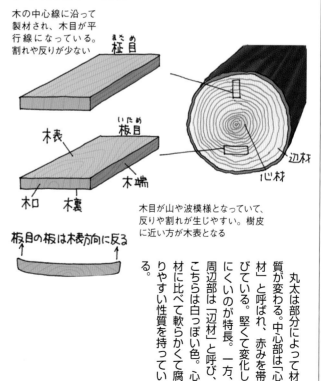

04 飾り棚を作る

ホームセンターを上手に活用して簡単木工

ホームセンターのカットサービスをフル活用しよう

使いやすい収納というのは、しまいやすい場所に適切な大きさのスペースがあること。つまり、何をどこに収納するか把握し、それを補う形で棚を作れば、無駄な空間を生かすことができるのです。

ここで学ぶテクニックは、あらかじめ切った板を組み立てて塗装する簡単木工。設計図を描き、必要な板のサイズと枚数を割りだして、ホームセンターで板を購入した際にカットしてもらいます。

最近のホームセンターでは、直線切りだけでなく、穴開けや曲線や面取りまでしてくれるところもあります。面取りなどはお願いした方が仕上がりがキレイですし、どちらにせよ、初心者がいきなりノコギリを引いたのでは、直線が曲線になってしまう可能性大。できるだけ、ホームセンターで切ってもらうことをおすすめします。

もう一つのポイントがドリルドライバーの利用です。木ネジを締めるなら、これがあると女性でも手軽に打ち込みができて大変便利。クギ打ちでも棚は作れますが、やはり強度の面で心配が……。木ネジできつくとめれば外れる心配はありません。

▼道　具

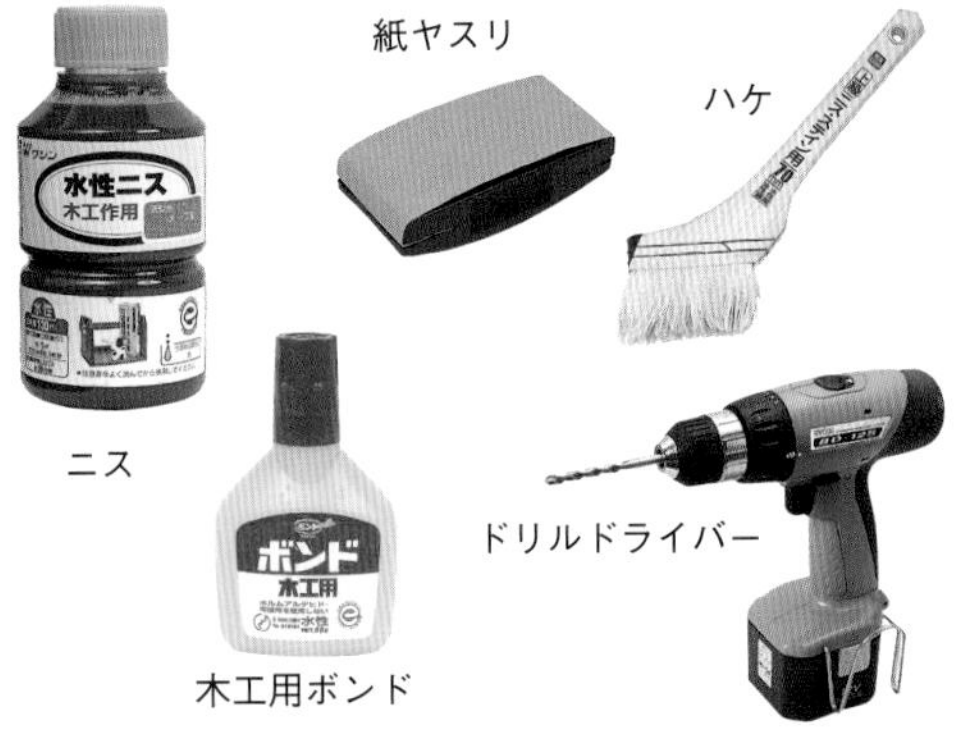

ニス
紙ヤスリ
ハケ
木工用ボンド
ドリルドライバー

▼材　料

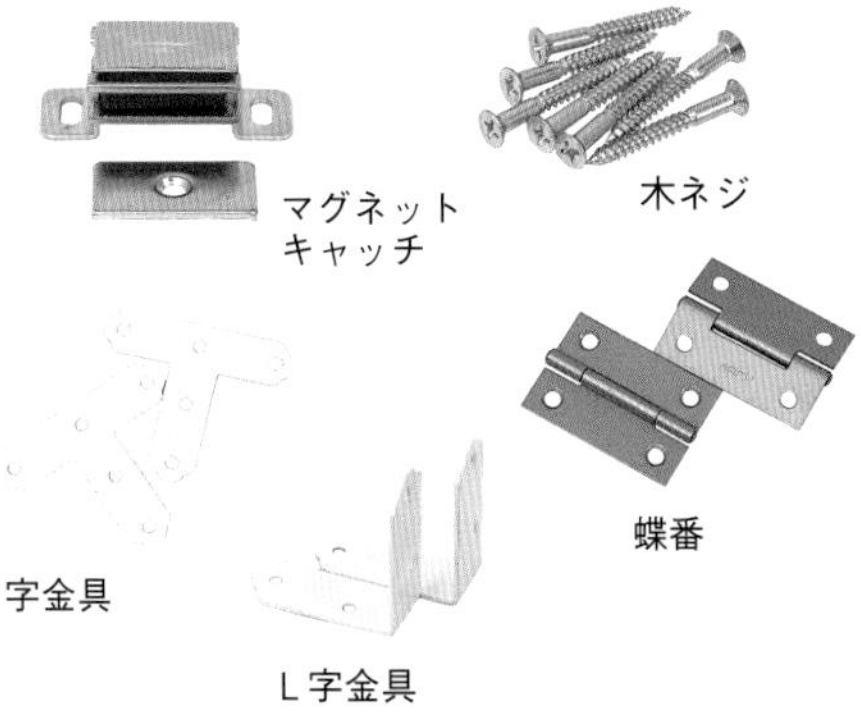

マグネットキャッチ
木ネジ
T字金具
L字金具
蝶番

▼DATA

コスト……………………

手間……………………

技術……………………

下準備をする

01 設計図を作る

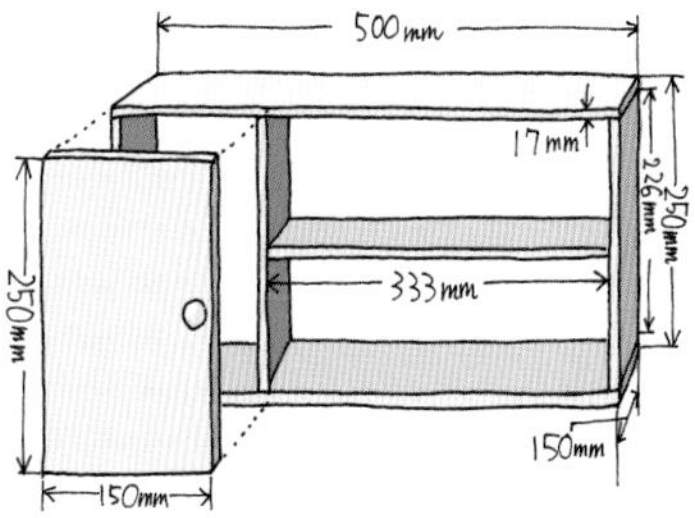

どんな棚を作るか構想を練る。それをもとに、どんなサイズの部材がどのくらい必要か割り出し、ホームセンターへ

02 ホームセンターでカット

ホームセンターで部材を購入し、その場でサイズ通りにカットしてもらう

組み立てる

03 ネジ留めする箇所に下穴

木ネジを打つ位置に、先にドリルで下穴をあける。あけずに木ネジを打ち込むと、ひび割れをおこす原因に

Point 穴の位置ガイドがあるとラク

薄板の角を板と合わせて、よい位置に穴をあけてガイドに

薄板の角を合わせ、位置を決める

ドリルで穴をあける

別の箇所にはこの穴で印付け

04 材料を組み立てる

木工用ボンドをつけ、木ネジでとめる。ドリルドライバーがあると便利。先に枠を組み立て、T字にとめた中板をはめてとめる

組み立て完了。失敗した穴があってもご愛嬌!?

05 紙ヤスリでやすりがけ

目の細かい紙ヤスリで、全体をヤスリがけ。表面をなめらかに整える

06 ニスを塗る

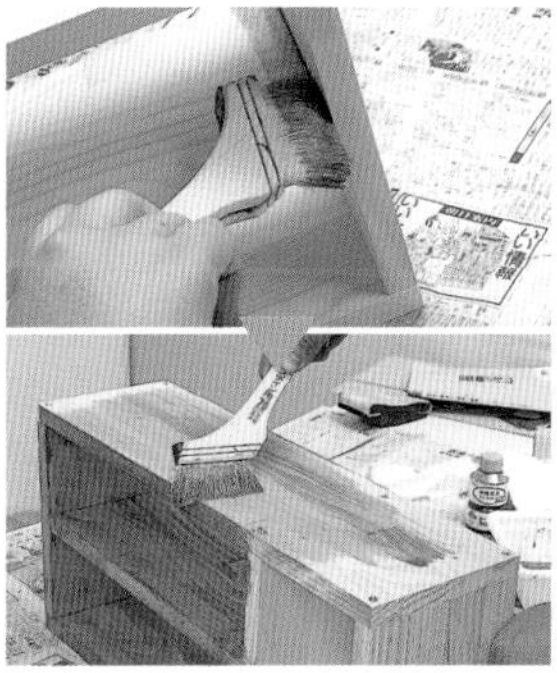

明るい色のニスで表面を塗る。塗りにくい内側の端から塗り始めるのが基本。乾いてから2度塗りして仕上げる

07 扉を付ける

蝶番で扉を付け、マグネットキャッチも取り付ける。花柄のつまみを扉に取り付けたらカントリー調のかわいい雰囲気に

08 完成

T字、L字金具を取り付けたら、完成。L字は下から、T字は上から支える

さらにカンタンな棚作り ①

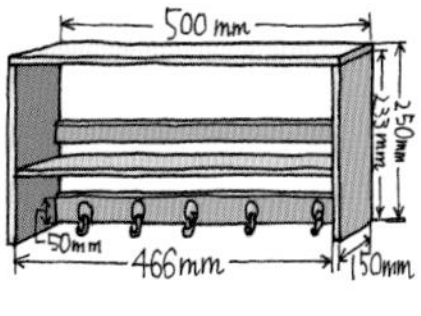

上記と組立て方が一緒で、塗装を変えて違う雰囲気を醸し出しているのがこちら。扉を付けないので、組立はシンプル。違うのは、濃い色のニスを塗り、物掛けフックを付けたこと。ニスの色とパーツでガラリと雰囲気チェンジ

こげ茶のニス。木目が浮きあがる

色を合わせたフックを取り付ける

完成。今度は和風の仕上り

さらにカンタンな棚作り ②

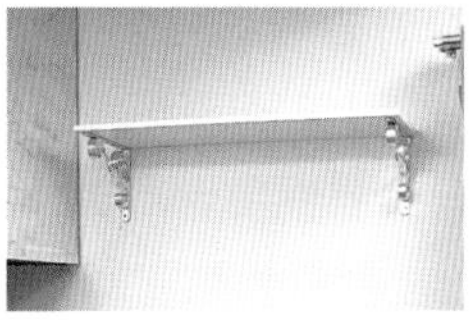

最も簡単な棚作りの方法は、L字棚受けとカラーボードを使用して、取り付ける方法。ドライバーがあれば、誰でも取り付けでき、失敗知らず。その上、見た目も素敵。しかも安価にできる

05 つっぱり棚の取り付け

工夫次第で空いたスペースを有効活用

取り付け簡単。収納好きのつよ〜い味方

最近では収納の定番となった感のあるつっぱり棚。難しい道具も使わず、少ない予算と時間であっという間に収納スペースが作れる素晴らしいアイテムです。

そんなお馴染みのつっぱり棚ですが、どのメーカーの製品も取り付け方はほとんど一緒。ほぼ左にあげた実例の通りで、工具類も必要なく、子どもからお年寄りまで誰でも簡単に取り付けられるのが魅力です。

さらにそのバリエーションの多さにも注目！　キッチンまわりやサニタリー関係などでは、サビにくく、清潔感のあるステンレスを素材としたものも出ています。

その反面、種類・サイズが多すぎて、いざ購入しようとするとどれを買えばいいのか悩んでしまうこともしばしば。売り場に出かけるときは取り付けたい場所のサイズを測ってから出かけることが鉄則。どんな大きさのものをのせたいのか、のせたい物の重量はどうかなど、具体的なイメージをもって購入するのがポイントです。

01 下準備をする

取り付けたい場所の幅と奥行きを測ってからつっぱり棚を購入する。その際、最大耐荷重も確認しておく。また、取り付け場所の状態も重要で、下地やコンクリートなどの堅い場所に取り付けるのが理想的だ

02 つっぱり棚の長さを合わせる

測った長さより少し短く棚の足を伸ばし壁に合わせる

03 棚をしっかりと固定する

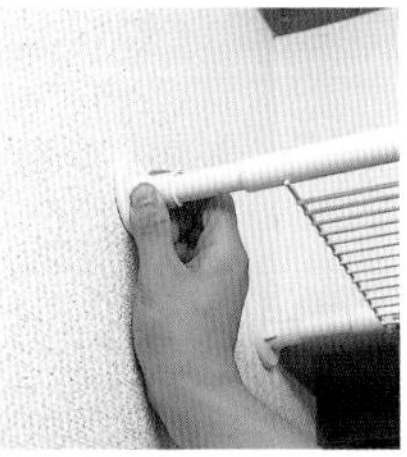

棚の両端を壁に付くまで伸ばし、さらに棚の足を伸ばして壁に固定。水平を確認しながら均等につっぱる

04 調整アジャスターで完全に固定する

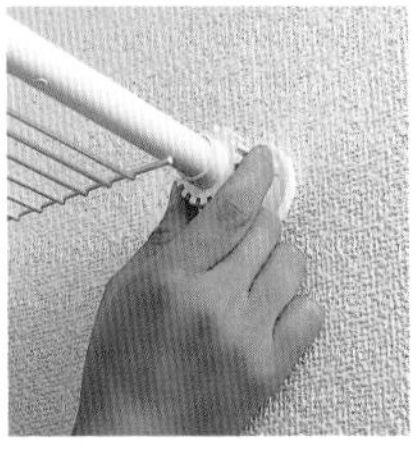

水平を確認し、取り付け位置の確認をしたら、調整アジャスターで最後のつっぱりを与えて出来上がり

Point

薄い壁は間に板を挟んで取り付ける

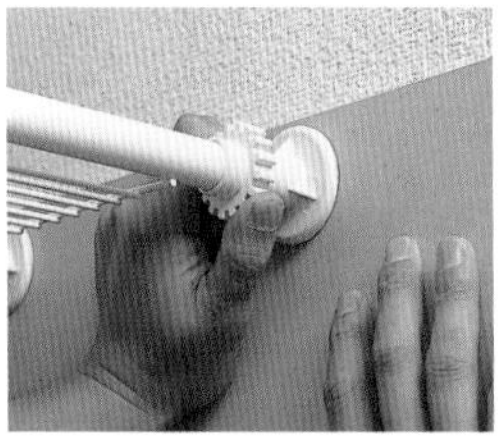

中が空洞の壁など、圧力に弱そうな面に取り付けなければならない場合は、つっぱり棚と壁の間に一枚板を挟んでつっぱるといい。負荷が分散できるので、確実につっぱることができて安定する。

▼ DATA

コスト…………………

手間…………………

技術…………………

Catalog DIYリフォームにおすすめのつっぱり棚

キッチン

キッチンまわりの無駄なスペースを有効活用

田窪工業所／TY パンラック 2TUN 型

サビに強く清潔なステンレス製で、キッチンまわりに最適。壁棚としても利用可能

折りたたみ式の棚でスペース自由自在

田窪工業所／TY ウッディパンラック・ちょっと置き棚

キッチンに温かみを与える木製棚。料理を置くのにも便利

コーナー収納で調理スペースが広くなる

田窪工業所／TY ウッディパンラック・F タイプ

コーナーを無駄なく利用するウッディパンラック。転倒防止のガード付きで便利

サニタリー

洗濯機まわりの収納が充実

積水樹脂／つっぱり式洗濯機ラック

天井と床面を圧着固定する洗濯機ラック。天井側の圧着部は広く、しっかりした圧着が可能。2 段のメッシュ棚で収納量も豊富

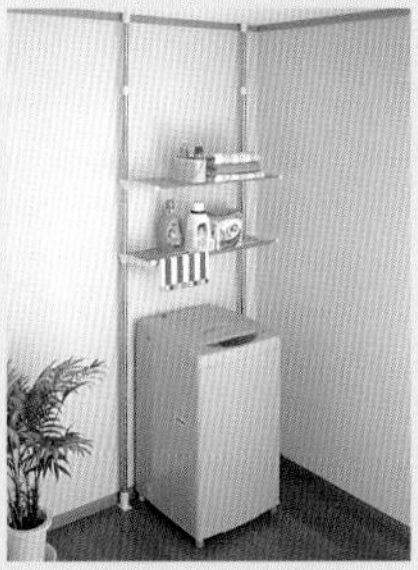

ステンレスだから水まわりでも安心

積水樹脂／ステンレスつっぱり式洗濯機ラック

サビにくいステンレスを素材に組み上げられた洗濯機ラック。上段は取り出しやすいフラット棚。下段は転倒防止の L 型棚を採用

トイレ・押入れ

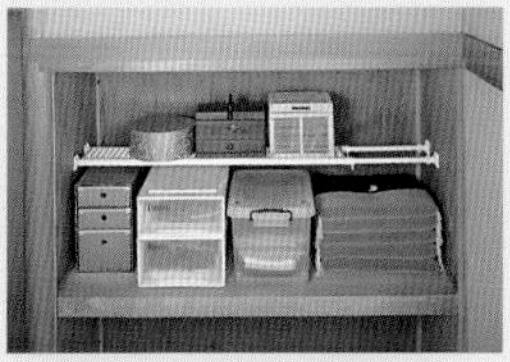

強力なバネの力で壁面を傷つけずに取り付け可能

積水樹脂／強力メッシュラックスタンダード

壁との接触面積が広いフランジキャップと強力バネ圧着を採用し安定感は抜群。広い圧着部は壁にもやさしい

可変バーで 3 変化。自在性抜群のマルチラック

積水樹脂／L 型メッシュラックトレイ

棚の手前に付いた可変バーを上向き、水平、下向きにすることで 3 タイプの使い分けができる便利なラック

ワイドな奥行きで圧倒的な収納力

積水樹脂／ワイドつっぱり棚

300㎜と超ワイドな奥行きでたくさんのものをのせることが可能。優れた収納力でトイレも押し入れもスッキリ

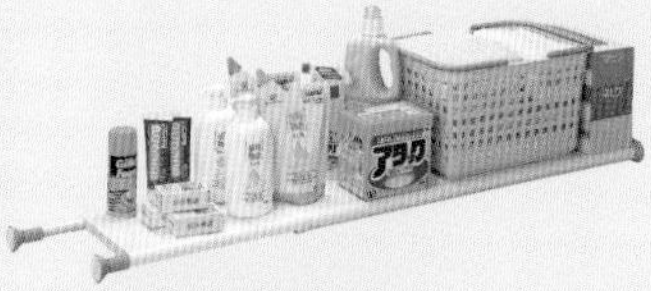

フラットな棚板で空間を無駄なく活用

フラットつっぱり棚

小物の収納に優れた平らな棚板。取り付け幅を広げても、補助板を取り付ければ平面がロングに展開

浴室・その他

コンパクトな収納力で浴室もスッキリ

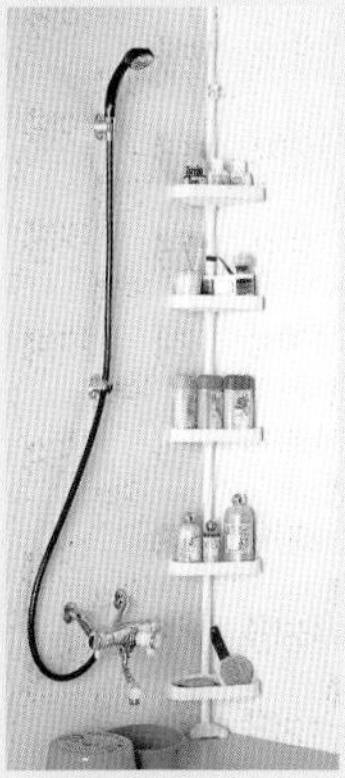

浴室用ラック

浴室で散らかりがちなバス用品をコーナーにひとまとめにできるタワー型のラック。5段ラックなのでタップリ収納できる

つっぱる力からの保護と耐荷重のアップを実現

平安伸銅工業／突ぱり商品補強板

さまざまなつっぱり系の製品に利用できる補強板。両面テープ、ボードピン、木ネジなどがセットされ、あらゆる壁に利用が可能。壁や天井の保護にもなる

商品の情報は取材時のものです。

After

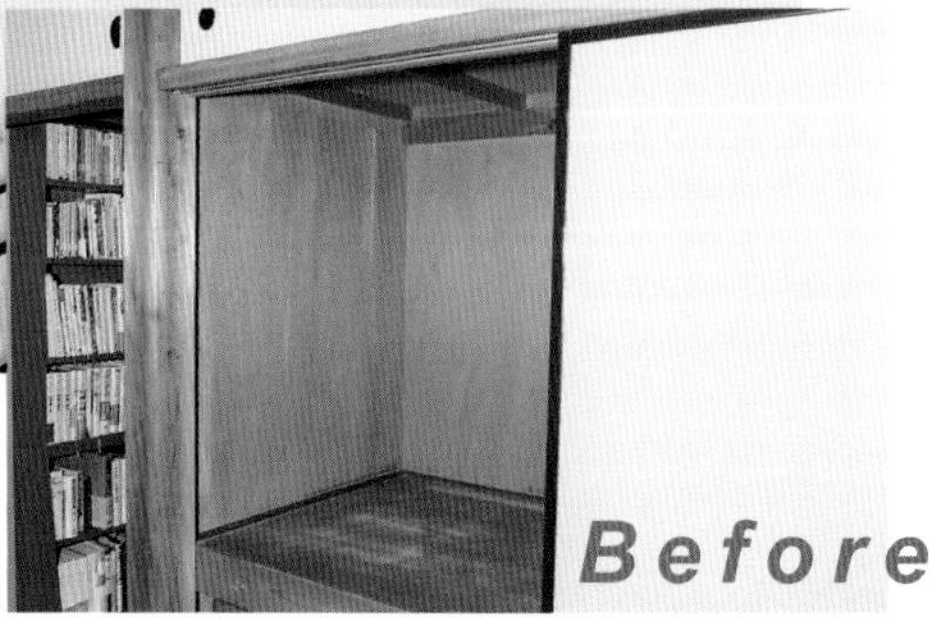

Before

06 押し入れの結露を防ぐ

不快な湿気に効果テキメン！

押し入れの結露には通気性と発泡スチロールパネルの壁

梅雨時でもないのに押し入れの中がジメジメしている。なんとなく押し入れの中の物がカビ臭い。そう感じたら押し入れに結露が発生していることを疑いましょう。特に外壁に隣接してる押し入れや、北側の部屋の押し入れは結露が発生しやすい環境なので要注意。

押し入れの結露を防ぐには、押し入れの通気性を良くすることはもちろんですが、外気に熱が奪われやすい内壁部分に発泡スチロールを貼ることが効果的です。結露は急激な温度差によって生まれる水滴なので、温度差が生じないようにすれば防ぐことができるのです。さらに、すのこを敷いたり、除湿剤を併用すれば、これまでのジメジメした空気がうそのようにスッキリするはず。

作業も発泡スチロールパネルを切って貼るだけの簡単さ。住み心地の良い家に、また一歩前進することができます。

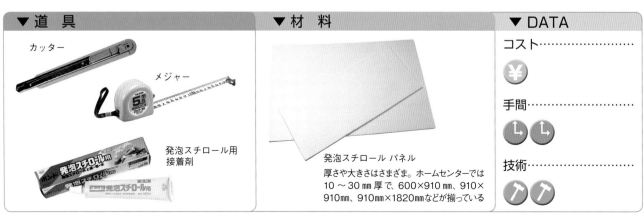

▼道　具

カッター

メジャー

発泡スチロール用
接着剤

▼材　料

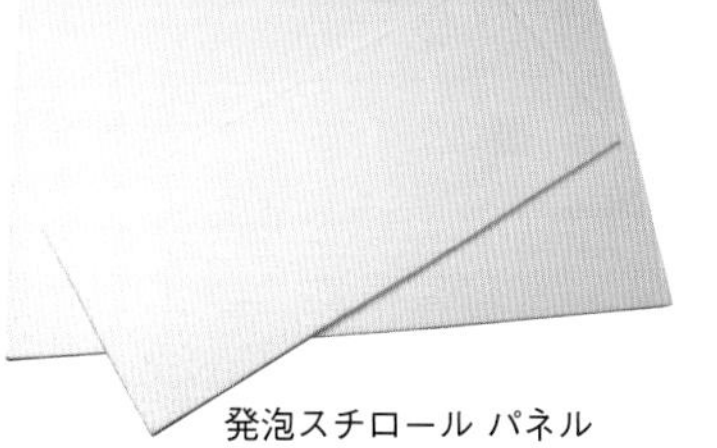

発泡スチロール パネル

厚さや大きさはさまざま。ホームセンターでは10 ～ 30 ㎜ 厚で、600×910 ㎜、910×910㎜、910㎜×1820㎜などが揃っている

▼DATA

コスト…………………………

手間…………………………

技術…………………………

01 押し入れの壁を拭く

湿気で汚れた押入れの内壁を拭く。ひどい汚れのときは洗剤を使い水拭きし、良く乾燥させる

02 サイズを測る

押し入れのサイズを測る。購入したパネルのサイズで足りない場合は継ぎ足し分の長さを測る

03 パネルをカットする

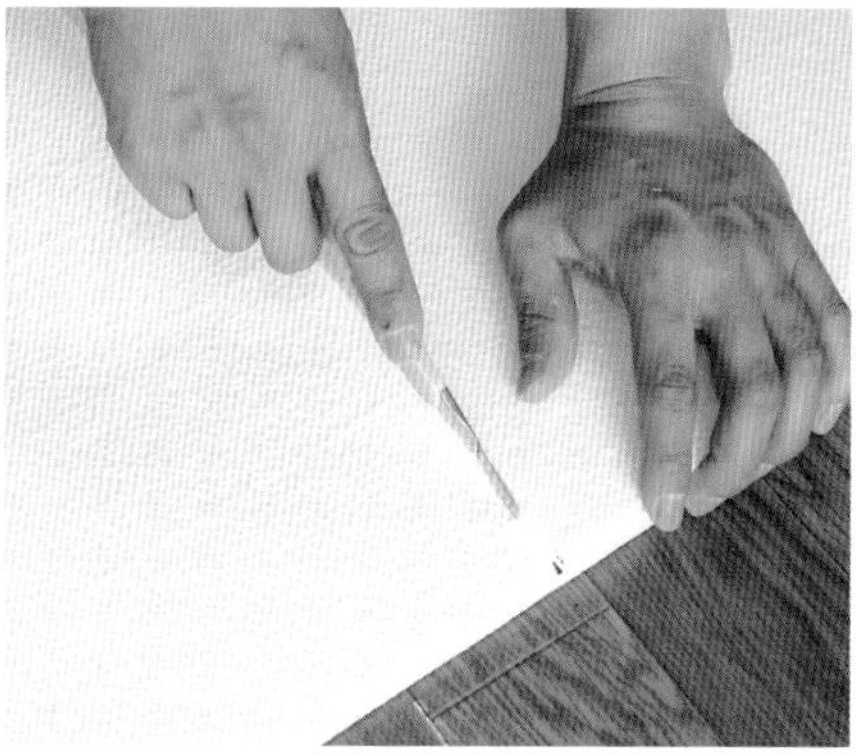

測ったサイズをもとに下線を引き、発泡スチロールパネルをカット

04 接着剤をつける

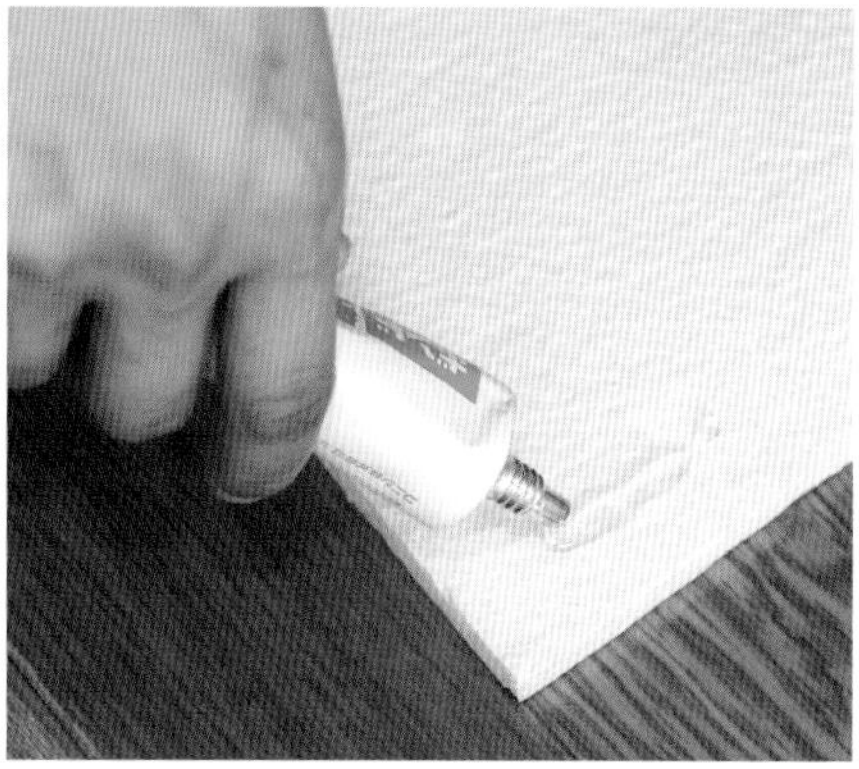

発泡スチロール用接着剤を付ける。すき間ができないように四辺の端側はムラなく丁寧に塗る

05 パネルを貼り付ける

大きなパネルから順次貼り付けてゆく。隅にすき間が出ないように気を配りながら貼ること

06 残りを埋めて完成

残った空きスペースを埋める。パネルを少し大きめにカットし、すき間に貼り込んでいく

Point

接着剤は量より塗り方 端側をムラなく塗る

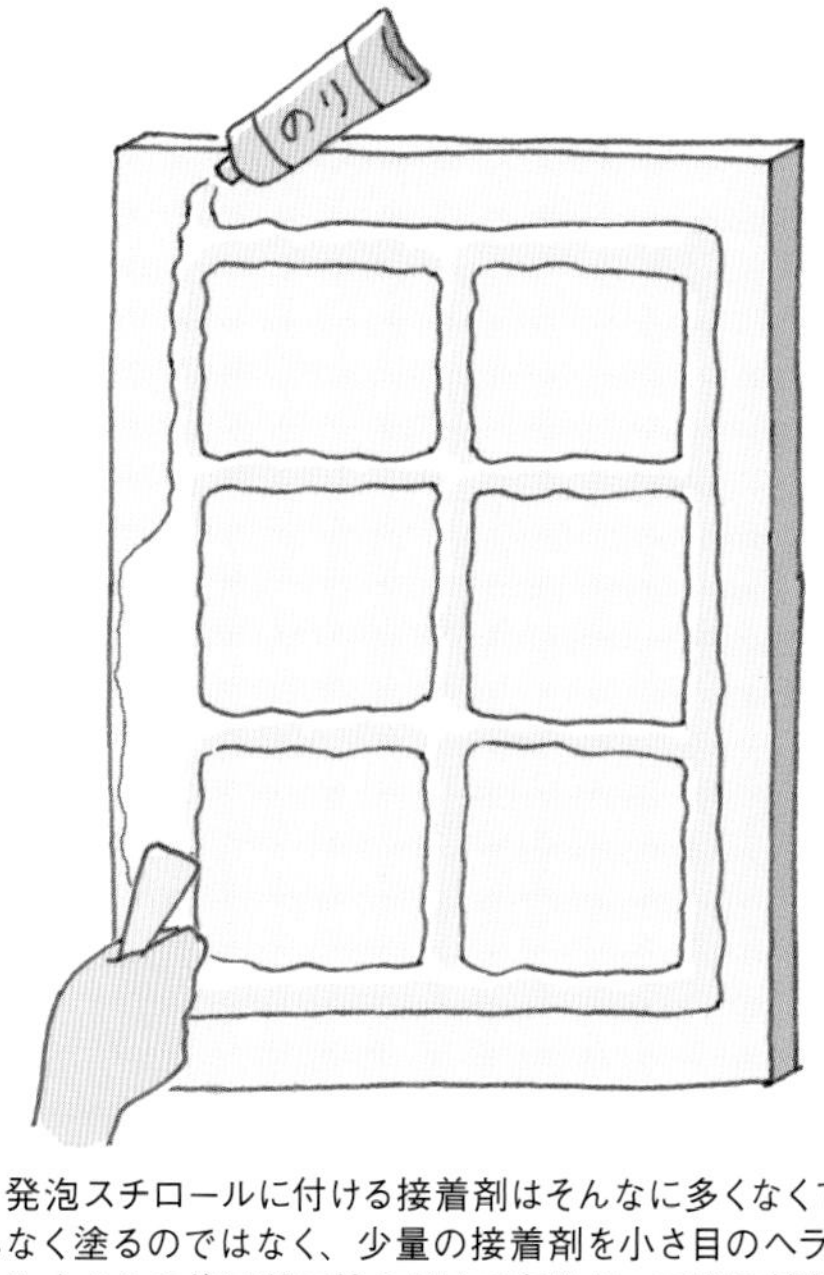

発泡スチロールに付ける接着剤はそんなに多くなくていい。まんべんなく塗るのではなく、少量の接着剤を小さ目のヘラなどで伸ばし、やや大きめの格子状に塗るだけで充分だ。四辺の端側だけは断熱性向上のため、塗り残しのないようにする。また、断熱材の材質によっては、押し入れの内壁に釘を打って止めることも可能だ。

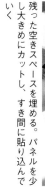

07 すので棚に扉を作る

市販のすのこを利用したアイデアＤＩＹ

室内のオープン収納棚は扉をつけることで外見がよくなり、がらりと雰囲気が変わります。ここでは、ＤＩＹならではのアイデアを生かしたナチュラル感たっぷりの木製扉の作り方を紹介します。

その材料はなんと、市販のすのこ。買ってきたものをそのまま使うこともできますが、今回はバラして使用しました。同じ幅の、面取（角が丸く仕上げられていること）された板が手軽に揃うすのこは、木工の材料には最適です。とにかくコストの安いすのこを使うこのアイデア、絶対チャレンジの価値ありです。

01 すのこの板をバラす

すのこを裏からハンマーでたたいて一枚ずつ外す。キリの板はやわらかいので外れやすく加工もしやすいが、スギやヒノキは丈夫だけど堅くて加工しにくい

02 クギの外し方

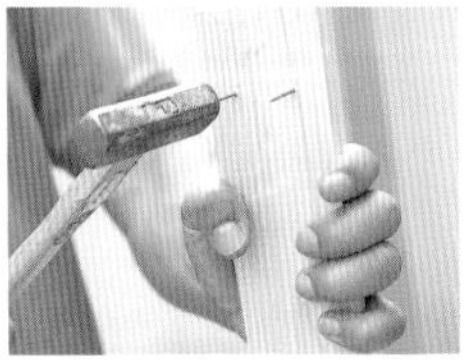

外れた板に刺さったままの釘は、裏からハンマーでたたいて表側に釘の頭を出す。斜めにたたくと釘が曲がってしまうので注意

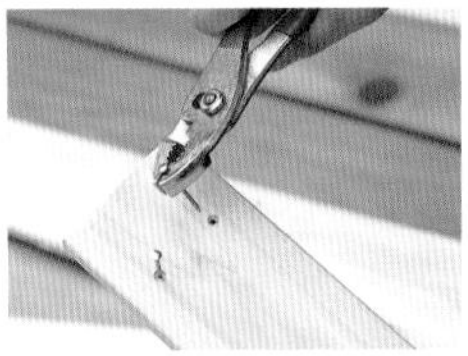

表側に出た釘の頭を、プライヤーでつかんで引き抜く。釘をぐるぐる回すと釘穴を広げてしまうので、できるだけ真っ直ぐに引き抜く

クギはバールを使ってひき抜く方法もある。その場合板を傷つけないよう、あて板をあてて抜くとよい

▼道　具

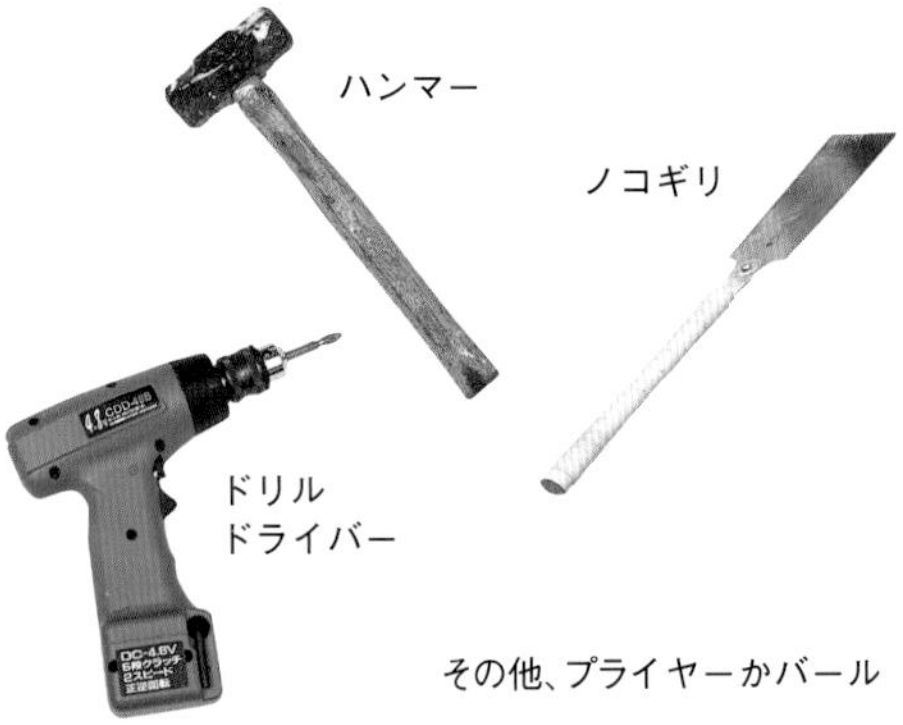

その他、プライヤーかバール

▼材　料

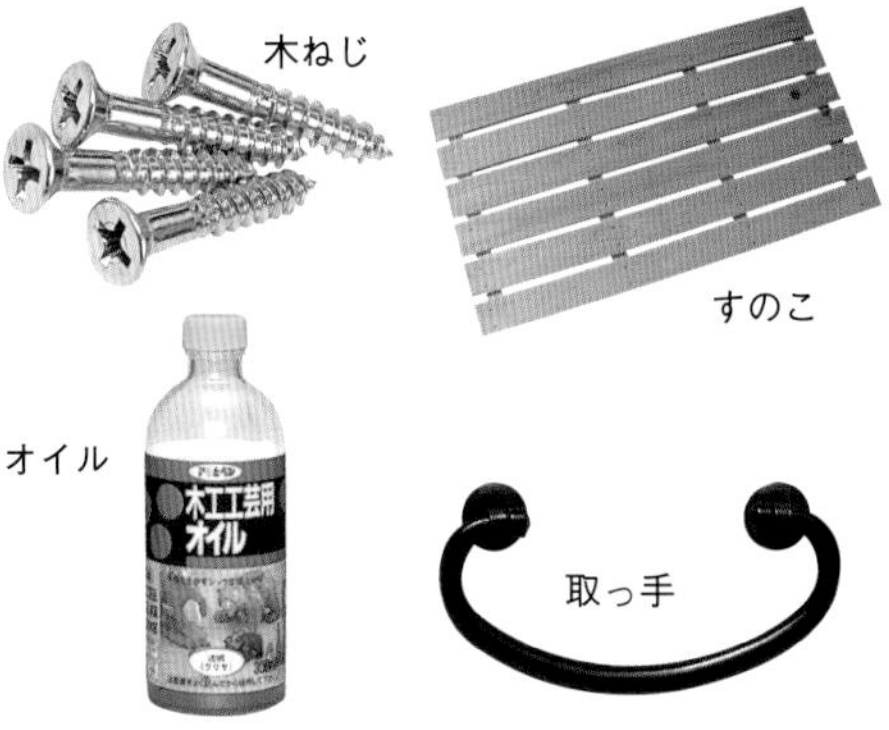

▼DATA

コスト……………………

手間……………………

技術……………………

03 幅と長さを合わせてカット

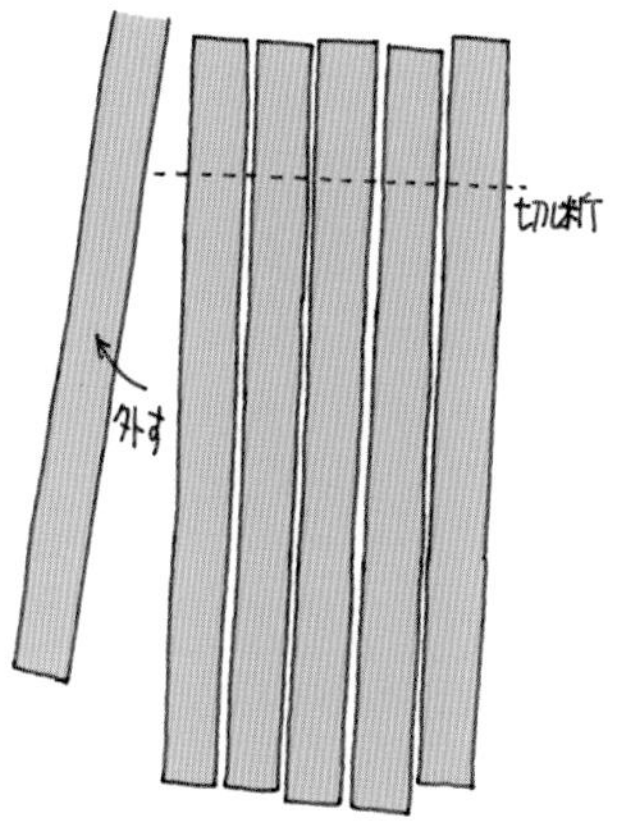

幅に合わせて、すのこ板の枚数をそろえる。中途半端に足りない場合には、少なめの枚数にし、板の間を少しずつ空けるなどして全体の幅を調整する

すのこの板を並べ、横幅には何枚必要か判断し、板の長さが余分な場合には長さを揃えてカットする

04 木ネジで留めて扉を作る

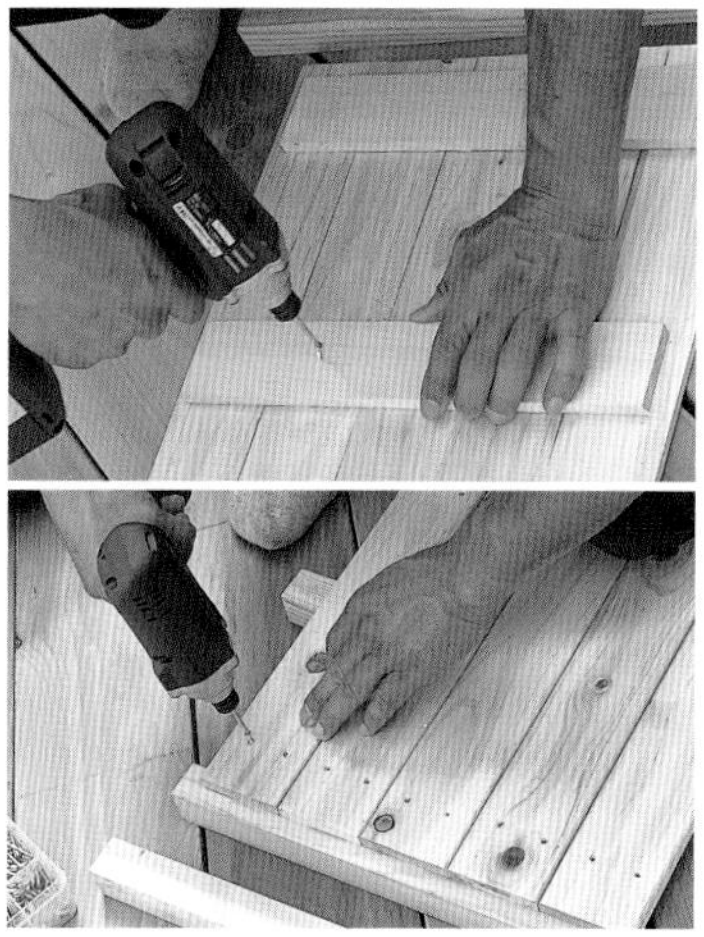

長さがそろったら木ネジで固定する。今回は横木を裏側にしたかったので、位置を固定するため裏側から数ヵ所、仮留めをした

表側に返し、板それぞれを横木に木ネジで留めた。木ネジで留める際は必ずドリルで下穴を開ける。下穴を開けないと、板が割れてしまう

05 表面にオイルを布ですり込む

オイルはハケやスポンジで塗ってもよいが、布だと扱いが簡単な上にムラになりにくい。布に染み込ませてから表面を拭くように塗る

06 取っ手を付けて完成

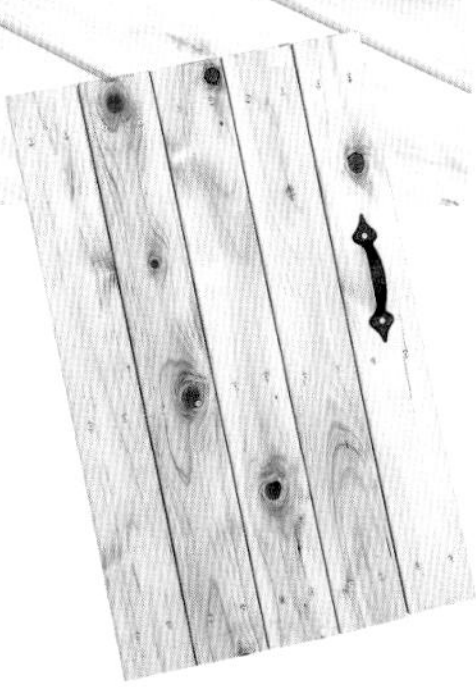

取っ手を取り付けて完成。取っ手は意外に存在感のある部分。扉の雰囲気を決めるパーツなので、好みに合うものを選びたいところ

Point すのこを使って簡単木工

すのこは実にさまざまな使い方ができるアイテム。今回のようにバラしてもいいし、そのままでも素材として使うことができる。

すのこの足部分に棚板を乗せれば、簡単に棚を作ることができる

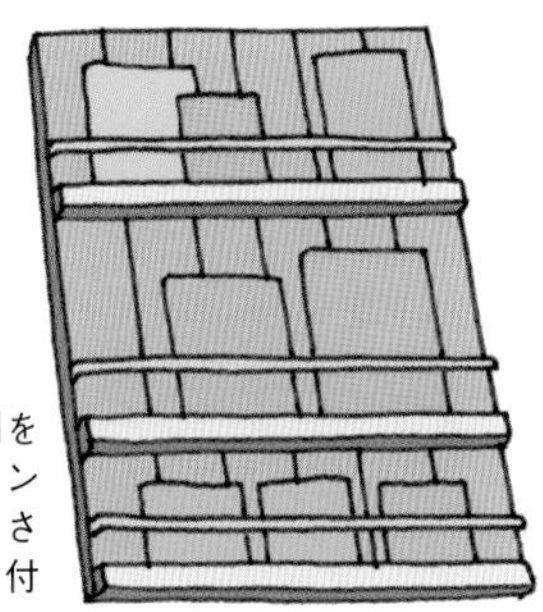

すのこの裏側を使ってマガジンラックに。押さえの棒を取り付けるだけ

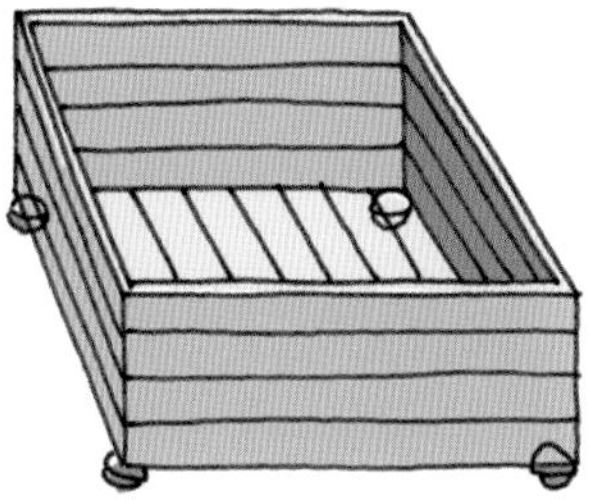

すのこをボックス型に組み立てキャスターを付ければ収納BOXのできあがり

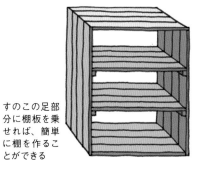

「わが家をこうしたい!」
DIYリフォーム相談室―❸

DIYビギナーでも
ここまでできる。快適な住まい
づくりに挑戦!

CASE 1 収納が少ないので部屋が片づかない

部屋が狭く、おまけに収納スペースが不足しています。モノがかたづかずに困っています。キッチンに床下収納を自分で設置するのは可能でしょうか。ほかにも収納力アップのアイデアがあれば教えてください。

◆

床下、階段下、壁面、部屋のコーナーといったデッドスペースを利用した収納づくりがおすすめです。

まず、戸建ての1階のキッチンなら、床下収納を考えてみてはどうでしょう。ホームセンターで床下収納庫のキットが販売されているので、それを利用すれば比較的簡単な作業で設置可能です。ただし設置する場所決めには注意が必要です。床下の構造材を切断しないように開口部を決めなければなりません。家の構造については２０８ページを参照してください。

壁に収納棚をつくり付けることも可能です。洗面所や廊下、リビングの壁の一部をくり抜き、そのスペースを利用して棚を設置すれば、小物や書籍の収納に適した使い勝手のよい収納棚ができあがります。

また、いらないモノは潔く処分する、大きな家具もなるべく買わない。こんなことで生活スペースは広がり、暮らしやすくなるはずです。リフォームの前にまずモノを片づけてみると「困った」は解決するかもしれません。

壁の一部をくり抜き、そのスペースを利用してつくった収納棚

CASE 2 部屋と部屋の境の段差をなくしたい

キッチンと和室の居間の境に段差があって気になります。簡単に段差をなくせる方法はありますか。

◆

床面全体の高さを変えるのは、かなり大掛かりな作業になります。低い床を高くするには、垂木やコンパネを用いて床面のかさ上げをし、その上にフローリング材などの床材を張って仕上げます。逆に、畳を取り去ってフローリング材などの床材を張ることで床面を下げる方法も考えられます。いずれにしろコストもかかるし、ＤＩＹ上級者向けのリフォームです。

手軽に段差を解消したいのなら、段差部分に、段差解消用のミニスロープを取り付ける方法がおすすめです。さまざまなタイプのミニスロープが市販されているので、これを利用するとよいでしょう。

CASE 3 壁を抜いて部屋をつなげて広くしたい

ダイニングキッチンが狭いので、続きの居間との境の壁を取り払って広いLDKにしたいと思います。DIYでリフォーム可能でしょうか。

◆

マンションなどのコンクリート住宅の場合、コンクリートの壁が構造を支えているので、部屋と部屋の間仕切り壁を取り除いても構造上の問題は発生しません。作業も難しくなく、ＤＩＹでリフォーム可能です。壁を抜いた後に床に段差があることが分かったら、ミニスロープを取り付けるなどして段差の解消をするとよいでしょう。

一方、在来工法（木造軸組工法）の住宅の場合は、ＤＩＹで壁を抜くことはおすすめできません。構造上切ってはいけない柱や筋違があるからです。リフォームはプロに依頼することが賢明です。ツーバイフォー住宅の場合もプロに相談しましょう。

壁を取り払い2間をつなげて、広いリビングをつくる

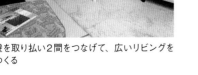

Part 9

器具・設備をリフォームする

新しく照明を取り付けたり、家具をリメイクしたり、
家の中のさまざまな設備をDIYでリフォームしましょう。
大がかりな作業をしなくても、
アイディア次第で室内がすっかりリフレッシュします。

◇◇

01 ペーパーホルダーを交換する

誰でも10分でできる速攻模様替え

カバー交換と同じぐらいカンタン ペーパーホルダーの交換

トイレは毎日使う場所、気持ちよくトイレタイムを過ごしたいものです。ペーパーホルダーを交換するだけでも気分はずいぶん変わります。壁紙の貼り替えと一緒に交換すると色や雰囲気が統一されて、見栄えもグンと違ってきますが、まずは簡単なホルダーの交換から始めてみましょう。

用意するものはドライバーと新しいペーパーホルダーのキットだけ。要は古いホルダーを外して、新しいホルダーを付ければいいのです。必要な時間は10分足らずです。

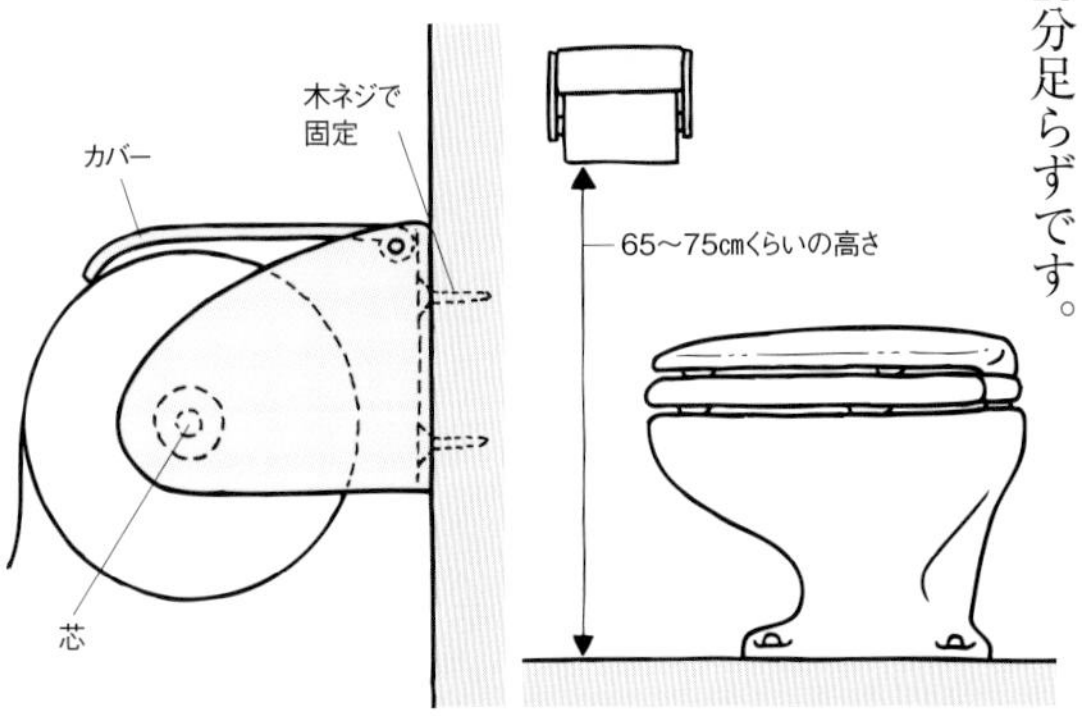

▼道　具

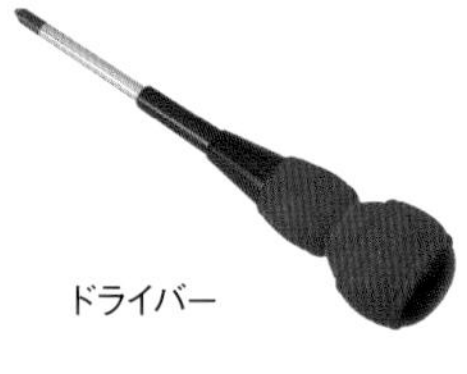

ドライバー

▼材　料

ペーパーホルダー

▼DATA

コスト……………………

手間……………………

技術……………………

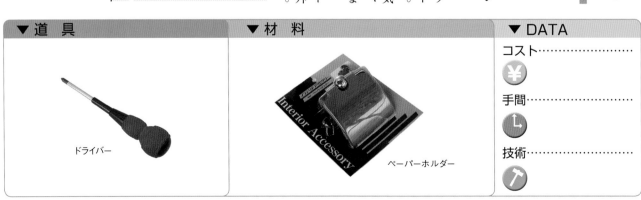

Point

壁紙を貼り替えるときは、ビスを残して

壁紙を貼り替えるときには、ホルダーの設置位置がわかるようにビスを軽く差し込んだままにしておくと便利。壁紙をその部分に貼る直前にビスを抜き、設置位置をあらためて壁紙にチェックしておこう。

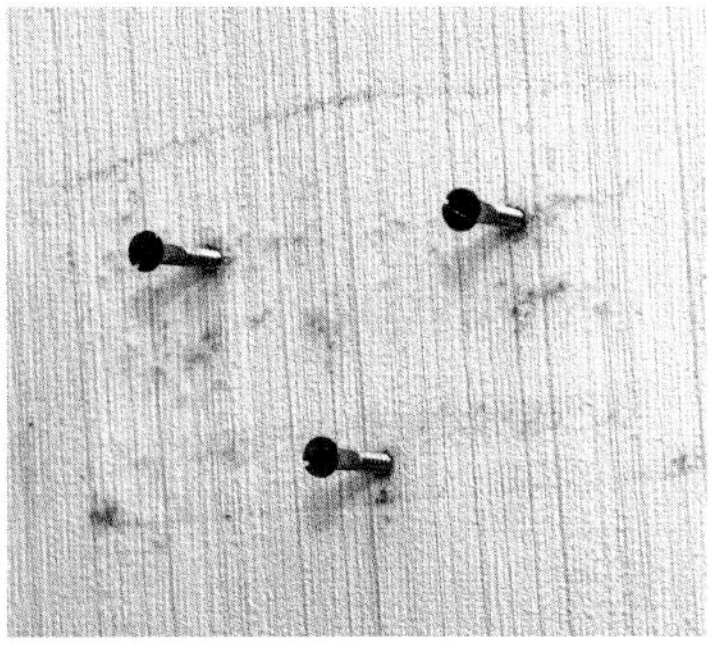

01 古いホルダーを外す

備え付けのものや、傷んで見ばえの悪くなったペーパーホルダーを外す。交換する新しいホルダーの設置位置にもなるので、ていねいにビスを外していこう。最後のビスを外すときにはホルダーが落ちないように空いている手で持つことも忘れずに

02 取り付けベースをネジで固定する

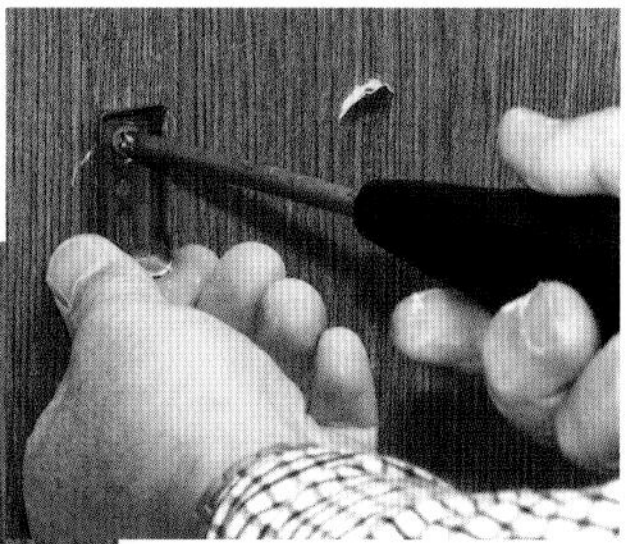

本体を取り付けたときに斜めにならないように、水平を意識してベースを取り付ける（写真のホルダーはベースを壁に取り付けたあとで本体をベースに差し込むタイプ）。取り付け後に本体がぶれないようにしっかり固定する

03 ホルダーを組み立てる

ベースを固定して本体を取り付けたら、すべてのホルダーの部品を組み立てる。しっかり固定してあるベースを傷めないように、慎重に組み立てよう。ここでホルダー全体をみながら水平を再チェックし、もし斜めになっていたらベースを調整してつけ直す。実際にロールペーパーを通してみて、使い勝手を試してみることも大切。OKならペーパーホルダーの交換完了

Catalog DIYリフォームにおすすめのペーパーホルダー

スタイリッシュなトイレを演出

HONEST serie

都会的でシンプルなトイレには、こんなスタイルのペーパーホルダーはいかが。木ネジ取り付けタイプ

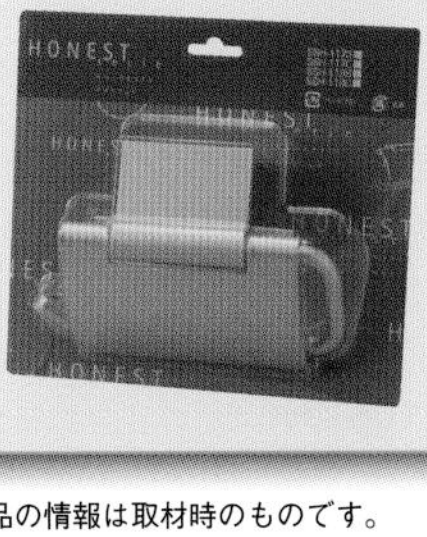

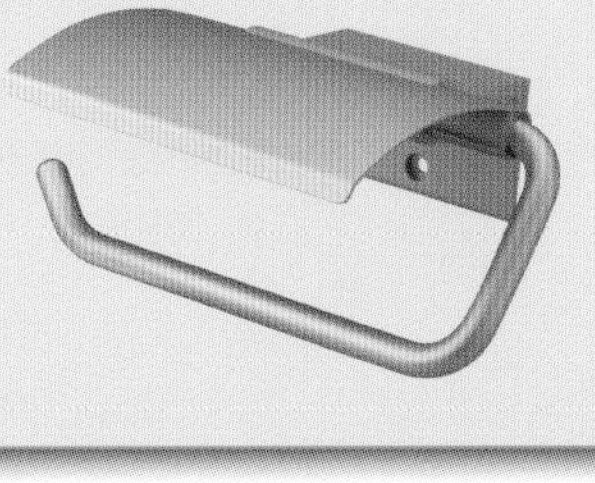

木目のインテリアにピッタリ

ペーパーホルダー

ゴールドと木肌のコントラストがほどよい高級感を醸し出す、ノーブルなペーパーホルダー。取り付けも簡単

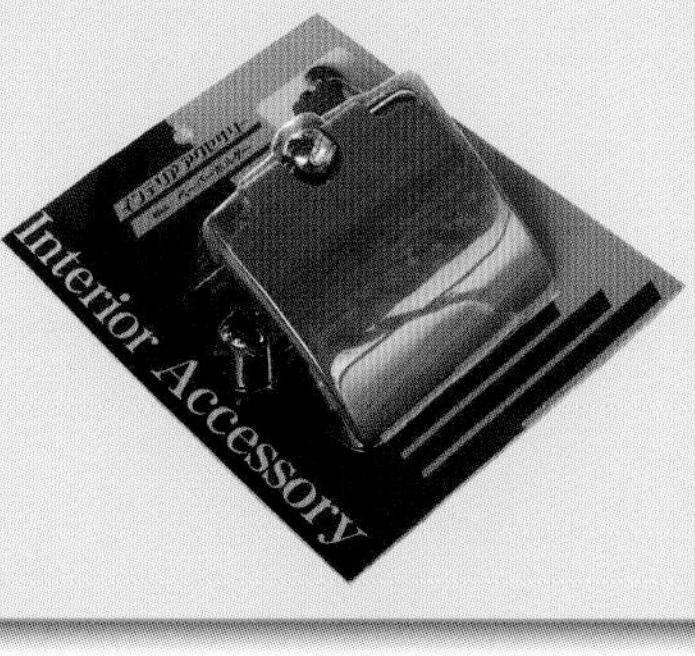

商品の情報は取材時のものです。

02 レールライトを取り付ける

素敵な照明で室内を演出!

レールライトはこれまで主に店舗用として使われることが多かったのですが、ライト部分が可動するという勝手の良さと、スポットライトとして部屋の明かりを演出できることから、リフォームアイテムとして採用する人が増えています。

構造は単純。内部に銅線が通った専用レールに、これも専用のライトを差し入れるだけです。

取り付けは天井に木ネジで固定。穴が開くことになりますが、小さな穴なので、外した際には穴埋め剤を使えば目立たなくすることができます。

01 エンドキャップをレールに取り付ける

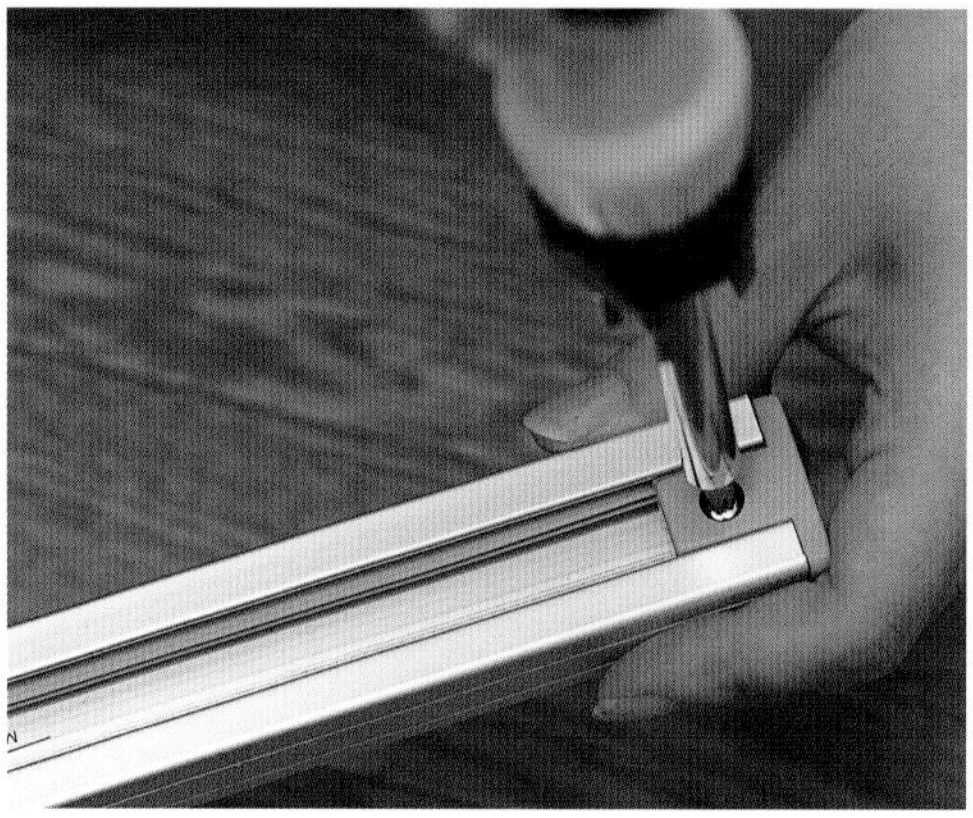

レールの片方の端に「エンドキャップ」を取り付ける。これはレールライト専用品としてホームセンターなどで売られている

02 フィードインキャップの蓋を開ける

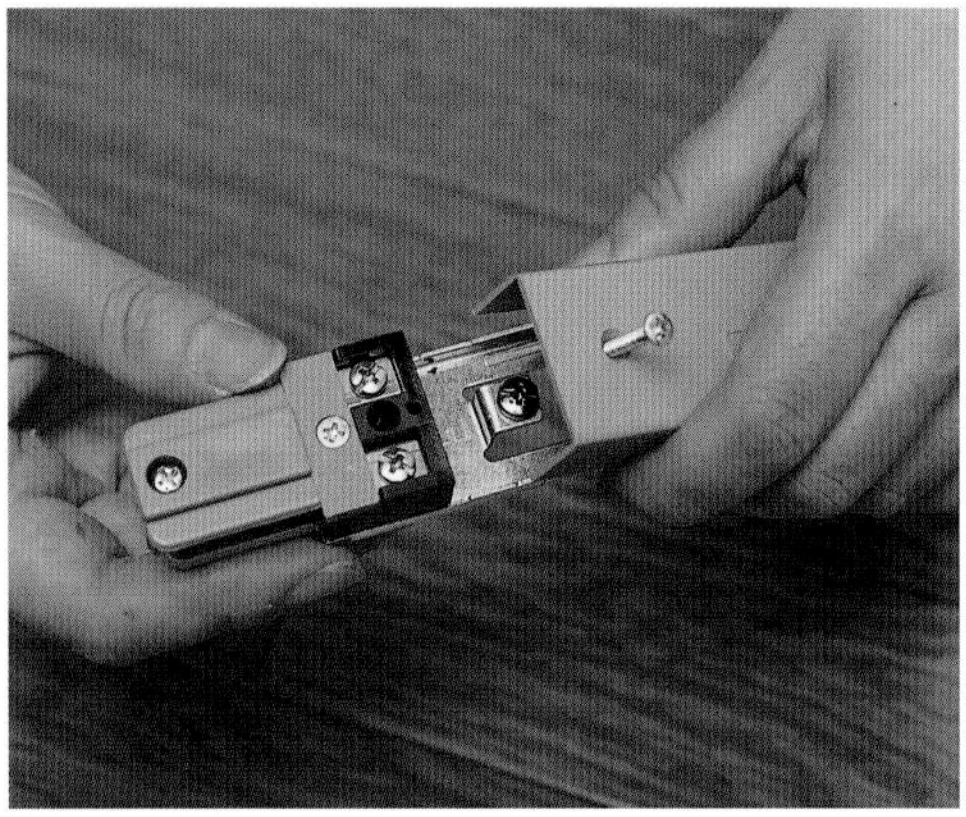

レールの反対側につけるキャップは「フィードインキャップ」と呼ばれ、電気コードを接続する。まずはネジをゆるめて蓋を開ける

▼道 具

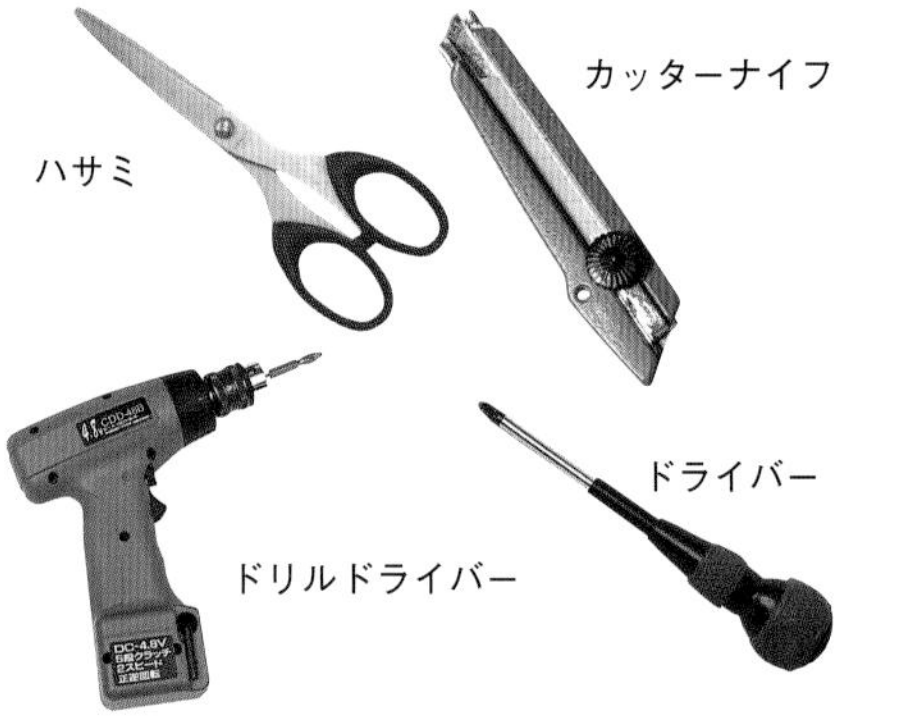

▼材 料

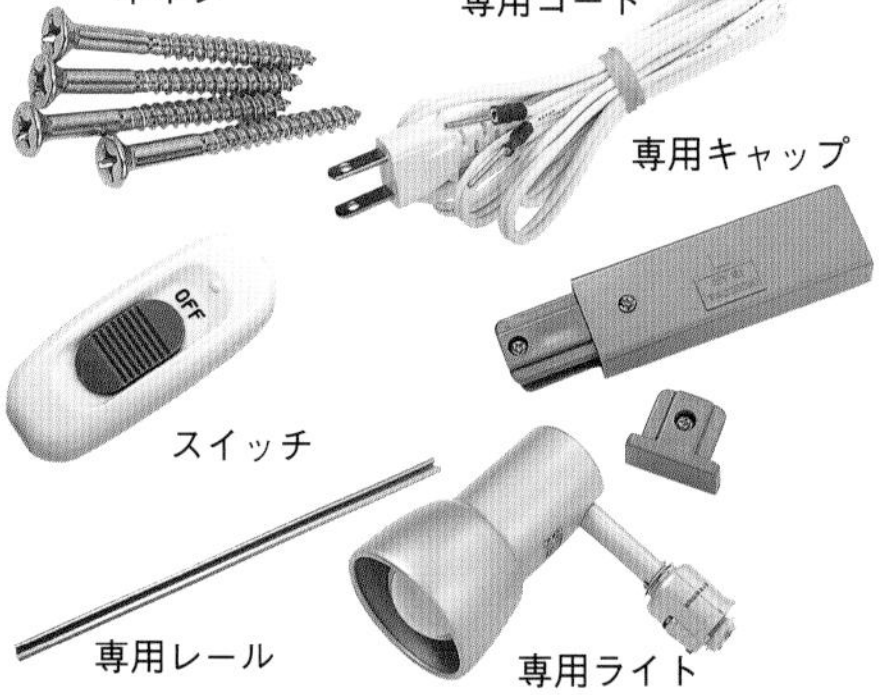

▼DATA

コスト……………………

手間…………………………

技術…………………………

03 フィードインキャップにコードを接続する

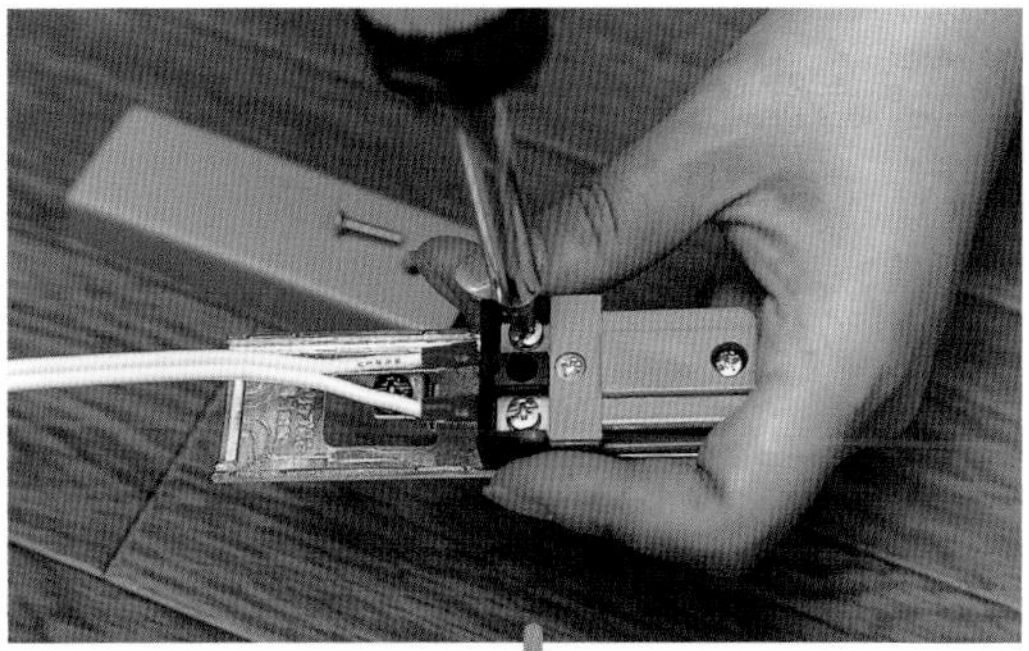

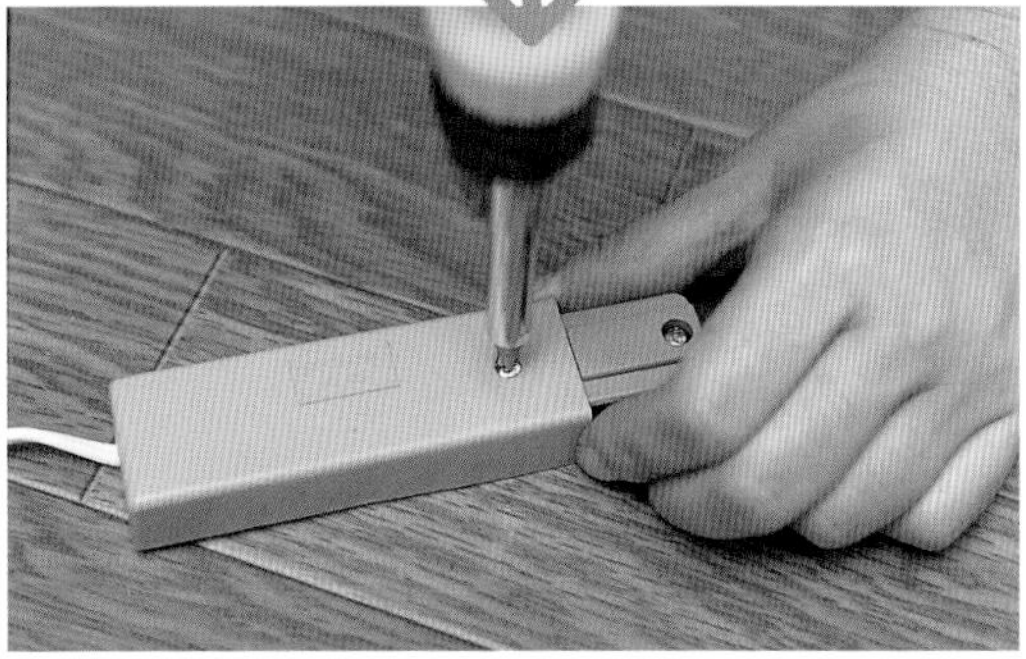

フィードインキャップにコードを接続する。キャップにはコードの芯線を差し込むための穴が開けられているので、ネジを締め込むだけで簡単に接続できる

04 ライトを取り付ける

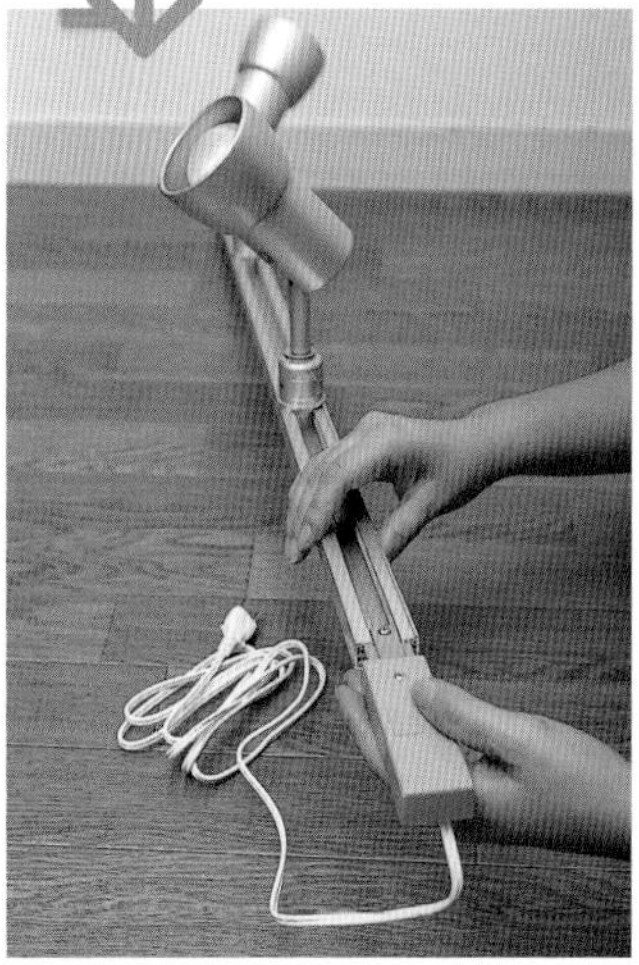

ライトをレールに滑り込ませ(写真上)、フィードインキャップを取り付ける（写真下）

05 スイッチを取り付けるまずはコードを切断する

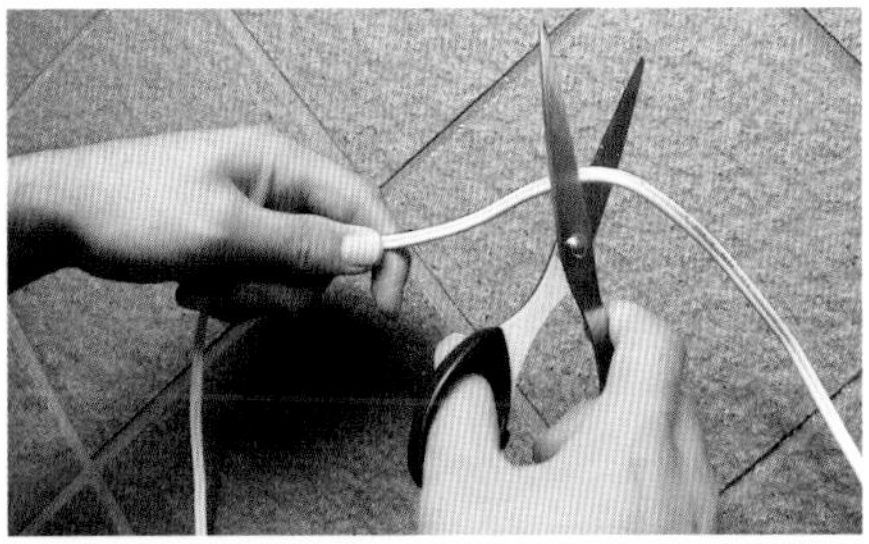

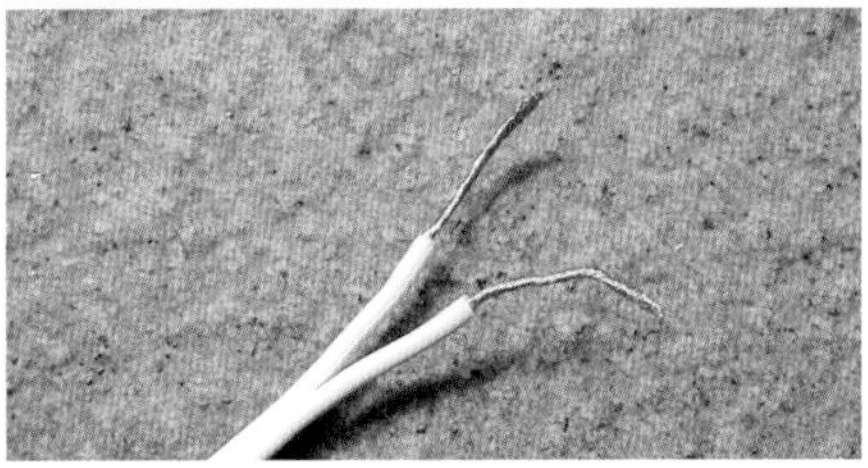

スイッチを取り付けるために、コードを途中で切断して2本に分け、約1・5㎝ほど先端の被膜をむく。芯線を切らないように注意。芯線は右巻きにねじっておく

06 スイッチ内部のネジに芯線を巻き付ける

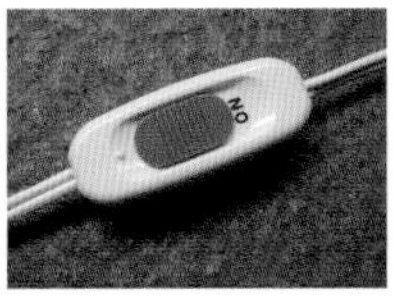

スイッチの蓋を開け、ゆるめたネジに芯線を巻き付けて、再びネジをしっかりと締める

Point

圧着端子を使えば安全確実！

⑥の芯線を巻き付ける方法のほかに「圧着端子」を使う方法もある。芯線の先に圧着端子を付けて圧着ペンチで固定、そのままネジ止めする。芯線が緩んだりショートする心配もなく安全確実だ

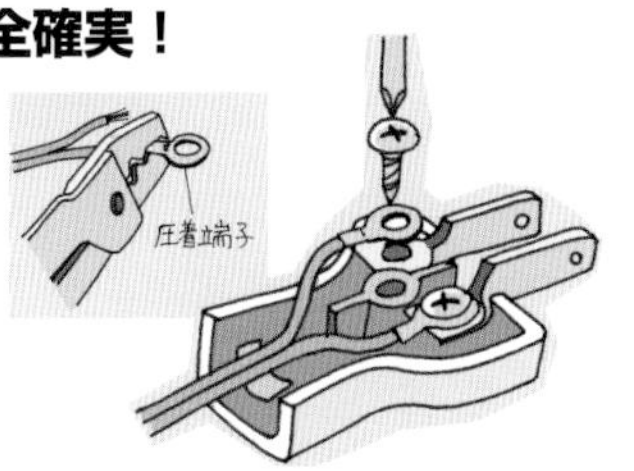

07 天井根太に木ネジどめする

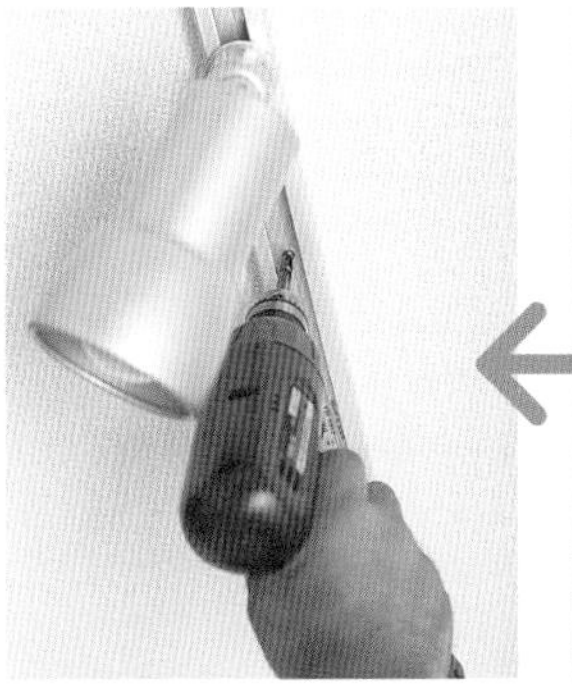

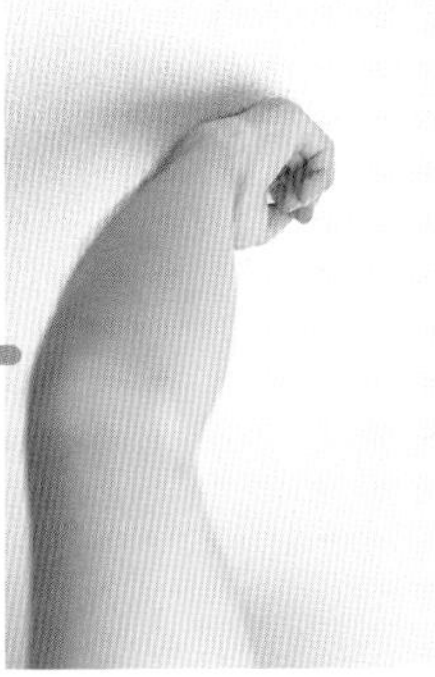

天井を軽く叩いて、音の変化から天井根太を探し出し、そこに木ネジを打ってレールライトを固定する

03 粘着シートで化粧直し

キッチンをお手軽にイメージチェンジ

表面を貼り替えるだけでキッチンが大きく変身！

粘着シートはアイデア次第でさまざまに使え、リフォームアイテムとしても重宝。粘着シートというと、お店の装飾に使われるカラフルなカッティングシートを思い浮かべるかもしれませんが、色や柄も豊富で、防炎・防水・はがしてもノリ残りしないなどの機能を持たせてあります。そんな粘着シートを使えば、キッチンをいとも簡単にリフレッシュ。作業は、貼りたいところに合わせて粘着シートを切って貼るだけです。特別な道具もいらないので手軽にトライできます。

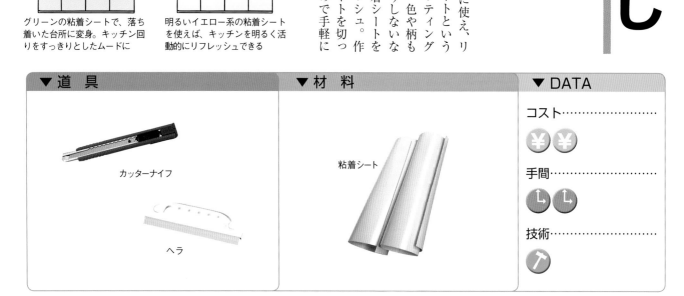

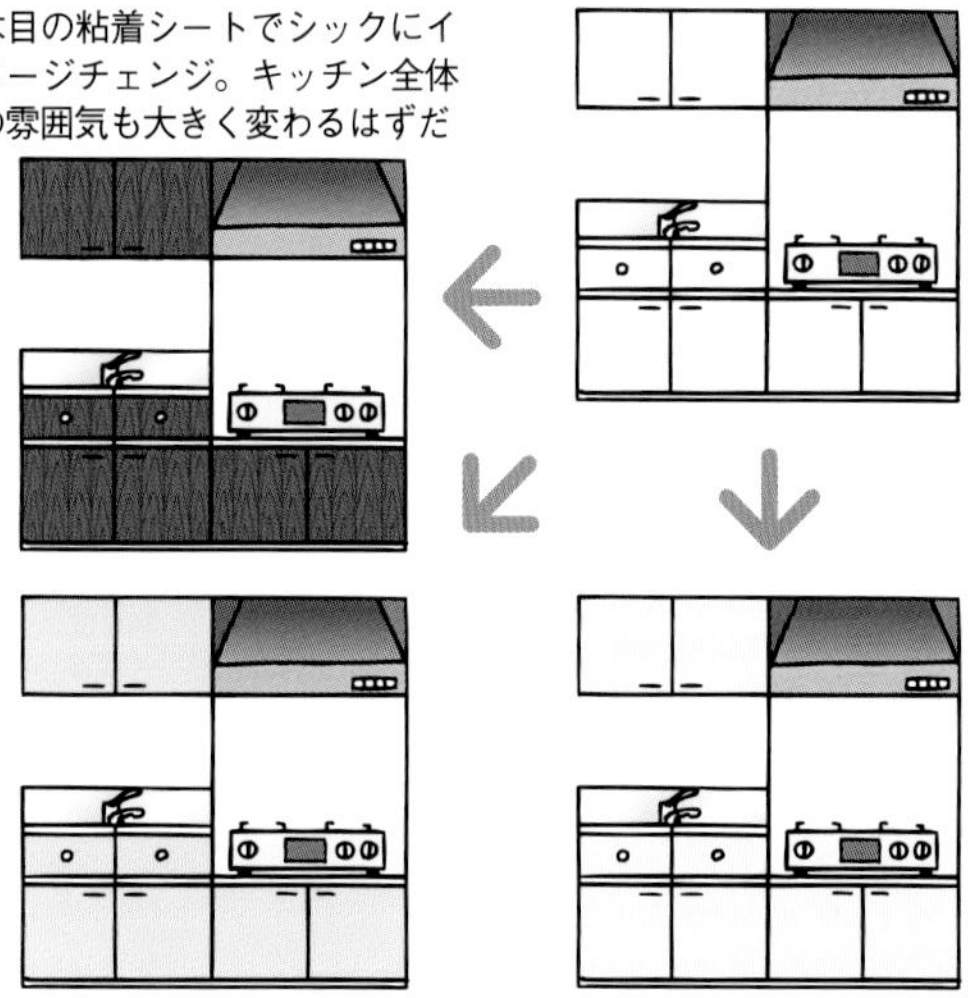

木目の粘着シートでシックにイメージチェンジ。キッチン全体の雰囲気も大きく変わるはずだ

グリーンの粘着シートで、落ち着いた台所に変身。キッチン回りをすっきりとしたムードに

明るいイエロー系の粘着シートを使えば、キッチンを明るく活動的にリフレッシュできる

▼道　具

カッターナイフ

ヘラ

▼材　料

粘着シート

▼DATA

コスト……………………… ¥¥

手間……………………… 2

技術……………………… 1

01 取っ手を取り外す

まず粘着シートを貼るときに邪魔になる取っ手などを外す。扉の表面は、ホコリや油汚れなどが残らないようにしっかりと拭く

02 長さを測る

粘着シートをカットする寸法を知るため、扉など粘着シートを貼るところすべてについて、サイズ（縦の長さと横の長さ）を測る

03 やや大きめにカットする

測った寸法にしたがい、粘着シートをカットする。その際、粘着シートは、測った面のサイズよりもやや大きめにカットする

04 位置を合わせる

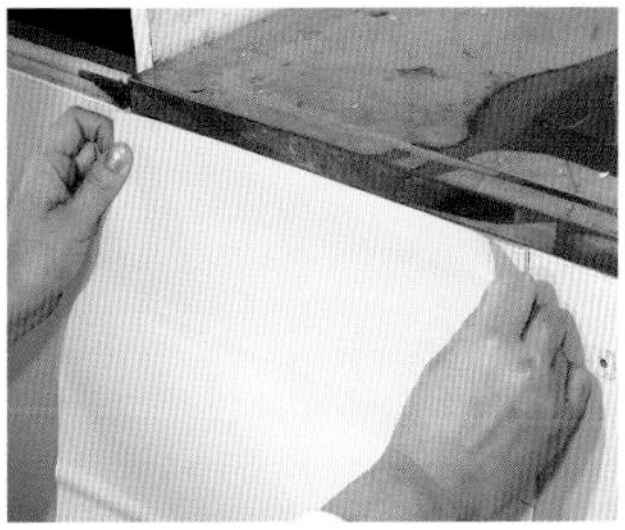

裏紙をはがし、粘着シートの端と貼る面の端を合わせて慎重に貼っていく。霧吹きを使って裏面を濡らしておくと、ずれたときの修正がしやすくなる

05 ヘラでキレイに貼る

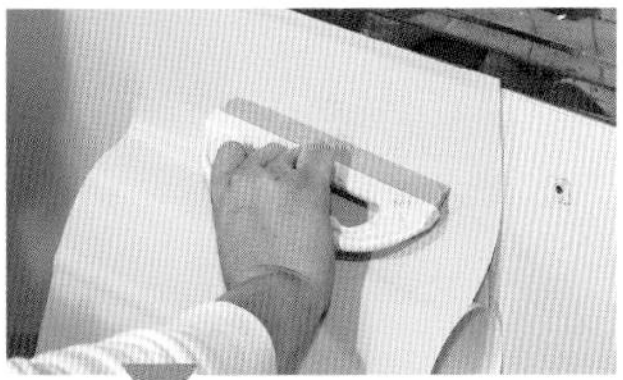

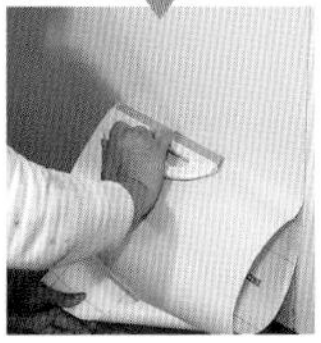

ヘラを使って粘着面の空気を押し出すようにして貼っていく。ヘラをしっかりと押さえながら、しわができないようゆっくりと慎重に

06 周辺の余りをカットする

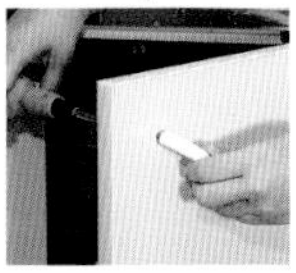

はみ出した部分の粘着シートを、カッターを使ってまっすぐに切り落とす。最後に取っ手を取り付けて完成

Point

空気が入ったらカッターで小穴を開けてカバー

粘着シートを貼るときによくあるのが、小さな気泡が残ってしまうという失敗。そんなときはけっして慌てないこと。カッターの先端を使って気泡に穴を開け、中の空気を押し出せばOK

Catalog DIYリフォームにおすすめの粘着シート

のりが残りにくい屋内用シート

CS200シリーズ／中川ケミカル

シートが比較的厚めにできているため、たとえ不慣れな初心者でもムラなく貼れる。カラーバリエーションも150種類以上と豊富

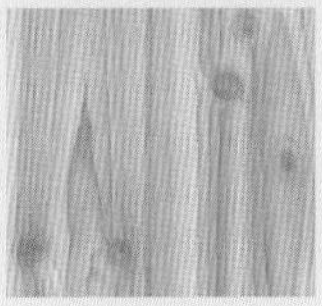

パインオーク

レンガ

グッとお洒落にできる柄物シート

デコスタイル／菊池襖紙工場

キッチンのイメージを大きく変えることができる柄物シート。木目調、レンガ調、大理石調などもあり、キッチンセットだけでなくキッチン周辺の壁面などのリフォームにもぴったり

マーブルグレー

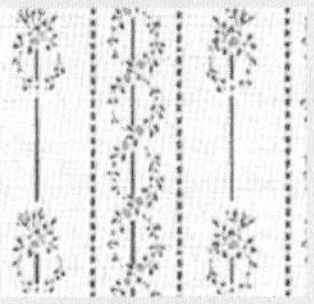

フラワーチェーン

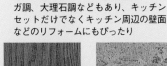

ウォールナット

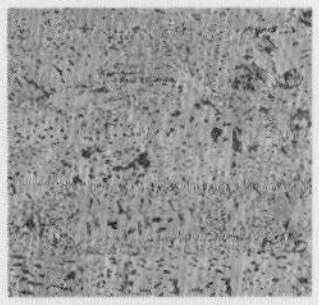

ライトコルク

商品の情報は取材時のものです。

04 家具を塗り替える

スプレー塗装で家具をDIYリフォーム

気軽にイメチェンを 不透明塗装が一般的

テーブルやイスなどの屋内家具は塗り替えるとまるで新品同様に生まれ変わります。家具の塗装はそれほど難しい作業ではないので、ぜひ塗り替えにチャレンジしてみましょう。

家具の多くはステインで着色され、硬い塗膜を作るウレタンニスが塗られています。左のテーブルとイスも同様です。これを塗り直す場合、ニスの塗膜やステインの着色部分をはがすのは難しいので、塗りつぶして不透明塗装仕上げとします。

平滑で均一な塗装面に仕上げたいならばスプレーが最適。ハケ塗りも濃淡やハケ跡が独特の味わいになります。どちらを選ぶかは狙いによってですが、今回はスプレーを使った塗装方法を紹介します。

▼道　具

ウエス、サンダー、軍手
ゴーグル、マスク

▼材　料

▼DATA

コスト……………………

手間……………………

技術……………………

01 イスの座面を外す

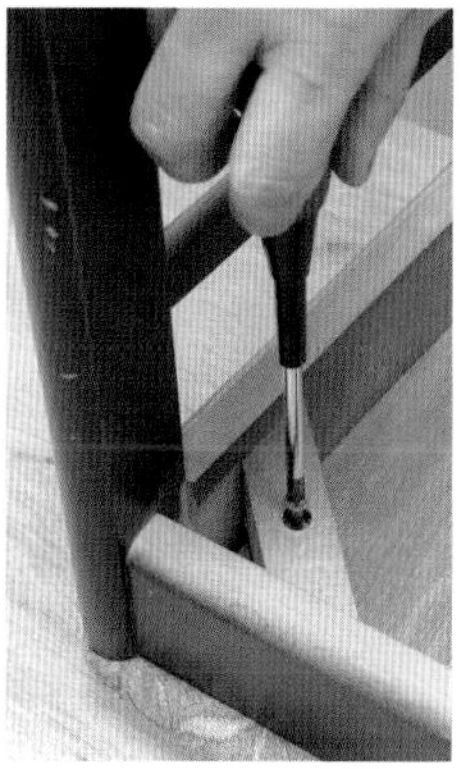

下地調整をする前にイスの座面を外しておこう。プラスドライバーでビスをゆるめれば簡単に外せる

02 ていねいにサンドペーパーをかける

240番を使用。平面はサンドブロックを使うとやりやすい

03 ツヤが消える程度までかける

ヤスリがけは表面のツヤが消える程度が目安。研ぎクズはウエスで拭く

04 広い面はサンダーが便利

テーブル天板などの広い面は電動工具のサンダーを使えば効率がいい

05 目立たない場所にスプレーで試し塗り

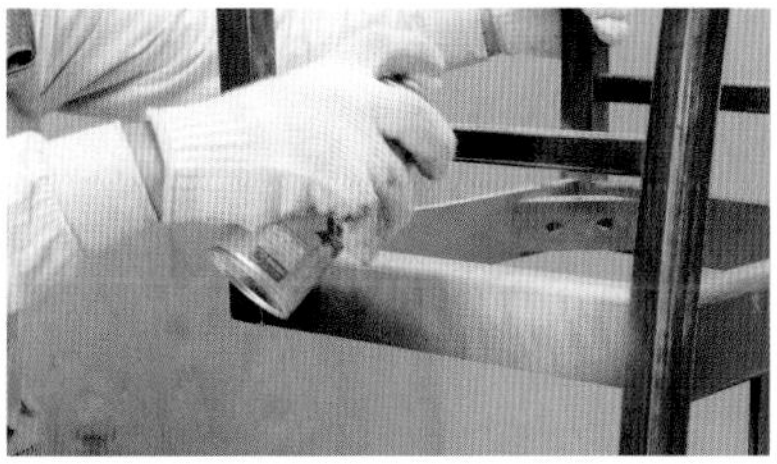

裏の目立たない場所に軽く吹く。ラッカー系は古い塗膜を溶かすことがあるので必ず確認すること

06 ムラなく塗っていく

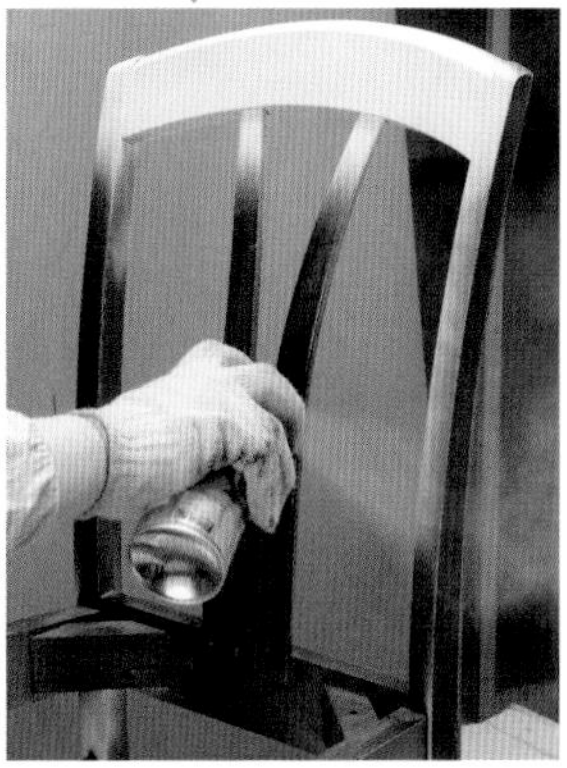

まず細かな部分を塗り、次に広い面を。スプレーは常に動かしながら、薄くムラなく塗ること。乾きが早く、たれるとそのまま硬化しやすい

07 テーブルも裏面から

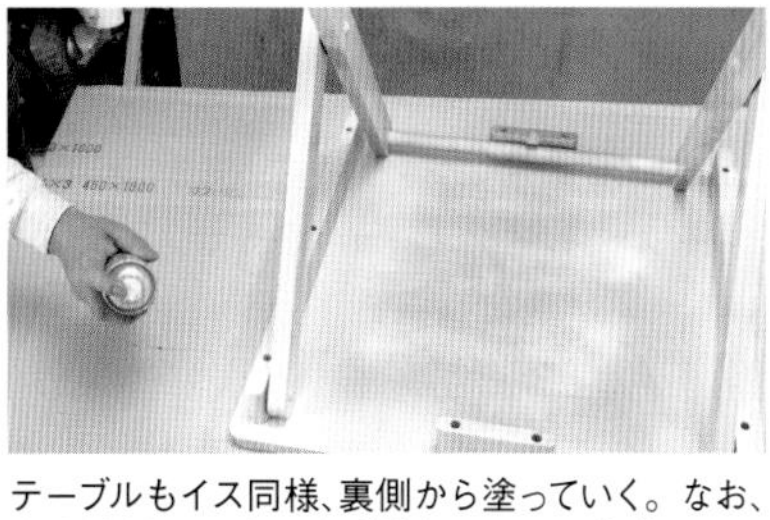

テーブルもイス同様、裏側から塗っていく。なお、室内塗装の場合は必ず換気しながら作業することを忘れずに！

08 天板は横向きにして塗る

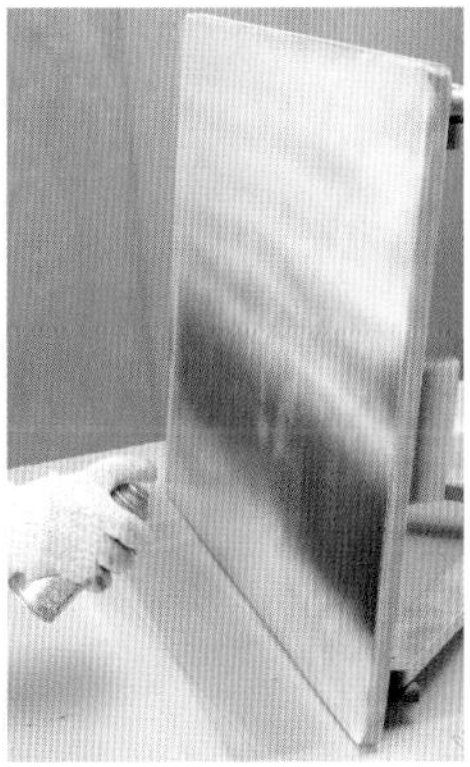

天板は横に向け、常にスプレーを立てた状態で吹くこと。スプレーを下向きにして吹くと塗料の粒子が立ち、表面がざらついてしまう

09 サンドペーパーで磨く

塗り終えたら乾燥させ、サンドペーパーで磨く。塗装のノリが良ければ４００番程度、ざらついているようなら２４０番程度を使用

10 重ね塗りをして完成

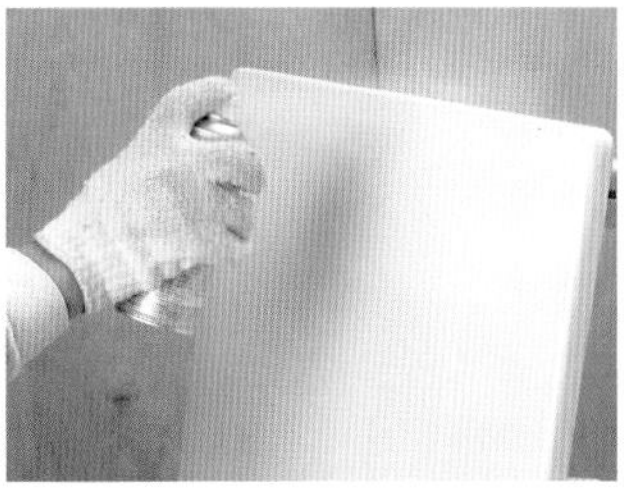

重ね塗りをすればさらに表面に光沢が増し、仕上がりが良くなる

Point

天板をムラなく塗るコツ

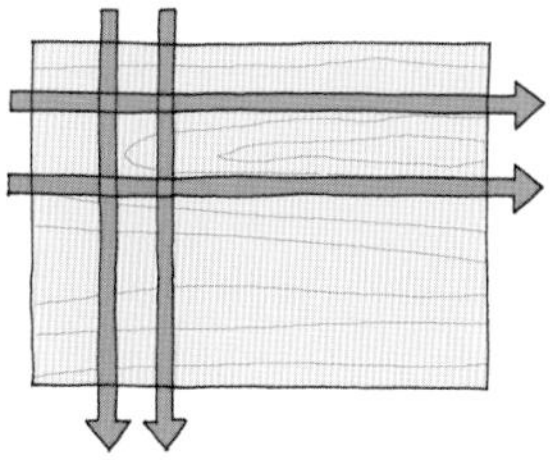

天板は普段から目にする場所なので、できるだけ均一にムラなく仕上げたい。スプレーは左から右にゆっくりと動かし、最後に右側に抜く（左利きは逆）。この動作を繰り返したら今度は上下に動かす。往復させる塗り方はムラになるので避ける。

05 イスをアンティーク風に塗る

水性塗料の塗り重ねでひと工夫

簡単塗装テクニックで長年使い込んだ味わいに

塗装の特殊テクニックを使えば、新品の家具をいかにも使い込んだアンティーク家具風に仕上げることができます。塗装がはげてきた状態をわざと作ればいいわけで、テクニックとしては二色の塗料を塗り重ね、サンドペーパーをかけて上層の塗料を落とします。いたって簡単な作業で、写真のような味わいのある雰囲気に仕上がるので、ぜひチャレンジしてみましょう。

難しいのはサンドペーパーのかけ加減。かけすぎると木肌が出てしまったり、雰囲気がオーバーになりすぎて逆に不自然。ゴシゴシ強くこすらず、ちょっとかけ足りないかな、と思う程度でやめるのがコツです。

▼道　具

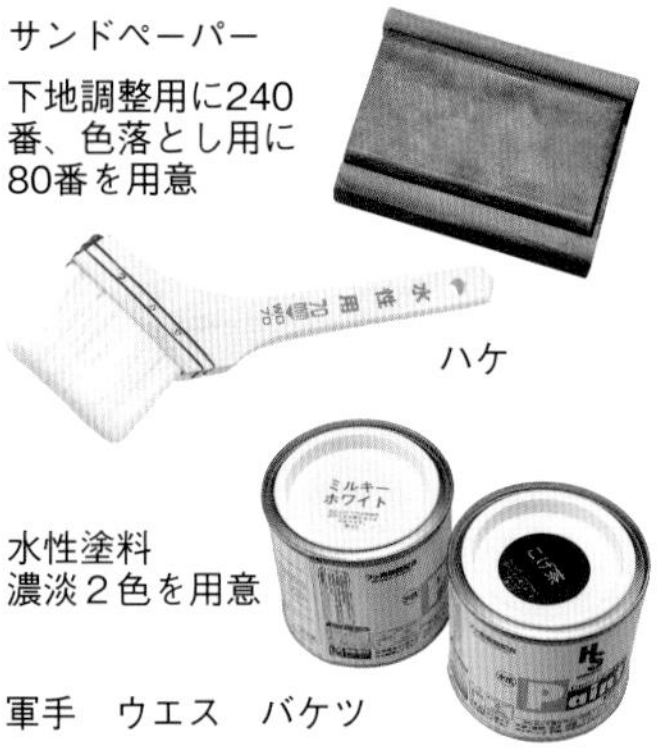

サンドペーパー
下地調整用に240番、色落とし用に80番を用意

ハケ

水性塗料
濃淡２色を用意

軍手　ウエス　バケツ

▼材　料

▼DATA

コスト…………………… ¥

手間…………………… 2

技術…………………… 1

01 下地調整をする

目の細かいサンドペーパー（240番）を全体にかけ、研ぎクズをよくはらっておく

02 塗料を薄める

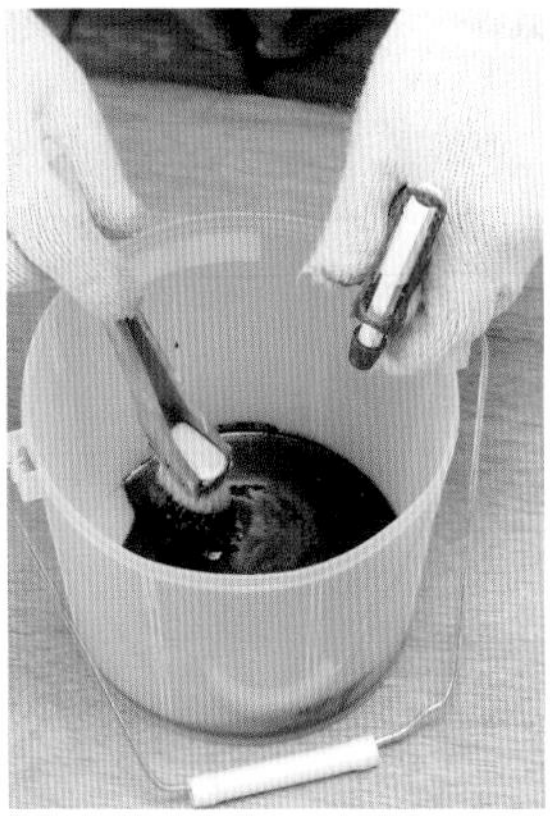

水性なら水、油性ならペイントうすめ液で薄める。霧吹きを使うと微妙な加減調整がしやすい。目安はハケがスムーズに動く程度

03 接合部に塗料をためない

木材同士の接合部は塗料がたまりやすい。ハケでしっかりなでておこう

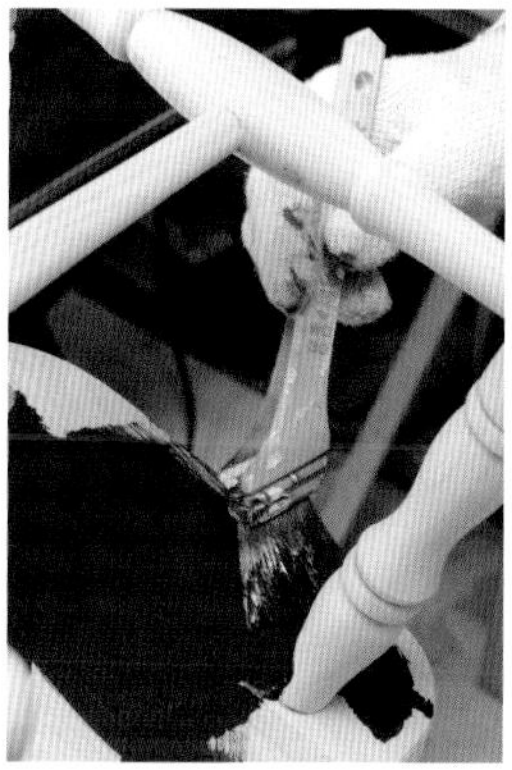

04 ハケは木目に沿って

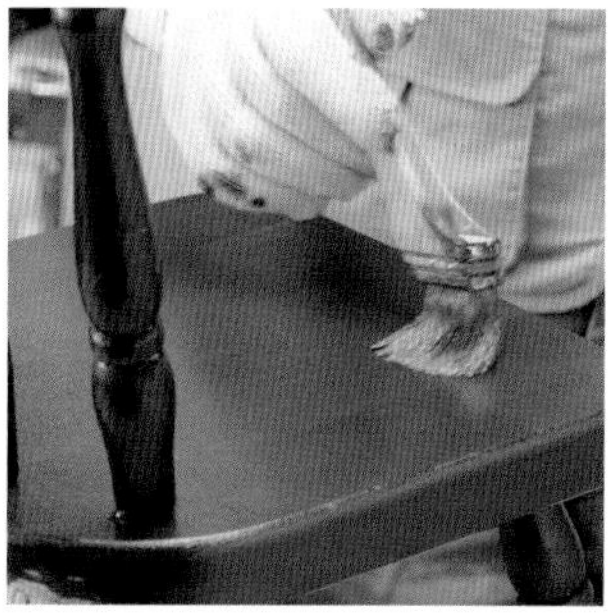

最後は木目に沿って動かせばハケムラも消える。しかし、下塗りなのであまり神経質に塗り上げる必要はない

05 サンドペーパーをかける

下塗りが乾燥したらペーパー(240番)がけで二度目の下地調整。水性はケバが立ちやすいのでしっかりと

06 上塗りをする

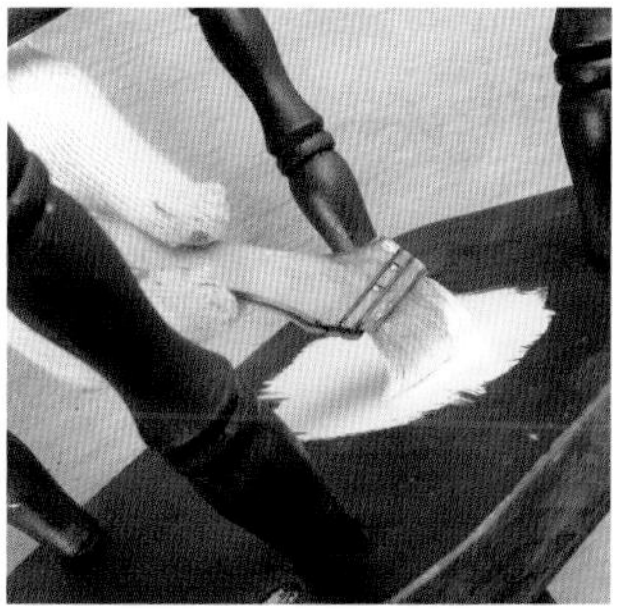

上塗り塗料は下塗りよりも少し濃い目に溶いて塗る。後で粗いペーパーで塗膜を削るためだ

▼

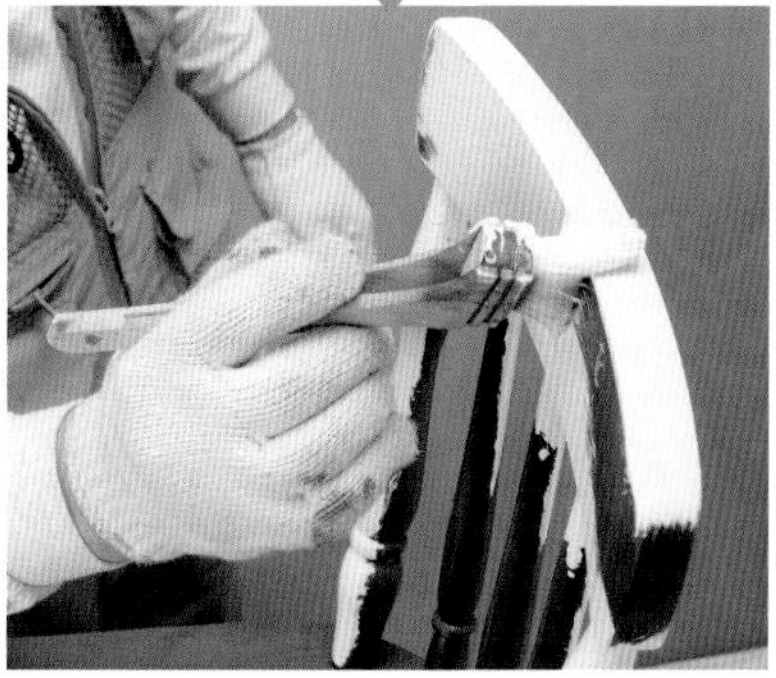

角にもしっかりと塗料をのせる。アンティーク調に仕上げる際に、角部分を削ることが多い

07 サンドペーパーで下地を整える

いったん乾燥させたら再びペーパー(240番)をかけて下地調整

08 重ね塗りをする

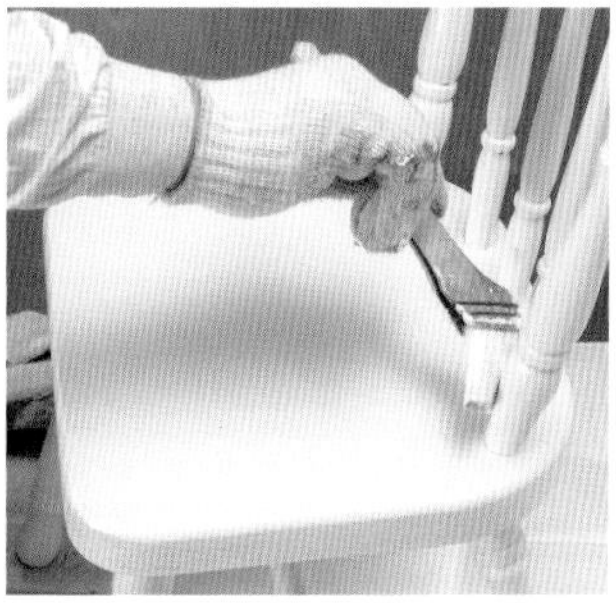

重ね塗りをしていく。塗りとしては最後の仕上げ。ハケ跡が残らないように塗る

09 しっかり乾燥させる

生乾きのまま次の行程に行くと塗料が上手く削れないので、しっかり乾燥させる

10 粗いペーパーでこすって表情をつけていく

80番を使用。あまりゴシゴシこすると木肌が出る。最初は軽くかけて様子をみる

▼

こんなふうに角を削るといかにもアンティーク風の素朴な風合いになる

11 240番をかけて完成

最後に細かい240番で全体を磨けばアンティークチェアーの完成だ

Column

あると便利な電動工具

「切る」「つなげる」「掘る・あける」「削る・磨く」といった木工作業をするとき、グーンと効率をアップさせてくれるのが、これらの電動工具。「切る」道具のジグソー、丸ノコ。「つなげる」「掘る・あける」道具のドライバードリル。そして「削る・磨く」道具のサンダー。必要に応じて、揃えてみませんか。

サンダー

塗装の下地を作ったり、平面の仕上げ加工を行ったりするときに威力を発揮する電動工具。パッドにサンドペーパーを取り付けて、上から手で押さえつけて材料を加工するオービルサンダーが便利

丸ノコ

刃が回転することで木材を切断する電動工具。スピーディかつ正確な直線切りができ、厚い材でもなめらかな切り口になる

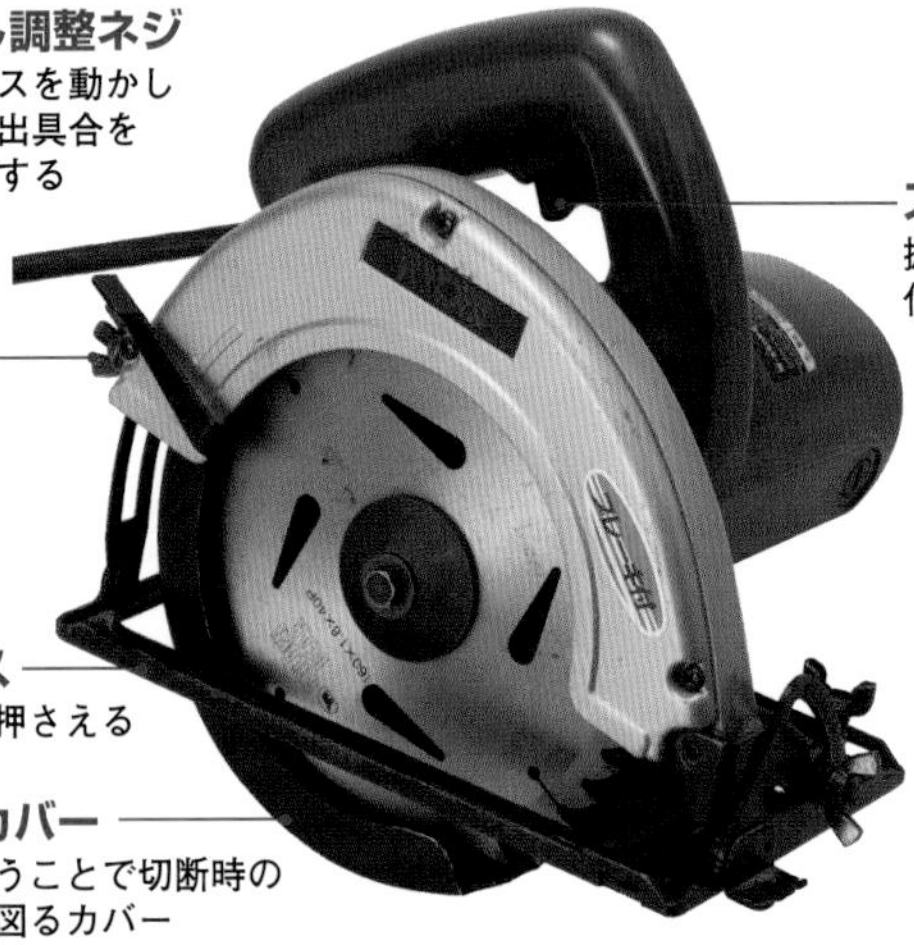

ジグソー

直線も曲線も切ることができ、ブレード（刃）を取り替えるだけで木材から金属まで切ることのできる便利な工具

ドライバードリル

ネジを締めるドライバーの役割と穴をあけるキリの役割を持つのがドライバードリル。さまざまな形状・口径のビットが用意され、作業に威力を発揮する

Part 10

エクステリア
をリフォームする

塀や玄関は、外からまず目に入る家の顔です。
雨風で古びたままにならないように、
きちんとしたメンテナンスを心がけましょう。

◇◇◇

◎ウッドデッキを塗り替える
◎アルミ門扉を塗り替える
◎ブロック塀を塗る

速効メンテナンス 1 落書きを落とす

モルタル塀にスプレーで描かれた落書きを落とします。落書き落とし専用のスプレーを使い、布とナイロンブラシでこすり落とし、最後に水で洗い流します。

▼道具

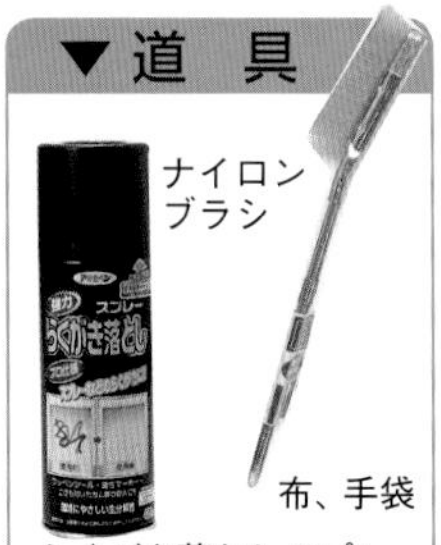

1 落書き落とし剤をスプレーする

10～15㎝ほど離して、落書きにたっぷりとまんべんなくふきつける。そのまま1～2分おく。

2 布でこする

表面を布で拭き取る要領でこすっていく。モルタルの凸面部分の塗料だけを落とすつもりでいい

3 ナイロンブラシでこする

さらにスプレーを吹きかけ、ナイロンブラシ（なければ歯ブラシ）でモルタルの凹面の塗料をこすり落とす

らく書きの輪郭がぼんやりとして、色が薄くなるまで続ける

4 水で洗い流す

ホースで水をかけて洗い流す。このとき、まだ色が残っているようなら、さらにナイロンブラシでこする

便利アイテム

らくがき落としスプレー

コンクリートやモルタル、金属パネル面の落書きを、素早く簡単に落とせるスプレー

速効メンテナンス 2 塗り替える

落としきれなかった落書きあとや、汚れが目立つモルタル塀を塗り替えます。多用途のスプレータイプ塗料を使用。公共スペースに面しているので養生をしっかりとして始めます。

▼道具

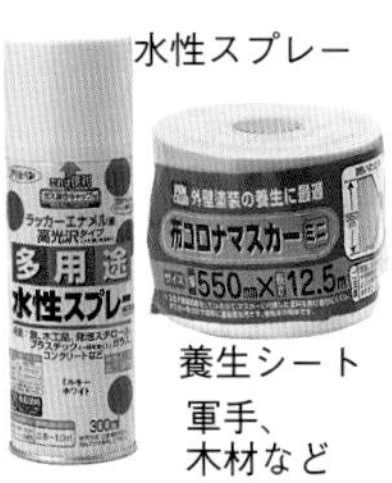

1 養生をする

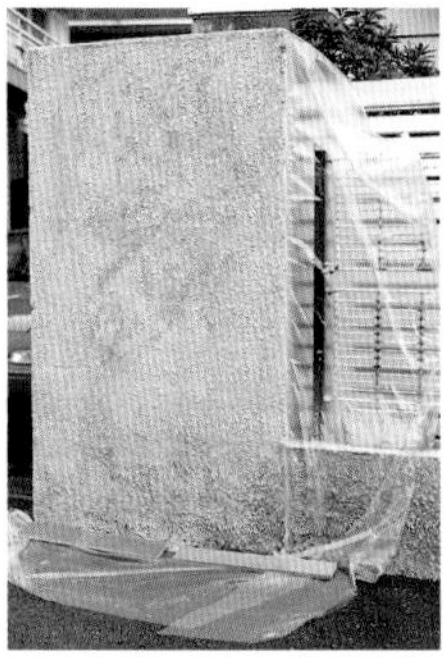

塀の外側は道なので、塗料が落ちないように、養生する。養生用のシートや新聞紙を木材などで押さえる。他にも塗りたくない場所は同様に

2 塗り始める

スプレーをよく振ってから、塀全体にゆっくりと吹きつけていく。左右に動かしながら上から下にむかっていく

3 下まで塗る

下までまんべんなく吹きつければ終了。すみの方までムラなく塗れているか確認する

4 乾いたら完成

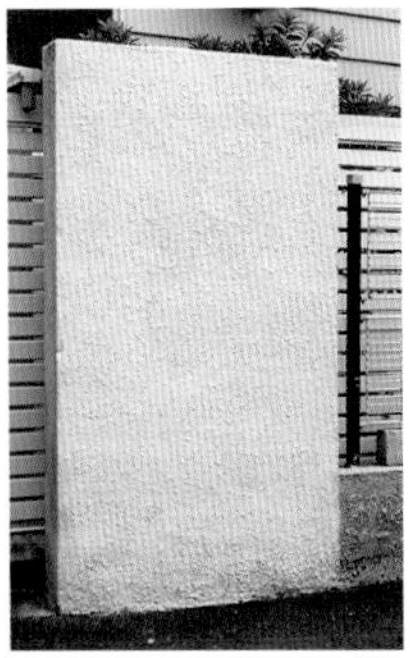

かわくまで2時間ほどかかるので、快晴が続く日を選ぶのも大事。道路に面した場所ならば、「ペンキ塗りたて」の貼紙をすることも忘れずに

Point

養生をする

塗装をする場合は、養生が必要になる。養生とは、塗料をつけたくない物や場所をマスキングして保護すること。養生が不完全だと、塗料の付着が気になり、作業効率が落ちる。屋外の塗装の場合、道路だけでなく、植木などにも忘れずに行いたい

速効メンテナンス 3

ひび割れを埋める

外壁にできたひび割れを充填剤で埋めていきます。後々塗装することを考えて変性シリコン系の充填剤を使用。ひびの奥まですきまがないように埋めていくのがポイントです。

▼道具

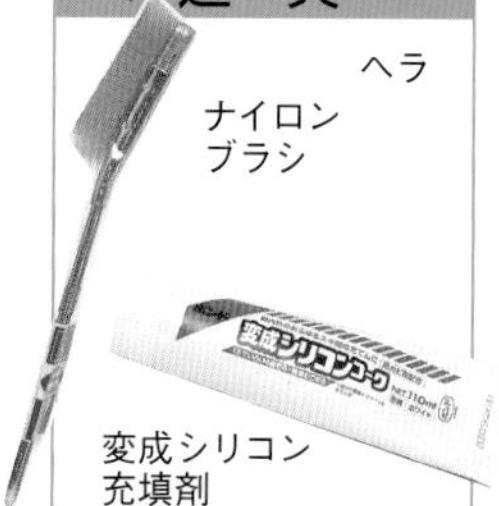

① 3ミリほどのひび

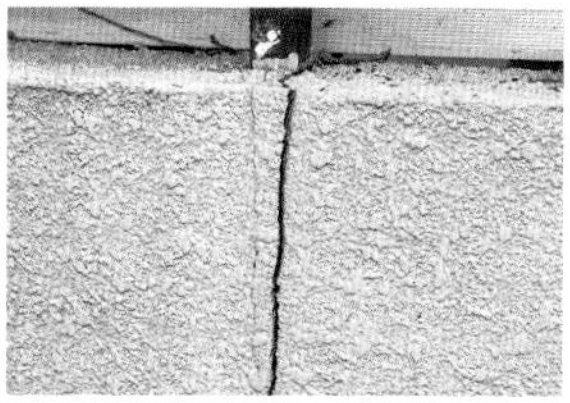

外壁のひび割れはトラブルのもと。どんなに小さなヒビでも見つけたらすぐ補修する

② ゴミをかき出す

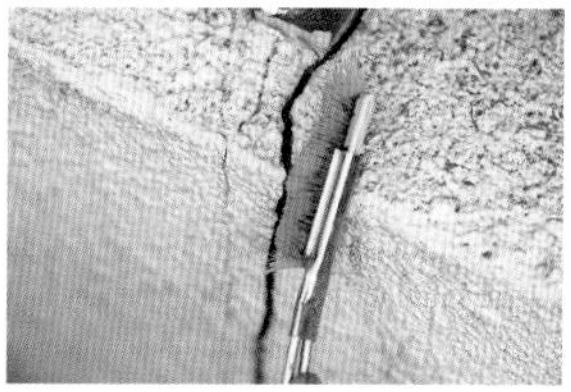

ナイロンブラシで、ひびの中に入ったゴミやモルタルのくずをかき出す

③ 充填剤を注入する

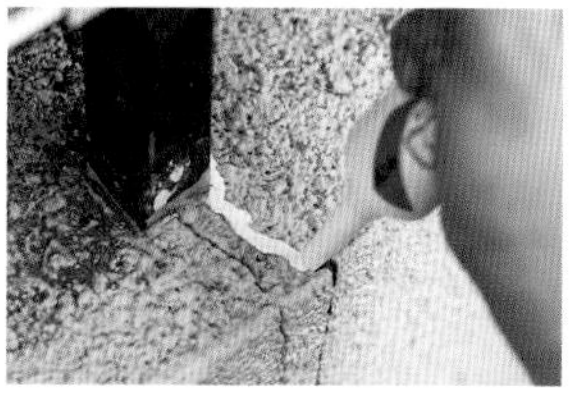

ひびの奥までとどくように、ゆっくりと充填剤を注入していく。上から下に進む

④ ひび全体を埋める

少しのすき間が出ないようひびのはしからはしまでしっかりと注入していく

⑤ ヘラでならす

ヘラを使って、充填剤をひびの中に押し込みながら、表面が平らになるようにならす

便利アイテム

変成シリコン

水をはじかない性質のシリコン系充填剤。補修した後、水性塗料での塗装が違和感なくできるので便利

速効メンテナンス 4

ブロック塀の穴を埋める

ブロック塀に開いた大きな穴は、見栄えも悪く危険。ブロックの中は空洞なので、小石をつめて、さらにセメントで補強します。速乾性の樹脂セメントを使用します。

▼道具

① ブロックに開いた穴

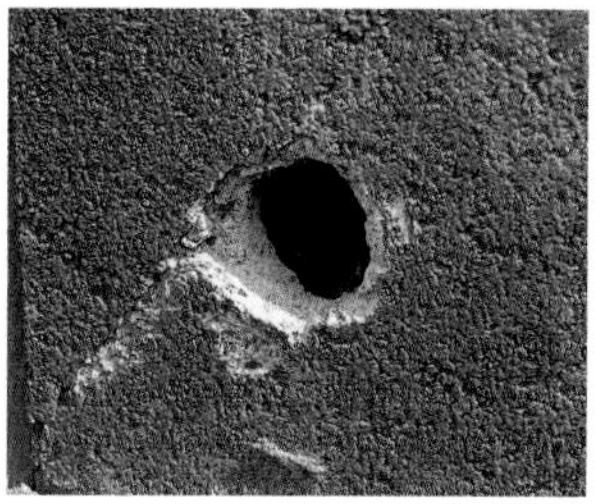

ブロックの中の空洞まで通った大きな穴。このまま広がると、ブロック塀自体の破損につながり、危険

② 小石を詰める

空洞いっぱいに小石を詰めこむ。写真のように穴が空洞まで通っている場合は、穴の口がふさがるまで入れる

③ 水で湿らす

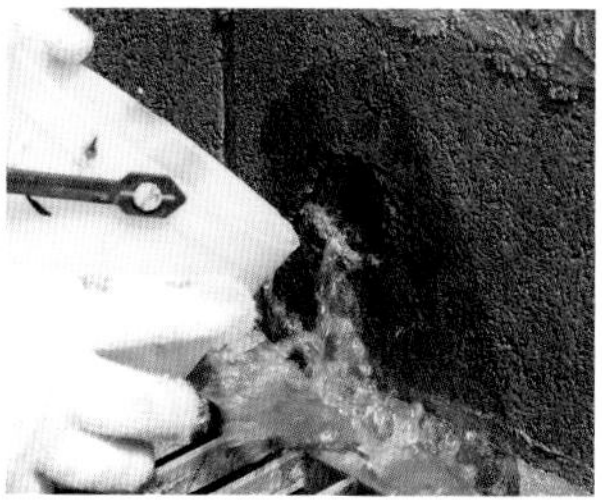

セメントがつきやすくするため、穴の口から水をかけて湿らす。穴のまわりにも水をかけておく

④ セメントを埋めこむ

よく混ぜたセメントを穴の中に埋め込んでいく。ヘラを使い、穴の口までたっぷりと埋める

⑤ コテでならす

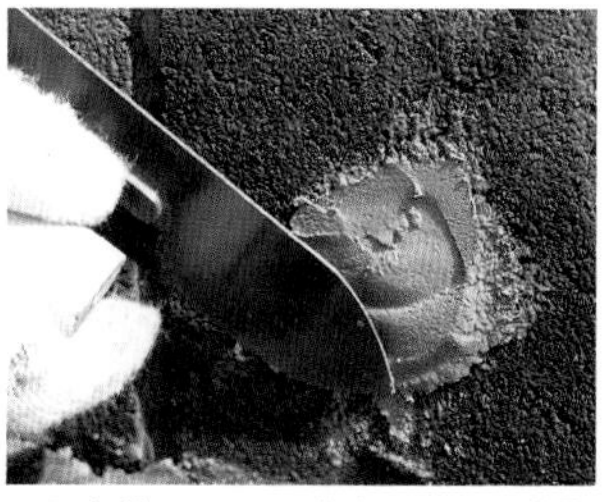

コテを使い、はみ出たセメントを取りながら、表面が平らになるようにならしていく

⑥ 乾いたら完成

セメントが乾くまで触らないようにする。乾いたら完成。穴がきれいにふさがり、安全だ

屋根の簡単メンテナンス

速効メンテナンス 1 瓦ずれを直す

屋根の瓦全体がずれてしまった場合はプロに頼みますが、1〜2枚程度なら、自分で直せます。直した瓦はコンクリート用のセメントパテを埋めてとめます。

▼道具
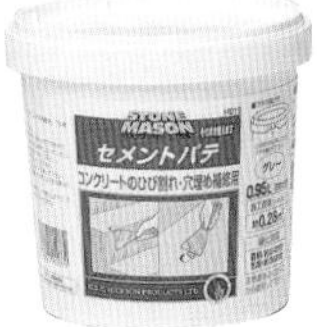

軍手
セメントパテ

① ずれを直す
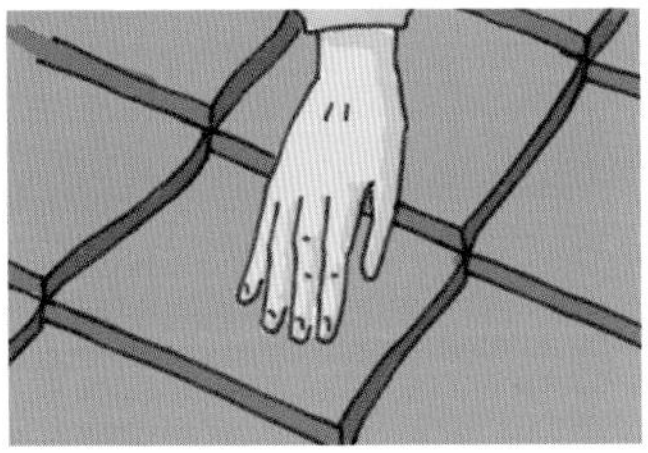

周りを見て瓦の並びを考えながら、ずれた瓦を下から押し上げるようにしてはめ込み、正しい位置に納める

② セメントパテを埋める
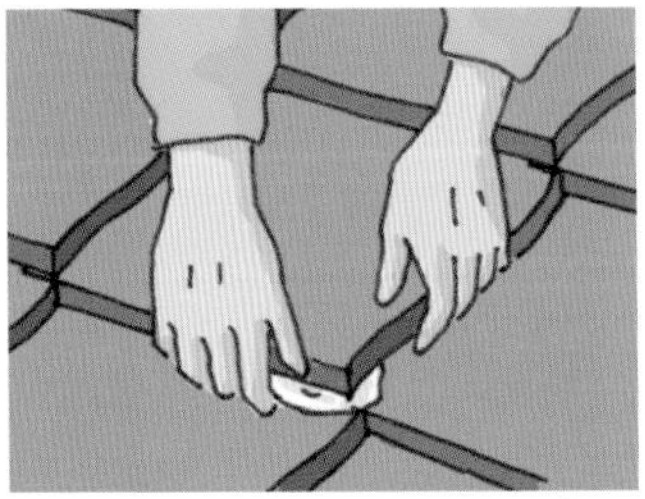

直した瓦の下にセメントパテを埋め込んでおく

速効メンテナンス 2 トタン板を入れて直す

破損した瓦の応急処置として、トタン板をはめこんで直します。トタン板は瓦よりも大きめの平らなものを用意。瓦のすき間に差しこんで補修します。

▼道具
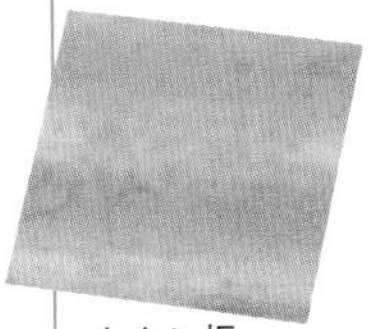

万能バサミ
軍手

トタン板

① トタン板を切る

瓦よりも少し大きめにトタン板を切る。切り口に気をつけながら、瓦の波形に合わせてトタン板を曲げる

② 瓦のすき間に差しこむ
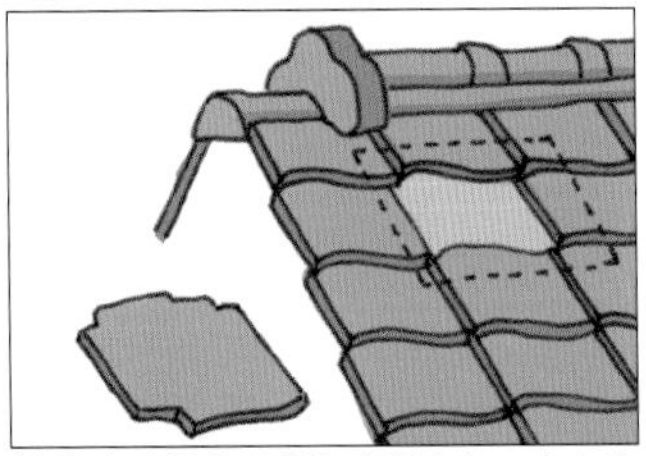

補修する部分の汚れを落とし、上から瓦のすき間に差しこむ。下の防水紙が破損した場合も同じように補修できる

Point

屋根に上るときの注意

屋根の上での作業は注意が必要です。スニーカーなどのゴム底のくつを履き、夏は必ず帽子をかぶります。

雨の日の作業は危険です。絶対に避けてください。

軒先からはしごの先が50㎝ほど出るようにかける。後ろに倒れないように、角度に注意する

はしごや脚立は、足もとがしっかりと安定した場所に立てる。また、はしごが雨どいにかかる場合は、角材などを入れて、つぶさないようにする

速効メンテナンス 3 テープで直す

ひびが入った瓦は、屋根用の補修テープや、防水補修テープなどを貼って直します。コーキング剤を使う方法もありますが、テープのほうがより簡単に早くできるのでおすすめです。

① テープを貼る
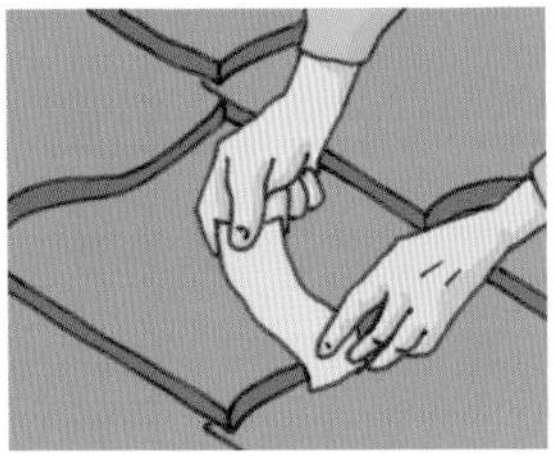

テープを貼る部分をきれいにふいて、瓦の裏までひびを覆うようにぐるりとテープを貼る

▼道具

防水補修テープ

Point

雨漏りの原因を見つける
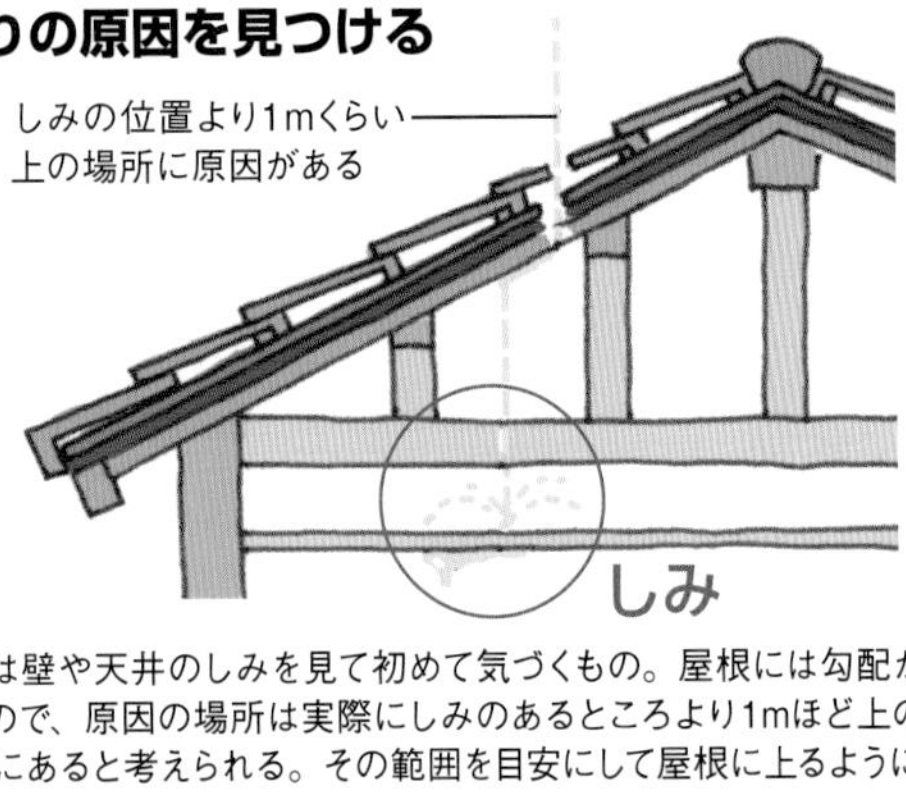

雨漏りは壁や天井のしみを見て初めて気づくもの。屋根には勾配がついているので、原因の場所は実際にしみのあるところより1mほど上の屋根の部分にあると考えられる。その範囲を目安にして屋根に上るようにする

速効メンテナンス 4 ひび割れをふさぐ

トタン屋根に入ったひび割れは防水補修テープでふさぎます。ひび割れは広がっていくので、小さいうちに補修します。

▼道具

防水補修テープ

① テープを貼る

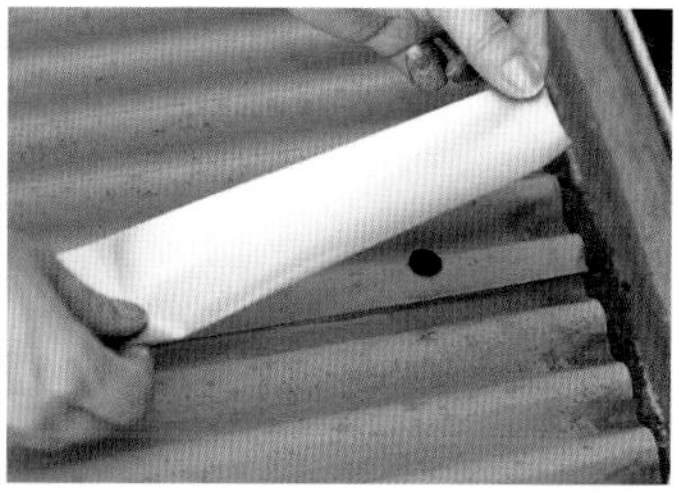

防水テープを長めに切り、表から貼っていく

② 裏にもまわす

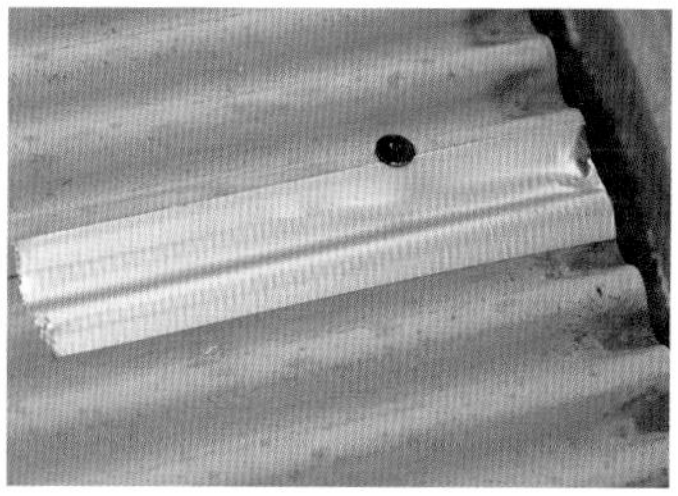

トタンの端を巻き込み裏側までテープをまわして貼る

便利アイテム

防水補修テープ

補修だけでなく、結束、梱包、固定など多用途に使える完全防水の強力粘着テープ。紫外線にも強いので、屋根など、屋外の使用に最適

速効メンテナンス 5 塗り替える

サビてきたら塗り替えが効果的です。屋根もきれいになり一挙両得。油性のトタン屋根用塗料を使いますが、乾燥に時間がかかるので、晴天が続く日を選んで始めます。

▼道具

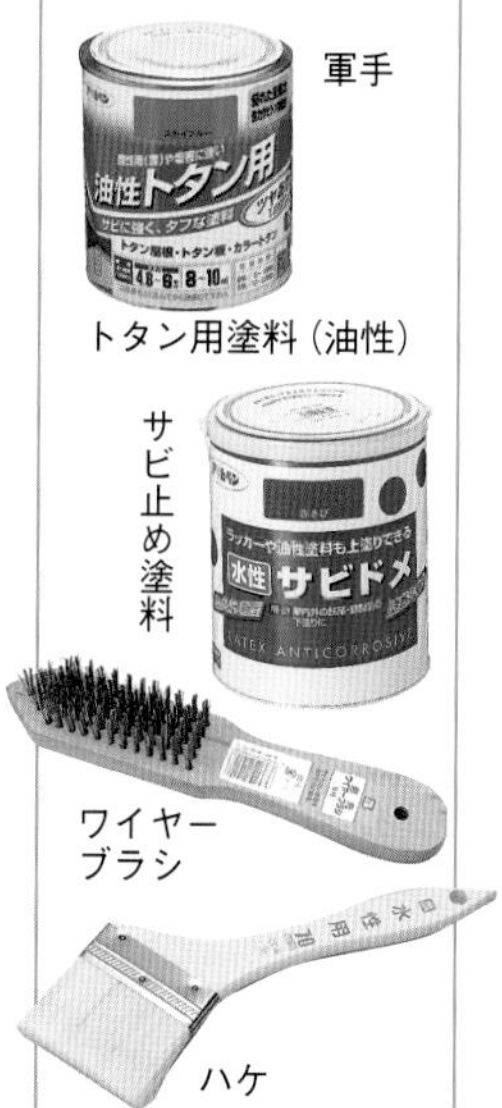

軍手

トタン用塗料（油性）

サビ止め塗料

ワイヤーブラシ

ハケ

① トタン屋根のサビ

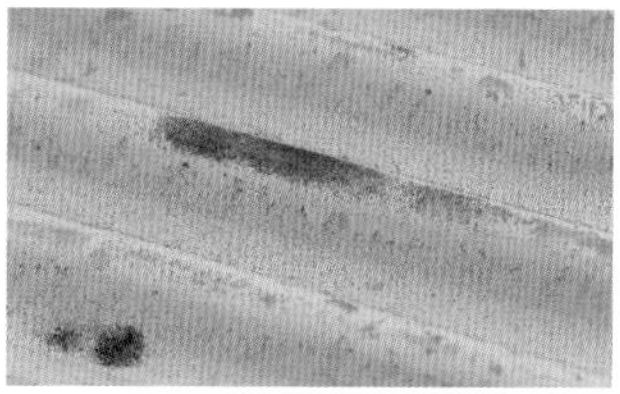

サビは小さくてもどんどん広がっていき、ひどくなると屋根全体を取り換えるはめになるので、早めの処置が肝心

② サビを落とす

ワイヤーブラシでこすってサビをひとつひとつ落としていく。食器洗い用のスチールウールやサンドペーパーでもOK

③ 徹底的に落とす

赤い色味が消えて地金が見えてくるまで徹底的に落とす。少しでもサビが残っていると、そこからまた広がるので注意

④ サビ止め塗料を塗る

サビ止め塗料は、防サビ剤が配合された特殊塗料。塗料を塗る前にサビを落とした部分にひろい塗りしていく。塗り終えたら乾くまで放置する

⑤ トタン用塗料を塗る

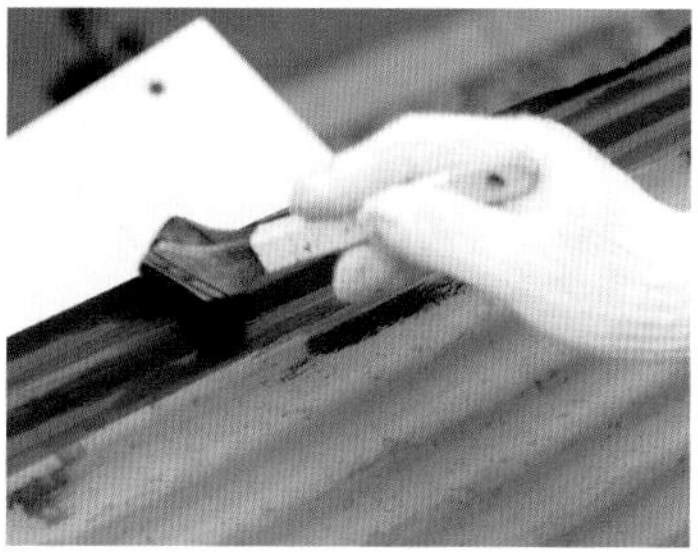

塗る順番を決めて、切妻などの塗りにくい場所から塗っていく

塗料は塗る前によくかくはんする

⑥ 乾燥させる

少しずつ後ろに下がりながら、塗りムラのないように塗っていき、全体を塗り終わったら乾燥させる

⑦ 重ね塗りして完成

油性塗料の場合、乾燥に約1日必要。完全に乾いたら、さらに全体に重ね塗りをする

コンクリート床の簡単メンテナンス

速効メンテナンス 1 ひび割れを埋める

かがまないと気付かないほどのひび割れも、放っておかずに補修します。コンクリートのひび割れ補修用の液状モルタルは、そのまま流しこめばいいだけなので使いやすく便利です。

▼道具

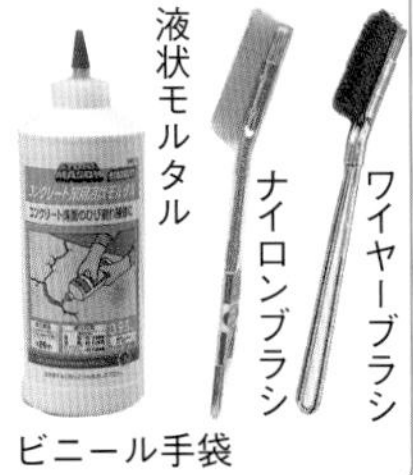

1 ひびを削る

ひび割れ部分をワイヤーブラシでこすり、なめらかにする。こうすることで補修材が入りやすくなる

2 ゴミを出す

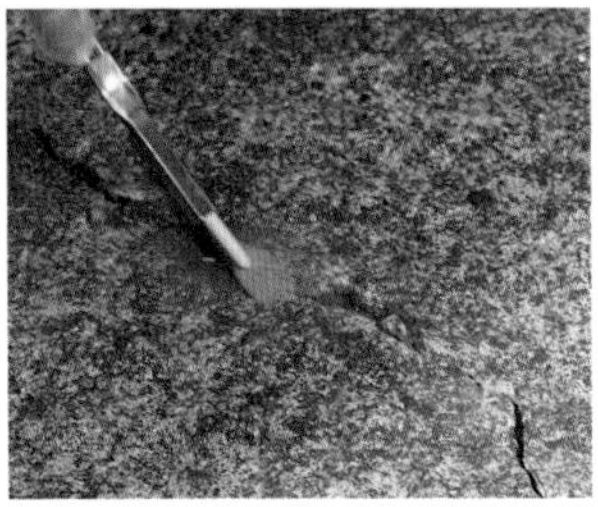

ひび割れの中にゴミが入っていると補修材が中までとどかないので、ナイロンブラシを使ってゴミを掃き出す

3 補修材を振る

液状モルタルは、使う前によく振ってかくはんしておく

4 注入する

液状モルタルの口をひび割れに向け、ひびの奥まで行きわたるようにゆっくりと注入していく

5 ならす

ひび割れ全体に注入したら、ヘラなどを使い、外にはみ出た部分を中に押し込みながら平らにならす

6 乾燥させる

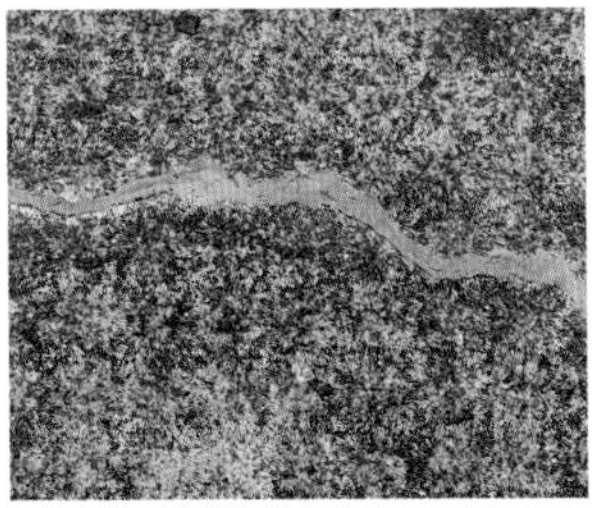

乾くまで1日ほどかかる。ひび割れがきれいに埋まった状態

速効メンテナンス 2 破損箇所を埋める

排水溝の際の破損なので、金属用のエポキシパテを使って補修します。エポキシパテは二層になっているので、手でこねてから使います。必ず手袋を着けて作業してください。

▼道具

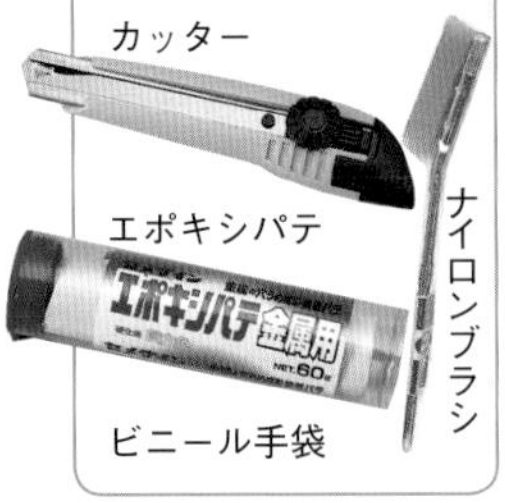

1 排水溝際の破損

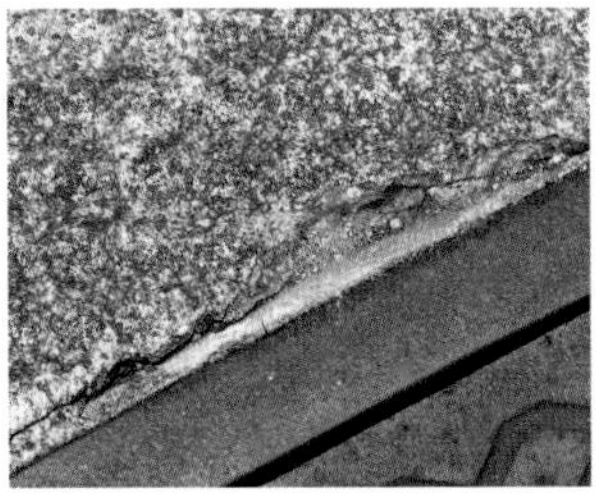

放っておくと破損が広がり、水がたまって、排水溝のふたも痛めることになる

2 ゴミを出す

補修材が中までしっかり入るように、ナイロンブラシを使ってゴミを掃き出す

3 補修材を切る

エポキシパテをカッターで1cmぐらいの厚さに切る。破損の度合いによって量は調整する

4 手でこねる

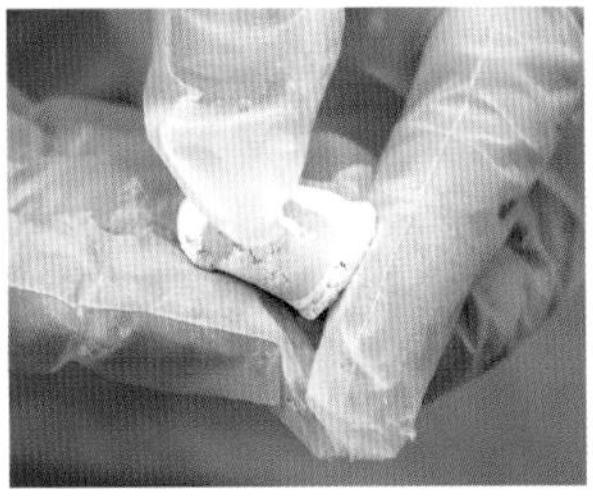

エポキシパテは二層になっている。粘土細工の要領で均一になるまでこねる

5 埋めていく

破損個所に指で押しながら埋めていく。少しでもすき間が空かないように注意する

6 乾燥させる

表面を平らにならし、そのまま1日おいて乾燥させる。破損部分がきれいに埋まった

速効メンテナンス 3

樹脂セメントで欠けた部分を成形する

石段の欠けの補修など、きれいに形をつけたい場合は、型枠を使って樹脂セメントで成形します。一見難しそうですが、ていねいにやっていけば、きれいに仕上がります。

▼道具

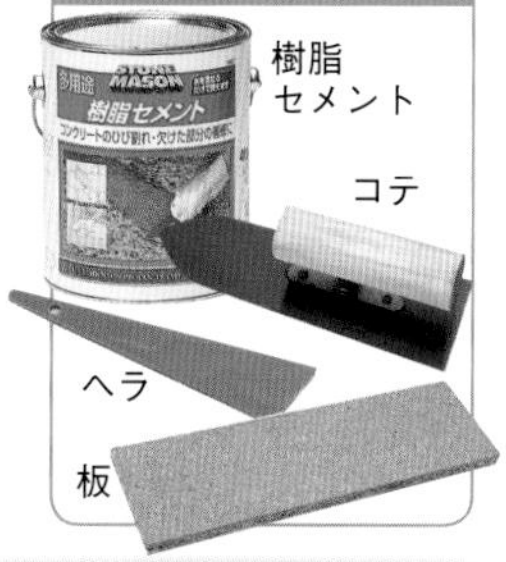

❶ 角が欠けた石段

石段の二辺が欠けてしまっている。玄関周りなので、足もとも危険だし、見栄えも悪い

❷ 水でしめらす

セメントをつけやすくするため、補修する場所に水をかけて湿らす

❸ 型枠を作る

写真のように、一辺に板をあて、外側をブロックなどでしっかり固定して型枠を作る

❹ セメントを詰める

型枠と石段の間に、セメントを埋めていく。すき間が出ないようヘラを使って、しっかり詰める

❺ 2枚の板で形を作る

残りの一辺にも、型枠を作り、同じようにセメントを詰める。角がきちんとできるよう、型枠を固定して、詰めていく

❻ 途中、コテでならす

成形が大体できたら、途中で一度型枠をはずし、コテを使って形を整える。さらに型枠をつけて、乾くまで固定する

❼ 乾かす

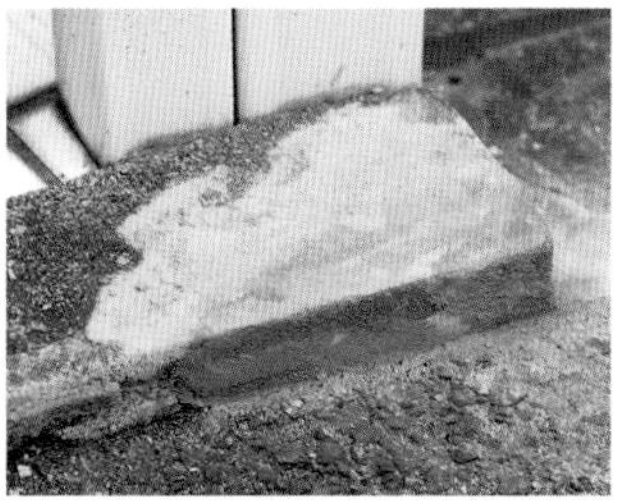

中がしっかり乾くまで触らないようにする。角がしっかりとできて、石段の形に戻っている

Point

セメントはよく混ぜる

樹脂セメントは、セメント剤に水を混ぜて使う。ムラがないようにしっかり混ぜること。耳たぶぐらいのかたさがベスト

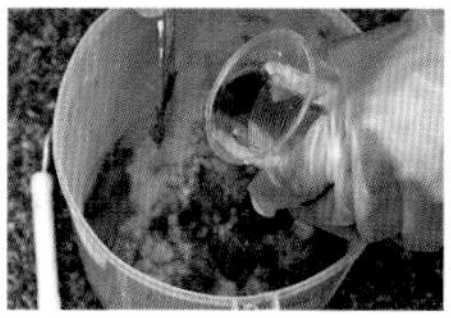

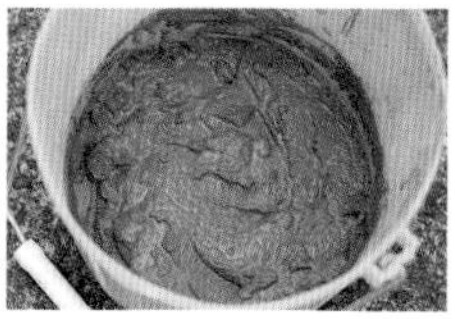

速効メンテナンス 4

全面を塗装する

コンクリート床用の水性塗料と下塗りシーラーを使います。下塗りシーラーは塗料がコンクリートに吸いこまれるのを防ぐとともに、塗装面をきれいに仕上げる働きをします。

❶ 表面の汚れを落とす

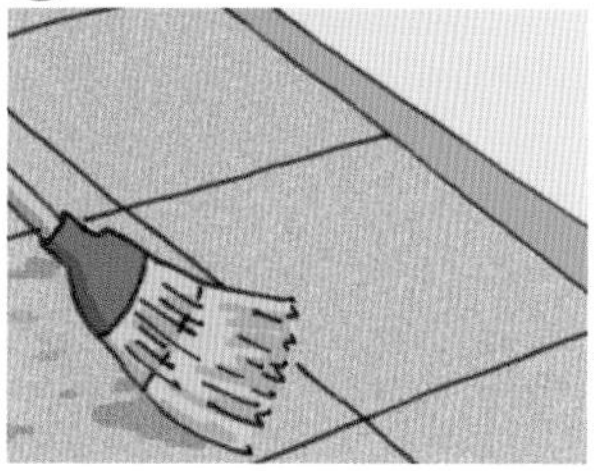

塗装するコンクリート面の汚れを落とす。汚れがひどい場合は、中性洗剤やタワシを使い、きれいにして乾かす

❷ シーラーを塗る

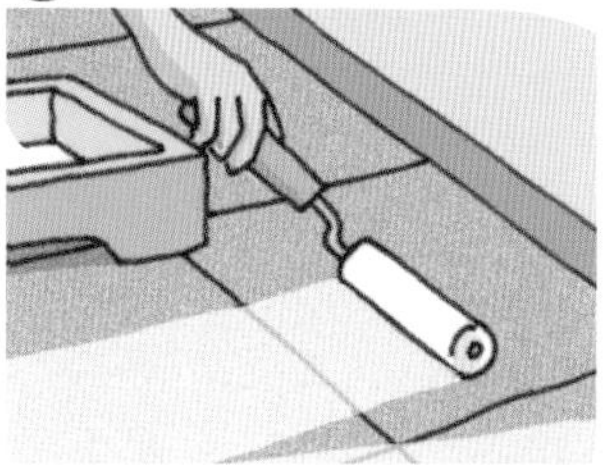

よく振ってかくはんしたシーラーを受け皿に取り、ローラーバケを使ってまんべんなく塗っていく

❸ 塗料を塗る

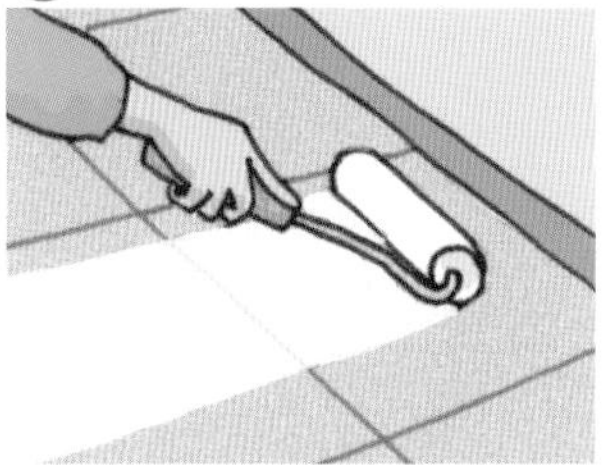

シーラーが乾いたら塗料を塗る。かくはんした塗料を受け皿に取り、ローラーバケで塗りムラがないよう塗っていく

▶道具

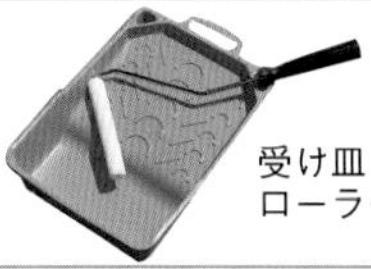

受け皿
ローラーバケ

コンクリート用
シーラー

水性
コンクリート用塗料

ほうき、
タワシなど

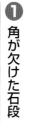

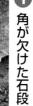

01 ウッドデッキを塗り替える

外部用ステインで木部の風合いがよみがえる！

3年に一度は塗り替え 塗料はステインが一般的

ウッドデッキやラティスなどは日差しや雨風を直接受けるために傷みが早く、塗装して数年もすると表面の色あせが目立ち、塗膜もはがれてきます。3年を目安に塗り替えをしてください。

ウッドデッキ塗装に一般的なのが外部用ステイン。塗膜は作らず、木部に浸透して木目が透けるため独特の質感に仕上ります。塗り替えの場合、ステインが塗られているウッドデッキならステインの上塗りができます。しかし、塗膜のある塗料が塗られている場合、ステインを上塗りするためにはその塗膜をすべてはがす必要があり、これはDIYレベルでは不可能。そのため同じ塗膜を作る塗料を上塗りします。

作業の流れ

1. サンドペーパーをかける
2. マスキングをする
3. 外部用ステインを塗る

▼道　具

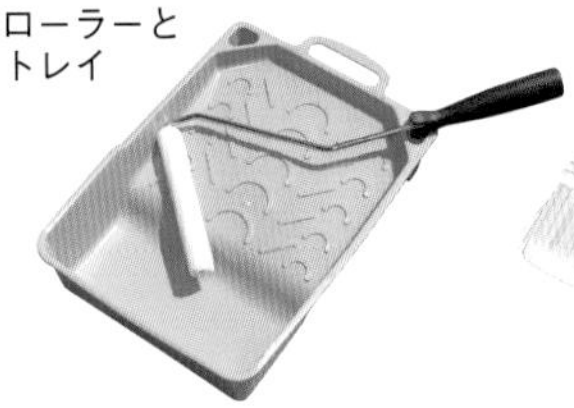

ローラーとトレイ

ハケ

養生シート

マスキングテープとビニールシートが合体したもの。これがあると養生の手際がグンとよくなる

軍手、長柄ホウキ、ガムテープ、スクレーパー、サンドペーパー、マスキングテープ

▼材　料

外部用ステイン

ウッドデッキは外部用ステインで仕上げられていることが多い。防虫・防腐の成分が内部まで浸透するので、木材そのものの耐久性を高めてくれる。ガーデニング木部にはぴったりの性質といえる

▼DATA

コスト……………………… ¥¥

手間………………………… 2

技術………………………… 1

01 表面をペーパーがけする

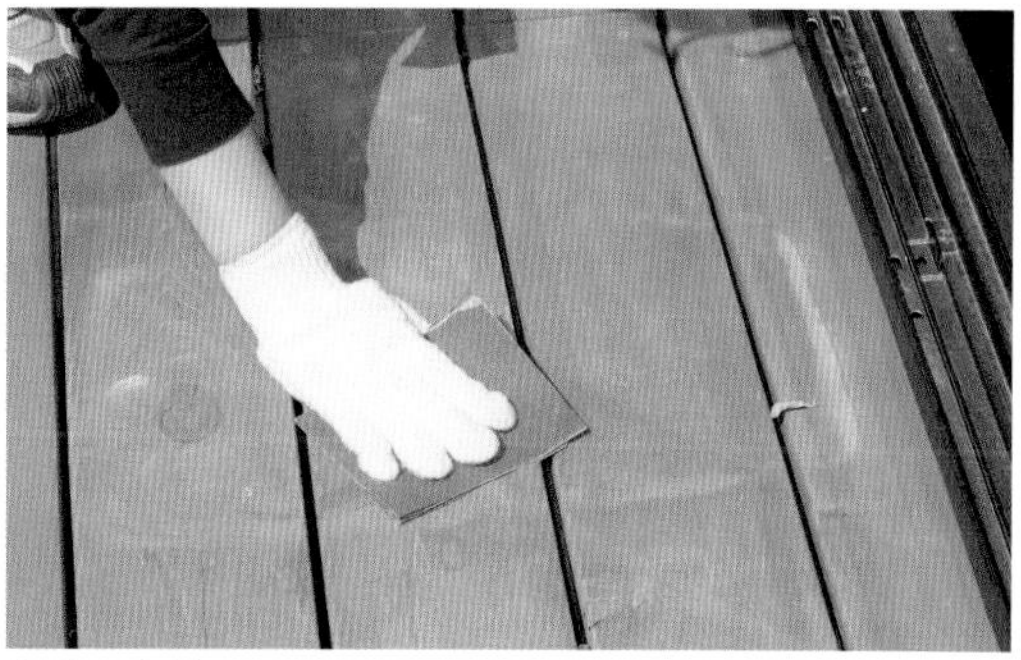

研ぎクズが出るまでしっかりとサンドペーパーをかける。180～240番程度のやや目の細かいものを使う

02 研ぎクズをはく

ペーパーがけができたら、長柄のホウキで研ぎクズをはく。これで下地処理は完了。次はマスキング（養生）に取りかかる

03 専用テープを貼る

塗料がついては困る場所に養生用のマスキングテープを貼っていく。写真は雨戸。縁の部分に貼る

04 ガムテープも活用する

マスキングテープが貼れない石やモルタル、鉄などには布製のガムテープが便利だ

05 ステインの缶を逆さにしてよく振る

開缶する前に逆さにして振って、よく混ぜる。塗料はバケツに少量ずつ分けながら使うこと

06 縁から塗り始める

まずはデッキの縁をはじめに塗ってしまう。30㎜程度の細いすじかいバケが便利だ

07 広い面はローラーも便利

ハケで細部を塗ってしまったら、広い表面部分はローラーで一気に仕上げる。塗料を吸い込み過ぎないので細身のローラーのほうが使いやすい

Point 塗る順番は上から下、右から左

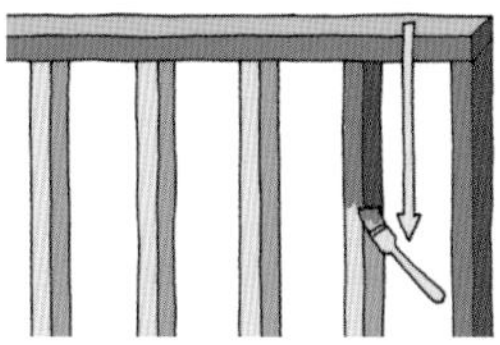

ステインは粘度が低く、サラリとしている。つまりタレやすい。手すりなどはまず上の部分を塗って、タレを伸ばすようにしながら下へと進む

右利きの人であれば、イラストのように右から左へと移動しながらだと塗りやすい。左利きは反対。最後の逃げ場を考えながら塗っていこう

02 アルミ門扉を塗り替える

非鉄金属用プライマー＋スプレー塗料で新品同様に！

非鉄製品も塗り替えを プライマーの下塗りが必要

最近の門扉はほとんどがアルミ製。きれいな焼き付け塗装がされていますが、それでも4～5年経つと色あせてきて白サビも浮いてきます。状態が悪くなったら定期的に塗り替えましょう。

非鉄は塗料の付着性が良くないため、金属用のプライマーという下地剤を塗ります。これを塗れば、あとは水性、油性、ラッカーを問わず上塗りすることができます。塗膜はがしの必要もありません。

非鉄も古くなると色あせがしてきて腐食が始まる。とくに海辺は傷みが激しい

▼道　具

非鉄金属用プライマー

スプレー塗料

スクレーパー

サンドペーパー

軍手、段ボール（養生用）、ゴーグル・マスク、ウエス、ナイロンブラシ

▼DATA

コスト……………………

手間……………………

技術……………………

01 門扉を外す

できるだけ外して作業したい。外せない場合はそのまま洗浄作業をするが、プライマー塗布の段階になったら養生が必要となる

02 しっかりと洗い汚れ・油分を取り去る

写真は洗浄専用のナイロンブラシ。歯ブラシなどで代用してもいい

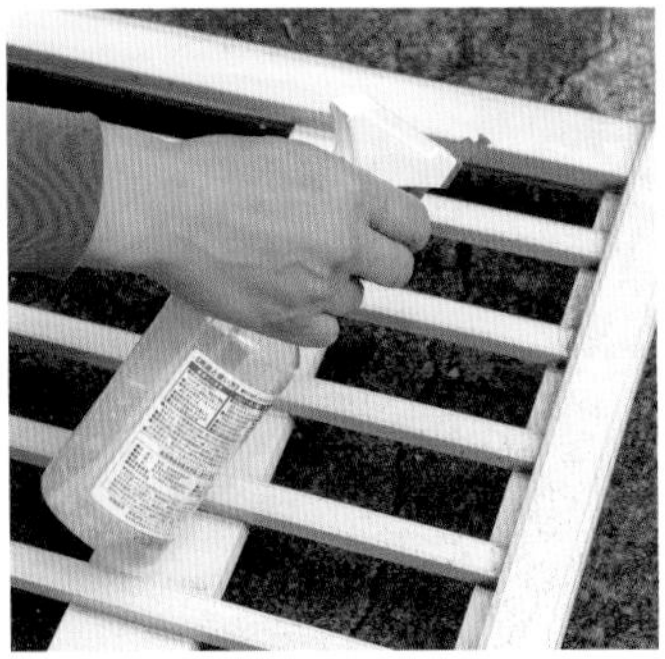

汚れがひどい場合は中性洗剤を使ってもいい。油分も落ちやすい

Point

スチールウールを使えば洗いとやすりがけが一度にできる！

手順④で行うサンドペーパーがけを、洗浄作業時に一緒にやってしまう裏ワザがこれ。台所用のスチールウールを使って洗えば表面も適度に荒れ、塗料の食いつきがよくなる。まさに一石二鳥。タワシなども使える。

03 ウエスで拭いて乾燥

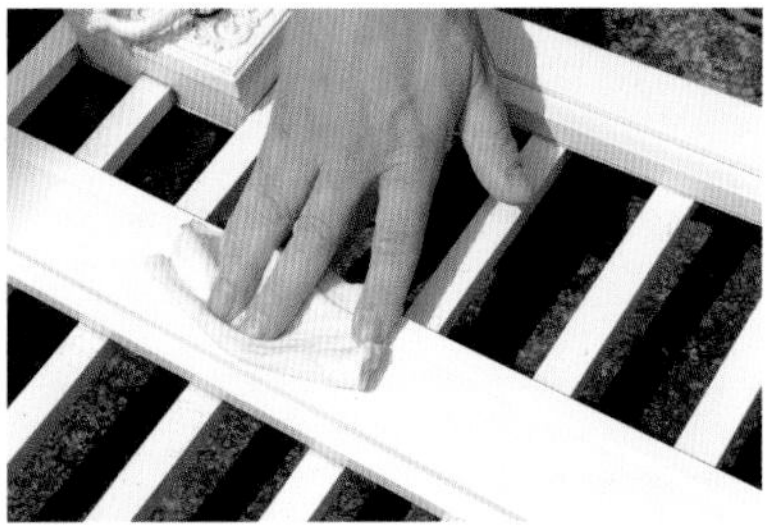

洗うと粉が出てくるので、ウエスで拭き取り、しっかりと乾燥させる

04 まんべんなくサンドペーパーをかける

細かい番手（600番）を使って、全体を荒らす。平面はサンドブロックを使うと効率がいい

05 スクレーパーで削って表面を平滑にする

腐食によるはがれや、汚れが付着して固化している場合などは、削って面を平滑にしておく

06 まわりを養生する

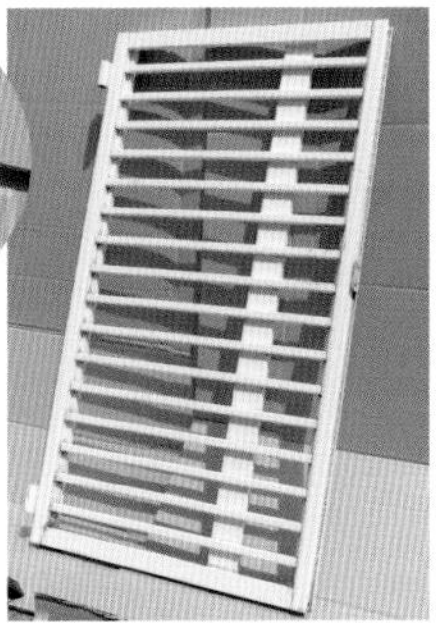

外で行うスプレー塗装は段ボールやレジャーシートを広げて養生するといい。塗装前にツマミなどの金具は外しておく

07 プライマーを塗る

ハケ塗りタイプのプライマーもあるが、門扉は形が複雑なのでスプレーのほうが効率がいい

08 細部から平面部へスプレー塗装する

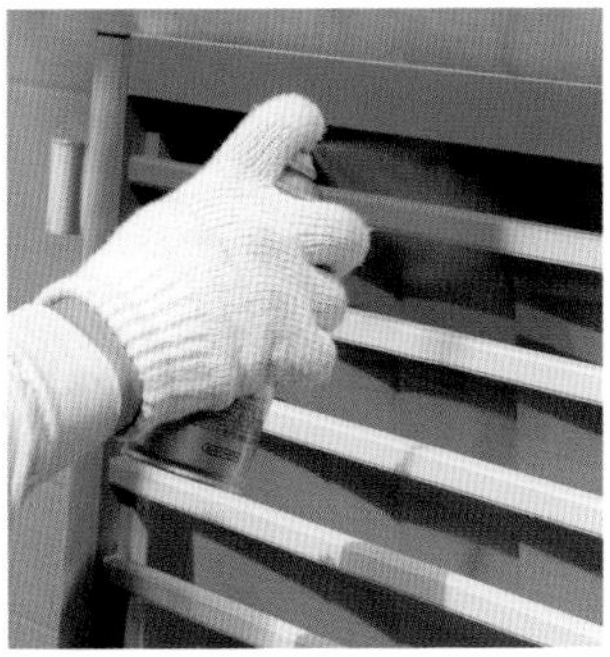

入り組んだ場所を最初に塗ってしまい、その後で平面部分を仕上げていく

09 重ね塗りして完成

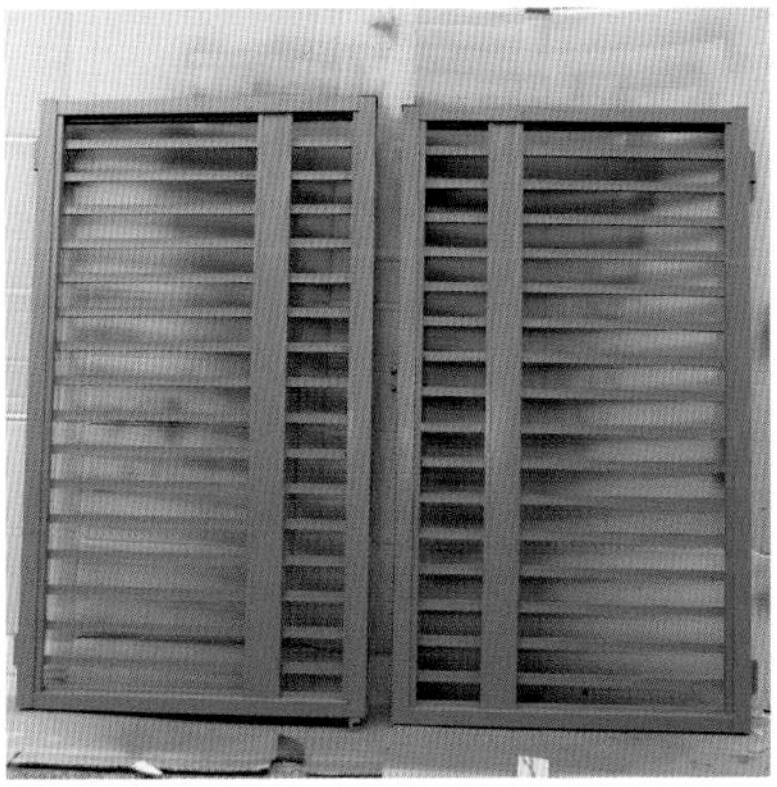

塗り終えたら乾燥。さらにサンドペーパーで磨いて重ね塗りする。400、600、1000と目を細かくしながら、磨く・塗るを繰り返すと、美しい仕上がりとなる

Point

表面に凸凹があるときはパテ埋めを

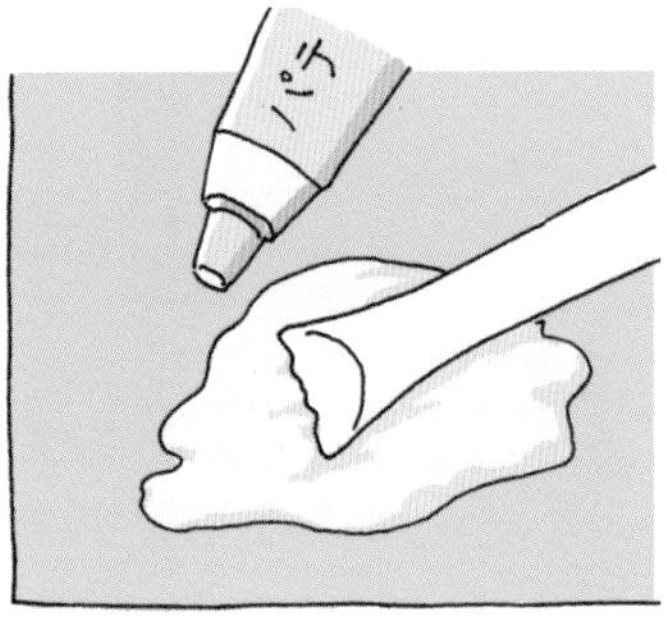

門扉は平滑に仕上げたいので、表面に目立つ凹みやキズがあるときはパテで補修する。パテはなで広げるように凹みの周辺部にも塗り、硬化したらサンドペーパーで研ぐ

プライマーは塗料の食いつきを良くするための下地剤。アルミなどの非鉄に直接塗れる塗料もあるが、種類・色数が少ない。プライマーを下塗りすればほとんどのものが塗れるようになるのでおすすめだ。無色透明なのでたらしやすいが、なるべく薄付けが望ましい。少ないが色付きもあるので初心者にはそちらがおすすめ。なお、新聞紙の養生はくっついてしまうのでなるべく使わないこと。

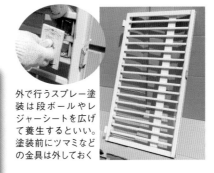

03 ブロック塀を塗る

樹脂モルタル＋シーラー＋外かべ凹凸塗料で外壁をリフォーム！

風合い豊かな凹凸塗料で生まれ変わるブロック塀

ブロック塀やモルタルの外壁はメンテナンスをせずにいると泥やホコリの汚ればかりでなく、ヒビや表面の微細な穴から水が浸透してカビやコケも繁殖し、どんどん劣化していきます。

そこで、定期的に塗装をして表面を保護する必要があります。塗料には水性外壁用を使います。厚くて強力な塗膜を作り、ひび割れや亀裂に強いアクリル塗料なので、塗ってしまえば水を寄せ付けません。ここでは独特の凹凸仕上げとなる「水性外かべ凹凸塗料」を使いました。

大事なのは汚れやカビをしっかり落とすことと、ヒビ割れがあれば樹脂モルタルなどで補修しておくことです。

▼道具

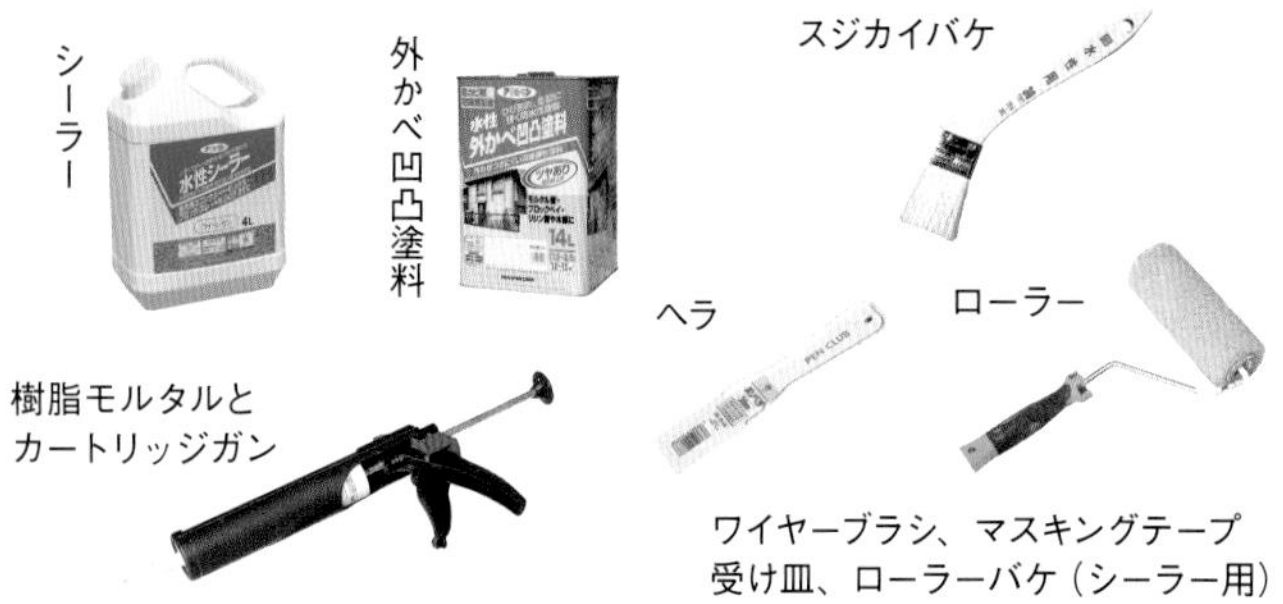

ワイヤーブラシ、マスキングテープ
受け皿、ローラーバケ（シーラー用）

▼DATA

コスト……………………

手間……………………

技術……………………

01 表面の汚れを落とす

ワイヤーブラシで強くかき取るようにしてブロック全面の汚れを落とす。目地部分の汚れも残さずに取る

02 目地を埋める

目地部分に樹脂モルタルを充てんする。カートリッジガンを使ってモルタルを置いていくと容易だ

Point

乾くとカサが減るモルタル 2度充てんすること

目地に充てんした樹脂モルタルは乾燥すると水分が蒸発した分、カサが減ってへこんでしまう。そこでもう一度樹脂モルタルで埋め直す必要がでてくるので要注意。

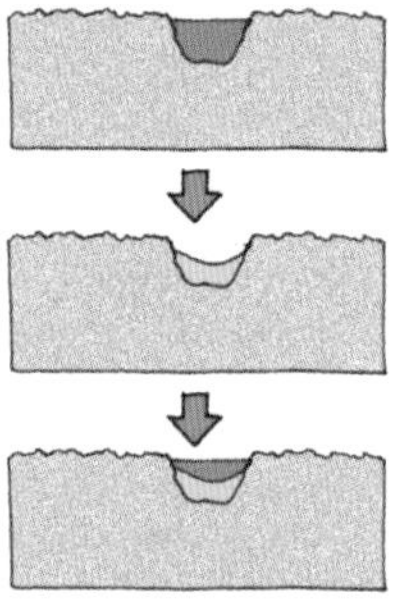

03 ヘラでモルタルをならす

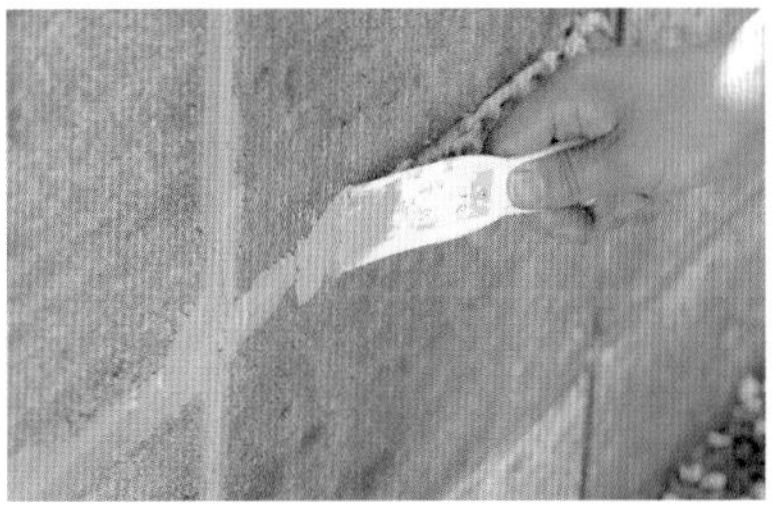

モルタルをヘラでしごいてならす。塗料を塗ったときに塀が平面に見えるようにするのがねらいだ

04 シーラーを塗布

ローラーバケにシーラーを含ませて塗る。たっぷりと重ね塗りするとよい

05 塗料をかくはんする

凹凸塗料は粘度が高いのでこれでもかというくらいに缶を揺すってかくはんする

受け皿に小分けする時は注ぎ口を上にして注ぐと缶が塗料で汚れない

06 隅はスジカイバケで塗る

マスキングを施し、コーナーや端の部分はあらかじめハケで塗装しておく

07 細かいところは筆で

フェンスの柱の回りなど、細かい部分を塗るには小さな筆を用いるとよい

08 ローラーバケで塗る

凹凸塗料専用のローラーを使用すると、比較的容易に凹凸面を作ることができる

09 きれいな凹凸が出るまで縦横にローラーを動かす

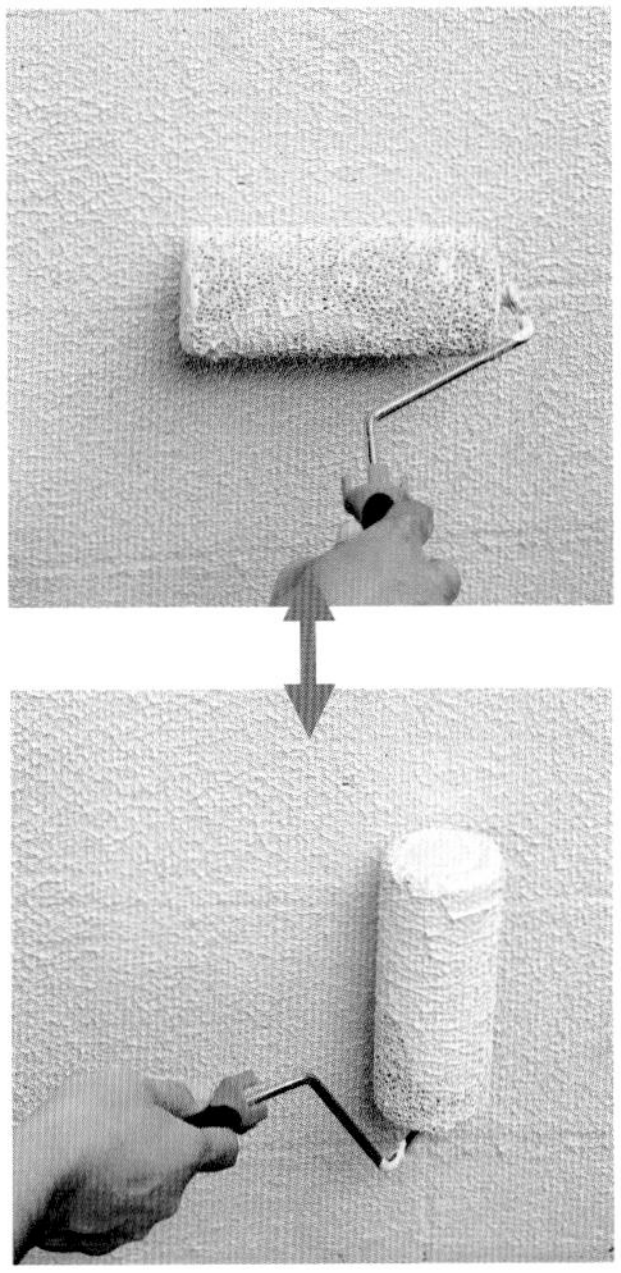

失敗しても気にせず、きれいな凹凸模様が出てくるまで繰り返しローラーを転がしてみよう。縦・横方向にローラーを転がしているうち、次第にコツが飲み込めてくるはずだ

Point

凹凸塗料をうまく塗るためにまずは古新聞で練習する

専用のローラーバケを使えば凹凸を出しやすいとはいうものの、初体験でいきなり本番というのも勇気がいる。そこで古新聞の上でローラーを転がしてみて感覚をつかむことをおすすめ。ゆっくりと転がすのがコツだ。

ゆっくり転がすとこのようにポコポコと凹凸がうまく出る。この感覚を覚えたら、ブロック塀に向かおう

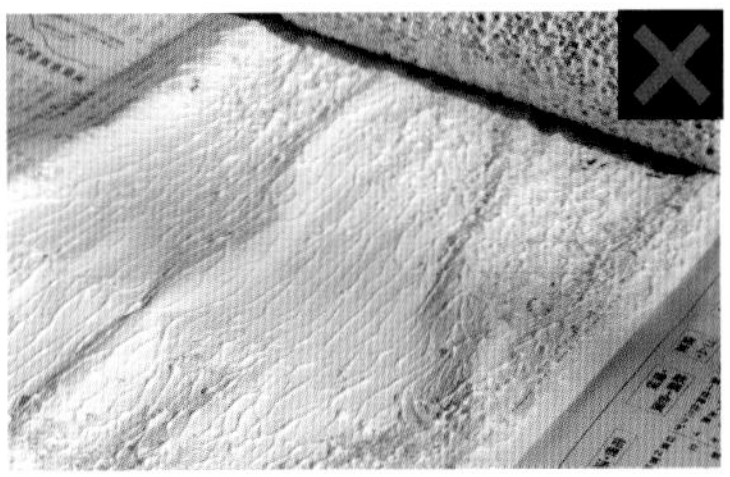

ローラーを転がすスピードが速いと塗料がローラーに引っぱられて凹凸が出ない。塗料が筋になっているのが見える

Column

エクステリアリフォーム用塗料カタログ

エクステリアのDIYでおすすめなのが、塗装によるリフォーム。古くなった木部や金属部も、塗料を塗りなおすことで新品のようにピカピカによみがえります。ここでは、屋外で使用できる塗料を紹介します。

金属部用塗料

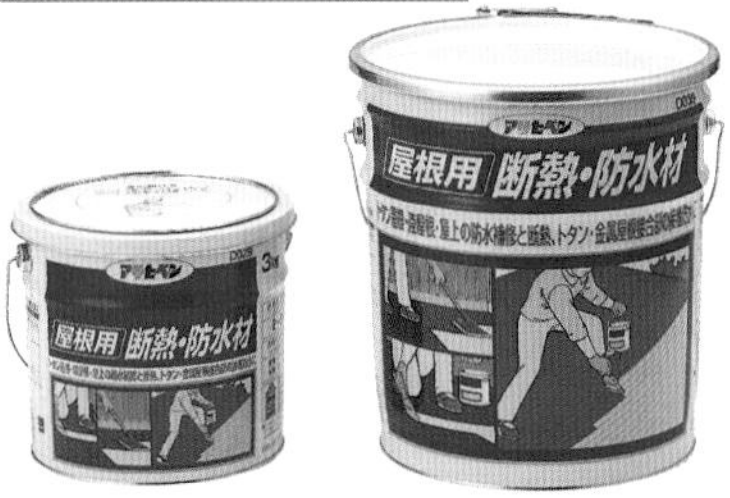

●油性鉄部用／アサヒペン
鉄製の門扉、フェンス、アルミ建具、ステンレスなど屋外の塗装に最適。酸性雨、塩害、排気ガスに強い。ツヤのある厚い塗膜をつくり、キズがつきにくい。全16色。● 1.8ℓ（3～21㎡）4,725円、1/12ℓ、1/5ℓ、0.7ℓ、8kg

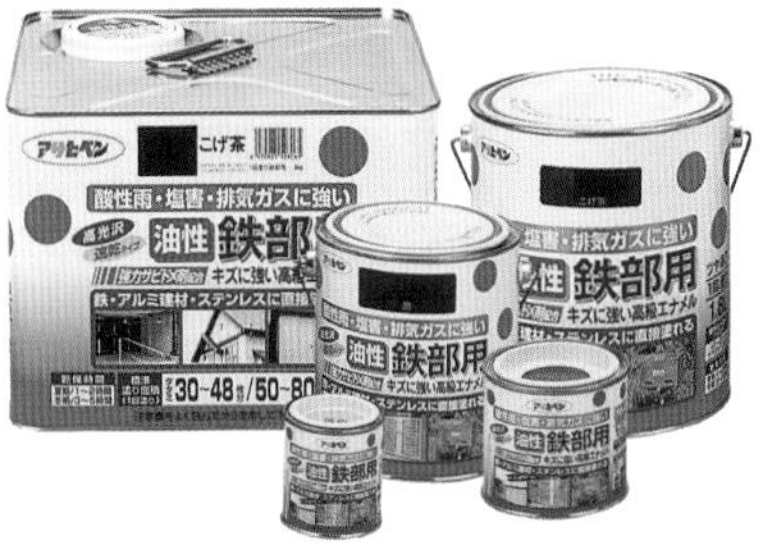

●屋根用断熱／アサヒペン
防水・防サビ・断熱効果がある油性塗料。トタン屋根のほかに、屋上・ベランダのコンクリート面にも使用できる。● 3kg（2～3㎡）/7,835円

コンクリート用塗料

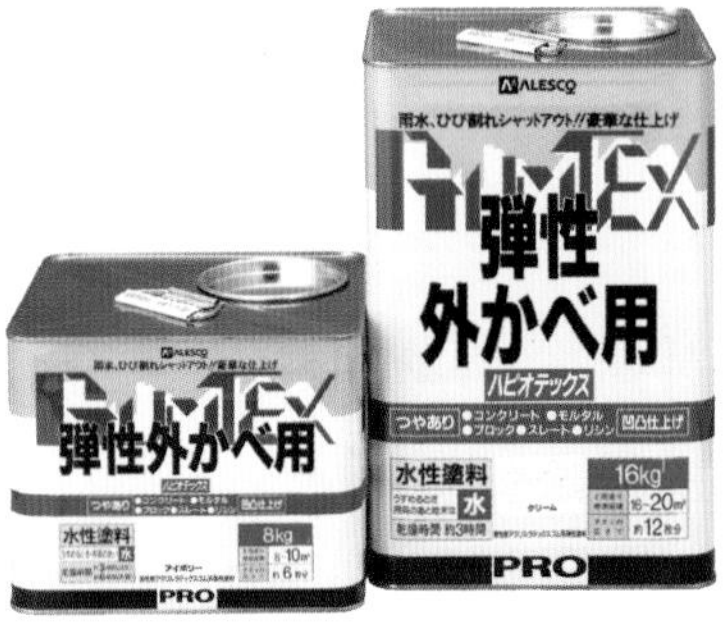

●弾性外かべ用・ハピオテックス
カンペハピオ
ブロックやコンクリート壁のリフォームに最適の塗料。特殊ラテックスゴム配合でヒビ割れの補修効果も。全5色。● 8kg（8～10㎡）/8,400円、16kg（16～20㎡）/14,700円

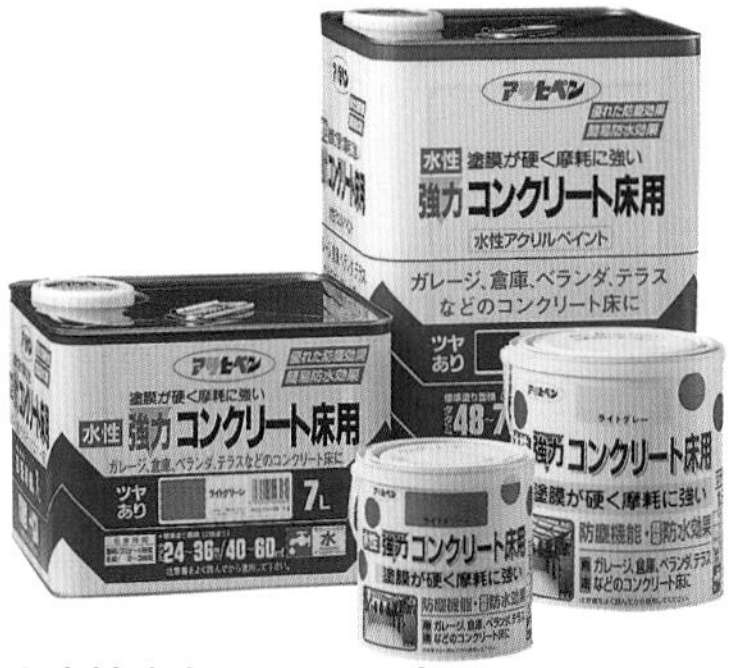

●水性強力コンクリート床用／アサヒペン
コンクリート床を手軽に塗れる水性塗料。ベランダやガレージの塗り替えにおすすめ。下地処理をして、油性か水性のシーラーを塗ってから上塗りする耐磨耗、耐ガソリン、耐水性にすぐれている。● 1.6ℓ（4～5㎡）/3,570円、ほかに0.7ℓ、5ℓ、10ℓ

用　具

●コテバケ
広い面積を塗るのに適したハケ。ハケ跡が少なくムラのない仕上がりにできるが、凹凸がある平面には不向き

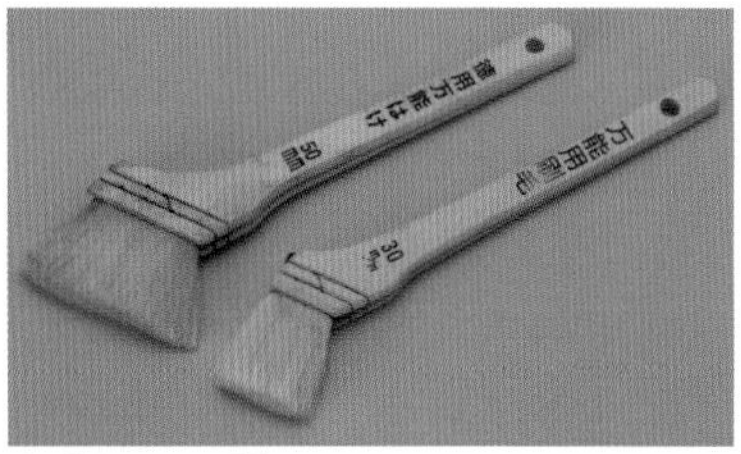

●すじかいバケ
塗装用のハケ。水性用、油性用、ニス用と種類が分かれている。細かい部分を塗る作業に適する

●ローラーバケ
広い面積をラクに塗れるハケ。塗料を染み込ませたスポンジ部分を転がすようにして塗装する

木部用塗料

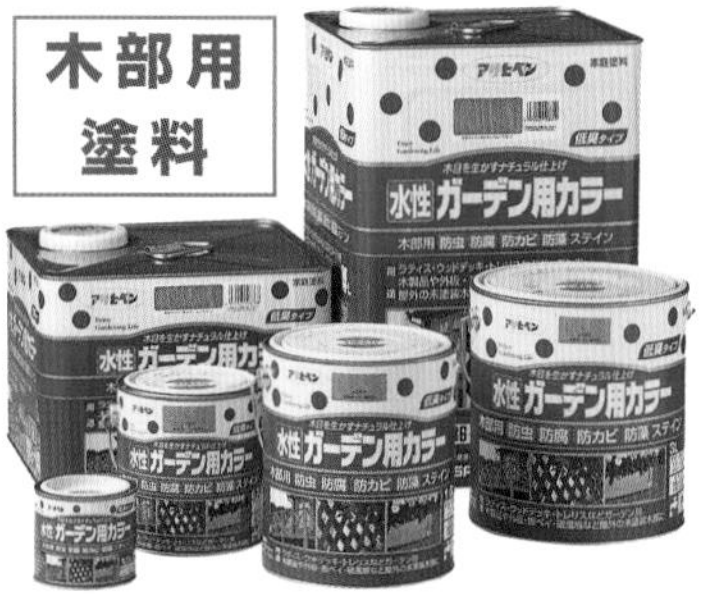

●水性ガーデン用カラー／アサヒペン
ラティスやガーデン家具など、木部の塗装に使用する。防虫・防腐・防カビ・防藻効果をもつ。水性で低臭なので塗装作業がラク。全12色。● 1.6ℓ（7～12㎡）3,465円、ほかに1/5ℓ、0.7ℓ、3ℓ、7ℓ、14ℓ

●水性木部ステイン仕上げ／ニッペホームペイント
木目を生かして塗装仕上げできる透明塗料。1回塗りでツヤ無し透明着色、2回塗りで微光沢の半透明仕上げになる。全10色。● 1.6（22㎡）/3,402円、ほかに、0.2ℓ、0.7ℓ

●油性超耐久屋外用ニス
アサヒペン
屋外の木部に使える対気候性の高いニス。玄関ドア、外板、フェンス、ガーデン用品の塗装に。全2色。● 0.7ℓ（4.2～7㎡）/1,785円、ほかに、300mℓ、1.8ℓ

Part 11

リフォームのための基礎知識

家の構造や設備についてよく知ることは、
望みどおりのリフォームを実現するための第一歩です。
これを読めば、あなたのDIYの領域もグッと広がるはず！

◎もっと知りたーい！　家の構造、基礎のキソ
◎家を長持ちさせる点検・メンテナンス周期
◎ガス器具＆電気設備の管理
◎さまざまな危機から家を守るために知っておきたいポイント

もっと知りたーい!! 家の構造、基礎のキソ

保存版

リフォームによってステキになった家。内側に隠れた柱などの構造部分も、住みやすさをサポートしています。リフォームが洋服やヘアメイクのチェンジだとすると、構造知識は体の骨や血液についての知識。内側を知ると、もっとリフォームが楽しくなります。

家が倒れないのは 柱、壁 のおかげ

在来工法

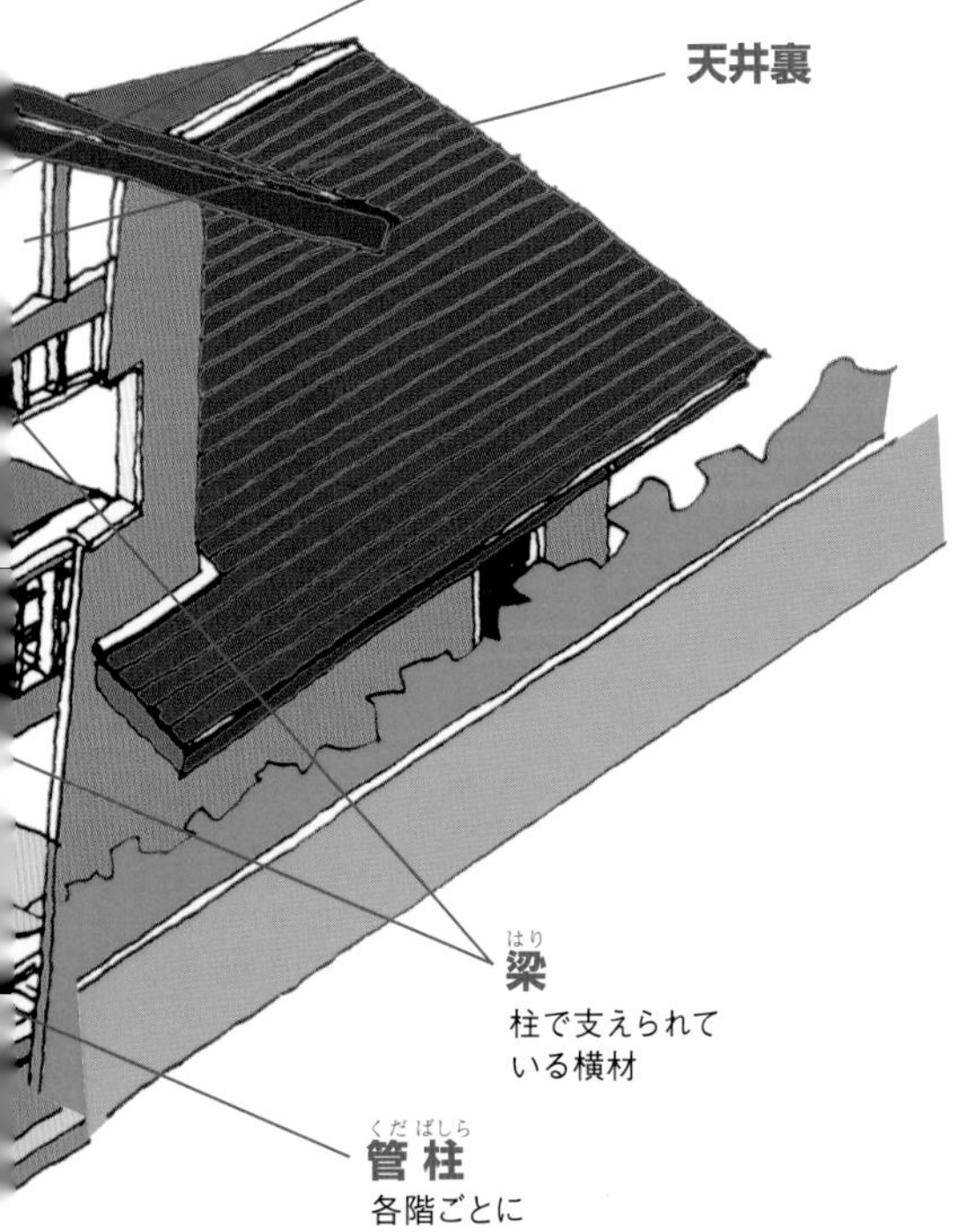

柱で支える在来工法と壁で支える2×4

日本家屋というと木造建築がメインですが、大きく分けると在来工法（木造軸組工法）と2×4（ツーバイフォー）工法に分かれます。

在来工法は日本独特の木造建築の工法で、構造体の柱と梁を立てたあとに、床や壁を作っていきます。

対する2×4はアメリカで生まれた工法で、合理的でかつ短時間にできるつくりです。2インチ×4インチの断面をもつ角柱で枠を作り、そこにパネルを張り付けます。これが1つの壁になるわけです。こうした壁をいっぱい立てて、外壁や内部の仕切りにして、部屋を構成していきます。ちなみにプレハブというのは、あらかじめ工場で作った壁を事前に部屋の形にしてそれを並べたものなので、2×4住宅イコールプレハブ住宅というのは間違い。また各住宅メーカーでは、在来工法＋2×4工法などのオリジナル工法を用いています。

左のイラストのように在来工法は柱を多数使用して、家そのものの重さを支えています。つまりそれぞれの木材に家の荷重がかかっているのです。なかでも建物の角に立てられた柱は、1階から2階まで1本になった通し柱。構造を強化する大切な柱です。また斜めに入れられた筋違（すじかい）は地震によって家が変形しないようにするもの。これがたくさん入った家はそれだけ強い構造といえます。

主な工法（構造）

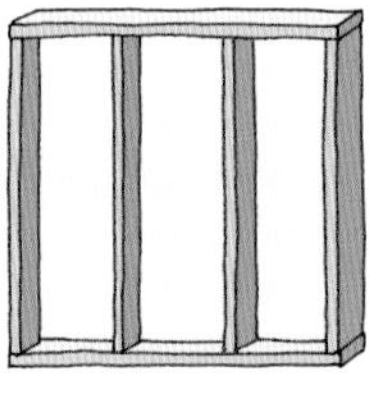

2×4工法《ツーバイフォー》

断面が2インチ×4インチの木材を並べて板を張り、パネル化する。このパネル（壁）を立てて作る

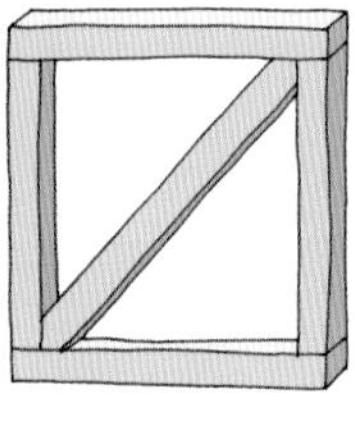

在来工法

木造建築の代表。垂直、水平方向の柱や梁などで構成され、ある柱と柱の間には対角で木材が入る

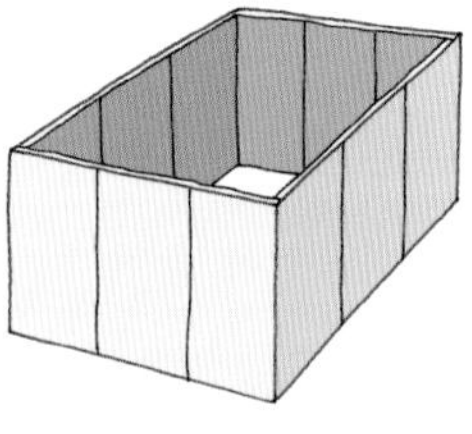

プレハブ

工場で作ったパネルをあらかじめ部屋の形に組み立てて、それを並べたり重ねたりして家にする

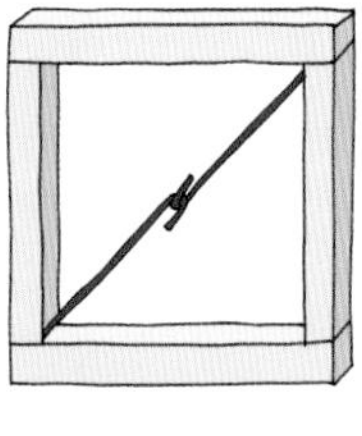

ラーメン構造

在来工法の鉄筋コンクリート版。鉄筋が入ったコンクリートの角材で柱や梁を構成する

大黒柱ってナニ!?

かつての民家では、家の中央に大黒柱があった。これは直径7寸ほど（約21㎝）の柱で、太い梁を支え、家の荷重を担っていた。だが現在では、この太さの樹木がないこと、建材の軽量化などにより太い柱が不要となり、家から大黒柱が消えてしまった

ポイント!
柱や梁が組み合わさって、家の重さをバランスよく分配しているので倒れません

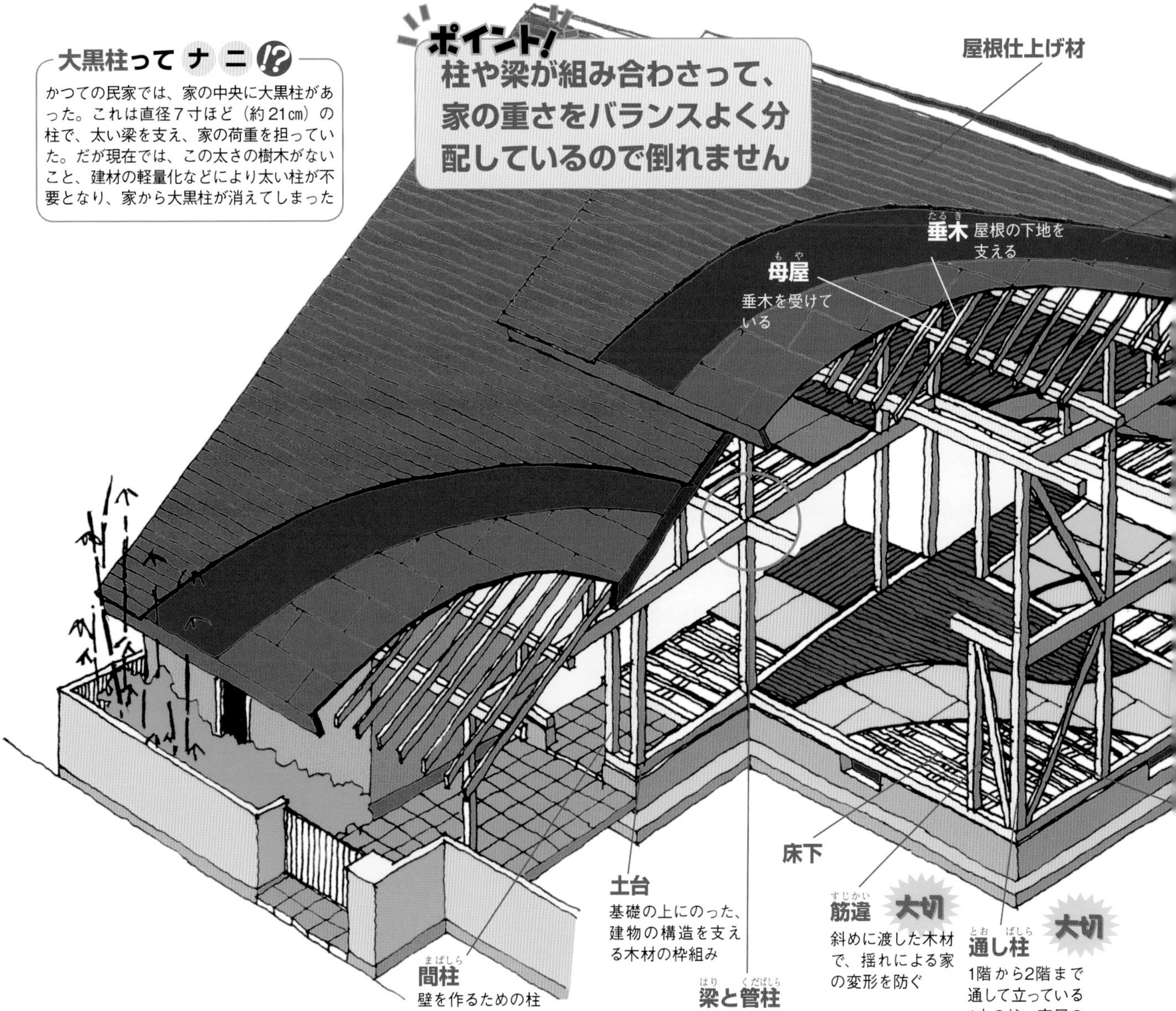
屋根仕上げ材
垂木《たるき》 屋根の下地を支える
母屋《もや》
垂木を受けている
床下
土台
基礎の上にのった、建物の構造を支える木材の枠組み
筋違《すじかい》 大切
斜めに渡した木材で、揺れによる家の変形を防ぐ
通《とお》し柱《ばしら》 大切
1階から2階まで通して立っている1本の柱。家屋の4つの角はこの通し柱になっており、構造を強化している
間柱《まばしら》
壁を作るための柱
梁《はり》と管柱《くだばしら》
P.211
大切

ポイント!
とくに大切なのは、構造強化の通し柱、変形防止の筋違、四方の梁がのった管柱

もし 通し柱が折れたり、傷ついたりしたら!?

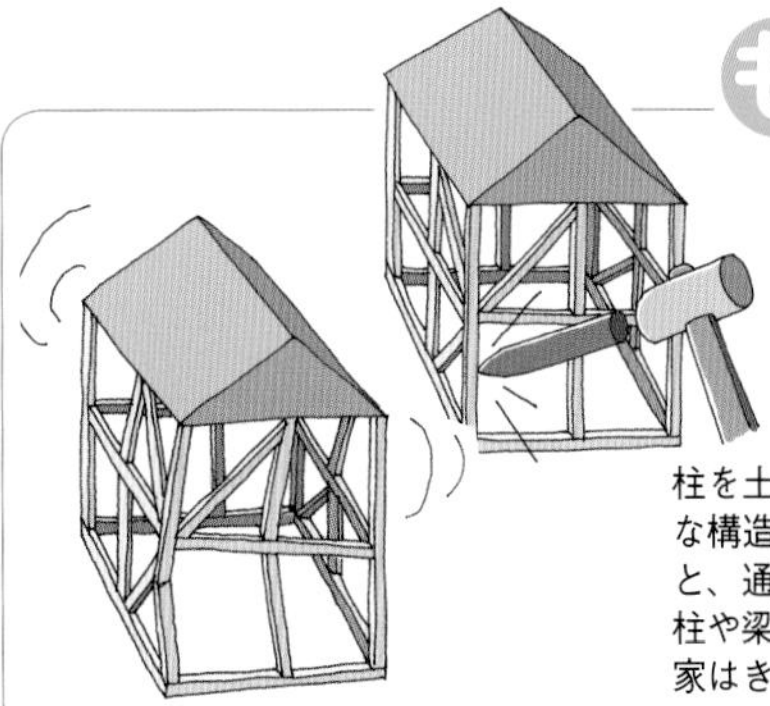

柱を土台から2階の梁まで通してあるのは、丈夫な構造にするため。だからこれが折れたり傷つくと、通し柱にかかっていた家の重量が、まわりの柱や梁に分配され、それぞれの負担が大きくなる。家はきしみ徐々に傾き、やがて倒れてしまう

2×4工法

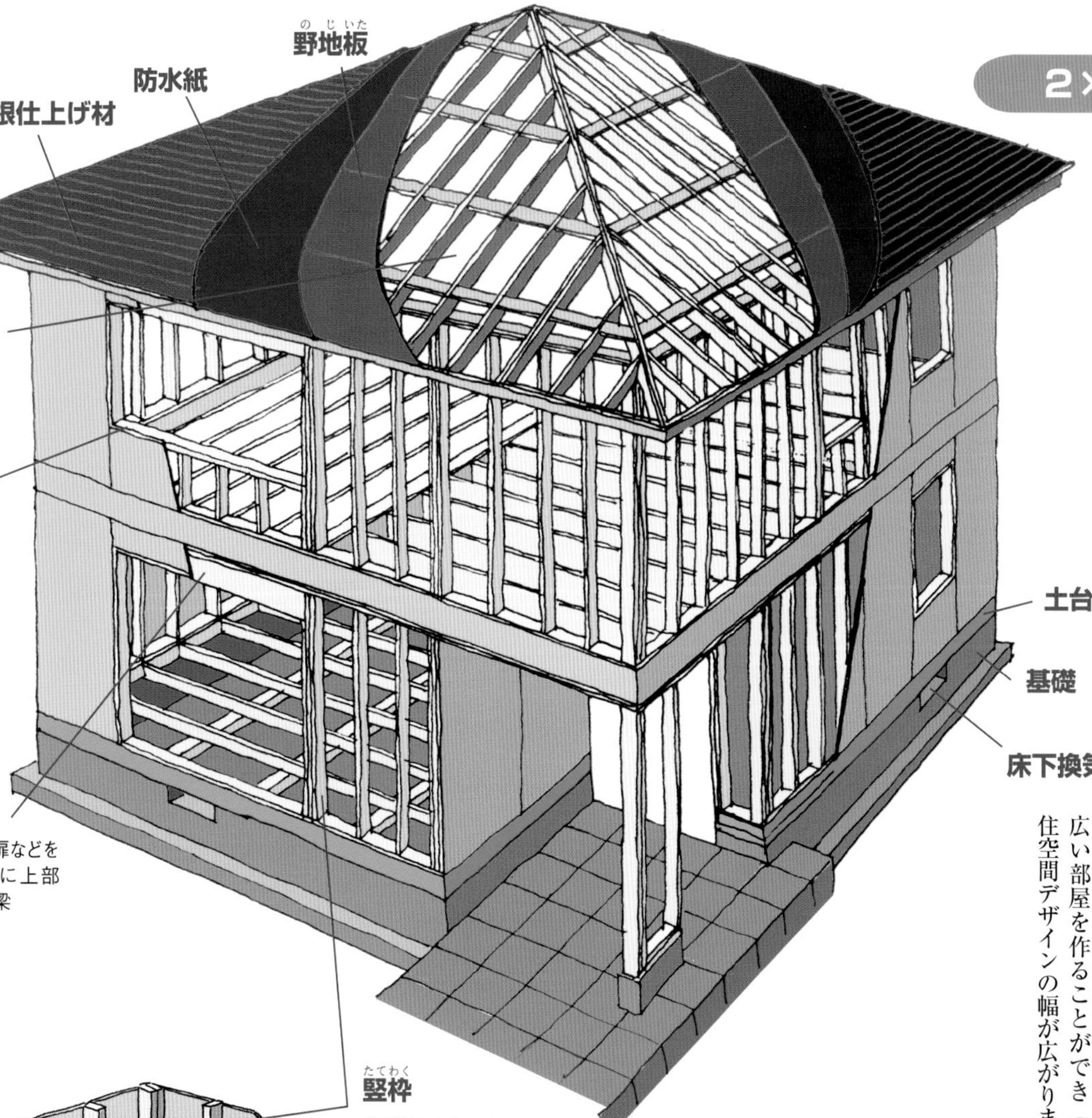

2×4工法ではまず1階の床を作り、そこに壁となるパネルを立て、天井、2階床、2階の壁、屋根と下から順番に作りあげます。壁と壁がきっちりと組合わさることで、重さに耐え、横揺れによる変形の防止ができます。まさに壁が命！　柱がないぶん、広い部屋を作ることができ（制限あり）、住空間デザインの幅が広がります。

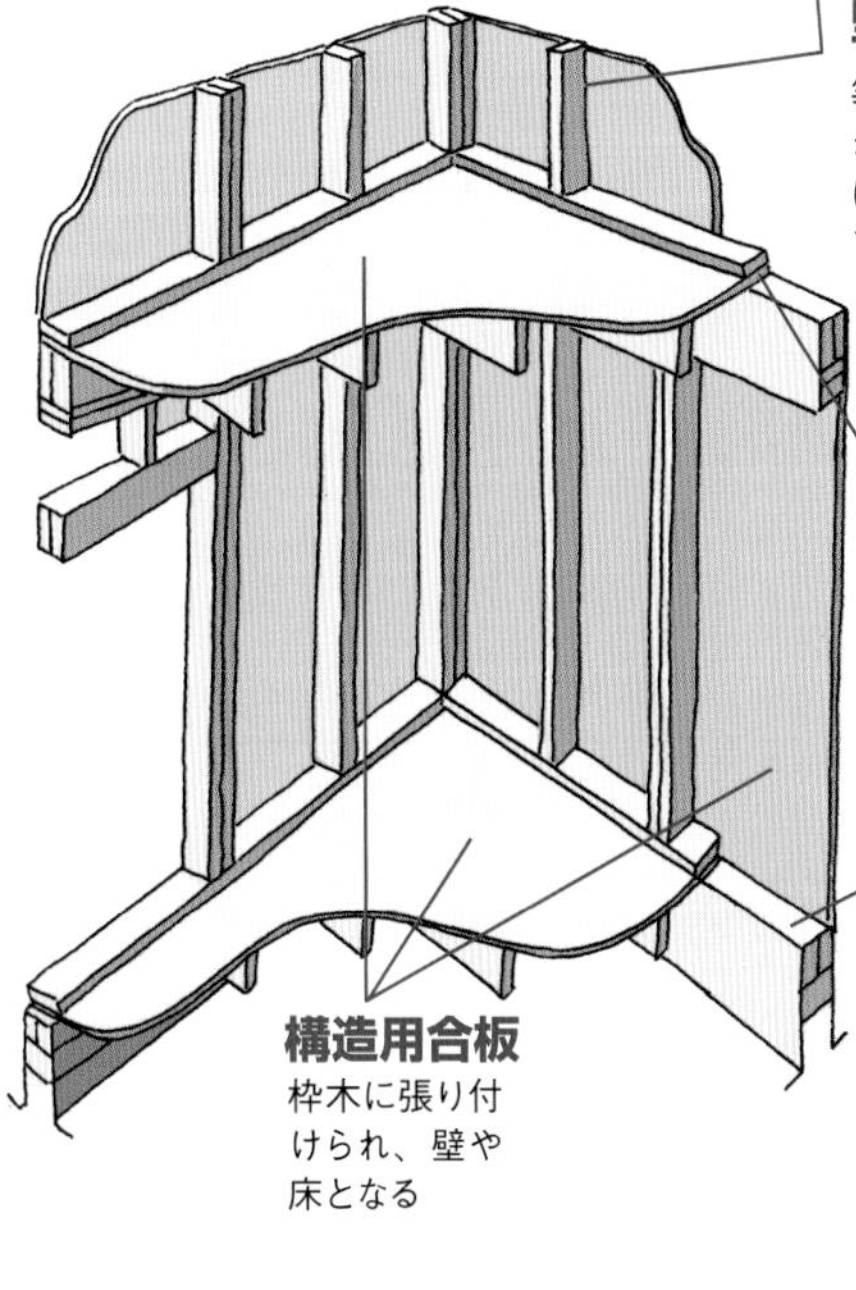

ポイント！

壁（面）で構成された2×4工法の家が倒れないように、広さには制限があります！

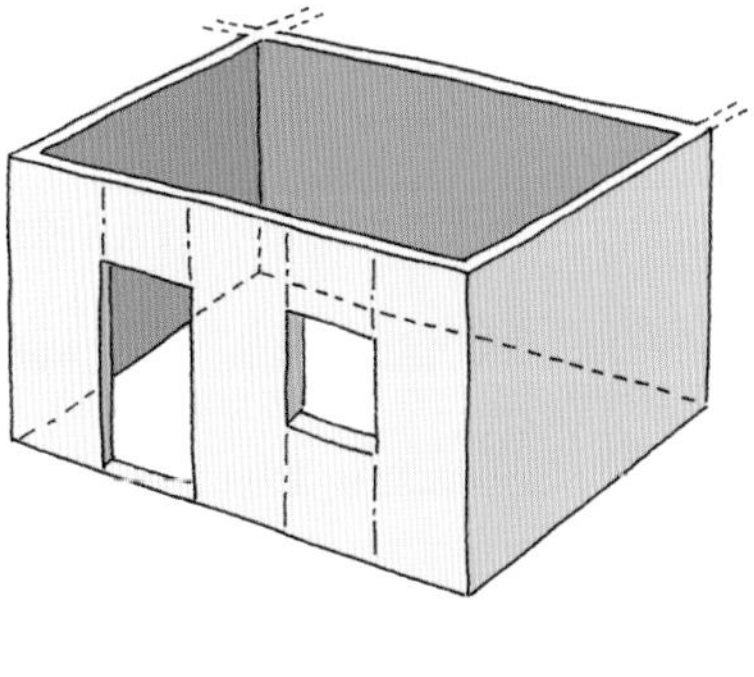

壁で囲んだ空間が部屋となる2×4工法は、壁が重さや揺れに対応するために、広さに制限をもたせてある。窓や入り口がない壁だけの部屋の場合で最大60㎡（約18坪36畳）。とはいえこういう住宅は存在しない。窓や入り口の数やサイズ（デザイン）が増えれば強度が下がるため、実際はどんどん狭くなる。設計段階で綿密な計算を行ない、広さを算出してある。なので作られた部屋の広さが最大サイズと思うのがいい。なかには間仕切り壁もあるが、素人目には「これ」と判断できない

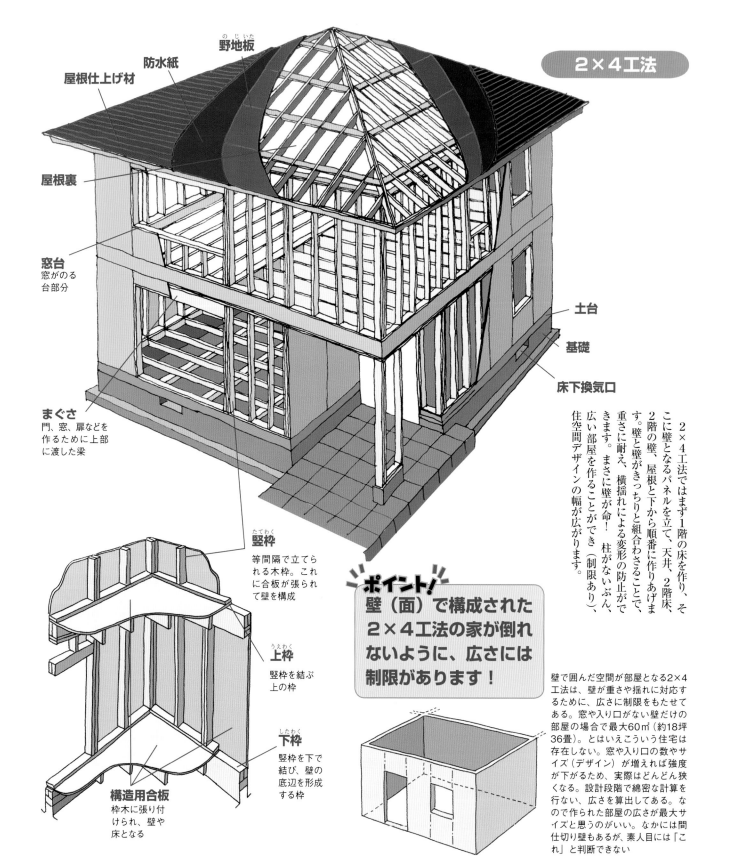

スムーズな動線がいい間取り

住宅にとって、構造とともに大切なのは、いかに住みやすいか、使いやすいかです。これは各部屋の位置と、部屋のデザイン、インテリアに関係します。それを考えるときの目安が行動パターンを線で表現した動線です。

朝起きてから家のどこに移動して、次にどこに移動するかを、線で描いていきます。「冷蔵庫をあける」などの小さな動作も線上に現れると、より詳しい情報となるでしょう。

さていい動線とは何かというと、短時間で移動できる（整理された行動がとれる）という短い動線。同じ時間帯に異なった動作をする人と、動線がぶつからないこと。そして、家具の出っ張りが動作のたびに邪魔になれば、動線ラインはいびつに。いかにストレートでシンプルであるかも大事です。

こうしたいい動線によってスムーズに動作ができ、結果、ストレスも減るに違いありません。

スムーズな動線の間取り例

右の図は3LDKの間取りでのスムーズな動線例。これのどこがいいのかというと、生活に必要なスペースと家事作業のスペースがきちんと分かれていることだ。しかもラインがシンプルでストレートということは動きに無駄がない！　実際に、朝起きて、顔を洗って、食事して、家を出る。食事のしたくや片づけ、洗濯、バルコニーでの洗濯物干しなど、家族一人ひとりの1日の行動（動き）を間取り図に書きこんでみると、我が家のスムーズさ（不便さ!?）が手に取るようにわかる!!

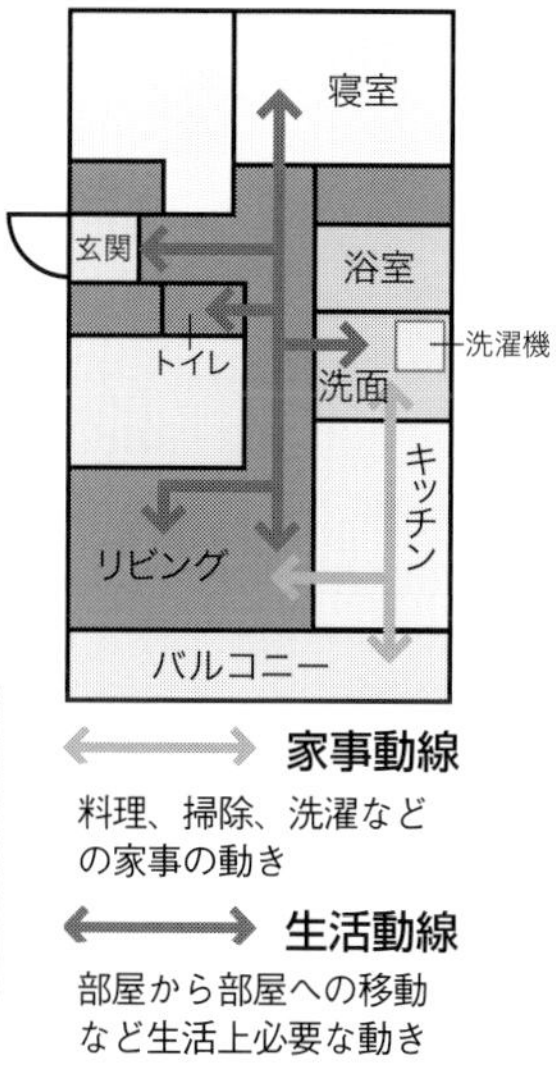

ポイント！
いい動線は、①短い
②２人の動線が交差しない
③ストレート　④シンプル

不便さを感じる動線例

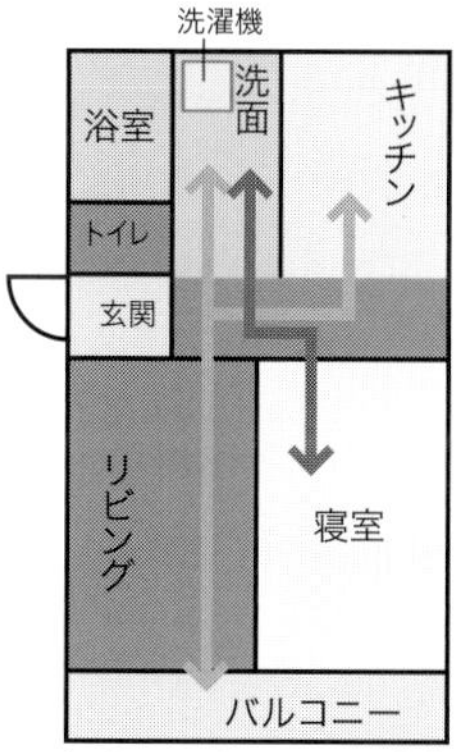

（不便さを感じる間取り例）

生活していると、たとえ不便な間取りであっても、いつのまにか当たり前になってしまうもの。こうした例が左の間取り図。家事と生活の動線が交差。また家事動線だけを見ると、洗濯機の場所からキッチンに行く場合、いちいち廊下に出てキッチンに回り込まなければいけない。やれお湯が沸いた、やれ脱水が終わった、となるとパタパタ走ることを繰り返すことに。これでは、一息ついてほっとしたいと思っても、ゼーゼーいうばかりかも。洗面所からキッチンへそのまま行ければどんなに楽か。どんなに機能的か……。こうした考えから生まれるのが、いまはやりの壁抜きだ。そして壁抜きした図が下のイラストである

キッチンと洗面所を区切っている壁の一部を抜いて出入り口にした。これで行き来がスムーズになり、家事が数段楽になる。この場合、壁に間柱が入っていたのでうまく壁抜きができたといえる

家の中で取っても絶対大丈夫な部分

壁抜きや柱取りではないが、「手始めに」「ちょっと雰囲気を変える」という場合は、構造上なくても大丈夫なものを取り除こう

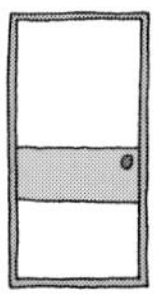

ふすま
そもそも動く間仕切り。取っても支障なし

階段の蹴《け》込《こ》み板《いた》
落ちないようにというもので、小さな子どもや高齢者がいない家庭なら取ってもOK

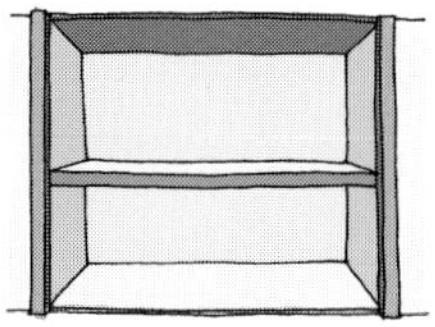

押入の中段
かつては便利だった段も、不要なら取ってもOK

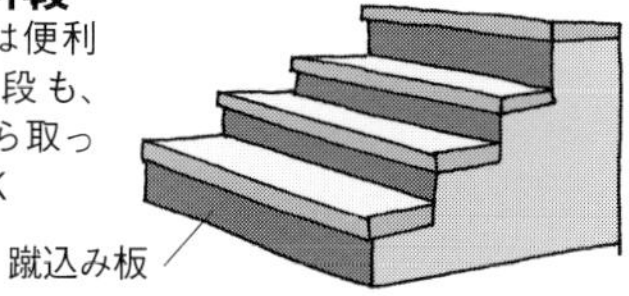

もし 柱や壁が邪魔なら取ってもいい!?

P208の在来工法の家ではこの梁や柱が交わった1階の管柱は要注意！

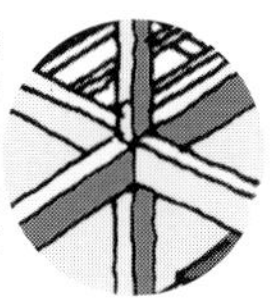

もし壁を壊して筋違が出てきたら、部屋のインテリアの一部として生かそう

動線を考えると、どうしても邪魔な壁や柱が見えてくる。はやりの壁抜きや柱取りをすれば手っ取り早く解決……といきそうだが、気をつけたいのは構造上必要なもの（家の重さを支えている）を取ると家屋に負担がかかるということだ。プロが行なう場合、補強を周りに施す。さわらないほうが賢明なのは、大切な通し柱、梁や2階の管柱を支えている柱、耐震対策の筋違、2×4工法の壁など。比較的安心なのは間柱だが、それを知るには設計図が必要かも……

Column

家の寿命はメンテナンス次第 !!

家を長持ちさせる点検・メンテナンス周期

家は一生モノの財産。一戸建てでもマンションでも、いつまでもずっと快適なすまいで暮らしたいと誰もが思っているはず。でも家は人の体と同じ。放っておいたら歳月とともに傷んできます。定期的に点検&修繕をして、家を長持ちさせましょう。

いつまでもきれいで快適な家に住み続けるには、家の健康管理が大切

家を長く快適に保つためには健康管理が必要！

家は住みはじめてからがスタートです。多くの方が抱きがちな錯覚ですが、住宅は何もしなくても数十年ずっと同じ状態ではありません。

どんなにピカピカに見える立派な住宅でも、年月を重ねれば修繕が必要な部分、交換したほうがよい劣化箇所が出てきます。このとき、修繕・修復をするかしないかによって、家の寿命はグンと違ってきます。

雨水によってサビてしまった鉄柵は、サビを落として塗装しなおせば傷みのない状態に戻りますが、放っておけばサビは進行し、最後には鉄柵自体がボロボロになってしまいます。これは鉄部に限ったことではありません。軽傷のうちに修繕すれば簡単にすむことが、放置すると取り返しのつかない事態になることがあるのです。

家は人の体に似ています。大切な我が家、長く住むためにも健康管理に目を配りましょう。

「困った！」事態を避けるためには点検が大切

住宅メーカーによっては、販売した住宅の50年先までのメンテナンス計画をたてているところもありますが、それはまだ一部。点検の計画がないのなら、自分で定期的に点検を行うようにしましょう。

左の表は住まいの点検時期と項目です。集合住宅か戸建て住宅かによって屋外の点検箇所は異なりますが、建具や設備の点検箇所はほぼ同じです。数年ごとに点検項目をチェックし、不具合がないか確認してみてください。

そこで異常や故障を見つけた場合は修理・交換を行いましょう。パーツの交換や張り替えなど、自分でできることは意外に多くあります。プロに頼むのも一案ですが、ホームセンターには初心者でも扱いやすい道具やパーツが揃っています。やり方が分かるものは、チャレンジしてみるとよいでしょう。

全面交換が必要な場合は専門家に相談を

築10～20年以上経過すると、状態によっては全面的な交換をしたほうがよい箇所もあります。傷みや故障がひどい、不具合があって使えない、などの場合は専門家に相談して検討してみるとよいでしょう。

Column

住まいの点検時期と点検項目

住宅金融公庫「住宅維持管理履歴簿」より

点検部位			主な点検項目	点検時期の目安	更新・取替えの目安
屋外部分	外壁	モルタル壁	汚れ、色あせ・色落ち、割れ	2〜3年ごと	15〜20年位で全面補修を検討（亀裂等の状況により相当幅有り）
屋外部分	外壁	サイディング壁	汚れ、色あせ・色落ち、シーリングの劣化	3〜4年ごと	15〜20年位で全面補修を検討
屋外部分	屋根	金属板、金属サイディング	汚れ、さび、変形、緩み	2〜3年ごと(3〜5年ごとに塗替え)	15〜20年位で全面補修を検討
屋外部分	屋根	瓦葺き	ずれ、割れ	5〜6年ごと	20〜30年位で全面葺替えを検討
屋外部分	屋根	彩色石綿瓦葺き	色あせ・色落ち、ずれ、割れ、さび	4〜6年ごと	15〜30年位で全面葺替えを検討
屋外部分	屋根	金属板葺き	色あせ・色落ち、さび、浮き	2〜3年ごと（3〜5年ごとに塗替え）	10〜15年位で全面葺替えを検討
屋外部分		雨どい	詰まり、はずれ、ひび	2〜3年ごと	7〜8年位で全面補修を検討
屋外部分		軒裏（軒裏天井）	腐朽、雨漏り、はがれ、たわみ	2〜3年ごと	15〜20年位で全面補修を検討
屋外部分	バルコニー	木部	腐朽、破損、蟻害、床の沈み	1〜2年ごと（2〜3年ごとに塗替え）	15〜20年位で全面補修を検討
屋外部分	バルコニー	鉄部	さび、破損、手すりのぐらつき	2〜3年ごと（3〜5年ごとに塗替え）	10〜15年位で全面補修を検討
屋外部分	バルコニー	アルミ部	さび、破損	3〜5年ごと	20〜30年位で全面取替えを検討
建具	外部	玄関建具・窓	すき間、開閉不良、腐食、付属金物異常	2〜3年ごと（建付調整は随時）	15〜30年位で取替えを検討
建具	外部	雨戸・網戸	さび、腐朽、建付不良	2〜3年ごと（建付調整は随時）	15〜30年位で取替えを検討
建具	外部	窓枠、戸袋などの木部	さび、雨漏り、コーキング不良	2〜3年ごと	建具取替えの際更新
建具	内部	木製家具	すき間、開閉不良、取付金具の異常	2〜3年ごと（建付調整は随時）	10〜20年位で取替えを検討
建具	内部	ふすま、障子	すき間、開閉不良、破損、汚れ	1〜3年ごとに貼替え	10〜20年位で取替えを検討
設備	給排水	給水管	水漏れ、赤水	1年ごと（水漏れは直ちに補修）	15〜20年位で全面取替えを検討
設備	給排水	水栓器具	水漏れ、パッキングの異常	1年ごと（3〜5年でパッキング交換）	10〜15年位で取替えを検討
設備	給排水	排水管、トラップ	水漏れ、詰まり、悪臭	1年ごと（水漏れは直ちに補修）	15〜20年位で全面取替えを検討
設備	給排水	台所シンク、洗面設備	水漏れ、割れ、腐食	1年ごと（水漏れは直ちに補修）	10〜20年位で全面取替えを検討
設備	給排水	便所	便器・水栓タンクの水漏れ	1年ごと（水漏れはただちに補修）	15〜20年位で全面取替えを検討
設備	浴室	タイル仕上げ	タイルなどの割れ、汚れ	1年ごと	10〜15年位で全面取替えを検討
設備	浴室	ユニットバス	ジョイント部の割れ・すき間、汚れ	1年ごと	10〜15年位で全面取替えを検討
設備	ガス	ガス管	ガス漏れ、劣化	1年ごと（ガス漏れは直ちに補修）	15〜20年位で全面取替えを検討
設備	ガス	給湯器	水漏れ、ガス漏れ、器具の異常	1年ごと（水漏れ、ガス漏れは直ちに補修）	10年位で取替えを検討
設備	その他	換気設備	作動不良	1年ごと	15〜20年ぐらいで全面取替えを検討
設備	その他	電気設備	作動不良、破損	1年ごと	15〜20年位で全面取替えを検討

「安全に」「正しく」使うがキーワード ガス器具の管理に挑戦!

「ガス器具は安全に正しく使う」当たり前のことのようですが案外見過ごされがちです。ガスメーターのしくみを確認する、定期的に点検・整備する、ガス管を正しく接続するなどの基本的なステップを確実にこなして、ガスを「安全に」「正しく」使うことを心がけましょう。

[ガスメーターのしくみ]

[ガスメーター]

電子制御され、地震があったときには自動的にガスの供給をストップする。マイコンメーターともいう

●復帰ボタン

ガス供給を再開させるためのボタン。ふだんはキャップがかぶせてある

●ランプ

ふだんは点滅・点灯はしていない。ガス供給がストップしたときに復帰ボタンを2～3秒しっかり押すと点滅する

●使用量メーター

ガスの使用量を表示する

3061

完全燃焼の確認

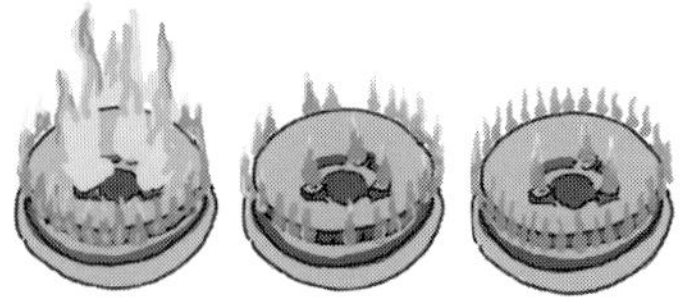

酸素が充分で、完全燃焼している状態。透き通った紫色の炎

酸素が過剰に供給されている状態。不安定な短い炎が部分的に出ている

酸素不足の状態。黄色の混ざった細長い炎がゆらゆらしている

ガスの臭いに気付いたら

ガスの元栓を閉める。キッチン以外の元栓も忘れずに
開けられる窓やドアはすべて開けてしまおう
念のためにガスメーターのコックも閉めておこう

安全にガスを使いこなすために

日常何気なく使っているガスやガス器具も、一歩使い方を間違えれば大事故につながる危険なものです。正しい使い方を理解して、安全に使いこなしましょう。

ガスメーターはマイコンメーターともいわれ、毎月の使用量をはかるだけでなく、地震や異常なガスの流れを察知したときに自動的にガスの供給がストップするしくみになっています。

もし、ガスの臭いに気がついたら、まず元栓を閉めましょう。換気することも忘れずに。また、ゴム管が古くなっていたら、新品に交換することをおすすめします。

ガスの炎は、酸素が十分供給されずに燃えると不完全燃焼を起こし、人体に有毒な一酸化炭素が発生します。コンロの目詰まりは歯ブラシなどで掃除しましょう。ファンヒーターやガス式浴槽など、ほかのガス器具も定期的な掃除が必要です。

自分でできるガス器具のお手入れ

速効メンテナンス① ゴム管の交換

古くなったゴム管は、新品への交換がセオリー。ゴム管には製造年が表示されているので確認してみましょう。古いゴム管はガスもれの原因になるので早めの交換がおすすめ。

❶ゴム管の製造年を確認する

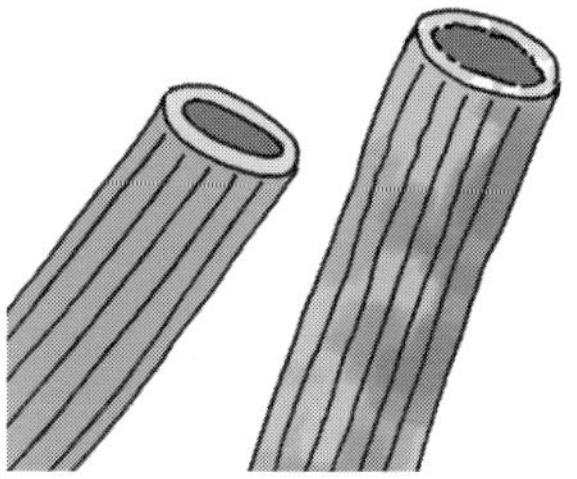

ゴム管には西暦の下2桁が表示されている。古いゴム管は弾力性がなくなっていることが多い

❷赤いラインまで深く差し込む

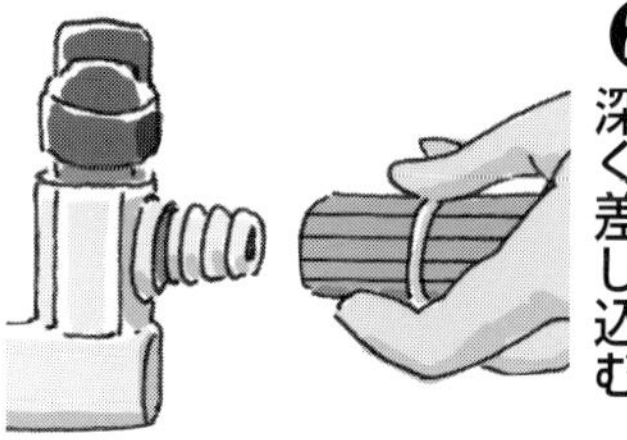

古いゴム管をはずし、新しいゴム管をガス栓の赤いラインまで深く差し込む

❸ストッパーで固定する

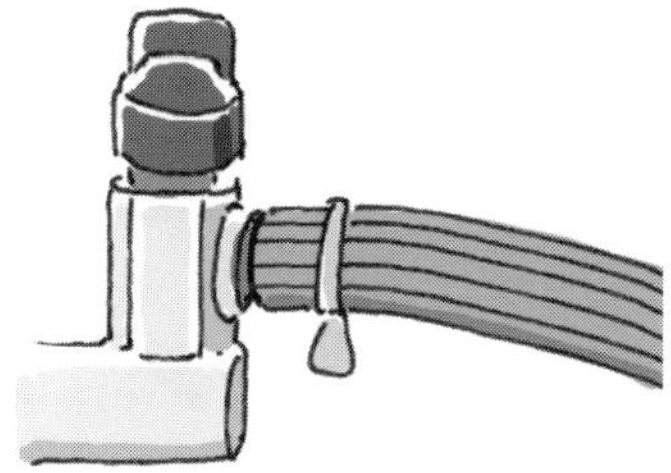

付属しているゴム管止めでとめる。ゴム管止めは地域のガス会社やホームセンターなどで扱っている

▶道具

新しいゴム管

速効メンテナンス② ガス器具のお手入れ

安全に、機能的にガス器具を使うためには定期的なお手入れが不可欠。どのガス器具もこまめに状態を確認するように心がけ、早め早めに掃除・整備をしましょう。

❶ガスファンヒーターの掃除

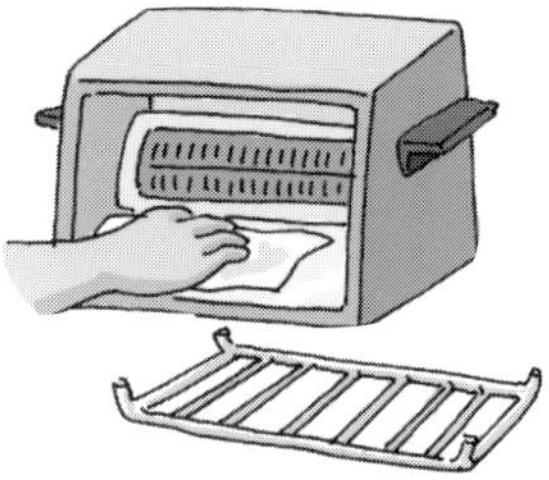

フィルターや送風口周辺の掃除を中心に。フィルターが汚れているとエネルギー効率が低下してしまう

❷コンロの目詰まり掃除

ガスコンロは吹きこぼれなどによって汚れやすい。やわらかめの歯ブラシなどで細かい汚れをとり、目詰まりを防ぐ

❸ガス式浴槽の循環口の掃除

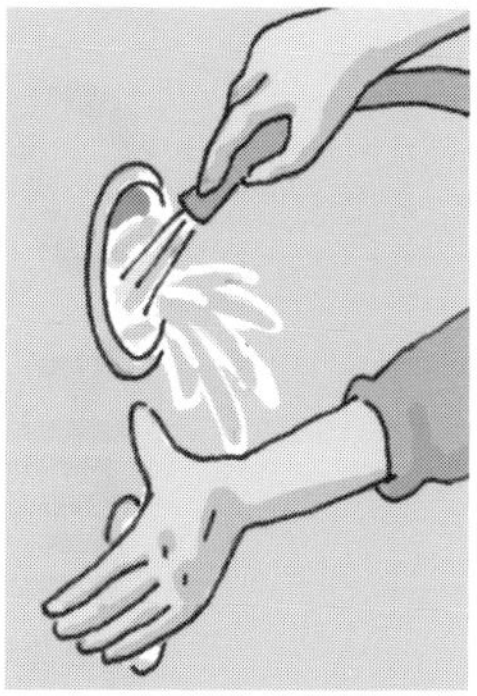

循環口が汚れていると、水があたたまりにくくなる。月に1度を目安に掃除する

▶道具

ウエス

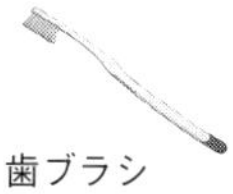

歯ブラシ

ガス器具のラベルに注目！

ガス器具に貼られているラベルの見方

平成12年に「ガス事業法並びに液化石油ガスの保安の確保及び取引の適正化に関する法律」が改正され、ガス用品及び液化石油ガス器具に左のようなラベル貼付《ちょうふ》が義務づけられた。正しくガス器具を使い、事故などを防ぐためにも家庭にあるガス器具のラベルを確認してみよう。

特定ガス用品

法律で指定された半密閉式の瞬間湯沸かし器などに貼られている。業務用の湯沸かし器に貼られていることが多い

特定以外のガス用品

法律で指定された密閉式の瞬間湯沸かし器などに貼られている。屋外に設置された湯沸かし器に貼られている

右以外の家庭用・業務用ガス機器

右以外の業務用・家庭用ガス器具に貼られている。家庭用ガス器具のほとんどがこのラベル

電気器具の管理に挑戦！

まずは安全に。そして、より節電。

今や私たちの暮らしに欠かすことのできない電気。電気のしくみをよく知り、電気器具を正しく使うことが安全や節電につながります。また、あまりにも身近なために電気器具の取り扱いはぞんざいになりがち。電気器具の取り扱いには命を落とすような危険が含まれていることをお忘れなく。

[分電盤の構造]

アンペアブレーカーの色	赤	桃	黄	緑	灰	茶	紫
契約アンペア	10	15	20	30	40	50	60

分電盤に表示されている数字が契約アンペア。数字の表示がなくても表のように色でわかるようになっている

分電盤（カバーがついた状態）

分電盤（カバーをとった状態）

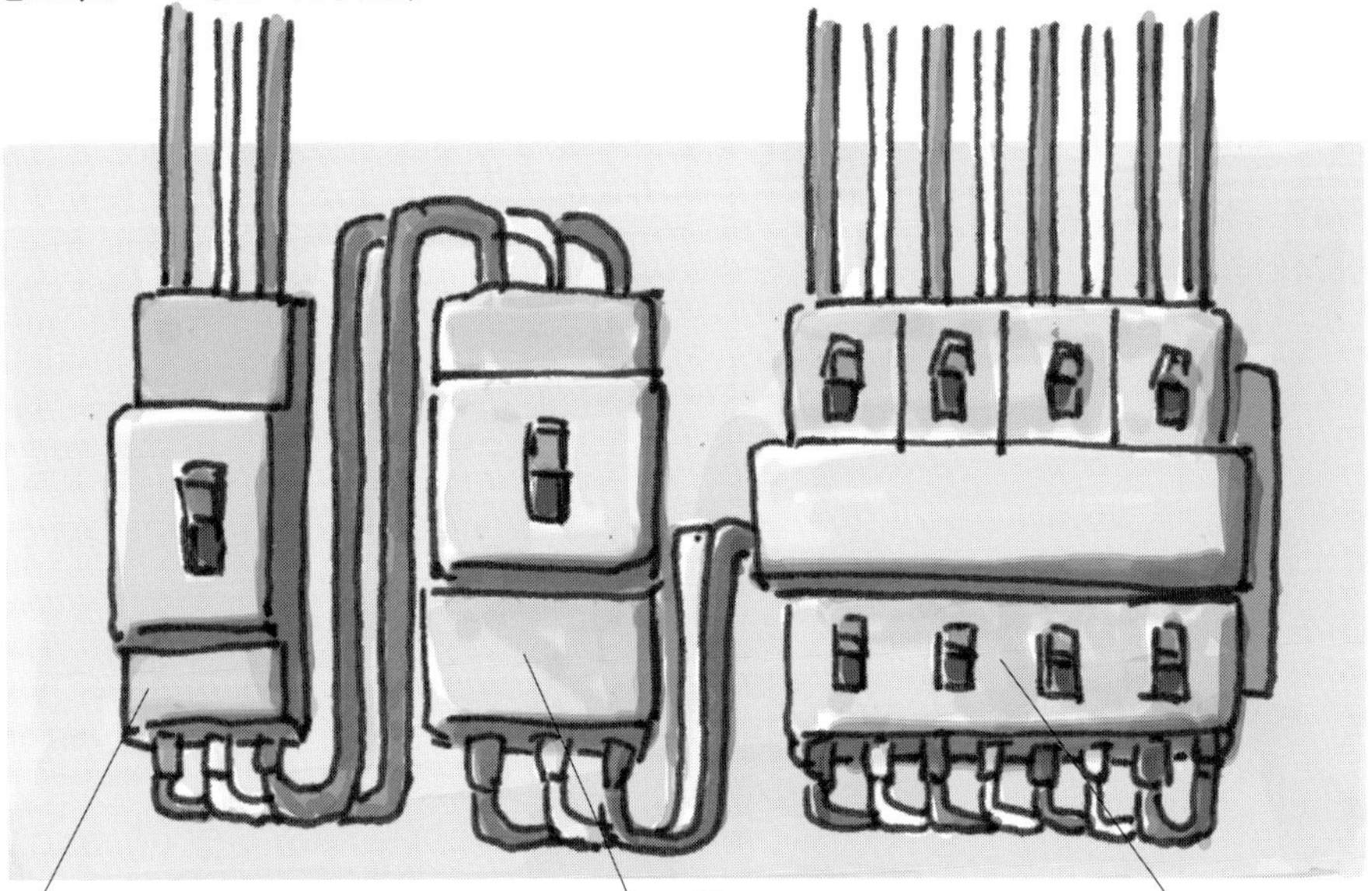

●アンペアブレーカー

契約アンペア以上の電気が流れると電気の供給を自動的にストップする。アンペアブレーカーの色で契約アンペアがわかる

●漏電遮断器

家庭内の配線や電気器具から漏電があったとき、自動的に関知して電気の供給をストップする

●配線用遮断器

家庭に供給された電気は、回路単位で分かれて各部屋に供給される。回路ごとの電気量を制御している

分電盤は家庭の電気供給の中枢

家庭に送られてきた電気を部屋ごとに振り分けているのが「分電盤」。分電盤は、電気を振り分けるだけでなく、使い過ぎや漏電がもとになって起こる事故をチェックするという機能があります。分電盤は家庭の電気供給の中枢なのです。

電気は分電盤の中で、アンペアブレーカー、漏電遮断器、配線用遮断器の順に通り、それぞれのコンセントや部屋の照明に振り分けられます。

アンペアブレーカーは、契約アンペア（電流）を超える電気が流れると自動的に電気の供給をカットします。俗に「ブレーカーが落ちた！」などと表現されます。漏電遮断器は、配線や電気器具に漏電があったとき、その異常を感知して自動的に電気供給をカットします。漏電事故や火災などを防ぐために設置されています。配線用遮断器は分電盤から別れて供給される回路ごとの電気を制限しています。

安全と節電を考えた電気器具とのつきあい方

電気器具は、その使い方によって使用電力をグンと節約することが可能。基本的には、電気器具が正常に動くようにしてやればOKです。

冷蔵庫は、一般家庭の電力消費量の約2割をしめます。庫内の整理・掃除やドアを開ける回数を少なくするなどの工夫をしてみましょう。電子レンジやトースターでは、内部を掃除すると熱効率が上がり節電できます。換気扇やエアコンも汚れをとるだけで風量が強くなったり、温度を調節する時間が短くなったりと、かなりの効果が期待できます。

安全面については、まずは漏電や感電を防ぐことが大切。濡れた手でコンセントやプラグにふれたり、プラグをコンセントから抜くときにコードを持って無理矢理引き抜くのはNG。洗濯機などでは、しっかりアースをとりつけましょう。

電気効率を上げるために

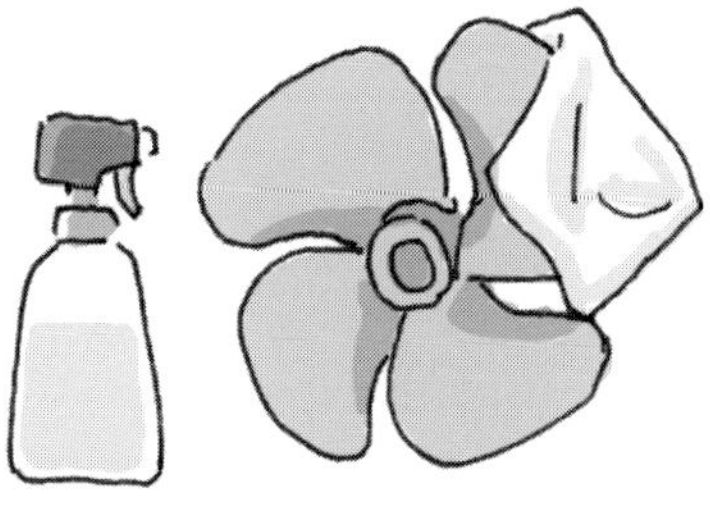

油汚れは落ちにくいので、こまめに掃除することが大切。換気扇まわりの掃除も合わせてやってみよう

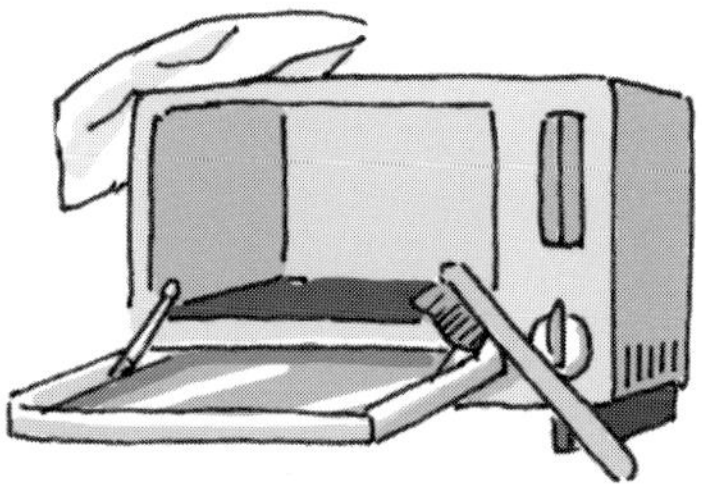

トースター・電子レンジの内側や反射板を掃除しよう。器具内部の熱効率が上がり、節電が期待できる

直射日光を受けると冷蔵庫の消費電力量が上昇する。冷却効率を考えて涼しい場所への設置を考えよう

外枠をはずし、エアコン用スプレーなどでフィンの掃除をしよう。温度調節が短時間ですむようになる

こんな使い方は危険

不完全なプラグの差し込みは火災の原因になる場合もある。プラグが安定する位置まで深く差し込もう

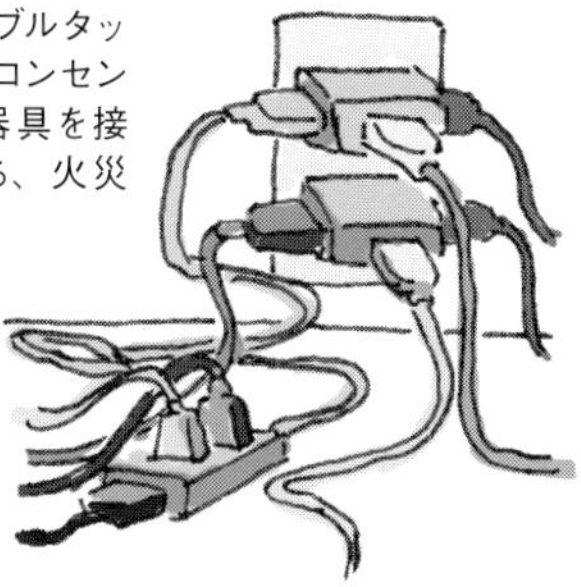

コンセントやテーブルタップ、延長コードのコンセントにいくつもの器具を接続すると熱をもち、火災の原因に！

コンセントまわりにたまったほこりは火災の原因になる。いったんプラグを抜いて掃除機などで掃除しよう

コードを持って、無理にプラグをコンセントから抜くのはNG。コードが断線する原因にもなり非常に危険

Point

スイッチを入れていないのに使われる待機電力

TVやビデオなどのリモコンで電源を切っても、主電源が入ったままだと実際に使用していなくても電気器具は電力を消費しています。これを待機電力といい、一般家庭の消費電力の約1割をしめる。使用しないときはプラグを抜くのが原則です。また、スイッチ付きのテーブルタップを使うとスイッチで電源を落とせて便利です。

少しの時間でも、使用しないときは主電源を切ってしまおう

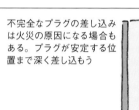

自分でできる電気器具のお手入れ

速効メンテナンス 1 コンセントプラグの交換

コンセントを差し込んでも電気機器が動かない場合は、コンセントプラグの故障や断線の可能性があります。また、グラつきや傷みのあるプラグは漏電の原因に。早めに修理しましょう。

❶ プラグのケースを開け、ネジのゆるみを確認

プラグを分解して、プラスとマイナスに分けて固定されている芯線を確認する。芯線がゆるんだり外れている場合はネジを締め直し、それ以外の場合は新しいプラグに付け直すためにコードを根元で切断する。コードが傷んでいる場合はその箇所より元で切る

▶道具

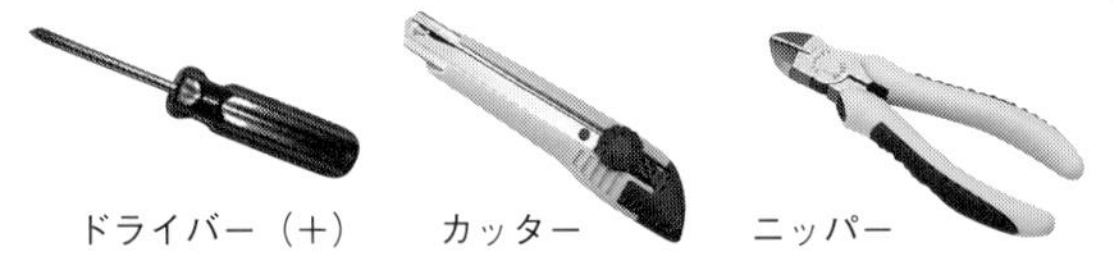

❷ コードの真ん中にニッパーやカッターで切り込みを入れて引き裂く

コード先端のみぞにカッターで切り込みを入れる。2～3㎝くらいの大きめの切り込みが目安

❸ コードを5㎝引き裂く

プラグの種類によって、5㎝コードを引き裂く。プラグに固定する作業をしやすくするためだ

❹ コードのビニールを取る

コードの端から約3㎝の部分にカッターで切れ込みを入れ、ビニール部分を引っぱって抜く

❺ 芯線を一本に

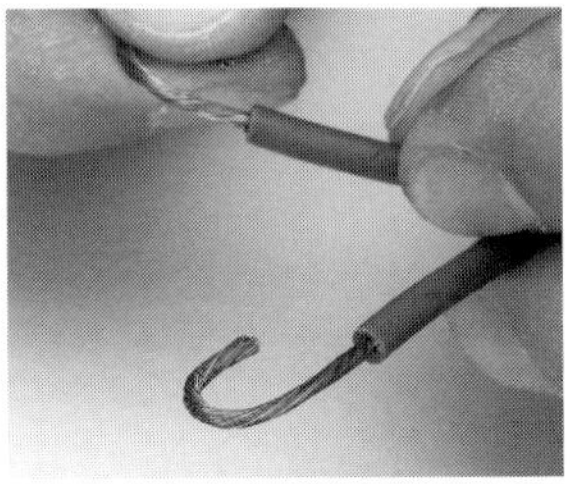

出てきた芯線を時計回りにねじって1本にまとめる。釣り針状の形に整えておくとあとの作業がしやすい

❻ プラグに固定する

ねじった芯線をネジに巻きつけてしめ、固定する。カバーを閉め、コンセントに差して通電を確認する

速効メンテナンス 2 照明器具の交換

現在、照明器具の交換・接続には「引っかけシーリング」タイプが主流。電源への接続と固定を同時に行うことができます。天井に直接つけるタイプの照明は電気工事士に依頼します。

❶ 引っかけシーリング角形

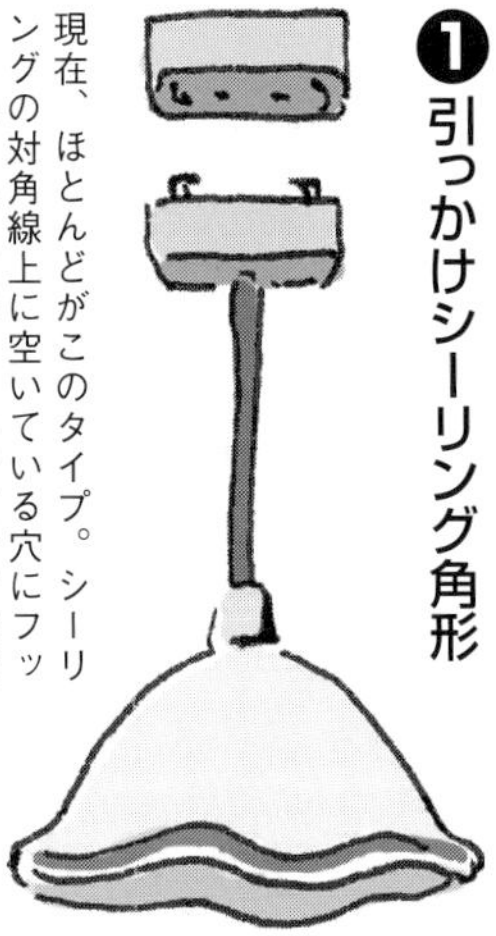

現在、ほとんどがこのタイプ。シーリングの対角線上に空いている穴にフックを差し込み、軽くまわすだけで接続OK

❷ 引っかけシーリング丸形

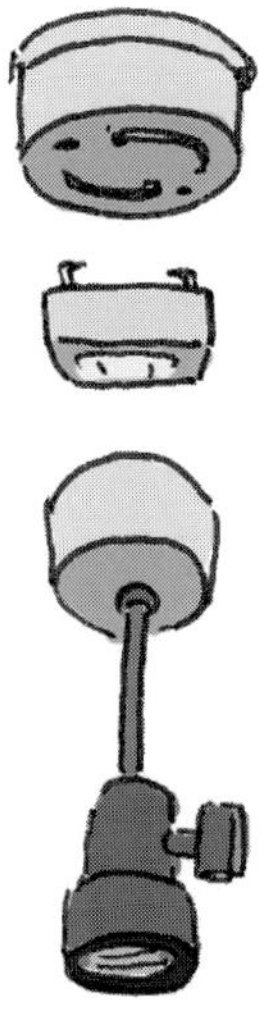

丸形のシーリングに角形のコンセントアダプターをつけ、そのアダプターに照明本体のプラグを差し込むタイプ

❸ プラグ＋コンセント型

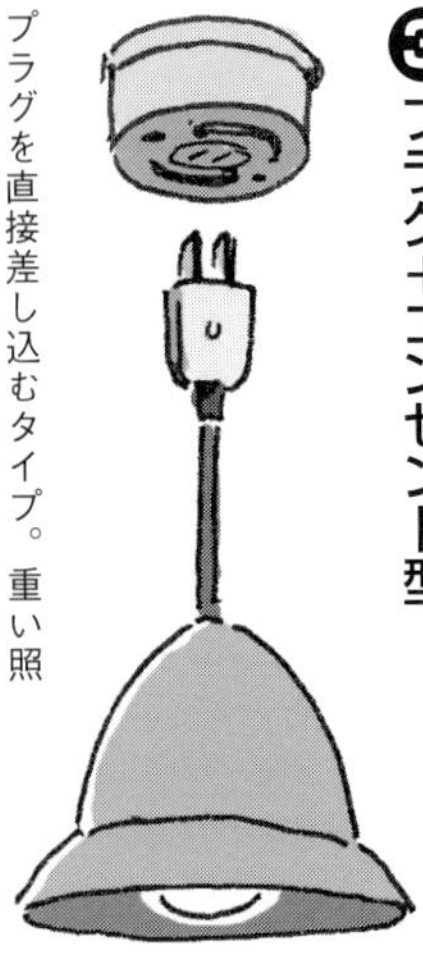

プラグを直接差し込むタイプ。重い照明には使われない。チェーンなどで固定する必要がある

速効メンテナンス

❶ エアコンの掃除

スプレー式の洗浄剤は、フィンに当たらないようにまんべんなく吹きかけます。フィンが折れたり曲がったりしてしまうと、熱効率が低下する原因になるので注意が必要です。

▼道　具

❶ エアコン本体のカバーをはずす

エアコン周辺をナイロンシートなどで覆い、エアコン本体のカバーをはずす。カバーのはずし方は取扱説明書を参考に

❷ フィルターを取る

エアコンからフィルターをはずす。数か所のフックでとめているだけなので、簡単にはずせるはず。機種によってはカバーにフィルターを装着するタイプもある

❸ フィルターのゴミを掃除機で取る

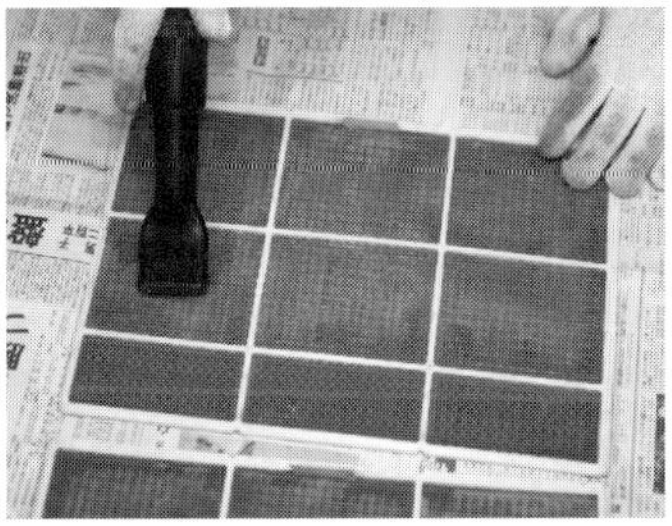

フィルターにこびりついている細かなほこりを掃除機で吸引する。フィルターの目地をいためないように注意

❹ フィルターの水洗い

掃除機で吸引できなかったほこりをハブラシなどでこすりながら水洗い。目地に沿っててていねいに汚れをとる

❺ スプレーをかける

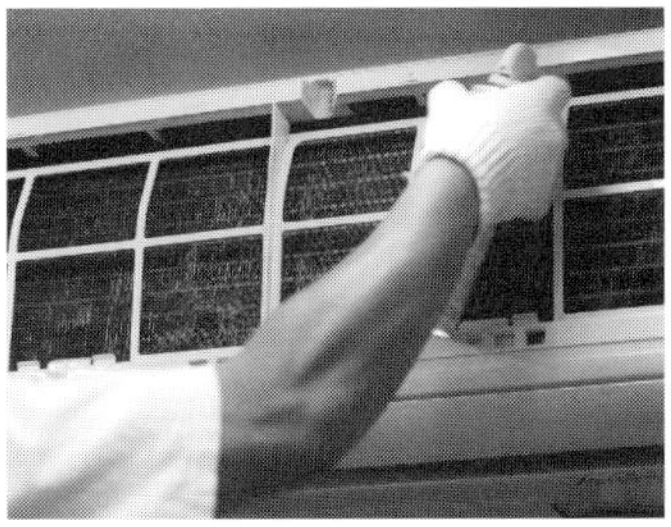

スプレー式洗浄剤をフィンに直接吹きかける。フィンを破損しないように注意しながら吹きかけよう

❻ フィンに沿って歯ブラシで汚れを取る

やわらかめの歯ブラシなどを使って、フィンに沿って汚れをとる。このときもフィンの破損に注意する

❼ まんべんなくスプレーをかける

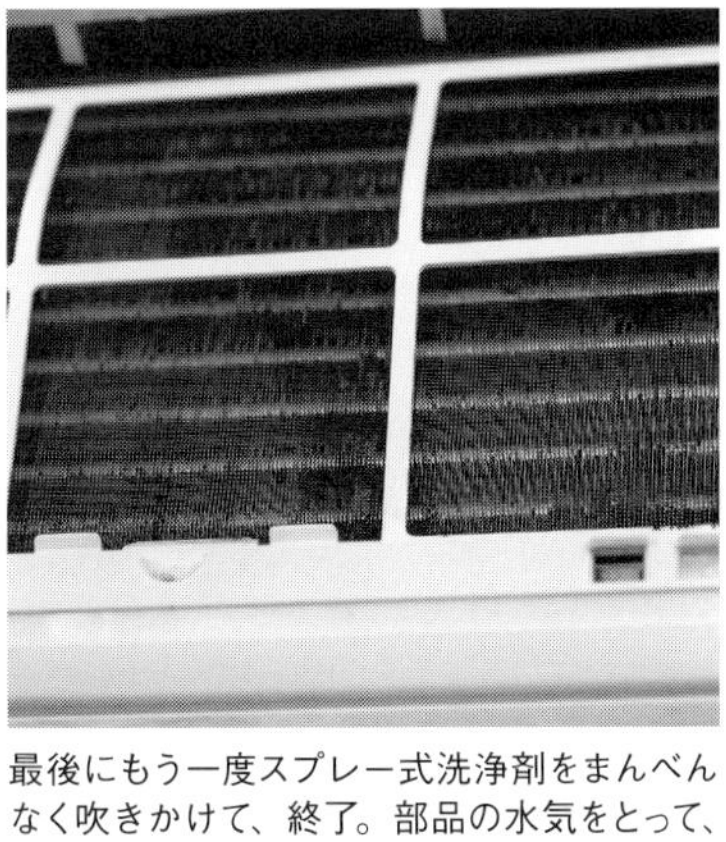

最後にもう一度スプレー式洗浄剤をまんべんなく吹きかけて、終了。部品の水気をとって、エアコンを組み立てる

Point

掃除のあとは換気してスイッチON

掃除が終わり、エアコンの組み立てが完成したら、1日乾燥させる。乾燥後の試運転を始めるときは充分な換気が必要。洗浄剤に含まれている芳香成分が強烈なためだ。とくににおいの気になる人は「無臭性」「微香性」などの表示がある洗浄剤がおすすめ

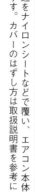

リフォームでできる！

安全対策

高齢者や子どもがいる家庭では、日常の生活中に思わぬ危険が待ち受けています。高齢者や子どもがいない家庭でも、将来のことを考え、だれと暮らしても安全な家庭かどうか、もう一度見直してみましょう

家族全員が生涯くらしやすい住まいに

家族構成や年齢、高齢者や子どもの有無などで、必要な安全対策は異なります。

まずは、将来的に家族がどのようになっていくかを考え、高齢者や子どもが増えるなら、その目線になって安全を考えてみましょう。

例えば、大人にとってはなんでもない段差や、角度のある階段は、高齢者や子どもにとっては危険なことがあります。

どんなところが危険で、どうなれば快適なのか？　それはほかの家族にとっても使いやすいのか？　などを考えて工夫してみましょう。

●階段

70代が住宅内で転倒事故を起こす場所の1位は階段といわれます。また、子どもにとっても階段は魅力的な遊び場であるとともに、とても危険な場所です。

安全対策としては、まず階段の上下にはつまずくようなものは置かないことです。もしマットなどをしく場合には、マットの裏にもすべり止めテープをはるなど、固定してください。

階段には各段の縁につけるタイプのすべり止めをつけましょう。市販品でもテープをはがすだけで、簡単に設置できるものがあります。夜間光る蛍光タイプもあります。用途に応じて選んでみましょう。

なぜ階段での転倒が多いのか、というと、高齢者や子どもは体のバランス感覚があまり良くないからです。とくに高齢者になると、それに加えて視力も落ちてきて、足元を見誤りがちというのが原因です。

そこで、万が一事故を起こしても、大ケガにならないために、階段に手すりをつけるのが有効です。

階段の傾斜にそって、斜め手すりを設置します。高さは使う人の身長にもよりますが、90～100㎝が目安です。ただし、階段の手すりは強度と安定感が必要です。コンクリート壁ならコンクリート用アンカーを使用し、木の壁部分ならネジがしっかりとめられるところで固定してください。

お役立ちアイテム

簡単貼るだけ、階段のすべり止め！

裏の両面テープをはがして貼るだけの簡単設置

●階段すべり止めテープ／エーモン

浴室のすべり止めに！

浴室の床やいすの下などに敷けば、すべらず安心。廊下のカーペットの下などにも

●これ一枚でなんでも止まるんです／カーボーイ

靴下の裏や手袋に塗るだけ

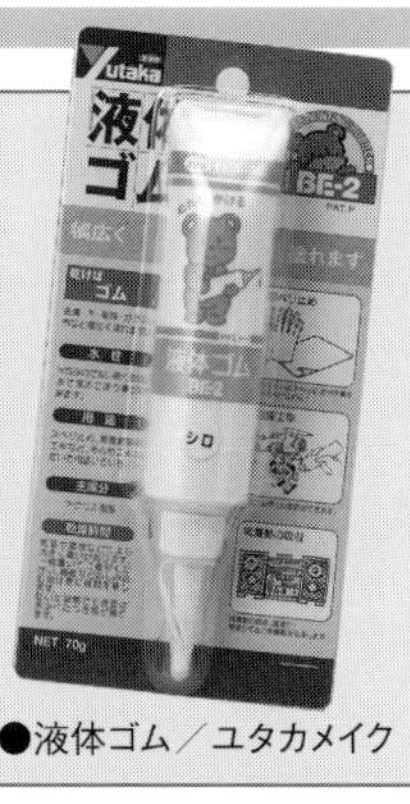

布に直接つけて乾かせば、すべり止めになる液体状のゴム

●液体ゴム／ユタカメイク

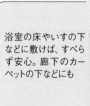

●玄関

玄関はなるべく段差が少ないほうが好ましいもの。上がり框は、なるべく低いほうがよいのですが、すでに高さがある場合は、踏み台を置いて、高さを調節しましょう。また可能ならつかまりやすい位置に手すりをつけましょう。なるべく使いやすい工夫をしましょう。

●廊下

すべりやすい廊下には、カーペットを敷くといいでしょう。カーペットがすべらないように裏にすべり止めテープを貼ってください。廊下にも手すりをつけるといいでしょう。手すりは使う人が軽く肘を曲げて、スムーズに手が動かせる高さがよいといわれています。目安は床から75cmです。

●浴室

浴室は危険の多い場所です。すべり止めシートなどを利用して、できるだけすべらず、転倒しないように工夫しましょう。浴槽と入り口付近に水平手すりがついていると安心です。浴槽の上に板を渡し、一度腰掛けてからゆっくり腰を下ろせるようにするといいでしょう。

●トイレ

子どもでも高齢者でも、世話をする人が一緒に入れるスペースがとれるといいですね。洋式トイレが使いやすく、手すりがあると安心です。とくに高齢者は、立ったり座ったりの姿勢が困難になりがちです。手すりがあれば、できる限り自分で立ち上がることもできるでしょう。

●出入り口

開き戸は、手前に引くときに体をずらしたり、傾けたりすることが多いため、高齢者には不向きです。向こう側に押すときも、押した拍子に体重がかかり、転倒する危険があります。その点引き戸は体を動かさず、力も開き戸ほど必要ないので使いやすいのです。ただし、引き戸の改築は、戸袋のスペースの問題などがあり簡単ではありません。そのため、アコーディオンカーテンなども有効です。

●段差

家の中には、若い人にとっては何でもないのに、子どもや高齢者にはひっかかる段差がかなりあります。そういった部分には市販の木材で、簡易スロープを作りましょう。傾斜をつけてカットしてくれるホームセンターもあるので、段差と幅を正確に測ってから、注文に行きましょう。

転んでぶつかりやすいコーナーに

テーブルなどの、とがったコーナーに。高齢者や子どもがぶつかっても大丈夫

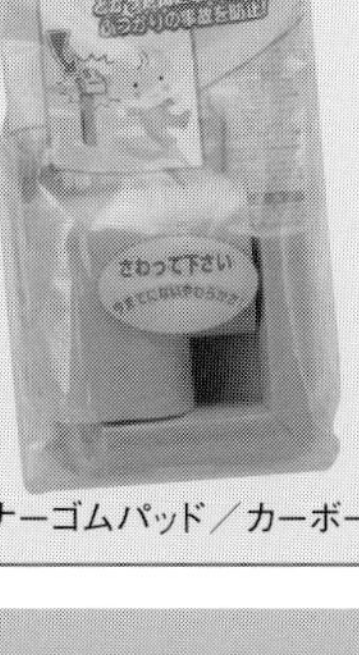

●コーナーゴムパッド／カーボーイ

窓のサッシを簡単ロック

窓が開いていても、サッシに鍵をかけられる。子どものいたずら防止や防犯にも最適

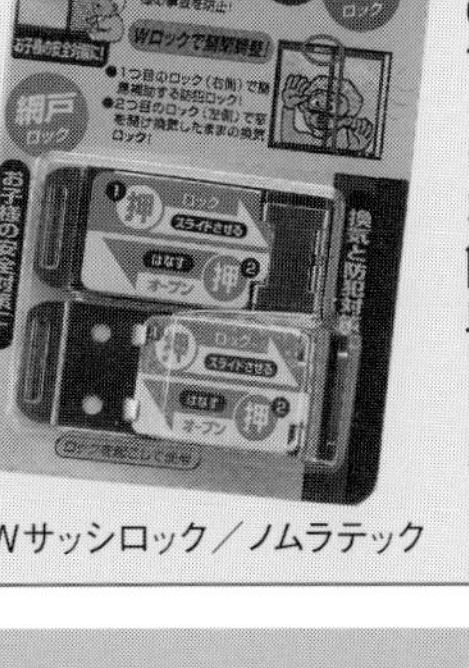

●Wサッシロック／ノムラテック

子どものいたずら防止に！

コンセントに指を入れるなどの幼児のいたずらを防止するキャップ。万一触れても安心

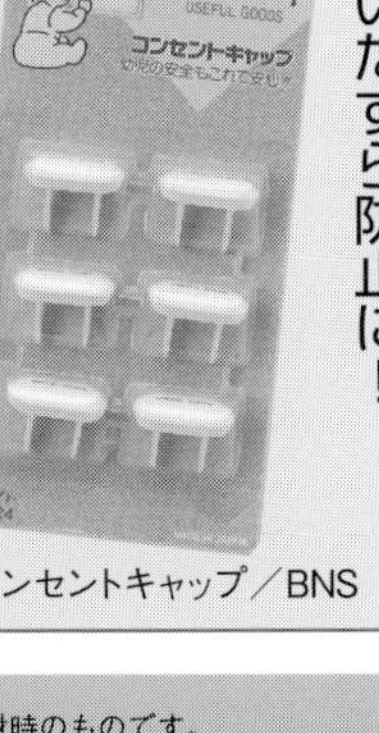

●コンセントキャップ／BNS

商品の情報は取材時のものです。

リフォームでできる！
防犯 対策

一戸建てでも集合住宅でも、泥棒にとって侵入しやすい家であれば狙われる可能性大。自分でできる防犯対策を行い、被害を未然に防ぎましょう

玄関の防犯

集合住宅の侵入手口で最も多いのがピッキングやサムターン回しなどによる玄関からの侵入です。

警察による窃盗犯調査によれば、泥棒は侵入に5分以上かかる家は避ける傾向が見られます。ですから、簡単に解錠できないようにすることが防犯対策には効果的。

ピッキングに強い錠に交換することも一計ですが（錠の交換は専門業者に頼みましょう）、自分で簡単に取り付けできる補助錠や防犯プレートもあるので設置するとよいでしょう。また、極力人目につくことを避けたい泥棒にとって、大音量のセンサーアラームやセンサーライト、防犯カメラなどは最も回避したいもの。これらを玄関まわりに取り付けることも泥棒への威嚇になります。

対策1 補助錠をつける

侵入に時間のかかるワンドア・ツーロックは防犯の基本です。補助錠が付いているのを見ただけで侵入をあきらめるという泥棒もいるので、ぜひ補助錠を取り付けましょう。自分で簡単に取付けできる補助錠や、シールで貼るだけのダミー錠もあります。

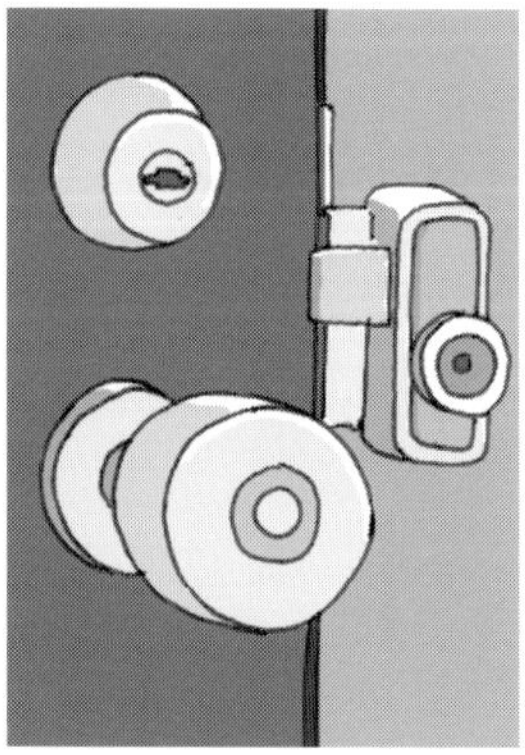

対策2 センサーアラームをつける

周囲の注目を集める大音量は泥棒の最も嫌うもの。ドアが空くと警報が鳴るようセットできるセンサーを取り付ければ、万が一ドアが開いても泥棒を撃退することができます。ピッキングやサムターン回しの振動を感知して鳴るタイプもあります。

窓の防犯

戸建て住宅の窃盗事件のうち、7割が窓からの侵入です。窓ガラスを割り、手を差し込んで錠を外し、窓を開けて侵入する手口。逆に言えば、窓ガラスの破壊、錠の解錠、窓の開放、この3点を防げば、窃盗に入られる可能性はグンと低くなります。

また植木など外からの死角も泥棒への誘い水になります。見通しをよくすることも防犯上大切です。

対策1 窓に防犯フィルムを貼る

市販の防犯用フィルムはかなり強固。叩かれてガラスは割れても、破れないので手を差し込むことができません。また、クレセント錠を外せなければ侵入できないので、クレセント錠の周囲をガードする金属プレートも有効です。

狙われやすいクレセント錠の周囲にはこうしたプレートなど物理的、視覚的な対策を

対策2 ウィンドウロックをつける

万一ガラスが割られクレセント錠が開けられても、窓の開放を防止する補助錠を付けていれば窓は開きません。窃盗犯のほとんどが、外しにくい補助錠の存在に気付いたら侵入をあきらめると言っています。窓の上下に取り付けるとよいでしょう。

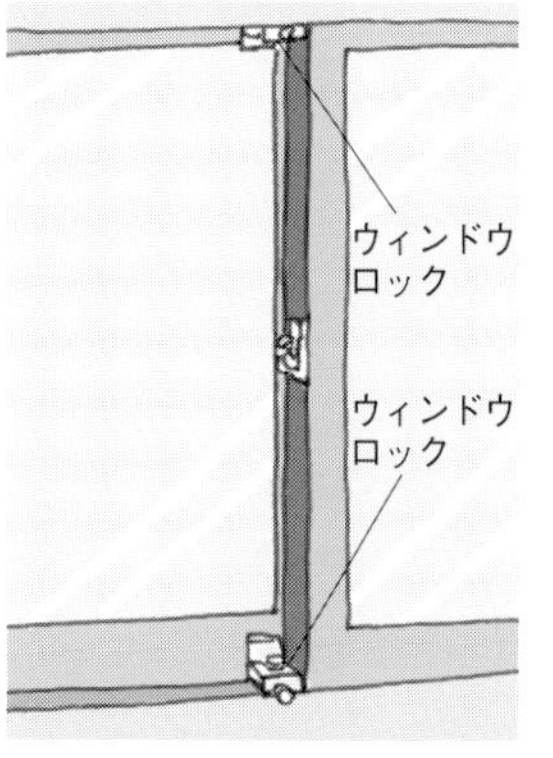

対策3 窓にセンサーアラームをつける

窓ガラスに貼り付けるタイプのアラームもあります。窓の開閉を妨げない薄型なら、日常生活にも支障ナシ。窓ガラスの振動を感知して鳴るので、外出の際にスイッチをオンにしておけば安心です。

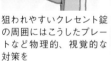

リフォームでできる！ 害虫対策

家の中には、意外に害虫が入り込みやすいもの。被害を受ける前に発生を防ぎ、駆除する策を施して家を快適に保ちましょう

たかが虫だと侮るなかれ 家が傾くこともあるのです

害虫、と聞いてまず思い浮かぶのは何でしょう。ゴキブリでしょうか？ 存在感があるので嫌悪感を抱く方は多いのですが、実際の被害はそう多くありません。

それより、木造家屋にとって本当にコワイのはシロアリです。家の土台をやられてしまうと、家が傾き、最悪の場合住めなくなることもあるのです。発生しないよう、予防には十分気を配りたいものです。

またダニや衣類害虫も、人や衣類に被害をもたらします。発生しないよう、予防しましょう。

●ゴキブリ

有機物ならどんなモノでも、と言っていいくらい多食性で生命力の強いゴキブリ。生ゴミはもちろん、床に落ちた食べカスなどもエサになるので、キッチンはいつも衛生に保ちたいものです。

万が一見かけたら、殺虫スプレーなどで駆除しましょう。スプレーがない場合は、洗剤や油も殺虫剤の代わりになります。レンジ用の強力クリーナーも効果的です。

ゴキブリ対策として粘着型捕獲器や殺虫剤、ホウ酸ダンゴなどを置くのもよい方法です。ゴキブリは壁や床の隅を通る性質があるので、置くときは壁ぎわに置くとよいでしょう。万が一幼虫を見かけた場合など、徹底的に駆除する際にはくん煙タイプの殺虫剤がおすすめです。

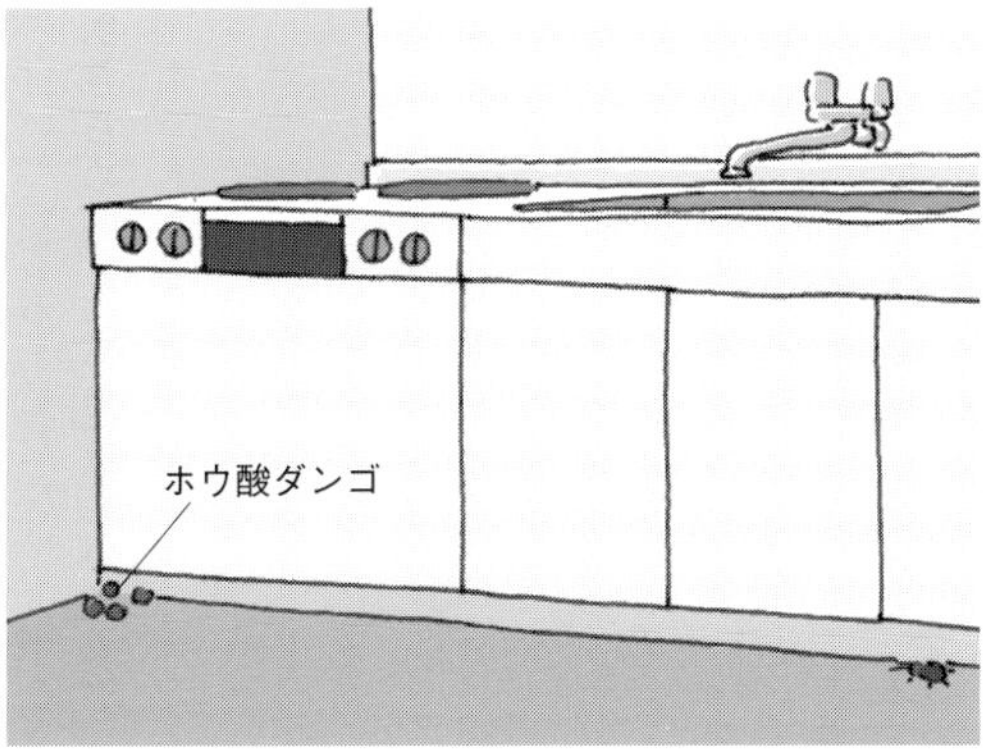

●ダニ

ダニの発生条件は以下の4つ。
・温度20～30℃
・湿度60～80％
・ホコリやカビ、フケなどエサ
・畳やカーペットなどの産卵場所
これが揃うと発生します。

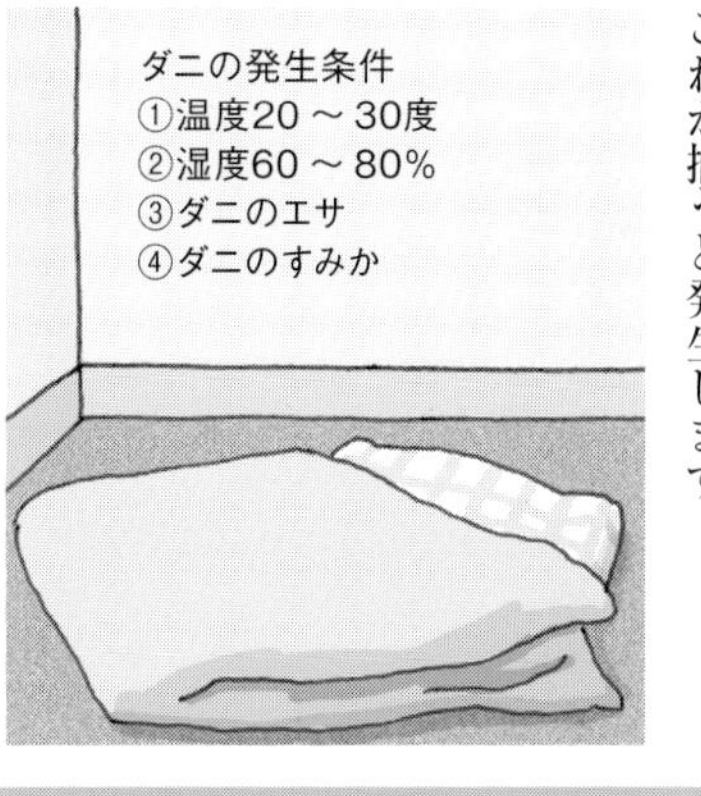

予防は、これらの発生条件をシャットアウトすることです。掃除機をまめにかけ、換気よく。畳にカーペットを敷くのはダニの温床になりがちなのでNGです。布団は定期的に天日に当て、畳も起こして風を通すか、天日干しするとよいでしょう。

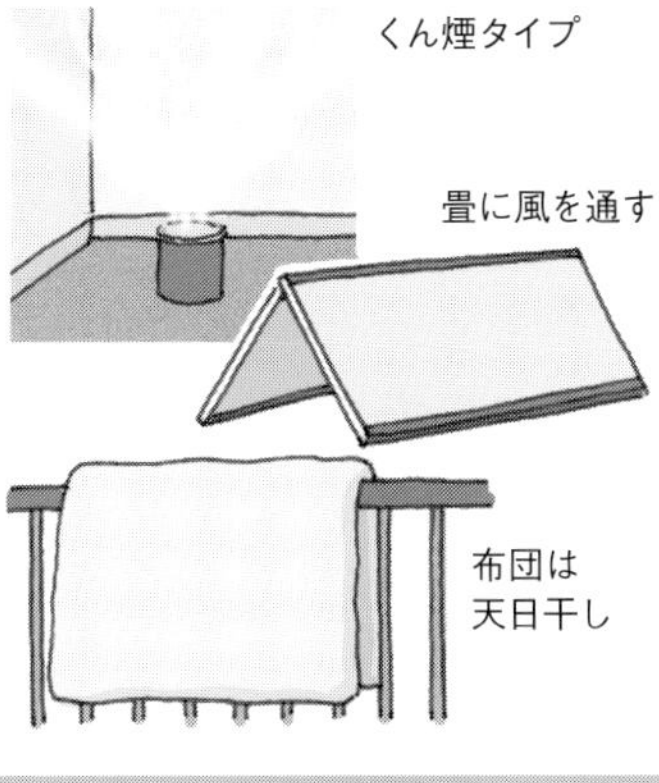

お役立ちアイテム

ゴキブリを台所からシャットアウト

ゴキブリの嫌がるニオイが発生する忌避剤。天然香料でできた、環境や人にやさしい防虫剤

●ゴキコン／環境未来

敷くだけで押入れからダニを退治!!

防菌・防カビ剤も配合されているシート。イヤなニオイもなし！

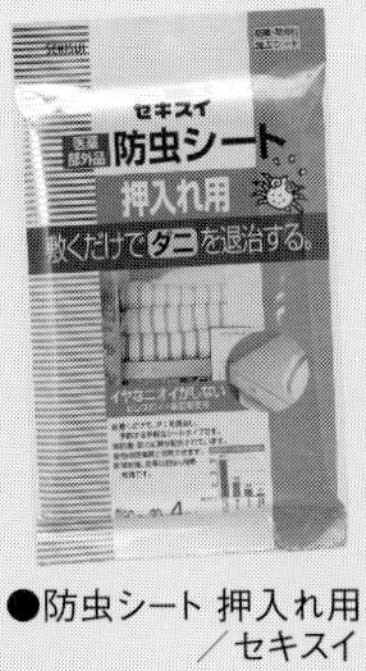

●防虫シート 押入れ用／セキスイ

衣類に付く害虫をハーブの香りで撃退

化学薬品を使わない、天然防虫成分を含むレッドシダー材で作られたフックタイプの防虫材

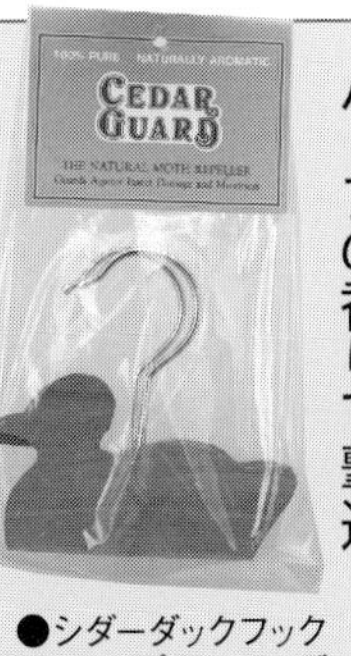

●シダーダックフック／パイロットプランニング

商品の情報は取材時のものです。

リフォームでできる！

結露対策

雑菌やカビ、ダニの発生まで誘発してしまう結露。結露の原因は、湿気と室内外の気温差です。結露の発生はできるだけ防ぎ、発生したら水分を除去することが大切です

空気中の水分が付着した状態が結露

結露は、空気中の水蒸気をふくんだあたたかい空気が、外気で冷たくなった窓ガラスなどに触れると結晶になります。これが結露。浴室以外の、ふつうの部屋でもおこるので、防止するよう対策をとりましょう。

窓まわり

窓ガラスの気温差を防ぐことが、窓の結露対策の基本です。そのためには、窓の断熱効果を高めて結露を防ぎましょう。断熱シートを貼ったり、断熱効果のあるスプレーをかけると効果的です。シートは無色透明のものを使えば、窓からの景観を損なうこともありません。

また、発生した結露は放っておくとカビの原因になってしまいます。窓の下側に吸水テープを貼るとたれた水分を取ってくれます。

吸水テープは、防カビ剤入り。サッシに貼れば、流れ落ちた水滴を吸い取ってくれる

断熱フィルムの貼り方は防犯フィルムとも同じ（→P106）。空気が入らないよう、密着させる

押入れ

空気の入れ替わりが悪い押入れも、結露が起こりやすい場所。布団などをしまう場合には下にすのこを置いて、換気できるようにしましょう。また、押し入れ用除湿剤も必携。

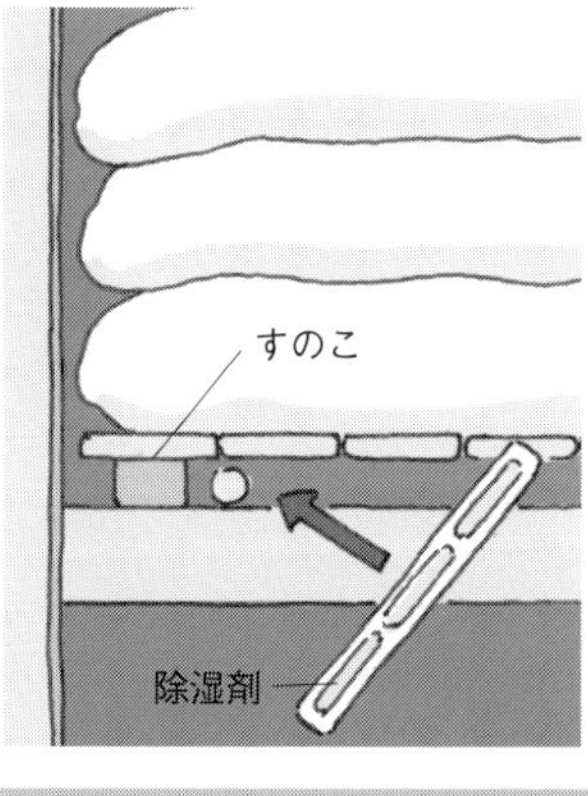

キッチン

水気のあるキッチンも、意外に結露しやすい場所。湿気がこもると、湿った場所が好きなゴキブリなどの害虫を誘因することにもなるので、除湿剤を置くとベスト。また、換気にも気を配りましょう。

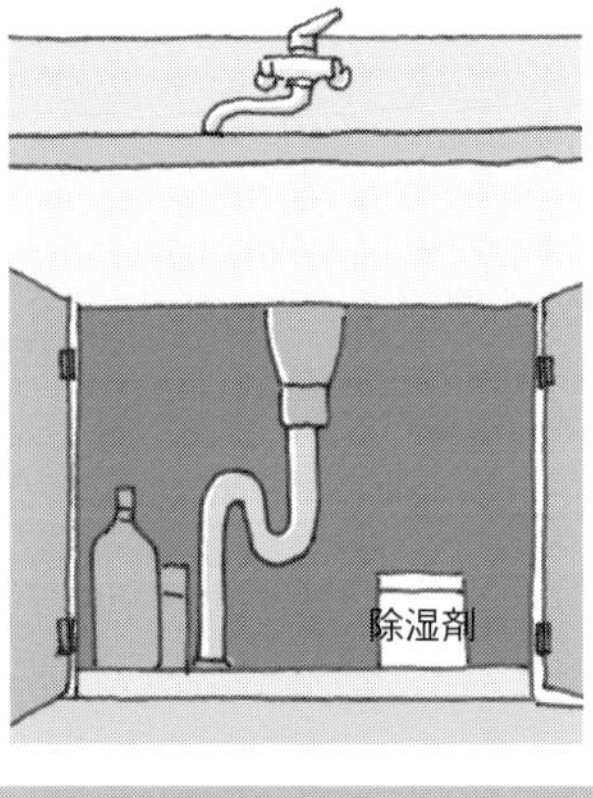

お役立ちアイテム

くり返し使える、小袋タイプの除湿剤

家の中のさまざまな場所で使える除湿剤。天日で乾燥させればくり返し使用ＯＫ

●除湿生活／ニトムズ

キッチンの湿気もしっかり吸収

流しの下も、湿気がたまりやすい場所。湿気がゴキブリを誘因することにもなるので、対策を

●水とりぞうさん　流しの下収納庫用／オカモト

机の下や押入れなど、すき間に置ける湿気取り

●ドライペット　コンパクト／エステー

湿気を吸収し、水分として容器内に溜めるタイプの湿気取り。押入れやタンスの中などに

商品の情報は取材時のものです。

リフォームでできる！騒音対策

マンションなどでは、近隣同士のトラブルの原因ともなりがちな騒音。構造上の問題はすぐに解決しにくいですが、手軽なグッズで防げる音もあります

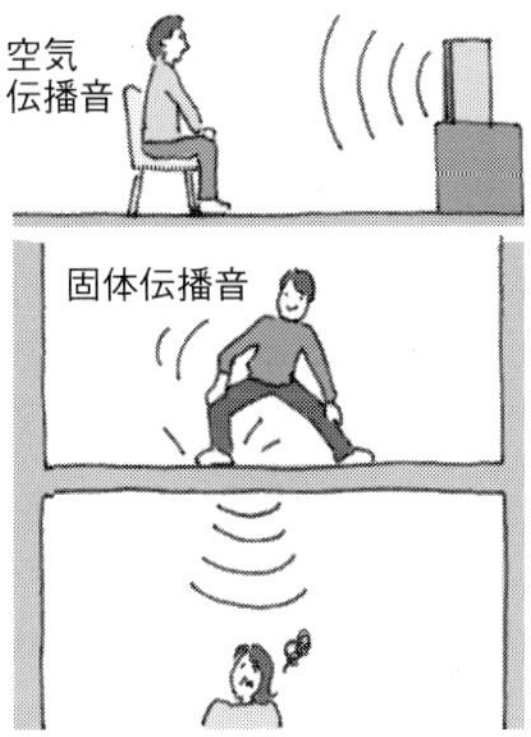

騒音は二種類。工夫次第で防げる場合も

騒音といわれる音には二種類あります。固形物を伝わって伝播する固定伝播音と、空気を伝わっていく空気伝播音。このうち固定伝播音はシートやクッションなどでおさえることができます。

●床の音

足音のような床へ伝わる音は、床に防音シートやクッション性のあるマットなどを敷いて振動を抑えることである程度防ぐことができます。防音シートは、床とカーペットなどの床材の間に敷きます。家具をどけるくらいの手間で手軽に施工することができます。

●家具の引きずり音

フローリングの床の上で家具を引きずったときに起きる音は、家具の底にスベリをよくするシートやキャップ、あるは布を当てることで軽減できます。イス脚用グッズなどは、シリコン製やフェルト製など、さまざまなものがあるので用途に合わせて選びましょう。

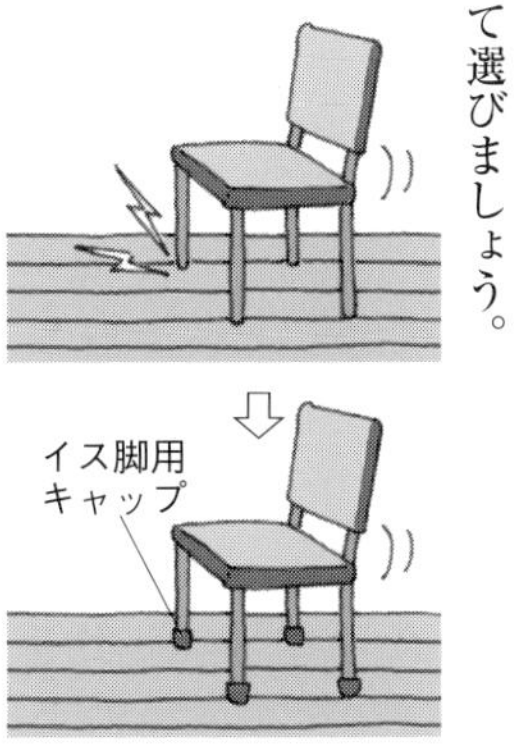

●スピーカー

スピーカーは、音に合わせて細かく振動しています。床にスピーカーを置くと、その振動がそのまま床から建物に伝わって響くことになるので、音が気になるときはスピーカーの下にゴムを置くとよいでしょう。振動を受け止め、床への伝播を防いでくれます。

●ドアの開閉音

ドアの開閉音が気になるときは戸当りクッションテープを貼るとよいでしょう。丁番部分のきしみ音がうるさい場合は、機械油をさすと軽減されます。

ふすまのガタツキ音が気になる場合は敷居すべりテープを貼るとスムーズに動きます（→P121参照）

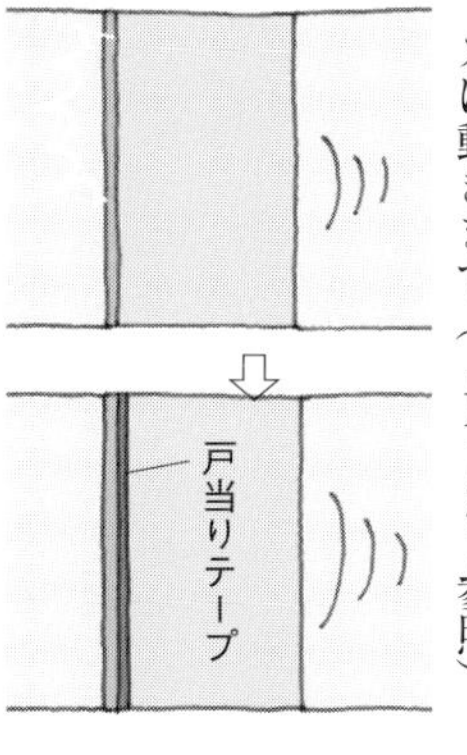

お役立ちアイテム

好きなサイズに切って使うひきずり音防止シート

フェルト製のシート。家具の底面のサイズに合わせて切って使用する。騒音・キズ防止に効果的

●粘着付フェルト／東急ハンズ

イスの脚にはめるキズ&騒音防止グッズ

イスの脚にはめて、床下への騒音を防ぐキャップ。サイズは合ったものを選ぼう

●脚キャップ／HIT HARD WARE

戸当たり音をやわらげるクッションテープ

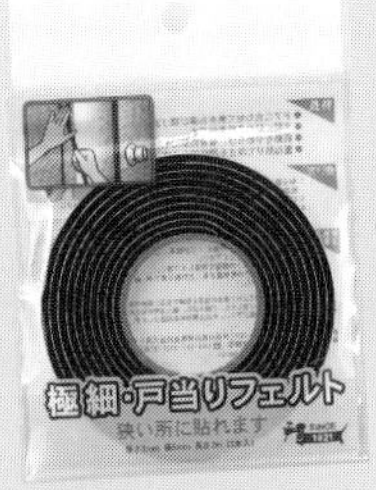

戸のあたる部分に貼って音をやわらげる。開閉音が気になるときは効果的

●極細・戸当りフェルト／ながしまや

商品の情報は取材時のものです。

PRODUCER
大迫裕三

EDITORS
山下編集事務所（山下実／柴野聰）／熊谷満／齋藤修／島田忠重／
亀岡晴美／中野徳之／杉村晴子／小野博明

PHOTOGRAPHERS
西林真／鈴木忍／市川法子／三吉健心／片山博文／徳永茂／
中嶋健一／吉田三郎

ILLUSTRATORS
タカミネシノブ／立岡正聡／大羽りゑ

ADVISERS
西沢正和／須山優

COVER DESIGNERS
近江デザイン事務所（近江真佐彦／須田杏菜）

DESIGNERS
内海亨／片岡大昌／根田大輔／
アズワン（志村茂登子／渡部真里子）／武田梢／✩あすてる

暮らしの実用シリーズ
決定版 自分でできる
リフォーム&
修繕大百科

2009年6月29日　第1刷発行
2023年10月23日　第21刷発行

発行人　松井謙介
編集人　長崎　有
編集担当　尾島信一
発行所　株式会社 ワン・パブリッシング
〒110-0005 東京都台東区上野3-24-6
印刷所　共同印刷株式会社

●この本に関する各種お問い合わせ先
本の内容については、下記サイトのお問合せフォームよりお願いします。
https://one-publishing.co.jp/contact/

不良品（落丁、乱丁）については業務センター　Tel 0570-092555
〒354-0045 埼玉県入間郡三芳町上富279-1

在庫・注文については書店専用受注センター Tel0570-000346

ワン・パブリッシングの書籍・雑誌についての新刊情報・詳細情報は、下記をご覧ください。
https://one-publishing.co.jp/

掲載会社一覧

INAX（LIXIL）
https://www.lixil.co.jp/
アサヒペン☎06-6934-0300
上田敷物工場☎0739-47-1460
岡崎製材☎0564-51-0861
カクダイ https://kakudai.jp/
家庭化学工業 0120-83-4351
カンペハピオ 0570-001167
菊池襖紙工場☎048-925-1247
SANEI（三栄水栓製作所）
0120-06-9721
サンゲツ 0120-688-662
サンデーペイント 0120-951-603
積水樹脂 0120-8080-32
セメダイン 0120-58-4929
田窪工業所☎0898-65-5000
タチカワブラインド 0120-937-958
東急ハンズ渋谷店☎03-5489-5111
トーソー https://www.toso.co.jp/
トミタ☎03-5798-0081
中川ケミカル☎03-5835-0341
南海プライウッド（首都圏）
☎087-825-3621
ニチベイ☎03-3272-2595
ニッペホームプロダクツ
（ニッペホームペイント）☎03-3740-1269
ニトムズ 0570-05-2106
富双合成☎03-3899-5922
平安伸銅工業☎06-6228-8986
ユニテックパロマ https://unitechpaloma.jp/
リリカラ☎03-3366-7825